U0831118

国家电网有限公司
“对标世界一流管理提升行动”
优秀案例集

国家电网有限公司体制改革办公室
国网浙江省电力有限公司 组编

中国电力出版社
CHINA ELECTRIC POWER PRESS

图书在版编目（CIP）数据

国家电网有限公司“对标世界一流管理提升行动”优秀案例集 / 国家电网有限公司体制改革办公室，国网浙江省电力有限公司组编．—北京：中国电力出版社，2022.12（2023.3 重印）
ISBN 978-7-5198-6915-1

Ⅰ．①国…　Ⅱ．①国…　②国…　Ⅲ．①电力工业–工业企业管理–案例–汇编–中国　Ⅳ．①F426.61

中国版本图书馆 CIP 数据核字（2022）第 124884 号

出版发行：中国电力出版社
地　　址：北京市东城区北京站西街 19 号（邮政编码 100005）
网　　址：http://www.cepp.sgcc.com.cn
责任编辑：刘丽平
责任校对：黄　蓓　郝军燕　李　楠
装帧设计：张俊霞
责任印制：石　雷

印　　刷：北京博海升彩色印刷有限公司
版　　次：2022 年 12 月第一版
印　　次：2023 年 3 月北京第二次印刷
开　　本：787 毫米×1092 毫米　16 开本
印　　张：35
字　　数：763 千字
印　　数：2001—2500 册
定　　价：200.00 元

编 委 会

编 审 人 员

前　　言

管理是永恒的主题，世界一流的企业必然要有世界一流的管理。2020 年，国务院国资委组织中央企业和地方重点国有企业开展对标世界一流管理提升行动，通过多层次、全方位对标一流，促进管理能力全面提升，加速向世界一流企业迈进。2022 年，党中央、国务院提出了加快建设“产品卓越、品牌卓著、创新领先、治理现代”的世界一流企业的新要求，明确了世界一流企业建设的关键目标和核心要义。

对标世界一流管理提升行动开展以来，国家电网有限公司（以下简称公司）充分发挥示范带头作用，积极主动实践，争当先锋表率，世界一流企业建设取得显著成效。公司各部门、各单位勇于开拓创新，在建设世界一流企业实际工作中积累了大量的新方法、新路径，多项管理实践入选国资委管理提升标杆，入选数量排名央企前列。

公司在内部深入开展管理提升标杆示范选树活动。紧紧围绕“一体四翼”发展布局，牢牢把握高质量建设世界一流企业的内涵，分层分类总结提炼了公司系统各单位在对标世界一流管理提升行动中的亮点经验，选树了一批具有代表性的管理提升样板标杆，充分发挥优秀企业的示范作用，更好地展示公司管理提升实践成效。国家电网有限公司体制改革办公室和国网浙江省电力有限公司策划并组织编写了《国家电网有限公司“对标世界一流管理提升行动”优秀案例集》，供大家参考，以进一步加强经验交流和成果共享。

本案例集包括标杆模式、标杆项目、标杆企业、示范基地 4 个主题 142 个案例，从多个角度集中展示了公司对标世界一流管理提升行动的创新探索和成效。

本案例集全部取材自公司各单位对标世界一流管理提升创新实践，经过多次编审，不断完善，最终成稿。限于编者的经验与水平，本案例集不妥之处在所难免，敬请广大读者批评指正。

编　者

2022 年 11 月

目　录

第三部分 标杆企业

第四部分　示范基地

第一部分

标杆模式

1.1

高质量发展“6S”全周期管理模式

国网北京电力

一、企业简介

国网北京市电力公司（以下简称国网北京电力）是北京最大的公用事业单位和能源骨干企业，负责北京地区 1.64 万 km^2 的电网建设运行和供电服务，承担着保障党中央、国务院等首脑机关及重大政治活动安全供电的重要使命。城市电网形成了“500kV 扩大双环网、220kV 分区供电、110kV 辐射状供电”的坚强网架结构。电力电缆隧道长度居全国城市第一；城网供电可靠率 99.995%，处于国内领先水平。

二、管理模式内涵

以对标世界一流为出发点和切入点，结合城市电网和省级公司设置的双重属性，贯彻落实习近平总书记“把全生命周期管理理念贯穿城市规划、建设、管理全过程各环节”的重要指示精神，全面优化管理体系和提升管理能力，形成了高质量发展目标+“6S”支撑体系+全周期管理运行机制的模式，即高质量发展“6S”全周期管理模式（简称“6S”模式）。

1.“6S”模式概念

聚焦世界一流企业创建，把握城市电网发展规律，以高质量发展为目标，以全生命周期管理为实施途径，形成以战略（strategy）落地管控体系、制度（system）标准管控体系、安全（safety）运营保障体系、服务（service）卓越保障体系、员工（staff）管理支撑体系、科技（science and technology）管理支撑体系六大体系为支撑的“6S”模式，如图 1 所示。

2.“6S”模式的目标、支撑体系及运行机制

目标：推动公司高质量发展，在践行“一体四翼”战略布局、建设具有中国特色国际领先的能源互联网企业中争排头、当先锋。

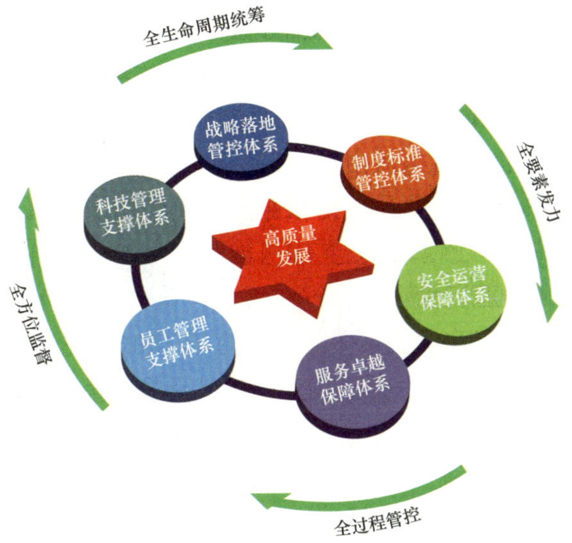

图 1 “6S”模式

六大体系:“6S”模式是国网北京电力在长期管理实践中逐渐形成并不断深化的结果，其中战略落地管控体系是公司变革发展的根本引领和行动纲领，重在为公司确立战略方向、重点领域和主攻目标，主要范畴包括对接总部战略、细化分解公司实践；制度标准管控体系是公司变革发展的治理根基和重要保障，重在推动公司规范、有序、稳定运行，主要范畴包括企业规章制度、技术标准和员工行为规范等；安全运营保障体系是公司变革发展的基础前提和底线要求，重在确保公司可持续高质量发展，主要范畴包括电网安全运行和企业稳健经营两大领域；服务卓越保障体系是公司变革发展的价值体现和职责要求，重在满足首都政治供电特殊要求、社会经济发展需求和民生用电普遍诉求，主要范畴包括规范服务行为、兑现服务承诺等；员工管理支撑体系是公司变革发展的基本保证和重要依靠，重在打造一支政治过硬、素质过硬、作风过硬的首都电网铁军，主要范畴包括人力资源开发、员工队伍建设；科技管理支撑体系是公司变革发展的不竭动力和关键载体，重在推进新型电力系统建设、加快实现“双碳”目标，主要范畴包括电网与信息等领域新兴技术应用。六大支撑体系既相互独立、自成体系，又相互联系、相互促进，是一个辩证统一的有机整体。

运行机制：将全生命周期管理理念贯穿到“6S”模式在首都电网发展和公司治理落地实践之中，实施全生命周期统筹、全要素发力、全过程管控、全方位监督，确保从前期规划、中期执行到后期反馈的运转高效、系统有序和协同配合。

三、管理提升成效

1. 战略落地展现新作为

立足国家电网服务首都的窗口定位，全面落实“战略+运营”管控模式，形成国家电网战略首都落地实施方案，明确一个目标定位、两大先行示范区、九大战略落地工程和十二个特色示范区，制定“一二三四”[1]实施路径，高质量编制了公司“十四五”总体规划、3个业务规划和16个专项规划。成立战略执行委员会，搭建“一办九专”（1个战略执行委员会办公室和9个专项委员会）组织架构，推动战略目标在首都落地实践。

2. 运营水平实现新跃进

深入推进强网固基工程建设，首都核心区主次干路架空线全面入地，城市副中心建成世界一流配电网先行示范区，北京电网形成七大分区相互支持的坚强结构，电网资源配置和抵御风险能力显著增强。城市电网供电可靠率达到99.995%，市用户平均停电时长为0.46h，均处国际领先水平。与市区政府签订战略合作协议，推广实施“零前期”“零土建”模式，为电网发展营造了良好空间。

3. 服务保障能力大幅提升

建成具有首都特色的政治保电服务体系。近5年年均政治保电任务超200项300天，圆满完成中国共产党成立100周年庆典等保电任务。打造电力营商环境新高地，率先推出“三零”（零上门、零审批、零投资）服务，助力我国“获得电力”排名从第98名跃升至第12名。近5年，为4.48万户小微企业提供全线上服务，积极向社会释放改革红利。服务低碳绿色生活，加快充电桩和充电站建设，形成全国技术最先进、服务最优质的充电网络；完成98万户居民“煤改电”，在全国规模最大、减排最明显、成效最显著。

4. 企业治理迈上新台阶

在完善企业治理中加强党的领导，公司制度体系、治理体系和价值体系实现了深度融合。以完善现代企业制度、深化管理变革和法治建设为重点，推进公司治理体系和治理能力的现代化。全力开展世界一流示范企业创建行动，电网安全水平、综合线损率等20个关键指标实现大幅跃升。加强风险防范体系建设，畅通合规管理运行机制，公司重大涉法决策、合同、制度、招标文件法律审核率达到100%，重要业务领域法律保障实现全覆盖。

5. 人力资源注入新活力

持续深化“三项制度”（公务员制度、事业单位人事制度、工资福利）改革，创新优化组织运行、用工配置、绩效管理、薪酬保障和人才开发五项机制。健全市场化经营机制，在700个所长班长、管理岗位试点聘任制。通过推广中长期激励、优化绩效考评模式等方式激发管理活力。全员劳动生产率和人才当量密度在国网系统中均处于领先水平；近3年，全员绩效管理评价连续位居国家电网公司第一。

---

[1] “一二三四”是指：一个主题（高质量发展）；两个基础（夯实安全基础、夯实经营基础）；三个衔接（紧密衔接国家新发展阶段部署要求、紧密衔接国网战略“12912”落地方案、紧密衔接北京市构建新发展格局）；四个重点（着力服务党和国家工作大局、着力服务首都率先实现“双碳”、着力建设首都能源互联网、着力构建卓越服务体系）。

6. 数字转型迈出新步伐

聚焦构建新型电力系统，加大电力电缆运维、多类型能源协同控制等关键技术攻关，“大云物移智链”在科技示范工程中初步实现融合应用。积极对传统电网进行数字赋能，推动能源互联网智能化升级。建立数字化平台与运营机制，全面提升公司“三台九化”（以业务中台、数据中台和技术中台为依托推进公司业务数字化发展）水平。近5年，牵头完成2项国家“863”课题、20项省部级课题，获得90项省部级科技成果奖、1303项国家专利。

四、推广应用价值

“6S”模式是城市电网治理和公司发展的新理念新模式，具有体系完备、导向明确、便于实施、易于推广的鲜明特性。国网北京电力的实践取得显著成果，得到各级领导批示肯定和社会各界广泛赞誉。2021年，国家电网公司董事长辛保安6次实地调研、10次作出批示，北京市领导11次批示肯定工作成效。当前我国正处于城镇化快速发展和能源革命深入推进的历史新阶段，“6S”模式具有较强的推广应用价值。

1.2

“四维聚力”管理提升模式

国网河北电力

一、企业简介

国网河北省电力有限公司（以下简称国网河北电力）负责河北南部电网的规划、建设和运营，经营区域涵盖石家庄、邯郸、保定、沧州、邢台、衡水六市及雄安新区，供电面积 8.47 万 km^2，是华北电力潮流汇集和输送的枢纽。近年来，国网河北电力认真贯彻国务院国资委、国家电网公司创建世界一流示范企业的部署，全力推进管理体系与管理能力现代化，管理模式深刻变革，多项指标显著提升。2019 年，国网河北电力入列国家电网公司 10 家创建世界一流示范企业典型引领单位之一。2020 年和 2021 年，国网河北电力业绩排名连续两年进入国家电网公司 A 段，全面迈入了国网系统第一方阵。2021 年，入选国家电网公司管理提升“三标杆一示范”标杆模式。

二、“四维聚力”管理模式核心内涵

国网河北电力深入学习贯彻总书记关于能源电力、国有企业改革发展的重要论述，以国家电网公司战略目标为指引，把创建世界一流、对标管理提升融入公司发展，明确“四维聚力”工作思路，形成“目标方向—主线框架—变革重点—任务集群”闭环管理体系。

一是以服务大局为首要任务，聚力争先发展。牢记电网企业初心使命，明确在贯彻落实中央决策部署、推进国网战略目标落地、服务河北经济社会发展中“三个走在先”奋斗方向，突出政治本色、行业特色和发展角色，构成指引国网河北电力高质量发展的航标。

二是以衔接落地为工作主线，聚力战略解码。围绕具有中国特色国际领先的能源互联网企业战略目标，全力推进“一体四翼”发展布局落地，立足实际提出打造现代化电网、建设现代化公司“两个现代化”，以对标一流实践打造国网战略在冀落地示范。

三是以扬长补短为实干抓手，聚力变革提升。精准定位国网河北电力的优势与短板，以全球化视野对标找差，深入开展强基固垒、变革升级“两大工程”，一手抓补差提升，一手抓创新突破，推进重点领域、关键环节、核心指标实现国际领先。

四是以一体推进为实施重点，聚力系统布局。围绕电网发展、企业经营、优质服务等领域，统筹推进“十大计划”，构建了协同联动、逐级支撑的“集群式”任务体系，推动管理提升工作由“单兵突击”向“集团作战”全面升级。

三、管理实践成效

（一）突出示范引领，构建国际领先的雄安范式

电网发展达到世界一流。聚焦构建国际领先的城市级新型电力系统，创新提出数字化主动电网，健全“三台八化”[1]指标体系和标准体系，开展“站园片村”四级示范建设，规划核心区域目标电网供电可靠性达到 99.999%以上，达到世界一流水平。河北省委书记王东峰、国家电网公司董事长辛保安、等领导先后前往剧村“1+5+X”融合站、王家寨绿色智能微网项目等数字化主动电网“四级示范”参观，并给予高度肯定。世界眼光、国际标准、中国特色、高点定位推动雄安“近零碳示范区”建设。聚焦服务世界首个近零碳排放城市建设，以打造雄安“双碳”先行区为抓手，推进新区能源供给清洁化、消费电气化、利用高效化，打通新区首条特高压输电通道，推动本地清洁能源 100%消纳、单位 GDP 能耗达到国际领先水平，建成国内首家省公司级“物联网+区块链”六氟化硫全数字化近零排放管控平台；创新搭建国内首个省级“碳达峰、碳中和”监测平台，入选国家电网公司能源互联网专项试点。

企业管理变革实现国内引领。聚焦形成可复制、可推广、可持续的对标一流管理提升模式，探索建立具有中国特色的能源互联网企业新形态，构建雄安新区供电公司“1+9+X”现代治理体系，创建电网“战区会战”建管、“获得电力马上办”服务等新模式，相关成果得到了国家电网公司有关领导和部门的高度认可，推动了公司人均效率等指标达到世界一流水平。

（二）突出变革创新，提升转型升级的发展动能

核心竞争力更强。连年部署科技创新攻关、创新效能跃升等行动，统筹推进核心技术攻关和科研体制变革，完成了世界首次特高压直流线路直升机带电作业、世界山区特高压组塔架线“最高一跨”等重大工程技术实践，实现了国际质量管理小组会议（ICQCC）发表赛铂金奖、中国专利银奖等“零的突破”，省部级以上科技奖项逐年刷新历史新高。

[1] 三台八化：“三台”是指云平台、物联平台、企业中台；“八化”是指安全化、可靠化、清洁化、低碳化、智能化、主动化、协同化、市场化。

运营效能更优。着力构建精益化、标准化、数字化的“战略+运营”管控模式，建立“一表一图两单两报”推进机制，取得了省管产业全业务监管、变电集控站全地市覆盖等新成果，建成新型电力系统用电侧省级集成应用示范基地，打造新型电力系统用电侧神经中枢，辛保安董事长、庞骁刚副总经理等国家电网公司领导先后到基地进行调研，并给予高度评价，公司运营效率和员工活力有效提升。

发展潜力更大。大力发展战略性新兴产业，聚焦综合能源服务、电动汽车充电、基础设施运营、数据增值“四大领域”，强化技术、体制、商业模式创新，“智慧绿能云”入选2021年中国国际大数据产业博览会“十佳大数据案例”、工信部创新领航应用案例，“以电折水”、共享电工等8项产品入选国网品牌产品清单及典型案例，“电网数据管理能力提升应用实践”入选工信部大数据产业发展试点示范项目，实现了经济效益和社会效益的双赢。

（三）突出固本培元，夯实行稳致远的企业根基

电网发展水平显著提升。特高压“六交四直”工程陆续投产，形成了“两横三通道”特高压网架，大力实施电网三年提升行动，打出“开源、引电、强网、夯基”组合拳，推动电网装备水平、供电可靠性大幅提升。近年来，累计荣获国家优质工程奖3项（金奖2项）、鲁班奖1项、中国安装之星奖5项、中国电力行业优质工程奖10项、国网优质工程金（银）奖7项、优质工程示范项目4项，实现了创优奖项“大满贯”。在全国BIM大赛中获得一等奖3项、二等奖3项，连续两年位居国网头名。“十三五”期间，建成特高压“两站三通道”，110kV及以上输电线路、变电容量分别增长25%和43%，“外电入冀”电力实现翻番，在冬夏最大负荷双破4000万kW的情况下电网连续安全运行超过1万天。

客户服务水平显著提升。着力构建以客户为中心的现代服务体系，全力优服务、提效率、降成本，推动城区低电压“网格化”服务全覆盖，探索“一次都不跑”办电模式，实施优化营商环境三级专班、“五减五优化”等系列举措。“十三五”期间，户均用电容量增长70%，高低压客户平均接电时间压降60%，服务投诉降低70%。

企业经营水平显著提升。全力开展提质增效专项行动，系统构建“盈利负债双模拟”和“百县千所亮比评考”体系，统筹推进“双向聚力、价值引领”登高行动和适应输配电价监管两年蓄力行动，取得了营业收入和资产总额“双破千亿”和“国家电网公司提质增效特殊贡献奖”等可喜成果。

风险防控水平显著提升。综合发挥专业监督作用，建立巡察、审计、财务等9项监督机制，形成业务发起部门、职能管理部门、纪检审计部门“三道监督防线”，确保重大风险可控在控。创新实施市县公司综合评价，建立“评价—整改—评估—反馈”闭环机制，梳理典型问题治理、专业管理提升“两个清单”，推出了县公司合规管理手册、“三重一大”指导手册等改进举措，推动基层管理规范性和专业管理穿透力有效提升。

（四）突出强根铸魂，凝聚争先发展的先锋力量

以政治建设厚植争先动力。坚持以习近平新时代中国特色社会主义思想武装头脑、指导实践、推动工作，全面开展党史学习教育“百千万”活动，建立落实总书记重要指示批示专项督查机制，广大党员干部“四个意识”更加牢固、“四个自信”更加坚定、“两个维护”更加坚决。

以赶考实践引领争先行动。聚焦推动党建与中心工作相融共进，大力开展传承红色基因、塑造金色品牌、践行绿色发展的“赶考三色行”特色实践，积极推进“一党委一品牌、一支部一特色”创建、党员“赶考五争当”行动、“攀高峰、勇争先、夺红旗”等活动，先后涌现出全国道德模范赵庆祥、全国劳模朱劲雷、国家电网公司特等劳模李宁等先锋模范。公司系统 31 个先进基层党组织、28 个先进个人荣获上级“两优一先”表彰。公司党委荣获“中央企业先进基层党组织”荣誉称号，正定供电公司党委荣获“全国先进基层党组织”荣誉称号。

以队伍建设焕发争先活力。全面推进“三三三”计划，即实施习近平新时代中国特色社会主义思想铸魂工程、优秀领导人员塑培工程、专家人才强基工程“三大工程”，开展班子建设“头雁”行动、雄安高地“锻造”行动、专家人才“赛马”行动“三大行动”，健全上下联动的协同机制、干部人才的贯通机制、创新突破的选用机制“三大机制”，干部“关键少数”动能和人才“第一资源”潜能得到充分激发。公司省部级及以上各类人才 188 人，国家级人才 14 人。

四、管理模式推广应用价值

国网河北电力“四维聚力”管理模式既突出了“具有中国特色”、践行“六个力量”的使命责任，也包含了“世界一流”“国际领先”的目标追求，符合电网发展升级和企业管理提升的实际需要，推动各业务板块、各管理要素、各指标业绩取得长足发展，得到了公司内外的高度评价，涌现出了一大批中企联、中电联以及国家机构部委评定的管理提升高等级奖项和典型案例。2018 年以来，《对接京津产业转移落地的电力服务提升管理》等 7 个项目获全国企业管理现代化创新成果二等奖；《以“一型四化”为核心的特高压工程建设环境保护管理与实践》获中国电力企业联合会电力创新奖大奖，《供电企业“质效型”运营管理创新与实践》等 5 个项目获中国电力企业联合会电力创新奖一等奖，张雄特高压被评为国家水土保持示范工程，邢西工程荣获鲁班奖。“四维聚力”管理模式可以为推进对标世界一流管理提升工作带来思考和启发，为国网系统、河北省管国企以及能源电力行业相关企业的管理实践提供借鉴和参考。

1.3

"点、线、面"三抓三创新高地管理模式

国网山东电力

一、企业简介

国网山东省电力公司（以下简称国网山东电力）是国家电网公司的全资子公司，以投资建设运营电网为核心业务，是关系国家能源安全和国计民生的国有重点骨干企业，是山东省最大的公共服务企业。2021 年，公司获评国家电网公司业绩考核"A+"级企业。

二、管理模式核心内涵

（一）新高地管理理念——"三实、三效、三先"

坚持"实际、实用、实效"：以结果为导向，以实用为标尺，立足实际、真抓实干、务求实效，以新高地建设创新发展思路、破解发展难题，不断增强核心竞争力和可持续发展能力。坚持"效率、效益、效果"：把"三效"理念贯穿新高地建设全过程、各环节，在推动落实上讲效率，在助力发展上讲效益，在价值体现上讲效果，真正把新高地成果转化为现实生产力。坚持"争先、领先、率先"：把永创最好走在前列作为价值追求，把新高地精神融入争先发展大局，始终保持永不自满、永不懈怠、永不停步的精神与气势，敢与强的比、同优的争、跟快的赛，坚定不移"扛红旗、干最好、争第一"，抢占发展制高点、赢得工作主动权。

（二）新高地管理方法——"点、线、面"三抓三创

突出"点、线、面"逐级衔接、三抓三创，分三批建设中国特色党建统领、安全生产、物资支撑、电网运检、大电网安全运行等"5+7+7"共 19 个新高地，以新高地"点的突破"带动整体工作登高跃升，实现由"高地"迈向"高原"。

以点为基，抓"专业制高点"，创"一体四翼"落地示范区。注重"清单式"承接，

聚焦“一体四翼”重点领域，立足实际、逐一对应，制定新高地建设实施方案，画好高地建设的“路线图”。开展新高地建设“求实效、做表率、创品牌”攻坚行动，制定16项重点任务，逐个高地编制“专业制高点”及重点任务等清单，明确量、质、期目标，全面实施每周例会汇报、现场调研督察、成效评价、“建高地·扛红旗”专题宣传等系列硬核举措，新高地建设攻坚格局全面形成，真正干出了实效、擦亮了品牌。注重“指标化”定向，梳理确定新高地与“一体四翼”的关联指标，确定“70%、50%”（前两批新高地70%以上、第三批50%以上的关联指标均达到国家电网公司第一）的争先目标，明确指标改进提升方向。注重“客观性”呈现，以专业实绩为支撑，每个高地至少推广1～2项典型经验，构建了重点领域“一专业、一高地、一亮点”的成果格局。

串点成线，抓“业绩检验线”，创发展质效提升区。以新高地为牵引，带动专业管理“大提升”，各牵头专业深度研究专业提升策略300余次，承担国家电网公司专业试点、重点任务数量大幅增加。党建统领、智慧型安全管控平台、基建全过程综合数字化管理平台等43项硬核成果在国网系统绝对领先。带动经营业绩“新跃升”，公司经营指标显著提升，风险挑战有力应对，重点任务高效落地，2021年公司售电量同比增长12.75%，省级“获得电力”评价排名位居全国第三，竞赛调考十年八冠，发明专利拥有量在国家电网公司保持首位。带动发展质效“勇攀升”，圆满完成建党百年保电任务，成功夺取援豫、抗台、保供电“多线胜利”，全面攻克了一系列改革任务，公司保持高质量发展良好态势。

扩线成面，抓“高地辐射面”，创品牌形象引领区。在国家电网公司层面“走前列、做表率”，聚焦打造“专业制高点”，争当“一体四翼”专业试验田，国网供电所配电专业管理、技术降损、乡村振兴等多个现场会在公司召开。各级领导给予“勇夺了一批国网第一，收获了一批创新成果”“特点鲜明，示范意义大”“先进中的表率、表率中的先进”等高度评价。在政府层面“展形象、优环境”，结合“双碳”、新型电力系统、山东新旧动能转换、乡村振兴、电力5G应用等重点工作，汇报展示公司服务经济社会发展责任央企形象，省委书记、省长等多位省领导多次作出批示给予高度评价，与省内16个市政府签订战略合作协议，为加快推进构建新型电力系统凝聚了发展共识，在新华社、中央电视台、人民日报等高端媒体争取发声，营造了良好的外部发展环境。在公司层面“比业绩、讲贡献”，通过新高地试点建设，晾晒突出业绩、突出贡献，形成了“比、学、赶、超”的良好氛围。

（三）新高地支撑体系——“选、育、评”

建立“五性标准”用心“选”。组织制定新高地选题“五性”标准（必要性、特色性、系统性、创新性、实效性），明确9大类评价内容和分值权重，精心编制可研报告，按照申报部门自评、专家组研讨评价等方式，用心选题，保证质量。

健全“四项机制”同心“育”。坚持“领导包保”机制，分管领导包保调度，部门负责人定期推动。坚持“清单推进”机制，制定建设计划清单，实施清单动态管理。坚持

“课题研究”机制，及时评估新高地建设遇到的重点难点问题，纳入重点课题开展研究。坚持“跟踪问效”机制，定期开展督察督办，按月通报工作进度，实现闭环管控。

构建“126”评估体系精心“评”。组织制定并迭代优化《新高地建设成效评估体系》，明确了“126”评价内容：聚焦1个目标，按照软、硬实力2个方面，以及系统领先、卓越贡献、核心技术、创新发展、价值创造、风险防控6个维度，细化形成42项评价事项进行成效评估，客观全面查找不足，系统明确提升目标，为新高地建设“螺旋上升”、拾阶登高，找准切入点、发力点和突破点。评估采取积分制，设置满分100分的通用性指标和附加分20分的个性化指标，既保证了高标准“规定动作”，也体现了创新性“自选动作”，为高地建设立起了鲜明的“风向标”。

（四）新高地推进策略——“三个坚持”

坚持分批推进、建储并举。坚持实事求是、梯次建设，成熟一批、推出一批。立足专业潜在优势，每个专业至少储备1～2个项目，建好新高地“储备库”“蓄水池”。

坚持专业主导、试点先行。坚持全公司“一盘棋”，由省公司专业部门统筹做好顶层设计、统一指导各单位开展试点，避免重复建设，不给基层增加负担。

坚持建章立制、迭代提升。坚持边建设、边完善、边提升，不断解决新高地建设中遇到的问题，总结梳理一批新高地建设成果示范案例，优化固化一批工作机制，久久为功，迭代提升，行稳致远。

三、管理提升成效

战略落地创新突破。创新落实“一体四翼”发展总体方案，基本构建重点领域“一专业、一高地、一亮点”格局，新高地成为国家电网公司战略创造性落地的最佳实践。国网山东电力与省内各地市党委政府签署战略合作协议，获评国家电网公司战略知识竞赛“优秀组织单位”。

运营质效明显提升。通过新高地建设，国网山东电力主要指标位居国家电网公司前列，售电量再创历史新高，新兴业务快速发展，电动汽车累计充换电量突破10亿kWh，储备综合能源重点项目350个，均居国家电网公司领先位次。组建海缆工程分公司，打造了新兴业务拓展新标杆。

风险管控显著强化。创新建成智慧型安全管控平台，“四个管住”要求全面嵌入管控流程，有效实现了“三升三降”（管控现场、关键风险点、无违章现场大幅提升，严重违章、一般违章、违章人次大幅下降）。全省1130户重要客户用电隐患全部整改完毕。始终坚持“全省一盘棋”，严格落实重点场所、人员出入、会议培训等防疫管理要求，确保疫苗“应接尽接”，推动形成免疫屏障，接连打赢了烟台、日照等突发疫情阻击战，13万职工始终保持疫情“双零”。

营商环境标杆引领。2020年度省级“获得电力”评价排名位居全国第三，济南、青岛获评标杆城市。全面建成以客户为中心的现代服务体系，创新打造“阳光业扩”服务品牌，立足“客户+服务”视角，率先推广“物流式”办电服务，实现“业务线上申请、信息线上流转、进度线上查询、服务线上评价”，客户能够全景式体验办电全流程。公司连续11年获全省九大公共服务业公众最高评价。

创新实力保持领先。IEC电力机器人技术委员会获批成立，国网山东电力成为国内首个承担IEC秘书处工作的省级电力公司。5G电力示范网建设成果入选“全国智慧企业建设创新案例”。代表国家电网公司勇夺第三届全国应急管理普法知识竞赛决赛第一名，获得一等奖。在国家电网公司2021年直流运维检修技能竞赛、“绽放杯”5G应用大赛、国家电网公司第八届供电“服务之星”劳动竞赛以及山东“泰山杯”网络安全等竞赛中，勇夺多项团体和个人第一。枣庄1000kV特高压变电站问鼎“鲁班奖”，九年四夺中国建筑行业工程质量最高奖。“两优一先”获奖数量位居国网系统和全省各大企业之首，发明专利拥有量连续第7年保持国家电网公司首位，2项发明专利获中国专利银奖，QC获奖等级数量居国家电网公司第一。

队伍建设走在前列。竞赛调考十年八冠，省部级及以上高端人才总量保持前列。首家完成新一轮813名市县公司级专家人才选拔，构建起领导职务、职员职级、专家人才并行互通的发展体系。2部作品获评国资委中央企业优秀品牌故事，国网山东电力获评山东社会责任企业。

四、管理模式推广应用价值

通过推行新高地管理模式，形成了创新争先、勇攀制高点的成功经验和宝贵精神财富，实现了党的建设、电网发展、经营业绩、改革创新、优质服务、队伍建设等重点领域不断突破、创新提升，展现了公司服务经济社会发展和人民美好生活的责任央企形象，得到了省委省政府、国家电网公司等各级领导的充分肯定和社会各界的广泛赞誉。下一步，国网山东电力将重点在两个方面进一步加强推广应用：在国网系统内部，聚焦党建、发展、设备、物资、营销等领域“专业制高点”，深入推进新高地“求实效、做表率、创品牌”攻坚行动，全面建成系统领先、特色鲜明、“一体四翼”专业领域基本全覆盖的高地群，更大力度提升工作，更大范围推广经验；在行业乃至全国范围，聚焦“点、线、面”三抓三创新高地管理模式，推广典型做法，宣传突出贡献，不断叫响新高地品牌，彰显国家电网公司责任央企形象。

1.4

“一引三驱五化”管理模式

国网上海电力

一、企业简介

国网上海市电力公司（以下简称国网上海电力）是负责上海市电力输、配、售的国家电网全资子公司，供电面积 6340.5km^2。近年来，国网上海电力“两利四率”指标在国网系统名列前茅，连续 7 年保持省公司企业负责人业绩考核 A 级。截至 2021 年底，服务客户 1136 万户，全口径供电可靠率达 99.992%。

二、管理模式核心内涵

国网上海电力以习近平新时代中国特色社会主义思想为指导，立足我国进入高质量发展新阶段，瞄准国家电网公司战略目标，围绕“一体四翼”发展布局，大力推进企业高质量发展。自国资委对标世界一流管理提升行动部署以来，国网上海电力以国家电网公司行动纲领为指导，对标一流，追求卓越，推动企业管理体系持续完善、管理能力不断提升，探索形成一套可复制、可推广、可落地的“一引三驱五化”电网企业高质量发展管理模式如图 1 所示。

（一）管理理念

战略导向。该模式以国家电网公司战略目标为统领，紧扣央企属性，紧抓企业高质量发展主线，明确企业管理目标。

系统架构。该模式提出目标、路径、特色、支撑体系，围绕企业治理、运营、资源、组织、平台五大管理体系形成管理特色。

融合开放。该模式充分吸收国内外先进管理理念，将卓越绩效、精益生产、可持续性管理等有机融入企业管理实践，支撑企业管理提升的具体落地。

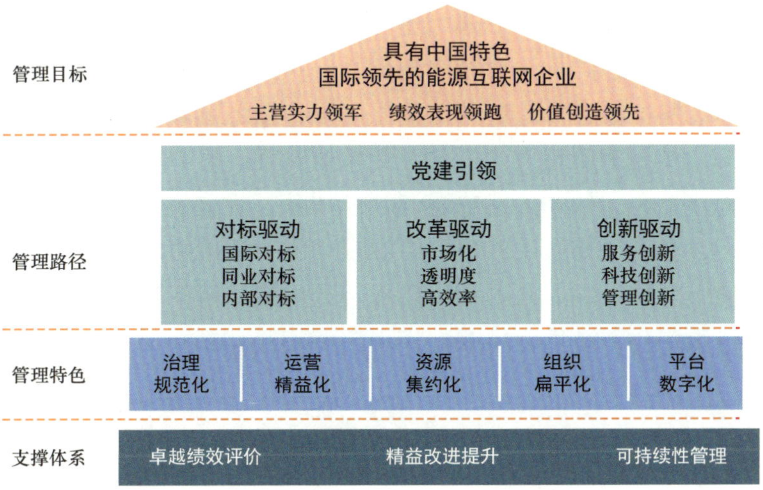

图 1 “一引三驱五化” 电网企业高质量发展管理模式

（二）模式内涵

1. 管理目标

国网上海电力以国家电网公司战略目标为统领，结合国资委关于世界一流企业建设标准，形成电网企业高质量发展的目标，即主营实力领军、绩效表现领跑、价值创造领先，并展开形成营业收入、利润总额、跨省跨区输电能力、城市配电网用户平均停电时间、清洁能源电量占比等 12 个关键绩效指标。

2. 管理路径

国网上海电力深刻领悟“中国特色”核心内涵，肩负能源央企使命担当，以一流党建引领企业高质量发展；以对标管理找准高质量发展的方向，发现管理短板，实施改进提升；以深化改革激发高质量发展的活力，破除束缚发展的体制机制障碍和深层次矛盾；以创新突破积聚高质量发展的动力，通过创新破解难题，实现更高层次、更高水平的发展。

3. 支撑体系

国网上海电力引进吸收国内外先进管理理念，以卓越绩效评价为诊断工具，在全国电力系统率先导入卓越绩效模式，并首家获得“全国质量奖”；以精益生产为改进工具，形成具有行业特色的供电精益管理模型，获得国家级企业管理现代化创新成果一等奖；以可持续性管理为发展工具，主导并创新搭建“3V－5S－5C－6M”国网可持续性管理体系，推动可持续的电力供应、企业运营、电能消费和能源生态。

4. 管理特色

国网上海电力重点围绕“战略管控、组织治理、运营管理、资源管理、信息管理”

五大管理体系，提升管理能力，形成“五化”管理特色。治理规范化，党的领导与公司治理深度融合，法人治理结构、合规管理体系、风险防范机制健全，“战略+运营”“战略+财务”分类管控实施有力。运营精益化，推行业务领域的精益改进和企业经营的多维精益管理，大力实施提质增效，实现企业精益管理、客户精准服务、电网精细作业。资源集约化，构建集约高效的人财物资源管理体系，优化资源配置权责和管控流程，提升专业管理能力，提升全要素生产率。组织扁平化，适应直辖市电力公司的管理特点，推行开放共享的平台化组织方式，缩短管理链条，提升管控效率。平台数字化，实施数字化转型，打造数字化智慧运营模式，实现电网运行、客户服务、企业管理向自动化、智能化转变。

（三）实施策略

1. 党建引领凝聚高质量发展合力

赓续上海“党的诞生地”红色血脉，坚持党的领导，加强党的建设，引领高质量发展。实施“旗帜领航•三年登高”计划，在驻沪央企中首家建成智慧党建中心和红色血脉党性教育基地，首家发布红色资源导图和红色精神图谱，全力打响“红色、智慧、联融”党建品牌。

2. 对标驱动找准高质量发展潜力

把握“世界看中国电力的窗口”定位，创新建立“明确要素、对标找差、改进提升、滚动评估、固化标准”的对标管理提升“五步法”，对标国际最高标准、最好水平，打造企业核心优势。先后开展东京电力国际对标、输变电资产运维绩效国际对标、一流电网企业资产经营国际对标，全方位寻标、对标、改进、提升，推进国际领先城市配电网建设、打造一流电力营商环境行动等 25 项重点攻关工程，促进企业核心指标水平提升。

3. 改革驱动激发高质量发展活力

全面贯彻国企改革三年行动要求，深化改革，赋能挖潜，提升企业运营效率效益。深化“放管服”，突出“放权”与“监管”并重，四批次下放 127 项权责，优化职责界面 134 个，减少审批事项 75 项。健全市场化经营机制，在所属各级分、子公司全面推行经理层成员任期制和契约化管理，在市场化单位推行职业经理人聘任管理，建立多元化薪酬分配机制，推行岗位聘任制，在科技型企业实施项目收益分红等中长期激励措施。因企施策推进混改，在国网系统率先完成 2 家省管产业单位混改，建立现代企业治理体系，转换经营机制，提供典型示范。

4. 创新驱动提升高质量发展动力

聚焦供电服务和企业发展关键环节，以创新破解难题、赋能发展。推进服务创新，打造优化电力营商环境“FREE”模式，迭代创新“五省五增”“五降五减”“五新五优”举措，被世行誉为“电力行业最佳实践”，并列入国务院典型经验。推进管理创新，打造

“4+N”停电管控模式，近 3 年用户年平均停电时长下降 65.2%。以数字化推动电网运营质量提升，深度应用 5G、AR、北斗导航、物联网等技术，打造“六零三确保”[1]智慧保电模式，在四届进博会等重大保电任务中实现“世界会客厅”级保电。推进科技创新，推行挂帅制、揭榜制、举手制，形成科技创新集群动力。建设以新能源高效消纳、“打不垮”和“不停电”的韧性电网为特征的上海城市新型电力系统，推动配电网智能 PMU、超导电缆、海上风电应用等关键技术取得重大突破。

三、管理提升成效

（一）主营实力力争领军

增强能源配置能力，国网上海电力致力于打造世界最先进的特大型城市主干电网和国际领先的韧性配电网，负荷密度、电缆化率、线路绝缘化率居全国第一。增强核心技术能力，建设运维国内电压等级最齐全的 1000kV 超大型枢纽变电站、两座 500kV 全地下变电站、世界首条 35kV 公里级超导电缆，获国家级科学进步奖二等奖 3 项。增强行业影响力，发布国际标准 3 项，荣获全球卓越绩效奖。

（二）绩效表现持续领跑

提高服务品质，全口径供电可靠率排名位居全国第 1，核心区达到 99.999%，电力营商环境排名全国名列前茅，均达到世界一流水平。提高效益水平，“十三五”期间售电量、营业收入分别增长 17%和 13.5%。提高运营效率，全员劳动生产率在国网系统名列前茅，人均售电量、人均服务客户数、人均运维资产等亩产指标超过纽约、东京、新加坡等国际先进城市电网企业。

（三）价值创造迈向领先

履行央企责任，在抗疫保电等急难险重第一线发扬电网铁军精神，在建党百年政治保电、连续四届进博会保电等重大任务中确保万无一失，国网上海电力党委在建党百年之际荣获“全国先进基层党组织”称号。践行绿色发展理念，围绕“碳达峰、碳中和”总目标，制定落实国家电网公司“双碳”行动方案的落地体系，上海绿色电力消纳水平继续在全球城市中保持前列。力行品牌价值提升，构建以“国家电网”母品牌为核心，“上海力道”子品牌和高品质专业品牌为支撑的品牌传播体系，6 项专业服务通过“上海品牌”认证，成为上海市获证数量最多的企业。

---

[1] 电网设备零缺陷、重要负荷零闪动、供电服务零投诉、安保反恐零事件、人员工作零差错、网络信息安全零漏洞，确保场馆供电万无一失、确保城市基础设施供电万无一失、确保全市生产生活用电万无一失。

四、管理模式推广应用价值

（一）助力电网企业实现战略目标

国网上海电力管理模式围绕电网企业特性及高质量发展要求，建立目标、路径、特色、支撑体系四个层面管理框架，涵盖战略、资源、过程、改进等管理要素，体现管理体系的完整性和协同性，指导企业发展实践，对电网企业落实战略目标、加快转型升级具有借鉴意义。

（二）打造电网企业高质量发展管理典范

国网上海电力管理模式相关成果获得中国质量技术一等奖 1 项、全国企业管理现代化创新成果二等奖 2 项，编制的《供电企业高质量供给体系管理实施指南》成为央企团体标准。国网上海电力将在国家电网公司战略目标的统领下，发挥管理模式指引作用、管理文化驱动作用，走出一条电网企业高质量发展的创新之路、示范之路。

1.5

多元融合高弹性电网建设管理模式

国网浙江电力

一、企业简介

国网浙江省电力有限公司（以下简称国网浙江电力）作为国家电网公司创建世界一流示范企业的典型引领单位，按照“走在前、做示范、打造重要窗口”的目标定位，全面部署开展对标世界一流管理提升行动，加强能源电力发展理论创新，电网安全运行、现代企业治理、客户服务满意度等对标指标全面提升，公司业绩、对标连续名列国家电网前茅，安全可靠供电等核心指标国际领先。2020 年，“高弹性电网”“企业复工电力指数”项目分别荣获国家电网公司特等奖、国家级一等奖；2021 年，获评“全国实施卓越绩效先进组织”，《高弹性电网推动的全方位减碳服务管理》获中国企业联合会管理创新一等奖。

二、管理模式核心内涵

以多元融合高弹性电网为关键路径和核心载体，以电网弹性提升主动应对大规模新能源和高比例外来电的不确定性和不稳定性，以大规模储能为必要条件、源网荷储协调互动为关键举措，以体制机制突破和首面首城、首台首套创新实践体现引领性和示范性，创建“四高四新四示范”，通过“个十百千”一体推进，源网荷储“四侧突破”，数字、首创、机制、组织“四维引领”，高标准建成全国首个新型电力系统省级示范区。

具体来说，以多元融合高弹性电网为关键路径，以高质量达峰、高弹性承载、高标准节能、高水平交互、高精尖技术、高附加价值的六个共同体作为浙江新型电力系统的核心载体。持续提升电网高承载、高互动、高自愈、高效能的“四高”能力，以高承载实现大规模新能源主体化新格局，创建新能源就地消纳和主动支撑的省级示范；以高互动实现多元主体融合发展新形态，创建源网荷储统筹协调一体化发展的省级示范；以高自愈实现自主防御和动态平衡新体系，创建电网弹性提升应对两个不确定性的省级示范；

以高效能实现高质量碳达峰、碳中和新目标，创建大受端清洁低碳转型和可持续发展的省级示范。通过“个十百千”的建设体系一体推进，实现一个框架体系统领全局、十个特色示范和十大专项行动率先突破、百个县级样板覆盖全域、千个应用场景发挥效用，构建具有大受端融合、分布式集聚、高弹性承载、新机制突破、数字化赋能等鲜明浙江特色的新型电力系统。

（一）构建与高弹性电网相匹配的管理体系

一是保持理念先进。主动适应内外部变革形势，紧盯碳达峰碳中和、构建新型电力系统要求，强化战略思维、系统观念和创新意识，以利国利民、清洁低碳为发展方向，加快发展清洁绿色产业，牢牢把握转型主动权。二是加快经营转型。以效益效率为导向，突出开源开放，挖掘资产价值，强化精准投入，推进增供扩销，推动企业发展从规模扩张型向质量效益型转变。分级分类优化企业管理模式、业务流程、制度体系，深化“放管服”改革，进一步赋予基层配置资源的灵活性，提高快速响应市场的能力。三是构建新型业态。加强产业链上下游企业合作，推进投资、市场、资源开放，增进产业、产融、业财、政企、银企各方协同，汇聚各方力量，跨界融合资源，拓展新领域，共建资源共享平台，推动构建行业发展新生态。

（二）锻造与高弹性电网相匹配的服务品质

一是服务区域发展。坚持人民电业为人民的宗旨，政企合作推动浙江共同富裕示范区建设，支撑保障“重要窗口”建设，服务乡村振兴和长三角一体化发展，成为值得信赖的“六个力量”。二是服务数字化改革。健全省能源大数据中心运营体系，对内推动数据互通互用、杜绝无效迭代，提升管理效率；对外推动能源工作和数字化改革深度融合，为全省能源管理和“双碳”工作提供重要支撑和决策支持。三是服务营商环境改善。聚焦供电可靠性，打造杭州、宁波、绍兴国际领先配电网。优化电力营商环境，探索新型供电服务体系，升级“数智”供电服务，持续提升客户满意度和获得感，杭州、宁波“获得电力”指数达到国际领先水平。四是服务绿色产业发展。加强支撑产业和战略性新兴产业布局，大力发展综合能源服务，积极推动省管产业向清洁能源领域布局发展，在光伏、储能、电动汽车、电氢融合、能效服务等领域加快形成省域一流、行业领先、全产业链运营格局。

（三）塑造与高弹性电网相匹配的队伍力量

一是强化政治建设。坚持党的建设与企业改革发展紧密结合、相互促进，深化构建“党委坚强、支部管用、党员合格”的党建生态，将党建优势转化为创新优势、竞争优势、发展优势，为公司发展提供强大精神动力和文化支撑。二是强化队伍建设。全面加强领导人员、科技专家、技能人员队伍建设，完善激励机制和容错纠错体系，以战略为导向选优配强各级领导班子，加快培养优秀年轻领导人员，畅通科技人才发展通道，打造一流蓝领队伍，为公司战略发展注入源源活力。三是强化作风建设。发挥全面从严治党引领保障作用，持续优化企业政治生态，深化智慧监督、协同监督，持之以恒治“四风”树新风，推动全面从严治党向纵深发展、向基层延伸。

（四）打造与高弹性电网相匹配的生态环境

一是激发“四首”创新活力。坚持顶层设计和鼓励基层创新相结合，以“首台首创、首面首域”为抓手，大力推进科技创新、管理创新、商业模式创新。加大科研投入与实验室培育，强化科研成果转化，创新科技体制机制，全面推进人才链、创新链、技术链、价值链、资金链融合贯通，持续提升创新引领力。二是推动能源电力清洁低碳发展由全社会共建、成果共享、成本共担。深化供给侧改革，推动政府理顺能源电力价格体系、天然气发电价格机制。推动需求侧变革，完善分时电价，构建需求侧响应“市场+行政”成本疏导机制。推动完善储能价格政策，推进“新能源+配额制储能”。健全电力中长期、现货和辅助服务市场，探索新能源、储能、负荷聚合商等新型市场主体准入机制，建立绿电交易体系，扩大绿色技术交易市场，探索多种能源协同调度市场机制。

三、管理提升成效

通过多元融合高弹性电网建设，提升电网弹性抗扰能力，实现能源安全可靠、清洁低碳、经济高效，推动电网和公司蝶变升级，助力全社会效能显著提高，呈现电网多重使命下的引领式发展。

（一）推动绿色发展，在服务“双碳”中发挥重要作用

制定“双碳”和新型电力系统“两方案一挂图一清单”，构建“经济—能源—电力—碳排”4E 模型，编制“十四五”电网规划。打造杭州萧山、宁波梅山、嘉兴尖山和丽水“三山一水”综合示范，全国首个“源网荷储一体化示范区”在嘉兴海宁挂牌。创新建设浙江省能源大数据中心，研发推广碳效码、碳账户等应用场景。上线运行省工业碳平台，国网湖州供电公司建成首个国网“新能源云”碳中和支撑服务平台。推动出台省级新型储能示范应用实施意见，市县两级储能政策全面覆盖。完成全国首笔大宗平价绿证企业级交易认购，在国网系统内率先实现绿电交易常态化开市。

（二）做强主责主业，在改革创新中实现重要突破

2021 年，公司资源配置能力和运营效率效益持续提升，资产效率、营业收入、利润等指标处于同行前列。杭州、宁波“获得电力”指数达到国际领先水平，首创“乡村振兴”电力指数，“电力光明驿站”成为国家电网公司唯一入选央企“我为群众办实事”特色项目。率先实现省级送变电企业股权多元化，浙江综合能源公司、8 家设备制造企业完成混合所有制改革。建立首台首套、首面首域管理体系，培育 100 余项领先成果。获

国家发展改革委批复，建设全国唯一国家绿色技术交易中心，牵头成果获国家科技进步二等奖 1 项、中国电力科技进步奖一等奖 2 项、国家电网公司科技进步奖一等奖 3 项。主导和联合主导发布 2 项国际标准，5 个质量管理成果斩获 ICQCC 大奖，2 项专利获第 22 届中国专利优秀奖。

（三）传承红色基因，在协同发展中体现国企担当

公司党委荣膺“全国先进基层党组织”称号，一批团体和个人分获“全国五一劳动奖状”、全国向上向善好青年集体、中国公益慈善大赛金奖、各级“两优一先”、国网楷模、省道德模范、浙江杰出工匠等荣誉称号。建成企业文化馆，出版《浙江有电史事探源》《能源安全新战略的浙江实践》，光明馆入选国务院国资委央企红色展馆。建成国网系统首个省级保密宣教示范基地。连续 15 年发布社会责任报告，6 次获评浙江省社会责任标杆企业，1 个项目获联合国面向可持续发展目标最佳创新奖，在中央权威媒体发稿量居国家电网公司首位，获评中国公众透明度最高的省级电网公司。

四、管理模式推广应用价值

推动浙江省发改委、能源局出台 2019 年度电力需求响应工作通知，先后编制一系列支撑负荷参与电网调节规范管理的制度标准，配套完善第三方主体参与市场的保障机制，为推动能源互联网省域实践提供了可推广、可复制的宝贵经验。2020 年，成功举办以“建设能源互联网　为美丽中国赋能”为主题的能源互联网形态下多元融合高弹性电网高端研讨会，得到社会各界的认可并形成广泛共识，多家主流媒体宣传报道，形成能源领域创新实践的现象级传播。2021 年，公司创建运营全国唯一的国家绿色技术交易中心，建成支撑“双碳”数智改革的浙江省能源大数据中心等示范成果，研发推广碳效码、碳账户等应用场景，有关工作得到党和国家领导人、省委省政府及国家电网公司领导批示肯定 74 次。

1.6

“三转两驱”数字强企管理模式

国网湖北电力

一、企业简介

国网湖北省电力有限公司（以下简称国网湖北电力）是国家电网公司的全资子公司，负责湖北电网建设、管理和运营。国网湖北电力供电面积 18.59 万 km^2，服务用电客户 2940 万户。在国家电网公司 2021 年度对标中，有 26 项指标达到国际领先目标值，同比提升 12.7%，在国家电网公司 27 个省公司中排名第 9 名，同比进步 10 名，在华中区域排第 1 名。2021 年，国网湖北电力主要指标高速增长，售电量较 2020 年、2019 年分别增长 16.35%和 12.25%；营业收入较 2020 年、2019 年分别增长 16.43%和 12.90%，扭转了疫情对企业经营效益的影响，呈现向好向优的发展态势。

二、管理模式核心内涵

国网湖北电力全面贯彻习近平总书记“四个革命、一个合作”能源安全新战略和“双碳”部署，围绕构建新型电力系统战略任务，落实国家电网公司“一体四翼”发展布局，加快电网数字化转型和企业数字化转型，重塑生产组织方式和运营管理模式，全面解放和发展生产力，不断提升企业运营效率效益，形成了以建设“华中区域领先、国网第一方阵”能源互联网企业为目标的现代化管理体系。

（一）管理模式及体系

管理理念：加快推进电网转型、推动公司发展转型、深入推进数字化转型，形成了共建共享共赢“数字强企”的管理理念。

管理目标：建成“交直流混联、送受端并存、微电网共生、多主体互动”的能源互联网；建成中国特色优势明显、综合实力迈入“华中区域领先、国网第一方阵”的能源互联网企业。

管理方法：坚持改革和创新双轮驱动。

基础支撑体系：构建以防控为重点的专业应急管理体系，以安全为基础的现代设备管理体系，以效益为导向的市场经营管理体系，以客户为中心的优质服务管理体系。

推进实施策略：实施党建引领行动、电网壮骨行动、安全筑基行动、数字赋能行动、提质增效行动、产业升级行动、企业治理行动、科技强企行动、价值提升行动九大落地行动。

（二）管理模式特点、创新性及效果

特点：管理模式体现了"国企姓党"的政治导向，体现了"服务大局"的行业使命，体现了"数字强企"的管理方向。

创新性：一是实现企业管理数字化。用数字化手段解决生产、建设、运营、服务等方面的痛点、难点问题，通过数字化转型为传统业务赋能，为企业发展创造更大价值。二是实现企业经营市场化。将市场经济原理与电网经营实践相结合，建立省、市、县三级内部模拟市场，实现业务价值化、结算市场化、经营成果利润化、经营绩效考评化，提升经营管理效率效益。三是实现企业发展多元化。通过拓展产业、构建生态，不断突破合作边界，逐步实现由单一的电能供应商向综合能源服务商转型，向能源产业价值创造、能源生态共赢方向转变。

管理的成效：一是在战疫战贫战洪、保障能源战略安全、服务疫后经济重振等大战大考中提升"处突"能力，建立了专业化应急管理体系，成为党和国家最可信赖的依靠力量。二是在输配电价空间持续收窄、售电量增速放缓和疫后重振刚性投资增加等因素叠加下，运用市场化内控管理手段，推动经营指标恢复，实现提质增效。三是牢固树立互联网思维、大数据思维、平台思维、生态思维，数字化变革的推进为开拓能源数据经济这一巨大蓝海市场抢占了先机、赢得了主动。

三、管理提升成效

国网湖北电力立足新发展阶段、践行新发展理念、融入新发展格局，强化政治本色，突出行业特色，把握发展角色，加强管理体系与管理能力现代化建设，成为国有企业践行"六个力量"，履行政治责任、经济责任、社会责任的典范。

（一）胸怀国之大者，履行政治责任的典范

企业治理"优"。一是推动党的领导和公司治理有机统一。创新实施"旗帜领航 • 三年登高"计划，构建形成"六位一体"大党建工作格局，把党的领导融入公司治理各环节。"党建入章"全面覆盖，公司基层党组织标准化建设 100%达标，党建绩效考评成绩保持国网系统前列，2 项党建课题获评中央企业优秀政研成果一等奖。二是推进治理体系和治理能力现代化。在全国率先开展电力体制改革综合试点。按期完成公司制改制，

建立完善现代公司法人治理结构。全面对接国家电网公司改革工作部署，制定国企改革三年行动方案，推动7个关键领域114项改革任务落实。落实“战略+运营”管控模式，制定四批“放管服”清单，在市场化单位改革改制、岗位分红、股权激励等方面取得积极成效，基层活力不断增强。全面实施班组长、供电所长聘任制，加大薪酬分配“五个倾斜”力度。编制国家电网战略目标湖北落地实施方案，构建具有湖北特色的战略落地工作体系。三是全面深化内部管理变革。完善“1+N”干部管理制度体系，通过专题培训、上挂下派、公开选拔等方式搭建年轻干部成长平台，构建“三个100”优秀年轻干部库，累计选拔“80后”三级领导人员40人。创新实施供服职工“六统一”管理。分类施策，拓宽人才职业通道，构建长期职工“3+1”、供电服务职工“管理+工匠”双通道的人才体系，切实解决员工成长通道狭窄、定位不清、管理不顺、转换不畅等问题。在国网系统率先启动“三项制度”改革，改革试点经验入选国务院国资委典型案例。

品牌价值“优”。一是助力打赢精准脱贫攻坚战。捐建6座集中式光伏电站和236个村级光伏电站，光伏扶贫“湖北模式”得到国务院扶贫办充分肯定。国家电网公司定点扶贫的“三县一区”和国网湖北电力定点帮扶的182个扶贫点全部脱贫摘帽，惠及贫困人口35万，公司连续三年在省直定点扶贫考评中被评为“好”。二是积极服务乡村振兴。超额完成农网改造“6年600亿”投资目标，建成潜江国家乡村电气化示范县和5个小康用电示范县，提前一年完成国家新一轮农网改造升级任务。三是打赢疫情防控阻击战。2020年1月，三天三夜为雷神山医院通电，五天五夜为火神山医院通电，37小时为武汉最大方舱医院通电，确保了高峰时期全省3774家疫情防控指挥场所、定点医院等重要用户可靠供电，为湖北夺取抗疫全面胜利做出了卓越贡献，国网湖北电力累计获得各类抗疫表彰238项。抗疫保电和服务经济社会发展工作得到李克强、韩正等多位中央领导人的批示肯定。

（二）融入发展大局，履行经济责任的典范

经营实力“优”。一是深入开展提质增效专项行动。2020年，面对新冠肺炎疫情、历史罕见汛情的双重大考，通过提质增效有效对冲减利影响28.9亿元，稳住了经营发展的基本盘。2021年以来，公司进一步打造提质增效“升级版”，将提质增效重心从效益增长拓展至效率提高、效能改善，公司经营质效稳步提升。二是夯实安全基础，筑牢发展底盘。在国网系统首创“3+1”安全管理体系，建成省、地、县三级安全监管中心，在国网系统率先开展安全生产巡查。开展作业票实效化治理。加快建设现代设备管理体系。建成“一个中部框架、三个受端电网”的500kV主网网架。三是加快公司和电网数字化转型。2021年，国网湖北电力确定10个重点工程和100余项省公司级重点项目，大力数字化转型及新兴产业发展，综合能源、电动汽车服务业务创新推进，“四大类”共享运营业务不断拓展。签约湖北省首个高效全场景绿色低碳综合能源项目。成功立项ITU（国际电信联盟）国际标准，实现国家电网公司在该领域零的突破。1项成果获得全国企业管理现代化创新成果奖，企业级数字基础平台上线运行。

核心技术“优”。一是迈向特高压交直流电网联合运行时代。投运我国首条自主知识产权的晋东南—荆门 1000kV 特高压输电工程，建成世界电压等级最高、容量最大的渝鄂直流背靠背联网工程。±800kV 陕北—武汉特高压直流输电工程等跨区联网工程启动送电。500kV 恩施东变电站等 3 项工程荣获国家优质工程奖。二是深化科技创新，抢占核心技术高地。建成国家电网公司现场高压试验技术标准验证实验室。“十三五”期间，累计获得省部级及以上科技奖 53 项，制定国家、行业等标准 93 项，公司 IEEE 国际标准立项实现零的突破。三是强化数字化技术安全保障。持续筑牢互联网大区、管理信息大区、生产控制大区“三道防线”，公司主机安全防护经验入选国家电网公司典型经验并在全系统推广。连续两年“零失分”圆满完成国家级网络安全攻防演习任务。

（三）牢记初心使命，履行社会责任的典范

绿色发展“优”。一是构建新型电力系统。积极服务“双碳”目标，率先制定落实措施，启动构建新型电力系统。组建新型电力系统研究中心，开展“双碳”十大课题研究和十大示范工程建设。加快随州广水 100%新能源新型电力系统科技示范工程，实施秭归县供电公司碳技术研究与试点工程，力争打造经权威机构认证的“双碳”供电企业。二是推进能源清洁低碳转型。深化“新能源云”平台应用，风电、光伏新增并网装机累计达到 1672.35 万 kW。三是积极推动生态文明建设。基本建成湖北“三纵三横一圈”电动汽车城际互联快充网络，累计电能替代电量达 301.49 亿 kWh。助力打赢污染防治攻坚战，实现省内新能源全额消纳，完成长江流域（湖北段）港口岸电全覆盖，相关工作得到丁薛祥、何立峰等中央领导人的批示。

服务品质“优”。一是支持全省实体经济发展。主动融入湖北“一主两翼全域”区域发展布局，促成国家电网公司和湖北省政府签订战略合作协议，公司与武汉等地市政府签订战略合作协议。连续 9 次降低一般工商业电价，先后 3 次下调大工业电度电价，大幅降低社会用能成本，为湖北疫后经济重振作出突出贡献。二是建立以客户为中心的供电服务体系。按照“军种主建、战区主战”思路，建成 14 家地市供电公司供电服务指挥中心，打造“工单驱动业务”配网运维管理新模式，城网用户年均停电时间从 3.43h 压减至 1.878h，农网用户年均停电时间从 27.40h 压减至 14.4h。三是持续优化电力营商环境。打造“阳光业扩”服务品牌，实现居民“刷脸办电”、企业“一证办电”，形成“政府主导、多方出资、客户自愿、统一标准、整体移交”可推广的转改直“汉正模式”。深化“三零”　“三省”服务，实现全省城市地区 160kW 及以下用电报装“零投资”，节省用户办电成本 16.38 亿元。全省 95598 投诉数量压降 65%，“客户服务满意率”指标在国家电网公司业绩考核中位列第一。

四、管理模式推广应用价值

核心理念及企业精神。紧扣党中央建设“数字强国”战略部署，核心理念是打造“数

字强企”的国网样板。推进“数字强企”的过程就是一个勇于创先争优、争先进位、争创一流的过程，是国家电网公司“努力超越、追求卓越”企业精神的“湖北实践”。

经济、社会等有形价值及第三方对企业评价。通过现代化“数字强企”实践检验，剔除 2020 年疫情影响，主要经营业绩指标呈现稳中向好态势，《电力看经济》专报获湖北省委书记的批示肯定。

现代化“数字强企”管理模式的推广价值。在全世界、全社会、全行业数字化转型加速发展的形势下，数字化转型是避免被管道化、破解传统业务发展瓶颈、培育新兴产业发展动能的突破口。国网湖北电力的“三转两驱”数字强企管理模式，经受住了战疫抗洪、脱贫攻坚、经济重振多重考验，具有很强的代表性和研究推广价值。

1.7

省级电网企业“三本”管理新体系

国网江西电力

一、企业简介

国网江西省电力有限公司（以下简称国网江西电力）是国家电网有限公司下属全资子公司，以投资、建设、运营江西电网为核心业务，经营区域覆盖全省 11 个设区市、100 个县（市、区），供电户数 2299 万户，供电人口 4518.9 万人。所辖市公司 11 家、县公司 97 家、城区供电中心 27 个、乡镇供电所 977 个，直属单位 16 家。现有±800kV 特高压换流站 1 座，全省 500kV 电网已形成“两纵四横五环网”的坚强网架结构，220kV 变电站基本实现“县县覆盖”。

二、管理模式核心内涵

国网江西电力深入贯彻国务院国资委关于国企改革的决策部署，立足国家电网“一体四翼”发展布局，把世界一流企业建设、对标管理提升行动融入公司管理实践，深刻把握省级电网企业之本、事物之本、人性之本（统称“三本”），重构企业管理体系，形成了符合省级电网企业发展规律、具有江西特色的高质量发展管理模式。其中：企业之本是指企业的根本使命和根本目标，是企业发展的根本方向，是统领一切管理的基石和原则。事物之本是指事物的内在规律和联系。对事物本质的把握，决定着管理的方法、途径和策略。遵循事理的管理，是科学管理的前提和基础。人性之本是指人的内在本质追求。人的内在本质追求，支配着人的思想和行动。对人性的本质把握，关系着人的激情、动力和智慧，是科学管理的重要内涵。

（一）管理模式核心内涵

1. 坚守使命责任，树立统一的目标导向和价值导向

正确的行动来自正确的认识。国网江西电力将电网企业的政治责任、社会责任、经

济责任统称为社会责任，与公司的安全责任和经营责任作为公司的“三大责任”。并且明确了履行“三大责任”的目标和评价标准：安全责任履行以安全局面稳定，不发生安全事故为好；社会责任履行以保障电力可靠供应，供电服务品质好，社会满意度高为好；经营责任履行以经营质效好，效益增速快为好。由此，在公司系统树立了统一的目标导向和价值导向，围绕目标导向综合发力，围绕价值导向判明是非，有益于“三大责任”的行之、为之，无益于“三大责任”的弃之、废之，把“三大责任”作为一切工作的出发点和落脚点。并以此优化、完善、变革公司现行的管理体系。

2. 变革企业管理，激发干部员工的激情、动力和智慧

对事物的本质认识和把握是科学管理的基础。遵循事理调整、优化、变革管理模式是科学管理的关键。国网江西电力将“工资、成本、荣誉”作为企业管理的核心资源，并通过管理模式的变革，实现“目标、途径、动力”的内在统一。

（1）构建管理体系。紧扣“三大责任”，按照“比实现、比进步、比变化、比增量”的原则，一体化地重构市（15 个指标）、县（12 个指标）公司同业对标评价办法、工资总额按业绩评价核定办法（年度工资总额的 50%作为基础工资按实际人数核定，50%作为业绩工资按业绩评价核定）、单位按综合业绩评级办法（即企业负责人业绩评价办法）、年度可控成本综合核定办法以及班组长安全责任管理规定等核心制度，构建了“工资靠挣、业绩靠干、荣誉靠贡献”的争先进位管理机制。

（2）完善管理基础。设立经营上的效益指标：概念收益（=售电量×售电均价－供电量×供电均价），并实行购售同期管理，使经营管理变得简约、易操作，业绩评价变得真实、直观、透明、公信度高。

3. 变革管理模式

（1）强化供用电管理。实行了供电所高、低压营配融合管理，并且全省全域化覆盖，压实了供电所在供电服务上的前端责任和经营上的终端责任，实现了从配网建设、配网运行到电力经营上的责任统一，回归了供电所应有的本质责任和应有的重要地位（省级电网企业的所有付出和努力，其社会价值、经济价值最终在供用电环节得到体现和放大）。

（2）调整输电通道管理责任。实行输电通道管理的属地化，落地于供电所，输电线路运行环境得到根本性的改善，电网运行的安全水平得到提升，线路的运营成本有了较大下降。

（3）优化物资管理模式。针对电力物资流失、建设物资积压、运营资金占用等老大难问题，国网江西电力用两年时间完成了南北物资运营中心建设，实现了厂家物资在中心寄存、建设物资统一配送、物资领用即时结算的管理方式。

（4）开展全员随机抽考。编制 24 个专业的应知应会读本，按专业随机抽考，不及格者降岗降薪，促使员工自我学习、不敢侥幸，提升了全员履责能力。

4. 拓展创新空间

按照“目标管理、边界控制、过程监督、结果评价”的原则，在成本管理、电网建设、管理调整等方面，实施管理上的“放管服”，释放和拓展了基层单位探索创新的活力和空间。

（二）管理模式核心特点

（1）市县公司实现了无计划指标管理，按照“四比”原则和机制，大家都在比拼中力求做“最好的自己”。通过抓住同业对标、工资总额核定、企业负责人业绩评价等核心制度开展基层单位评价，不再下达具体的售电量、售电均价、供电线损和电费回收等年度指标，达到了“没有指标、胜有指标”的效果。

（2）由于工资靠挣、荣誉靠贡献，所以不论年度自身出现什么情况，各单位都不敢懈怠。即使某个单位发生了安全事故，导致同业对标、企业负责人考核扣分，但也不敢有懈怠，仍要继续抓安全、抓概念收益、抓供用电服务，努力争取更多的工资总额。

（3）为了在竞争中实现长远制胜、本质制胜，市县公司和供电所有了强电网、强队伍、强管理的治本思想和动力。电网与队伍是根本依靠，考核评价不论基础条件，而比进步、比变化，促使市县公司和供电所抓工作有思想、有谋略，既立足当前更着眼长远。

（4）员工主动作为，过去的难事、苦事都得到了较好的解决，很多想不到的事，他们想了而且做了。激发了员工的工作热情，增强了员工主人翁意识，员工把“公司的事”当作“自己的事”去干，取得了很多意想不到的成效，办成了过去很多想办而没办成的事。

（5）实现了基层“五不跑”：不跑工资、不跑成本、不跑指标、不跑项目、不跑荣誉。工资分配、成本分配和荣誉评比实现“三个透明”，各基层单位有公平的资源来优化管理和解决问题，也更有精力抓基础、抓基层、抓基本功，有效拓展了基层的创新空间，释放了生产力。

（6）形式主义和官僚主义少了，党风廉政建设形势好了。干部员工逐渐养成了正确的价值观和是非观，将更多的精力投入到本职工作上来，形式主义和官僚主义自然而然地减少。实现基层工资分配、成本核定、评优评先透明，无形中堵塞了经营管理等环节中的漏洞，压缩了滋生腐败的空间，党风廉政建设形势持续向好。

三、管理提升成效

（1）安全生产局面保持稳定。2019 年以来，国网江西电力安全形势总体平稳，未发生人身死亡、大面积停电等事故，电网设备故障停运率大幅下降。

（2）员工服务意识明显增强。“低电压”、频繁停电等供电问题大幅减少，2021 年城乡用户年平均停电时长较 2018 年减少 32%；供电服务品质大幅提升，服务质量排名由国网第 15 位上升至目前第 2 位。服务脱贫攻坚工作获得党中央和国务院表彰。

（3）电网建设质效大幅提升。近年来江西电网投资力度和规模空前，2021 年特高压交、直流工程相继建成投运，创造了特高压建设史上的新纪录。配网等项目“自己干”超过 50 亿元，既节约了工程成本，又锻炼了核心队伍。

（4）极大地改善公司发展生态。国网江西电力积极履行“三大责任”，得到各级地方党委政府的高度认可，各方面的支持力度不断加大，2021 年给予公司各类奖励约 5.5 亿元，省、市公司多人当选江西省市新一届党委委员、人大和政协常委。

（5）企业经营效益显著提升。彻底解决了优惠电价和小水电网前供电等历史遗留问题，近 3 年综合线损从 6.9%降至 4%以下。2020 年，对冲疫情近 30 亿元效益影响，概念收益（毛利）实现 258 亿元，实际盈利创历史最高水平，获得国家电网公司提质增效突出贡献奖。

（6）厚植了风清气正的企业生态。公开透明的管理和评价体系，压缩了滋生腐败的空间和可能，改进了工作作风，员工队伍保持稳定，信访举报、问题线索大幅下降，企业的凝聚力和向心力不断提升。

四、管理模式推广应用价值

（一）应用价值

将省级电网企业之本、事物之本、人性之本紧密结合起来，构建了工资按业绩核定、可控成本按标准分配、先进单位按综合业绩自动生成“三个透明”企业治理体系，形成了“业绩靠干、工资靠挣、荣誉靠贡献”的企业价值导向，为国网江西电力内外部带来深刻变化，实现持续健康发展。公司改革创新工作获国家电网公司和省委省政府的充分肯定，供区调整、“三项制度”改革、“放管服”改革、提质增效等工作经验在国网系统推广或交流。2019 年以来，涌现出一大批全国、电力行业、地方以及国家电网公司等各个层面评定的管理创新成果奖和典型案例，《以概念收益为核心指标的省级电网企业新管理体系建设与实践》获国家电网公司 2020 年度管理创新优秀成果一等奖。

（二）推广范围

国网江西电力管理模式立足新发展阶段、践行新发展理念、服务新发展格局，紧扣国家电网公司发展战略、紧扣地方经济社会发展形势、紧扣电网企业的本质与核心，突出了高质量发展的时代主题，符合省级电网企业发展规律和实际管理需要，获得了公司内外部的充分认可和肯定。该管理模式可以为省级电网企业及电力行业相关企业的管理实践提供借鉴参考。

1.8

以价值创造为核心的提质增效管理模式构建与实施

国网辽宁电力

一、企业简介

国网辽宁省电力有限公司（以下简称国网辽宁电力）成立于1999年，以建设运营辽宁电网为核心业务，承担着为辽宁经济可持续发展提供强大、安全、优质、方便、清洁电能供应的重任。公司供电营业区域14.75万km^2，供电服务人口超过4216万人。至2021年底，公司66kV及以上输电线路58 420km、变电容量21 184.5万kVA。

二、管理模式核心内涵

紧紧围绕"一体四翼"战略布局，以内部模拟市场为载体，以策略引领、增收拓源、降本挖潜、改进效率和激励创造五个方面为重点，通过开展方案制定、全面启动、推进落实、评选总结和考评兑现五个阶段工作，不断推动基础更稳固、管理更精益、运转更高效，最大限度释放公司经营潜力，激发经营活力，群策群力实现以价值创造为核心的效益提升这一经营目标。

1. 主要工作思路

策略引领。高举改革旗帜，应对形势变化，增强经营意识、效益意识和成本意识，持续优化经营管理策略，深入推进价值管理体系变革，加强综合计划与全面预算管控，大力提升经营管理水平。

增收拓源。推动电网业务增供扩销，巩固存量市场，拓展增量市场。加快发展综合能源业务，推动子公司提高发展质量和效益，提升利润贡献度。

降本挖潜。牢固树立过紧日子思想，强化生产经营、电网建设全过程成本管控，将节俭意识层层落实到位。推动作业标准成本在各单位落地应用，加强成本支出控制。

改进效率。加强资产、资源、资本“三资”管控，最大限度合理整合、运转各类经济资源，加快科技创新，推进数字化转型，提高作业效率、投资效率和人财物管理效率，通过改进效率促进效益提升。

激励创造。纵深建设内部模拟市场，激发各单位价值创造潜能，实施利润贡献考评。以增收节支、提高效率为重点，鼓励各层级职工发挥才智，提出合理化建议，助力公司效益提升。

2. 基础支撑体系

加强组织领导。设立提质增效管理提升领导小组，研究解决活动进程中的重大事项，领导小组下设办公室负责日常工作推进，设置降本提效组、增收推进组、改革增效组、策略优化组、新闻宣传组，协调推进各项工作落实。

扎实工作推进。号召各部门、各单位要对当前经营形势的复杂性、严峻性给予高度重视，根据形势变化和国家电网公司部署，扎实有序做好年度经营目标预判、预测和预控工作，确保公司经营稳健有序。

加强过程督导。建立过程跟踪和动态分析机制，各部门、各单位按月向工作领导小组办公室提交提质增效管理提升工作简报，分析研判新形势、新情况，量化、统计各项工作进展，有针对性地提出应对措施，确保工作有序推进。

3. 重点工作举措

围绕主线，衔接有序“优机制”。通过着力服务清洁能源转型、落实“一体四翼”发展布局、开展经营战略分析和深入推进内部模拟市场建设，构建高效协同的体制机制，将提质增效置于推进服务“双碳”目标、建设新型电力系统和协同发展“一体四翼”等重大决策中来谋划，找准结合点和发力点，加强统筹、精准施策，在创先争优中抓落实、求实效；通过抓好“效益提升年”成果固化、党建引领和工会主题活动开展，树立质效理念，推动提质增效进一线、进班组。

多措并举，增收拓市“广开源”。通过全力提升报装工作质效、拓展电能替代领域、提高带电作业能力和强化营销稽查管理，致力打造“辽·亮”供电服务品牌，赋能美丽辽宁，全面营造高效率办电、高品质服务、高质量供电的电力营商环境；通过推动自备电厂规范管理、综合能源项目增收和存量资产盘活效率提升，切实维护电力市场秩序，努力开拓营收渠道，增进价值挖掘的深度和广度，多方位寻求效益增长点。

严抓细管，降本增效“深挖潜”。通过优化购电成本、运维成本、建设成本、营销成本和折旧成本管理，牢固树立过紧日子思想，强化生产经营、电网建设全过程成本管控，将节俭意识层层落实到位；通过持续提升人力、财力和物力效率，加强资产、资源、资本“三资”管控，最大限度合理整合、运转各类经济资源，改进效率促进效益提升；通过积极争取政策支持，营造良好的电网建设和经营外部环境。

聚力攻坚，深化改革“释动能”。通过深化国企改革、“放管服”改革、“战略+运营”管控模式、“三项制度”改革和省管产业改革，发挥改革的突破和先导作用，充分结合实际，合理配置各类资源，加大工作组织协调，确保完成改革目标任务，进一步激发市场活力；通过推进电价政策研究、现货市场建设和交易中心规范运行，促进市场有效竞争，充分挖掘清洁能源消纳能力，加快建立完善有利于新能源发展消纳的市场规则与机制，不断提升电力系统整体运行效率，进一步释放改革红利。

智能引领，科技创新“促转型”。通过全面提升科技实力、加强数字化建设和拓展战略新兴产业，以做强做优能源互联网产业链为核心，以数据准确采集、高效传输、可靠利用为基础，以“大云物移智链”为支撑，优化科研布局和资源配置，加强核心技术攻关，建成东北能源大数据中心，推动数字化技术融入电网业务各领域、各环节，加快推进数字化转型工作，提升自主可控能力、市场竞争能力、智力支持能力、产业带动能力，助力构建发展新格局。

筑牢根基，强身健体“抗风险”。通过严格投资管控、预算统筹和风险防控，适应外部监管要求，发挥集约效能，保障电网高质量发展，确保稳健经营；通过强化效能评估和合规管理，根植依法治企理念，持续提升合规经营管理能力，坚持“花钱问效”，多维开展投入产出评价分析，进一步优化资源投向，提高投入产出效率。

三、管理提升成效

管理提升经营实力方面：建成全国首个多种电源并存、源网荷储一体化协调发展的省级电网。公司资产总额突破千亿元，营业收入连续三年超千亿，成为全省第二个营收超千亿特大型企业。

管理提升经营理念方面：建成五级内部模拟市场，将公司经营压力以及经营质效理念直达一线干部员工，实施内部利润与工资绩效、投资规模和成本预算挂钩机制，在各层级营造“人人都是经营者、人人都要创价值”的浓厚氛围。

管理提升绿色发展方面：公司 220kV 及以上输变电工程建设项目环评率、环保验收率保持双百。新能源并网周期压减至 2 个工作日，达到全国最优。新能源综合利用率达 99.22%，处于国际领先水平。

管理提升核心技术方面：连续 5 年牵头获批国家科技项目，在省公司中位居首位。清洁能源消纳、导体材料等领域处于国网领先水平，国家奖获奖数量在省公司中居首位。

管理提升服务品质方面：启动优化电力营商环境暨“营商环境提升年”活动，打造“辽 • 亮”供电服务品牌。深化“网上国网”运营，大力推广应用“电 e 金服”，获评国家电网公司“电 e 金服”优秀核心企业。

管理提升企业治理方面：率先走出具有辽电特色的党建融合之路，大力实施“党建 +”十大重点攻坚工程，荣获中组部优秀研究成果二等奖，在国网系统获评 4 个党建专业标杆。

管理提升品牌价值方面：以融媒体传播企业文化，以“文化 +”行动践行企业文化，推动“以客户为中心、专业专注、持续改善”的核心价值观入脑、入心、入行。公司及下属各级单位获评多项荣誉表彰。

四、管理模式推广应用价值

通过实施“以价值创造为核心的提质增效管理模式”，公司综合实力、发展活力和竞争能力显著提升，受到国家电网公司和辽宁省委、省政府的高度赞誉，先后荣获全国五一劳动奖状、全国文明单位、全国电力行业优秀企业、辽宁省用户满意企业等多项荣誉，树立了责任央企良好形象。2019 年，荣获辽宁省省长质量奖金奖。2020 年，被评为国家电网公司企业负责人业绩考核 A 级单位，管理迈入国内领先行列。2021 年，公司党委荣获辽宁省先进基层党组织称号。核心管理理念、方法手段具有较高的认可度，并可广泛推广。

1.9

国际化企业“战略+财务”管控模式

国网国际公司

一、企业简介

国网国际发展有限公司（简称国网国际公司）成立于2008年6月，是国家电网公司实施境外能源电力资产投资运营的平台，包括全资公司2个，控股公司3个，参股公司7个。近年来，国网国际公司积极贯彻落实党中央、国务院决策部署，深入实施“走出去”战略，积极参与“一带一路”建设，成功投资运营巴西、菲律宾、葡萄牙、澳大利亚、意大利、希腊、阿曼、智利和中国香港9个国家和地区的12个国家级骨干能源网项目，投资建设巴西美丽山水电特高压直流送出一期、二期项目，实现特高压技术“走出去”，带动国产电工装备和工程承包出口。国网国际公司建立并实施“战略+财务”管控模式，所有境外投资项目全部盈利，对国家电网公司的贡献度不断提升。

二、管理模式核心内涵

国家电网公司积极构建“一业为主、四翼起飞、全要素发力”的“十四五”总体发展布局，将国际业务提升为发展一翼。面对分布全球的3000亿元人民币境外资产，如何确立适合国际业务特点的有效管控模式，成为保障国际业务稳健运营的关键问题。

（一）国际业务“战略+财务”管控模型分析

应用现代企业理论组织管控边界分析框架，提出针对国际化企业的最优管控分析模型，在理论上论证了国际业务“战略+财务”管控的有效性。

在国际业务环境下，地理距离、社会环境、市场及行业监管规则的不同，降低了信息交流效率，提高了总部获取和理解境外分部/子企业信息的成本。如图1所示，信息成本曲线向右方移动，总成本曲线向上方移动，最优授权位置更为靠近分权。可见，对于国际化集团，最优授权位置相比同一地域的集团更倾向于相对分权的管控模式。

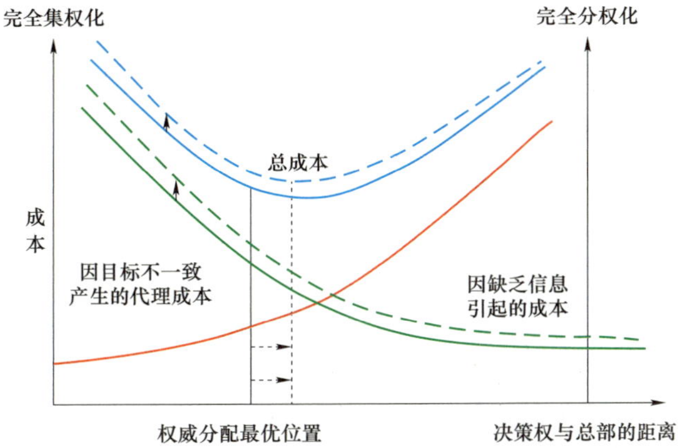

图 1 国际业务集团：最优位置相对右移

针对“战略＋财务”管控模式，一方面，派驻忠诚实干的高管团队和专业资深的董事，确保战略意图从总部向分支的宣贯延伸，并降低了完全由当地管理层运营产生的较高代理成本；另一方面，企业通过财务管控，聚焦关键财务管理线条和财务指标数据，避免运营管控模式下的过高信息成本。

（二）“四节点”国际化集团财务管控实施路径

结合投资运营境外 9 个国家和地区的 13 个骨干能源网项目的管理实践，国网国际公司形成“预算引领—月度衡量—差异控制—指标考核”的财务管控闭环实施路径（见图 2），确保放得开、控得住。

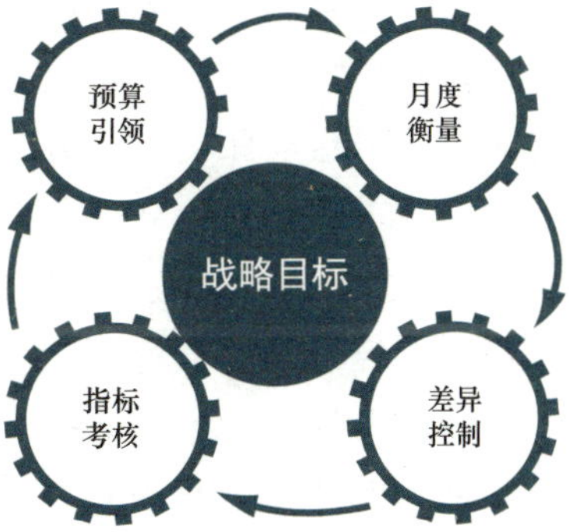

图 2 财务管控闭环实施路径

预算引领。采取“两下两上”“先下后上”的管理模式，充分发挥董事会、专委会等公司治理结构的作用，审议批准境外子公司滚动商业计划和年度预算。以财务预测模型中的业务增长、当地监管回报率、资本性支出和运营成本、线损率和财务费用等关键参数为管控重点，指引境外子企业形成符合集团战略目标的预算安排。

月度衡量。对境外并表单位预算执行特别是损益情况，通过信息化系统动态监控，把握授权限额以上的重点投融资、资产、风险等运营活动及资源调配，并向决策层报告月度预算执行情况。对境外参股合营企业，依托股东会、董事会、专委会等，对重大融资决策、Capex 投资计划、监管重置立场、分红安排等关键事项发挥影响力，确保投资收益符合预期。

差异控制。根据经营情况与预算变动、重大经营环境变化，展开差异分析，聚焦“例外”情况。在境外电力子公司营业收入和现金流面临阶段性压力的情况下，引导境外子公司优化流程、压减成本；利用全球基准利率下降窗口期，发挥集团统筹资源的优势和等同中国国家主权的优质信用评级，降低融资成本。

指标考评。考核指标是引领境外子公司战略方向和关键业绩的抓手，是支撑“战略+财务”管控模式的关键。根据“成长性、差异化、可比性”原则，构建以效益贡献、价值创造、资本运营、投资回报、财务风险为核心的财务考核指标体系，并针对不同境外子公司横向对比激励，从而保障体现公司战略目标的财务预算得以落实。

三、管理提升成效

国网国际公司深入贯彻落实国资委和国家电网公司各项决策部署，推动“战略+财务”管控实施落地，以提质增效和防范风险为工作主线，夯实财务基础管理，优化资金运作管理，加强境外风险管控，取得一系列积极成效。

（一）克服压力，提质增效助发展

2020 年克服疫情冲击，夺取疫情防控和经营发展“双胜利”，荣获国家电网公司 2020 年提质增效特殊贡献奖。着力开展 2021 年提质增效升级行动，召开境外并表单位提质增效专题会，分解落实 2021 年业绩目标，压紧压实各级责任。

（二）多措并举，精益管理促提升

把握市场机遇，外争政策，内精管理，充分挖掘存量资产价值。一是把握全球降息窗口，通过集团内资金融通、置换高息借款、运用衍生品锁定低息成本等手段，压降平均融资成本近 40%；二是精益资金运作，充分利用巴西当地资本市场完成“巴控公司美丽山二期以市场化方式发行基础设施债券，国网巴西电力公司利用自有资金认购债券”的资金运作，顺利发行 13 年期 11 亿雷亚尔债券，实现巴西子公司资金融通路径新突破，每年可提升利润总额超 1 亿元；三是 2021 年国际公司实现三大国际信用评级全面提升至中国国家主权级（标普 A+/穆迪 A1/惠誉 A+），进一步提升境外融资优势，助力境外业务开拓，保持并提升国际业务发展动能、盈利能力和全球竞争力，更好地服务于国家电网公司“一体四翼”总体发展布局。

（三）强化管控，稳健经营筑底线

坚持底线思维，深化风险预控，提升合规水平。一是拓宽境外资金回流渠道，防范境外资金安全风险；二是巴西板块分红资金回流，减少巴西资产积累和外汇风险；三是开展净投资外汇风险研究和操作，将外币债务掉期为当地币债务，对冲投资汇率风险。

四、管理模式推广应用价值

国网国际公司顺应改革发展要求，实施“战略+财务”管控，并建立“预算引领—

月度衡量—差异控制—指标考核”的财务管控闭环体系，在 2020 年境外疫情冲击的经营环境下，2020 年创利同比 2019 年逆势增长 17.44%，圆满完成“十三五”国际化发展目标。2021 年创利同比 2020 年逆势增长 5.64%，为夺取疫情防控和经营发展“双胜利”提供了坚实保障。实践证明，“战略+财务”与国家电网公司国际业务“本土化、市场化、长期化”经营方针相得益彰，是对国际业务行之有效的管控模式。充分体现国际业务特点，契合业务发展阶段需求，对系统内从事国际业务的单位及其他市场化单位具有借鉴意义。

1.10

以“1346”为驱动的市场化集约协同共享管理模式

国网信通产业集团

一、企业简介

国网信通产业集团成立于2014年底，是中国能源行业主要的信息通信技术、产品及服务提供商。主要业务产品包括智能芯片、信息通信设备、平台及基础软件、企业管理信息化、生产经营信息化、信息安全、信息通信系统集成、信息通信综合监管、信息通信运维及咨询服务等，构建了覆盖“云—网—边—端—芯—智—链”的业务体系。下属支撑机构1个、分公司3个、二级子公司35个，其中国网信息通信股份有限公司为上市公司。集团近三年实现营业收入累计增长20.94%，在国家电网公司市场化产业单位中排名第3，利润总额在国家电网公司市场化产业单位中排名第2。

二、管理模式核心内涵

认真贯彻落实“双碳”、新型电力系统等国家战略，以国家电网公司“一体四翼”发展布局为指引，围绕“1346”总体思路，坚持能源数字化服务国际领军企业发展目标，实施突破创新一批、综合示范一批、规模发展一批“三个一批”产业升级行动，提升党建、战略、科技、人才“四个引领”价值，强化营销聚力、生产集约、提质增效、改革攻坚、资本运作、风险管控“六个支撑”能力，构建大营销、大研发、大制造高效协同，人财物全要素集约共享的“敏捷前台、高效中台、坚强后台”现代管理模式，如图1所示。敏捷前台依托大营销快速响应客户需求，提供敏捷服务；高效中台依托大研发、大制造，提供专业化的产品及运营服务；坚强后台强化资源合理配置，提供人财物资源集约共享。

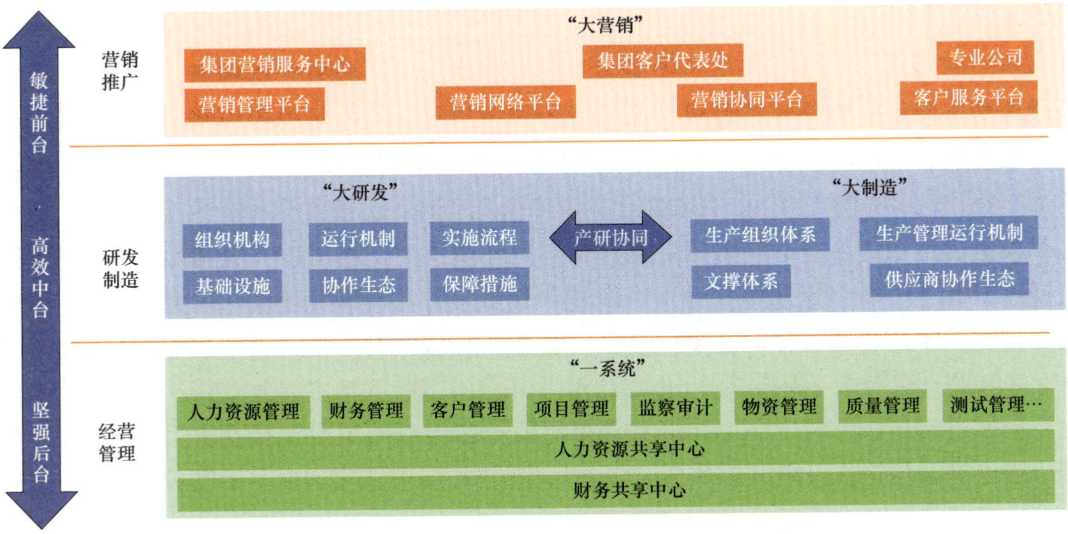

图 1　集约协同共享管理模式示意图

（一）坚持集约化集团化市场开拓，构建敏捷前台

集团统一营销规划、组织、协同、执行体系，形成集团统一规划、上下贯通、高效协同、坚定执行的集团大营销统一作战体系。推动集团营销重心从以系统内市场为主，到系统内和系统外两个市场并重，统筹兼顾。以“1346”三年行动营销总体增量目标为核心目标，同时不断强化重点客户市场占有率目标和核心业务发展目标，以促进市场可持续发展。打造营销管理平台、营销网络平台、营销协同平台和客户服务平台，实现客户需求敏捷响应和高质量服务。从思想文化、组织队伍、流程机制、支撑体系和信息系统五个方面开展集团“大营销”体系深化提升建设工作。

（二）推动专业化协同化研发制造，打造高效中台

构建“大研发”体系，按照“研发要素全统筹、研发流程全贯通、研发成果全共享、研发生态全聚合”的思路，建立健全研发组织机构，优化完善研发运行机制，整合搭建研发支撑平台，推动研发成果共享复用，健全完善研发协作生态。构建“大制造”体系，按照“资源统筹、产销协同、提高品控、降低成本”的原则，统一管理集团内外部生产制造资源，推进智能制造项目建设，提高生产效率和产品质量，降低生产成本，实现生产交付能力的提升。建立产研协同机制，支撑产品研发的中试和试生产工作，推动科研产品迅速形成生产能力；建立产销协同机制，以客户需求为导向，强化销售预测，及时准确传递市场需求，实现产品快速高质量交付。依托“大研发”、“大制造”体系，推动专业化公司业务向集中型、适度竞争型、赛马型优化，布局芯片与智能终端、智慧平台、智慧应用、运营与服务等产业集群。

（三）强化扁平化智能化经营管理，构建坚强后台

打造生产经营管理"一系统"，涵盖集团生产经营物资、财务、人资等 12 个专业，构建全要素管理框架，实现"横到边、纵到底"的生产经营全覆盖。打造人力资源共享、培养平台，形成 7 类模块 58 个场景业务流程闭环管理，梳理优化 101 项工作标准，实现各单位人力资源业务前端到后端的标准化交付。通过"两端一屏"支撑生产经营全面在线开展，推进财务"流水线"作业，构建"场景＋智能技术＋数据"的财务赋能智能体系。构建"本部集中管控、各单位授权实施"的管理体系，推动物资管理向标准化、数字化、智能化转型。

三、管理提升成效

（一）产品体系迭代创新，为高质量发展提供不竭动力

科研平台不断完善，集团布局建成国家级科研平台 2 个、省/部级科研平台 12 个、公司级实验室 5 个，院士专家工作站 3 个，博士后科研工作站 1 个。科研成果数量丰硕，承担国家级科技项目 54 项，研发了 8 大类 140 余款芯片等软硬件产品，荣获国家科技进步奖二等奖 2 项，中国专利奖 5 项，累计获得省部级及以上奖励 201 项，发布技术标准 246 项，拥有授权专利 1543 项，取得 1401 项软件著作权授权。产品研发成果显著，研发智能融合终端、边缘物联代理装置、电力无线专网终端、物联管理平台、电力人工智能平台等一批重点产品；突破多站物理及数字融合、配网故障快速定位一批关键核心技术；自主研制 18 款北斗终端，研发大型变压器声纹采集装置、变电站在线智能巡视、输电线路全景智慧巡检、新一代云用电信息采集等一批重点产品；建立 5G 电力技术测试、业务验证及产品孵化平台，完成全频段 5G 电力业务应用测试，研制 5G 模组、通信终端及小基站等产品。产品体系不断完善，通过突破创新一批、综合示范一批、规模发展一批产业升级行动，形成了工业芯片及智能终端、智慧平台、智慧应用、运营与服务四大产业集群、9 条产品线、44 个子产品线。

（二）市场拓展成果显著，为高质量发展提供广阔空间

总部信通专业集招市场份额持续保持领先，市场占有率达 60%以上。积极拓展央企、能源等系统外业务市场。智能楼宇、数据中心等业务在南方电网、国家管网公司等能源企业落地，向中建科、军科院等企事业单位推广数字化建设经验和产品成果。芯片业务版图拓展至 80 个国家，海外出货量超过 9000 万颗。客户体验中心接待各级领导、合作伙伴共计 73 批次 1244 余人次，蝉联中国软件和信息服务业十大领军企业等多项荣誉称号。

（三）共享效率不断提升，为高质量发展提供坚强保障

人才结构持续优化，本科及以上人员占比 93%，其中硕士及以上占比 27%；中级及以上职称占比 39%，拥有专家人才 200 余人，省部级以上人才 3 人。人资管理效率稳步提升，人均营收 292 万元（年均递增 11%），人事费用率降至 6%。财务共享服务不断深入，覆盖 24 家单位，梳理优化流程 162 项，审单及时率达到 96.63%。物资集约化管理成效明显，批次采购节资 5.35 亿元、节资率 7%。

四、管理模式推广应用价值

集团坚持高效协同、集约共享的管理理念，构建了“敏捷前台、高效中台、坚强后台”现代管理模式，在市场拓展、科研创新、管理协同等方面取得了卓越成效，2021 年获得国家电网公司业绩考核 A 级，并荣获提质增效、科技创新两项特殊贡献奖。

行业影响力凸显。入选国务院国资委企业治理基层示范企业，连续六年获评中国软件和信息服务业十大领军企业，连续四年入选软件和信息技术服务竞争力百强企业，荣获 PMI（中国）优秀项目奖、中国能源企业信息化卓越成就奖等多项奖项，荣获中国软件行业最具影响力企业、中国能源互联网十佳龙头企业、中国云计算最具影响力企业等荣誉称号。发起成立中国电机工程学会能源互联网专业委员会、电力无线专网产业联盟，成为中国软件行业协会副会长单位、雄安新区智能城市创新联盟副理事长单位、“一带一路”卫星应用国际合作联盟创始单位。旗下国网信通荣获中国上市公司价值评选“资本运作标杆奖”，北京智芯微电子科技有限公司被评为“中国十大集成电路设计企业”。

标杆推广价值突出。该管理模式具有较高的可复制性、可操作性，对于企业提升管理能力作用显著，适用于国家电网公司市场化产业单位、能源数字化领域企业应用推广。

1.11

“四高三柔两支撑”能源智库攻关团队柔性管理体系

国网能源院

一、企业简介

国网能源研究院有限公司（以下简称国网能源院）是国家电网公司智库建设的主体单位，是国网系统内唯一从事软科学研究的科研机构，主要承担理论创新、战略创新和管理创新的研究职责，为国家电网公司战略决策和运营管理提供智力支撑，为政府政策制定和能源电力行业发展提供咨询服务。2021 年以来，根据政府有关部门、国家电网公司安排，国网能源院筹划开展了“双碳”系列研究任务，具体如表 1 所示。

表 1　国网能源院承担的部分“双碳”系列研究任务

编号	课题名称	任务来源
1	构建以新能源为主体的新型电力系统研究	中财办
2	碳达峰碳中和情景下电价改革和电力市场建设研究	中财办
3	碳达峰碳中和进程中煤炭路径选择及政策保障研究	中财办
4	电力行业“双碳”实施路径研究	中国工程院
5	电力行业实现“双碳”目标研究	国家能源局
6	电力行业促进碳达峰碳中和重要举措研究	国家能源局
7	关于促进中央企业推动实现“碳达峰、碳中和”目标的指导意见	国资委
8	以新能源为主体的新型电力系统实施路径研究服务	国家电网公司科技攻关计划项目
9	新型电力系统构建的电力市场设计关键技术研究	国家电网公司科技攻关计划项目
10	支撑高比例分布式资源的配电网形态与管控体系构建技术研究	国家电网公司科技攻关计划项目
11	面向碳达峰、碳中和目标的一二次能源综合平衡分析决策技术研究	国家电网公司科技攻关计划项目
12	我国能源电力“碳达峰、碳中和”实施路径深化研究	国网能源院“双碳”重大专题研究
13	我国能源电力需求发展趋势研究	国网能源院“双碳”重大专题研究

续表

编号	课题名称	任务来源
14	东中部分布式电源发展潜力及配电网适应性研究	国网能源院“双碳”重大专题研究
15	电力系统调峰需求与能力研究	国网能源院“双碳”重大专题研究
16	需求响应潜力评估与开发利用机制研究	国网能源院“双碳”重大专题研究
17	能源电力供应成本水平研究	国网能源院“双碳”重大专题研究
18	适应高比例新能源电力系统的多场景储能配置研究	国网能源院“双碳”重大专题研究
19	促进“双碳”目标的电力市场机制研究	国网能源院“双碳”重大专题研究
20	用户侧综合能源系统发展路径研究	国网能源院“双碳”重大专题研究
21	能源电力领域碳中和进程监测评估研究	国网能源院“双碳”重大专题研究
22	新型电力系统构建原则、运行机制、指标体系和对标体系研究	国网能源院“双碳”重大专题研究
23	能源电力政策环境分析与新型电力系统电力市场框架和机制研究	国网能源院“双碳”重大专题研究
24	企业组织变革和流程再造研究	国网能源院“双碳”重大专题研究
25	新型电力系统试点示范工程支撑研究	国网能源院“双碳”重大专题研究
26	碳达峰、碳中和实施路径研究	国家电网公司“双碳”任务清单
27	构建以新能源为主体的新型电力系统	国家电网公司“双碳”任务清单
28	分布式发电、微电网发展研究	国家电网公司“双碳”任务清单
29	制定能源互联网建设相关制度标准	国家电网公司“双碳”任务清单
30	电力领域碳中和进程监测评估	国家电网公司“双碳”任务清单
31	抽水蓄能中长期规划研究	国家电网公司“双碳”任务清单
32	完善电力价格合理形成和成本疏导机制	国家电网公司“双碳”任务清单
33	推进全国统一电力市场建设	国家电网公司“双碳”任务清单
34	促进新能源参与市场的保障机制	国家电网公司“双碳”任务清单
35	参与国家碳市场建设	国家电网公司“双碳”任务清单
36	提升国家电网公司碳资产管理能力	国家电网公司“双碳”任务清单
37	“双碳”和新型电力系统对国家电网公司发展影响研究报告	国家电网公司“双碳”任务清单
38	配电网消纳新能源能力研究	国家电网公司“双碳”任务清单

二、管理模式核心内涵

“四高三柔两支撑”能源智库攻关团队柔性管理体系是应“双碳”重大研究任务而生，伴国家电网公司推动能源电力低碳转型、新型电力系统建设事业而强，根据研究任务战略性强、前瞻性强、综合性强、专业性强、原创性强、时效性强的特点而设计的一套柔性管理体系。

1. 管理理念

“四高三柔两支撑”柔性管理体系是指：以输出高水平研究成果和提供高质量决策咨询为目标，以高效率、高标准为工作导向，以柔性组织形态、柔性人才供给、柔性攻关模式为手段，以信息体系和制度体系为支撑的柔性攻关团队管理体系，集人才培育和重大研究任务攻关于一体。

2. 管理目标

“两个一套、两个一批”管理目标：面向“双碳”重大研究需求，组建一套以全院部门为“大中台”、以团队为“小前台”，研究领域横向多跨、纵向细分的攻关团队架构；固化一套攻关团队抓总，集成信息常态收集及选题会商、研究人员“摘牌”组团、研究任务清单化压茬推进，全周期全要素保障的柔性运转机制。打造一批具有传播度、辨识度和美誉度的能源院智库研究名品，培养一批理念超前、视野宽广、专业深厚、创造性思维活跃的人才。

3. 管理方法

创新构建柔性组织架构。借鉴先进互联网企业“小前台、大中台”组织架构，构建一套依托现行组织体系，领域横向多跨、纵向细分的攻关团队架构柔性组织架构，呈现“同心圆”结构，如图 1 所示。中台方面，主要是各业务部门、管理部门，涵盖研究所需的底层研究基础，包括政策、能源电力规划、管理体制机制、市场体系、价格机制、科技创新等；前台即是研究小组，是综合作战单元，承担具体攻坚任务，根据领导小组安排，中台研究人员摘牌进入研究小组。前台与中台间信息交互、沟通交流的任务，由固定信息员承担。“同心圆”结构保障了任务统分结合、同题共答，实现了高效协同、执行有力、观点一致的工作体系。

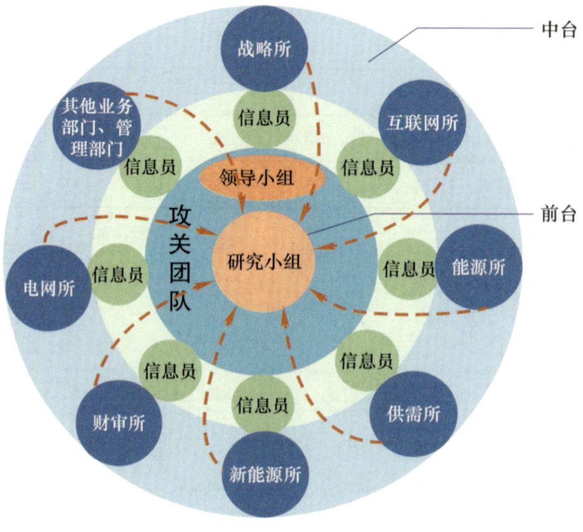

图 1 “同心圆”结构的柔性组织架构

柔性运转机制。攻关团队抓总，负责对承接攻坚任务的统筹协调、整体推进，绘制研究任务“图谱”和路线图，明确研究重点、难点和关键点。建立信息常态收集及选题会商机制，充分发挥各部门信息员的作用，畅通信息收集、题目酝酿、日常联络渠道，营造全院齐参与、人人都是信息员的浓厚氛围。建立研究人员“摘牌”组团机制，针对既定研究任务，信息员反馈各部门意向参研人员，结合专业领域、特长技能、课题经验、参与意愿等维度，摘牌纳入攻关团队研究小组。建立研究任务清单化压茬推进机制，按照“谋划储备一批、实施推进一批、突破完成一批、形成标志成果一批”的思路，压茬推进。建立清单化推进机制，明确各项攻关任务的时间表、路线图和任务书，实行按日动态管理。

全周期全要素保障制度。对输出成果采用“亩均论英雄”方式，全院放榜，及时通报研究成果获得批示圈阅、得到决策建议采纳、参与人员等信息，增强攻坚团队荣誉感和内生动力。在岗级评定中给予积分激励，根据“选题贡献”获得“选题积分”，根据研究过程中的表现给予不同水平的积分激励，使攻坚团队成为人才孵化之地、人才向往之地、人才活力涌流之地、人才生态典范之地。

4. 基础支撑体系

信息体系的支撑。基于在线系统等手段，统筹协调人才调配管理。课题负责人在选配项目成员时能够即时交换每个研究人员的项目日程安排信息，便于合理规划项目进度和安排项目任务，为柔性团队之间的人员配置、团队内部人员配置和个人在多任务环境下的工作时间配置提供基础信息，高效配合柔性项目团队的运作和展开。

制度体系的支撑。加强制度建设，通过科研部门、人资部门发文，将“四高三柔两支撑”能源智库攻关团队的柔性管理制度固化下来，激发柔性团队中每位研究人员的积极性，引导产出最高质量成果。将项目完成情况纳入项目组员的考核指标，并给予项目负责人考核权、分配权，有效改善传统刚性组织中员工单一考核而产生的低效协同现象，助力国网能源院走出提质、扩量、增效的智库研究新路子。

三、管理提升成效

经过将近一年时间的运转，“四高三柔两支撑”能源智库攻关团队柔性管理体系支撑完成中财办、国家发改委、能源局等各级能源主管部门、国家电网公司安排的各项“急、难、险、重”研究任务，取得了一批质量高、影响大的研究成果，进一步提升了团队的决策咨询影响力、研究成果认可度、智库品牌美誉度。

承担国家和政府部门重大研究任务，中财办委托新型电力系统研究、“双碳”情境下电价改革和电力市场建设、煤炭路径及政策保障等 3 项课题，中国工程院委托电力行业双碳实施路径研究，国家能源局委托电力行业实现“双碳”目标等研究课题，国资委委托央企推动实现“双碳”目标的指导意见等。相关研究成果得到国家发改委、能源局等相关部委和中国工程院等重要科研机构的充分认可和肯定。

报送国内外“双碳”动态情况，向国家电网公司党组、相关专业部门报送《国内外“碳达峰、碳中和”动态》专报22期，涉及国内外重大政策进展及影响、先进技术动态、权威机构研究成果、热点焦点问题观点主张等。向国家电网公司总经理张智刚、副总经理陈国平报送4篇直报专报。部分“双碳”动态得到国家电网公司主要领导批示或圈阅。

开展“双碳”重大问题专题研究，包括4项国家电网公司领导关注的重点问题、10项国家电网公司重点专题，以及4项国家电网公司新型电力系统科技攻关行动计划项目研究工作。此外，支撑国家电网公司编制完善“双碳”指标体系，开展适应新型电力系统的电力市场框架设计，参加各新型电力系统示范区建设等。

落实国家电网公司任务清单确定的13项重点研究支撑任务，包括电价市场化改革、抽水蓄能发展规模布局及公司投资策略等。关于新型电力系统建设路径、行动方案、市场构建、技术攻关布局等多项决策建议被国网发展部、科技部等重要部门采纳，部分建议已经作为相关制度文件在系统内印发实施。

四、管理模式推广应用价值

柔性管理体系在组织架构、运转机制、保障制度方面进行了体系化、全链条的探索实践，能够灵敏感知重大任务需求、自主适应重大任务开展需要，攻坚能级高，是目标导向型、问题导向型、效果导向型攻关团队的优秀管理模式，对国网系统内外科研、产业单位、生产单位组织团队开展重大任务攻坚均具有较高的借鉴和参考价值。

1.12

聚焦服务实体经济，以创新推动金融业务高质量发展

英大集团

一、企业简介

国网英大国际控股集团有限公司（简称英大集团）成立于 2010 年 12 月，在原国家电网公司金融资产管理部、国网资产管理公司基础上更名组建。作为国家电网公司金融业务出资主体和投融资管理平台，英大集团直接或间接控股 16 块金融（类金融）牌照，包括中国电财、英大财险、英大人寿、英大长安、英大信托、英大证券（含英大期货、英大证券投资、英大风险管理）、国网租赁、英大保险资产、英大基金（含英大资本）、英大产业基金、雄安保理（含英大保理），参股华夏银行、广发银行等多家单位，在能源金融领域具备较强的竞争力、影响力和引领力。2021 年末，英大集团管理资产规模为 1.59 万亿元，同比增长 16.0%。

二、管理模式核心内涵

落实国家电网公司“一业为主、四翼齐飞、全要素发力”发展总体布局，以党的建设为引领，坚持“根植主业、服务实业、以融强产、创造价值”定位，秉持“‘稳健’为基、‘崇实’为先、‘进取’为要、‘善成’为果”的理念，构筑大风控体系，推动“基本金融、新兴金融”两个矩阵相互赋能、协调发展，强化“发力长三角、提升数字化、畅通双循环、助力碳中和”四个引擎，建设国际一流产业金融控股集团，打造国家电网公司战略落地的金融范式。

作为产融结合型控股公司，英大集团始终坚持以服务实体经济为本源，根植主业、服务产业链，健全金融业务体系，满足电网主业和产业链企业需求；发挥碳资产管理和绿色金融优势，服务“碳达峰、碳中和”大局，赋能产业链低碳发展、绿色升级。以深

化金融改革为动力，推动金融单位分支机构集约化发展，持续优化体制机制，进一步提升资源配置、运营效率；优化资本结构，加大混合所有制改革力度，部分金融资产成功上市；推动金融数字化转型，积极开展数字人民币等数字科技创新。以防控金融风险为底线，搭建体现国家电网公司价值导向、全面覆盖、有效管用的风险管理体系，加强风险全流程管控，有效控制风险增量，有序化解风险存量；完善法律合规管理体系，构建合规管理机制，加强金融案件管理，推进业法融合、业法一体；发挥审计监督制衡作用，推进审计监督向事前事中延伸，加强违规责任追究，在金融风险多发的市场环境下，守住了不发生重大风险的底线。

三、管理提升成效

产业金融特色鲜明。立足央企特色和能源领域资源禀赋，深化产融协同发展，通过资金融通、保险保障、资产管理，服务电网主业、能源行业和实体经济发展。

绿色金融走在前列。深入落实国家电网公司“双碳”工作部署，业内首发绿色金融行动方案和指导意见，搭建集团全方位绿色金融体系，积极推动全国碳市场开市运营，展现负责任股东形象。首创多项绿色金融产品，围绕新能源、储能、电能替代等“双碳”和新型电力系统建设重点领域，发行国内首支碳中和资产支持票据，为系统内单位首次在交易所市场发行绿色债券，落地首单碳保理业务，推出首款碳金融产品“碳 e 融”，联合发布资本市场第一支碳中和指数。强化碳服务支撑能力，建成国网英大碳管理平台，以一体化的“碳管家”综合服务，满足国家电网公司碳资产管理需要；通过“电碳生态地图”等业务服务地方绿色发展，得到了上海浦东、厦门等地方政府的高度肯定；代表国家电网公司对冬奥会进行碳资产捐赠，赢得广泛共识。英大集团服务“双碳”系列举措具有较强的首创效应和先发优势，取得了良好的社会反响。

集团金融成效显著。贯彻党中央、国务院关于推进长三角区域一体化发展战略部署，在上海浦东成立国网英大长三角金融中心，有力推动金融业务集群发展、协同发展。落实国家电网公司推动金融单位分支机构集约化发展工作要求，制定印发实施方案，在组织、人员、成本、风险上做“减法”，在效率、效益、价值、贡献上做“加法”，统一业务拓展快速推进，深入地市、园区推广“电 e 金服”，一揽子推进综合金融业务，保险交叉销售规模大幅跃升，创新引入云端会议召开平台推介会，提升推广时效；统一客户服务优质高效，构建百家战略客户生态圈，推行分类分级会员模式，首次协同高效建立客户服务体系；统一风险防控扎实有效，明确交易对手负面名单，建立集中度风险管控机制，实现风险在线监测、集中管理、实时预警、信息共享；统一集中办公精准有序，截至 2022 年 6 月，24 个省会城市明确集中办公方案并悬挂统一标识，15 个地区由省公司统一提供后勤保障，11 个地区率先搬迁入驻；统一管理支撑保障有力，推动属地人员统筹集约，在 16 个城市开展党工团共建活动，同心圆文化愈加凝实。

数字金融提速换挡。推进金融数字化转型，完成多项数字金融成果标志性应用，科技赋能金融成效显著。会同国网电商搭建“电 e 金服”线上产业链金融平台，为产业链上下游企业解决融资难题。搭建金融中台，贯通各单位实时数据，构建用户、产品、交易、服务四个中心，支撑前端应用开发、产品快速上线，实现数据全景可视、业务在线贯通、管理精简高效。数字化运营监控、安全防控、综合金融和智慧客服系统实现深化应用，运营中心支撑精益管理、科学决策，综合金融系统深入挖掘行业数据，开展精准营销，智慧客服系统有效提升整体客服质量，风险防控系统构建授信集中度、客户监测预警模型。深化金融科技应用，数字人民币、区块链+金融等业务相继落地，数字化成为带动金融业务发展的重要引擎。

上市金融亮点突出。落实中央混合所有制改革工作部署，圆满完成信托、证券、期货资产上市，国有资本大幅增值，配套募集资金 22.38 亿元，成为再融资新规后规模最大的国有上市配融项目。搭建“金融+制造”双主业治理架构，规范“一委三会一层”运行，做到治理决策无遗漏、对外公告无差错。首发《环境、社会责任和公司治理（ESG）报告》，被中国上市公司协会评选为优秀实践案例，实现 2020 年度和 2021 年度碳中和。2020～2021 年，在沪市主板年度信息披露考核中获得最高评级“A”级，市盈率、市净率持续排名央企金融上市平台第一名，近两年平均现金分红比例位居央企金融上市平台第二位。

四、管理模式推广应用价值

经过多年发展，英大集团走出了一条具有国网特色的产融结合发展之路，金融服务能力和价值创造能力持续提升。2021 年末，管理资产规模、资产规模、营业收入等主要经营指标较 2015 年末翻番有余，金融业务“稳定器”“助推器”的作用充分彰显。英大集团被央行纳入央企金控属性集团的典型代表，许多央企金融控股集团赴英大集团调研交流管理经验，英大集团管理模式具有较强的推广应用价值。

第二部分

标杆项目

2.1

打造“1001 工程”政企合作新范式

国网天津电力

一、项目简介

2018 年，天津市政府工作报告提出加快推进“五个现代化天津”建设。国网天津市电力公司（简称国网天津电力）紧扣电网高质量发展战略，积极促成国家电网公司时任董事长舒印彪与天津市委书记李鸿忠高层会谈，签署《加快美丽天津建设战略合作框架协议》。时任国家电网公司副总经理张智刚亲自主持推动，指导天津公司组织策划并加快实施“1001 工程”：即打造政企合作新模式，从主网架完善提升、世界一流配电网及“煤改电”配套电网建设等九大方面攻坚，推进安全可靠、结构坚强、设备先进、绿色低碳的一流现代化智能电网建设，带动天津电网和企业全面高质量发展跨越，在建党 100 周年初步建成世界一流能源互联网。2021 年 7 月，天津市“1001 工程”总结大会胜利召开，标志着“1001 工程”圆满收官。8 月 24 日，国家电网公司董事长辛保安在天津公司关于“1001 工程”建设成效专报上批示：天津公司工作扎实有效，值得充分肯定。望继续坚持高标站位，真抓实干，为公司改革发展做出更大贡献。

二、专业管理体系

对照新时代新要求，天津电网仍存在 500kV 双环网尚未形成、220kV 电网结构不合理、电网建设推进难等电网发展不平衡不充分问题，需要利用多年管理、技术、人才积累的基础和条件，推动企业和电网向更高层次迈进。为此，国网天津电力携手市委市政府，探索实践“战略引领、政企融合、系统规划、闭环管控”的“1001 工程”实施路径，着力打造“高效指挥、配套保障、协调督办、风险防控”的政企合作新范式，推动电网高质量建设和公司高质量发展。

1. 政企融合、联合推动，构筑高规格指挥体系

通过“六步法”推动构建高规格、集约化的指挥体系（见图 1），主动向天津市委书

记作专题汇报，提出工作建议，促请市政府印发“1001 工程”实施方案，纳入全市政府督察督办体系，成立由电力主管副市长挂帅，18 个委办局、16 个区政府为成员的高规格指挥部，推动政策制度下沉，形成政企协同推进电网建设的局面。

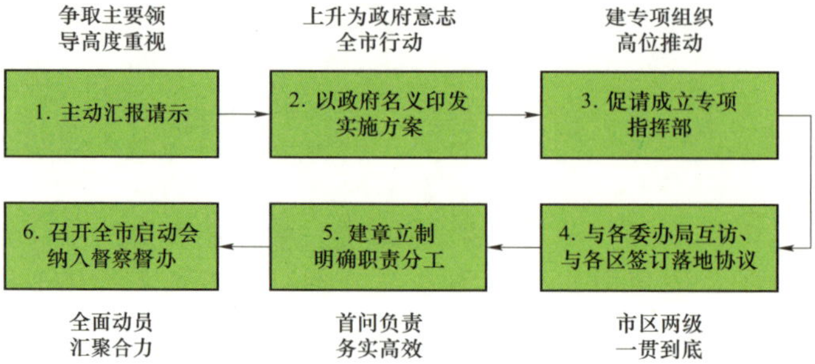

图 1 “六步法”构建高规格指挥体系

2. 系统布局、多线并进，构筑全方位配套保障体系

抽调专业骨干成立“1001 工程”办公室。围绕人财物资源配置、前期工作堵点、施工建设难点，先后推出“1+6”财务保障方案、“物十条”等 23 项配套保障措施。以内部适应外部为原则，对电网发展规划、工程建设内部管理流程进行适应性调整，全力保障政府支持政策切实落地、电网工程建设高效推进。

3. 贯穿全程、闭环监管，构筑高标准协调监督体系

促请天津市工业和信息化局牵头，指挥部各成员联合办公，实施“三会、三单、四报、两制”管理模式（见图 2），通过任务下达、专题协调、工作督办方式，快速解决建设难题。同时，对外通过建立政府部门排名通报制度，提高政府部门的主动性；对内通过实行预警约谈考核机制，采用预警、通报、约谈三级管控模式，确保工程有序推进。

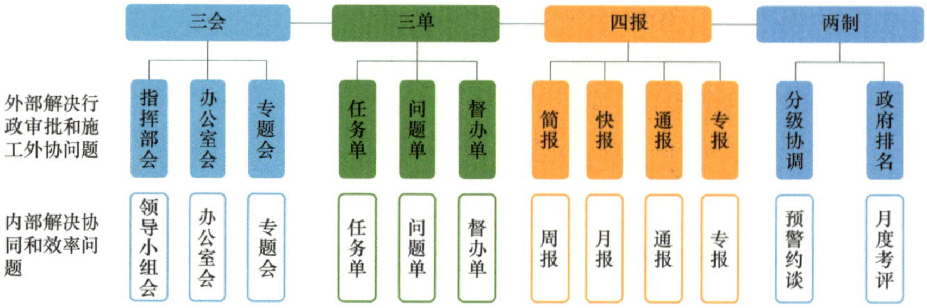

图 2 “1001 工程”协调管控结构示意图

4. 专项防控、预警督导，构筑四维度风险防控体系

安全方面，坚持领导分片包干，常态化现场检查督导，引入第三方稽查，严惩施工违章；廉政方面，围绕资金使用、工程分包等 7 大领域，开展机动巡察和专项监督；法

律方面，对 351 项制度开展评估和“废改立”工作；环保方面，组建专项工作组，落实责任清单和“日自查、周检查、月抽查”三级风险防控，杜绝环保违规。

三、专业管理提升成效

（一）供电保障能力显著增强，促进电网高质量发展

“十三五”电网投资实现全面落地，创历史之最，政企合作开启崭新局面，铸就了天津电网史上支持政策最多、电网建设最快、社会反响最好的发展黄金期，天津电网网架结构、技术装备、功能形态实现全面升级。一是落实国家电网公司战略，推动公司和电网高质量发展，电网建设效率明显提升。提出天津电网全电压等级发展思路和目标，形成电网目标网架研究成果，制定了《天津电网规划设计技术原则（2018 版）》。对外争取“以函代证”等简化审批措施 50 余项，指挥部以“三会、三单、四报、两制”为抓手统筹协调，解决建设难题 2742 项，工程前期及施工外协周期分别压减 30%和 50%以上，保障了电网建设任务按期完成，推动 67 项“十一五”和“十二五”受阻工程取得重大突破，一大批受阻近 10 年的工程建成投产。二是落实中央决策部署，发挥央企责任担当，民生工程建设成绩斐然。提前一年完成“煤改电”和 1342 个村庄农网升级改造任务，惠及 47.2 万户居民冬季清洁取暖。农网户均配变容量由 2.41kVA 提升至 4.72kVA，农网核心指标进入全国前列，为脱贫攻坚、乡村振兴提供了坚强支撑。三是夯实传统输配电网向能源互联网转型的物理基础，电网网架结构持续优化。累计新建 35kV 及以上变电站 89 座、铁塔 5469 座，开工和投产数量分别为“十二五”的 6 倍和 4 倍。500kV 双环网初步建成，特高压电力疏散能力提升近 70%，220kV 电网形成 6 个合理供电分区，天津市城、农网供电可靠率分别提升至 99.994 5%和 99.976 7%，电网整体基本达到国际领先水平。

（二）电网规划和建设管理质效大幅提升，支撑电网高质量发展

面对“1001 工程”繁重的电网建设任务，公司发展建设战线凝心聚力、尽锐出战。

一是电网发展规划与政府相关规划的衔接更为紧密。加强政府电力规划与电网规划的对接，在国土空间规划中落实 220kV 及以上电网规划项目站址和线路走廊，有效保障电网项目落地实施。二是电网建设环境得到持续改善。落实建设条件，保护变电站站址、电力线路走廊资源，依法依规在电网工程建设、征地拆迁方面给予政策支持。将电网建设项目纳入市区两级政府重点支持项目范围，开通“一会五函”绿色通道。三是建设工程技术创新取得重大突破。依托“1001 工程”实践，大力推进“标准化设计、模块化建设、工厂化加工、机械化施工”。在系统内首次采用免檩条一体化内外墙板，创新采取“搭积木”高效安装；推动天津地区首座地下 220kV 变电站开工建设、华北地区首条采用“顶盾复合技术”的电力隧道全线贯通。四是专业管理水平得到较大提升。“十四五”主网“1+5+10”、配网“1+2+13”规划成果体系一次性通过国家电网公司评审，天津电网规

划全部纳入国家电网公司“十四五”电网规划，配电网“十四五”规划成果入选国家电网公司典型经验。渠阳500kV变电站创造天津地区500kV输变电工程292天最短建设记录，首次荣获国家电网公司优质工程金奖和中国电力优质工程奖；《配电网规划设计技术导则》等9项标准获得中电联2019年度电力科技创新一等奖，电力行业重点项目主动服务机制创新等项目获评国家电网公司、天津市等科技进步及管理创新奖项；如期建成上线基建管理平台，并依托腾讯1号变电站建设，以“BIM+智慧工地”为核心，开展国家电网公司首个三维建管试点研究，在三维建管、智慧工地、辅助电子结算等方面取得突出成效。五是人才队伍建设获得跨越式发展。坚持党建融入电网发展建设中心工作，形成在一线培养发展党员、把党员骨干输送到一线的工作氛围。通过“1001工程”建设，公司发展建设专业人才队伍快速成长，在电网规划、计划投资、项目管理、技术经济、物资供应等专业实现质的飞跃，培养项目经理100余名、技经人员50余名、专业带头人18名。人员专业能力综合得分率从2017年的65%提升至2020年的95%。

（三）经营质效全面提高，带动公司高质量迈进

通过实施“1001工程”保持高位电网投资强度，天津电网资产规模大幅增加，质量持续提升，资金供应状况保持健康稳健，为国网天津电力高质量发展打下坚实基础。一是夯实输配电价核算价格基础。3年来，国网天津电力有效资产规模增长24%，纳入核价的固定资产原值从2017年的982亿元增长至2020年的1218亿元，增加折旧、运行维护费等输配电成本22.82亿元，有力支撑了第二监管周期输配电价核定水平。二是持续优化资产性能质量。通过加大电网资产技改力度，电网资产平均使用寿命延长1年，资产性能不断提升；通过加大老旧设备更新改造，公司在运资产健康状况得到优化，万元资产运维费水平从2017年的298元/万元下降为2020年的262元/万元，年均下降4.16%，资产质量不断提升。三是稳步提升电网投资精准度。“1001工程”整体投资计划完成率稳步提升，110kV、10kV及以下项目投资完成率分别较实施前提高17.60%、17.73%，较高的投资精准度保证了公司投资能力的合理分配，促进投资资源的均衡布局，有效提高投资资金的利用率。

四、专业管理推广应用价值

政企联合实施“1001工程”，是贯彻落实习近平“四个革命、一个合作”能源安全新战略的重要举措，是落实天津市与国家电网公司战略合作协议、推动天津电网向新型电力系统升级的实际行动，得到了社会各界的广泛认可。“十四五”期间，国网天津电力将与天津市政府继续携手迈进，延用“1001工程”政企合作模式，加快推动公司“一体四翼”发展布局在津落地，助力天津市能源革命先锋城市建设，以能源电力“快步走”助推天津“双碳”“大步走”。

2.2

省级电网企业战略落地管理实践

国网天津电力

一、项目简介

国网天津电力统筹国资委“三个领军”“三个领先”“三个典范”建设要求、国家电网公司战略目标定位、“一体四翼”发展布局要求、天津能源革命先锋城市建设要求，研究构建省级电网企业战略落地能力框架，应用战略地图将公司战略逐级分解形成关键成功因素，针对性部署战略承接任务集群，同步健全战略落地执行保障体系，形成“能力框架—战略地图—任务集群—执行保障”一整套以战略管理为“总纲”的工作体系，加快推动公司战略、“一体四翼”发展布局在津率先落地，如图 1 所示。

二、专业管理体系

构建“能力框架—战略地图—任务集群—执行保障”一整套以战略管理为“总纲”的工作体系，加快推动公司战略在津率先落地。

（一）引入国际标准，科学制定战略落地能力框架

对接国际标准，构建省级电网企业战略落地能力框架。研究智能电网指数（SGI）、美国电力科学院规范（EPRI）、卓越绩效模式等电网和企业管理领域国际通用标准，围绕中国特色、国际领先、能源互联网核心特质，紧扣“一体四翼”发展布局，明确了价值统领、价值实现、价值创造、价值驱动 4 个层级，并细化展开为央企属性、绿色能源、模式创新、治理管控等 12 个维度及其核心能力要素，初步构建省级电网企业战略落地能力框架，如图 2 所示。

对标先进企业，开展现状诊断评估。基于企业战略落地能力框架，结合德勤全球对标中心研究成果，对标东京电力、华润集团等国际国内领先企业实践，从硬实力与软实力两个维度，对企业管理进行诊断分析，评估结果为战略落地任务策划提供依据。

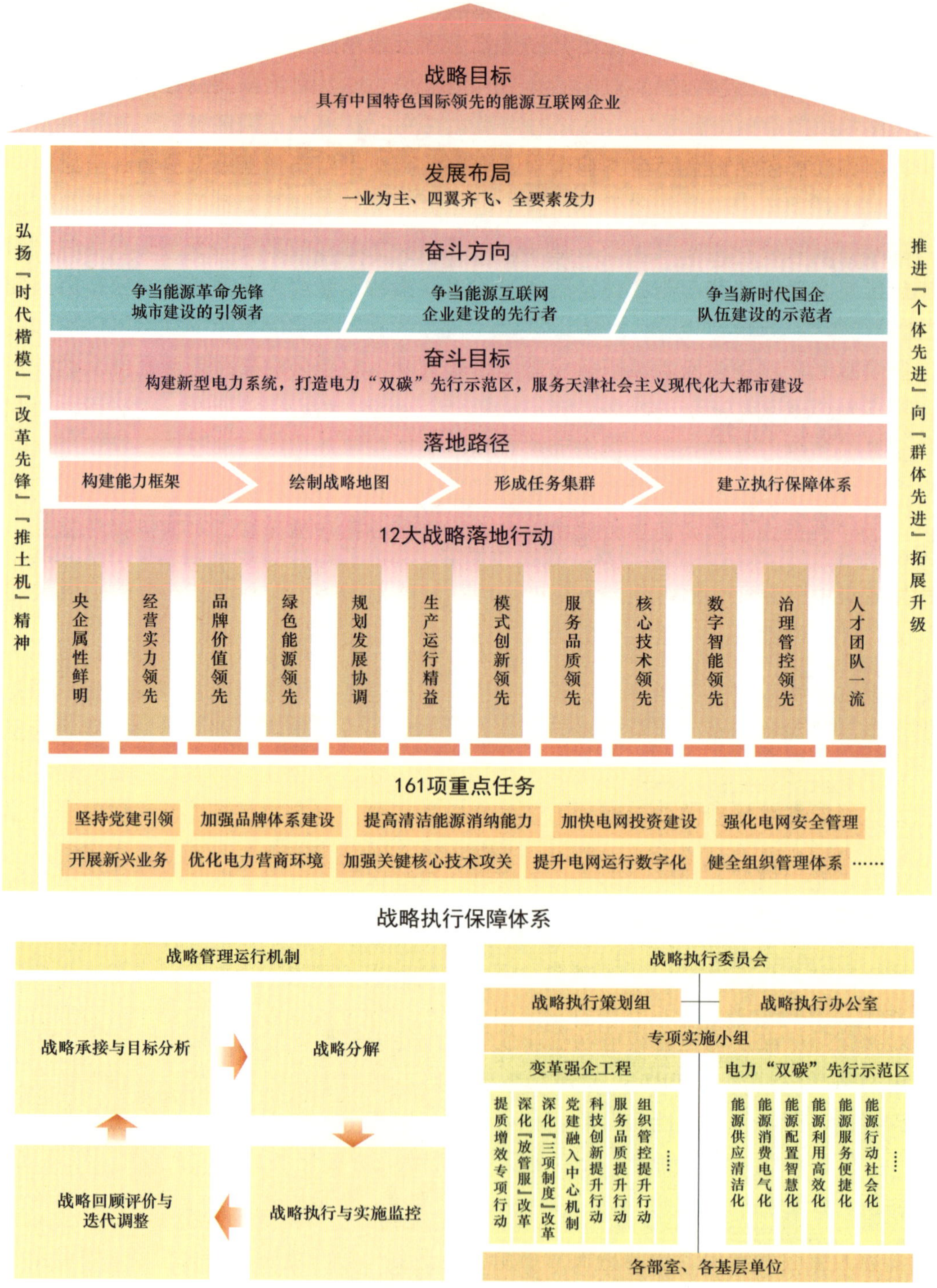

图1 天津公司战略落地实施管理总体框架

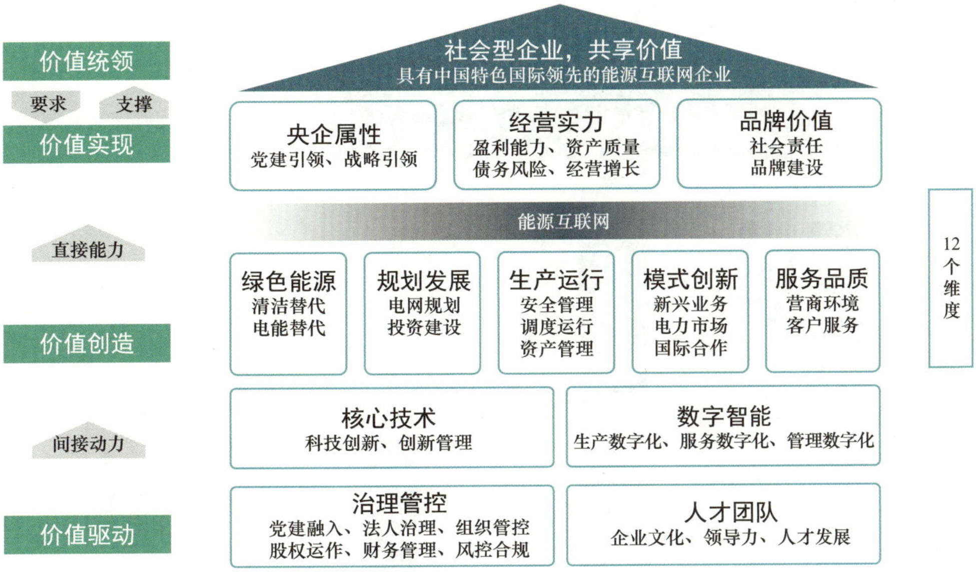

图 2　战略落地能力框架

（二）构建战略地图，精准规划战略实施路径

坚持政府搭台，将战略落地目标深度融入城市发展。通过争取市委市政府主要领导支持、搭建政企联动指挥体系、以政府名义下发实施方案、出台支持政策等措施，推动战略合作协议落地上升为政府意志。立足打造新型电力系统、打造电力“双碳”先行示范区，服务天津社会主义现代化大都市建设，提出到 2025 年，基本建成具有中国特色国际领先的能源互联网和能源革命先锋城市，率先建成国际领先的能源互联网综合示范区。

强化战略解码，以战略地图全景展现行动路线。应用平衡计分卡工具，将公司战略目标、能源革命先锋城市发展要求进行解码，绘制战略实施地图，确定了战略目标、价值目标、内部运营、学习与成长 4 个层面 37 个关键成功因素，构建公司战略在津落地路线图（见图 3），有效打破条线化业务分割，保障了战略落地“一盘棋”。

（三）部署任务集群，分层分级抓实任务衔接

聚焦支撑战略目标的关键成功因素，梳理整合任务体系。对照战略落地能力框架和战略实施地图，全面梳理国网天津电力“双碳”示范区建设、营商环境优化、提质增效、新兴业务等任务集群 804 项子任务，统筹考虑战略支撑度、任务颗粒度和实施优先级，通过调减并补，形成了战略落地重点任务 161 项。

动态校准任务目标，构建协同联动的战略任务体系。树立战略思维、全局思维，深入研究业务对业务、业务对战略的关联支撑关系，同时围绕战略目标，对 161 项任务的“支撑贡献度”进行再设计，科学确定预期目标、节点时限、标志性成果等，确保战略目标细化落实到每一项任务、每一个节点，形成协同联动、逐级支撑的任务体系，如图 4 所示。

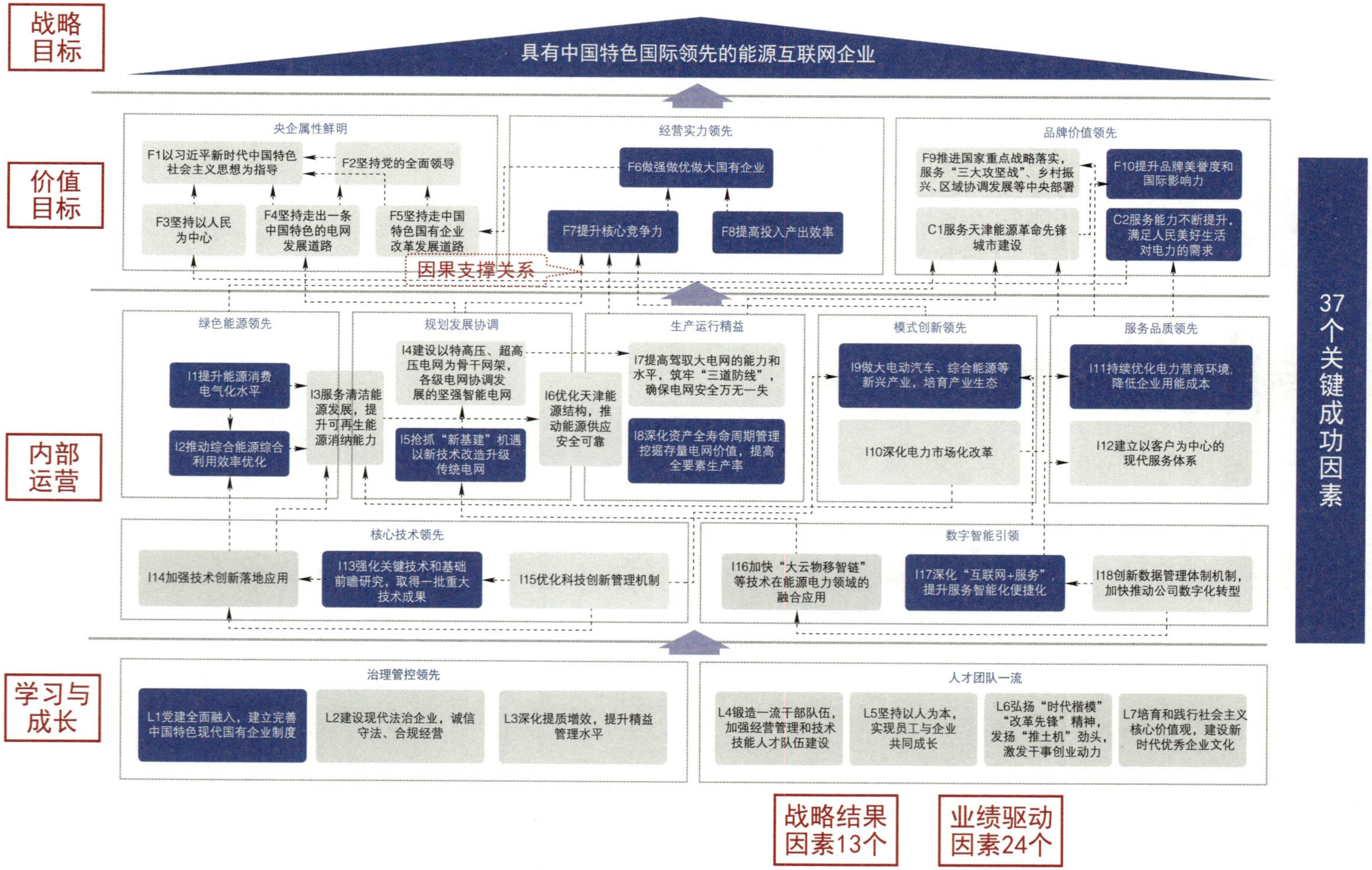

图 3　战略落地实施路线图

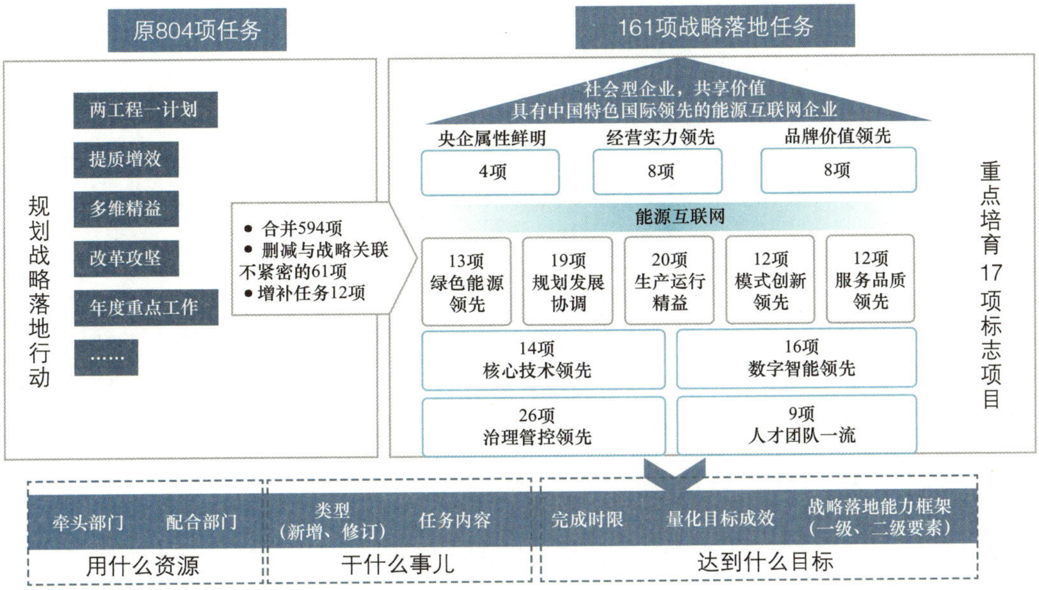

图4 战略落地任务设计

（四）成立战略执行委员会，健全战略落地执行保障体系

为确保公司战略高效落地，立足把“碎片化”的战略管理职责整合起来，在系统内首家成立由主要负责人任组长的战略执行委员会，下设战略执行策划组、战略执行办公室及专项实施小组，并配套建立战略承接、分解、执行、评估全链条闭环保障机制（见图5），强化统筹规划、协同发力，实现“对内一盘棋、对外一个口”。

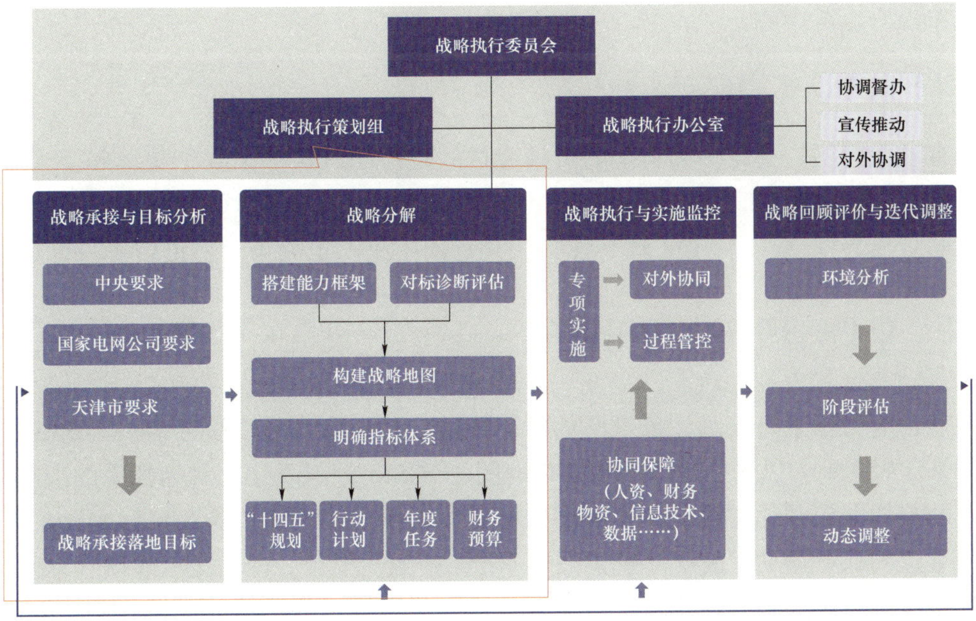

图5 战略执行组织体系

三、专业管理提升成效

依托本项目提出的战略落地管理模式，明确了国家电网公司战略目标在津落地的时间表、路线图和责任书”，国网天津电力改革发展各项工作取得显著成效。

（一）电网发展迈上新台阶

创新实施“1001 工程”，特高压疏散能力提升近 70%，500kV 电网由单环网升级为双环网，220kV 电网重载变电站减少 60%，提前一年完成农网改造升级和 47.19 万户“煤改电”，农村电网供电能力提升近 1 倍，为构建新型电力系统奠定坚实基础。

（二）企业发展取得新突破

建成首个省级综合能源服务中心、城市能源大数据中心、智慧能源小镇等一批领先项目，形成“电力看经济”、“供电＋综合能源”、承诺制“放管服”、集体企业“新三板”上市等一批示范模式。配网带电作业机器人在 17 个省市推广应用。作为系统唯一单位开展深化改革综合试点，两家单位之一获评国务院国资委管理标杆企业。

（三）服务品质实现新提升

出台“电十条”“双十条”等系列举措，高、低压平均办电时间分别压减 43%、44%。落实降电价政策，推广“转供电费码”大数据服务，累计降低用户成本超过 70 亿元。建成“0.9、3、5”公里充电服务圈、全国首个全电驱动公交服务网络和国际领先的津门湖新能源车综合服务中心。

（四）人才队伍展现新风貌

培育以张黎明、王娅等为典型的劳模先进队伍，2021 年，150 个集体和个人荣获省部级及以上综合性表彰，“个体先进”向“群体先进”拓展升级成效显著。创新“双百•双青”联合培养模式，“青马工程”经验获共青团中央书记处第一书记贺军科批示肯定。

四、专业管理推广应用价值

本项目努力探索可复制、可推广的经验模式，以战略执行委员会为核心的战略管理组织体系运行机制，以平衡计分卡、战略地图、OGSM 等科学化工具为抓手的战略分解，以合理配置资源、强化过程监控、开展国际对标为核心的战略实施，以回顾评价、迭代调整为重点的战略评估，最终形成了战略承接、分解、执行、评估全链条闭环保障机制，确保战略目标落地任务有序推进。可为系统内省公司推进战略落地提供参考和借鉴，为社会各能源企业实施战略管理带来思考和启发。

2.3

"一生态三转变四协同"设备全寿命周期管理体系建设

国网河北电力

一、项目简介

践行国家电网公司发展战略，创新开展现代设备价值管理实践，充分发挥实物 ID 的媒介作用，实现设备全寿命周期信息、业务、价值融合贯通，创新设备全寿命数字资产"一个生态圈"，实现贯通设备价值链路、构建设备价值模型、测算设备经济寿命"三个转变"，开展多环节、全场景价值应用，开展设备全寿命周期管理比选更科学、评价更全面、研判更精准、利用更合理"四大协同"。辅助构建组织、技术、制度保障体系，配套搭建全业务数字化应用体系，促进资产管理决策科学精准、过程高度协同、运营精益高效、数据融合共享，不断提升电网本质安全水平，提高电网运营效率，助力提质增效，全面支撑企业安全、优质、高效、可持续发展。"一生态三转变四协同"设备全寿命周期管理体系如图 1 所示。

二、专业管理体系

在传统的电网企业资产管理模式下，资产管理呈现出基础数据量级庞大且分散、信息共享不充分、管理资源支撑不足等问题。国网河北电力从组织、技术、制度、信息化支撑四个方面打造保障体系，四方联动推进新型资产全寿命周期管理体系构建。

1. 构建跨专业柔性组织，提升决策和运行效率

围绕创新引领、成本精益、投资精准、质量提升、绩效优异的资产全寿命周期管理目标，建设现代设备管理体系，制定资产管理策略。按照纵向管理到底、横向协同到边的原则，构建省、市、县三层跨专业柔性组织，如图 2 所示。通过协同清单的形式实现各专业间的横向协同，通过"业绩考核＋专业评价"的考核激励机制，联合各专业纵向垂直管控各单位，切实做到"一揽子"统筹、"一盘棋"推进。

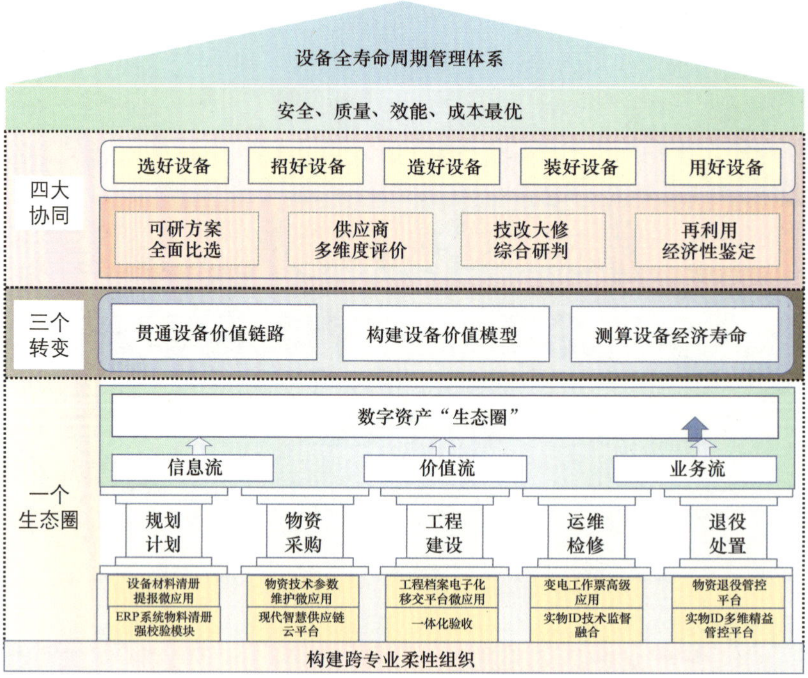

图 1 “一生态三转变四协同”设备全寿命周期管理体系

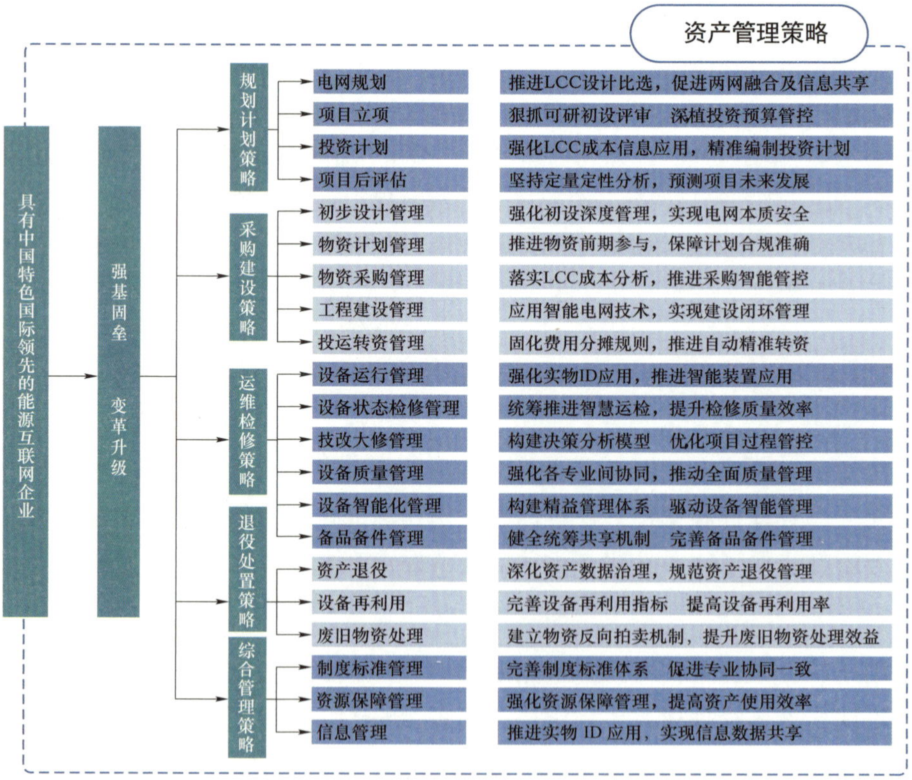

图 2 跨专业柔性组织（一）

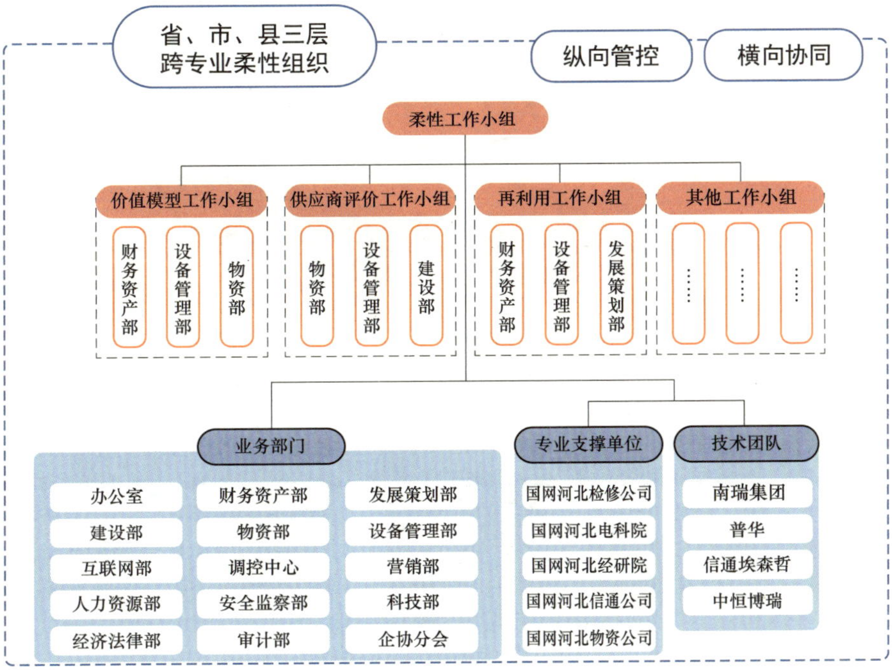

图 2 跨专业柔性组织（二）

2. 打造构建“1+3+4”的设备全寿命周期管理体系，提升资产运营水平

融合全过程价值要素，构建一个数字生态圈。围绕现代设备管理体系及实物 ID 建设场景应用两核心，结合物联网建设，创新数字资产管理模式。贯通资产管理业务，实现“三流合一”（业务流、价值流、信息流），推进各项业务协同高效，如图 3 所示。确立唯一的设备数字资产角色，打破专业壁垒，实现数据一处录入、多处应用和综合分析，实现各环节全业务深度融合和数据共享，全方位监控各环节流转数据，评价流程执行质量，规范流程运转，全面提升资产运营水平。

重塑全链条价值模型，实现“三个转变”。统一资产管理信息标准，贯通业财信息链路（见图 4），实时精准归集每一台重点设备的全寿命周期成本，链路贯通方案在国网系统内推广实施；构建基于单台设备的资产全寿命周期成本价值模型，精准把控设备成本水平；开展设备经济寿命精准测算，实现价值成本年均最优，在国网系统内率先实现设备全寿命周期价值管理“三个转变”。

创新全业务价值应用，开展“四大协同”。如图 5 所示，规划阶段，综合评估技术、经济因素，实现可研方案比选由“当前年份”向“全寿命过程”协同突破；物资阶段，建立供应商价值模型和基于 LCC（全寿命周期成本）的供应商评价新体系，实现从注重“技术质量”到“可靠性+全寿命经济性”的协同突破；运检阶段，创建包含综合寿命研判等的综合研判机制，辅助技改大修项目研判从“定性”到“定量”的协同突破，基于 LCC 的技改大修经济性研判方法已纳入国家电网公司指导意见并推广；退役阶段，创新“技术+LCC 经济”再利用鉴定模式，实现从“技术”到“技术+经济”的协同突破。

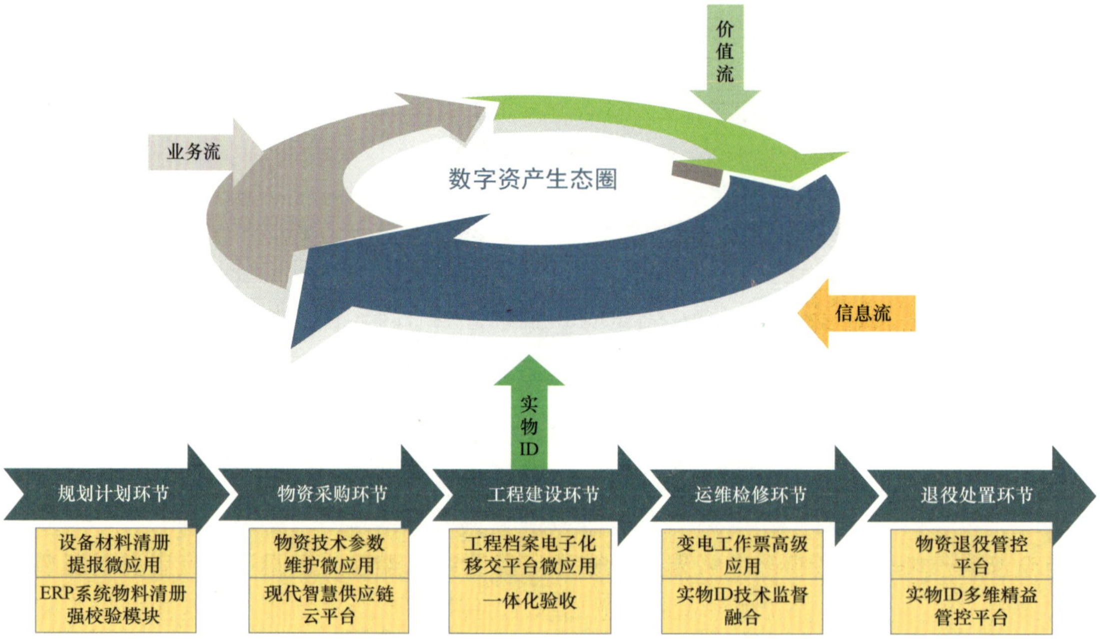

图3　数字资产全业务深度融合应用

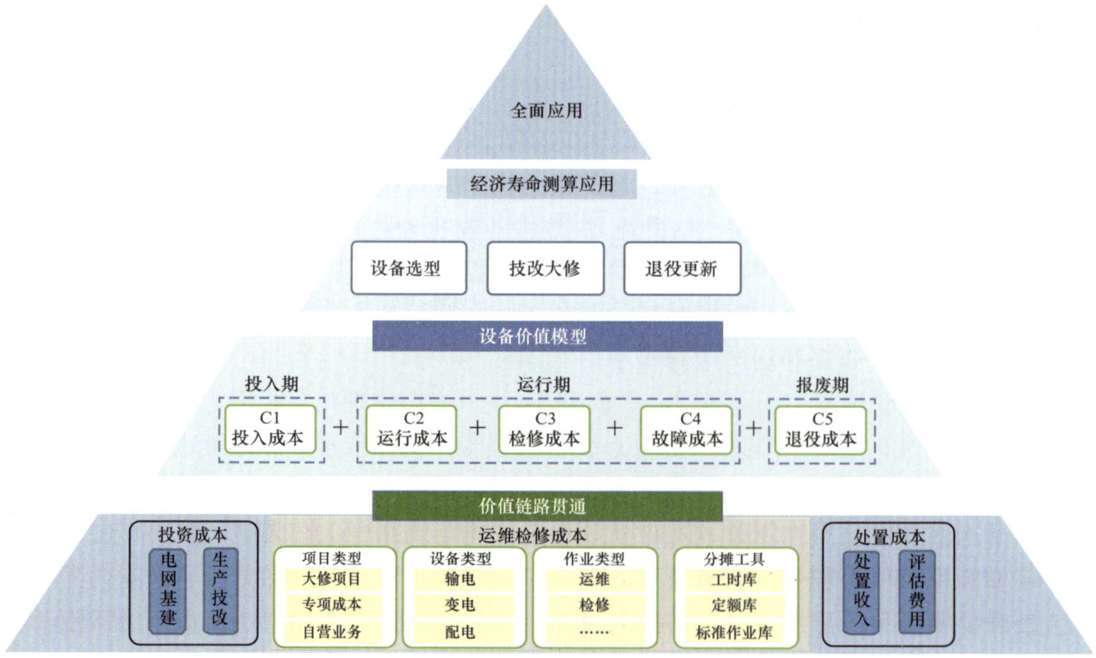

图4　业财链路贯通

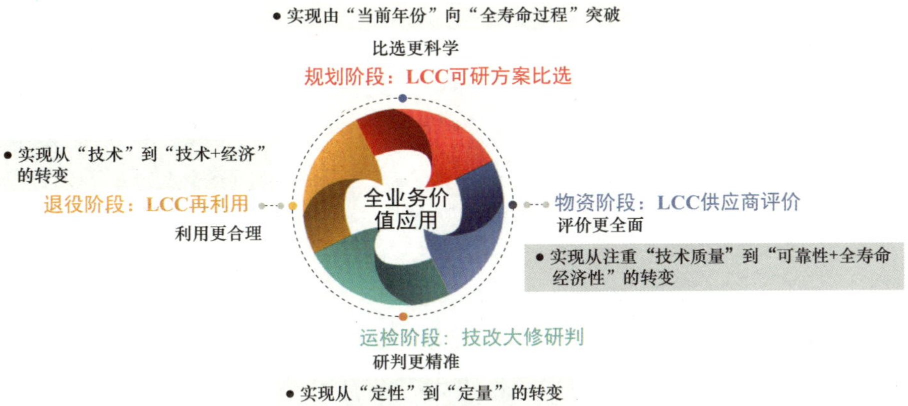

图 5　全业务价值应用

3. 制度、体系双护航，保障运行规范高效

业务管理制度方面，印发《国网河北电力资产全寿命周期管理年度工作方案》《国网河北省电力有限公司可研方案 LCC 比选实施意见》《国网河北省电力有限公司变电 13 类主设备再利用经济鉴定指导意见》《国网河北省电力有限公司技改大修 LCC 综合研判实施意见》等文件，完善各项相关管理标准、工作标准、技术标准、管理制度和绩效评价指标体系。

体系运行机制方面，由设备部牵头，协同各业务部门，优化数字化资产管理体系运行机制，固化体系运行保障措施，采取跨专业协作、集中办公、专题会议、月度通报等方式，统筹资产全寿命周期管理各项工作进度安排，协调重大问题，确保各项工作顺利开展。

4. 搭建“1+N”智能化支撑体系，实现管理数字化转型

全面贯通规划、物资、基建、运检、财务五大专业，融合全过程跨专业海量信息，构建以资产全息数据采集、全业务大数据融合应用及价值辅助决策分析为核心的实物 ID 流程管控及多维应用平台（见图 6），深化价值传递与反哺应用，辅助支撑公司价值决策，促进公司资产管理科学精益，如图 7 所示。

以实物 ID 流程管控及多维应用平台为中心，各环节数字化移动应用为扩展（见图 8），构建“1+N”智能化支撑体系，促进管理协同向数字协同转变，提升管理效率。

三、专业管理提升成效

（一）推进电网安全管控科学化，提升电网本质安全

开展 500kV 雄安输变电工程 LCC 比选，为雄安新区建设坚强电网提供可靠保障。开展供应商 LCC 评价，保障了入网设备的安全、可靠及效益。2020～2021 年，因物资原因导致的质量事件不断减低。2021 年，配网用户平均停电时间同比降低 5.64%，供电保障水平不断提升。

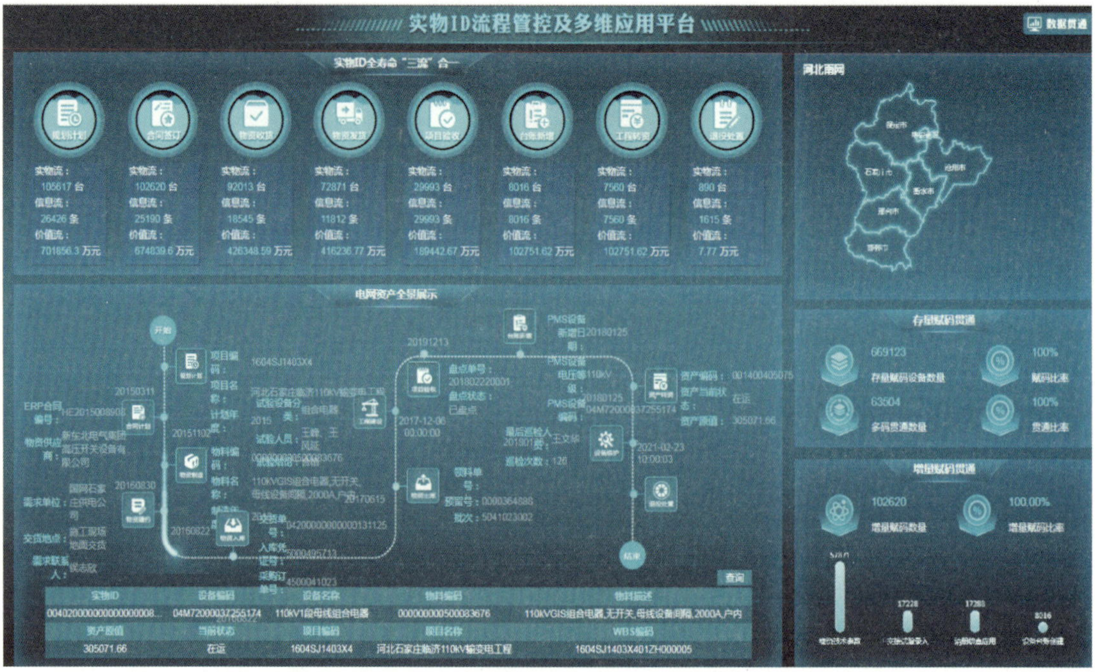

图 6 实物 ID 流程管控及多维应用平台

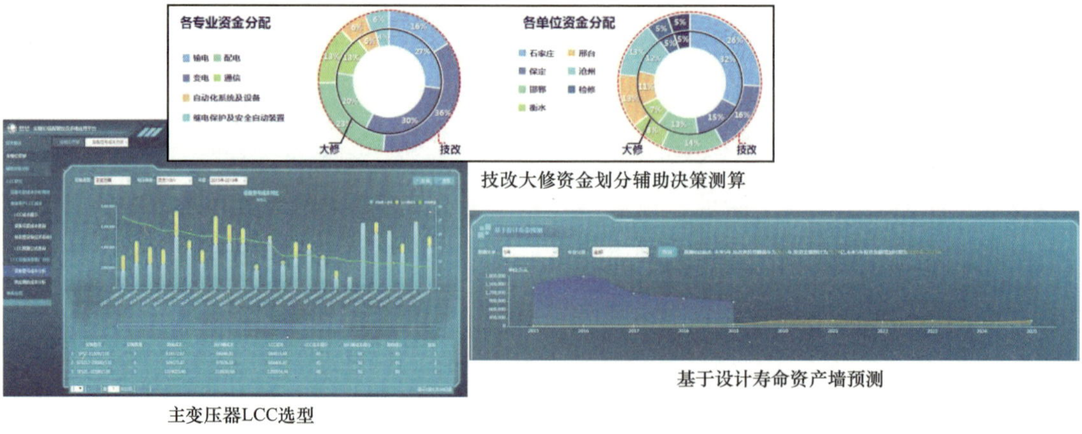

图 7 价值辅助决策应用

（二）推进资产管理模式数字化，提升协同管控水平

初步实现业务全覆盖、流程全在线、人员全应用、过程全管控，提高设备管理效率。一体化验收、整站转资及数字化移交平台实现智能共享录入，台账创建字段自动生成率达到 93%；平均每个工程减少验收盘点 10 人天，结算转资提前 15 天。促进跨专业综合数据横向实时流通和跨专业应用，提高了电网企业资产管理协同水平，推动了具有中国特色国际领先的能源互联网企业的建设。

图 8　全过程移动应用

（三）推进电网投资决策智能化，全业务价值应用助力质效双升

构建多专业协同模式，实现设备价值管理提质增效。实现了可研方案比选由“当前年份”向“全寿命过程”突破，已在 220kV 及以上输变电工程中应用，保证了 14.7 亿元资产全寿命周期效益最大化，年均节约资金 3675 万元。实现了技改大修项目研判从定性到定量的转变，节约成本 916 万元。实现了设备退役从“技术”到“技术+经济”双重鉴定转变，节约资金 44 万元。

四、专业管理推广应用价值

本项目创新成果将为国家电网公司构建现代设备管理体系、实现价值驱动、加速转型升级提供一种可借鉴、可复制、可推广的经验，推动国家电网公司向国际领先企业迈进。

2.4

基于“选育管用”一体化的年轻干部培养项目

国网冀北电力

一、项目简介

十八大以来，中央和国家电网公司对加强年轻干部队伍建设提出了更高要求，传统的年轻干部培养方式由于缺乏系统性且模式较单一，难以适应新形势新要求，所以构建一套符合实际、便于操作的年轻干部培养体系势在必行。

国网冀北电力有限公司（以下简称国网冀北电力）系统梳理了近年来在年轻干部培养方面的经验做法，总结提炼出“1+4+N”年轻干部全链条培养体系，通过搭建胜任力模型，从“选育管用”四个维度出发，多措并举加大年轻干部培养力度，加强年轻干部队伍建设，取得了较显著的成效。项目实施以来，公司三级领导人员中年轻干部占比显著提升。截至2020年底，超过70%的基层单位班子中配备年轻干部，初步建立起一支来源广泛、数量充足、结构合理、素质优良的优秀年轻干部队伍。

二、专业管理体系

该项目以构建契合胜任力模型的年轻干部队伍为目标，从“选育管用”四个维度打造全链条培养体系，深入开展了一系列切实有效的举措。

（一）搭建胜任力模型

在对国家电网公司和国网冀北电力战略充分解读的前提下，通过访谈、问卷调查、能力短板测评等方式，对优秀年轻干部能力素质进行了解码，构建了包含“铸魂、提质、拓能”等3个维度，“政治过硬、道德修养、清正廉洁、战略执行、经营意识、改革思维、创新驱动、协同一致、组织承诺、专业素养、教练下属、团队沟通”等12个素质的胜任力模型，作为选拔优秀年轻干部的基本条件和标准。

（二）坚持拓宽视野“选”

紧密对接国家电网公司“双千工程”，通过全面梳理、民主推荐、深入调研、综合研判等手段，构建各层级优秀年轻干部库。

民主推荐为主。结合年度综合考核，分别在公司本部和基层单位开展优秀年轻干部谈话调研和会议调研工作，并要求40岁左右三级副职、35岁左右四级正职占一定比例。根据调研结果，结合日常表现情况和专业分布，经公司党委会议研究，确定次年优秀年轻干部名单，并反馈给所在单位党委。

组织推荐配合。按照拓宽来源、优化结构、改进方式、提高质量的要求，由各单位党委推荐政治素质好、大局观念强、求真务实、开拓进取、实践经验丰富、业绩突出、有较大发展潜力的优秀年轻干部作为青干班备选学员，不断丰富优秀年轻干部库。

（三）坚持精准滴灌“育”

加大年轻干部培训锻炼力度，有针对性地“补钙壮骨”和“浇水施肥”，确保年轻干部真正成长成才、堪当重任。

抓好教育培训。遴选优秀年轻干部，按年度举办党校青干班。丰富教学内容，坚持“抓什么训什么、管什么学什么、缺什么补什么”，将夯实政治基础、提升专业素养、强化管理能力作为培训重要内容，针对性设置相关课程。拓宽教学形式，坚持理论与实践相结合，课堂与现场相结合，组织学员走进延安、西柏坡、井冈山等革命圣地，以及华为、联想等先进企业学习交流；落实“领导干部上讲台”机制，由公司领导和本部部门负责人上讲台授课。进行课题研究，由参训学员带来自身工作中遇到的问题，采用“揭榜挂帅”形式组建柔性课题组，完成课题研究。开展“1+1”行动，培训结束前由学员制定1个针对组织工作改善的行动计划，1个针对个人能力提升的行动计划，由学员所在单位或部门主要负责人进行在职辅导，指导并监督学员执行行动计划，并将阶段性成果上报公司组织部，公司党校定期通过电话访谈、回访调研等方式，动态跟踪计划执行情况。开展座谈交流，培训期间召开分享会，邀请往届青干班优秀学员进行交流座谈；邀请比较成熟的三级正职领导人员进行标杆访谈；公司组织部与青干班学员进行座谈交流和一对一谈话。

抓好岗位锻炼。统筹内外部资源，将国家电网公司总部、分部和直属单位锻炼，以及公司服务冬奥、乡村振兴、重大改革推进等关键岗位和县公司作为培养年轻干部的主阵地，有计划地安排年轻干部在不同工作环境中、不同工作岗位上经风雨、见世面、壮筋骨。

（四）坚持宽严并济“管”

年轻干部成长的每一步都离不开组织的培养，坚决把严管厚爱贯穿年轻干部成长始终。

加强监督管理。将旗帜鲜明讲政治的要求渗透到年轻干部日常管理监督工作中，建立纪检监察、巡视巡察、审计信访、档案核查等联合监督机制，实时了解年轻干部履职情况，对于在重大考验中不担当不作为的、履职尽责不到位的，坚决调整出优秀年轻干部队伍。对于苗头性、倾向性、潜在性问题，及早发现、提醒、纠正，引导年轻干部摆正位置，懂规矩、守纪律。

加强关心关爱。深化谈心谈话机制，结合工作调研、年度综合考核等形式，与优秀年轻干部谈心谈话，特别是对赴基层一线、边远地区任职的优秀年轻干部常态化开展谈心谈话，主动了解年轻干部的思想波动和工作生活情况，传递组织关怀，解决后顾之忧。落实“三个区分开来”要求，健全容错纠错机制，营造鼓励干事的良好环境，激励广大年轻干部担当作为。

（五）坚持事业为上“用”

树立“使用就是最好的培养”的理念，对各方面能力突出，在急难险重任务中经受考验、作出贡献的优秀年轻领导人员及时大胆使用。

注重考察识别。制定工作方案，在疫情防控、冬奥供电保障等重大任务中深入考察识别年轻干部，大力褒奖和及时选用表现突出、堪当重任的优秀年轻干部，树立“有为者有位”的鲜明导向。

注重统筹使用。制定领导人员队伍建设规划，明确年轻干部队伍建设目标。坚持稳中求进，正确处理培养选拔优秀年轻干部和用好各年龄段干部的关系，不断完善老中青相结合的梯次配备，激发各年龄段干部活力。在重大工程建设、重要专项任务中，统筹使用年轻干部。

三、专业管理提升成效

该项目实施以来，国网冀北电力在年轻干部队伍建设成效上提升显著。年轻干部数量方面，三级领导人员中年轻干部占比显著提升。年轻干部梯队方面，建立三级副职、四级正职优秀年轻干部储备库，并按年度滚动更新，有进有出，始终保持“一池活水”。年轻干部队伍素质方面，素质能力显著提升，多位年轻干部走上重要岗位，赴国家电网公司总部、直属单位以及西部挂职的年轻干部都得到挂职单位的高度认可。

四、专业管理推广应用价值

推动国家电网公司“一体四翼”发展布局落地，加快构建以新能源为主体的新型电力系统，离不开高素质、专业化的干部队伍，特别是优秀年轻干部。该项目具有较强的可操作性和一定的前瞻性，近年来在优秀年轻队伍建设上取得了较显著的成效，具有较强的可复制和可推广性。

2.5

“网上电网”助推电网发展业务数字化转型

国网山西电力

一、项目简介

经过一年的实用化工作，国网山西省电力公司（以下简称国网山西电力）“一图一网一平台”基本建成，有力地支撑了发展业务数字化转型。“一图”方面，山西全景导航地图基本建成，电网可视透明。“一网”方面，山西数字孪生电网初步生成，数据赋能赋智。“一平台”方面，山西电网发展平台初见成效，提前一年实现电网统一平台建设应用，助力电网高质量发展。

（一）支撑电网管理数字化

国网山西电力通过数据专项治理，全面夯实数据质量，持续丰富数据资源，实现“一网通看、一网速查”。全省 11 个地市公司深入开展“厂—站—线—变—户”图数核查，首次完成了 10kV 配网设备的全量信息治理，实现了全省从特高压电网到低压用户的层层穿透。

（二）支撑电网业务可视化

国网山西电力率先实现了项目全过程线上管控，从源头严密论证，过程实时监控，事后量化评价，形成数据驱动的闭环管理机制。实现问题图上说、规划图上做、计划图上管，有力推进了电网业务可视化。

（三）支撑电网业务智能化

通过实用化攻坚，国网山西电力率先实现“在线诊断—智能规划—高效前期—精益计划—精准投资—自动统计—量化评价”等全环节业务线上应用，项目全过程实现网上管理、图上作业、线上服务，有力推进了电网业务智能化。

（四）企业级系统互联互通

国网山西电力首家全面贯通27套专业系统，接入390类数据，投建运、营配调、人财物等信息实现源头采集、关联贯通，有力推进了企业级数据贯通。

（五）电网业务协同高效

国网山西电力创新间隔在线管理，可视化发布全量4.6万个间隔，与设备、调度等专业协同审批，确保间隔资源透明管理；支撑阳光业扩服务，自动生成223套业扩接入方案，大力提升服务水平，实现发展业务与调度、运检、营销等业务有效衔接，有力推进了电网业务协同。

二、专业管理体系

国网山西电力作为“网上电网”首批试点单位，认真贯彻2020年8月杭州试点成果发布暨建设推进会议精神及国家电网公司董事长辛保安视察山西试点成果展厅的工作指示，大力推、加快用，以大供先行、一年一大步的规定动作扎实落实国网总部部署，以全域实用、一步一台阶的自选动作主动加压、奋勇争先，在国网系统率先实现了“网上电网”全省范围全面实用化，推动电网发展全业务、全环节、全要素数字化转型。

（一）主要做法

国网山西电力将“网上电网”作为推动数字化转型的“一号工程”，坚持一把手挂帅，锚定两大目标，突破三大难点，争创四大特色，明确时间表，制定路线图，广泛动员、合力攻坚，努力蹚出一条全省域实用化的新路子，如图1所示。

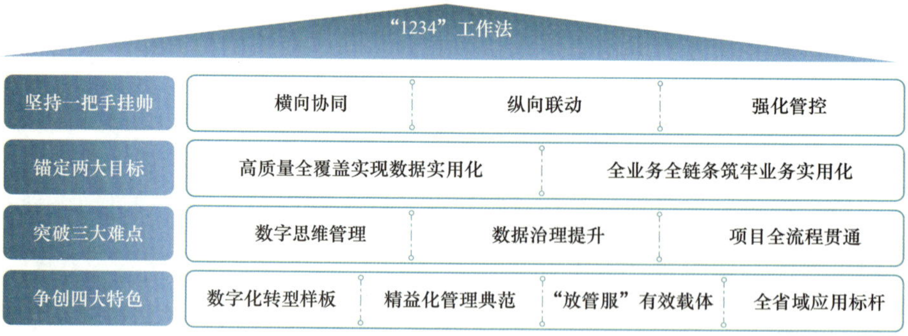

图1 “1234”工作法

1. 坚持一把手挂帅

“一把手”发挥头雁带动效果，亲自部署，靠前指挥，在管理基调上主动将“网上电网”作为转型升级、管理提升的主要载体和抓手。建立横向协同机制，打破专业壁垒，成立多专业融合的工作专班，组建由专业人员组成的数据保障和业务保障“两个支撑团队”。建立纵向联动机制，形成上下“一盘棋”工作合力，全力做到压力层层传导、责任层层压紧、措施层层落实。强化建设进度管控，优化考核评价，营造对标对表争优争先氛围。

2. 锚定两大目标

夯实数据接入治理，编制下发《“网上电网”数据治理工作方案》，统一作业流程、统一核查标准，通过系统关联校验确保数据全量可用。将百日攻坚业务搬到线上，制定《“网上电网”全面实用化工作方案》，争取国网总部将山西太原作为百日攻坚主战场，全程参与、扎实开展业务线上作业。

3. 突破三大难点

突破数据治理提升难点，建立了源端协同、业务驱动的常态化机制，数据支撑业务、业务验证数据，首家完成 10kV 配网设备全量图数核查治理。突破项目流程贯通难点，首次实现了问题库自动生成，打通现状问题与图上作业、项目生成的链条，通过“三率合一”打通发展、建设、财务、物资环节。突破数字思维管理难点，改变传统工作思维，业务线下走变为线上走，数字化转型成果入脑入心，有效解决“问题靠人找、规划拼人脑、流程用人跑”的痛点。

4. 争创四大特色

将“网上电网”实用化与各项业务统筹推进，通过数据全量归集归真，争创数字化转型样板。通过图上作业挖潜增效，争创精益化管理典范。通过全流程线上管理，争创放管服有效载体。开展 27 项业务全面实用化，争创全省域应用标杆。

（二）方法步骤

1. 技术架构

建立“126N”技术架构。“1”就是建立多源直采、一源多用的发展业务数据库；“2”就是构建数据和业务两类公共服务功能；“6”就是开发网上规划设计、网上计划投资、网上项目管控、网上统计分析、网上诊断评价、网上协同服务六大类功能集成群；“N”就是构建适用各层级、各专业的场景工作平台，实现电网发展业务“网上管理、图上作业、线上服务”。

2. 建设步骤

三个阶段：2021 年，国网山西电力作为国家电网公司唯一的全省域实用化单位，开展“网上电网”实用化“百日攻坚”，提前一年完成电网发展业务统一平台建设；到 2022 年，打造企业级电网业务的协同作业平台；到 2023 年，打造企业级能源业务的资源开放平台，推动实现“网上规划电网、网上建设电网、网上运营电网”。

3. 核心任务

五项核心任务：一是建设“一览无遗”的全景电力驾驶舱，支撑全业务线上流转、全信息在线跟踪、全能量在线监控；二是建设“一键生成”的智能业务应用，支撑网上规划设计等业务应用自主构建、智能分析、精准决策；三是建设“一线贯通”的协同作业模式，构建一平台、跨专业、多场景、微应用的线上工作模式；四是建设“一网融汇”的能源互联载体，实现各种能源设施设备“即插即用”、信息模型“即视即有”、业务互动“即调即管”；五是建设“一站服务”的智慧城市窗口，准确反映区域和行业发展趋势，支撑政府宏观经济政策，助力产业协同发展。

三、专业管理提升成效

国网山西电力通过开展“网上电网”实用化，不断拓展丰富可视场景，一张全景导航地图基本建成；不断融合汇聚全息数据，一张数字孪生电网初具规模；不断关联贯通在线业务，一个电网发展平台初现成效。

（一）“一图”基本建成

国网山西电力全景导航地图基本建成，电网可视透明。实现了三点突破：一是首次完成了 10kV 配网设备的全量图数核查治理；二是首次接入覆盖全省的交通路网、控规用地、土地管制、土地现状、生态红线等 5 大类 530 张图集；三是首次将 ABCD 差异化规划原则落地实现在地图上，全省图上形成 123 个供电区域，细分为 313 个网格，精分为 1495 个单元。

（二）“一网”初步生成

国网山西电力数字孪生电网初步生成，数据赋能赋智，实现“一网通看、一网速查”：首家全面贯通 27 套专业系统，实现投建运、营配调、人财物信息的源头采集；省市县所共同发力完成源端数据治理，形成 35 万个设备全息页卡、5928 个项目全程页卡，实现“一卡通看”；数据源头采、自动来、不可改，实现了规划收资、统计分析等 108 张报表自动生成，有效减轻了基层负担。

（三）一平台初见成效

1. 实现智能规划

国网山西电力在线诊断生成省、市、县 7746 个问题，图上作业形成“十四五”35kV 及以上全量 282 个项目、2022 年 10kV 631 个项目的规划方案，既建立了项目与问题的刚性关联，确保规划有据可依，又实现了项目在图上准确落地、自动查重，确保规划源头统筹、经济节约。

2. 高效开展前期

国网山西电力通过“网上电网”实用化，将2021年123个项目的前期计划全部进行线上管控，工作节点一目了然；在线开展全省35～220kV 95个项目可研审查，精准评判项目可行性、经济性及合理性，解决了项目“怎么干”的问题。

3. 助力精准投资

国网山西电力应用“网上电网”的“三率合一”（投资完成进度、实际建设进度、成本入账进度）功能对全电压1586个项目进行在线监控，智能预警进度异常，闭环反馈计划调整，解决了项目“干多少”的问题。在国网系统首家完成“十三五”330个项目全量后评价，形成分区、分压、分类投资建议策略，为精准投资提供数据支撑，解决了项目“好不好”的问题。

4. 支撑精益计划

国网山西电力通过“网上电网”调用项目中台服务，组织市县公司开展项目两级优选排序；完成2021年16个专项5785个项目ERP统一建项，全口径储备2022年7254个项目154亿元，确保计划安排统筹兼顾，解决了项目“干不干”的问题。

5. 数据自动统计

国网山西电力通过“网上电网”全面汇聚源网荷储的档案、拓扑、量测、项目、资产等数据，形成35万个设备全息页卡、5928个项目全程页卡，以实物为载体整合沉淀大数据资产，实现“一卡通看”。“网上电网”数据源头采、自动来、不可改，实现了规划收资、统计分析等108张报表自动生成，有效减轻了基层负担；在线开展电力监测分析，累计形成同期电量监测报告89份，助力政府科学决策。

6. 业务在线协同

国网山西电力通过“网上电网”创新间隔在线管理，可视化发布全量4.6万个间隔，与设备、调度等专业协同审批，确保间隔资源透明管理；支撑阳光业扩服务，自动生成223套业扩接入方案，大力提升服务水平；服务数字班组建设，实时监测线损异常情况，助力基层供电所精准降损、高效作业。

四、专业管理推广应用价值

（一）数据治理成效可借鉴

1. 全力完成数据贯通接入

总结归纳电网、财务、人员、物资、资产、项目、客户、市场、安全、综合10大类内部数据域，形成“网上电网”数据接入清单，涉及27套系统426项数据接入，其中，一级部署13套83项数据，二级部署12套343项数据。从完善电网图层、拓展多规图层等方面，接入外部气象数据153项、宏观经济84项、电网环境7项数据共3套外部系统244项数据。

2. 大力开展数据专项治理

制定了《“网上电网”数据治理工作方案》，按照数据“谁产生、谁负责、谁治理”的原则，坚持消除存量与规范增量并重，统一作业流程、统一核查标准，指导基层开展拉网式、全覆盖、集中核查整治工作，完成源网荷设备档案、量测、图形、项目4大类源端基础数据核查治理工作。截至目前，实现设备档案完整率100%，运行数据接入率达99%以上，主网拓扑图形一致率100%，“十三五”以来的电网基建项目关联率100%。

（二）实用经验成果可推广

1. 数字化转型样板

国网山西电力率先实现全省域推行以规划设计为支撑的图上作业、以项目全流程管理为代表的网上管理、以间隔审批为代表的线上服务。首家一键式生成源网荷设备统计年报，获评“2020年度中电联电力统计先进单位”；太原供电公司“助力山西转型、优化营商环境”的实操展示获得国家电网公司大供评比第一名，平台业务实用化监测指标综合评价位居国网系统第一。

2. 精益化管理典范

国网山西电力率先实现“在线诊断—智能规划—高效前期—精益计划—精准投资—自动统计—量化评价”等全环节业务线上应用，做到了规划精准、投资精益、计划精细、项目精确，提升了公司经营效率效益。图上诊断问题，精准规划项目，减少项目投资6.58亿元，较原规划减少12%。图上制定方案，开展挖潜增效，较原“十四五”规划节省投资3.26亿元。线上计划管控，优化投资策略，计划执行偏差率下降20%。

3. 放管服有效载体

按照“放管服”权责清单，梯次有序下放发展业务管理权限，通过“网上电网”进行线上管控，通过数据赋能，服务基层减负。基于省市县三个层级的决策建议，形成了结构合理、梯队有序的2022年投资计划建议方案，项目储备效率提升30%，计划执行效率提升35%。

4. 全省域应用标杆

通过开展百日攻坚活动，首家实现发展业务全省域实用，线上开展“十四五”规划布点、问题诊断，将全部规划项目可视化管理；在国网系统首家完成全省C类供电区域以上313个供电网格、1495个供电单元、86 043个控规用地信息导入。网格规划应用实践案例入选国家电网公司2020年度大数据应用优秀成果；“线上选址选线”案例成果位列国网首届系统应用成果评选第四。

2.6

以激励机制为核心的工匠型技能人才培育模式构建

国网山西电力

一、项目简介

国网山西电力坚决贯彻国家电网公司建设中国特色国际领先的能源互联网企业的战略目标，主动适应改革发展形势新要求，大力实施“工匠计划”人才战略，落实国家电网人才培育工作积分制管理工作理念，构建了以激励机制为核心的工匠型技能人才培育模式。提出“前景光明、榜样在身边、路在脚下”三步走战略，实施技能精英培育、全员素质提升、人才评价激励、培训资源升级四大人才工程，为公司人才战略落地、提升全员技能水平，开创人才辈出、各走其道、各尽其能、各展风采的人才新局面，营造良好人才成长氛围，提供了坚强保障。

以激励机制为核心的工匠型技能人才培育模式具有四方面特色：一是强化激励引导。推行多维激励，严格人才退出机制，出台更高规格物质激励待遇，建立五级技能人才激励体系，各级工匠人才对应享受相应职员职级薪酬待遇，逐步打造领导职务、职员职级、专家人才三条通道并行互通、员工多元发展的职业成长体系，激发人才成长内生动力。二是突出问题导向。直击专业要点，从专业差距、厂家依赖、专业短板、实践案例、核心技能、基础能力六个维度开展专业问题需求调查，梳理专业问题清单，针对性制定培育课程计划，实现培训课程与专业问题无缝对接，提高培育的针对性和实效性。三是注重推广应用。推行学习积分制，围绕培育期学习评价、年度评价、工作业绩评价三个方面，制定简单高效、易于推广的省公司级积分评价标准，各级单位逐级深化应用，推进积分结果与薪酬绩效挂钩。四是选育用评一体。将技能人才的选拔、培育、使用和评价标准进行统一，确保人才培育有标准、选拔使用有方向、评价激励有依据。

二、专业管理体系

1. 坚持重点引领，实施技能精英培育工程

以问题为导向，开展顶层设计，贯通实施路径，完善评价措施。面向公司核心专业，组建省公司级技能精英团队，优化人才培育方案，坚持补齐短板、强化核心、打造优势的“三二一”六维人才培育方向，配置最优导师资源，精心设计培训课程计划。全面推行学习积分制，实现技能人才评价全省“一个尺度”，各级“兼具特色”。

2. 坚持逐级贯通，实施全员素质提升工程

各单位以公司顶层设计为蓝本，逐级推广人才培育模式，结合自身实际，制定本单位人才培育方案，层层传递培育理念，让培训成果在基层落地。落实学习积分制实施细则并深化应用，上下同步、逐级覆盖，构建省市县三级人才培育模式，广泛带动全员素质提升。

3. 坚持机制创新，实施人才评价激励工程

创新人才激励机制，同步推进物质、精神、职业成长三维激励。加强人才使用和考核监督，严格人才退出机制，激发人才内生动力，提升技能人才职业自豪感和认同感，实现“要我学”向“我要学”的转变，发挥工匠人才最大工作潜能。

4. 坚持统筹规划，实施培训资源升级工程

围绕培训基地建设和培训师资队伍建设两条主线，配套建设定位清晰、布局合理、功能适用的实训基地硬资源体系，为技能人才培养创造良好的实训条件。开展企业内训师能力水平建设，打造企业工匠金牌讲师，建立技能高超、素质优良、结构合理的师资队伍软资源体系。

三、专业管理提升成效

“工匠计划”实施以来，一批年轻技能骨干快速成长，关键岗位技术技能人才显著增加，高技能人才紧缺的状况得到明显改善，公司人才竞争力大幅提升。截至 2021 年 12 月，国网山西电力高技能人才占比 87%，技能人才培养工作成效显著，涌现出郑仙荣、辛红斌、高建国、刘小元等一批全国劳动模范及五一劳动奖章获得者。一批高技能人才脱颖而出，继电保护、变电运维等五个专业在 2020 年山西省电业系统职工职业技能大赛上包揽竞赛团体和个人前三名；荣获 2017、2019 年度中电联青年培训师竞赛团体及个人二、三等奖；荣获 2020 年度全国第六届工控系统信息安全攻防竞赛团体第一名。公司 2941 人通过人才评价实现岗位技能等级提升，人才当量密度达到最高值 1.096 7。1953 人通过职称评定，高端人才新增 543 人，增幅达 92.3%，465 人入选山西省“三晋英才”

人才支持计划。2021 年 7 月，国网山西电力荣获 2021 年电力行业技能人才培育突出贡献奖（全国第一名）。

四、专业管理推广应用价值

1. 多维激励激发人才动力

“工匠计划”推行物质、精神、职业成长多维激励，充分激发员工内生动力，变被动的“要我学”为主动的“我要学”。通过“技能精英培育、全员素质提升、人才评价激励、培训资源升级”四大工程，以点带面，带动全员素质能力提升，实现了人才培育“内生外驱”动力的更新换代、演变升级，公司技能人才培育成效显著，省市县三级专业技能人才梯队逐步建立，各级精英人才涌现，人才队伍规模不断扩大，队伍结构不断优化。

2. 问题导向完善培育机制

依托“工匠计划”国网山西电力构建了工匠型技能人才培育体系，在人才评选标准、人才选拔方式和人才激励模式等方面创新探索。以问题为导向，紧密结合专业技术发展动态，重点围绕“三二一”六维培育方向，实现了人才培育与专业课题攻关的点对点无缝对接，逐步形成一套独具山西特色的人才培育机制，营造了有利于工匠型技能人才成长和发挥作用的制度环境及文化氛围。此外，通过顶层设计加快推进培训基地和培训师队伍建设，结合现有培训资源，构建了以省级为主体、市级为分支、县级为补充的技能人才培育实训体系。

3. 扩大技能人才培养品牌

以人才培养推动战略落地，将技能人才队伍培养成为公司经营发展的“推动者”、技术革新的“领路者”、重点任务的“承担者”。通过建成通道多样、模式创新、评价精准、激励多元的人才管理体系，公司技能人才队伍素质水平大幅提升，多项人才举措和实施成效得到国网人资部和专业部门的充分认可，涌现出一大批符合山西电网技术特点的典型实操课程和典型经验案例，“山西特色”技能人才培育模式不断优化完善，为建设具有中国特色国际领先的能源互联网企业提供了坚强的人才保障。

2.7

基于人才发展新高地建设的“大讲堂”全员常态培训项目

国网山东电力

一、项目简介

国网山东电力基于人才发展新高地建设的“大讲堂”全员常态培训项目，以赋能人才高质量发展为导向，以打造人才发展新高地特色品牌为目标，以“大讲堂”创新工作室为抓手，坚持全员培训、服务基层，倡导“人人上讲台，个个当专家”，创新“选、抽、评、考”培训流程，建立“专业主导、过程管控、常态实施”机制，形成以 7 类培训形式为载体，覆盖“8+N”核心专业的典型模式。自 2014 年该项目开展以来，各层级共组织“大讲堂”40 万余次，形成创新成果 2.5 万余项，典型经验 1.9 万余项，培育金牌讲师 387 名、兼职培训师 3800 余名。项目荣获“中国电力教育培训 2018 年度典型案例”。“大讲堂”厚植人才沃土，专注平台赋能，已成为班组现场培训的主要形式、专业工作推动的有效抓手和选拔培养人才的重要平台。

二、专业管理体系

建设一支高素质、高技能的一线职工队伍对公司快速发展、提高竞争力具有重要的战略意义。国网山东电力大力推广“大讲堂”全员常态培训项目，在班组建设、专业管理、人才培养等方面发挥了重要作用。

（一）目的和意义

1. 支撑公司战略落地，凝聚发展合力的迫切需要

国家电网公司“一体四翼”发展布局的提出对全面提升员工队伍素质提出了新的更高要求，需要把全员常态化培训放在落实国家电网公司战略的层面去高标准谋划和推动，

加快员工思想转变、统一企业管理模式、深化业务开展流程，进一步夯实国家电网公司战略实施的人才基础。

2. 实施全员常态培训，提高队伍素质的重要举措

现阶段，部分单位存在重形式、轻内容的现象，培训理念陈旧，培训目标模糊。在课程设置上，常规培训因受众面大，内容千篇一律，缺乏有效性和针对性，无法满足员工个性化培训需要。“大讲堂”突出“实际、实用、实效”，聚焦问题导向，有力推动专业提升、服务员工发展。

3. 解决企业工学矛盾，助力提质增效的有效方法

公司运维等日常工作任务非常繁重，一线岗位技能人员业务水平受工作时间、工作环境、年龄及学历等影响的差异不断加大，培训工作受到工学矛盾的影响越来越严重。在此背景下，国网山东电力“大讲堂”全员常态培训项目以职工在工作中遇到的实际问题确定选题，可在基层班组、部门车间、工作现场等场所开展，时长不超过 15 分钟，覆盖面广、灵活性强，真正做到以“微”促精、以“课”促学。

（二）特色管理办法

1. 立足实际，建立科学管控体系

坚持问题导向，突出实际、实用、实效，将“大讲堂”作为解决基层和专业问题的主要工具，充分发挥“全员学习、灵活互动”的特点，实施“选（围绕工作去选题）、抽（随机抽取主讲人）、评（全员点评促提升）、考（绩效考核见成效）”培训流程，让员工从被动听课到主动备课；因地制宜制定实施计划，落脚需求确定课程选题，真正实现“缺什么学什么、干什么讲什么”。拓宽培训载体，拓展形成多元化、多渠道的线上课程培训机制，充分利用国网学堂、“一起培训”App 等载体，组织各单位制作、上传、评选优秀课程，满足员工网络化、多样化、碎片化的学习需求。建立“人资管控、专业协同、业务提升”的培训体系，开展现场督导，评选金牌课程、金牌讲师、“十佳”金牌讲师、优秀组织单位，实现“大讲堂”计划、实施、督导、考核、总结全过程管理，有效推进政策宣贯、工作部署和业务培训。

2. 量体裁衣，分层推出讲堂模式

在班组层面主要推出技术培训、作业现场、事故分析“大讲堂”，将培训搬到班组生产的“田间地头”。技术培训“大讲堂”突出全员学习、随机抽讲、互动培训，实现知识和技能的全员掌握；作业现场“大讲堂”结合工作任务和现场设备开展，突出针对性，确保现场工作安全，提高工作质量和效率；事故分析“大讲堂”针对各类事故、事件，结合自身工作和管辖设备，多维度、深挖掘案例本身，制定切实可行的有效措施。在地市公司和专业室层面主要推出实训实践、师傅传承、专家人才“大讲堂”，实训实践“大讲堂”评价创新工作室实训项目、行动学习项目的实施效果；师傅传承“大讲堂”充分

发挥老师傅工作经验、技术传承等方面作用；专家人才“大讲堂”评价课程内容和授课水平，打造精品课程，培养金牌讲师。在省公司层面主要推出专业管理“大讲堂”，由专业部门对年度重点工作进行解读和落实成效。

3. 强化载体，提升人才培育效能

一是充分发挥“大讲堂”平台载体优势。全面建设“大讲堂”创新工作室，以国网山东电力党校培训师团队、“十佳”金牌讲师为核心，组建“大讲堂”金牌讲师团，建立选育用留工作机制，制定年度攻坚课题和集中研讨计划，系统培育金牌讲师教练团。与“行动学习”结合，以“大讲堂”形式开展行动学习项目研讨，推进行动学习落地实施。与“创新工作室”结合，将“大讲堂”形式拓展至创新工作室实训区，形成“说、讲、学、做”一体化的实训实践“大讲堂”。与网络学习平台结合，将“大讲堂”优秀课程和金牌课程制作成微课，在国网学堂、“一起培训”App发布分享。二是全面提升“大讲堂”人才培育效能。与公司竞赛调考对接，通过劳动竞赛和金牌课程评选活动，选拔优秀班组和优秀个人，同时加大激励力度、树立先进典型和重点跟踪培养，为优秀人才搭建成长平台。与公司班组长轮训对接，在各专业班组长轮训中，加入“大讲堂”培训课程，加强班组长“教练力”培养。与优秀专家人才培养对接，各级专家人才全部进驻“大讲堂”，每年承担一定学时和次数的授课任务，提升班组员工培养质量。

三、专业管理提升成效

自2014年以来，“大讲堂”全员常态培训项目不断推广应用，服务专业提升，辐射基层班组，凝聚起百花齐放、百家争鸣的磅礴合力。

（一）培训覆盖更广泛

以7类“大讲堂”培训形式为载体，实现19个专业横向覆盖、省市县三级纵向贯通，覆盖全部相关部门、专业及人群，共开展“大讲堂”40万余次，覆盖班组3600余个，形成创新成果2.5万余项，典型经验1.9万余项，解决实际问题3万余个，纵向打通省公司、市公司、县公司和班组，形成一贯到底的培训实施体系。

（二）资源迭代更优质

通过建实建优课程、师资、案例、教材“四库”，常态化积累优秀课程3000余门，选拔金牌课程387门，培育金牌讲师387名、兼职培训师3800余名，依托“一起培训”App进行课程展播1870门，浏览人次突破200万，迭代了新资源，放大了“大讲堂”红利。

（三）人才培养更有效

充分发挥“大讲堂”促进专业工作、提升素质能力的重要作用，近年来国网山东电

力人才队伍建设取得丰硕成果，新增高端人才 289 名，数量位居国家电网公司前列。评定台区经理和综合柜员 6 万余人次。竞赛调考十年八冠，2020 年勇夺国家电网公司 4 项竞赛调考“双第一”，实现竞赛调考“全满贯”；2021 年夺得国家电网公司 3 项竞赛调考团体第一。

四、专业管理推广应用价值

该项目作为国网山东电力全面打造人才发展新高地的生动举措，聚焦员工培养领域，能够有效解决各企业员工培训中普遍存在的培训形式大于目的、培训体系不完善、培训内容脱离实际、培训评估缺乏重视、工学矛盾突出等多方面问题，为国家电网公司战略落地提供坚强人才保障，可以广泛应用于系统内省级电网企业、电力行业乃至各企事业单位，具有重要的经济及社会效益。

2.8

新时代“三型一化”现代企业党建体系

国网山东电力

一、项目简介

为深入贯彻新时代党的建设总要求和全国国企党建会精神，落实国家电网公司党组战略部署，国网山东电力坚持党建引领，创新构建并连续四年优化“三型一化”党建体系，着力打造“中国特色”党建引领新高地，为推进党建高质量发展提供了山东方案。坚持党对国有企业的领导不动摇，强化“国企姓党”政治基因，突出政治领航、思想领航，打造领航型党建，确保企业发展正确方向。坚持服务生产经营不偏离，突出党委抓统筹、专业抓融合、支部抓落实，打造融合型党建，推动党建与企业融合发展、党务与业务融合提升、党员与员工融合成长。坚持建强国有企业基层党组织不放松，建强卓越组织，锤炼卓越队伍，创新卓越管理，培育卓越文化，打造卓越型党建，全面提升基层党组织组织力。坚持国企党建更好体现时代性、把握规律性、富于创造性，建立“系统化、项目化、标准化、规范化、数字化”五化管控模式，打造专业化党建，实现党建工作科学化管理。

项目受到广泛认可和好评，入选中组部庆祝中国共产党成立 100 周年党的建设历史经验研讨会优秀论文，并受邀参加研讨会；获评全国电力行业优秀党建成果、全国电力企业管理创新优秀论文、中国电力思想政治工作研究会优秀研究成果、山东省企业管理现代化创新成果一等奖；在《党建》《旗帜》《党建研究》《思想政治工作研究》《学习与研究》等权威杂志刊发 6 次，在中央和国资委党史学习教育简报刊发 7 次；作为唯一企业代表在山东省模范机关建设推进会上做典型发言。2021 年以来累计推出全国党建先进典型 17 个、山东省党建先进典型 30 个、国家电网公司党建先进典型 64 个，涌现出大国工匠王进、全国最美志愿者吕明玉等一批重大典型。

二、专业管理体系

“三型一化”党建体系，向上承接新时代党的建设总要求和全国国企党建会精神，承接国网党组“旗帜领航”党建工程、强根铸魂工程部署，向下对接基层党建现实需要，是承上启下的理论体系和实践体系。

目标是以提质登高、赋能增值为重点，深化实施“旗帜领航·提质登高”行动计划，以高质量党建引领高质量发展，在具有中国特色国际领先的能源互联网企业建设中永创最好、走在前列。逻辑是“三型一化”有机统一，领航是方向，融合是手段，卓越是目标，专业是方法，“三型”是“一化”的管理内容，“一化”是“三型”的方法路径。领航型党建，就是高举习近平新时代中国特色社会主义思想伟大旗帜，通过强化政治领航、思想领航，在企业发展各环节、公司治理各方面、业务工作各领域，把党的旗帜树起来，把党的建设强起来，把党的威信立起来，确保企业沿着正确政治方向行稳致远。融合型党建，就是坚持抓党建从业务出发、抓业务从党建入手，推动党建与企业融合发展、党务与业务融合提升、党员与员工融合成长，把党建独特优势充分转化为竞争优势、创新优势和发展优势。卓越型党建，就是践行“人民电业为人民”企业宗旨，坚持努力超越、追求卓越，以促进中心工作、党员群众满意为标尺，以坚强有力的组织保障、卓越争先的队伍支撑、先进高效的管理推动、优秀的企业文化驱动，不断超越自我、永创最好。专业化党建，就是把党建作为最大的业务，在规划计划上突出系统化，在重点攻坚上突出项目化，在业务实施上突出标准化，在推进落实上突出规范化，在智慧升级上突出数字化，不断提升党建专业管理水平。

三、专业管理提升成效

（一）打造领航型党建，确保企业改革发展方向正确

一是强化政治领航。把政治建设摆在首位，突出党委把方向、管大局、促落实，健全党委研究分析重大问题、讨论决定重大事项、督促落实重点工作常态机制，强化政治担当，提升政治判断力、政治领悟力、政治执行力，增强“四个意识”、坚定“四个自信”、坚决做到“两个维护”。二是强化思想领航。落实“第一议题”制度，构建党委理论中心组“上下联学、视频观摩”学习模式，省市县每月统一主题开展主题党日，创新“保供电促转型　勇登高走在前”等特色教育实践，引导党员深刻认识“两个确立”的决定性意义，坚定不移听党话、跟党走。

（二）打造融合型党建，以高质量党建引领高质量发展

一是党委抓统筹，解决“加什么”问题。聚焦中心工作和重点任务，连续 6 年深化“党建＋”创新实践，开展“党建统领·亮旗登高”“党建＋”亮旗创优等工程，为公司发展注入强劲动力。二是专业抓融合，解决“怎么加”问题。深化“党建＋安全”“党建＋基建”“党建＋服务”等载体，建立“党建＋”工程评价体系，立项安全治理数智升级、营销服务品质创优等一批示范项目，常态开展“党员带头不违章、党员带头查违章、党员

身边无违章""党员带头优服务、党员身边无投诉"活动，推动党建工作重点与业务工作重心紧密对接。三是支部抓落实，解决"如何加出成效"问题。发挥支部组织优势，出台党员服务队、突击队、责任区和示范岗等工作规则，每年开展"彩虹连心"先锋行动，布点建设"电力彩虹驿站"，持续激发党员先锋模范作用。

（三）打造卓越型党建，提升基层党组织组织力

一是建强卓越组织。开展"标准化党委、先进党委、红旗党委"三级进阶和"标准化党支部、过硬党支部、电网先锋党支部"三级联创，在全部党支部设置党建专责，深化党组织共建联创，实施"党支部书记在现场"专项行动，推动基层党组织全面进步、全面过硬。二是锤炼卓越队伍。实施"合格、职业、金牌"进阶式培训，搭建书记轮训、高校送培、实景党课、先锋云讲堂、党建大讲堂、党务干部普调考等六个课堂，促进党建队伍素质能力大幅提升。三是创新卓越管理。推行党委全面履责、支委全链条履责、党员量化积分管理，建立党建对标管理指标、管控、支撑、评价四个体系，增强党建专业管理效能。四是培育卓越文化。持续打造"旗帜领航""彩虹连心""善小"等党建品牌，实施初心护党、同心筑梦、匠心兴企、爱心建家、正心树人"五心聚力"行动，营造思想同心、目标同向、行动同步"干群三同"浓厚氛围，推动实现"一盘棋、一家人、一条心"。

（四）打造专业化党建，增强党建管理科学化水平

一是系统化谋划。每年制定党建重点任务和工作要点，规划全年工作的路线图、时间表和任务书。二是项目化推进。项目化完成30余项党建课题研究任务，形成一系列经验做法和成果案例。三是标准化建设。编制党建专业管理、换届选举、发展党员、支部党建专责等指导手册，推动省市县任务一体推进、标准一贯到底。四是规范化管理。搭建党建工作量化计划管理监控预警、诊断分析、质量提升三个平台，形成实时比对、动态提升格局。数字化支撑。建成"三型一化"智慧党建平台，具备"七大智慧功能"，覆盖省市县三级，推动党建工作数字化转型、智慧化升级。

四、专业管理推广应用价值

一是固化形成组织登高进阶、委员全面履责、党员进阶培训、党建数字转型等一系列可复制、可推广的经验成果，对于提升党建专业管理和价值创造能力具有重要借鉴意义。

二是构建形成党委抓统筹、专业抓融合、支部抓落实的党建业务融合模式，推进"党建+"向"+党建"深刻转变，对于发挥党的领导党的建设独特优势，推动战略落地具有强劲"助推器"作用。

三是实践形成契合中央精神、符合企业实际、贴合基层需求的新时代国企党建理论体系和实践体系，适宜在国网系统各单位、国企央企各层级、党建工作各领域推广应用。

2.9

赋能世界一流城市电网建设的现代智慧供应链控制塔体系

国网上海电力

一、项目简介

国网上海电力落实国家电网公司决策部署，结合企业经营形势和提质增效工作要求，创新突破，示范引领，打造“三强四心”（资源统筹能力强、生态协同能力强、数据驱动能力强，一线人员更安心、项目单位更放心、供应商更知心、管理层更省心）、双智驱动（智能运作、智慧运营）的供应链管理新模式和数字化供应链平台，服务世界一流城市高质量电网建设运维，推动能源互联网行业生态圈高质量发展。

国网上海电力现代智慧供应链控制塔体系融合了64个国网统推场景、112个公司深化创新场景，设计智能采购、数字物流、全景质控三大业务链、内外两个协同和一个供应链运营中心。参与项目建设的公司各级单位业务人员共200余名，相关专家40余名。现代智慧供应链控制塔在物资保障工作中积极发挥示范作用，助力完成500kV黄渡变电站、220kV崧泽变电站等重点工程物资供应，为“建党100周年”、历次进博会、花博会提供应急物资保障。在援豫抢修保障中，供应链控制塔发挥了应急物资供应协调的核心指挥协调作用。

国网上海电力现代智慧供应链控制塔体系2019年获得IDC数字化转型综合领军者大奖、中物联优秀案例。2020年获得IDC中国数字化转型优秀奖——运营模式领军者优秀奖、中电联科技创新一等奖、中物联供应链创新应用优秀案例，携手IDC发布国内首份电力行业智慧供应链白皮书，被评为上海市工业互联网协会2020工赋上海年度风云企业。2021年，荣获国家电网现代智慧供应链创新与应用示范突出贡献单位、中物联科技进步一等奖、中物联供应链创新应用优秀案例、中国供应链金融生态优秀现代供应链服务商等荣誉。

二、专业管理体系

（一）体系框架

引入供应链控制塔理念，构建以供应链运营中心为“大脑中枢”，以“5E”业务平台为执行主体的现代智慧供应链控制塔体系（见图 1），实现专业管理线上化，深化公司专业间协同，促进产业生态圈融合，提升供应链的柔性和韧性，助力公司和电网高质量发展，服务能源互联网行业生态圈。

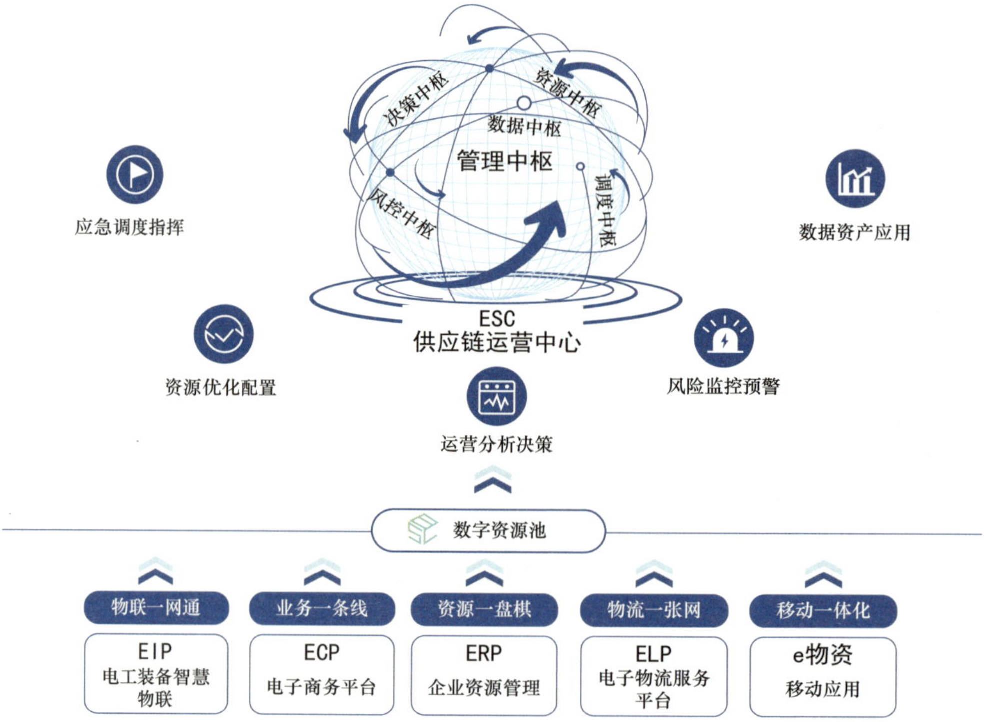

图 1　现代智慧供应链控制塔体系

（二）功能定位

依托公司一体化信息支撑平台，应用“大云物移智边链”等先进技术发展成果，构建物资智能采购、数字物流、全景质控三大智能业务链，强化公司内部以及外部生态圈两个高效协同，打造一个以数据为核心驱动力的供应链智慧运营中心，服务公司高质量发展，服务社会经济发展。

（三）运营模式

ESC（供应链运营中心）作为“大脑中枢”，以互联互通的数据平台为基础，依托数据中台可拓展、开放连接功能，实现多元化数据信息融合；通过全程可视的过程管控，从流程、合规性、资源、效率等方面，把控全链业务等信息，实现风险实时感知和主动预警；通过建立快速响应的异常处理联动机制，应用融合人工智能等技术，构建科学、完善、全面准确的业务标签库、策略库等知识库，实现异常问题智能决策、业务指令自动执行；通过深度洞察的分析决策，利用大数据工具赋能，开展业务预测、模拟仿真、根因挖掘等分析，实现供应链运营模式持续优化。

“5E”平台是对接控制塔中枢的业务执行系统，通过 ESC 平台下达的业务指令和结果反哺的优化策略，“5E”平台同步协同运作，持续提高专业领域管理能力和用户数字化体验效果。ECP（电子商务平台）提供从采购计划、招标采购、合同物流、质量监督、运行评价、供应管理到废旧物资处置的供应链全流程在线操作，实现“业务一条线”；EIP（电工装备智慧物联平台）通过融合“国网芯”的智慧物联网关（具有自主产权的边缘计算装置），实时收集供应商生产进度、工艺、试验信息，主动推送合同订单、设备运行质量等数据，实现“物联一张网”；ELP（电力物流服务平台）创新使用物联网、5G 技术，设计研制了包含北斗、5G 芯片，集成温湿度、倾角、加速度的冲击传感器，精确感知物资运输状态，构建面向全社会的电力物流服务平台，实现“物流一网通”；ERP（企业资源管理系统）物资模块既是业务核心也是物资内外系统纽带，各系统之间通过业务数据流转来实现横向和纵向贯通，形成“资源一盘棋”；e 物资（掌上应用 e 物资）是所有物资作业系统的统一移动终端，推进应用整合，实现移动一体化。

通过在“5E”平台设置业务探针，实时感知业务态势，在 ESC 开展大数据模拟沙盘推演，科学制定策略，实现了态势感知→预测分析→策略制定→数字推演→指令下达→全程追踪→迭代优化的全链条、全时空供应链业务管控，开启万物互联、科技赋能、智链未来的运营新局面。

三、专业管理提升成效

通过现代智慧供应链控制塔体系建设和应用，国网上海电力物资管理全链条业务实现线上化、智能化和数字化，面向一线员工、项目单位、供应商和管理人员的服务水平得到了全面提升，供应链的柔性和韧性不断提高。对内服务公司提质增效，对外构建和谐、共赢生态圈，带动电工装备产业链高质量发展。

专业提档升级方面，物资计划报送、招标采购、履约结算、质量监督等核心业务的准确率确保 100%。主网项目物资供应平均周期下降 30%，配网物资供应平均周期下降 50%。对供应链管理的 31 个关键业务节点进行实时监控，风险 100%闭环消缺，合规管控能力显著增强。

提质增效方面，通过数据驱动，优化储备定额，库供目录累计压减 26.4%，3 年累计释放流动资金 5.3 亿元。开展精准监造和远程在线监造，监造成本下降 572 万元/年。通过招标线上化、单据电子化，每年减少管理成本、专家支出和采购活动组织费用 429 万元。

服务社会经济方面，通过供应商在线投标，减少投标成本约 1050 万元/年；推广供应链金融产品，通过推行保证金保险，释放 15.42 亿元供应商资金。推动电工装备智慧物联，70%以上主流线缆供应商实现互联感知，质量问题在线消缺率达 95.1%，电缆品类质量问题同比下降 66%，供应上海电网的高压电缆偏心度控制在 2%～4%以内，达到国际领先水平。

四、专业管理推广应用价值

作为国家电网公司现代智慧供应链建设运营先行先试单位，国网上海电力针对现代智慧供应链控制塔体系形成了一套供应链运营协同机制，打造了“5E 一中心”供应链智慧平台，实现了制度标准、信息化、人才队伍和风险防控的全面提升发展。

在制度建设方面，为了实现整个体系的高效运营，国网上海电力同步制定了《供应链运营中心“五位一体”管理机制》等运营方案及制度标准（共 2 套 10 项），全面支撑体系运作。在信息化方面，基于全业务数字化转型升级，将智慧供应链体系全面融入电网建设运营体系中，有效、精准防范管理风险，全面提升管理决策效率。在队伍建设方面，通过“全体系覆盖、全员应用、全面支撑”推动体系建设实用实效，将供应链文化融入日常业务中，培养了一批供应链专家人才队伍。

2.10

省级电网企业数字化多维价值评价体系构建和应用

国网江苏电力

一、项目简介

2018 年以来，国网江苏省电力有限公司（以下简称国网江苏电力）认真落实总部多维精益管理各项决策部署，公司主要领导和分管领导统筹组织，遵循“顶层设计、共建共享、全面应用”的工作原则，以“收入成本精准匹配”为核心，以电网运营数据全面交互为基础，按照“一张网、一模型、三本账”的建设路径有序推进数字化多维价值评价体系建设。在国网财务部指导下，经过近两年的努力，2020 年在国网系统率先构建完成契合电网特点、按最小单元归集成本和收入的数字化多维价值评价体系，创新实现价值信息沿电流传导方向、沿电网运行轨迹的科学传导，全面实现最小单元投入产出的合理计算、精益反映和准确评价，得到国网财务部的充分肯定并在国网系统推广应用。

二、专业管理体系

（一）聚合经营数据，打造价值孪生电网

国网江苏电力依托数据中台，对接多维管理需求，以同期线损系统为基础，进一步贯通 PMS、营销、用电信息采集、电能量、SAP 等 8 个信息系统，有序连接公司 4650 万电力客户、105 万座变电站（包含配变）、5 万条线路、100 万个台区、1043 个供电所、4338 个班组、6000 多亿元资产（原值）、33 万个项目、14 万张工单、174 亿条计量点电量、11 亿条电费发行、1413 万张会计凭证、6016 万条财务多维宽表等 203 亿条信息，将企业价值与设备资产、组织人员等信息在电网一张图上聚合反映，构建拓扑完整、数据集成、信息交互的价值孪生“一张网”，实现物理资产、电能流动、业务活动和价值信

息在拓扑关键节点上的精准匹配，为收入成本的合理匹配奠定坚实基础。

（二）围绕电网拓扑，构建价值传导模型

1. 围绕资源耗费，汇集全级次全口径成本

国网江苏电力以全口径全级次价值传导为目标，突破核算主体限制，分层汇集省公司、各市县供电公司、各类支撑主体的全级次成本，完整汇集人工、购电、折旧、项目、费用等全口径成本。依据业务活动属性，将全级次成本科学划分为拓扑相关成本（运行、检修活动成本）和拓扑不相关成本（营销、运营支持和管理活动成本）两类成本。

2. 区分成本特征，差别设置成本传导模型

对于拓扑相关成本，建立成本分级传导模型，按照数量、容量、电量、原值四类成本动因，将成本分层汇集、分级传导到末级客户，首先以 500kV 变电站为载体，汇集 500kV 及以上的购电、人工、折旧、项目等成本，依据拓扑结构和成本动因，将成本全量传导至下一级变电站（220kV 变电站）；然后以 220～35kV 变电站为载体，接收上级传导的成本，再加上本级汇集的成本，依据拓扑结构和成本动因，将成本依次逐级全量传导至配电变压器；最后以配电变压器为载体，接收上一级变电站（35kV）传导的全口径成本，再加上本级汇集的全口径成本，依据台配关系成本动因，将成本全量传导至终端用户。对于拓扑不相关成本，建立直接分摊模型，按照客户数量和电量两类成本动因，将成本直接分摊到末级客户。通过汇集两条路径差别化的成本传导结果，以客户为核心，将全量成本沿着电网运行轨迹细化归集至每一个（类）客户，实现居民客户按台区、其他客户按户的成本精准计量。

3. 建立价值回溯流程路径，反向归集客户收入

依据拓扑结构，结合户变关系、配台关系、线站关系、资产与设备主人、资产与组织对应关系等信息，将终端客户产生的收入按照逆拓扑关系反向聚合到设备和组织。

基于价值传导模型，在价值孪生电网中能够清晰反映每一个环节的上级公共成本投入、本级直接成本投入、本级产出效益，使电网企业的每一分钱投入都能"算得清、算得准、看得见"，实现电网企业价值创造过程在虚拟世界中的镜像还原。

（三）聚焦价值评价，创建投入产出"三本账"

在成本科学传导基础上，进一步聚焦单个设备、组织和用户，精准匹配收入、成本，创建投入产出"三本账"，实现对用户、供电所、工区、班组、变电站、台区等最小单元的价值贡献、资源消耗的量化评价，满足电网全级次、多层级、多主体投入产出评价需求。

1. 创建客户一本账，全面感知客户经济价值

利用价值传导模型，科学计算每一个客户的成本投入，结合每一个客户的电费发行

等收入，对4600余万个客户分区分类全视角开展价值贡献评价，全面感知客户经济价值，实现居民客户按台区、其他客户按户的价值精准反映。

2. 创建设备一本账，有效支撑设备精益管理

结合户变关系、配台关系、线站关系等信息，将客户投入产出值逆拓扑关系反向聚合，以台区（配变）、中压线路、变电站等电网结点汇聚成本、收入信息，对110余万个设备效率效益进行多视角洞察评价，助力设备精益管理，实现对不同设备和设备组合的价值精准反映。

3. 创建组织一本账，科学指导组织提质增效

结合资产与设备主人、资产与组织对应关系等信息，将客户投入产出和设备投入产出进一步聚合，量化反映5000余个基层组织业务策略优化创效情况，科学指导基层提质增效，实现对供电所、工区、班组等作业单元价值的精准反映。

（四）依托数据中台，搭建智慧运营平台

国网江苏电力依托数据中台，利用大数据和智能化工具，以价值传导评价模型为核心，搭建统一的智慧运营平台，实现业财信息的实时采集、在线聚合。基于价值评价体系，在系统中内置数据处理规则和校验逻辑，提升数据接入和拓扑构建的准确性，实现电网运营精准刻画。基于先进的数据挖掘和计算技术，高效完成海量数据的并行处理和智能分析。

面向宏观决策、中观管理、微观应用等不同层次，以可视化方式敏捷输出数据分析结果和管理应用场景。动态呈现每一个环节的成本投入、每一项业务资源消耗情况、每一个最小单元的价值贡献、每一个价值洼地和低效环节，推动各业务条线、各层级组织全面应用、智慧决策、精益运营、精准发力。

三、专业管理提升成效

依托电网多维价值评价体系，国网江苏电力各层级单位、各业务部门紧密配合，常态开展多层次、多领域、多场景的“多维+”共同行动，推动全业务精益运营、全要素精益管理。

（一）协同开展精益管控行动，推动管理提质增效

国网江苏电力财务部协同发展、设备、营销等部门，依托智慧运营平台，及时发现管理薄弱环节，协同开展营配调财一致性、用户信息等数据治理，提升营配调数据的一致性以及停电信息推送准确性，夯实精益管理基础；在线监控变电站异常线损，提升损治理水平和反窃查违准确性，提高运营效益；开展重点用户投入产出分析，实施特定用户精准营销、增供扩销，提升精益管控水平。

（二）主动适应电力体制改革，有效应对外部监管

国网江苏电力基于单个客户投入产出，第一次科学计算出全省分行业、分电压等级、分用户类别的输配电成本和合理输配电价补偿水平，定量计量不同客户、不同电压等级间的交叉补贴，为持续理顺电价结构、公平电力负担作出了积极探索；第一次开展了两部制电价相关测算，初步计算结果显示容量电费定价偏低，电度电费定价偏高，为后期有序引导客户电价政策选择，合理开展固定成本投入提供了有益探索。

（三）探索建立精准激励机制，激发全员经营活力

国网江苏电力印发了《关于印发深化内部模拟市场建设行动方案的通知》（苏电财〔2021〕172 号），部署各单位全面应用多维价值评价体系，开展内部成本传导、末级组织模拟利润计算和绩效考核。各级主体积极开展内部模拟核算、最小单元运营绩效考核等行动，初步实现多维管理赋能末级组织，激发经营活力，推动管理自驱。

常州供电公司在下属 40 个供电所实施内部模拟市场机制，基于供电所投入产出，融合专业管理指标，开展复合式质效评价，引导供电所主动优化预算资源配置，提高项目储备申报的精准性和效益性，压缩低效、无效投资 420 余万元。

南通供电公司开展台区综合效能评价，从创值能力、运营效率、运行安全、电能质量和运行损耗五个维度构建台区综合效能评价体系，对整体能力较差或能力发展不均衡的台区精准施策。通过综合效能评价提升投资针对性，优化调整储备投向 742 万元；通过配电变压器调换等存量配置手段节约资金 360 万元。

泰州供电公司全面施行农电台区管理权竞拍，在内部人力资源市场引入市场竞争机制，利用多维成果合理确定内部竞拍价格，开展“定价—竞拍—后评价”闭环管理机制。累计完成 248 个农电台区管理权竞拍，员工奖励兑现 174 万元，降低人工成本 899 万元，有效激发了基层员工活力，缓解农电缺员压力，大幅降低人工成本，实现农电台区管理提质增效。

四、专业管理推广应用价值

国网江苏电力数字化多维价值评价体系的建设，有效解决了网状经济中对最小单元价值贡献精准量化评价的难题，探索了业财融合管理的新思路，贡献了数字化价值管理的新视角，提供了可借鉴、可复制的实践样本。

（一）坚持战略为先，以科学目标指导管理方向

数字化财务管理能够快速发展、高效运作的根本原因一定是因为其本身适应了整个公司发展的主要方向。在一个复杂的大型企业组织中，任何管理模式都需要以全集团、全公司的整体发展战略为纲领，“无的放矢”和“逆势而为”都将带来成倍的试错成本。

国网江苏电力数字化多维价值评价体系的建设，正是基于推动国家电网公司“一体四翼”发展布局在国网江苏电力率先落地实践，在建设具有中国特色国际领先的能源互联网企业中站排头、当先锋、作表率的目标而开展，有效支撑公司战略落地和高质量发展，推动管理提质增效。

（二）坚持协同为盟，以共创思维破圈管理升维

在数字化管理的时代，管理变革更快，管理手段更新颖，留给不同部门之间的反应缓冲区更小，也就要求财务与业务之间的协同要更加紧密而高效。国网江苏电力多年来一直致力于实现跨业务部门更便捷的沟通和更无间的协作，坚持业财共商共建共享，加强跨部门协同，着眼全局，开拓创新，攻坚克难，深耕细作，业财融合共同驱动价值创造。

（三）坚持技术为营，以数字工具提升管理能力

数字化财务管理的发展伴随着管理手段的升级和管理工具的进步，只有用新概念阐述新管理，用新技术赋能新手段，才能孕育出适应时代发展之势的新模式、新方法。国网江苏电力一直怀着包容的心态接受各类新兴技术和概念，“大云物移智链”等新技术在财务管理领域的广泛应用有效推动了数字化财务管理能力的提升。

（四）坚持应用为本，以应用场景促进管理落地

数字化管理理念、方法和制度的落地需要在不断应用的过程中发现、定位管理的要点、痛点和难点，精准发力、精准施策。国网江苏电力依托多维价值评价体系，通过向各部门、各单位提供客户、设备和组织层面投入产出量化数据，精准评价价值贡献、精准开展激励考核，充分激发各层级单位的经营活力和价值创造的自驱动力。

2.11

电力运检数字化班组建设与实践

国网江苏电力

一、项目简介

以数字技术和互联网理念为驱动，加快推动电网向数字化方向发展，是实现能源电力行业数字转型、实现“碳达峰、碳中和”目标的重要手段。运检班组作为电网生产业务的最小单元，既是保障设备安全运行的重要群体，也是数字化基础设施的直接使用者。以数字化赋能基层运检班组，优化班组作业方式和设备管理模式，是适应能源革命趋势、提升供电保障能力、提升基层运检质效的关键。

设备管理部立足基层减负和班组作业实际，以打通管理层到基层班组作业现场纵向“最后一公里”为目标，遵循“建平台、促共享、强应用”的工作路线，促进先进数字化技术与设备运检业务融合，围绕顶层方案设计、基础设施建设、运检业务管理、移动作业开展、业务数据融合、保障机制优化等方面，推动电网运检数字化班组构建与实践。

通过电网运检数字化班组建设，实现班组现场作业方式、设备状态管控方式、运检业务管控方式“三个转变”，推动基层运检班组由作业执行单元向价值创造单元的升级，提高班组工作质量、工作能力及工作效率。截至 2021 年 12 月底，完成 PMS3.0 业务规划、技术架构等 45 项设计成果；完成电网资源业务中台试点，形成“大中台＋应用群”格局；建成全省 500kV 及以上输电线路三维数字电网，部署可视化设备 6.8 万套；攻关通道智能识别算法，智能过滤 70%无效告警，缺陷发现率提升至 80%以上。220kV 变电站远程智能巡视替代率达到 70%，现场巡视时间缩短为 50%；配电班组故障处理时间缩短了 20%；检修人员作业文件准备工作量减少 35%，检修作业成本平均降低 15%。

二、专业管理体系

以打造国际领先的省级能源互联网企业战略为指引，深入贯彻现代设备管理体系工作要求，立足基层减负，促进先进数字化技术与设备运检业务融合，以新一代设备资产精益管理系统（PMS3.0）和“大云物移智”信息通信新技术为支撑，推动运检业务全面线上化，打造易用、好用的基层应用，深化全景数据贯通，实现运检班组支撑智能化、业务在线化、作业移动化、信息透明化，转变现场作业方式、设备状态管控方式、运检业务管控方式，提升班组运检工作效率，实现基层运检班组由作业执行单元向价值创造单元的升级，支撑设备管理数字化转型，助力以新能源为主体的新型电力系统构建，服务国家能源电力转型“双碳”目标实现。

开展建设蓝图顶层设计，明确总体方向和建设目标，统筹推动试点单位、示范班组建设。电网运检数字化班组构建与实践内涵如图 1 所示。加快数字基础设施建设，从感知能力、支撑平台、移动应用、支撑技术四个方面，实现支撑智能化。推动运检业务全面上线，推动设备巡视、状态研判、检修作业、现场安全在线管控，实现业务在线化。打造实用、易用的基层应用，通过提炼移动应用场景需求，优化移动作业流程，实现作业移动化。深化全景数据贯通共享，打通移动终端与支撑平台、检测仪器的数据交互通道，实现信息透明化。强化支撑保障机制建设，培育内生动力，从班组内外部共同推动数字化转型和高质量发展。

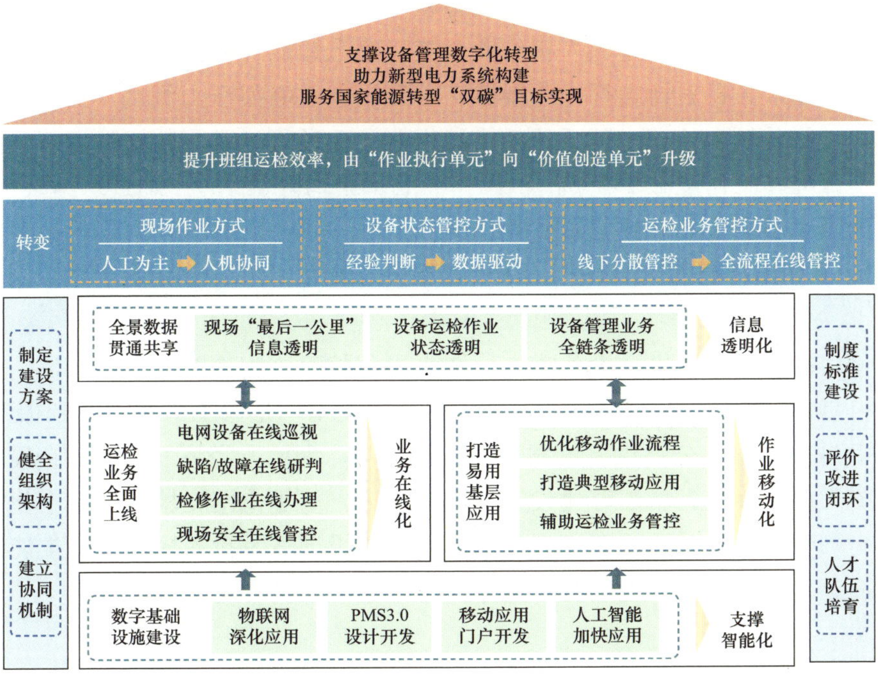

图 1　电网运检数字化班组构建与实践内涵图

三、专业管理提升成效

（一）班组运检模式转型升级

通过数字化班组建设，推动现场作业方式由人工为主向人机协同转变、设备状态管控方式由人工经验向数据驱动转变、运检业务管控方式由线下分散管控向全流程在线管控转变。同时，兼顾班组专业特色建立差异化专业运维模式。其中，构建变电班组"无人值守+集中监控"运维模式，变电（直流）班组实现特高压设备远程智能巡视、倒闸操作安全高效、主辅设备全面监视、故障处理快速高效；构建输电班组"立体巡检+集中监控+网格处置"运维模式，输电班组实现设备状态及环境状况全景监控、无人机自主巡检、带电作业智能辅助、电缆及通道数字化立体管控；组建高效协同的配电网运维、检修、抢修一体化班组，构建配电班组"工单驱动+全功能班组"运维模式，配电班组实现负荷转供有序智能、抢修过程主动可控、故障信息智能分析。

（二）设备运检效益显著突出

基于数字化班组建设，220kV变电站远程智能巡视替代率达到70%，现场巡视时间缩短50%。新投运500kV变电站及部分220kV老旧变电站应用"一键顺控"，操作时长由小时级提升至分钟级，班组作业效率得到提升。通过对输电线路隐患、缺陷、运维任务三条主线的自主化数字化管理，实现设备状态和运维状态的精准掌握，为输电线路运检工作决策提供了依据；构建无人机作业全流程线上智能管控体系，建成无人机自主巡检样板间，完成最大日累计飞行424架次、并发飞行330架压力测试，实现全部关键业务环节数据秒级传输和处理。基于移动终端作业实现过程记录、数据回填等功能，检修人员作业文件准备工作量减少35%，检修作业成本平均降低15%。通过班组数字化建设，实现提升电网设备运检效率效益双提升。

（三）社会服务价值日益彰显

数字化运检班组建设推动设备状态感知水平和故障监测诊断能力提升，从设备侧减少故障停电事件，提升故障快速响应能力，累计派发主动抢修工单8918张，配网故障恢复供电效率提升20%。公司供电可靠水平得到提升，为地方经济发展、社会民生提供了安全稳定的用电保障，为新江苏建设提供强大助力。基于电网运检班组数字化构建的不断推进，电网数字化基础设施有规划、有步骤的建设部署及投入应用，助推能源互联网转型步伐提速，助力营商环境优化，支撑打造共进、共赢的发展格局。

四、专业管理推广应用价值

以公司战略为引领，按照"依靠基层、面向基层、服务基层"的原则，编制《国网江苏省电力有限公司设备运检数字化班组建设方案》，明确数字化班组建设目标和主要举措，有力推动建设任务落地。成果适用于电力行业数字化班组的建设，通过加快数字基础设施建设，推动运检业务全面线上化，打造易用、好用的基层应用，深化全景数据贯通共享，实现运检班组支撑智能化、业务在线化、作业移动化、信息透明化，打通作业现场"最后一公里"。

通过电网运检数字化班组建设实践，实现现场作业方式、设备状态管控方式、运检业务管控方式“三个转变”，推动基层运检班组由作业执行单元向价值创造单元的升级，提高班组工作质量、工作能力、工作效率，增强基层班组“获得感”，实现班组减负和提质增效。

2.12

基于融媒体中心技术平台建设的国家电网品牌创新实践

国网浙江电力

一、项目简介

基于融媒体中心技术平台建设的国家电网品牌创新实践，是国网浙江电力基于时代使命，落实国家电网公司媒体融合发展要求以及顺应全媒体潮流需要开展的管理提升创新实践。该项目通过管理赋能、流程赋能、技术创新，推动国网浙江电力的省、市、县各单位宣传要素融为一体，实现多级融媒机构信息内容、技术应用、平台终端、管理手段共融互通，形成上下一张网、整体一盘棋的宣传工作新格局。项目实施以来，取得了显著的管理成效、经济效益和品牌效应。国务院国资委宣传局主要负责人充分肯定国网浙江电力融媒体中心技术平台的建设成果，并称赞该成果“走在中央企业最前列，作了示范”。

二、专业管理体系

（一）技术创新，应用智能化的融媒体运营生产体系

紧紧围绕国家电网公司“一云三层”金字塔型媒体深度融合发展生态建设部署，针对国网浙江电力融媒体中心、各地市公司融媒体分中心工作实际，以“大中台、强后台、微应用”为框架，迭代升级建成融媒体中心技术平台 4.0 版，打造省市一体化“宣传中台”，为融媒体分中心宣传业务开展、数据共享、综合应用奠定坚实基础。一是功能优化，提升业务流程效率。通过梳理国网浙江电力融媒体中心、各地市公司融媒体分中心数据呈现需求和业务流程，优化研发定制化、个性化、精准化的子界面和子模块。二是迭代升级，开发新业务功能模块。运用 5G 通信、虚拟主播、机器人写稿、4K/8K、VR/AR/MR

等前沿技术，提升国网浙江电力宣传领域新闻生产质效，实现优质新闻产品的快捷生产。三是强化应用，提高全面应用实效。通过实行月报通报制度、建设技术平台应用积分统计模块、完善应用操作界面提升用户体验等多种途径，促进技术平台融媒体分中心注册用户数、应用数据量和平均在线率大幅提升。截至 2021 年 12 月，平台注册用户超 700 人，总登录数超 7 万次，产生业务数据超 24 万条。

（二）管理赋能，构建一体化的融媒体运营组织体系

结合国网浙江电力媒体融合工作特点，首创整体智治促融合管理理念，在国网系统率先制定出台《融媒体分中心建设与运营管理指引》，为各地市供电公司推进融媒体分中心建设提供有力保障。一是完善机构设置，创新建立“1+X+N”（省公司融媒体中心 1 个，地市公司、直属单位融媒体分中心 N 个，区县公司融媒体联络站 N 个）模块化组织架构，形成全覆盖融媒体工作矩阵，催化融合质变，放大一体效能。二是强化创新驱动，以“一专多能”为导向，以复合型、全能型、创新型为要求，创新打造全媒体采编团队，确保岗位职责、人员配置与业务工作量精准匹配和可持续发展。2021 年，率先建成宣传大数据监测研究室，实现新闻传播力、品牌影响力等全媒体传播大数据监测研究的新突破。三是优化运营模式，实现“三向联动”的实体化运作，即：上下联动，打造新闻信息枢纽；左右联动，构建资源共享平台；内外联动，畅通新闻发布渠道。创建“全媒体传播矩阵”新典范，基于技术平台，建立包括公司网站、微信微博、微信视频号、电子阅报栏等十大平台在内的全媒体传播矩阵，并实现统一管理。

（三）流程赋权，完善规范化的融媒体运营制度体系

国网浙江电力依托融媒体中心技术平台，规范完善“策、采、编、审、发”全流程管控制度体系，以数据一个源、业务一条线为抓手，形成一体策划、一次采集、多种生成、多元传播的工作格局，切实优化基层宣传工作的生产方式，大力提升生产力。一是多级联动，建立一体策划机制。强化策划指挥，加强省、市、区县三级新闻宣传工作联动，形成“一周一报”“一媒一策”机制，建立与国网浙江电力内部、行业媒体、国家电网公司媒体的沟通渠道，共同开展实施重要策划和选题报道。二是多重保障，建立三审三校机制。制定《融媒体分中心内容审核工作规则》，做到全流程、全口径、全环节管理。三是分片分线，完善采编责任机制。进一步明确各级全媒体采编记者责任，整合划分专业片区，有效加强上下联动和内外协作。四是闭环提升，建立评估反馈机制。创新建立《融媒体分中心评估指标体系》，为宣传工作绩效评估提供参考标准。

三、专业管理提升成效

国网浙江电力基于融媒体中心技术平台建设的国家电网品牌创新实践，取得了一定工作成效。一是宣传工作体系更加强大。基于省市县全覆盖的融媒体组织架构，建成“一

班组一支部一网格”的融媒体宣教矩阵，形成了人人都是思想宣传员、人人都是战略推动者的良好局面。二是宣传效率大幅提升。2021 年，国网浙江电力融媒体矩阵组织新闻发布和主题宣传 74 次，新华社、人民日报、央视累计 514 篇次报道国家电网公司在浙江的工作实践，其中：新华社《国内动态清样》16 篇，《人民日报内参》5 篇、《人民日报》头版 5 篇，央视《新闻联播》28 次、央视大型直播 3 次。三是爆款精品数量倍增。推动了一大批以社会主义核心价值观为引领、弘扬公司企业文化和企业精神的创新作品不断涌现。成功推出了“总书记在浙江考察中的电力‘声音’”“电力复工复产指数”“全国首创‘转供电费码’精准帮扶中小企业”等一批具有感染力、传播力、影响力的爆款精品，打造阅读量亿级、点赞量千万级、转发和评论量百万级的传播力作。四是获得各方肯定表扬。国家电网公司主要领导在国网浙江电力融媒体中心（分中心）进行专题调研时，对国网浙江电力基于融媒体中心技术平台建设的国家电网品牌创新实践给予充分肯定。国网系统单位、各级政府部门、媒体行业等近 100 余家单位先后到各地市公司融媒体分中心参观调研有关情况。

四、专业管理推广应用价值

国网浙江电力通过加快推进媒体深度融合发展，将国家电网品牌创新实践做深做实。一是建设完善省级电网企业融媒体中心技术平台，开展实现省市县三级新闻采编、舆情分析、品牌建设、意识形态和综合管理等业务的全流程在线协同管控，规范新闻宣传管理流程，提升省级电网企业新闻宣传的管理效益和经济效益；二是通过品牌创新实践全方位展示国家电网公司服务党和国家工作大局的责任担当，多角度宣传国家电网公司战略落地实施的生动实践，立体化传播国家电网公司服务社会的工作成效，传播体系影响力不断壮大，国家电网公司与地方政府、电力客户等各利益相关方的沟通交流不断畅通，提升了国家电网的品牌形象和社会效益。

2.13

省级送变电企业“双百行动”综合改革

国网浙江电力

一、项目简介

本项目围绕国资委“双百企业”浙江省送变电工程有限公司（以下简称浙江送变电）的“双百行动”综合改革展开，按照“一轴两翼”的改革框架，即以股权多元化改革为主轴，以治理体制改革、经营机制改革为两翼，推动改革落地实施。项目实施后，浙江送变电成为国网系统首家实现股权多元化的省级送变电企业。同时，深入推动内部体制机制改革，加快建立市场化经营机制，企业经营效益大幅提升，2020 年营收较改革前的 2018 年增长 30.3%、利润增长超 10 倍，其中营收排名居国网省级送变电首位，利润排名靠前，整体处于行业领先水平。

二、专业管理体系

围绕国务院国资委“双百行动”综合改革“五突破、一加强”的主要目标，结合浙江送变电在改革中面临的问题困难、外部资本的重点关注，通过“六强化六完善”，指导浙江送变电完善双百改革专业管理体系，持续提升改革成效，打造治理结构科学完善、经营机制灵活高效、党的领导坚强有力、市场竞争力显著提升的国企改革尖兵。

（一）强化组织推动，完善改革保障体系

成立“双百行动”综合改革工作组，由董事长、总经理担任双组长，全面加强组织领导，确保各项改革取得突破。浙江送变电调整组建了 6 个双百改革专项工作组，系统梳理 30 余项改革重点任务，明确责任部门、时间节点，加强资源统筹、完善协同机制，构建坚强组织保障体系。

（二）强化依法合规，完善风险防控机制

坚持严格程序、公正公开、规范操作，通过公开挂牌征集适格战略投资者。在改革实施中，依法合规履行方案制定、合法审查、决策审批、清产核资、评估定价、转让交易、登记确权等程序，做到规则公开、过程公开、结果公开。聘请律师团队全程参与改革，对改革方案、关键环节出具法律意见书，逐项发表意见，为依法决策提供依据，降低操作风险。同步开展国企股权多元化改革路径研究，系统性梳理政策法规文件，从程序要求、注意事项、操作路径、时间安排等角度，有效提高项目合规性，避免因程序违规导致的国资监管风险以及国有资产流失、产权交易等风险。

（三）强化权责明晰，完善企业治理体系

指导浙江送变电强化董事会建设，建立健全“四会一层”治理体系，组建外部董事占多数、外部监事占多数的董事会、监事会架构，编制党委前置研究讨论事项清单，进一步细化 31 项前置研究事项，切实将党的领导融入公司治理。修订“三重一大”决策实施细则、“四会一层”议事规则等“1＋N”法人治理体系配套制度文件 18 项，研究编制治理主体权责清单，梳理 85 项企业重大决策事项，提升董事会自主决策能力，经理层自主经营能力，同时发挥监事会的监督作用，构建现代化企业治理体系。

（四）强化资源协同，完善市场开发体系

基于“引进来、走出去”思路，指导浙江送变电实施股权改革，通过引入外部股东，提升其在多元融合高弹性电网和新型电力系统建设中的支撑保障能力。指导浙江送变电明确发展方向，通过优化股改资产范围、充分挖掘企业亮点，提升资本回报率，提高对投资人吸引力。最终引入的杭州居住区集团、国网通航公司、中能建浙江院等 3 家企业与浙江送变电在市场、技术、管理等方面的需求十分契合，为企业发展注入强大动力。股改后，浙江送变电与国网通航公司实施国内首次直升机电网应急抢修作业、浙江电力施工领域首次直升机吊灌混凝土作业；与中能建浙江院在电网工程总承包（DB）项目上实现业务融合，浙江送变电的专业能力进一步提升。

（五）强化差异管控，完善市场经营机制

在实施“放管服”改革的基础上，加大对浙江送变电的放权赋能力度，帮助其建立更加科学自主的内部管理机制。指导浙江送变电自主编制内部机构设置规划方案，重组、新建运维检修部、输电运检公司等 9 个职能部门和业务机构；全面完成经理层成员任期制和契约化管理签约，深化经理层经营业绩考核管理，通过量化指标、差异考核、延期支付等机制，引导经理层成员立足岗位，切实发挥企业家作用；推动管理层瘦身健体，将本部在编、挂岗及借用人员压降至 91 人。推进社会通用工种业务外包，实行辅助用工末尾淘汰制，落实“能进能出”要求。

（六）强化薪酬变革，完善员工激励体系

结合浙江送变电市场化单位、施工型企业的特点，指导其完善薪酬分配体系，以拉开差距、倾向一线为导向，深入激发员工活力。浙江送变电出台薪酬分配方案、绩效考核体系方案、安全奖、项目经济责任制考核、工地津贴调整等重要改革举措，打出薪酬改革的“组合拳”。目前，浙江送变电同岗级员工最大收入差距拉开30%以上。同时，作为国网首家超额利润分享机制试点单位，浙江送变电创新提出“五定”（定对象、定目标、定总量、定个量、定约束）操作模型，将平均净资产收益率目标定为6.7%，远超当前的5.1%，切实体现“超额”要求；同时，聚焦项目导向和管理导向，确定每期激励人数不超过员工总数的30%，一线人员的分享比例不低于50%，实现精准激励。方案已取得国家电网公司批复，正式获准实施。

三、专业管理提升成效

（一）市场开拓实现新增长

2020年，浙江送变电中标、签约合同金额同比增长53%，其中重点开拓的用户总承包工程中标金额超过2017～2019年的签约总额。2021年市场化业务拓展力度进一步加大，全年签约额同比增长10.5%，其中市场化业务中标额增长约58%。

（二）经营效率实现新提高

浙江送变电进一步加强资本、资产运作效率，推动经营管理信息化变革，加快应用经营信息系统，提高了预算执行准确率，大幅压降资金备付额。资产负债率从2018年的64.67%下降至2020年的46.59%，降低18个百分点；销售利润率从2018年的0.26%提升至2020年的6.81%，增长6.55个百分点。

（三）收入效益实现新飞跃

浙江送变电盘活利用闲置资产，资金成本压降成效显著。2020年营收同比增长17%，利润同比增长252%，均创近10年新高。2021年实现营收、利润同比增长16.5%、37%，呈现积极向上的发展态势。

四、专业管理推广应用价值

在改革整体设计方面，浙江送变电制定双百改革、股权多元化改革、增资扩股实施方案等工作方案，国家电网公司、南方电网公司20余家下属省公司、送变电企业前来调研交流经验做法。在专项工作中的管理方面，浙江送变电公司率先开展经理层任期制契

约化管理研究，深入推动超额利润分享试点工作，制定工作方案、管理办法，完善配套制度，为国网系统推广起到了示范作用。在企业治理方面，浙江送变电编制“四会一层”议事规则、权责事项清单、党委前置研究事项清单、董事会授权事项清单等 10 余项制度清单，形成可复制、可操作的样板。

2.14

基于多维变革的数字化内部五级市场建设与应用实践

国网安徽电力

一、项目简介

近年来，党中央、国务院要求坚持新发展理念，持续深化国资国企改革，加快建立健全市场化经营机制，激发企业经营活力、提高资本配置效率；国资委、国家电网公司要求大力开展提质增效专项行动，推行内部模拟市场建设，推动提质增效从“存量挖潜”向“机制激励”拓展；国网安徽省电力有限公司（以下简称国网安徽电力）受新冠疫情、宏观经贸环境不稳定等因素影响，经营面临较大压力，盈利能力与投资能力显著削弱，传统上依靠电量自然增长维持企业发展的模式已难以持续，迫切需要内部挖潜、激发经营活力。基于上述背景，国网安徽电力党委经研究决定，在企业内部推行市场化改革，构建内部五级市场。

内部五级市场主要围绕“体系搭建、贯通数据、建立机制、推广应用、常态运行”五个方面工作，按照“理论研究、试点一批、建设一批、边建边用、以用促建”分层分步建设推进。2019 年，完成组织、设备、客户、价值“四网互联”多维应用试点研究；2020 年，完成 1～2 级供电单位和 3 级业务条线内部市场推广建设；2021 年，完成供电所 4～5 级内部市场全面推广，建设输电、变电、计量条线 4～5 级内部市场。

二、专业管理体系

国网安徽电力内部五级市场是以量化经营效益为核心，以对标管理效率和工作质量为两翼，聚焦全业务数据融合、全过程价值反映、全方位动态监测、全要素精准发力，通过实施划小经营单元、细分业务条线、贯通数据链路、模拟交易定价等方法，打造一个公平公正、公开透明、数智驱动、比质倡效的内部市场数字化平台，直观呈现各级主体贡献大小、业务干好干坏、员工干多干少；同时配套“业绩考核＋薪酬奖励＋资源配置”等激励措施，建立内部市场化提质增效长效机制。旨在通过内部模拟市场这只无形的手，引导全体员工自觉按照市场规律开展各项业务活动，从而推动公司与电网高质量发展。内部五级市场总体架构如图 1 所示。

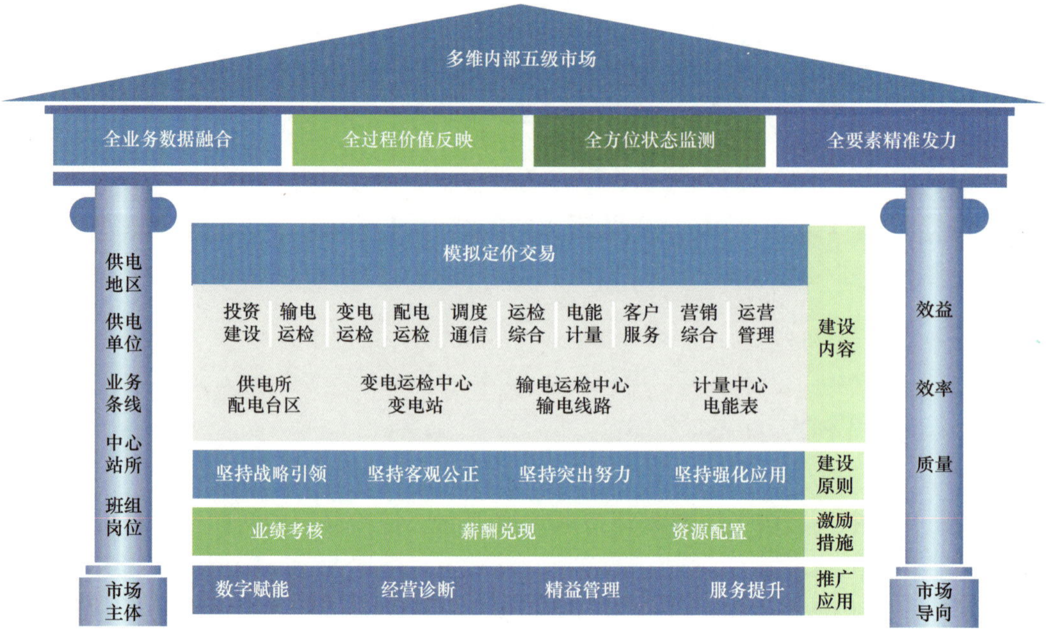

图 1　内部五级市场总体架构

（一）细分主体，推进全员“进市场”

纵向将市、县两级经营主体细分为“地市整体、供电单位、业务单元、中心站所→班组岗位”五级主体；横向将四大经营板块细分为“输变营配调”等十条业务条线，纵横交织形成网格化价值矩阵，层层压实质效责任。

（二）晾晒账本，促进人人“比贡献”

分层、分类设计三维指标，分环节制定内部模拟交易价格，将价值贡献逐级量化至岗位员工，晾晒每一个站、线、变、所的质效账本，实现各级市场主体同质可比，激发全员创效活力。

（三）构筑平台，实现云上“诊质效”

基于数据中台，融合 14 个业财系统，搭建数字化运营平台，开发质效评价、业务诊断等 6 类主题 156 个展示场景；出具“运行＋诊断”智能分析报告，实现数据在线获取、结果全员开放、诊断一键生成，做到公开透明、公平公正。

（四）深化应用，实施评价“三挂钩”

将评价结果与5%业绩考核挂钩，引导管理层树立“当家要理财”意识；将评价结果与20%业绩增资挂钩，得分最高与最低的单位，人均内模工资相差1.5倍，让员工明白工资是靠努力挣来的；将评价结果与5%投资、10%成本预算挂钩，优化资源配置，让每一分钱都用在刀刃上。

（五）选树典范，打造标杆“百千万”

从837个供电所中选出“百佳所”，从1.4万名客户经理中选出“千佳人”，从51万个配电台区中选出“万佳变”，通过“与标杆比、与平均比、与历史比”，营造比学赶超的竞争态势。

（六）激发活力，培育管理“新生态”

在城区配网中，推行市场化“工单结算”，量化工单质效积分，建立市场质效“奖金池”，员工“抢工单、挣积分”成为新生态。在农村供电所中，以“1+N”10kV线台组合为基本单元划分网格小组，按市场贡献兑现绩效工资，有效体现了干多干少不一样。

三、专业管理提升成效

（一）有效保障经营稳健，逐步树立效益意识

安徽公司自2019年研究构建内部五级市场以来，各单位、各业务逐步树立经营效益意识，通过眼睛向内挖潜增效，减少非必要外包和低效无效投资，累计压降非生产及一般性支出，将有限资源向保障电网本质安全、优化营商环境倾斜，并实现经营效益连续两年位居国网第4名，达到历史最好水平。

（二）优化提升资源效能，切实提高电网质效

内部五级市场通过晾晒电网各环节质效，助力各级主体以问题为导向、有针对性地配置企业各项资源。在近几年电网投资、成本投入较为均衡的情况下，10kV分线线损达标率持续上升，台区综合线损率连续下降，用户平均停电时长同比缩短48.09%，实现投资更精准、成本更精益。

（三）深入挖掘数据价值，加快企业数字化转型

内部五级市场以数据中台建设为契机，设计开发全程在线、数据实时、成果共享的数字化平台，以人资组织机构为数据载体，基本贯通“输变营配调财管”等多专业数据链路，打破“数据烟囱”和“信息孤岛”，实现跨专业数据互联互通。数字化平台共集成

SAP、PMS、营销、用电信息采集等 14 套信息系统数据，溯源数据因子 1348 个，开发数据宽表 172 张，形成具有代表性的共享域数据资产。

（四）打造品牌多方认可，树立企业社会形象

国网安徽电力内部五级市场的建设与应用实践获得国家电网公司管理创新一等奖、第二十七届全国企业管理现代化创新成果二等奖，并入选国家电网公司 2020 年度大数据应用、多维深化应用、提质增效行动等方面的典型案例和清华大学工商管理教学案例，《新华社》《中国电力报》《国家电网报》相继介绍国网安徽电力内部五级市场建设成效，内外部多方认同，树立企业社会形象。

四、专业管理推广应用价值

（一）内部五级市场是贯彻国网战略目标、落实“一体四翼”发展布局的一项特色实践

“推进内部市场改革，数字驱动质效提升”是服务安徽打造改革开放新高地和公司经营管理提质增效的内在要求，通过全面推广应用内部五级市场，强化全员经营效益意识，推动提质增效从“存量挖潜”向“机制激励”拓展，加快各业务向内涵式增长转型，在稳定经营业绩、提升发展质效方面具有切实保障作用。

（二）内部五级市场是推动内部三项制度改革的一项重要举措

内部五级市场主要聚焦对各级组织、员工的质效贡献进行量化评价，引导“多劳多得、干好多得”，打破“吃大锅饭”模式，可与组织绩效管理、人才评价有机融合，具有客观公正、公开透明、数字驱动的特点，在推动薪酬绩效制度改革、提升员工内生动力、释放企业经营活力方面具有示范引领作用。

（三）内部五级市场是推动公司数字化转型的一项先行先试创举

内部五级市场聚焦数字化驱动管理精益化，紧抓“质效”主线，将各业务、各项经营数据进行有机融合，有效打破专业信息壁垒，推动业业协同与业财融合，深入挖掘数据资产应用价值，在推动公司数字化转型、精益化管理方面具有典型带动作用。

内部五级市场可在全网电力企业范围内推广应用。

2.15

“易慧算”现代电费管理体系

国网福建电力

一、项目简介

国网福建省电力有限公司（以下简称国网福建电力）积极贯彻国家电网公司战略，扎实推进卓越服务提升工程，以新时代“双满意”工程为抓手，坚持服务品质领先、管理水平领先，聚焦电费管理工作谋划和部署的系统性、整体性和协同性，主动服务电力市场改革和新型电力系统发展需要，发端于客户市场需求，成型于良好实践，持续提升电费精益管理水平，设立省级层面电费管理机构，实现全渠道信息共享、全环节线上管控、全流程贯通融合，为各类市场主体电能交易提供智慧结算，基本构建起简易高效、智慧透明、结算精准的“易慧算”现代电费管理体系，如图1所示。2019年至今，在国网系统内唯一一家实现购售一体管理，建成面向发电企业、电力用户、售电公司三大类客户购售一体的电费管理体系；2020年，在国网系统首批完成购售同期按自然月抄表业务调整、首家推出跨地区集团客户电费增值服务；2021年，首家实施全量购售电客户电费结算省级集约，电费回收率、客户服务满意度等多项关键经营指标名列前茅。

二、专业管理体系

围绕卓越服务提升工程，聚焦“简易高效、智慧透明、结算精准”目标，以购售一体管理为基础，以业务集约化为抓手、以服务透明化为导向、以管理数字化为路径，在创新构建“易慧算”现代电费管理体系中提出“一体三化”的电费管理理念，主要做法如下：

（一）以购售一体管理为基础，构建全客群现代电费高效结算体系

明晰工作职责，对发电企业、售电公司等参考用户侧管理模式，实行全量购售电客户采集同源、管理同质、数据同步；优化与公司发展、财务、调控、交易等专业部门的

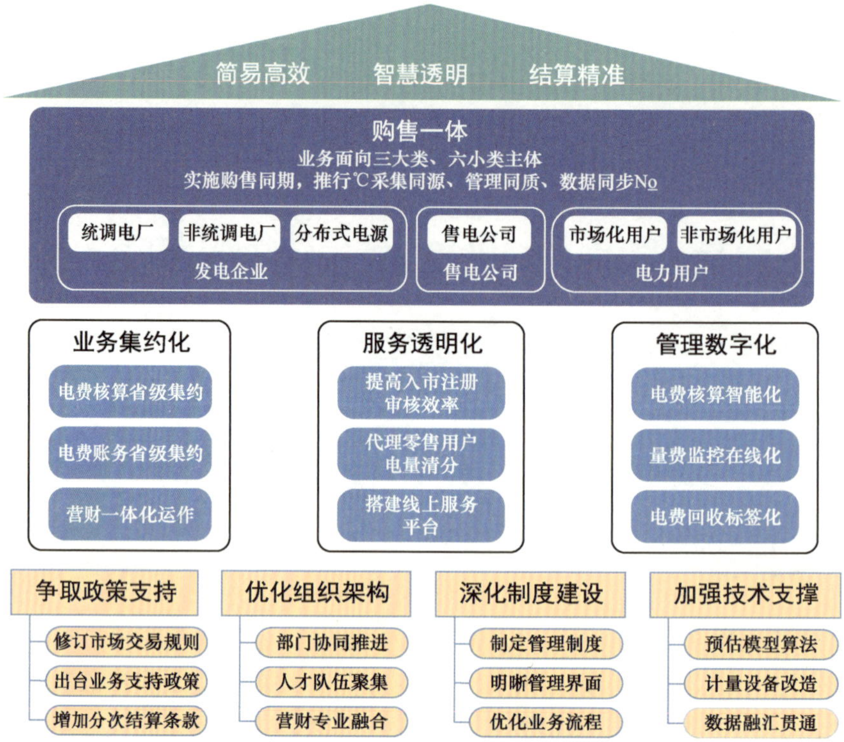

图 1 “易慧算”现代电费管理体系架构

业务流程，做好与地市公司的纵向联动，确保每项业务环环相扣，每个流程衔接有序；2020 年，全省发用电客户统一实施自然月抄表结算，减少电价调整时电费计算的复杂性，满足能源监管部门对市场交易的要求。

（二）以业务集约化为抓手，全面增强电费精益管理水平及业务协同效率

改变以往各地市分散管控，实施电费抄核账省级业务集约化管理，构建“省级智能核算 + 地市异常处理”相结合的分层管理模式，异常工单自动直派到供电所网格单元；充分发挥营财协同效应，统调电厂和售电公司实现结算全流程均在省级集约管控完成。建立收费业务统一管理、“银、财、营”自动对账，为跨地区集团客户提供“一份协议、一张发票、一笔缴费”服务，推进分布式光伏票据电子化，打造电费结算省级集约示范样板。

（三）以服务透明化为导向，努力提升客户服务便捷性和信息透明度

丰富市场化交易电费结算服务产品，持续打造高效电力交易服务机制，优化用户入市注册流程，建立自动审核规则库，由系统自动审核、人工辅助判断，提高审核效率；丰富“网上国网”市场化交易电费结算服务产品，倾力打造“市场化售电 E 助手”，提供用电户号管理、分时段用电数据和结算信息下载查询等服务；代理零售用户电量清分，缩减市场化交易结算的中间环节，实现业务内部闭环管控，推进业务办理“一次都不跑”。

（四）以管理数字化为路径，全力推进电费管理全流程提质增效

通过数字化转型实现电费核算智能化、量费监控在线化，营销业务系统设置 6 道关卡 7 大类 450 条量费信息审核校验规则，运用机器仿真及大数据分析，精准定位电量电费异常；建设营财业务监控驾驶舱，设置 18 个风险监督点，实现营财风险主动识别、预警和防控；精准识别客户欠费风险，发挥“政电银企”协作优势，以企业用电和交费数据作为增信，对接客户电费金融需求，推行“电 e 金服”产品。

（五）强化“四个方面”支撑保障体系

争取政策支持。促请省工信厅出台购售同期支持政策，主动争取监管部门支持由电网企业承担售电公司代理用户电量清分业务，促成省税务局出台电费发票认证“三流合一”政策，突破政策壁垒，在福建省电力市场交易合同示范文本中增加分次结算条款。

优化组织架构。党建引领，专业牵头，部门间建立定期会商制度；省营销服务中心计量、电费、服务、资金四个专业高度融合；全省范围遴选营销、调度、交易等专业人员从事电费管理工作。

深化制度建设。累计建设 13 项覆盖全量购售电客户的电费业务管理制度，针对不同对象、不同业务进行分类差异化管控，明确各相关部门、各层级营销电费结算管理界面，保障改革过程中各项电费业务有据可依。

加强技术支撑。将全量购售电客户接入用电信息采集系统，持续完善营销业务应用系统和用电信息采集系统功能，贯通与发展、财务、调度、交易等系统接口，实施计量、采集、抄表一体化作业，强化计量采集监测和运维消缺能力，实现电费业务全流程线上管控。

三、专业管理提升成效

电费发行更高效。实施购售同期抄表、电费抄核收账业务省级集约，电费发行时长从 8 天缩短至 5 天，电费自动发行率由 95.8%提升至 99.41%；缩减市场化交易结算的中间环节，零售用户电量清分时长从 3 天缩短至 1 天。

电费账单更精准。建立省级账务统一处理机制，电费账务全渠道自动对账率达 99.99%，较集约前提升 10.62%；通过量费在线化监控，收费及资金到账异常数量降低 80%；对交易中心现货日清分数据线上复核，电费结算正确率和支付及时率达到 100%。

人力资源更经济。实施电费核算智能化，业务人员月均审核由 3450 笔降低至 747 笔，减少核算人员业务工作量约 42%，全省电费核算账务人员压降 28.8%；代理售电公司开展零售用户电量清分，减少售电公司人力资源投入约 25%。

结算平台更开放。探索新型电力系统下的电费结算模式，研究分布式光伏、充电桩、微电网等“产消”客户购售电费分别计费、合并出账服务；服务新型电力系统建设，按

要求规范开展信息披露，根据市场规则快速灵活响应。

客户服务更满意。通过建立入市自动审核规则库，市场化用户入市注册时长从 7 天缩减至 3 天；通过提供跨地区集团客户服务，月度缴费笔数缩减 95%；通过“市场化售电 E 助手”，帮助售电公司降低偏差考核费用近 50%；通过推进分布式光伏票据电子化，发票开具时长由每 100 张 1 人天缩短至 4 分钟。

四、专业管理推广应用价值

本项目主动服务电力市场化改革和新型电力系统发展，有利于巩固公司电费结算的主体地位，助力电力营商环境优化。相关专业管理做法得到国家电网公司领导和其他省公司的充分肯定，在国家电网公司层面做典型经验推广 5 次，国网营销部在福建召开电费管理现场会，15 家省公司来福建现场调研。市场化交易服务举措和跨地区集团客户服务获得市场主体一致好评，相关管理经验通过《国家电网工作动态》《国家电网报》和各类外部报道等刊登数十篇，主要做法经本省应用科学有效，可以推广至全国网系统。

2.16

基于智慧共享财务平台的设备条线多维精益管理

国网湖北电力

一、项目简介

为适应电力监管新要求、公司发展新挑战、数字经济新趋势，2019 年国网湖北电力主动承担国家电网公司多维精益管理变革“每一台设备”价值精益管理试点工作，国网财务部、设备部充分肯定试点工作成效，先后三次开展实地调研。《“每一台设备”价值精益管理创新与实践》获国网湖北电力 2020 年度管理创新成果一等奖。

2021 年，国家电网公司财务金融工作会议部署智慧共享财务平台建设及多维精益管理提质发力工作，基于国网湖北电力“每一台设备”价值精益管理成果，会议明确国网湖北电力负责智慧共享财务平台设备条线创新试点工作。会后，国网湖北电力立即启动实施“基于智慧共享财务平台的设备条线多维精益管理”项目，进一步完善业务方案、优化系统功能，确保数据客观可信可追溯、系统简洁易用可落地；深挖数据价值，全面构建验证应用场景体系。在试点单位成功应用的基础上，下发《关于设备条线多维精益管理推广工作的通知》（鄂电司办〔2021〕33 号），8 月 1 日起在全省全面推广设备条线多维精益管理，促进公司从生产型企业向生产经营型企业转变。该项目荣获国家电网公司 2021 年度管理创新成果三等奖。

二、专业管理体系

基于智慧共享财务平台的设备条线多维精益管理如图 1 所示，通过设备条线多维精益管理，实现每一项检修运维活动都有精准的价值记录，每一笔检修运维支出都有鲜活的业务支撑，每一个组织都能看清自己的价值贡献，每一个要素都能定位找准提升方向。

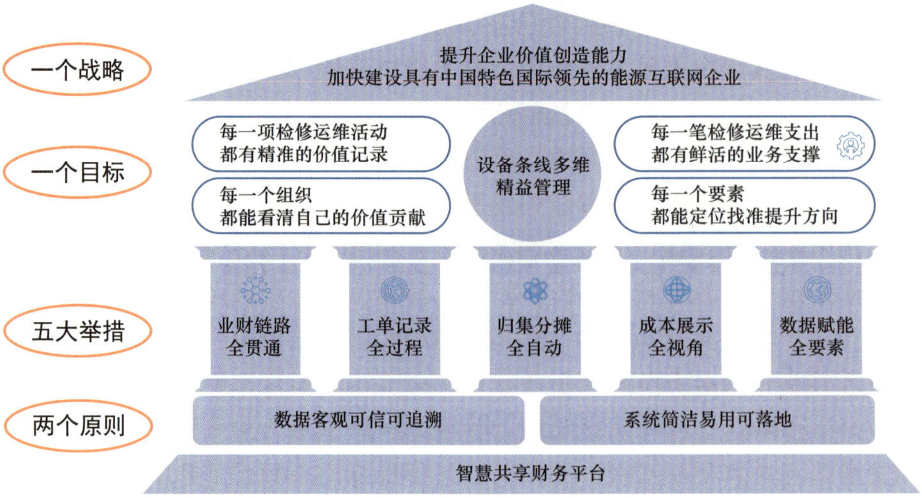

图 1　基于智慧共享财务平台的设备条线多维精益管理示意图

（一）打破专业壁垒，实现业财链路全贯通

打破业财系统间的专业壁垒，对 PMS、ERP 系统及系统间接口进行了 70 余项功能点改造，支撑业务应用落地生根。统一设备、资产数据架构和数据标准，全面开展数据治理工作，夯实设备条线多维精益管理基础。统一检修工单创建入口，数据一次录入、全程共享，贯通工单链路，真正实现业财同源。统一建设基于 ERP、财务管控、发票池的协同平台，贯通发票信息链路，实现检修业务及财务处理全流程自动化。

（二）聚焦设备作业，实现工单记录全过程

国网湖北电力凝聚专家骨干力量，财务部协同相关业务部门，深入基层开展广泛调研和充分论证，制定出一套体系成熟、契合实际、可操作性强的《设备条线多维精益管理业务方案》。

方案设计坚持以工单为载体、以设备为对象、以作业为内容，充分尊重一线检修运维作业规律，梳理出全部 9 类检修运维业务情景，并相应设计归纳出 4 种工单开具规则，从而精细刻画了检修运维业务活动，完整记录了“是谁、在什么时候、对什么设备、耗费了多少资源、进行了什么类型的检修作业”等检修运维作业信息。

（三）优化系统功能，实现归集分摊全自动

以直接归集为主、间接分摊为辅为原则，建立 87438 种物料与设备类型对应关系库，将 2533 项检修作业标准成本定额库植入 ERP 及 PMS 系统，制定科学合理的成本归集分摊规则，实现自营材料费、外包检修费、自营人工成本、机械台班费、其他运维费用等检修运维成本自动、精准归集至具体单台设备和单个作业。

（四）实时汇聚数据，实现成本展示全视角

汇聚单台设备、单个作业的检修运维成本数据，自动生成设备全寿命周期成本报表。依托设备所属站线、组织、业务活动、电压等级、设备类型及作业类型等多维数据，实时展现设备全寿命周期成本在设备层、站线层、组织层及各业务活动、电压等级、设备类型、作业类型的分布状态，全视角展示电网设备成本。

（五）构建场景体系，实现数据赋能全要素

聚焦设备、组织、员工、供应商、项目、客户等核心管理要素，将设备条线多维精益管理成果充分融入电网规划、电网设计、采购建设、运行维护、退役报废等设备管理全流程，构建了较为完备的应用场景体系。通过深入挖掘每个场景背后的数据价值，支撑业务管理变革，服务公司提质增效。

三、专业管理提升成效

设备条线多维精益管理为输配电成本监审和内部精益管理提供了详实的数据支撑，有效促进了公司高质量发展和数字化转型。

（一）有效夯实输配电成本监审基础

通过检修运维成本精准高效归集到单台设备和单个作业，充分论证了检修运维成本的合法性、相关性及合理性，确保输配电成本能更加充分、全面核入输配电价。

（二）有效促进电网精准投资

通过量化评价“供电网格－供电线路－配电台区”三级贡献效益，打造供电网格投入产出分析平台，推进供电网格精细规划；通过构建台区投资效益评价体系，优化台区间投资分配比例，合理安排台区投资时序。

（三）有效支撑设备选型和供应商评价

基于设备全寿命周期成本数据，计算不同供应商同类设备年均使用成本，智慧化绘制单台设备全寿命周期的价值曲线，支撑公司选好设备。

（四）有效支撑检修班组绩效评价

依托作业标准成本，计算班组人均产值并进行横向比较，为班组绩效评价提供依据，激发基层创新创效活力；构建台区经理绩效评价模型，量化台区经理产出，优化积分制考核办法，提高台区经理劳动生产率。

（五）有效支撑自营和外包策略优化

综合班组人均实际工时、外包业务工时占比等指标，采用聚类、回归分析方法，评估班组人员劳动效率及外包合理性，优化自营与外包策略，合理配置人力资源。

（六）有效支撑作业标准成本动态优化

实时分析单个作业实际成本与标准成本的差异，并根据各地区地理环境，构建包含地形地貌、森林覆盖率等因素的检修运维作业标准成本修正系数模型，实现作业标准成本的动态优化，有效提升预算管理的科学性。

（七）有效促进公司数字化转型

基于设备条线多维精益管理，梳理财务中台规则，总结提炼数据标准和业务规则21项，支撑国网总部智慧共享财务平台建设。同时，充分挖掘数据价值，驱动运营能力提升，合力构筑管理卓越、运营高效、效益争先的良好价值生态，促进数据资源向数据资产、数据资本转化，助力公司数字化转型。

四、专业管理推广应用价值

该项目是国网系统业财融合的典型范例。实现了每一项检修运维活动都有精准的价值记录、每一笔检修运维支出都有鲜活的业务支撑。

该项目是企业数字化转型的成功实践。通过积累融合业务与价值的经营大数据，构建应用场景体系，实现数据赋能。

该项目已在国网湖北电力全面推广应用，具有体系成熟、契合实际、应用场景丰富等特点，可供国网系统内其他省公司借鉴和推广，服务国家电网公司“一体四翼”总体战略布局，为加快建设具有中国特色国际领先的能源互联网企业提供有力支撑。

2.17

触电及被诉案件压降三项机制

国网河南电力

一、项目简介

2019 年以来，国网河南省电力公司南阳供电公司（以下简称南阳供电公司）结合涉电纠纷案件高发、多发的实际情况，以降低和化解被诉法律纠纷案件数量及风险为目标，多措并举深化法治企业建设，持续加大同属地法院和英大财险的沟通协调力度，建立完善三项配套机制护航案件“双压降”工作。一是统一南阳市涉电案件裁判标准。促请南阳市中院召开全市涉电案件专题研讨会，印发《全市法院涉电案件研讨座谈会纪要》，明确涉电案件法律责任承担标准，统一南阳地区两级法院涉电案件裁判尺度。二是建立南阳市涉电纠纷诉调对接工作机制。与南阳市中级人民法院联合印发《南阳市涉电纠纷诉调对接工作机制若干意见》，成立南阳市涉电纠纷调解委员会，明确诉调对接工作机制适用案件范围，细化诉前、诉中调解流程，构建南阳市涉电纠纷多元化解新格局。三是建立纠纷调解和快速理赔机制。与英大财险河南分公司签署《加强涉电纠纷保险理赔工作合作协议》，试点建立涉电纠纷保险快速理赔机制，在理清赔付流程、明确责任与义务的基础上，提升快速理赔额度和时间，确保保险理赔工作质效。该三项机制相辅相成、环环相扣，形成了从事发到案前、案中三个环节较为完善的涉电纠纷高效处置机制，在法务层面从根本上降低公司触电被诉案件风险，为公司案件“双压降”工作顺利开展提供了机制保障。

国网河南省电力公司（简称国网河南电力）印发《关于学习借鉴国网南阳供电公司深化法治企业建设先进做法的通知》，对三项机制在全省进行推广。

二、专业管理体系

自 2018 年开始，根据国家电网公司和国网河南电力的工作部署，南阳供电公司开展了为期 3 年的触电案件及被诉案件压降专项整治行动。3 年来，南阳市县公司运检、营销等专业全面排查治理各类风险隐患，已取得初步成效。但南阳电网资产规模位居全省第二、供电线路全省最长，运行维护区域全省最大，风险隐患点多面广，触电及其他被诉案件压降工作压力很大。

同时，南阳供电公司应诉的不利因素较多：一是法院现为立案登记制，一旦原告起诉，法院即登记立案，加之过去诉前调解机制未建立，因此公司案件数量较多；二是两级法院缺乏统一裁判标准，涉电案件通常不具备调解基础，法官普遍对电力专业技术知识不了解，认为涉电案件与电相关，对方当事人属弱势群体，供电公司有偿付能力，往往判决供电公司多承担责任；三是过去与保险公司沟通不畅，赔付不及时、不到位，供电公司先行垫付后导致长期挂账，案件调解更是缺乏资金保障等。

在此背景下，南阳供电公司依托法企常态沟通机制，与南阳市中级人民法院、英大财险进行了多次会商，积极创新探索建立法务工作三项机制，以降低和化解被诉法律纠纷案件数量及风险为目标，在诉前、诉中及理赔阶段形成有机结合、相互统一的案件压降“三部曲”，在法务层面从根本上降低公司触电被诉案件风险，为公司案件“双压降”工作顺利开展提供了机制保障。一是市县法院立案庭将通过诉调对接机制及时与属地法务部门联系，市县公司将与保险公司共同参与诉前调解工作，争取尽早息讼止争、案结事了；二是法院印发涉电案件研讨会纪要后，供电公司应否承担责任及责任比例相对明晰，提高了预判案件走向及诉前、诉中调解结案的可能性；三是依托纠纷调解与保险快速理赔机制，有效保证了案件执行的赔付及时率。

三、专业管理提升成效

通过三项机制形成合力，从法务层面大幅降低了南阳供电公司被诉案件和触电人身损害案件的法律风险：2018 年，南阳供电公司累计办理被诉案件 60 起，共挽回经济损失 1746 万元；其中触电案件 8 起，触电案件压降指标完成率 100%，胜诉率为 62.5%；2019 年，南阳供电公司累计办理被诉案件 49 起，挽回经济损失 1575 万元，其中触电案件 8 起，触电案件压降指标完成率 100%，胜诉率为 87.3%；2020 年，南阳供电公司累计办理被诉案件 85 起，挽回经济损失 1355 万元，其中触电案件 6 起，触电案件压降指标完成率 100%，胜诉率为 100%；2021 年，南阳供电公司累计办理被诉案件 78 起，挽回经济损失 1781 万元，其中触电案件 3 起，触电案件压降指标完成率 100%，胜诉率为 100%。

自 2020 年 11 月以来，通过诉前涉电纠纷化解机制，南阳供电公司已累计化解各类触电人身损害纠纷 9 起，涉案金额约 668 万元。

国网河南电力经法部在全省推广南阳供电公司的经验，驻马店、焦作、许昌、平顶山、新乡、濮阳供电公司等通过现场调研座谈、资料学习等形式，显著提升了案件管理水平。

四、专业管理推广应用价值

南阳供电公司聚焦法务管理体制机制突破，建立的触电及被诉案件压降三项机制具有较强的创新性和引领性：《南阳市法院涉电案件研讨座谈会纪要》是河南省内首个明确供电公司对高压专变、低压、高压线下违章建房等触电情形不再承担责任的正式文件；涉电纠纷诉调对接工作机制能有效推动纠纷各方当事人直接聚焦争议核心，在自愿协商谅解、自觉让步的基础上达成合意，可高效化解纠纷、减少供电公司诉累；涉电纠纷调解和快速理赔机制能确保纠纷案件应赔快赔，为诉调对接夯实物质基础。

三项机制在解决涉电纠纷处置难、案件胜诉率不高问题，以及拓宽纠纷化解路径、有效维护企业合法权益等方面，管理提升及应用成效显著，并兼顾了法律效果与社会效果的统一，该做法还成功入选国网河南省电力公司“十大典型经验”，河南省内多家地市供电公司已通过调研、座谈等方式学习借鉴“南阳方案”。结合南阳供电公司的应用成效，以及其他地市公司的管理实践，再次证明三项机制具有较强的前瞻性、代表性和可操作性，在一定范围内具备较强的借鉴学习、复制推广价值。

2.18

农电组织机构和用工模式创新优化

国网四川电力

一、项目简介

为深入贯彻党的十九大决策部署，做好乡村振兴战略的电力“先行官”，国网四川省电力公司（以下简称国网四川电力）大力推进乡镇供电所优化提升，针对当前农电管理面临的政企联动缺位、区划调整保障不足、抢修服务效率不高、用工减员加剧等“四大困境”，统筹研究，分类施策，将农电业务划分为核心类、信息类与社会通用类三大板块，重点针对技术门槛低、安全风险小、服务压力大的信息类业务，创新生产组织模式，指导绵阳供电公司探索实施“村网共建”，按照政府牵头、企业参与、村社实施、共建共享的思路，在绵阳游仙、安州、盐亭 3 个区（县）8 个乡镇 114 个村社开展试点，实施有别于原村电工和传统业务外包的政企联动新模式，由政府在村社干部中选拔网协员，承担电力设施保护、安全用电宣传、属地施工协调等电力信息收集工作，由企业向属地政府有偿购买，畅通电力服务“最后一米”，为企业发展提质增效，为乡村振兴增加新动能，为人民群众增强获得感。

二、专业管理体系

（一）现状问题

随着乡村振兴战略深入实施，农电管理体制机制与新时代“三农”要求不适应问题逐步显现：一是农村公共服务要素保障职能长期缺位。电、水、气等公共要素保障企业“去行政化”后，相关保障职能在乡村一级未能有效落地，制约电力服务质效。二是乡镇区划调整过程中服务保障不足。乡镇行政区划和村级建制调整改革过程中，服务客户数增多、服务半径增大、原管理机制问题更多暴露，需积极响应改革号召，主动应对新形势下的服务需求。三是农电“结构性”缺员矛盾凸显。国网四川电力农电人员老龄化严重、平均年龄 47.75 岁，未来 5 年预计退休 5098 人，占比 25.94%，多数偏远供电所用人留人困难，农电队伍业务承载能力不足。四是农网“走读式”抢修服务效率低下。农电人员大多居住在县城或乡镇，距管辖服务区较远，“走读式”抢修响应速度慢，影响群众满意度。

（二）“村网共建”设计理念

坚持地方党委政府在乡村治理体系和治理能力建设中的核心领导作用，发挥国家电网在技术、信息、管理等方面优势，建立双方战略合作关系，政府负责选用优秀村社人才作为网协员，承担电力设施保护、供用电秩序维护、安全用电知识宣传等涉及政府行政职能的业务；企业负责做好信息购买与服务落地。全面梳理“动眼动口不动手”的信息类业务，厘清职责界面，有效防范电网安全和劳动用工风险，依法合规推进政企联动，有效解决乡村电力保障服务布点多、人员少、年龄大、资源散、服务弱等问题，保障乡村振兴产业发展供电能力和可靠性，促进地区经济社会健康、可持续发展。

（三）“村网共建”具体内容

构建政企联动的组织体系。与县、乡两级政府签订“村网共建”协议，成立“村网共建”联合工作小组，促成试点区（县）政府将电力设施保护、供用电秩序维护等 12 类行政执法权限下放至乡镇，建立定期联席会议机制，推动电力服务与乡村经济社会发展有效衔接。截至 2022 年 6 月，绵阳供电公司已与 7 个区县、28 个乡镇两级政府签订“村网共建”协议，试点村社扩展到 114 个。

选拔培育精干的网协员队伍。按照“一村一员”原则，聚焦村社后备干部、在职干部、退役军人等各类优秀人员，由试点乡镇择优选拔网协员。建立政府牵头主导、企业全面支撑的联合培养机制，由试点区（县）政府牵头开展专业技能培训，企业提供师资、装备、场地等必要条件，确保网协员满足服务工作的技能、技术需求。

推行政企履责效能共管机制。协同政府研究制定《网协员工作指南》《网协员评价标准》等制度和标准，建立“村网共建”联合工作小组，定期开展服务质效考核评价，评价结果作为企业支付政府信息服务费用依据；乡镇政府负责对村社网协员进行具体考核，实现报酬与履职实效精准挂钩；协议严格区分事实用工和业务外包，杜绝企业劳动用工风险。

创建科技赋能的互补服务模式。采取“一中心、一块屏、一终端”的信息系统建设思路，以“PC 端 + App 端”相结合的方式，建成农电全业务管理平台。促进网协员属地优势和电管家专业优势互补，将二者信息互动、过程管控、质效评价等功能整合到统一的信息化平台，实现信息共享、统一调度、内外协同。

三、专业管理提升成效

（一）创新引入人力资源，促进企业提质增效

依托网协员队伍，有效解决占据农电业务15%～20%的信息类业务所需的用工缺口，破解了农电人员集中退休导致的断层式缺员问题。结合乡镇供电所机构优化调整，将农电人员通过竞聘、转岗等方式聚集到核心业务，盘活了现有人力资源，激发队伍活力动力，促进培育自有核心专业队伍，提升农电管理质效。

（二）提升电力服务质效，增强群众满意度

通过网协员发挥“人熟、地熟”优势走村入户，将服务融入村民日常生产生活，及时掌握和回应群众各类诉求，大幅提升服务效率，有效防范各类风险。试点实施以来，村社供电服务实现“零”投诉，线上办电率达到100%，低压客户线上缴费率普遍超90%，故障抢修平均恢复时限较试点前减少了36%，客户满意率100%，提升了人民群众满意度和幸福感。

（三）赋能基层人才培养，保障乡镇用人留人

“村网共建”实施以来，已有114名网协员通过参加地方政府举办的电力专业基础技能培训，取得电工证，具备实施一般低压电力安装维护能力，月收入增加1500～2000元（其中电网企业支付400～600元，剩余为其他企业支付），工作更有获得感和成就感，有效增强村民返乡创业、服务家乡的吸引力，人才留村意愿更强，极大提高了本地人才资源利用效率，基层治理更有保障，政企合力打造出乡村人才“引得来、用得好、留得下”的良好生态。

（四）加快要素管理补位，助推乡村振兴战略落地

以创建世界一流示范企业为导向，发挥责任央企“排头兵”作用，将电力服务新模式拓展至公共要素保障领域，促请乡镇政府搭建多网融合平台，已推动水、气、银、信、邮等公共要素保障企业加入，共同做大做强做优网协员队伍，赋予“村网共建”持久活力，推动实施乡村要素保障基础设施一体化建设，实现公共要素管理职能在市县镇村四级有效穿透，以及行政执法和公共安全服务有效落地。

四、专业管理推广应用价值

“村网共建”在传统“补员+外包”之外创建了农电生产组织新模式，开创性地将农电信息类业务交由政府选拔的网协员实施，实现了企业降本提质增效、群众服务感知增

强、政府基层职能夯实的多赢局面。该模式在乡镇地域面积广、公共要素保障弱、农电队伍缺口大、抢修服务响应慢的电网企业具有广泛应用价值。绵阳市委市政府已正式行文将其纳入全市乡镇、村社调整两项改革“后半篇”文章加以推广，工作成效赢得19家省市级主流媒体采访报道，四川资阳、南充、攀枝花、巴中、内江等地市已复制推广。

该模式不仅在国网系统具有广泛推广的价值，也吸引了其他要素类企业共同参与并初显成效，可为政企联动共同推动基层治理和乡村振兴提供实践样板。

2.19

以集智合力为策略的管理提升对标实践

国网重庆电力

一、项目简介

落实对标世界一流管理提升要求，国网重庆市电力公司（以下简称国网重庆电力）聚焦重点任务，以管理提升为导向，采用因人施策、集智合力的管理策略，构建量化评价工作努力程度和管理提升水平的差异化对标模式，使各部门、各单位以自身现状为起跑线，瞄准努力程度和提升水平公平竞技，全面激发干部员工内生动力，有效整合管理层和执行层两级向心力，并配套建立八项机制以保障管理模式全程良好运转，真正通过可操作、可评估、可改进的过程管理执行体系支撑国家电网公司战略和国网重庆电力重点任务落地。

二、专业管理体系

（一）聚焦重中之重，因地制宜构建"1+1+9+3"指标体系

1. 围绕三级重点任务，遴选设计管理指标

梳理国家电网公司、国网重庆电力、专业部门三级重点任务，突出生产经营核心业务，考虑可量化、可执行、可检验等因素，按大归类、排序、选优三个步骤，遴选重要性排序前 50%的管理性重点工作，精简设计指标，严控嵌套层级，有效整合向心力。指标分为"努力程度"和"提升水平"两个属性，分别用于量化评价可引导、可激发、可复制的工作态度，以及达成公司期望结果的管理能力。

2. 突出管理对象差异，因地制宜构建体系

针对不同管理对象，结合管理层级、职能定位、核心业务实际，因地制宜构建"1+1+9+3"差异化指标体系，如图 1 所示。首"1"即专业部门落实国网战略和重庆

公司重点的总体指标体系；次“1”即 31 家供电单位落地执行的统一指标体系；“9”即 9 家业务支撑单位发挥功能定位的差异化指标体系；“3”即 3 家新兴产业单位落实“一体四翼”发展布局的差异化指标体系。

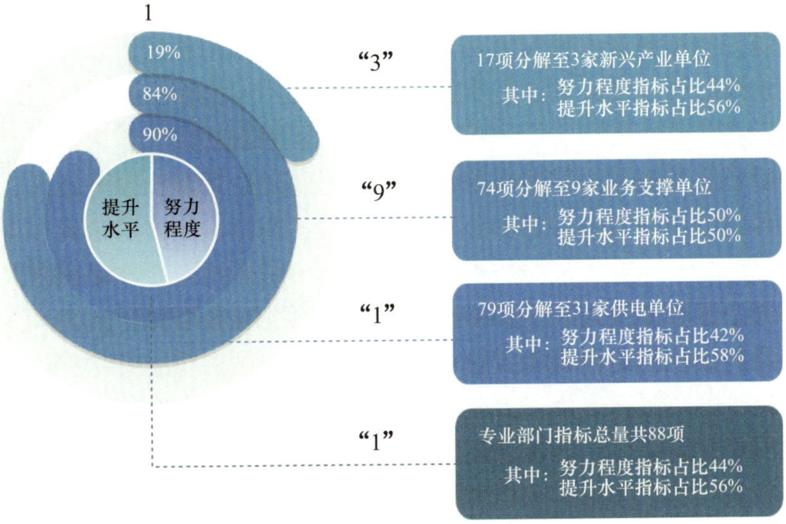

图 1 “1+1+9+3”差异化指标体系

（二）立足管理预期，因时制宜设定差异化提升目标

1. 构建与组织结构相匹配的目标责任链

根据“主要领导决策部署、分管领导统筹协调、归口部门牵头组织、专业部门分工协作、基层单位支撑实施”的职责划分，构建集中统一、分级下达、协同支撑的目标责任链，确保目标由上至下分解、由下至上支撑。

2. 采取“三注重、三结合”，细化提升目标设定步骤

遵循 SMART 原则，在强调目标设定首要满足具体化、可量化、可实现、联动性、有时限的前提下，明确“三注重、三结合”，进一步细化目标设定方式，如图 2 所示。首

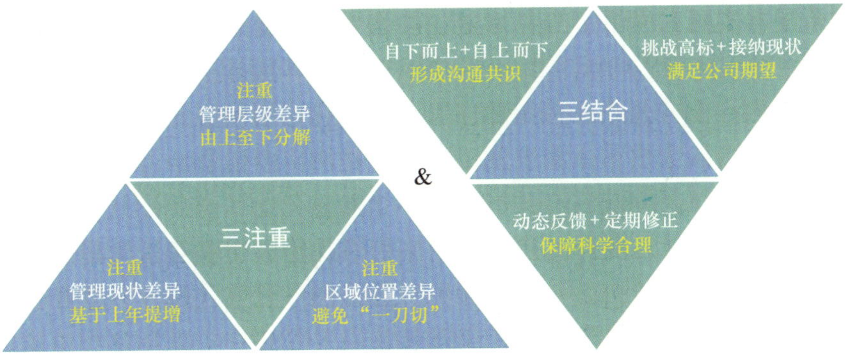

图 2 “三注重、三结合”

先设定管理层目标，再由上至下拆解执行层目标。目标既要符合管理层预期，又要符合执行层客观实际；同时通过执行层差异化的目标颗粒度、网格化水平，体现管理层的精益管理水平。

3. 采用民主集中策略，创新提升目标拆解方法

与专业部门多次沟通研讨，积极创新有效的基层目标拆解方法。采取“三上三下”书面意见交互、组建专家团队会商、目标申诉关联方谈判等方式，先民主、后集中，共同议定目标拆解值，提高基层参与公开决策的话语权，促成专业部门和基层单位普遍达成管理共识，提高目标分解的透明度、合理性，有效释放了专业部门管理压力，化解双方分歧和矛盾。

（三）关注纵向提升，因势利导评价差异化努力程度

1. 多方共同决策，提高评价公信力

针对评价内容，差异化组建评价团队，采用现场集中或网络交叉等公开讨论或评价方式，实现民主集中、共同决策，既缓解管理层评价压力，又提高执行层话语权，并使其相互监督和制约，保障评价的公正透明性。例如：针对专业部门的方案编制质量，按每组 6 人组建 15 个专业审查组，以先民主、后集中的方式公开进行评价；针对专业部门的对标工作质量，按“归口 1 人 + 专业 4 人”的配比组建 15 个专家团队进行评价；针对基层单位部分指标完成情况，由专业部门组织公开交叉评价。

2. 结合主体差异，开展“三元”评价

面向专业部门，实施专业方案质量、工作推动情况、全年完成情况“三元”评价。面向基层单位，实施“管理提升对标综合排名 + 努力程度综合排名 + 提升水平综合排名”三元评价。差异化评价引导管理层和执行层各司其职、自发提升，实现双向发力，以管理提升对标理念落地，确保支撑重点任务落地。

3. 以目标完成度为核心，引导纵向提升

在两级“三元”评价中，将指标提升目标作为评价标准，指标提升目标完成度作为评价核心，即指标实际完成增量与目标增量的比率，引导关注基于自身现状的纵向提升幅度。

（四）强化激励约束，充分发挥对标评价影响力

1. 对标结果应用于领导决策

将专业部门、基层单位的管理提升评价情况，定期送呈公司领导参阅，纳入“领导驾驶舱”管理看板（见图 3），并作为主要领导下基层调研的首要背景资料。通过年（季）度工作会发布对标简报、月度例会平台作典型案例通报，发挥过程预警、辅助决策作用。

2. 对标结果应用于干部评价

将综合及分专业的管理提升评价情况、标杆获评情况作为对专业部门、基层单位领导干部考核评价、选拔任用的重要参考。

3. 对标结果应用于绩效考核

将专业部门的专业方案质量、工作推动情况、全年完成情况纳入部门主要负责人绩效考评。将基层获评标杆情况、典型经验入选入围情况、管理提升结对帮扶情况纳入基层单位负责人业绩考核。

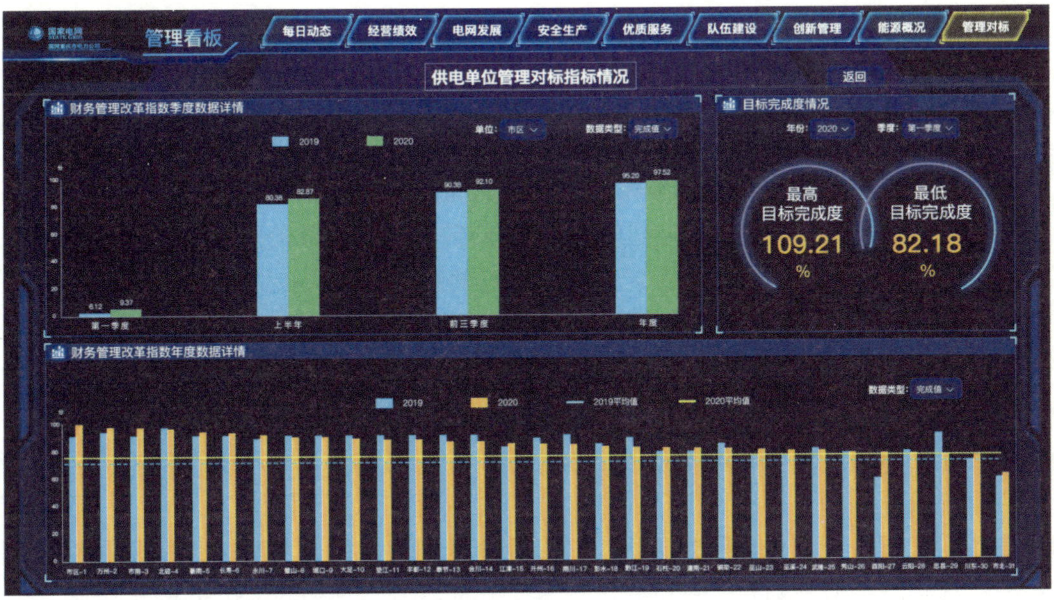

图 3 “领导驾驶舱”管理看板

4. 对标结果应用于评先评优

将专业部门、基层单位的提升目标完成度、标杆获评情况、典型经验入选入围情况作为党建部、工会及各专业部门评选表彰先进集体的参考条件。

5. 对标结果应用于资源配置

将提升目标完成度作为发展部、人资部、财务部等资源投入和项目安排的重要指导，统筹兼顾需求与能力、成本与投入的关系，针对性进行重点保障和适度倾斜。

（五）按需补短促长，分类施策搭建差异化学鉴平台

1. 针对可比性低的部门单位，搭建外部专业交流平台

面向国网系统 26 家省公司，开展“点对点”找标杆、学管理，形成螺旋上升的“立标—对标—达标—创标”PDCA 循环，如图 4 所示。

图4 “点对点”对标

2. 针对整体落后的供电单位，搭建指标结对帮扶平台

结合排名后10名单位的提升需求，采用跟班驻点、现场诊断、电话问诊、过程回访等形式，组织先进单位业务骨干进行“一对一”帮扶，并按“一单位一策、因单位施策”出具诊断报告。

3. 针对局部存在短板的单位，搭建典型经验推广平台

在专业宣讲或培训、转化为公司制度等传统推广方式基础上，结合各单位个性化的经验应用需求，实施交流沙龙、经验巡讲等定制化服务。

（六）狠抓闭环质效，建立八项全链条运转保障机制

一是建立准入退出机制，严把指标设置关口。聚焦重点工作、核心业务，严格遵循二八定律，设置指标准入、退出条件。2021年指标因子总量同比压减7%。二是建立目标“双动”机制，合力合理设定目标。在目标设定环节，构建“两级目标设定联动”机制；在目标分解环节，构建“三上三下”意见互动机制。三是建立数据校核机制，有效避免人为干扰。按受理校核申请、开展专业核查、反馈校核结果、处理作假事件、处理不实申请、修正对标数据等步骤管控数据质量。四是建立“双标”修正机制，保障体系健康运行。明确指标和目标的修正触发条件及对应审定流程，以持续优化指标设置和目标设定，为公平、公正评价奠定基础。五是建立多维通报机制，从严从紧管控过程。坚持利用公司年度、季度、月度工作会议平台发布对标情况，按季专题会诊，不定期现场宣贯、调研和检查。六是建立学鉴成效评价机制，保障推广帮扶质效。编制典型经验推广应用、指标结对帮扶成效评价方案，依据评价结果选树典型经验应用标杆和指标结对帮扶标杆。七是建立管理评估机制，奠定良性循环基础。为持续提高“指标设计、目标设定、过程管控、对标评价”全过程的工作质量，开展专业管理后评估，组织基层满意度评价，以管理模式的持续优化推动管理水平的螺旋式上升。八是建立两级考评机制，从源头管控工作质量。编制部门主要负责人考评量表和对标专业工作评价标准，以基层专家团队评价考评管理层，以管理层指标数据评价考评执行层。

三、专业管理提升成效

1. 全员管理提升意识增强，呈现想干事、能干事的积极氛围

该项目有效解决了管理对象受资源禀赋等客观因素制约的历史问题。15 个部门、43 家单位广泛参与，在基层参与度和认同度、指标设置科学性、目标设定合理性、评价发布透明度、管理机制合理性五方面取得实效。对标体系更合理，评价公信力增强，执行力更强，员工精气神全方位提振。

2. 专业管理水平明显提高，有力推动国家电网公司战略落地执行

自“建设具有中国特色国际领先的能源互联网企业”战略实施以来，专业部门通过指标评价累计发现并通报基层落地不实、执行不力等问题 1430 项，完成闭环管控整改措施 4683 条，形成了 15 个专业领域 119 项可复制、可推广的管理提升典型经验，10 家重点区域单位的 56 项重点指标帮扶任务落地，夯实了管理基础，有效弥补了短板。

3. 企业管理效能实现提升，为创建世界一流奠定了基础

根据国家电网公司发布的 2021 年对标数据，国网重庆电力 79.6%的指标实现稳中有升，同比提升 9.2%；63.0%的指标达到国际领先水平，同比提升 20.7%。国网重庆电力为直辖市经济社会发展提供了坚强用电保障，充分彰显了在服务党和国家工作大局中的价值作用，为国家电网公司打造具有全球竞争力世界一流企业提供了坚强支撑。

四、专业管理推广应用价值

该项目历经两年多的探索实践，获 2020 年重庆市管理创新一等奖、国家电网公司管理创新一等奖、2021 年中国电力创新奖一等奖，具创新性、示范性和推广价值。

机制建设方面，为确保管理质效，梳理管理全业务链条、全生命周期，配套建立了 8 项闭环管控机制，包括指标准入退出机制、目标“双动”机制、数据校核机制、“双标”修正机制、学鉴成效评价机制、多维通报机制、管理后评估机制、两级考评机制，可借鉴、可操作、可落地性强。

数字转型方面，利用“领导驾驶舱”应用平台，率先完成管理对标看板设计开发和 PC 端部署，为公司领导参考决策、各单位管理提质提供了数据支撑，提高了指标数据资源价值，实现了评价结果可视化展示。

队伍建设方面，组建 15 个专业审查团队参与指标设计、目标设定、结果评价三个环节的公开决策，通过赋权锻炼基层管理人员；组建 15 个专家团队参与部门主要负责人年度考评工作，提升了其看问题的高度、广度和深度。举办典型经验交流沙龙、现场巡讲等活动，以头脑风暴方式锻炼专家思维。采用“一对一”现场调研、跟班驻点等方式

进行结对帮扶，锻炼先进单位专家换位思考、解决问题的能力，提高落后单位人员业务水平。

文化建设方面，牢牢把握“学习”是标杆管理的核心思想，构建了“以学习提升需求为导向、以先进经验推广为目的”的学习交流平台和互惠共赢模式，有利于打造学习型企业，形成众志成城、昂扬向上的企业风貌。

2.20

基于“四个管住”的“四个一”数字化安全管控体系建设与实践

国网辽宁电力

一、项目简介

为进一步深入贯彻习近平总书记关于安全生产的重要论述和讲话精神，牢固树立“生命至上、安全第一”的安全发展理念，2020 年底，国网安监部在深入总结安全生产理论、发展实践和事故教训基础上，创新提出“四个管住”，指定由国网辽宁电力牵头，作为首批试点单位，率先构建“四个一”数字化安全管控体系，有力支撑“四个管住”落地落实，全面加强作业风险安全管控，全力防范人身伤亡事故，积极推进安全生产治理体系和治理能力建设，坚决守住安全生产“生命线”。2021 年，国网辽宁电力在国家电网公司的大力支持下，已建成基于“四个管住”的“四个一”数字化安全管控体系，作业现场已实现全覆盖、全流程、全方位监督管控，各类违章得到有效遏制，安全管控水平得到有力提升。

二、专业管理体系

目前，电网企业建设投资规模持续保持在高位、新业务、新业态不断发展，安全生产新情况、老问题交织叠加，形势严峻、压力巨大，而且对作业风险缺乏系统有效的管控策略，对风险核心要素缺乏规范标准的管控措施，尚未形成标准化、规范化、常态化的安全风险管控机制。2021 年，国网辽宁电力聚焦作业计划、队伍、人员、现场四个作业风险核心要素，实践“四个管住”管控策略，推进“四个一”数字化安全管控体系建设实践。

“四个管住”策略，即管住计划、管住队伍、管住人员、管住现场，其四个要素（计划、队伍、人员、现场）彼此联系、相互融合。计划是作业风险管控的源头，队伍是保障现场作业安全的基础，人是作业风险管控措施落实的关键，现场是风险管控和安全措施聚焦的核心。“四个管住”紧紧围绕四个要素，综合运用管理和技术手段，在关键环节协同发力、严格管控，切实规范施工作业组织管理，实现作业风险全过程可控、能控、在控。

“四个一”数字化安全管控体系，即一平台、一终端、一中心、一队伍。2021 年，国网辽宁电力已全面建成横向协同、纵向贯通的安全生产风险管控平台，实现作业计划、队伍、人员、现场全过程线上管控，日均监控作业计划 1000 余项，累计准入队伍 900 余家、人员 5 万余人。应用数字化安全管控智能终端，实现对作业流程、现场环境、人员行为全要素的动态感知、实时监控和智能告警。成立省市县三级安全管控中心 87 个，常态开展监控值班，实现作业现场远程全覆盖督查。组建各层级安全督查队伍 92 支 1087 人，常态开展“四不两直”安全督察，严肃查纠现场违章，深挖管理原因，强化闭环管理。

“四个管住”策略与“四个一”数字化安全管控体系相辅相成、相互促进，推动新安全形势下安全管控由间断向连续、片面向全面、低效向高效改革，有力保障作业现场人身安全，为公司高质量安全发展及科学发展贡献坚强力量。

三、专业管理提升成效

国网辽宁电力高度重视“四个管住”和“四个一”建设，主要领导多次对“四个管住”提出具体要求，成立专项领导小组，紧盯目标、明确任务、上下协同，强化过程管控，确保推进有力。

在安全生产风险管控平台方面，研发应用作业风险管控、企业人员安全准入、现场可视化等核心模块。2021 年，平台已率先实现与国网总部视频、数据“双贯通”并率先完成省外工程布控球跨区域接入内网远程监控，各类作业已基本实现视频督查全覆盖，现场可全程录像、随时调阅，“无计划不作业、无准入不作业、无监控不作业”理念逐步深入人心。

在数字化安全管控智能终端方面，2020 年 6 月，国网辽宁电力启动智能终端研发应用，组织南瑞集团联合集中攻关，实现作业人员身份核实、精准定位和行为管控。2021 年，部署智能终端 22 套，接入智能安全帽、安全带、接地线等 10 余类工器具，实现登高、近电、有限空间等高危作业 118 项人身风险点自动判定和报警，完成输电抱杆组塔、深基坑作业、线路标修、配电吊车立杆四类场景应用。

在安全管控中心方面，国网辽宁电力先后印发《安全管控中心工作规范》《安全管控中心工作手册》，明确责任、细化分工、规范管理。各级安管中心按照“作业不停、监控不断”的原则，通过风控平台、视频监控设备及智能终端，对作业计划编制执行、准入资质核验、管控措施落实、到岗到位和安全督查等情况开展常态远程监督。2021 年，建成投运省级安管中心 1 个、地市级 16 个、县级 70 个，实现对作业现场不间断、全覆盖视频督查。

在安全督查队方面，国网辽宁电力组建三级安全督查队 92 支，配置专兼职督查人员 1087 人，常态开展“四不两直”安全督察，执法记录仪配置比例达到 100%。2021 年，各级安管中心和督查队对各作业现场实施全覆盖安全督查，累计发现和处理问题违章 9000 余项，深挖管理原因，依托平台即时曝光违章，实现违章闭环管理。

四、专业管理推广应用价值

（一）建章立制，推进安监模式改革

为规范管理、固化责任，国网辽宁电力先后印发《安全管控中心建设应用管理方案》《安全督查工作指导意见》和《督查成效量化评价标准》等规章制度 12 项，2021 年 6 月，国网辽宁电力组织调研组到湖北、山东等兄弟单位学习先进经验，进一步明确“监督、指导、管理、服务”定位，完善“远程＋现场”安监模式，优化“固定＋柔性”督查人员配置，推动督查工作常态化、流程化、标准化。

（二）内外兼修，提升安全管控质效

为推进“四个管住”落地落实，建立“日管控、周通报、月考核”评价机制，充分发挥平台内网数据集成优势，丰富平台自动统计和分析算法，量化“四个管住”执行情况，其中：计划执行率、布控球开机率、督查覆盖率、App 数据上传率、违章查处率等 18 项指标已实现平台实时采集、即时曝光，并自动生成“四个管住”评价日报，各基层单位可在平台中直观查看评价结果和问题明细，横向对比、查找不足，有针对性地落实整改措施，每月对排名靠后的单位进行约谈，结果纳入安全综合评价和绩效考核。

（三）科技兴安，深化安监数字化转型

坚持目标导向和问题导向，聚焦“一平台、一终端、一中心、一队伍”深化应用，全面形成“四个管住”支撑机制。完善平台功能，加强数据挖掘，分析安全规律，提供决策支撑，推进风控平台智能化。加速研发数字化修理票等功能，全力推动数字化终端全省推广，推进智能终端实用化。完善考核评价指标体系，持续提升安管中心工作成效，推进中心运转实效化。深化执法记录仪应用，完善“交警式”“派单式”安全督查，实施督查质效量化评比，推进安全督查标准化。

2.21

建设数字化县公司带动电网企业整体数字化转型

国网陕西电力

一、项目简介

国网陕西省电力有限公司（以下简称国网陕西电力）贯彻落实国家电网公司战略部署及数字化转型工作要求，按照一手抓安全、一手抓数字化转型的工作思路和做优省公司本部、做强地市公司、做实县（区）公司、做精基层班（所）的管理思路，严格遵从国网分层分类数字化转型模式，立足县公司发展实际，聚焦基层班组减负，释放基层活力。自2019年起，选取西安临潼、铜川耀州两个县公司，以当前县域数字化转型工作过程中遇到的实际问题为出发点，以电网一张图、数据一个源、业务一条线、应用一平台、作业一终端（“五个一”）为建设目标，重点围绕电网生产数字化、经营管理数字化、客户服务数字化三个方面，持续开展数字化县公司建设，以县级供电企业数字化转型带动市级乃至省级电网企业整体数字化转型，为基层员工赋能，对内提质增效，对外提供优质服务，建设成效显著，得到国家电网公司的高度肯定。

二、专业管理体系

（一）存在的问题

缺乏电网全景视图。各专业系统早期建设技术标准不统一，形成电网物理一张图、系统多张图的局面，电网图形、拓扑、台账等图、数、模数据要维持一致性和高可用性，需要投入大量的维护成本。

缺乏权威数据源管理。数据多头采集、重复录入，基层数据录入、数据治理工作压力大；数据孤岛多，数据共享不足、系统间数据不同步，影响业务融合及数据价值发挥。

业务流程信息不贯通。各专业业务协同融合不足，数据跨专业共享水平较低，线上业务流程存在断点；缺少智能辅助决策功能，无法支撑业务精准决策。

缺乏企业级信息汇聚平台。业务信息系统多，入口多，基层员工办理业务需要切换多个系统，操作繁琐；基层人工统计工作量大，系统缺少自动化分析功能。

现场移动作业不便捷。基层移动终端多、App 应用多，影响现场作业便捷性；移动应用功能缺乏统筹，内外网信息交互不顺畅，作业效率提升受限。

（二）思路理念

按照中台化、微服务化思路，以云平台、物联管理平台、企业中台“三台”为支撑，应用“大云物移智”等先进技术，按照自上而下与自下而上、总部推广与自主创新相结合的原则，贯彻可复制、可推广的理念，面向不同层级人员工作的痛点、难点，全力打造数字化工作台，突出解决各层级“用、管、看”的数字化需求，为电网生产、企业经营、客户服务等主营业务赋能。

（三）建设目标

以“五个一”为建设目标，即：“电网一张图”聚合电网资源信息，实现电网数字孪生；“数据一个源”消除数据多头录入，实现数据共享应用；“业务一条线”打通专业壁垒，实现业务流程线上高效运转；“应用一平台”汇聚核心业务信息，实现业务集中管控；“作业一终端”整合内外网移动应用，实现现场作业一机通办、一个入口。

（四）主要做法

1. 电网一张图

依托电网资源业务中台、数据中台、技术中台，汇聚相关系统电网资源静态数据、业务动态数据、设备运行数据、地理位置等信息，基于统一数据模型，在数字世界构建公司级的“电网一张图”，实现从 400V 到 110kV 各电压等级网架结构、设备资产属性信息等静态数据，以及变电站、线路、台区运行工况等动态数据的全景展示。构建统一的地图服务，通过“图”上开展电网异常信息监测、业扩流程监控、故障抢修指挥、配网运行监测等核心业务，以“图”串联业务流程，实现“业务从图中来，结果到图中去”。

2. 数据一个源

基于数据中台进行电网业务运行数据的全量接入和统一存储，打造“一源采集、一源录入、一源多用”的数据服务新模式。在数据采集方面，按照智慧物联体系顶层设计，开展边缘物联代理设备数据“一次采集、多处共享”。在数据同源维护方面，依托电网资源中台，按照营配调统一数据模型，统一增量数据维护入口，开展存量数据质量治理，实现营配数据同源维护，确保营配数据一致性。在数据共享服务方面，遵循国家电网公司统一数据标准规范，开展一、二级系统数据全量接入，将数据应用计算逻辑统一纳入数据中台，构建企业级指标中心、报表中心、标签中心，对外提供统一数据服务。

3. 业务一条线

业务数据贯通方面，汇聚县公司核心业务全环节、全流程信息，实现不同专业系统数据的统一汇聚和展现；业务流程贯通方面，将高压业扩、配网工程等业务流程中线下业务环节进行线上化改造，并嵌入原有业务流程，打通业务流程断点，实现业务全在线、流程全贯通。

4. 应用一平台

在不替代、不推翻原有系统的基础上，完成业务流和数据流的解耦。采用微服务、微应用架构，以“搭积木”的形式，面向运检、营销、供服、安监等多个专业，以及供电所所长、专责、决策者等各层级用户，从用、管、看多个视角打造具备智能分析、自动预警、业务协同的数字化工作台。整合原有业务系统功能，补齐缺失功能，实现各专业间的数据共享与跨专业的业务流程贯通，为各层级用户提供集中、统一的工作界面，解决多系统导致的应用入口不统一、数据重复录入等问题，以满足执行者、管理者、决策者不同的数字化应用需求。

5. 作业一终端

按国家电网公司统一技术路线，面向台区经理与班组长，基于“i 国网”实现外网部署营销标准化作业、掌上供电服务、数据采录、配网工程管控等 App 移动作业应用，解决现场作业多终端、多应用导致的系统间频繁切换、多次登录等不便捷问题，保证现场作业“一机通办、一个入口”，让现场业务处理更加高效、作业更加便捷，为基层员工减负、赋能。

三、专业管理提升成效

（一）优化组织模式变革

整合形成集风险管控中心、供服指挥中心、配网调控中心、运营监测中心为一体的县域运营指挥体系，推动组织形式变革；通过数据驱动制度与规范变革，治理模式由主观判断升级为智能决策，推动治理形态变革；推进低压营配业务融合，推行网格化综合片区经理制，做到现场一支队伍、作业一台终端、服务一次到位，优化了服务体系；数据驱动业务、驱动管理成为常态，激发员工创新活力，变被动接受为主动思考，提升文化理念。

（二）助力基层减负赋能

通过提升基础感知能力，智能融合终端覆盖率、配网自动化率、HPLC 覆盖率均达到 100%，实现故障自动告警与定位，减轻基层运维人员工作负担；通过数字化工作台应用，实现业务线上集中处理、报表自动生成，使员工从复杂、繁重性操作事务中解放出来；通过作业一终端建设，消除多终端、多应用的负担，实现基层员工现场作业“一机通办、一个入口”，提升基层现场作业效率与质量。

（三）提升优质服务水平

深化阳光业扩、优化办电流程，缩短办电时长，并挖掘电力大数据价值，服务区域经济发展，优化了电力营商环境；推进供电服务与营配数据的融合分析应用，提升故障现场感知分析能力，实现停电精准研判、开展主动抢修、让抢修全过程可视在线掌控，提升了营销基础管理水平；加大农网建设力度、推进“煤改电”工程，助力乡村振兴。

四、专业管理推广应用价值

国网陕西电力的临潼、耀州数字化县公司已全面建成，达到预期建设目标，建设成果具有可复制、可推广价值，现已在国网陕西电力全面开展成果推广实施。

下一步，在西安临潼、铜川耀州试点建设成果基础上，进一步总结提炼并在全省推广应用，发挥示范效应。一是“上拓”，选取试点单位开展数字化市公司建设，实现从配网向主网、从低电压向高电压等级、从县公司向市公司业务全场景的拓展，带动市级乃至省级电网企业整体数字化转型。二是“中推”，按照“两年、三梯队、四个阶段”总体推进策略，组织开展 115 个县级供电公司数字化建设推广实施与深化应用，持续打造县域数字化转型的“陕西名片”。三是“下延”，在供电所开展基于融合终端数据的创新应用，增强供电所的配网监测、诊断和分析能力；应用“工单驱动业务”配网管控新模式，落实配网勘察设计“自己干”，加强 RPA（机器人流程自动化）等人工智能技术在供电所的应用。

2.22

省级电网企业基于新能源高比例消纳的绿色调度管理

国网宁夏电力

一、项目简介

本项目集新能源并网能力、跨区输送能力、调配统筹协调和消纳利用后评估为一体的多环节互动、全过程调配、全周期管控、高比例消纳的新能源绿色调度管理模式。截至2021年12月，宁夏新能源装机2838.7万kW，为用电负荷的2倍，位列全国第八位；新能源装机占比48.51%，位列省级电网第三位；最大出力1602万kW，超过区内用电负荷1.2倍；单日最大波幅超过1400万kW，超过电网平均负荷。项目获得第二十五届全国企业管理现代化创新成果二等奖、第三届宁夏企业管理现代化创新成果一等奖。主要经营指标包括新能源渗透率、预测准确率、自动发电控制（AGC）执行合格率、新能源跨区外送占比和新能源利用率等，各项指标均居全国前列。

二、专业管理体系

国网宁夏电力有限公司（以下简称国网宁夏电力）以新能源高比例消纳为核心目标，全面实施和推行绿色调度管理。以发、输、配、用多环节分层互动为策略，提升绿色调度调节能力；以基于生产时序的技术体系为技术支撑，实现新能源调度实时监测；以安全分析、调度评价为手段，提升绿色调度安全控制能力，最终实现新能源调度的数据化、指标化、可视化和智能化管理，在保证电网安全的前提下，实现新能源最大限度消纳，不断提升资源配置能力，促进公司和地方经济可持续发展。

（一）构建绿色发展市场交易体系，建立健全绿色调度机制

依靠市场化手段，建立了"五类交易品种、两个交易周期、两种定价模式、一种分

摊机制”的国—分—省协同的市场组织模式，充分挖掘电源、电网、负荷侧调峰资源，推动源网荷储协同互动、互利共赢的市场体系建设。编制完成《宁夏电网绿色调度实施细则》，确定了发电机组调度序位、机组日前和实时调度原则、新能源调度原则、信息公开和监管等内容，建立新能源场站排序调电机制，使新能源优先发电及发电排序有章可循。国网宁夏电力通过完成新能源优先消纳后评价流程，并实现系统线上运行，建立了新能源运行后评价机制，指导各地调开展计划编制、调度运行工作，确保了绿色能源优先消纳。

（二）实施多层次多环节互动，提升绿色调度调节能力

在电源侧，通过市场机制推动常规能源角色转型，拓展火电企业盈利模式，充分挖掘电源侧调峰潜力，实现多类型电源高效协调发展。在电网侧，积极探索智能管控、柔性调度等多种电网调控手段，依托先进的通信及调控技术，实现电网状态精细感知、调度控制精准实施和市场交易精益组织。在负荷侧，探索构建负荷侧参与调峰的市场化运行机制，引导、汇聚各类可调资源参与电网调节，推动“源随荷动”向“源荷互动”模式转变。在储能侧，积极探索构建储能、电锅炉等设施参与电网调节的市场化运行机制，引导建立“新能源+储能”，“用户 + 储能”等发展模式，促进储能规模化商业化应用。

（三）建立新能源消纳监测体系，强化绿色调度数据支撑

基于生产时序并考虑不同时间尺度，从年、月、日、日内四个层级对技术支持需求进行分析，构建新能源消纳测算和监测技术体系，为最优配置新能源电能、确保电网互动质量提供数据支撑。完善年度新能源消纳测算分析，针对新能源发展速度与区域负荷增长不匹配导致新能源消纳矛盾加剧问题，开发基于生产时序模拟的新能源消纳分析软件，实现风光一体化的月度、年度、多年新能源消纳测算功能。

（四）设计绿色调度评价体系，实施绿色调度提升与改善

开发并示范应用基于 D5000 的风电、光伏发电优先调度评价系统，形成风电/光伏优先调度工作分析、评价、评估和整改动态闭环管理，实现风电/光伏发电优先调度工作的标准化、制度化和科学化，提高了全网风电/光伏消纳水平。利用风光优化调度评价平台，实时收集场站风光资源信息，准确计算理论功率，科学评估弃风（弃光）电量。

三、专业管理提升成效

项目实施有力促进了新能源的高效利用和电网安全稳定运行，形成了新能源企业多发电、用电企业得补偿、公司售电量稳增长、电网调节能力有提升的良好局面，实现了发电、用电和售电的多方互利共赢，有效支撑了能源电力清洁低碳转型和能源综合利用

效率优化，服务黄河流域生态保护和高质量发展。

（一）电网安全保障能力显著提升

通过省级电网企业绿色调度管理，电网运行调节能力、发电企业涉网水平大幅提升。截至 2021 年 12 月底，电网调节能力较项目实施前增加约 374 万 kW（常规电源 200 万 kW，自备机组 50 万 kW，可调节负荷 50 万 kW，电锅炉 74 万 kW）。开展宁夏电网市场环境下 AGC 控制策略研究，提高新能源 AGC 性能，2019～2021 年新能源 AGC 合格率由 86.9%提升至 92.5%，累计增幅 5.6 个百分点。开展跨区现货交易，提高新能源外送占比，2019～2021 年跨区外送电力中新能源占比由 12.45%提高至 20.19%，提升近 7.74 个百分点。

（二）调控管理质效水平显著提升

调控运行精益化管理能力、电网经济运行水平显著提升，自备电厂和工业用户在西北率先参与电网调节，2020 年通过本项目增加公司销售电量 3.3 亿 kWh，增加营业收入 1.32 亿元，增加新能源发电量 3.3 亿 kWh，提升新能源利用率 1 个百分点，降低用户用电成本 882 万元。通过编制《新能源并网服务手册》，优化区地一体新能源并网管理流程，并网资料审核平均时间由 2.5 天缩短为 1 天。建立风光一体功率预测系统，提高新能源功率预测精度，2019～2021 年新能源预测准确率由 90.6%提升至 92.3%，3 年累计增幅 1.7 个百分点。

（三）清洁能源消纳能力显著提升

充分调动了各类发电、用电企业参与电网调峰的积极性和主动性，由原来的“要我调”转变为“我要调”，变被动接受为主动申报。2020 年增发新能源电量 15.89 亿 kWh，提升新能源利用率 4.8 个百分点，节约燃煤 54 万 t，减少二氧化碳排放 135 万 t，氮氧化物 229t，二氧化硫 86t，环境效益明显。2019～2021 年新能源渗透率由 156.46%提高至 195.6%，3 年累计提升 39.14%，新能源渗透率显著提高；2016～2021 年新能源消纳率由 88.1%逐步提升至 97.52%，提前完成国家能源局下达的 5%弃电率控制目标。

四、专业管理推广应用价值

通过项目的实施和应用，形成了一批可操作、可复制性的成果，具体有：形成地方性管理规范 2 项、企业管理规范 3 项、用户实用化手册 1 部，实现有章可循、有据可依、规范管理、效率提升的新能源绿色调度；构建区地一体调度模式，开发发输配用分层互动技术系统，建立新能源全周期安全分析手段、全过程消纳监测体系及设计绿色调度评价体系，实现了高信息化、可视化、智能化绿色调度；锤炼出一支具有 10 名正高级工程师、44 名副高级工程师和 20 名中级工程师的高素质队伍；形成管理规范、公开公正、科学高效、度电必争的文化素养。

项目实践保障了宁夏地区新能源优先消纳，提升了公司能源优化配置效率及调节能力，推动了公司及地区经济的可持续发展，为宁夏电网构建以新能源为主体的新型电力系统、助力“双碳”目标实现奠定良好基础。该项目成果可在国网系统内推广应用。

2.23

NGCP 项目运营与管理提升

国网国际公司

一、项目简介

2007 年 12 月，中国国家电网公司与菲律宾当地合作伙伴组成的联合体中标菲律宾国家输电网特许经营权，这是中国企业首次成功入股境外国家级输电网公司。2009 年 1 月，菲律宾国家电网公司（NGCP）正式接管运营。NGCP 是菲律宾唯一的输电公司，负责全国输电网的规划、建设、调度、运行和维护，覆盖菲律宾 87%的土地面积和 93.2%的人口。截至 2021 年底，拥有交直流输电线路约 20 780km，变电容量约 41 334MVA。十多年来，前后方紧密配合、中菲双方共同努力，NGCP 运营水平不断提高，电网整体运行状况稳定，各项运行指标稳步提升，为菲律宾经济社会发展提供了安全、稳定、可靠的电力保障，赢得了菲律宾政府与人民的高度赞扬与肯定。

二、专业管理体系

NGCP 接管运营前，原电网运营企业机构臃肿、效率低下，技术上基本依赖设备制造商，没有形成适应电网发展的企业技术标准和管理体系，部分管理职能缺失，企业创新缺乏动力和活力。NGCP 接管后，一是明确了公司发展愿景和目标，结合公司发展愿景，提升公司管理、技术和设备水平，开展标准化体系建设和认证，实施电网统一规划建设和升级改造，推动先进技术的研究与应用，建设东南亚一流电网公司；二是针对机构设置不合理、效率低下和部分管理职能缺失等问题，强化了管理统一和效率优先原则，发挥董事会在公司经营决策和技术发展方面的关键作用，并借鉴人、财、物集约化管理的先进理念，结合菲律宾国情，开展了组织架构优化和流程再造，激发了人员的创造性和能动性；三是在电网安全稳定运行方面，以安全生产为抓手，以运行指标为导向，落实各项治网措施，包括强化电网安全意识和责任、加强电网运行基础管理、引入“安全第一、预防为主、综合治理”的安全理念，并建立起电网运行突发事件应急管理体系；

四是围绕公司发展目标，制订各部门目标和工作计划，将目标和公司关键业务指标分解细化、落实责任，并在计划执行过程中不断检查、反馈和纠正，以保证计划的实现；五是建立了风险管控体系，强化企业内部审计监督职能，建立起涵盖运营管理部门、风险和合规管理部门和独立的内外部审计等风险管控“三道防线”，确保风险管控覆盖公司日常经营活动全过程，提高公司系统抵御各方面风险的能力；六是推行财务集约化管理模式，采取资金集中管理，开展预算集约调控，推行会计集中核算，并通过董事会下属审计委员会对公司财务管理实施检查、评价和监督。

三、专业管理提升成效

通过引进先进管理理念和方法，实施组织优化、流程再造和精益管控，NGCP 实现了持续不断地管理提升，公司运营成效显著，主要表现在以下方面。

1. 输电网规模跨越式发展

2009～2021 年，新增输电线路约 3980km，新增变电容量约 25 222MVA，极大地增强了电网可靠性，改善了电能质量。在电网重点工程建设方面，棉兰老—维萨亚跨海直流联网工程（MVIP）全面开工建设；棉兰老 230kV 骨干网建成并顺利投运，实现棉兰老电网跨越式发展。宿务—薄荷岛跨海交流联网项目按计划启动实施。北吕宋西线 500kV 骨干网项目各工程段建设工作有序开展。

2. 电网安全形势大为改观

菲律宾输电网运行安全稳定，经受住了地震、强台风、洪灾和火山喷发等恶劣自然灾害频发的考验，圆满完成菲律宾全国大选、APEC 领导人峰会系列会议、东南亚运动会等重大保电任务，为菲律宾经济社会发展提供了安全、稳定、可靠的电力保障。输电线路故障频次也有明显改善，2021 年吕宋、维萨亚、棉兰老区域的线路百公里跳闸次数分别为 1.084 6、0.446 6、0.437 2 次（未计考核豁免），较 2009 年分别下降了 77.6%、87.7%、83.2%。

3. 电网抵御自然灾害能力不断增强

针对菲律宾自然灾害较多的特点，重点实施了防风、防洪、防火“三防”工程。线路防风设计标准从 270km/h 提高到 300km/h，增强了防台风能力和电网可靠性；实施输变电设施防洪工程，开展变电站集排水系统建设、围栏防水防洪改造，对基础不稳杆塔实施基础护坡；对 56 个变电站实施防火改造；建成“总部—区域—运行工区”三级应急指挥中心，大幅提升了灾后应急抢修速度；完成了临时杆塔和木制杆塔更换、变电站二次系统和变压器等大量老旧设备的升级改造，极大地增强了电网抵御自然灾害的能力。

4. 电网运行绩效指标显著提升

电网运行指标稳步提高，供电可靠性显著提升。2021 年，吕宋、维萨亚、棉兰老电网系统停电时间分别为 1.691 4、116.355、16.046 8min（2021 年指标均未计考核豁免，下同），较 2009 年分别下降了 93.5%、44.1%、4.1%；频率合格率分别为 100%、99.976 2%、99.990 3%，吕宋电网的频率合格率连续 12 年保持 100%；电压合格率分别为 99.801 2%、99.944 7%、99.978 4%，全网电压合格率近 9 年均在 99.8%以上；连年获得菲能监会（ERC）电网运营绩效考核奖励。

5. 标准化建设成果丰硕

建立起包括 109 个标准在内的 NGCP 技术标准体系，顺利通过质量管理体系 ISO 9001：2008、环境管理体系 ISO 14001：2004 和职业健康和安全管理体系 OHSAS 18001：2007 等国际认证，走在了东南亚电网企业的前列。

6. 输电价格不断下降

在电网跨越式发展的同时，输电价格不断下降，平均输电价格由 2008 年（NGCP 接管前）的 0.69 比索/kWh 下降至 2021 年 12 月的 0.53 比索/kWh，降幅 23.19%，为菲律宾民众提供了可靠、安全、高效、可负担的输电服务。

7. 企业运营管理获得认可

NGCP 及国家电网公司积极在菲律宾履行企业社会责任，在助学计划、社区发展、抗灾减灾、环境保护、疫情防控和扶贫通电等方面开展各类社会公益活动，获得了广泛的认可与称赞，树立起了良好的企业形象。2018 年 10 月 11 日，NGCP 从菲律宾 97 家参选公司中脱颖而出，荣获由菲律宾人事管理协会颁发的“年度最佳雇主奖”。2020 年 10 月 7 日，NGCP 荣获“2020 年度全球卓越企业奖”，菲律宾全国仅 3 家企业获此殊荣。

四、专业管理推广应用价值

NGCP 项目是国家电网公司海外投资并购的第一个项目，实现了国际化与市场化、长期化、本土化的完美融合，在合作双赢中有力地践行了人类命运共同体理念。该项目多年成功运营中所形成及系统总结出的模式与运营经验，将为国家电网公司坚决贯彻党中央、国务院决策部署，全面落实“走出去”战略，积极服务和参与“一带一路”建设，打造具有全球竞争力的世界一流企业，构建国内国际双循环相互促进的新发展格局，稳健运营其他境外项目，乃至中国企业走向世界提供有益的借鉴与参考。

2.24

以“六体系一平台”为核心的集团管控创新实践

南瑞集团

一、项目简介

南瑞集团有限公司（以下简称南瑞集团）是国家电网公司直属科研产业单位，是我国能源电力及工业控制领域优秀的高科技企业集团，是国际知名的智能成套装备及整体解决方案提供商，主要从事电力自动化及保护、电力信息通信、电力电子、智能化电气设备、发电及水利自动化设备、轨道交通及工业自动化设备的研发、设计、制造、销售、工程服务与工程总承包业务。现有用工总量 1.4 万余人，拥有 2 名中国工程院院士、4500 余名硕士及博士学历人才。旗下上市公司国电南瑞是我国电力自动化和信息通信领域的龙头企业。

近年来，南瑞集团积极融入国家电网公司“一体四翼”发展布局，贯彻落实国家电网公司创建世界一流示范企业、对标世界一流管理提升行动工作部署，主动适应集团化发展和市场化竞争需求，着力构建覆盖营销服务、研发、生产、国际业务、实验验证、风险防控及重大项目管控等领域的集团化管控模式，推动业务全链条贯通和核心业务流程高效运行，管理水平和整体运营效率效益显著提升，有力支撑企业高质量发展再上新台阶。近 3 年，南瑞集团经营业绩稳步增长，盈利能力持续增强，国电南瑞市值长期稳定在 2000 亿元。

二、专业管理体系

南瑞集团聚焦内部资源散、内耗大、效率低等管理痛点和难点，进一步健全管理体系，重点建设营销服务、研发、生产、国际业务、实验验证、风险防控六大体系及重大项目管控平台，完善制度规范、作业流程、考核方案、信息化系统，加强体系间协同协作，构建形成了定位清晰、管理统一、集约高效、协同有序、支撑有力的集团化管控模式。

营销服务体系方面，按照“以客户为中心、强化省区营销主体责任、强化系统内外市场协作、强化营销与产业公司协同”原则，深化营销服务体系建设。集中营销资源，成立千人规模的集团营销服务中心，构建以客户为中心、集团统一组织运作、事业部专业支撑、产业公司主体作用充分发挥的运行模式；围绕产销协同制定工作规范，以销售订单全流程为主线，打造集团层面覆盖主要业务流程的产销协同功能信息化平台。

研发体系方面，集中研发资源，构建“南瑞研究院+产业单位”职责明晰、协同高效的两级研发体系，研究院负责基础前瞻技术研究、战略新兴产业培育、共性技术及平台开发、高端装备及重大项目研发，产业单位负责工程应用研发和产品技术支持；围绕研销协同、产研协同，优化研发需求导入流程，建立快速应急立项机制，优化产研、销研协同工作流程。

生产体系方面，构建了以“同类产品内部产能调配、二次产品集中生产、外委加工统一管控”为原则，以高质量、快交付、低成本为导向的集约化生产体系。围绕销售项目生产交付及研发产品试制转产两大核心业务，优化生产交付流程，制定产销协同、产研协同工作规范。

实验验证体系方面，统筹集团 41 个实验室资源，打造了电力系统一次、二次领域全面覆盖、功能齐备的检测能力，培育了一批国家级/省部级等高等级实验室。围绕实验资源共享，建立与生产、安质、国际、营销等多维度协同机制，建设研发类、检测类实验室管理机构，支撑技术研究、产品研发和实验验证的协同高质量发展。

国际业务体系方面，构建了以国际公司为海外直销和公司系统内“借船出海”业务统一营销平台，总包和系统集成项目的主要整体承接单位；以营销服务中心为公司系统外“借船出海”业务统一营销平台；事业部、产业公司提供行业支撑、产品服务的国际业务体系架构。围绕标前寻源选型，与生产体系协同优化海外项目物资管理机制，建立国际业务预评估机制，优化国际业务从业人员薪酬激励机制。

风险防控体系方面，将全员、全业务、全流程风险管理理念贯穿于日常经营管理各环节，通过建立重大项目风险预警机制，完善制度流程，强化执行管控，深化评价考核，严格责任追究，充分发挥每一个岗位的风险屏障主体作用，切实推动风险管理与业务管控、各体系建设的深度融合，提升风险精准防控水平。

重大项目管控平台方面，明确南瑞能源公司为租赁、代建、合同能源管理等新模式项目承接主体，着眼于跨专业跨单位重大项目管控实际，建立项目前期论证、中期管控、后期评价的全流程管控机制，建成重大项目管控信息化平台，畅通与营销服务体系和生产体系的协同渠道。

三、专业管理提升成效

“六体系一平台”建设是南瑞集团管理提升的重要标志性举措，各体系建设部门积极响应，深入研究，梳理流程制度，建立考核机制，形成各层级管理文件400余件，解决制约体系建设和运行的深层次问题150余项。营销服务方面，解决了客户界面不够统一、营销资源不够集约、营销与服务联系不够紧密等问题，“以客户为中心”理念有效落实，实现了客户关系建设及需求管理、项目运作、项目投标、合同履约、产销协同等关键业务流可控在控。技术研发方面，解决了共性技术平台复用、工程现场支撑、产业单位研发项目透明化等问题，需求导入质量显著提高，实现了研发、工程实施过程问题快速解决。产品生产方面，实现了生产与营销、研发实时联动，解决了库存积压、交期过长、器件缺料等问题，二次产品集中生产范围进一步扩大。实验室管理方面，实验资源共享度和规范管理水平持续提升，对技术研发和产品认证的支撑能力进一步加强。国际业务方面，业务方向更加聚焦，产品国际化和技术营销能力大幅提升，海外项目物资管理进一步加强，海外工程交付质量持续提高，海外项目风险有效降低。风险防控方面，风险主动防御能力和风险防控意识显著提升，制度漏洞风险彻底堵塞，推动了多个风险项目回款回收，重大风险项目解决取得有效进展。重大项目管控方面，解决了商务层级多、多头对接客户等问题，重大项目履约效率持续提升。

“六体系一平台”建设取得了丰富成果和明显成效，进一步提升了南瑞集团管理能力和管理水平，增强了集团竞争力、控制力、抗风险能力，有力推动了集团改革创新发展。一是核心竞争力显著增强。突破特高压换流变分接开关分体精准同步控制等一批“卡脖子”关键技术，成功研制1100kV特高压交流变压器套管关键主部件，新一代电网智能调度自动化系统试运行，自主研制的3300V IGBT在厦门柔性直流输电工程成功挂网，全国产器件的全电压等级变电站二次系统推广应用，“复杂电网差动保护关键技术及应用”获国家技术发明二等奖。近3年累计获公司及省部级以上奖励310项，其中国家级7项。成功举办六届“紫金论电”国际学术研讨会，《电力系统自动化》影响因子持续蝉联行业第一。二是产业发展提档加速。大电网安全稳定、调度控制、继电保护等领域的领先地位持续巩固，智能终端、大数据中心、海上风电、智慧消防、智慧水务等新兴产业2021年实现收入28亿元，同比增长26%。高质量支撑巴基斯坦默拉直流及沙特智能电能表项目投入商业运行，希腊克里特岛静止同步补偿器项目带动自有控制保护、IGBT阀、水冷系统等成套设备实现欧洲高端市场突破。三是提质增效成绩斐然。2021年提质增效提升效益超30亿元。主流产品生产按时交付率达97%，工程设计效率提高15%，测控保护屏柜精益化配线效率提高37%，信息安全类产品交付周期缩短至9天、生产效率提升30%，新产品试制周期缩短8.4%，智能仓储空间利用率提升40%、人力投入减少20%，实现效率效益双提升，获公司提质增效特殊贡献奖。

四、专业管理推广应用价值

随着我国经济发展和国企改革的持续深入，国有企业持续做大做强，高效集约的集团化管控对提升企业竞争力、控制力、抗风险能力具有重大意义。南瑞集团着力打造以

“六体系一平台”为核心的集团化管控模式，提升集团管理水平和运营效率效益，实现了集团管理从条块分割向协同运作转变，从资源分散向优化配置转变，从管理粗放向精益运营转变，走出了一条管理统一、集约高效、协同有序、支撑有力的集团化发展道路，为更好融入国家电网公司“一体四翼”发展布局、更好支撑国家电网公司建设具有中国特色国际领先的能源互联网企业奠定了坚实基础。

当前，国网系统内有多家市场化产业单位，均具有下属产业公司地域分散、各单位历史沿革和发展阶段各异、产业规模和盈利能力参差不齐、资源集约化应用程度不高等共性特点，南瑞集团管理提升经验对上述市场化产业单位具有积极的示范效应和良好的推广价值，对外部其他具有科研和产业属性、开展集团化运作的国有企业也有重要的借鉴意义。

2.25

“双碳”目标下的绿色交通运输方式创新实践

国网电动汽车公司

一、项目简介

为贯彻国家电网公司“一体四翼”发展布局和“碳达峰、碳中和”行动方案，国网电动汽车服务有限公司（以下简称国网电动汽车公司）创新交通运输转型模式，立足国家电网公司，致力于推动车辆电动化替代和集约化管理，促进节能减排和降本增效，构建全场景覆盖、可复制推广的绿色交通运输体系，打造央企绿色交通运输典范。

二、专业管理体系

（一）明确总体思路及工作目标

以实现“双碳”目标为目的，国网电动汽车公司创新实践绿色交通运输理念，在国网系统内外同步推广交通电气化业务模式。以车辆电动化替代为抓手，全面推动车辆集约化管理，构建国网系统绿色交通运输体系，探索拓展电动汽车增值服务，丰富电动汽车服务产业生态。

在系统内推动绿色公务出行，降低出行成本，助力节能减排和降本增效；在系统外积极延伸充换电服务范围，瞄准重卡、工程机械等商用车电动化的巨大发展机遇，以矿卡“油改电”和提供换电服务为切入点，在行业内率先进军电动重卡业务领域，为我国绿色交通运输产业发展贡献国网力量。

2021 年，按照“试点先行、稳步推进”的原则，实现计划范围内的车辆电动化替代、平台化运营，总结形成可复制的典型经验及标准化服务方案。

2022 年，总结分析交通电气化试点地区运营成效，打造全场景覆盖、可复制推广的样板工程，逐步在国网系统重点区域开展交通电气化业务推广。

2023 年，在系统内外全面推广交通电气化业务，同时面向各政企单位，推动传统用车方式变革，助力交通领域绿色低碳转型，切实服务“双碳”目标。

（二）搭建平台全方位服务体系

持续加强“e 约车”及电动重卡运营平台建设，进一步完善出行服务、运维服务、运输服务等功能，满足单位车辆平台化运营、集约化运维的需要，全面贯通车、桩、网、服务商等环节信息流，为实现绿色交通、公务出行提供全方位服务。贯通平台与加油/充电系统、交管系统、维保平台、洗停平台、车险平台、ETC 等汽车后市场服务系统对接，实现后市场一站式服务，并通过对车辆费用数据的跟踪分析及精准管控，为单车成本核算提供支撑，为降本增效提供依据。充分发挥公司集团化采购优势，依托平台建设电动汽车采购服务专区，与主机厂商通过公开招标或竞争性谈判等方式组织电动汽车统一采购，降低车辆购置成本。

（三）聚合上下游支撑服务资源

根据各用车单位需求，通过“e 约车”及电动重卡运营平台聚合各类资源，提升车辆服务保障能力。根据车辆电动化实施进度，合理布局新建充换电设施，逐步提高 V2G 充电桩比例，满足电动车辆充换电需求，提升充换电便捷性。

三、专业管理提升成效

（一）服务成效

国网电动汽车公司经过 3 年的建设和推广，在系统内以绿色出行为理念、以服务政企公务出行为着力点，成功打造了具有国网特色的“e 约车”绿色出行服务平台，聚合全国超过 85%的运力资源，形成超 1 万辆电动汽车运营规模，具备覆盖全国范围的服务能力，累计为系统内外近 600 家政企单位、58 万人次提供出行服务，安全行驶 650 万 km，有效补充了各单位自有运力缺口，节约了用车成本；在系统外已建成 10 余个商用车充换电类示范项目，建成投运重卡换电站 8 座，服务各型重卡和工程机械 184 台，完成资产投资超 2.8 亿元，成为国内最大的电动矿卡运营服务商。

“e 约车”及电动重卡运营平台的成功建设及推广，为开展车辆的集约化管理及运营、有效整合和利用社会资源、逐步实现车辆的电动化替代、打造绿色公务出行典范奠定了基础。

（二）运营成效

在国家电网公司相关部门的指导下，国网电动整体规划、综合协调，联合各试点省市单位、商用电动车项目单位通力合作，全面开展交通电气化业务调研、方案编制、平台开发、试点应用，统筹推进交通电气化创新服务项目落地实施。

系统内，交通电气化出行服务业务首批试点选定湖北、湖南、四川、重庆四个省市，按照分步实施、有序推进的原则，组建专项工作组，完成 3 家试点单位服务协议签订、电动化替代车辆 406 辆、集约化运维车辆 1031 辆。相对于燃油汽车，电动汽车运行成本优势明显，将燃油车替代为电动车后，单台运行成本可节约 5000 元以上，促进企业降本增效。通过集约化运维管控，各种车辆费用系统数据贯通，有效降低隐性成本，预计油车单台运行成本可压降 3000 元左右。

系统外，商用车充换电业务目前已建成 10 余个商用车充换电类示范项目，服务矿卡、重卡、工程机械、特种车辆、网约车等各类电动车 500 余辆，业务范围覆盖北京、天津、河北、上海、安徽、内蒙古、西藏、青海、广东等多个省（自治区、直辖市），充换电业务累计营收超过 3000 万元。与华能集团合作，在伊敏煤电露天矿投建国内首个换电矿卡运营示范项目，目前共运营换电站 3 座，服务纯电动宽体矿卡超 50 台。在西藏玉龙铜矿投建世界最高海拔纯电动矿卡示范项目，投入换电站 2 座、90 吨级宽体矿卡 40 台。在西宁投建西部地区首个城市专用车辆换电项目，可为 50 辆纯电动渣土车提供充换电、停车、维护等一条龙服务。在易县抽水蓄能电站工程投运国内首套纯电动隧道出渣设备，实现电动装载机、挖掘机等工程机械的首次商业化运营。投建国内首艘 64 标箱内河纯电动示范船并在泰州下水，带动电动船舶产业发展。

四、专业管理推广应用价值

（一）促进节能减排，落实“双碳”目标

交通运输行业是节能减排的重点领域，推进交通电气化有利于提高终端能源消费电气化比例，是交通领域实现“双碳”目标的重要途径。按照系统内车辆电动化比例 50% 测算，每年可减排二氧化碳超 10 万 t；全国重卡和工程机械保有量 1650 万台，按照全部电动化测算，每年可直接减少二氧化碳排放 9 亿 t，占全国二氧化碳排放的近 9%。国家电网公司作为国家能源战略转型的中坚力量，加快推进系统内车辆电动化和交通绿色出行，有利于推动国家新能源汽车发展战略落地，为央企落实“碳达峰、碳中和”发挥示范带动作用。

（二）促进降本增效，规范车辆管理

相对于燃油汽车，电动汽车运行成本优势较为明显。系统内，按照车辆电动化比例 50%测算，每年仅燃料成本可节约 10 亿元，并增加售电量 3 亿 kWh；系统外,目前传统车企电动化转型加速，电动重卡、矿卡已形成规模化应用，部分场景已具备不依赖补贴实现商业电动化条件，在高海拔、高寒地区更为突出，车辆适用性、安全性、可靠性等得到实际验证，采用“换电”模式能有效保障高强度作业场景下的车辆运营效率。同时，发挥国网智慧车联网平台优势，推动电动汽车线上集中管控，强化车辆规范管理，提升

车辆使用效率，降低车辆使用成本。

（三）促进协同发展，完善产业生态

利用电动汽车能源属性，依托电网资源优势，通过国网智慧车联网平台打造“车—桩—网”高效协同发展模式，有利于挖掘电动汽车大数据价值，拓展增值服务业务，培育绿色交通运输生态圈，为国家电网公司战略性新兴产业发展提供新动能。

2.26

省管产业电商化交易体系构建与实践

国网电商公司

一、项目简介

近年来，省管产业通过实施瘦身健体、完善法人治理结构、规范关联交易等工作，依法治企能力和规范管理水平显著提高，但与国家电网公司的要求相比还有一定差距，尤其是物资管理方面，存在采购主体多、程序不规范、结果不透明的情况。针对以上情况，国网电子商务有限公司（以下简称国网电商公司）深入开展省管产业物资采购管理研究，重点分析省管产业采购特点，依托省管产业电商化交易平台，建成具备省管产业特色的、数字化、智能化物资采购履约和质量监督体系，以规范管理为核心，优化业务链，提升省管产业市场竞争力。

在国网产业部的指导下，2018 年，国网电商公司启动省管产业电商化交易的研究工作，并结合管理需要完成线上采购流程设计，同年在 11 家省公司开展试点工作。2019 年 4 月，全面推广实施电商化交易工作。截至 2021 年底，业务覆盖 27 个省共计千余家省管产业单位，累计交易规模突破 1400 亿，服务上下游企业 3 万余家。

二、专业管理体系

省管产业物资采购规模大、需求计划性不强，存在管理机构配置不完善，专业管理力量不足等情况，物资采购规范管理面临较大的挑战。国网电商公司秉承“以客户为中心”的理念，结合省管产业物资采购业务类型多样、项目构成多元、技术类别复杂、时效要求高等特点，通过构建端到端服务组织架构、客户需求导向服务流程等，打造省管产业电商化交易业务支撑体系，推动省管产业实现“规范、集约、高效”的物资管理目标。

（一）打造省管产业数字化支撑体系

提供全链路数字化解决方案。打造省管产业物资采购、管理监督、综合服务通用平台，累计上线电子签章、二次竞价等100余项关键功能，实现计划、合同、采购、审批、结算等全流程线上管理，推进与ECP2.0、新一代信息系统集成融合，系统内外互联互通，为省管产业单位物资管理提供全链路数字化解决方案，全面提升经营管理效能。

建成质检系统强化质量管控。通过整合检测机构、规范质检流程、统一质检标准、加强过程保密，实现物资质检过程监督的全流程线上化，提高省管产业电商化采购物资的质量检测水平，提高物资供应质量，保障电网运行安全。

实现数据融通共享辅助决策。通过大数据分析、商业智能（BI）等新技术应用，推动数据统一及分类分级管理，实现数据资源安全、有序、高效开放共享。使用可视化技术，提供直观、生动、可交互、可个性化定制的数据图表，辅助招标采购决策。

（二）建立需求导向型服务管理体系

建成服务导向型保障团队。以省管产业电商化业务模式为指导，建立涵盖业务规划、法务风控、商户管理、财务结算、技术研究、属地化服务等400余人专业支撑团队，开展调研、沟通和培训180余场次，特别是属地服务全面嵌入省管产业单位采购供应工作，实现快速响应、精准服务，从客户源头推动省管产业电商化交易工作开展。

建立目标导向型管理机制。推行“精致管理”，发布36项内部管控制度，将各项工作菜单式分解、立体式跟进、契约化管理、公开化奖惩，促进员工主动应对难题并完成任务。制定客户服务八项承诺，将客户反馈问题纳入动态管理，建立整改清单，邀请客户验收结果，验收通过率达96%以上，切实做到真查实改、闭环管理，提升客户体验及满意度。

推进与各省管产业单位的属地协同发展。通过与省管产业单位合作创新成立合资公司，强化业务协同，充分发挥市场及资源优势，向管理要效益，进一步推动省管产业业务的可持续发展。

（三）创建技术驱动创新管理体系

坚持模式创新，持续深化电商化交易。通过平台历史采购数据创新构建严选专区，实现了省级规模化采购，有效解决供应商竞争不充分、分散寻源成本高、组织重复耗时长等问题，提升物资供应质量，持续扩大电商化交易业务规模。

加速技术创新，带动产业链转型升级。积极探索电商化交易新应用场景，依托区块链、软件机器人（RPA）等先进技术，围绕省管产业链上下游开展运营管控、智慧物流、供应链金融等全域数字化服务，带动产业链转型升级。

三、专业管理提升成效

经过三年多的实践，省管产业电商化交易运营机制、功能建设、属地支撑、客户服务等工作已全部完成，实现国网系统内省管产业单位应用100%全覆盖，工程物资、零星物资等交易品类100%全覆盖，物资类、服务类交易场景100%全覆盖，全力支撑所有采购上平台。

（一）提升公司经营效益

截至 2021 年底，省管产业电商化累计交易规模突破 1400 亿元，省管产业单位供应效率提升 12%，严选专区采购成本降低超过 10%，物资质量合格率提升 5%，推动公司经济效益、管理效益、社会效益全面提升。

（二）奠定物资集约化管理基础

平台积累了省管产业多年采购数据，通过大数据分析，对供应商供货价格、供应效率等情况进行客观评价，有利于遴选优质供应商，提升议价空间，为省级平台公司物资集中采购创造了有利条件。

（三）推动省管产业链融合发展

深化与产业链上下游企业的合作，大力拓展“电 e 金服”、能源工业云网等公司重点培养的新兴业务，构建线上线下紧密融合，先进技术与实体产业深度融合的全新产业生态体系，培育省管产业创新发展新动能，推动省管产业转型升级。

四、专业管理推广应用价值

（一）为企业提供物资采购规范管理新模式

通过物资采购全流程线上化，明确工作流程及操作规范，所有采购流程依法合规、永久可溯，可进一步加强企业物资规范管理。通过二次竞价、均衡采购控制等特色管控功能，实现采购管控实时监督、实时预警，有效降低采购人员的廉洁风险，业务操作阳光透明，避免审计风险。

（二）为传统产业数字化转型提供新路径

因物资需求品类繁多、规格参数复杂等难点，传统产业物资采购管理数字化发展相对滞后，严重制约了企业核心竞争力提升以及数字化转型升级，省管产业电商化交易平台以采购履约作为切入点，逐步实现省管产业物资管理及供应链的数字化升级，促进企业提质增效，加快产业转型升级步伐，为传统产业转型升级提供新的路径及突破口。

（三）带动产业链发展

面向上下游装备制造、设计施工等中小企业，提供数字供应、电子合同、电子发票、金融科技等服务功能，推动“上云用数赋智”，促进产业链上下游高效对接与协同创新，带动新兴产业集群化发展，服务中国制造 2025 战略推进，彰显央企责任担当。

2.27

基于现代智慧供应链的全网采购需求统一管控平台

国网物资公司

一、项目简介

国网物资有限公司（以下简称国网物资公司）以“五 E 一中心”物资管理信息化体系为支撑，从项目规划与物资管理角度综合考量，打造跨专业、跨区域、跨层级、跨系统的全网采购需求统一管控平台，构建了精准预测、高效编制、规范提报、智能审查和多维分析的需求计划管理体系，助力了需求计划各参与主体的整体提质增效和精益化管控。平台应用范围横向协同发展、基建、运检、营销、信通等专业，纵向贯通总部、省、市、县 4 个层级，实现业务在国家电网公司物资计划领域全覆盖。

全网采购需求统一管控平台是物资专业与发展专业实现数据贯通的首个信息系统，获得国网系统内外多项创新奖项。本项目通过技术创新和管理创新，建立了现代智慧供应链与电网精准投资的协同管控策略，充分发挥了投资计划与采购计划的源头管控效能，助力了电网精准投资。

二、专业管理体系

以企业资源管理系统（ERP）、电子商务平台（ECP）、供应链运营中心（ESC）、项目中台等为基础载体，打造贯通系统数据接口的综合性虚拟平台，承载全网采购需求。以项目中台为枢纽，对接发展、基建等专业系统，与综合计划、项目里程碑等数据联动，实现所有采购需求数据“一个源”，采购需求与执行“一条线”。平台以计划“测、编、报、审、分析”全链为重点进行突破，实现跨专业业务融合与跨领域资源共享。

（一）打通供需壁垒，实现精准预测

平台依托发展项目中台，实时接收基建、营销、运检等16类综合计划储备与下达信息，首次实现基于项目储备的物资需求预测，使物资需求从此找到了“源”。

（二）精简操作流程，实现高效编报

依据321类典型设计、17万个物料主数据形成715个基建类清册模板、287个非基建类清册模板，项目下达后即可根据模板一键编制采购需求，并在需求计划储备库完成储备。

（三）自动合规校验，实现智能审查

平台对接基建三维设计软件，动态推送优选物料，供设计人员在物资选型设计时直接选择，并且可以同步完成需求计划编制。汇集12项需求校验原则，全量部署137个物资采购目录与5类计划审查要点，智能审查校验，保证需求计划编制准确。

（四）挖掘数据价值，实现多维分析

平台汇聚各方数据资源，运用大数据分析等技术，依据需求储备规模，科学安排全年采购批次，需求管理由被动接收转为主动服务，助力项目管理部门确定最佳采购时机，避免了需求计划迟报、漏报、错报，提升了采购时效。同时，平台综合分析采购需求与执行数据，依托项目中台向前端发展部门反馈物资执行进度，助力综合计划管控更精准。

平台于2020年完成设计开发，并在8家单位试点应用；2021年，在国家电网公司各分部、省公司与直属单位完成上线应用；2022年，迭代系统功能，适时推广至外部企业。按照“研发、建设、运营、评估”步骤，畅通沟通汇报渠道，加大宣传培训力度，强化支撑服务能力，在国网系统内全面开展智慧化运营，彻底推进需求管理的变革。

三、专业管理提升成效

平台已贯通总部发展部项目中台数据90万条，治理数据24万条，累计完成计划申报75万条。自2020年上线应用以来，在国家电网公司两级采购活动中全面应用，全方位覆盖特高压、输变电、电网数字化、营销、电源等所有领域的全部项目与工程。

（一）优化管理模式，引领供应链有序推进

开创性贯通物资管控平台与发展项目中台，实现物资需求精准预测和储备，助推综合计划精益编制，共同提升“源”的质量。需求计划编制工作前移至项目可研阶段，运用“柔性匹配、动态响应、智能提报、常态审查”管理模式，实现项目进度实时掌控、项目状态实时更新、项目数据同步提取，有效提升物资计划管理工作质效，推进供应链

运营的效益提升。

（二）打破数据壁垒，实现跨专业业务协同

需求部门与物资部门的业务融合、物资信息与设计参数的数据融合、物资标准化成果与“三通一标”“反措”的标准融合，提升了项目采购时效性，切实解决了工程项目建设中的“卡脖子”问题，提升项目整体运营质效。实时更新的需求计划储备库，有效降低了因物资申报错误而造成的合同变更和库存积压，显著提升采购效率。

（三）发挥计划引领，提高采购环节时效性

采购安排完成从“按固定时间平均分布”到“按需求精准制定”的转变，实现需求计划在储备库中按照项目进度节点有序智能提报。以项目为维度建立多维分析体系，从采购前端开始，便可以实现计划全链闭环管理。

（四）业务线上流转，降低劳动时间成本

业务从线下转向线上，服务从被动转向主动，数据从分散转向统一，审查从传统转向智能，需求计划编制工作由 15 天缩短至 5 天，计划审查工作由 5 天缩短至 2 天，整体工作效率提升 70%，年减少 55.38 万人日的工作量。推动绿色审查，计划管理各环节信息线上流转、线上发布，减少纸质材料的耗用也带来可观的经济效益。

专业关键指标：本项目目前已申请专利 4 项（2 项已授权），发表学术论文 5 篇，获得中国电力科技创新奖二等奖及国家电网公司级奖项 2 项。平台全面贯通总部项目中台数据，使“需出有源”，实现需求智能校验、线上实时流转、资料即时传输。中台数据贯通率、需求计划编制准确率、需求计划提报及时率、采购计划智能审查完成率均达到 100%。

四、专业管理推广应用价值

平台在技术上直接依托现有系统升级改造，操作变动小、管理权限便于更新。在制度上，形成完备、标准的运营流程和业务作业指导书；在管理上，累积需求管理全链信息贯通与闭环经验；在队伍上，建成汇聚总部、省公司、项目组骨干精英的实战经验丰富、理论知识扎实的专业团队；在文化上，彰显敬业创新、求实向上的文化氛围。已形成一套集技术、制度、信息化、队伍、文化建设为一体的全网采购需求统一管理体系，在实用性和易用性上具有显著优势。

在国有企业的发展面临提质增效的迫切需求的大背景下，平台通过跨专业协同协作，实现项目规划与采购的同源化管理、协同化作业、智能化实施、最优解分析，适用于电网企业和能源行业的内部潜力挖掘与供应链提质增效。项目经验可推广至所有实行集中采购模式的中央企业，具备全面协同联动采购链条各专业的优势，有广阔的通用性和应用价值。

2.28

支撑“保密、信息、工控”专业全场景网络安全的管理提升实践

国网信通公司

一、项目简介

本项目内容涉及国家电网公司总部级保密安全、信息安全和工控安全三个专业，是目前公司网络安全领域运管系统最多、覆盖地域最大、影响范围最广的专业管理体系。本项目充分发挥公司级网安作战指挥枢纽作用，为历次重大活动保电工作圆满完成、国家级攻防对抗演习获得优异成绩做出突出贡献，有关成果获省部级奖励 30 余项。

二、专业管理体系

国家电网公司电力和数字化资产庞大，暴露面广。外部网络攻击日益增多，零日漏洞、软件后门等问题可造成“一点突破，全网失陷”的重大网络安全事件。亟待以“全网一盘棋”的视角增强网络安全管理质效，应对公司各单位网络安全资源投入不均、技术标准尚未统一、分散作战等因素造成的安全风险。

本项目以“保密、信息、工控”专业全场景网络安全管控为理念，以全系统态势感知、全业务安全管控、全时域攻防对抗为工作目标，以国网信通公司网络安全监控中心为支撑，从管理理念、管理制度、管理工具三个方面开展管理和落地实践工作。

（一）谋定而后动，新理念助力新发展阶段工作变革

从管理理念方面开展创新探索，明确发展战略，厘清工作思路，指导组织转型与变革。

战略引领专业管理发展方向和目标。认真贯彻落实国家电网公司“一体四翼”发展战略，紧扣能源转型和新型电力系统建设需求，锚定“当好全场景网络信息安全守护者”

的战略承接定位，做专做强做优主责主业，构建全景可视感知、全域可信可控、全息智慧防御、全时敏捷响应的全场景监测防御体系。

工作思路主动适配新阶段发展需求。建成“态势感知、情报共享、应急指挥”三位一体公司级网络安全监控中心，提升情报预警、监测处置、联动指挥、渗透溯源、实战对抗能力。

组织变革有效推动专业管理工作开展。基于 P2DR 网络安全管理模型，推动工作由被动型边界防御向主动型全场景态势感知转变。以事前筑工事、事中强监控、事后清隐患的模式确保机构高效运作，同时发挥党员比例大、青年员工多等特点，以党员突击队、创新工作室为载体，常态化开展重大任务协同攻坚。

（二）立矩而后行，能力输出提升专业管理精益水平

从管理制度和工作标准方面开展创新探索，确保工作规范有序并积极对全网输出，指导国家电网公司网络安全标准化建设。

构建完整的一体化监控体系。在国网系统内率先开展 7×24 小时信息安全、工控安全监控值班，以及常态化保密安全监控值班。夯实联防联动基础，以总体安全的视角，开展多专业精准监控、协同防御和应急处置，建立一体化工作流程和多级协同机制。

形成系统全面的管理制度体系。主导修订《国家电网有限公司电力监控系统网络安全管理规定》等制度规范 4 项，不断完善管理支撑体系。编制《网络安全监控作业指导书（试行）》《国家电网公司保密检查监测工作管理规定》等工作规范 20 余项，规范网安监控体系建设。

沉淀管理成果对外输出指导标准化建设。编制网络安全指南级文件 26 份，并向全网发布实施，指导各单位在安全监测要点、三道边界核心技术措施部署方式、勒索病毒防范措施等方面实现标准化。

（三）厚积而薄发，技术创新扣紧管理资源高效配置

利用数据挖掘、人工智能等技术关联分析海量数据，通过可视化技术呈现规律、发现问题，实现资源和风险合理匹配。

建设全场景网络安全态势感知平台。自研全场景态势感知平台，利用空间测绘、资产画像等技术，实现电力网络空间全资产感知、全数据采集、全行为发现。利用动态安全及主动安全技术，检测未知恶意代码、异常用户行为，及时发现违规操作、失陷终端。

多源威胁情报融合分析共享平台。利用机器学习、聚类分析等技术，从安全设备告警、恶意代码监测、主动上报情报等内容提炼“内生情报”，融合国家、行业、商业等“外部情报”，打造电力专属多源威胁情报库。构筑公司全联通的知识共享环境，自动联动网络安全阻断设备，高效赋能联防联守工作。

垂直联动高效应急响应指挥平台。围绕“平战结合”工作要求，打造公司级网络安全作战指挥中心，畅通共享渠道，确保发现攻击或异常时，实现“3 个 5 分钟”目标，

即：任何攻击 5 分钟内全网阻断，任何情报 5 分钟内落实到位，任何报告 5 分钟内处置完毕。网络安全监控中心实时研判安全态势，指导全网快速调整战术策略，实现“一点攻击、全网协同、一处预警、处处响应”。

三、专业管理提升成效

此项目经 3 年多培育，专业管理模式日臻成熟，通过历次重特大保障检验。强根铸魂方面，创建“信通铁军・网安卫士”品牌，获得国家网络安全先进集体、国家电网公司工人先锋号、网络攻防先进集体等荣誉。安全强化方面，信息安全近三年监测拦截攻击 7.25 亿余次，自动拦截比例提高至 97%，人工处置时间从小时级缩短至秒级，拦截恶意邮件 750 余万封，有效组织全网防范勒索病毒入侵，漏洞自主发现能力提升 1 倍；溯源到国际 APT 组织 5 个，及时处置零日漏洞 4 个；电力监控系统紧急告警平均处置时长压缩 70%；监管涉密岗位终端增加近 5 倍，失泄密风险隐患数下降 66%。能力提升方面，培养国家电网公司级蓝队作战指挥官 4 人、红队 3 人、尖兵 1 人；承担全网蓝队管理、协助指挥官管理，解决全网技术能力分散问题。提质增效方面，归集在京直属单位外网出口，节约人力及设备成本近 0.7 亿元。创新登优方面，获中电联电力管理创新奖、中国安全科技进步奖、国家保密局保密科学技术奖等省部级奖项 30 余项，取得专著、专利、论文、标准等成果近百项，管理成果得到行业内外高度认可。

四、专业管理推广应用价值

本项目形成的可操作、可复制的成果，包括体系化的岗位职责清单、值班管理规范、工作管理规定等。红蓝一体、攻防一体网络安全专业队伍培养模式可快速复制，“信通铁军・网安卫士”专业品牌和文化具有广泛的传播力和影响力。有关成果能够协助解决国家电网公司各单位、大型企业网络安全工作共性问题，大幅提升保密安全、信息安全和工控安全的管理水平和防御能力，能够为能源互联网企业建设提供坚实专业支撑，也是贯彻落实国家网络强国战略的典范。

2.29

“网上国网”建设项目

国网客服中心

一、项目简介

为顺应能源革命和数字革命融合发展时代趋势，满足人民对供电服务数字化、多元化、便捷化的需求，更好地践行“人民电业为人民”的企业宗旨，“网上国网”于 2018 年正式启动实施。自 2019 年 12 月全网上线以来，“网上国网”坚持以客户为中心，以服务为核心，深度融合数字技术与服务资源优势，在做优办电、交费、用电服务等传统电力业务，为居民、店铺、企事业、电动车、新能源客户提供交费查询、“不见面”办电、停电报修“一站式”电力服务的同时，积极拓展能源电商、电动汽车、光伏等新兴业务的 136 个服务场景，在助力疫情防控与复工复产、服务居民便捷用电、优化电力营商环境等方面发挥了重要作用，是国家电网公司营销数字化转型的重大创新实践，被国资委评为 2020 年国有企业数字化转型优秀案例。截至 2021 年 12 月 31 日，“网上国网”注册用户数突破 2 亿，日活跃用户数最高突破 800 万，月活跃用户数最高突破 4000 万，电费交费笔数近 4 亿，已经成为国家电网公司用户体量最大、活跃程度最高、最具社会影响力的线上服务平台。

二、专业管理体系

在“网上国网”项目启动前，国家电网公司线上服务存在管理不够规范统一、资源价值发挥不充分等问题。在渠道方面，线上入口过多，服务标准不统一，资源利用不充分，缺乏与其他行业共享赋能。在数据方面，渠道数据独立采集、存储，数据资源分散，跨专业数据集成关系复杂，数据要素获取缺乏抓手，数据价值难以充分发挥。在管理方面，未形成统一的运营管理体系，各渠道独立分散运营，运营资源未有效聚合，无法集中优势资源。在发展方面，各单位营销服务发展不均衡，创新发展缺乏技术和人力支持，无法实现快速规模化创新。

为整合国家电网公司线上服务资源，“集中力量办大事”，实现管理标准化、服务规范化、数据价值最大化，“网上国网”以满足客户数字化、多元化、便捷化用能需求为出发点和落脚点，依托“大云物移智链”前沿技术，借鉴行业内外互联网产品理念，整合传统电力业务、电子商务、电动汽车、分布式光伏、能效服务等业务的线上、线下服务渠道，优化业务流程，创新服务模式，打造客户聚合、业务融通、数据共享、创新支撑的统一线上服务平台，助力国家电网公司营销服务数字化转型发展。

三、专业管理提升成效

统一国家电网公司“互联网+营销服务”全渠道服务入口，形成以“网上国网”为主入口、原有 App 为辅助入口的一体化服务渠道，确保客户一次注册、全渠道应用，促成各专业、各单位间高效协同，拓展能源周边在线服务平台，形成国家电网公司一体化服务格局。

1. 打造创新孵化基地

从专业条块纵向分割转向末端融合，从各部门割裂转变为横向协同，从传统固定部门配置到创建柔性组织，创新孵化出面向居民、企业、政府等多方客户的数十种产品，目前摘牌项目共计 23 个，上线项目 12 个，成为国家电网公司服务创新成果固化的“转换站”，持续赋能国家电网公司数字化转型升级。

2. 推进全业务线上化

在全面推进办电、交费等电力主业线上化的同时，重点加快电动汽车、光伏云网、能效服务等综合能源业务线上化，增强服务便捷程度，提升客户服务体验，同时节约了实体营业厅的运营成本。

3. 实现数据价值最大化

以跨渠道全量数据资源集中共享为目标，构建数据共享中心，统一数据标准，丰富数据品类，优化数据交互，深挖数据价值，支撑各单位分析研发和成果应用，搭建公司内外伙伴创新融合、共建共享的互动平台，助力传统业务与新兴业务的跨越式发展。“网上国网”数字化平台关键技术研究及应用科技成果获得中电联电力创新奖一等奖。

4. 打造能源服务生态圈

通过挖掘客户潜在需求，开展不同渠道的客户引流，实现不同价值链条的延伸融合，促进传统业务与新兴业务价值共创，不断提升客户、利益相关方对国家电网公司服务品牌的认知度和认同感，形成客户、合作伙伴、公司内部各单位之间开放共享、合作共赢的产业生态圈。

四、专业管理推广应用价值

机制优化方面，建立“1+27+N”（总部+省公司+产业单位）两级运营运维体系与组织运作体系，围绕需求响应、开发实施、测试验证、推广应用、数据共享管理建立分层分级、高效协同的运营运维机制，成立“网上国网”运营中心专门负责国网总部侧运营工作，形成总部级300余人的产品、设计、技术、开发、数据团队，并试点“产品线”管理模式。依托各省公司营销服务中心组建省级运营队伍，保障“网上国网”高效稳定运营。建立运营管理平台、两级数据共享平台，实现活动、内容及时发布，数据快速共享应用，有力支持运营效率提升。

服务居民方面，提升“一网通办”服务能力，客户满意度不断提升。实现传统营销业务全线上化，实现客户简单业务“一次都不跑”、复杂业务“最多跑一次”。创新“报修e助手”等产品，实现抢修可视化，提升客户电力获得感。95598业务回访满意率达到99.61%。

服务企业方面，创新办电服务模式，为企业创造价值。充分发挥“不见面办电”优势，上线“办电e助手”，建立便捷、高效、透明、互动的“面对面”服务模式，支撑多方在线沟通，业扩平均时限下降约30%。创新能效服务方式，全网上线“能效账单”，助力企业节能降耗。“能效账单”入选第二届绿色经济发展论坛2021年度碳中和典型案例。

服务政府与社会方面，创新“e普查”“关爱码”等大数据服务，受到政府点赞。“e普查”帮助普查员减少跑腿700万次，助力国家第七次人口普查。“网上国网”运营中心被授予“第七次全国人口普查先进集体”荣誉。“转供电费码”助力政府治理不合理加价，获得国家市场监督管理总局价格监督检查和反不正当竞争局表扬信。“复工复产指数”助力政府决策，相关产品受到国家部委点赞认可。“关爱码”帮助社区、家人及时掌握独居老人生活状态，受到社会广泛好评。

服务电力能源生态构建方面，完成与87个省市级政务平台贯通融合（其中省级政务平台36个），助力政务平台实现21项高频电力业务“一网通办”，拓展延伸能源电商、能源金融、车联网、智慧生活新服务、新业态，逐步构建以“电”为核心的能源生态圈。

提升经济效益方面，通过中台集中赋能，减少省级单位信息化、运维资源投入超过2000万元，切实降低了运营成本。实现办电、供电提速，增加电量电费收入，赋能电商、电动汽车等产业单位提升销售业绩，增加企业收益。

提升社会效益方面，一方面助力营商环境优化，贯通、调取政务平台办电证件信息，提升客户办电效率，提升“获得电力”服务水平；另一方面，扩大了公司品牌影响力，“网上国网”相关资讯已被中央电视台、人民网、学习强国、今日头条等33家主流媒体客户端及宣传平台报道转载，形成了良好的内容宣传态势。

2.30

支撑国家电网公司打造“国际领先”硬实力的全链条国际标准化工作管理体系

中国电科院

一、项目简介

近年来，国家电网公司积极践行国家“一带一路”倡议，大力实施科技创新，提升国际竞争力，积极推动优势技术成果向国际标准转化，带动和促进国内先进技术和产品“走出去”。国家电网公司提出“具有中国特色国际领先的能源互联网企业”战略目标和“一体四翼”发展布局，并将“国际标准参与度”作为表征“国际领先”硬实力和支撑四翼之一“国际业务”发展的重要指标，将国际标准化工作的重要性提升到了新的高度。

在国家电网公司的指导下，中国电力科学研究院有限公司（以下简称中国电科院）充分发挥科技创新主力军和国际标准化工作先锋队作用，奋力担当，创先争优，统筹全院资源力量，大力推进国际标准化工作，努力开拓渠道途径，创新体制机制，强化政策保障，提升管理水平，厚植人才培养，在国际标准化工作方面取得多项突破，实现跨越式发展。

目前，中国电科院是电力行业中承担 IEC（分）技术委员会秘书处和主席单位数量最多、主导制定国际标准数量最多、参与国际组织和担任重要职位专家最多、获得国际奖励和荣誉最多的单位，成为国家电网公司乃至电力行业国际标准化工作的排头兵，支撑国家电网公司在特高压输电等领域打造了“国际领先”硬实力，显著提高了国家电网公司的国际地位和竞争力。

二、专业管理体系

项目以国家电网公司战略布局和院发展需求为导向，以促进主营业务与国际标准化工作紧密融合、推动更多科研成果向国际标准转化、打造具有国际话语权和影响力的专家团队为目标，大胆创新管理方法，形成“引—促—拓—管—育”的管理理念，建立了“顶层设计引领—政策激励促进—资源渠道拓展—强化统筹管理—加强人才培育”的“五维”全链条管理体系，并着力推进实施，为统筹全院高质量开展国际标准化工作提供全方位的基础支撑。

在推进实施策略方面，采取如下举措：

（1）顶层设计引领方面，紧跟国家电网公司构建能源互联网、新型电力系统等发展战略，采取“点面结合”方法统筹规划国际标准专业布局，以优势技术领域为突破口，并选取重点方向开展新国际标准发掘培育。

（2）政策激励促进方面，发布实施国际标准奖励制度，加大对主导国际标准开发团队及员工的奖励力度，形成全方位、长效激励机制。

（3）资源渠道拓展方面，充分利用已有国际平台优势，策划发起和加入新的国际标准组织机构，并加强与行业内外相关单位的交流互动。

（4）强化统筹管理方面，完善常态化监督管理机制，制定专项规章制度和操作流程指导文件，全院统筹部署，凝聚资源力量。

（5）加强人才培育方面，定期开展专项培训，帮助技术人员掌握国际组织规则流程和工作技能，推荐优秀专家参与国际学术和标准组织工作。

三、专业管理提升成效

1. 国际标准化工作成效和发展后劲显著增强

在特高压交直流输电等领域累计主导发布国际标准 21 项、CIGRE 技术报告 3 份，主导编制 IEC 白皮书 3 部，并 2 次荣获中国标准创新贡献奖。在储能、配电物联网等能源互联网方向主导立项 2 项国际标准，成功抢占新兴领域先机。

2. 国际组织和国际标准工作参与度显著提升

通过全方位、多层次的政策激励，各业务部门和员工参与国际学术和国际标准组织工作的积极性和主动性得到显著提升，并进一步激发了技术人员进行科技创新、创造的活力，全院总计有 200 多位专家参与国际学术和国际标准组织工作。

3. 国际学术交流和国际标准工作资源渠道显著拓展

及时跟踪国际组织与国际标准工作的发展动态，配合国家电网公司发起成立 5 个 IEC 新（分）技术委员会，并承担 4 个秘书处和 1 个主席单位工作，承担 15 个 IEC（分）技术委员会国内技术对口单位工作，成功加入国际电信联盟标准化部门（ITU-T）等信息通信领域国际标准组织。

4. 国际标准化工作管理规范性和协同效应显著提升

研判发展形势，修订国际组织与国际标准工作管理办法，更新完善管理要求，细化执行规则，并编制工作流程指南，强化规范管理。定期梳理各专业工作成效和需求，统筹部署工作任务，及时调配各平台资源，凝聚推进合力。

5. 国际标准化人才队伍规模和专家国际影响力显著扩大

全院现有 70 余人担任 IEC 技术委员会主席、秘书、工作组召集人、项目负责人等重要职位，15 人次获 IEC 1906 奖、IEEE 标准贡献奖章和 CIGRE 技术理事会奖等国际性荣誉，高端国际化人才的规模数量和国际认可度、影响力显著提高。

四、专业管理推广应用价值

形成多项管理成果。通过开展顶层设计、强化战略布局和统筹规划，着力促进专业发展与国际标准成果转化相融合，打造可持续发展模式；通过制定奖励政策、考核机制和管理办法，建立长效保障激励机制，引导投入力量资源，并加强管理优化，整合调配资源，提高工作效率和规范性，建设高效能工作体系；通过建立多层次国际化人才培养机制，推荐选拔优秀人才，常态化开展专项培训。

管理效能突出，支撑国家电网公司在特高压、智能电网、可再生能源发电等多个领域形成“国际领先”实力，提升了国际竞争力和品牌知名度，成功带动国内相关领域技术、装备、标准等“走出去”，促进了国家电网公司国际业务的高质量发展，为服务国家电网公司“一体四翼”发展布局和中国电科院“科改示范企业”建设发挥了重要支撑作用。

项目提出的管理理念、建立的管理体系、采取的管理举措可为国网系统内各电力公司、科研、产业等单位提供参考和借鉴。

第三部分

标杆企业

3.1

创新驱动持续发力 挖潜增效管理提升

国网北京通州供电公司

一、企业简介

通州于2016年正式确立为北京城市副中心，与雄安新区共同构成推动首都高质量发展的“新两翼”，政策资源、技术资源、人才资源加速向副中心集聚，投资总量、生产总值大幅提升。

国网北京通州供电公司（以下简称通州公司）创建于1958年，于2015年升格为大型重点供电企业，全口径1235人，青年员工占比近60%，下设11个职能部门，9个业务机构，主要负责通州地区电网规划建设、运行管理、电力销售及用电客户的供电服务工作，同时承担保障城市副中心电力安全供应的重要政治任务，持续推动“一体四翼”发展布局全面落地，助力城市副中心高质量发展。

二、管理水平

通州公司以习近平新时代中国特色社会主义思想为指导，以国家电网公司战略目标为统领，坚持“人民电业为人民”的企业宗旨，深度融入北京城市副中心建设发展，紧跟国内国际行业前沿，按照现代企业产权清晰、权责明确、政企分开、管理科学的基本特点，将现代企业先进管理理念和专业规范融合创新，企业负责人业绩考核指标连续两年蝉联国网北京电力第一名。一是坚持国网战略目标要求和副中心特色相结合。坚持高起点、高标准、高水平，落实世界眼光、国际标准、中国特色、高点定位的要求，在国网战略框架基础上，突出副中心特色和未来发展的导向，肩负起率先推动战略目标落地，发挥先行表率、示范引领的重任。二是坚持基础提升和创新突破相结合。推动管理机制持续完善，创新突破管理体制、组织体系、队伍建设，深入实践“放管服”“三项制度改革”，实施供电所管理提升工程，建立“全能型”供电所，成立两大供电服务指挥中心并实体化运转。深化创客营、智库、“众创空间”建设，为员工思考、创新提供平台。三是坚持新兴技术和传统电网相结合。打造世界上最先进的“双花瓣”配电网架，紧抓“双碳”机遇，统筹传统电网与电网数字化、新基建设施的发展，强化数据驱动，推动副中心能源大数据中心建设，建成全景业务展示中心，加快布局充电桩、光伏、智能代维等新兴业务，建成高弹性数字电网示范区，推动企业数字化转型。四是坚持短期目标和长远布局相结合。“十三五”期间，通州电网建设规模达到过去 50 年总量的二分之一，累计完成电网投资达“十二五”的 2.5 倍，全面实施提质增效先行计划，实现公司经营指标持续向好，同时为满足副中心快速迭代发展需求和建设副中心千年之城的标准，完成“十四五”电力规划编制，形成 9 大专项规划成果，与区政府完成电力发展战略合作协议签订，形成国家电网公司新形势下可借鉴、可复制、可推广的“通州模式”。

三、管理成效

坚持服务大局实现新提升。一是保障市级机关顺利搬迁入驻。坚持主动担当、靠前站位，电力建设始终走在各类市政设施前列。与市区两级机关事务管理部门建立常态化沟通对接机制，以主动、超前服务赢得重要客户的充分信任，顺利完成了习近平总书记考察活动的供电保障，在服务非首都功能疏解的首场战役中取得圆满成功。二是建成世界一流高端智能配电网。在行政办公区内创新应用 14 项世界顶尖首创电网技术，建成世界上最先进的“双花瓣”配电网架，采用国内首个全电力综合管廊供电方式，建成政治供电“零闪动”低压配电系统，供电可靠率实现 99.999 9%。三是高质量建设电网重大项目。圆满完成 12.7 万户“煤改电”居民改造，为副中心打赢蓝天保卫战作出突出贡献。全境推行“三零”“三省”服务，地区获得电力水平不断提升。结合副中心“老城双修”，启动新一轮架空线入地及老旧小区整治。环球影城、城市绿心配套电网工程超前投产。

落实创新驱动收获新成果。一是高弹性数字电网助力实现“双碳”目标。紧抓环球影城等重大标志性项目落地契机，建设文化旅游区高弹性数字电网，已成功入选国家电网公司能源互联网专项试点示范。建成基于多参量智能监测技术的田府数字孪生变电站。引入卫星遥感技术和北斗高精度定位技术，在 220kV 商营线等线路推进输电巡检业务智能化升级。建成环球影城区域总容量 13 000 余 kW 的可调资源储备库，占最大负荷 8.6%。在环球影城建成有 901 台充电桩的国内最大智慧有序充电站。在环球影城建国铂萃酒店开展综合能源智慧管理示范应用，综合能效提升 10%。二是数字化转型取得突破。高质量推进能源大数据对外增值服务，建立“电力看生态、电力看经济”大数据应用场景，与政府达成电力数据商业合作。实施企业数字化转型工程，试点北斗卫星在输电巡视方面应用，打造“电力天眼”，推动数字新基建，建设能源大数据中心，与副中心城市大脑平台深度联动，释放数据“倍增效应”，赋能传统业务转型升级。

队伍建设改革取得新突破。一是组织运行效能不断提升。率先变革组织机构，搭建生产营销“管办分离”组织架构，规范柔性团队机制建设，强化资源整合，应用“揭榜挂帅”制提升重点工作，充分释放员工活力，实现刚性组织与柔性组织的有机发展。二是"三项制度"改革不断深化。"六能"机制建设逐步完善，聘任制管理规范高效，打造员工成长成才通道，绘制员工成长"画像"，促进用工精益高效；创新岗位"源代码"管理，注重岗位建设和经验沉淀；构建优化通州公司"1+N"全员绩效管理体系，深化绩效管理赋能，"放管结合"协同推进，设立总经理嘉奖，激励员工创先争优；打通华商员工"第二收入通道"，强化"增人不增资、减人不减资"指导思想，绩效全流程管控不断夯实，实现管理循环。三是全员培训全面开启。落实国家电网公司人才培养"三大工程"，建成"首都电力工匠"实训基地，邀请行业内外专家授课，打造精品课程体系，高效培育技能讲师和技能工匠，"理念+技能"双提升培训方案有效落地，全员参培热情空前高涨，人才当量密度有效提升。

四、管理特色

极致追求工匠精神。习近平总书记在副中心建设之初就提出"世界眼光、国际标准、中国特色、高点定位"的十六字总要求，要打造经得起历史检验的"副中心质量"。随着2019 年市级机关正式入驻，城市副中心生机勃发，全面进入高质量发展新阶段。"执着专注、精益求精、一丝不苟、追求卓越"的工匠精神成为当前阶段通州公司最鲜明的内在品格，将推动公司在新型电力系统建设等攻坚任务中不断实现新的突破、取得新的成就。

坚决贯彻国家电网公司、北京公司的决策部署。克难奋进、砥砺实干，各项工作取得显著成效，先后荣获国资委"中央企业先进集体"、中央企业先进基层党组织、首都文明单位标兵、国家电网公司红旗党委、国家电网公司文明单位和十九大保电先进集体、国家电网公司科技进步二等奖，北京公司先进单位和电网建设、优质服务、党的建设功勋单位，北京公司建党百年供电保障突出贡献单位等多项荣誉。

坚持创新无处不在，充分发挥战略引领作用。加强战略管理，深化战略研究，以全面创新驱动高质量发展，将战略研究与实际工作相结合，推动思维格局视野随战略环境变化不断更新拓展，随事业发展需要不断变革创新，服务战略落地，有效推动国家电网战略目标和首都电力战略方案在北京城市副中心率先实现。

未来，通州公司将继续奋力在落实"一体四翼"发展布局、建设具有中国特色国际领先的能源互联网企业新征程中当好先行示范，为服务副中心"十四五"发展作出积极贡献。

3.2

发挥区域优势 坚持创新发展 坚定不移走在首都电力新时代发展前列

国网北京海淀供电公司

一、企业简介

国网北京海淀供电公司（以下简称海淀公司）是国网北京市电力公司的二级单位，创建于 1987 年 2 月 27 日。主要负责海淀地区电网规划建设、运行管理、电力销售及用电客户的供电服务工作。公司基于位于全国科创中心核心区——海淀区的定位，以智慧、科创为主线，围绕城市大脑智慧能源中枢、数字孪生智慧片区及互联互通智慧能源生态圈，打造融合能源、数据的中关村北区智慧能源综合示范，助力能源转型和智慧城市建设。辖区范围内 110kV 及以上变电站共计 58 座；35kV 及以上输电线路 116 条，通道共 306km；历史最大负荷 349.56 万 kW；服务地区用电客户 94.6 万户。海淀公司连续 8 年保持业绩考核 A 级。

二、管理水平

海淀公司坚持“一体四翼”战略布局统领，沿循国网北京电力“一二三四”发展路径承接，深刻把握海淀区加快建设北京国际科技创新中心核心区的坚定决心，发挥海电特色，主动担当作为，“新基建”充电桩统建统营试点有序推进，电力大数据服务智慧城市发展不断创造价值，“双碳”联合行动持续为地区美好生活充电赋能，“十四五”政企战略合作取得初步成果，“133N”[1]智慧科创愿景取得初步成效。建成海淀城市大脑智慧能源 15 个应用场景，融合政务时空数字孪生高精度建模等全国领先技术，推动电力看经

[1] “133N”是指：一个落地目标，打造四个融合的智慧科创示范区；三个衔接体系，以“电”引领的智慧能源网架体系，以“数”融合的智慧信息支撑体系，以“智”驱动的智慧价值创造体系；三大落地重点，城市大脑智慧能源中枢、中关村科学城北区“1+4+3”智慧区域、互联互通智慧能源生态圈；拓展“N”个方面支撑任务。

济、电力看复工复产复学等一期场景实现“三升级五转变”。确立智慧能源大数据中心综合体功能规划、选址及用地划拨方式，进一步推进能源数据生态圈互联互通。深入建设智慧能源图库，成功开通政务专线，不断深化能源数据应用服务市场，量身定做电力大数据服务分析报告，获得区政府有关委办局的高度肯定。

三、管理成效

讲政治、顾大局，供电保障安全可靠。深刻把握“看北京首先要从政治上看”的重要内涵，深耕海淀地区资源，将政治、军事、外交活动的供电保障作为重中之重，把高新、医疗、教育用户可靠用电做出特色特点。圆满完成党的十九大、国庆70周年、建党100周年庆祝活动以及每年全国两会、中高考等政治保电任务715项1733天，全力确保京西宾馆、钓鱼台国宾馆等195个重要客户，清华大学、北京大学等36所知名高校，中国人民解放军总医院、北京大学口腔医院等1080个医疗机构供电安全运行。深化供电服务指挥系统建设，推动营配调专业协同运作，2021年实现年户均停电时间由2020年初的1.75小时降至0.45小时，地区电网运行始终坚强可靠。

重规划、强建设，网架结构不断优化。聚焦国家电网公司战略，打造“133N”落地框架，构筑能源、数据、多站、四效融合的智慧科创示范区愿景。科学规划电网项目，差异化实施建设工程，“十三五”累计完成电网投资69.97亿元，新、扩建110kV及以上变电站8座，变电容量增加120.6万kVA，三星庄110kV变电站荣获国家电网公司优质工程银奖，冬奥配套首体110kV输变电工程顺利收官。

惠民生、促和谐，服务水平持续提升。始终践行“人民电业为人民”的企业宗旨，坚持以客户为中心，不断提升服务能力。创新“政企联动、一站办理”服务理念，基于区块链技术，推出“用电过户+不动产过户同步办理”便民举措，获得国务院营商环境督查组、新闻媒体及地区居民的一致好评。坚决履行好区人大代表职责，高效完成108个村24 750户“煤改电”工程，每年绿色能源替代燃煤4.43万t，为地区打赢污染防治攻坚战作出积极贡献。

稳增长、提质效，经营管理稳中有进。积极应对量价双降的不利影响，大力增供扩销、持续挖潜增效，较好完成各项经营指标，在国网北京电力业绩考核中名列前茅。深入开展经济活动分析，千方百计开源节流增收，大力开展提质增效争先行动，2021年研究制定经营创效争先建功重点任务17项，量化考核工程转资、“三清理两提高”、多维应用、固定资产投资计划执行、外部资金到位、同期线损管理、物资优化利库等工作。连续5年压降“两金”规模，资产负债率管控水平进一步提高。强化预算执行监督，非生产性支出压减18%，管理成本达到历史最低。

谋发展、创双赢，政企合作空前紧密。持续拓展政企战略合作伙伴关系，2017年签署合作框架协议，区政府电网共建支撑资金由2亿元提升至4亿元。2020年7月与城市大脑专班签署合作协议成为首家独立开展智慧能源版块建设的企业单位；10月签订中关村科学城北区组团第一批6项输变电工程投资划分协议，区政府再增加电力专项配套4亿元，累计确立99项政府投资项目，助力地区电网发展跨越式提升；年底促成国网北京电力与区政府签署《关于建设海淀区国际领先的能源互联网合作框架协议》，立足发挥协作优势，实现双方互利共赢；2021年以来先行探索“碳达峰、碳中和”实践，联合区有关委办局研发上线城市大脑智慧能源“电力+双碳”主题应用，推动电力大数据融入智慧城市治理各环节，开启“十四五”政企协作和电网发展新篇章。

严监督、厚关爱，履责担当挺纪在前。坚持把党的政治建设摆在首位，充分发挥监督保障执行、促进完善发展作用，聚焦巡视巡察反馈问题，狠抓督察督办整改落实，建立问题对账销号机制，不折不扣完成95项上级反馈问题100%整改验收。全面推进纪检巡察“红毅善铁”监督服务保障体系建设，紧盯“关键少数”，管住“绝大多数”，延伸“重点领域”，细致推进“廉洁办奥”、安全生产保供电等专项监督任务，常态化开展“走出去、请进来”廉洁宣教活动，加强重点岗位廉政约谈，严防“四风”回潮，确保“灯下”不黑，持续营造风清气正的氛围。

夯基础、优作风，党建价值全面加强。充分发挥党委把方向、管大局、保落实的领导作用，扎实推进“不忘初心、牢记使命”主题教育，精心打造党史学习教育系列活动，掀起学史明理、学史增信、学史崇德、学史力行的红色热潮。《学习时报》整版刊发《创新海电　党建先行》，推介海淀公司的党建工作。

四、管理特色

近年来，海淀公司主动适应新常态、积极争取新作为，坚持“一切有利于公司发展、一切有利于员工福祉”的管理理念，结合海淀区“两新两高”战略，建设北京国际科技创新中心核心区的目标，赓续百年，奋勇前行，持续推进卓越海电建设。

坚持旗帜领航不动摇。公司始终把组织建设作为管理重点，持续深化“两个长效机制”，充分发挥党组织战斗堡垒和党员模范先锋作用，切实将党建引领融入企业治理全过程，确保始终沿着党中央指引的方向不断前行。

坚持战略落地不动摇。紧密围绕区位优势推动战略落地，结合自身实际抓好发展统筹，立足新发展阶段、贯彻新发展理念、主动实践和融入新发展格局，深化打造海淀城市大脑智慧能源体系，更好服务地区“两区”“双碳”“新基建”目标，加快构建新型电力系统，进一步推动能源互联网转型升级。

坚持稳中求进不动摇。“稳”是一切管理的基础和前提。公司高度重视发展与安全的关系，牢固树立“大安全”理念，切实增强风险意识，强化底线思维，提高化解能力，特别是要守牢守稳电力供应保障的“生命线”，确保政治保电、民生保障万无一失。

坚持卓越海电不动摇。建设卓越海电是我们的发展蓝图和奋斗方向。一代代海电人秉承“两个有利于”的发展理念，传承发扬红色、争先、创新、和合基因，推动公司一次又一次实现超越、一步又一步迈向卓越，实现了高质量发展、做到了跨越式提升，向着安全稳定、创新赋能、健康和谐、廉洁合规、首善争先、旗帜鲜明、基业长青的卓越海电持续奋进。

3.3

先行先试打造示范样板 争先领先创建标杆企业

国网天津滨海供电公司

一、企业简介

国网天津滨海供电公司（以下简称滨海公司）于 2001 年、2010 年被国家电网公司列为大型重点供电企业，负责滨海新区电网规划、建设和运营，致力于为滨海新区经济社会发展提供清洁低碳、安全高效的电力能源供应。截至 2020 年，供电服务人口超过 207 万，供电户数 97 万户，连续 3 年在国网天津电力内部对标排名第一，业绩考核保持 A 级，营业收入、利润始终处于在国网天津电力基层单位排头兵位置。

二、管理水平

滨海公司牢记大型供电企业使命担当，构建“一核、两翼、四驱”发展模式（见图 1），积极推进“一体四翼”战略布局率先落地，建设“四优五过硬”群体先进干部人才队伍，加快建设具有中国特色国际领先的能源互联网企业。

（一）以政治建设为核心，将党的建设融入公司发展

一是学理论讲政治。落实“第一议题”、中心组制度，及时学习习近平总书记重要讲话精神，把“两个维护”作为最高政治原则和根本政治规矩，将贯彻落实习近平总书记来津视察指示精神作为践行“两个维护”的忠诚体现。二是强党建促融入。坚持“漫灌 + 滴灌”工作模式，推进党的领导融入公司常态化治理，创新多维党建绩效考核评价体系，选优配强支部组织，推行看板管理，促进党建与专业深度融合。三是抓实践创价值。围绕“基层基础、线上线下、特色特长”，创建“五制 • 四化”工作体系，加强共产党员服务队标准化、规范化建设，成立建设双碳示范区突击队等 6 支党员突击队，重点培育“一

支部一项目一特色”，贯通谋划推动“最先一公里”和落实落地“最后一公里”，促进“党建+”向党建芯升级。

图 1 “一核、两翼、四驱”发展模式

（二）以保安全优服务为两翼，保障企业影响力持续扩大

推行“逐级递进法”强化安全管控体系。首创安全生产自主管理法，充分发挥部门、专业主体责任，提升专业自查力度，推动被动式监督向自主式管理升级。首创安全管理过程评价管控机制，突出安全全过程管控，以超前防范取代亡羊补牢，部门主动曝光违章数量实现倍数增长，本质安全管理水平全面提升。首创立体交叉式安全巡检模式，实施安全专家“会诊查”、违章人员“接力查”、全体员工“双盲查”、新入职员工“学习查”，有效提升全员安全管理意识，形成齐抓共管良好氛围。

推行分层分类法构建卓越供电服务体系。围绕政府、企业、居民三者间的不同需求，投其所好，分层分类施策。联合政府构建新区信息交互平台，在超前掌握新区发展趋势、招商引资计划等信息的基础上，及时优化并共享电网发展规划，提出安全用电用能建议，联合建立重要用户和高危用户应急服务机制。创新实施超前精准融入服务，建立大用户大项目星级管控机制，从送电时间、电能质量、综合能源、重要负荷四个维度精准把握客户需求，服务企业“拿地即开工”。建立终身制客户经理服务，通过用电售后服务卡，从安心电、明白电、便利电、定制电、省心电五个方面，服务企业全寿命周期。创建“红网格”服务模式，实施“服务队—社区—居民”三方联动机制，开通“黎明出发 点亮万家”微信公众平台，开展“节能互助 照亮邻里”惠民专项行动，着力解决百姓关心关切的“急难愁盼”。

（三）以创新、改革、风控、队伍为四驱，促进企业高质量发展转型升级

在创新实践上，成立战略执行“一委两部八队”，构建“131”[1]科技创新体系，打造“首发首战首胜”9 大攻坚任务和 68 项金牌工程，形成“战略地图—任务集群—科创支撑—机制保障—宣传展示”的一体化工作体系，多维度保障战略率先落地。在改革攻坚上，坚持以提高效率效益为目标，主动适应电网生产力发展要求，先后实施供电服务指挥中心、项目管理中心、数字科创中心等系列组织变革；创新供电服务中心对标模式，多维度评估组织机构运转状况，组织运转效率、人岗匹配度得到极大提升；创新协同攻坚，解决 78 项跨专业、长周期“卡、阻、塞”问题；坚持市场导向，先后组建经营策略研究室和电力市场工作办公室，全面开展经营诊断分析，有效提升企业发展动力和应对风险挑战能力。在风险防控上，首创“监审法财”联动机制，财务贯穿公司经营全过程，主动发现苗头性、趋势性问题，超前作出预警；法律、审计对核心业务、重点任务，采取前置合规防控；监察对造成公司负面后果的不合规行为，依法依规追究责任。在队伍建设上，紧紧抓住“人”这个根本，以政治练人，以事业聚人、以文化励人，以典型引人，以奉献立人，以作风强人，以创新塑人，实现个体先进向群体先进的拓展升级。

三、管理成效

在国家电网公司党组和国网天津电力党委的坚强领导下，滨海公司深入开展对标世界一流管理提升行动，大力弘扬“黎明精神”和“推土机”精神，努力建设世界一流示范企业，各项工作取得实质性成效。

（一）战略落地打造“三个重要成果”

一是赢得政府空前支持。连续四年五次与新区政府签署战略合作协议，建立“1001”工程政企合作机制，推动成立高规格领导小组，出台“一会五函”等 28 项支持政策，发

---

[1] 1 是指滨海公司科技工作管理实施方案；3 是指滨海公司科技创新组织保障措施、滨海公司科技成果转化应用管理措施和落实强力推动科技创新人才发展实施措施；1 是指滨海公司 2020 年科技创新行动计划。

布全市首个战略落地 105 项任务清单，实现战略、目标和项目对接，打造政企共赢发展新典范。二是树立能源变革示范。建成生态宜居型智慧能源小镇，产出零能耗智慧建筑等 9 项国际领先成果，成功打造智慧能源支撑智慧城市发展的“滨海样板”。三是“双碳”落地争先领先。作为首家能源央企加入新区“双碳行动”的工作团队，制定“双碳行动”实施方案，携手“两区一港一企”打造绿色低碳示范园区，积极推进滨海能源互联网示范区建设，成功入选国家电网公司首批地市级示范区规划，建设方案获得国家电网公司“架构合理、思路清晰、方案水平高”的高度评价。

（二）电网发展取得“三个跨越式突破”

一是供电能力跨越式提升。历时三年圆满收官“1001”工程，33 项补短板、调结构的重大工程投产送电，供电能力较 2018 年初提升 41.15%。二是电网结构跨越式补强。建成 220kV“两横两纵 + 口字形”双环网结构，建成 7 个 110kV 及以上双回链式通道，实现 14 个省级以上园区 110kV 电源点全覆盖，有力保障满足新区 16%增量的大项目用电需求。三是供电可靠性跨越式提高。提前一年完成农网升级改造和“煤改电”工程，重载变压器、重载线路较 2018 年初分别降低 61.5%、47%，供电可靠性提升近 3 倍，农村户均容量提升近 2 倍，城网户均停电时长压缩 94%，先后获得新区各级领导批示肯定 40 余次。

（三）服务“滨城”建设赢得“三个广泛赞誉”

一是助力新区在 18 个国家级新区营商环境测评中排名第二。发布服务美丽滨城建设十项举措，连续三年累计降低新区企业用电成本 27.38 亿元，10kV 平均接电时长同比压减 8.94%，投诉同比下降 66.95%，有力打赢优化营商环境攻坚战。二是打造国内一流充换电服务网络。建成全国首个绿色驱动公交服务网络、全市首个“0.9、3、5”公里充电服务圈，投运天津首个新型车网互动充电桩和大功率无线充电桩，服务国家“新基建”战略落地新区。三是实现带电作业机器人系列化、实用化、产业化发展。在京津冀等 17 个省市推广，产值达到 5 亿元，2020 年为新区贡献税收超 1000 万，助力新区人工智能产业集群发展。《配网带电作业机器人导则》成为天津电力的首个国际标准，机器人标准化作业成功走向国外。

（四）运营质效赢得“四场攻坚硬仗”

一是增供扩销满产超产。深入推进“供电 + 能效”服务，成功并网首个兆瓦级余热发电项目，连续多年超额完成年度接电目标，综合能源、电能替代指标稳居基层供电单位第一。二是挖潜增效成效显著。政企联合实施新区历史上规模最大、力度最大、影响力最大的打击窃电百日攻坚行动，首次出台盗窃电量核算估价程序规定，从根本上整治新区用电环境。三是精益管理成果丰硕。高质量推进“三清理、三提升”专项行动，首次当年转资金额超过 10 亿大关。产业单位获评国家电网公司“施工能力标准化建设单位”。四是数字化转型全面升级。以“数据”驱动专业，成立国网系统内首家地市级数字科创中心，推进公司全数据共享，带电作业机器人等相关成果入选国有企业数字化转型典型案例；建成生态城能源大数据中心，实现水电气热等 7 类数据融合应用，开发“电力看经济”“社区用能指数”等 10 项数据产品，辅助政府决策和社会治理，获得新区和社会各界高度评价。

四、管理特色

滨海公司构建链式管理模式，打造“五化”工作路径，即责任目标化、目标项目化、项目载体化、载体机制化、机制人本化（见图 2），将干事创业的责任担当落到实处，在公司高质量发展的新征程中激发新活力、取得新成效。

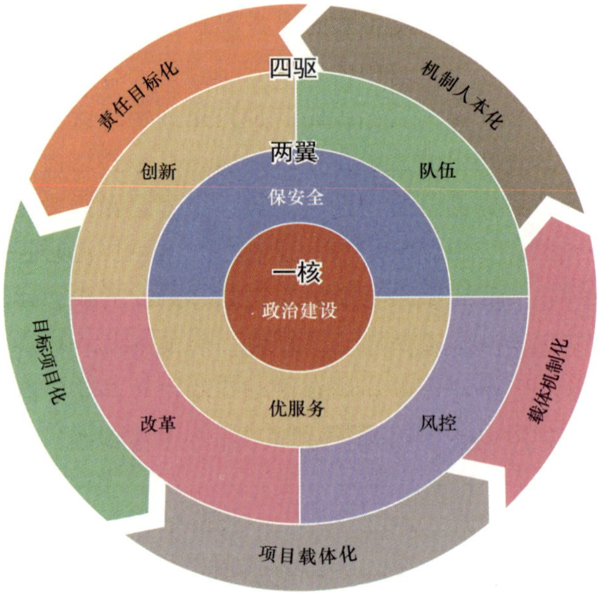

图 2 “五化”工作路径

责任目标化，突出有的放矢。坚持“抓关键”和“全覆盖”并重，以目标细化促责任到位。着力构建“明责、督责、考责、问责”责任体系，厘清“两个责任”和“一岗双责”，明确安全责任清单、战略落地任务清单、放管服改革清单等，充分运用督查督办、述职述廉、绩效考核等手段严肃考责，以目标为导向严肃问责，确保制度常态化执行，切实把责任逐级传导、层层落实。

目标项目化，突出履责担当。强化组织各专业围绕防控风险、激发活力等管理短板，自主选题和指定命题相结合开展项目化管理。注重项目创新与工作创优、夯实基础与重点突破、循环提升与推广转化相结合，推动专业工作从活动化向项目化、成果化转变，实现立一个项目、破解一类难题、打造一个品牌，推动工作更具实效、多出亮点。

项目载体化，突出质效提升。坚持“严”字当头、“实”字为功，不断强化守土尽责、失职问责意识，连续召开主要负责人讲党课、作风建设大会、警示教育大会，提升“管业务必须管安全、管队伍、管作风、管廉政”意识。发挥公司运营监测平台、报表系统等优势平台载体作用，加强看板管理、考学督学、线上线下等运用，推进“一支部一项目一特色”，将员工被动参与变为主动作为，促进提升项目推进质效。

载体机制化，突出实用管用。严格选人用人，实行干部档案“凡提必查”、党风廉政意见“凡提必听”、个人报告事项“凡提必核”、新提拔干部“凡提必考”，着力打造一支新时代高素质党员干部队伍。激发创新活力，围绕青年人才托举工程，深化“地、室、坊”（创新孵化基地、创新工作室、班组工作坊）三级联动，坚持工作场所就是创新阵地，着力打造众创、青创、班创平台，真正让有想法的人更有办法、有见地的人大有天地。

机制人本化，突出激发活力。建立“421”职工诉求服务体系，及时化解矛盾、排忧解难。应用“绩效—潜能”九宫格工具全方位开展人才盘点，量化挖掘有技能、有潜力的高素质人才，提供人员科学配置依据，有效提升人才匹配度，提升干事创业动能。创新三维总结式绩效积分法，在生产、营销等专业推行团队绩效，有力激发职工活力。建成“不忘本来求索路、面向未来铸卓越”发展历程展示基地，传承情怀、凝聚人心、激发力量。

3.4

蝶变——数字化信通先锋诞生路径

国网天津电力信息通信公司（数据中心）

一、企业简介

国网天津电力信息通信公司（数据中心）（以下简称国网天津信通公司）是国家电网公司的三级单位成本中心。负责国网天津电力118套核心业务系统、100座220kV及以上变电站光纤环网建设与运维以及全量数据运营。各项生产经营指标完成优异，业绩考核指标保持国网天津电力A级，连续3年信通专业同业对标排名国家电网公司前三。近3年来，国网天津信通公司先后获评天津市五一劳动奖状、国家电网公司2017～2020年度文明单位、国家电网公司2020年度先进集体、国网天津电力红旗党委等多项荣誉。

二、管理水平

在国有企业数字化转型背景下，国网天津信通公司立足构建以新能源为主体的新型电力系统、推动"一体四翼"总体布局在津落地，坚持党建引领、战略导航、创新赋能、文化铸魂，建设"四优五过硬"领导班子和干部人才队伍，奋力实现数字化信通先锋建设目标。

（一）坚持党建引领，夯实基层党建

抓好理论武装，建立党委理论学习中心组学习研讨工作机制及"信念即坚持·书记带头严党建"学习机制；创建基层党建实践教学点；开展党史故事汇、党员上讲台及党委赠书等特色活动。抓好基层组织，优化支部设置，选优配强委员；严肃组织生活，建立党员积分制管理机制；强化作用发挥，班子带头"刀刃向己"转作风；建立打造"六强一化"基层党组织工作模式；成立"战疫情·登高台"等党员突击队，创新建立"四维承重墙"党建管理机制。

（二）深化战略落地，助推企业转型

在国家电网公司及国网天津电力战略目标的基础上，国网天津信通公司落地形成《“12410”数字化信通先锋建设方案》，并逐项分解落实到部门与班组，在国网系统内率先实现“从总部到班组”的国家电网战略五级落地模式（见图 1），创新创建数智体系，驱动企业数字化转型。

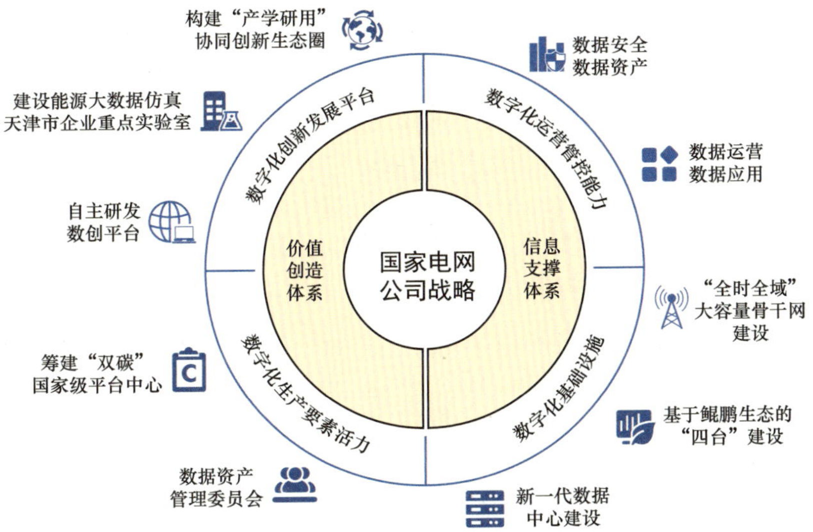

图 1　国家电网公司战略五级落地模式

变革升级组织机构，落实“放管服”改革政策主动求变，优化数字化生产关系，新组建数据管理服务中心，支撑数字化转型任务落地。夯实数字化基础设施，以国网天津电力“1001 工程”建设为契机，建成投运新一代数据中心，初步建成全时全域光通信骨干网（ATAZ），率先完成基于鲲鹏生态的“四台”（云平台、数据平台、物联管理平台、人工智能平台）建设。强化数字化管控能力，围绕数据安全、数据资产、数据运营、数据应用，建立运维体系、运营规范、治理手段及服务机制，全面构建从技术到管理、从建设到运营的数字化基础管理体系。激发数字化要素活力，筹建国网天津电力数据资产管理委员会，助推数据服务深化应用；筹建“双碳”国家级平台中心，助力电力“双碳”先行示范区建设；建设天津市能源大数据中心，打造省级能源大数据运营服务基地；试点研发数据报表中心、指标中心，支撑权威数据源构建。搭建数字化创新平台，建设能源大数据仿真天津市企业重点实验室，承担 12 项省部级以上科技项目，牵头国家电网公司研发仿真环境验证；推进区级骨干科创企业建设，建立与中国科学院、天津大学、南开大学、华为公司等单位的学术交流机制，构建“产学研用”协同创新生态圈。

（三）强化创新驱动，赋能企业发展

1. 管理创新增活力

国网天津信通公司首创 SSCAI 管理体系，即一套管理内核、两大指挥体系、七项落地机制，如图 2 所示。

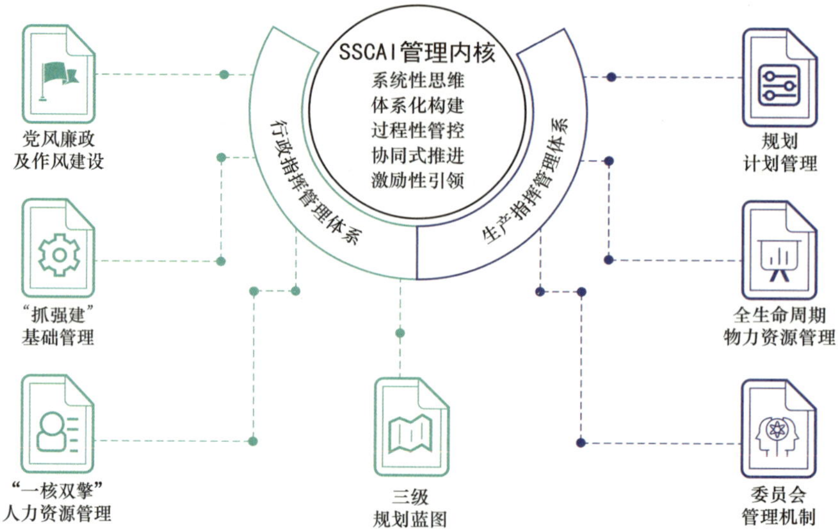

图 2　SSCAI 管理体系

一套管理内核：奠定以系统性思维（systematic thinking）、体系化构建（systematic construction）、过程性管控（coursing control）、协同式推进（assisted propulsion）、激励性引领（incentive leading）为管理体系方法论内核。

两大指挥体系：形成行政指挥和生产指挥管理体系两大指挥棒，通过联合督办、协同发力，保障各项工作闭环有序。

七项落地机制：党风廉政及作风建设机制，常态开展“班子、中层、全员”三层转作风行动；“抓基层、强基础、建规范”基础管理机制，建立核心资源盘点机制，构建体系化、全过程基础管控机制，建立企业制度标准和工作规范动态修编机制；综合规划管理机制，建立健全信通专业三年滚动规划等 9 项规划体系；全生命周期物力资源管理机制，建立物力资源全流程管理链条及废旧物资快速处置机制；“一核双擎”人力资源管理机制，以打造专业支撑铁军为核心，以“3E”人才培育系统和“四步六环”人资运行系统为双引擎，持续赋能个体先进向群体先进迈进；三级发展蓝图管理机制，擘画公司级、部门级、班组级发展蓝图，实现公司战略五级落地；委员会管理机制，建立标准化管理、科技创新等五个委员会，综合提升企业科学决策水平。

2. 科技创新增动力

建立科技创新“刚＋柔”管理机制，成立科技创新柔性团队，按照多专业融合、项目制管理、蜂窝式攻关原则，开展跨专业协同运作，提高关键技术研发质效。

3. 服务创新增实力

创新实施大客户经理服务机制，向核心业务部室派驻 13 名大客户经理，推广数字化新技术应用。信通客服秉承智慧客户运营理念，利用语义识别分析客户情绪等技术举措，提升信通客服支撑能力。自主研发数创平台，赋能基层数据创新应用，形成以数据驱动基层减负增效的新模式。

（四）镌刻文化基因，铸造企业灵魂

以党内政治文化为引领，以国家电网公司企业文化体系等理论为基础，形成“e 家园”文化屋体系，如图 3 所示。持续强化文化理念宣贯，增强全员对文化的理解和认同，挖掘、培育“信通年谱”等文化符号。构建“文化之于管理”模式，形成下上整体联动的干事创业氛围。

图 3 “e 家园”文化屋体系

三、管理成效

（一）党建引领树牢旗帜

弘扬伟大建党精神，锻造出一支敢打敢拼、有情怀有担当的“信通特战队”。基层党组织标准化、规范化建设水平显著提升，两级班子成员责任落实、作用发挥能力显著提升。培育“黎明式”员工和团队，在数字化转型等方面攻坚克难；以党建驱动专业工作有效提升，实现“党建+”向“党建芯”拓展升级。

（二）战略落地成果彰显

在国网互联网部、国网天津电力互联网部的指导下，国网天津信通公司推进国家电网公司战略落地形成的《“12410”数字化信通先锋建设方案》得到国网互联网部的高度评价，并做典型发言。建设过程中各项成果得到各级领导高度认可。

数字化基础设施跨越发展。初步实现省级数据中心绿色运营，数据计算能力较十三五末翻一番，整体能源利用效率提升 81%，获评中国计算机用户协会数据中心实施样板；骨干网核心带宽提升 40 倍；基础平台建设获评 2020 年华为开发者大会最佳设计奖。

数字化管控能力大幅提升。信息专业“瘦身健体”等 34 项经验成果得到国网互联网部高度认可；作为国家网络安全专项演习靶心单位，成功抵御 21 万余次境内外网络攻击，防守成绩排名省公司首位，获评年度网络攻防先进集体；以优异成绩通过国家数据管理能力成熟度评估（DCMM），整体达到四级量化水平，处于国内领先行列。

数字化支撑作用显著增强。创新实现高端会议“云签约”模式，支撑天津市政府与国家电网公司签订战略合作协议；打造企业级数据群创平台，支撑基层员工自主开发数据应用场景 635 项；持续输出大数据系列产品，辅助政府决策和社会治理，相关成果入选新华社内参《国内动态清样》；举办首届城市能源大数据高峰论坛，发布国内首部城市能源大数据发展白皮书。

数字化创新驱动成效斐然。牵头编制 27 项行业、企业标准；多项数字新技术应用成果入选国资委、中国企业联合会、中国电机工程学会典型案例；智慧物联体系建设成果入选国家工信部 2020～2021 物联融合创新类示范；全面支撑天津智慧能源小镇建设，核心技术指标达到国际领先水平；以省部级重点实验室建设为载体，先后荣获 3 项天津市科技进步二等奖，2 项国家电网公司科技进步二等奖；成功申报“电力物联网关键技术研究”国家重点研发计划项目。

（三）创新赋能作用突出

管理体系基本成型。初步建成信息通信一体化质量管理体系，形成 SSCAI 创新管理经验，通过 ISO9000 质量管理体系认证；《电网企业数字化信通建设》等 5 项管理成效获得天津市、国家电网公司、中电联管理创新成果。

人才培养质效凸显。挂牌成立电力行业首家信息通信人才培训基地；网络安全队伍获得“海河工匠杯”技能大赛第二名；培育 65 名工匠型、专家型、复合型人才，42 人取得行业内专业资格认证，人才当量密度提升 4.8 个百分点；1 人获评天津市劳动模范，4 人分别获评国家电网公司优秀党务工作者、优秀共产党员等多项荣誉；向上级单位输出优秀人才 18 人。

（四）文化铸魂实力殷实

积淀 7 年文化底蕴，绘就“难舍 • 17、启航 • 18、崛起 • 19、长风 • 20、飞扬 • 21”

的信通年谱，形成企业发展航向标；打造“e 家园”文化品牌，彰显具有中国特色国际领先的能源互联网企业文化特色；实现“以文化人，润物无声”，推动企业凝聚力和员工归属感持续提升。

四、管理特色

国网天津信通公司打造了国有企业“红、绿、蓝”三色的管理模式，即信仰之味、文化之力、管理之道，如图 4 所示。

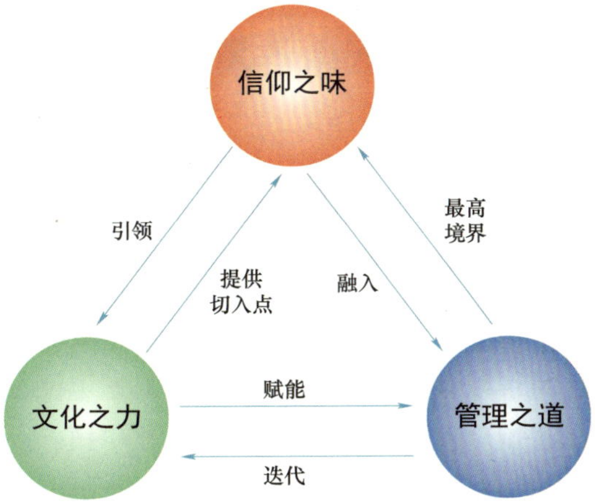

图 4 “红、绿、蓝”三色企业管理模式架构图

1. 信仰之味

以坚定信仰扛起国企担当，始终传承红色基因，牢记国企的“根”和“魂”，构建党建、文化、管理一体化模式，以党建引领文化建设。

2. 文化之力

以文化力量激发全体员工干事创业的热情，立足文化系统建设，持续对内改革，实现文化基因的显化、优化、固化与改善，逐步形成以良心、情怀、基因、谱系为内核的文化体系。

3. 管理之道

立足管理路径与模式创新，形成 SSCAI 自主创新管理开源系统，持续自我完善、抢占高地，最终实现华丽转身并向高质量发展、系统发展、创新发展持续迈进。

3.5

坚持高点引领 聚力变革创新 在服务雄安发展实践中创建世界一流示范企业

国网雄安新区供电公司

一、企业简介

国网雄安新区供电公司（以下简称雄安公司）是国家电网公司最年轻的大型供电企业，营业区域包括雄县、容城、安新三县及原任丘市鄚州镇、苟各庄镇、七间房乡和原高阳县龙化乡，供电面积 1770km^2，营业户数 63.84 万户，服务人口 123 万人。

自 2017 年 5 月进驻雄安新区以来，雄安公司始终坚持“世界眼光、国际标准、中国特色、高点定位”，紧扣国家电网公司战略目标和“一体四翼”发展布局，牢记服务雄安新区发展“桥头堡”、能源互联网建设“排头兵”、改革创新发展“领头雁”三个定位，将改革创新贯穿公司发展全环节全流程，围绕坚强智能电网建设、能源互联网实践、服务雄安新区发展等方面做了大量“从无到有”的工作，实现了许多“从零到一”的突破。公司先后获评雄安新区首个全国文明单位、首个五一劳动奖状、首位全国劳动模范、全国电力行业文化品牌影响力企业、国家电网公司红旗党委、国家电网公司先进集体等荣誉称号。2021 年雄安公司入选国家电网公司管理提升“标杆企业”。

二、管理水平

探索国企管理变革路径。聚焦世界一流示范企业创建，着力打造平台型布局、全要素发力、集群式发展的雄安特色能源互联网企业新形态，系统性创新体制机制，从资产全寿命、电网运营、能源服务等逻辑脉络重构业务板块，打穿业务“流程墙”，实现机构“扁平化”、人员“轻量化”，直接用工体量较常规企业压降 70%以上，未来人均效率等指标将达到国际一流水平，促进盈利模式创新、经营质效提升，为企业现代化治理提供雄安经验。

强化业务数字化赋能。构建城市智慧能源管控系统（CIEMS），打造能源管控“最强大脑”，推动以电为中心的多种能源协同发展，实现园区、社区、家庭等多场景落地应用。构建雄安电网规划建设BIM管理平台，实现电网规划建设全环节全流程集成管控，推动数字电网与数字城市深度融合。构建电网数字化工程管理平台（EIM），实现项目全寿命周期管理、工程现场全景洞察、施工环节全息感知、业务协同全程联动。构建营配融合智慧平台（DIM），推动配网规划、运维、营销、服务多专业融合，打通服务客户“最后一公里”。构建雄安数字运营驾驶舱，打通跨专业、跨系统、跨层级数据壁垒，探索推进核心业务、核心指标、核心资源的实时监测、趋势分析和问题定位，打造企业级运营展示中心、枢纽中心和指挥中心。

拓展能源互联网生态。围绕能源互联网示范区建设，搭建信息平台和交易平台，打造冷热电联供、大数据增值服务等一系列能源服务方案。雄安高铁站屋顶光伏、1号能源站、高铁全线能源管控系统建成投运，实现综合能源“点线面”立体跨界突破，高铁站片区绿电示范入选生态环境部典型案例。依托雄安高铁站屋顶光伏项目，完成雄安首笔国际绿色碳交易，打通了项目开发、签发、撮合销售和碳中和抵消的全链条碳资产管理商业模式，填补了雄安新区绿色能源市场交易领域的空白。

三、管理成效

打造战略落地的雄安示范。编制《中国特色国际领先能源互联网雄安新区示范区规划》，将数字化主动电网作为能源互联网和新型电力系统落地的重要抓手和载体，发布“三台八化”标准体系，分步构建“站园片村”四级示范。剧村“1+5+X”城市智慧能源融合站创新创造了覆土空间复合利用模式，探索了落实“五大发展理念”、推动多种新业态融合发展的能源电力解决方案；“淀中翡翠”王家寨绿色智能微电网实现了本地清洁能源消纳和电能占终端能源消费比例两个100%，打造了乡村级新型电力系统的先行示范；商务服务中心配电网“双花瓣”示范落地，容东片区数字化主动电网初具雏形。

打造助力“双碳”的雄安样板。坚持雄安引领，参与编制《河北雄安新区能源领域碳达峰实施方案》，制定服务雄安“近零碳示范区”16项举措，加快推动本地清洁能源100%消纳、电能占终端消费比达50%、单位GDP能耗达国际先进水平的目标。建成投运张雄特高压，实现“用张北的风点亮雄安的灯”，助力雄安加快建设100%清洁电能供应城市。建成河北省首个碳管理服务中心和“双碳”监测平台，高标准承办河北省首批降碳产品生态价值实现合作签约。构建电力绿色积分体系，探索绿色积分与公共服务挂钩机制，引导用户低碳用能习惯。高质量完成6.05万户“煤改电”配套电网建设任务，助力雄安新区实现“无煤区”目标。

打造服务雄安的电网先锋。坚持“雄安质量”，主导编制雄安新区26项专项规划中唯一由企业负责的《河北雄安新区电力专项规划》，促请新区管委会成立雄安新区电网建设领导小组，建立雄安电网工程建设指挥中心，建成电力“检储配”一体化物资中心库和检测中心，实施政企联合、跨域协同、专业并行的电力迁改模式，雄安电网进入规划、建设、迁改、运维并行推进的新阶段，公司获评雄安新区规划建设先进集体。组建“获得电力马上办”办公室，探索“保姆式”“交钥匙”办电模式，为雄安新区 129 个重点项目和首批 2.8 万户居民回迁提供了“及时电”和“暖心电”。重点项目接电时长达到国内领先水平，公司获评河北省优化营商环境推动高质量发展先进集体。

打造技术创新的雄安高地。坚持无创新不雄安，大力推进能源互联网技术创新，开展能源互联网“十大创新课题”研究，建成全国首个电力北斗全域应用示范区，研发智慧共享财务系统——AI 财务蜂眼，率先实现数字人民币支付功能全贯通，建成直流智慧路灯、车路协同、电动汽车无线充电等一批创新成果，荣获国资委熠星创新创意大赛一等奖、中国电力科学技术进步三等奖、全国电力“金巡奖”、全国设备管理与技术创新成果一等奖、中电联电力职工创新一等奖等奖项。

四、管理特色

打造党建引领“新模式”。强化党建引领，创新“平台 + 合作”党建模式，实现“政企、企企、村企、企内”党建共建全覆盖，以党建共建带动廉洁共建、文化共建。临时党支部和党员突击队在征拆迁改、疫情防控等急难险重任务中带头攻坚，雁翎共产党员服务队常态开展暖心志愿服务，让党旗始终飘扬在服务新区建设一线。

构建合作开放“生态圈”。以能源产业链龙头的定位，建立国网系统、科研院校、驻雄企业、其他单位“四大资源环”，与 30 余家单位签署战略合作协议，带动产业链上下游协同发展，实现光储充、低压直流、电力北斗等技术突破，打造智慧能源、智慧社区等创新示范，形成政企联动、产学研用合作共赢的发展生态。

凝聚企业发展“原动力”。构建雄电“N 次方”企业文化，创建苏琨劳模创新工作室，打造“雄电印记”“雄电坐标”“雄电魔方”文化标识，开展“说出你的故事”“雄电乐活跑团”“雄电青年夜校”等文化活动，“活力绽放价值奋斗”文化基因融入血脉，“四铁四心”干部员工队伍日益壮大，凝聚起干事创业的强大动能。

3.6

优环境、提效能、促改革、强电网 在推动“一体四翼”发展布局落地中创建标杆

国网石家庄供电公司

一、企业简介

国网石家庄供电公司（以下简称石家庄公司）是国家电网公司大型供电企业，担负石家庄市所辖8区14县、1.58万km^2、1123万人口的供电任务。截至2021年底，共有35kV及以上变电站426座，输电线路10 605km，形成南北互通、东西横贯、运行灵活、经济高效的区域电网，完成售电量484亿kWh，业绩考核连年位列国网河北电力第一，先后荣获全国五一劳动奖状、中央企业先进集体、河北省先进基层党组织、国家电网公司先进集体，连续五届保持全国文明单位荣誉称号，荣获河北省政府质量奖、中国安装工程优质奖等多项奖项。

二、管理水平

以打造“领先文化”为引领，着力优环境、提效能、促改革，针对公司发展面临的矛盾挑战制定26项专项方案，按周、月、季跟踪督办、协调调度，形成高效协同的管理体系，以高质量管理推动国家电网公司战略高质量落地。

构建领先文化。充分挖掘百年石供悠久的文化底蕴和综合优势，塑造与公司发展相适应的“领先文化”，形成领先、团结、实干的核心价值理念，树立以领先为导向的绩效体系、选人用人体系、评优评先体系，通过开展“问鼎行动”、打造“荣誉殿堂”、设立“石供吉尼斯”等实践载体，组织群众性竞技、技能竞赛等活动，依托微信、微博、抖音“两微一抖”等传播矩阵，讲好领先故事、传播领先文化、营造领先氛围，推动领先文化全面落地。

攻坚三个“一号工程”。聚力攻坚优化发展环境、提质增效、改革创新三个“一号工

程”，运用战略思维、系统思维和底线思维，统筹解决发展中的重点、难点和焦点问题。一是攻坚优化发展环境工程。运用破墙思维，组织上实施“流程化＋精兵组织”，从职能型向流程型进化；技术上依托业扩全线上平台，结合“网上电网”，提供更加便捷满意的业扩服务；管控上实施业务、流程、环节、闭环“四全”监督。石家庄公司在全国营商环境评比中排名前列，在正定新区探索实施“一次都不跑”服务模式，得到社会各界一致好评。二是攻坚提质增效工程。开展增动能、增效益，降线损、降跳闸“两增两降”大比拼行动，通过实施管理数字化转型，开展“大供”点对点对标，进一步巩固提升省管产业传统业务、拓展探索战略性新兴产业，实施设备改造、精益运维、技术降损等“技术＋管理”手段，反窃查违、电能替代、综合能源、线损管控各项指标始终位居国网河北电力前列。三是攻坚改革创新工程。建立县公司“绩效＋对标”“专业＋整体对标”体系，构建职员与领导人员H型成长体系，发挥职员领导职能，推行供服员工差异化薪酬制度，进一步激发干部人才队伍活力。实施“雁领”创新人才三年纲要，建立人才服务之家，采取“点题＋申报”等形式选题立项，2021年超额完成年度专利授权指标。

制定三年行动路径。坚持“战略”与“战术”并重，从思想观念、方案制定、执行落实入手，分专业制定26项专项工作方案及其督办、奖励方案，成为抓发展、强管理、促提升独有的路径体系。抓观念转变。从战略高度逐项理清任务、工程的轻重缓急，从战术的角度指导综合计划、预算项目精准储备，形成公司工作总体安排，体现公司统一意志和队伍凝聚力。抓方案制定。围绕公司和电网整体规划，建立问题导向机制，逐个方案明确三年目标和当年目标，建立公司和电网问题库，以清单管理、挂图作战推动问题建账销号、标本兼治。抓执行落实。开展三年行动系列宣讲，针对26项专项工作方案实施专项奖励及督办，以“曝光台”的形式定期通报负面案例，确保各项方案扎实落地。

三、管理成效

面对复杂严峻又充满机遇的改革发展形势，解放思想、攻坚突破，以管出实效、干在实处的措施，推动国网战略落实落地，取得了“四新”的突出成效，开创各项工作走在前列的崭新篇章。

战略落地开创新局面。全面深化领先文化内涵，在系统内外打造多个具有示范意义的试点项目，率先推动无忧用电App上线，实现中国青创板区域中心首个项目落地，构建商业保电新模式和能源聚合商雏形。积极服务乡村振兴和“双碳”目标，率先建成营里虚拟变电站，打造河北南网首家县级能源大数据中心，构建北庄村以分布式光伏为主体的低碳绿电智能微电网示范村，为国网战略落地提供样板。

经营质效迈上新台阶。提质增效工程取得明显成效，拓展电能替代、综合能源、电动汽车等新兴业务市场，提高电能占终端能源占比，打造滹沱河全电景区等示范项目，2021年实现替代电量16.56亿kWh、综合能源收入1.56亿元。坚持高损台区治理、警企联动反窃、营销数字化审计三管齐下，运用营销数字化审计手段追缴资金288万元，组建违窃处理中心开展营业普查行动，2021 年稽查反窃成效 3824 万元，30 县（次）入选国网线损管理百强县。

电网建设取得新突破。将政企合作作为优化发展环境的突破口，发挥省会建设联席会办事机构的作用，8 次促请市委市政府领导调度电力工程，常务副市长全程督导，推动市区“1+4”变电站建设纳入支持省会高质量发展实施方案和政府工作报告，超前投产 220kV 龙岗—王里等 14 项工程，主城区 5 座 220kV 工程站址全部落实、4 座 110kV 工程加快建设，有力破解市区 15 年没有新建 220kV 变电站的不利局面。

改革创新注入新动能。全面完成省管产业“三会一层”改制，推进增量配电公司股权改革，加速第五批增量配电试点项目落地。全面承接“放管服”事项，发挥五级职员领导功能，进一步拓宽员工成长通道。2021 年实施“揭榜挂帅”项目 30 项，分别选拔头雁、准雏雁人才 28 名、71 名，申请发明专利 51 项、取得专利授权 15 项，专利数量质量再创新高。

四、管理特色

聚焦电网发展的重点、难点和焦点问题，牢牢把握省委省政府支持省会发展建设的契机，以“高、智、享”为目标，实施“规建管运安”一体化管理，打造城网、农网和数字电网示范。

聚焦“高、智、享”目标。围绕经济社会发展目标，加快打造“安全可靠、高效利用，智能互动、智慧配置，能源共享、价值分享”的能源互联网。

打造城网、农网和数字电网三个“提升示范区”。统筹推进各级电网协调发展，促进电网智能化、数字化转型，打造具有城市特色的新型电力系统试点。城区电网上，分管领导和专业部门形成合力，多轮次打捆汇报，形成了政府主导推动电网建设的管理格局，城区“中心+四角”的 220kV“1+4”变电站站址全部落实。县域电网上，将主网工程作为各县公司一把手工程，建立“电网建设+政府重点项目”打捆机制，统筹城网和农网智能化建设，打造 4 个高品质供电县城、5 个乡镇供电提升示范和 22 个特色乡镇“4+5+22”典型示范区。数字电网上，按照试点先行、压茬推进方式，加快“一专业一平台”“网上国网”和“网上电网”建设，实现营配调贯通全覆盖，推动源网荷储全要素可观可测可控。

实施“规建管运安”一体化。以规划、建设、管控、运维、安全五维全过程一体化管理，支撑电网“335”电网发展路径体系落地，紧扣输变配各环节、生产办公全领域，打通专业流程、畅通堵点，形成政企合作、专业协同、市县一体的发展格局，实现新能源协调发展、新电网形态互补并存、新客户需求快速响应，电网发展迈出崭新步伐。

3.7

坚持三个导向　奋力推动“争排头当标杆”创新发展

国网唐山供电公司

一、企业简介

国网唐山供电公司（以下简称唐山公司）是国家电网公司34家大型重点供电企业之一，担负着唐山7个市辖区、3个县级市、4个县、2个开发区的供电任务，供电面积13 184km^2。

唐山电网是全国第6个、国网系统第3个迈入1000万kW的市级电网。2021年，售电量占国网冀北公司总量的48.15%，电量规模在河北省内排名第一、大供排名第四。未发生重大风险事件。

唐山公司党委获评国家电网公司红旗党委，唐山公司获评全国文明单位、国家电网公司先进集体、全国依法治理创建活动先进单位、全国电力行业党建品牌影响力企业、全国模范职工之家等称号。

二、管理水平

坚持目标导向，深化“战略+运营”管控模式，统筹降低社会用能成本与实现电网可持续发展、提高效率与防范风险两大平衡，积极培育新理念、新技术、新模式，促进公司和电网高质量发展。

加快推进管理升级。扎实开展提质增效“升级版”专项行动，不断开拓综合能源服务、客户代维等市场，2021年售电量同比增长6.07%。坚持管理与技术降损并重，台区线损合格率提升至97.51%。狠抓精益管理，建立电量、购售电价、线损率、成本支出等关键指标动态分析机制，持续提升经营策略预调预控能力。实施“四清理一规范”合法合规管理专项行动，着力防范经营风险，获评河北省“七五”普法中期先进集体。

推进重大战略落地。紧扣“一体四翼”发展布局，加快推进新型电力系统建设，谋划实施“争排头当标杆‘171’”创新发展三年（2021～2023）行动。聚焦“双碳”目标，积极助力打赢蓝天保卫战，实现替代电量136.62亿kWh，减排二氧化碳1307.6万t、二氧化硫40.98万t。

深挖电力数据价值。以构建现代能源体系为目标，积极推动电网数字化转型，深化“互联网+专业”模式，在震后电网影响监测、煤改电效能监测、台区停电模型优化等方面取得显著成效。建立“5816”小微企业信用评价体系，服务唐山市政府“春雨金服”行动，利用大数据对企业开展贷前体检、贷中预警、贷后评估，助力小微企业贷款36.88亿元。加强数据共享融合，开发“电力看经济”“小微企业信用评价”等数据产品，形成“行业集中度指数”“企业复工复产监测”等数据应用创新实践，为政府科学施策提供电力数据支撑和服务。

大力拓展商业模式。扎实推进基础资源商务拓展，试点先行杆塔光缆敷挂商业模式，相关经验在国家电网公司全面推广。2020年以来，先后实现光缆敷挂、电力数据增值、基站附挂、边缘数据中心、通信机房、电力光纤和供电微波塔的复用共享，商业运营产品线达到7个，产品种类在国网冀北电力排名第一；累计合同总金额超1100万元，年利润超240万元，在国网冀北电力排名前列。

三、管理成效

坚持问题导向，着力补短板、扬长板，公司发展环境持续向好，经营管理水平显著提升，企业负责人业绩考核连续四年保持在冀北A段。

对标管理方面，以提升弱势指标为着力点，不断夯实专业管理基础，提高工作质效。结合公司实际，优化指标设置和评价方式，细化分解为54项具体指标，形成符合公司实际的内部指标体系。2021年，在国网冀北电力公布的44项地市公司对标指标中，唐山公司32项指标位列A段，占指标总数的72.73%，在冀北地市公司中位列第一。

安全生产方面，紧盯安全生产薄弱环节，深入开展安全生产专项整治三年行动、“五查五严”风险隐患排查整治工作。按照“有保有限”原则，规范做好有序用电，未发生影响居民、公共服务和重要用户供电的情况。成立供电保障中心，创新实施“五告知三熟悉一坚守”工作模式，圆满完成全国两会、建党100周年重大保电任务。

电网建设方面，围绕电网遗留工程，促请唐山市政府出台《关于大力支持电网发展建设的实施意见》，确定2018年为“城市电力建设攻坚年”，将19项遗留工程和在建110kV及以上工程全部列入全市重点项目，经过3年努力，遗留工程全部清零。精准对接唐山市“33458”工作思路，积极做好重要项目跟踪服务保障，玉田热电联产、曹妃甸生物质清洁供电等多项重点民生工程顺利竣工，冀北第一座220kV自主可控试点站——

洒金坨变电站顺利通过验收。对接民生需求，累计完成"煤改电"改造 32.25 万户。

经营管理方面，针对开平区等地区窃电猖獗问题，对外深化政企合作，促请市政府将打击开平区域窃电行为列为扫黑除恶专项斗争重点内容。对内加强基础数据治理，推进技术防窃电措施，打造"不能偷"的用电环境，经过三年努力，开平区线损率降至 5.38%，打击窃电"攻坚战"取得决定性胜利。促请政府出台《涉电用户信用管理办法》，持续巩固打击窃电长效机制。

优质服务方面，针对业扩超时限、复电超时长等问题，构建低压业扩配套项目工单驱动新模式，高、低压办电环节分别压减至 3 个和 2 个，业扩分别提速 11.88%和 6.3%。贯通省投资项目在线审批监管平台，实现"房产+用电"联合过户。以"两零三示范一保障"为抓手，树立 8 小时速度标杆，积极探索低压免审批、备案制、告知承诺制等办电流程新模式。主动对接用电需求，为 1514 户小微企业提供"三零"办电服务，节省客户投资 1211.2 万元。唐山市"获得电力"指标评价居河北省第一，唐山公司荣获河北省"优化营商环境推动高质量发展"先进集体。

改革创新方面，建立新型电力系统研究中心，与清华大学签署战略合作协议，曹妃甸海洋风光氢储新型电力系统示范区建设有序实施。积极推进增量配电改革，曹妃甸化学园区项目被认定为国家电网公司改革试点示范项目。扎实推进省管产业单位改革以及运检和营销机构"管办分离"，持续优化职责界面、管理流程。深化"三项制度"改革，以"一提三争四嘉奖"为模式，不断推动"增人不增资、减人不减资"机制试点建设。推动"揭榜挂帅"项目培育孵化和转化应用，1 个项目荣获国家电网公司管理创新奖，获得发明专利授权 6 项、实用新型专利授权 40 项；获全国优秀 QC 成果奖 1 项、电力行业优秀 QC 成果奖 2 项、国家电网公司优秀成果奖 4 项；获评电力企业 5A 级标准化良好行为企业。

四、管理特色

坚持结果导向，突出以高质量党建引领高质量发展的管理理念，以实现"四个晋级"、提升"六个阵地"为路径，推动公司健康可持续发展。创新构建党建工作"三个标准"体系，明确"党的建设=党的领导+党务工作"等 5 项原则，创新成果获评全国电力企业管理创新成果一等奖、管理创新论文大赛一等奖，实现党建引领能力水平晋级；以"一支部一特色"为载体，打造"3+20"标杆工程，解决"头雁效应"发挥不明显的问题，组织建设和政治建设两个专业分别获评国家电网公司党建标杆，实现基层党组织整体建设水平晋级；以"1244"工程为抓手，实施安全质量、管理效能、营商环境、员工素质四个提升，解决窗口服务满意度不高的问题，获评全国文明单位、国家电网公司先进集体，实现文明单位创建水平晋级；明确"1234"工作思路，聚焦"双降双提"，解决为民服务质效提升、优化营商环境的问题，"钢铁之魂"共产党员服务队荣获国家电网公司优秀共产党员服务队、冀北公司抗疫情保供电先进基层党组织称号，乐亭公司“光明行”共产党员服务队获评全国学雷锋最佳志愿服务组织，实现党员服务队建设水平晋级。相继建成“不忘初心、牢记使命”主题教育阵地、“文化登高、文明晋级”品牌建设阵地、“一支部一特色”基层党建阵地、企业文化百米长廊宣传阵地、“钢铁之魂”共产党员服务队“一主多分”阵地、“征眼看唐山”劳模创新工作室品牌建设阵地。

3.8

发扬太行精神　狠抓精益管理　在推动新发展布局落地中奏响最强音

国网长治供电公司

一、企业简介

国网长治供电公司（以下简称长治公司）是隶属于国网山西省电力公司的国有大型一类企业，服务客户 144 万户，担负着全市工农业生产和人民生活供电任务。长治公司本部设 12 个职能部门，下辖 16 个业务实施机构、12 个县（区）公司、1 个省管产业单位，企业负责人业绩考核连续四年保持全省 A 级，同业对标持续位居全省前列。2019 年，荣获山西省脱贫攻坚组织创新奖；2020 年，荣获国家电网公司先进集体；2021 年，荣获全国五一劳动奖状和国家电网公司服务脱贫攻坚先进集体。连续 13 年被评为全国文明单位。

二、管理水平

长治公司推行"四以四更加"管理理念，通过优化管理模式，完善体制机制，推动创新发展，蹚出了一条在发展中转型、在转型中跨越的前进之路，推动"一体四翼"发展布局在地市公司高效落地。

（一）以安全稳定为基础，高质量发展的根基更加牢固

树牢安全发展理念，将安全第一的思想贯穿于生产经营的全过程，从队伍建设、电网结构、设备质量、网络信息、应急保障、制度文化等方面入手，完善责任链条、管理办法、工作机制，在关键环节协同发力、严格管控，提升内在防范和抵御事故风险的能力，推动安全生产治理体系和治理能力现代化，安全生产纪录保持 6834 天。创新提出"三事三控"安全理念（事前源头预控、事中现场管控、事后考核查控），完善变电站视频监

控装置，出台作业现场手机管理规定，实现了作业现场标准化、可视化、军事化管理。

（二）以精益管理为抓手，现代企业经营更加稳健

牢固树立过紧日子思想，深化成本全过程闭环管理，聚焦物资采购、生产检修、运营管理等关键节点，严格管控成本，压减非必要支出，提升投入产出效率。健全市场化经营机制，深耕传统市场、开拓竞争市场、激活内部市场，通过技术升级、业务转型、资源盘活、政策增收，不断打造新的利润增长点。挖掘存量电网资源，通过站外新建环网柜，延伸扩建 39 个间隔，主变压器负载率同比增加 13.5%；通过调整运行方式、新建联络线、配变轮换等方式，节省电网投资 6000 余万元。下属两个县公司连续三个月挺进国家电网公司线损“百强县”，五一供电服务站率先打破全省“百强所”零纪录。

（三）以创新突破为引擎，转型发展的动力更加强劲

以打破管理体制机制上的束缚为出发点和落脚点，搭建创新要素，集聚共享平台，形成了跨专业、跨领域、跨单位的作战模式，长治公司组织部“三项制度改革”获国家电网公司三等奖。以生产经营中的痛点和难点为突破口，开展现场改善、局部优化、小改小革，解决生产一线实际问题，便携式计量二次系统校验仪成功量产，首次开拓省外市场。深化“网上电网”、配网可视化、营销 2.0、智慧供应链等系统应用，以服务指标提升和业务场景应用为抓手，开展数据治理、探索业务创新，“网上电网”实现问题诊断、规划前期、精准投资、量化评价等全流程线上作业，获山西企联“企业管理现代化创新成果”一等奖，并夺得国家电网公司青创赛金奖。2018 年以来，累计 224 个项目、1100 人次获得省公司级及以上表彰。

（四）以服务人民为宗旨，营商环境的体系更加完善

停电时长更短，通过严控计划、升级改造、带电作业、电网合环等手段，配电变压器平均停运时长同比下降 33.3%，供电可靠率 99.894%，超国家电网公司目标值。营商环境更优，通过“网上国网”“办电 e 助手”等业务应用，全面推广线上办电服务，客户平均办电时长压减 25%。服务品牌更亮，成功创建“星耀太行 电靓万家”服务品牌，建成“三型一化”智慧营业厅，率先实现“房产＋用电”过户一次到位，彰显了责任央企的硬担当。客户满意度更高，提级管控敏感意见工单，固化推广零投诉供电所典型经验，客户投诉量同比下降 77%，连续 4 个月实现零投诉。

三、管理成效

（一）坚持战略引领打造“长供样板”

深入开展“领导带头、全员参与”分层分级学习，做实集中学习、分级培训、主题

党日、专题党课四大载体，推动国网战略目标和“一体四翼”发展布局进机关、进班组、全覆盖。全面落实《对标世界一流管理提升行动实施方案》，对照关键指标、专项方案和工作清单，制定落地措施，对标先进找差距，围绕关键抓落实，2021 年业绩考核持续保持全省前列，潞城区和屯留区公司考核指标勇夺全省县级单位第一和第三。

（二）聚焦主责主业展现“长供速度”

电网建设提档加速，“十三五”期间累计投资 36.4 亿元，建成 110kV 及以上变电站 76 座，并网装机容量从 716 万 kW 提升到 828 万 kW，1000kV 长治变电站特高压配套送出工程提前 8 个月竣工投产，电力外送能力显著增强。经营市场持续扩大，用户数量突破 144 万户，市场占有率提升到 95.93%，获得电力排名全省领先。积极响应人大代表建议，主动对接地方政府和水电公司，促成平顺水电自供区资产无偿接收，预计新增负荷 20 000kVA。

（三）解决遗留问题彰显“长供担当”

按照“瘦身、合规、创业”的改革思路，彻底解决磊鑫公司、职工医院、幼儿园等历史难题，转岗分流职工 171 人；成立不停电作业、设备运维、物资检测三个中心，推动产业单位迈入了轻装上阵、良性发展的快车道，容海公司被国网产业部评为省管产业施工企业能力标准化建设达标单位。开展取证培训，12 名员工顺利通过二级建造师考试，项目经理人数增长至 32 人。主动对接城建、规划等部门，补充完善相关资料，彻底解决办公楼房产确权难题，取得不动产权证。促成公安、法院、公证等部门联合执法，成功收回房产 5800m^2。率先开展近亲属经商办企专项排查，典型经验在国家电网监督专栏刊发。

（四）服务全市发展履行“长供责任”

累计投资 7.4 亿元，完成 12.1 万户、475 个公建单位“煤改电”改造任务，消纳清洁能源 70 亿 kWh。实施贫困地区电网升级改造及村村通动力电工程 210 项，投运光伏扶贫电站 361 座，捐资助学 491 万元，展现了央企的责任担当。服务山西第七届旅发大会，高质量完成滨湖区智慧配电网规划和建设任务，主干网架 42 天建成送电，率先打造“配网不停电 + 客户零闪动”示范区。

四、管理特色

长治公司将太行精神、激励机制和创新驱动作为推动工作的动力源，让其成为驱动长供乘风破浪、奋勇前行的强劲引擎。

用太行精神凝神聚力。坚持传承弘扬太行精神不动摇，通过现场领悟、专题培训、文体活动等多种形式，将太行精神的核心要义与长供文化紧密结合，推动到一线、进班组、全覆盖，迸发出强大的生命力，成为激励公司上下攻坚克难、勇往直前的精神源泉，形成了上下齐心、步调一致、合力攻坚的大格局。

用激励机制激发活力。建立“1+N”多专业绩效考评体系，围绕同业对标、营销运检专业管理、属地协调等重点工作，制定专项考核办法7项，全方位提升考核管理效能。强化结果应用，建立激励工资与业绩考核联动机制，拉大激励工资占比和差异，对业绩排名靠后的管理人员进行调离岗位或降职免职处理，实现了干多干少不一样、干好干坏不一样。

用创新驱动催生动力。树立“发现问题是进步，解决问题是创新”的工作理念，把电网建设、营销服务等前沿阵地作为创新的主战场，围绕配网运维、网上电网、营配贯通等重点工作，积极探索研究，让基层的好想法、好思路成为创新的不竭动力和源泉。坚持“走出去”战略，在课题研究、成果转化方面，加强与生产厂商、高等院校战略合作，推动生产技术、装备机具的持续升级。

3.9

对标先进提管理　改革创新添动力
打造“强而优”全面领先的地市公司

国网潍坊供电公司

一、企业简介

国网潍坊供电公司（以下简称潍坊公司）是隶属于国家电网公司的国有大型供电企业，是山东省电网规模最大、售电量最多、电网负荷最高的地市级供电公司。2021年，潍坊公司成为山东省首家、国网第11家售电量突破500亿kWh大关的地市公司，连续10年保持山东省第一，业绩考核连续8年蝉联山东省首位，班组对标稳居山东省前列。近年来，先后荣获全国先进基层党组织、全国文明单位、全国五四红旗团委、全国最佳志愿服务组织等荣誉称号，连续17年被评为国网山东电力先进单位。

二、管理水平

潍坊公司运用新理念、新技术、新模式，瞄准数字化、智能化，推动传统管理转型升级。

推动传统电网向新型电力系统转型。积极响应国家“双碳”战略要求，发挥公司内部技术、人才、资源等优势，开展储能单元运营模式技术研究，确保储能电站与光伏电站单元协调发展。积极引导储能电站参与电力辅助服务市场调峰与优化运行，实现光伏、储能电站与大电网协同高效互动和安全运行。

推动传统业务向数字业务转型。建成山东省首家地市公司全业务数据中心，依托中台数据资源、算力资源，将数据全生命周期管理理论、中台技术与数字化需求相结合，破解长期以来制约数据价值发挥的难题，探索形成一整套数据管理体系，国网山东电力发文推广数据中台应用成果，建设经验入选国家电网公司典型案例。

推动传统流程向智慧共享转型。推动资金支付由分层分级到省级集中、现金流由月度预算到按日排程、资金调度由线下拨付到智慧智能，提高资金使用效益。构建动态预警、全面覆盖、协同发力的“三位一体”数字化审计模式，将数字化综合审计、持续审计嵌入年度项目，持续提升风险防控能力。

三、管理成效

国网潍坊供电公司贯彻落实国家电网公司和国网山东电力的工作部署，学史力行显担当，实干争先创最好，各项工作开创崭新局面。

战略落地既快又准。认真落实国家电网公司“一体四翼”战略部署，全面承接国网山东电力“八个发展”布局，全力支撑数字化供电所、“三型一化”智慧党建等26个“专业制高点”，以“点的突破”带动整体工作登高跃升。高质量承办国家电网公司乡村振兴现场会，打造电气化助力乡村振兴的“潍坊样板”。建成潍坊东部集控站，推动“无人值守+集中监控”模式常态运转。打造“金种子”人才工作站。首家完成全域实物资源在线数字化核查。作为国家电网公司唯一的地市公司，获得中央企业熠星大赛优秀奖。

电网发展既稳又好。一是安全生产保持稳定。深化应用“两体系一平台”“两有六全”平台，对严重、重复违章，按照“模拟事故”提级考核。圆满完成建党100周年、青岛上合峰会等重大保电任务。全面摸排17家政府机关和84家重要客户用电隐患，协助完成“双电源”、备自投改造。建立“政企电”三方联动机制，完成14个小区9580户改造接收，维护群众合法权益。二是各级电网协调发展。“三交三直”6项特高压工程过境、2项落地潍坊，35kV及以上变电站369座、输电线路9445km。推动国网山东电力与潍坊市政府签署战略合作协议，筑牢“十四五”电网发展基础。持续推进两个“千村改造”，完成1522个自然村电网升级，供电可靠性提升至99.975%。10kV线路联络率达到86%，户均容量提升至3.28kVA。光伏、风电装机容量分别达410万kW、199万kW，分居山东省第1、第3位。在山东省首家发布分布式光伏消纳能力地图，全部县市区出台分布式电源备案管理办法，引导新能源科学、有序发展。

市场服务既优又精。一是服务水平持续提升。建成以客户为中心的大服务体系，打造“网上办、零证办、一链办”服务新模式，高压业扩报装时限压减21%，投诉数量降低84%，客户满意率达到99.9%。建立服务企业“电力专员”机制，领导班子成员带头上门走访304个重大重点项目，通过调整建设时序等方式，为客户节省投资2.12亿元。完成替代电量30.24亿kWh、保持山东省第一。二是市场开拓精益高效。做强省管产业，培育153名项目经理、1166名核心施工人员，建成国家电网公司施工企业能力建设标准化单位，在山东省首家独立承揽国家电网公司500kV基建工程、首批试点客户设备代维。开展工程项目管理平台试点应用，率先完成国家电网公司带电作业服务认证，以过硬的服务和出众的实力，赢得市场、赢得尊重。

经营改革既深又实。一是持续深化改革。制定“战略+运营”管控模式优化实施方案、四批次“放管服”事项清单91项、县公司自主决策事项负面清单78项，构建科学合理、精简高效的管理体制。扎实开展国企改革三年行动，明确 85 项重点工作，制定推进计划表，每月量化通报完成进度及成效，超前完成 70%进度目标。二是突出创新创效。推行重点项目“揭榜挂帅”制，加大成果转化激励，2018 年以来，累计完成 56 项群众性创新成果孵化、24 项成果转化。15 项成果实现专利转让，1 项转化成果列入省公司零购计划。获得省公司级及以上管理创新奖 86 项，其中一等奖 28 项。

党的建设既强又亮。一是加强党的建设。深化党史学习教育，依托山东省首家企业讲师团，深入一线宣讲 132 场次、覆盖 8500 人次。扎实开展“为群众办实事”“为基层办实事”系列实践，认真梳理 52 项任务清单，逐项落地落实。构建党委抓统领、专业抓融合、支部抓落实“党建+”工作机制。荣获国家电网公司红旗党委，被中共中央表彰为“全国先进基层党组织”。二是履行社会责任。面对抗疫保电、有序用电等严峻考验，多措并举，全力以赴保安全、保民生、保发展，获潍坊市委市政府“两办”联合发文通报表扬。开展电力扶贫开发“十大行动”，3 名第一书记定点驻村帮扶，全部省定贫困村供电能力提升 1 倍，光伏扶贫惠及 1.1 万贫困户。包揽“支持潍坊发展先进单位”等 5 项殊荣，成为驻潍单位唯一“大满贯”。

四、管理特色

2018 年，国网山东电力启动市县一体化管理三年提升行动，国网潍坊供电公司先行先试、争先率先，打造了市县一体化管理“潍坊模式”。

聚焦思想转轨。建立市县一体周例会制度，决策部署直达基层供电所。通过常态化交流、同台晾晒对标，线路跳闸、台区线损等指标持续向好，县公司争先创优意识显著增强。随着市县资源的深度融合，企业发展优势不断放大，特别是在抗台抢险、脱贫攻坚、有序用电等急难险重任务面前，市县一体集中力量办大事优势充分彰显。

聚焦管理接轨。坚持“唯质量、唯成效，唯广大干部职工认同”，在山东省首家推行职员聘期制，县公司领导班子的人事关系全部转入市公司，58 人跨层级竞聘至省市公司，彻底打破员工晋升“天花板”。供电服务职工收入达到社会平均工资水平。补强县域电网基础短板，县域配网投资占比 86%，县域城区线路全联络，配电自动化覆盖率 100%。

聚焦业绩并轨。深入开展“市帮县、县学县”，带动市县一体齐步登高。全部县公司推动政府将“涉电民生工作”纳入镇街考核。诸城公司打造自主核心施工队伍，实现配农网工程“零分包”。寿光公司同期线损 7 次入选国家电网公司百强县，其他县公司 36 次进入国家电网公司百强，潍坊公司入选国家电网公司十强 1 次，实现了以重点任务带动整体领先。

3.10

打造“筑就战略高地 争创卓越业绩”先锋示范企业

国网烟台供电公司

一、企业简介

国网烟台供电公司（以下简称烟台公司）承担烟台市 14 个县市区、1.37 万 km^2、370 余万客户的供用电工作。管辖 35kV 及以上变电站 355 座，35kV 及以上输电线路 616 条，10kV 配网线路 2172 条，规模居山东省前列。连续 10 年获评国网山东电力先进单位、业绩考核 A 级企业，连续 14 年获国网山东电力同业对标综合标杆。先后荣获国家电网公司红旗党委、全国五一劳动奖状、全国文明单位、全国一流供电企业、全国供电可靠性 A 级金牌企业、烟台经济发展功勋单位、烟台市十佳驻烟单位和经济社会发展贡献百强企业、国网山东电力提质增效工作先进单位、烟台市纳税信用 A 级企业等称号。

二、管理水平

安全生产方面，深化应用安全生产“两体系一平台”，投运市县两级安全监控中心；建立以反违章为核心的现场安全管控体系，构建“正反双向”反违章奖惩机制，切实做到了以领导干部到岗到位确保零违章、以零违章确保零事故；建立基于“线长制”的输电运检新模式，实现“集中监控＋立体巡检”。

电网发展方面，建立政企“一年两对接”机制，促成烟台市政府和国网山东电力签署“十四五”战略合作协议；提出“城市电网生命线”理念，重要政治经济文化区域电网按照“网格化双电源、重要区域双环网”建设；创新打造“一小两快”配网运维抢修体系：停电范围小、非故障区域复电快、故障设备抢修快。

经营管理方面，坚持行政管理一体化，市县公司工作标准、管理水平和发展质量同质化管理；组建海缆分公司，开辟了运维抢修业务新领域；实施以预算、决算、资金为核心的智慧共享工程财务管理模式；建成山东省首批市级供应链运营中心，打造“四全两智”运营调配中心；创建集中分析、分散核实的审计模式，通过“数字画像”，实现质量和效率双提升。

优质服务方面，创新提出供电服务两个体系，即保证体系为营销部等专业部门、监督体系组建供电服务督察大队；创新成立工商企业获得电力服务中心，实行业扩“双经理＋双专员”机制，高效运转“强前端、大后台”；开展供电所强基登高专项行动，构建起“领导包保＋专业管理＋监督考核”的管理提升机制。

党的建设方面，坚持以党建高质量发展为主线，实施“党建＋业绩争先工程”，建立急难险重响应机制，形成“常态党员服务队＋柔性党员突击队”运行保障工作常态；创新实行“PCA”廉政约谈模式（谈前问题导向、谈中过程管控、谈后闭环管理）。

三、管理成效

连续安全生产突破 7700 天。坚决守住了“三杜绝三防范四不发生”目标，一般违章以及 220、110kV 线路跳闸较之以往均下降，配网抢修时间压缩至限定时间的 1/5，连续 8 年实现除夕夜台区“零停电”。完成 25 处政治经济文化中心双电源改造。

服务“双碳”取得重要突破。新能源装机总容量位列山东省第一。建成多元化城际高速充电站群，投运 800 余台充电桩，每天能够满足 9300 余台电动汽车同时充电需求。中标半岛南 3 号、4 号海上风电海缆项目，已实现全容量并网。

脱贫攻坚连续四年获评为“好”。持续加大投资力度，完成了 883 个贫困村电网改造、51 个晋档升级工程和 1.9 万眼机井通电任务，扶贫工作连续四年获得“好”的最高考核等次。长岛建成山东省首个全域电气化。

优化电力营商环境获得好评。供电服务满意度保持 100%。国内率先发布获得电力满意指数评价体系，促成政府出台 10kV 高压客户全部投资到红线，建成 3 个“获得电力”示范区、全国首创工商企业获得电力服务中心，典型经验在《全国优化营商环境简报》上刊发。“双经理＋双专员”办电模式作为全市典型经验上报国家发展改革委。

历史遗留工程全部攻坚解决。两年内解决了全部 169 项电网超期工程，其中持续推进十年的 220kV 黄务、110kV 建昌输变电工程竣工投运，结束了中心城区 23 年无新变电站投运的历史。

科技创新成果丰硕。近 3 年来，获省公司级及以上科技成果 35 项、管理创新成果（论文）57 项、质量管理成果 66 项，授权发明专利数量位列山东省第一。

党的建设荣获多项荣誉。荣获国家电网公司红旗党委和国网山东电力先进基层党委，获评国家电网公司优秀共产党员服务队、山东省思想政治工作优秀企业等称号。

四、管理特色

建成系统完备的安全管控体系。“教育是基础、制度是保障、执行是关键”的安全管理思路成为抓安全的行动指南，“两体系一平台”的安全管控模式不断巩固深化，各层级对“‘两会’是关键、现场是重点”入脑入心，以反违章为核心的现场安全管控体系日臻完善，反违章“三支力量”成为烟台公司现场查违章、保安全的独特优势，全面培养起“三种工作习惯”“三个意识、三种能力”的安全文化氛围，为安全生产提供了强有力的保障。

形成紧密融洽的政企合作关系。协调政府成立由市长任组长的电网建设工作领导小组，烟台公司电网建设重大问题纳入政府常务会议统筹研究，持续开展政企“一年两对接”，每年与 14 个县市区党委政府对接两次，形成重大问题自上而下高效推进的工作模式，为电网规划、建设等工作创造最优外部发展环境。

构建密切协同的服务管控链条。“两个体系”创新植入供电服务管理，成立专职督查大队，由供电服务中心统一管理，市县供电所、营业厅不定时、不定项接受随机检查，形成了每周“供电服务中心通报晾晒、责任部门落实整改”的常态机制，“以查促改”的模式成为提升基层供电服务的有力抓手。

打造高效畅通的一体管理模式。行政管理一体化常态运转，县公司作为“分部”和“支撑单位”进行管理，各专业室垂直管理到县公司专业班组，市县一体抓重点工作“认识一致、行动一致、目标一致”。供电所管理规范提升，通过部署标准化建设、大整顿和强基登高三年行动，全面建立科学的管理制度和指标体系，责任界面和管控模式更加清晰明确，为县供电公司和供电所健康发展奠定坚实基础。

建立科学务实的干部培养机制。高度重视干部队伍结构优化，先后推出“两上两下”“2+3+X”市县管理人员交流培养、主业与产业单位人才交流等机制，一大批优秀年轻干部得到提拔重用，复合型领导干部和后备管理人才成为培养重点，凭实干实绩选人用人的导向更加鲜明，为公司未来事业发展积蓄了强大力量。

3.11

大型供电企业以绿色低碳发展为中心的转型升级管理

国网济南供电公司

一、企业简介

国网济南供电公司（以下简称济南公司）是隶属于国家电网公司的大型重点供电企业之一，担负着济南市 10 个区县的供电任务，服务客户 315.4 万户。现有 14 个职能部室、17 个业务机构、6 个县公司，共有 77 个营业窗口、57 个供电所。2021 年，售电量同比增长 11.1%。济南电网是山东电网的重要枢纽骨干电网，拥有 35kV 及以上变电站 348 座，35kV 及以上输电线路 460 条。2021 年，电网最高负荷 627.8 万 kW。先后荣获全国文明单位、全国电力行业优秀企业、国家电网有限公司文明单位等称号。

二、管理水平

（一）加快推动电网向能源互联网升级

规划能源转型网架体系。加快构建以特高压为主要电源支撑，500kV、220kV 为骨干网架、各级电网全面协调发展的坚强智能电网。优化完善济南市主网架结构，加快解决主城区供电能力不足等问题，提升电网供电能力和安全水平。落实先进的配电网规划设计理念，细化功能区，落实网格化规划，形成精细化目标网架。深度融合城市发展规划，以饱和负荷标准目标网架为引领，精准制定电网发展计划。深化“两个融合”理念，全力打造城市融合型变电站示范工程。

建设配电能源互联网。重点建设供电分区合理、转供互带灵活、供用电形式多元互补的新型配电网。基于配电网透明化和电网资源业务中台建设，统一中低压配电网模型标准，开展云主站、供服系统中台化改造，构建面向配电网全专业、全层级、全业务的工单驱动业务新体系，实现从线下“管”到线上“监、研、管、评”的转变。试点运用以柔性直流技术为代表的新一代直流输电技术，在八涧堡生产基地建立低压柔性直流互联系统，解决高渗透率分布式电源并网产生的电压质量等问题，实现台区动态增容和故障下的转供电，提升分布式电源接纳能力。

建设智慧型低压微电网。以现代信息技术与先进能源电力技术融合发展为支撑，满足中小型清洁能源及多元化负荷即插即用要求，实现分布式电源可观、可测、可控。在汉峪金谷试点建立智慧型低压微电网，接纳分布式光伏等可再生能源发电系统及储能单元、电动汽车等用电负荷。优化微电源功率出力，以最经济的运行成本向用户提供满足质量的电能，实现储能充放电优化、负荷管理可控、系统稳定经济运行的目的，使分布式可再生能源发电系统与工业园区等内部配电网络协调运行。

（二）最大化消纳清洁能源

迭代升级新能源云。拓展延伸新能源项目接网“云”上办理渠道，实现新能源云市县两级常态化应用，各级新能源业务“一网办理”“云上流转”。积极服务政府、广大发电企业和生产厂商，依托新能源云开发新能源项目建设管控平台，打造新能源公开、公平、公正发展的生态圈，促进清洁能源有序接入。

构建源网荷协同互动管理机制。以提升清洁能源消纳能力和电网经济性为导向，以各类清洁能源发电作为刚性电源，以可调节电源和电网作为互动调节资源，推动电网从单一的电源调度向源网荷互动调度转变，提高电网安全防御和应急处置能力，提高清洁能源消纳能力、电网系统安全运行能力和经济运行水平。

实施多元协同互动的电网安全经济调度。针对新能源发电预测不准确或功能不具备的问题，优化新能源短期功率预测模型，提高预测精度。强化电网统一调度、分级管理体制机制优势，优化网内机组开机，优先消纳清洁能源。积极挖掘网内电源侧、电网侧、负荷侧各类型调峰资源，利用支撑多元主体协同互动的市场运行机制，推动源网荷储协调优化运行。

（三）促进负荷侧能源消费电气化

实施场景化综合能源服务。以工业园区、大型公共建筑等为重点，积极拓展综合能效、多能供应、清洁能源、储能等新兴用能综合能源服务。以客户用能数据和信息化手段为支撑，提供在线能效诊断、智能运维、智慧能源托管等能效服务，指导用户节约用能。实行客户需求全过程动态响应，提供覆盖客户需求调研到项目终结的全过程场景化服务。

打造车网互动的智慧融合平台。深化政企合作，明确差异化的充电设施发展政策。引入大数据分析，预测公共充电设施发展需求，确定城区内充电设施的布点定容。大力推广智能运维，开展充电桩迁改、优惠引流、低电量综合治理等。建设充电设施数据智能分析系统，提升车联网平台和充电设施的信息交互能力。加快大功率充电、无线充电、自动充电、V2G 等关键技术推广试点。

全渠道开拓电能替代市场。因地制宜推广农业电气化技术，打造电气化村镇。配合政府开展工业锅炉和窑炉拉网式排查，针对工业用热（热水、蒸汽）设备及工艺流程特点，制定“一户一策”替代改造方案。利用市场机制推进燃煤自备电厂清洁高效替代。配合地方政府合理确定“煤改电”清洁取暖年度改造规模，优先在居民小区、农村新型社区推广应用蓄热式电锅炉、热泵等集中式电采暖技术。

（四）打造共享赋能的数字化电网

构建全态感知的数字孪生电网。充分利用电力物联网建设终端、网络、平台等基础软硬件设施，推动电网一次、二次建设融合。实现调度、设备、营销等多专业数据的源头接入、共享贯通，利用数据中台海量数据存储及算力资源，推动量测数据即时、高效地“就地计算”及“穿透查询”。初步实现对物理电网实时状态的全面精准监测，支撑“数据一个源、电网一张图、项目一个库、业务一条线”管理。

深化网上电网平台建设应用。对内作为企业级平台，开放共享电网运行工况、电网规划方案及规划项目进展等信息，实现发展业务与调度、运维、营销等业务相关环节的有效衔接。对外作为电力大数据汇聚平台提供数据增值服务，构建 SGCC 电力景气指数，为宏观经济、行业产业、企业用户等提供多维多样的信息数据，架起电网应用与社会应用的桥梁。

三、管理成效

国网济南供电公司始终坚持以绿色低碳发展为中心，实现了“十四五”精彩开局。建成了以 1000kV 泉城变电站为电源支撑、500kV 系统环网运行、220kV 系统为骨干网架、各级电网协调发展的网架结构，2021 年售电量首次突破 300 亿 kWh，同比增长 11.1%。圆满完成贫困村电网升级改造和黄河滩区迁建配套电网建设，电网资源配置能力和智能化水平显著提升。基本建成以客户为中心的大服务体系，进一步提升“获得电力”服务水平，实现了工单总量下降 50%以上，服务工单回访满意率 100%，政府、企业对供电服务的满意度 100%，营商环境评价蝉联全国标杆及全省第一。“十三五”以来，累计完成全社会替代电量约 847.5 亿 kWh，相当于减少散烧煤约 4636 万 t、减排二氧化碳约 8443 万 t，电能占终端能源消费比例达到 28%左右，更好地服务于山东省新旧动能转换。高标准通过“护网 2018”等国家级检验，网络安全进入系统防护及智能防御时代。“十三五”至 2021 年末，公司授权专利 864 项，获得省公司及以上科技奖励 130 余项，获得国家级管理创新成果 4 项，省部级管理创新成果 80 余项。先后荣获全国文明单位、中央企业先进基层党组织、全国电力行业优秀企业、全国厂务公开民主管理先进单位、国家电网有限公司文明单位、先进集体、管理提升标杆企业、大型供电企业业绩进步单位、安全生产工作先进集体、全国电力行业党建品牌影响力企业、山东省先进基层党组织、供电示范企业、企业思想政治工作先进单位、2021 山东社会责任企业、国网山东省电力公司先进单位、先进基层党委、济南市安全生产先进单位等称号。

四、管理特色

（一）坚持高质量发展的电网转型升级目标

在国网系统首批试点开展了能源互联网示范区规划。试点建设智能运检管控中心，建成投运国内首个物联网配电室和国网首座智能变电站，电网资源配置能力、智能化水平、安全运行水平显著提升。在章丘三涧溪建成全国首座大数据智慧台区。落实“外电入济”战略，建设特高压站，提高山东电网的受电能力，强力支撑清洁能源接入和新能源消纳。在实现电网侧智能化升级、电源侧能源转型、负荷侧产业升级等方面取得了重大进展。

（二）坚持引导绿色低碳的能源消费新模式

围绕综合能源服务、需求响应、电动汽车等领域，全面推进能效服务业务发展，持续提高电能占终端能源消费比例。累计实施综合能源服务项目 407 个。在省内率先探索充电站智能互动化感知、大功率充电等系统建设。在全国首批实现充电桩“一网通办”，充电配套设施数量和充电电量居全省首位。电动汽车智能有序充电试点项目全面接入省公司车联网服务平台，实现台区内电动汽车负荷与居民负荷动态调节。加大电能替代推进力度，广泛拓展电气化技术应用，累计推广实施各类替代项目 2.3 万个，在各县区、各行业打造了一批绿色工厂、绿色建筑、绿色农业等示范工程。初步构建了以电为中心、智慧应用的新型能源消费市场，促进了清洁能源开发利用，推动全社会节能减排。

（三）坚持和谐共生的电力生态圈可持续发展理念

坚持将绿色发展、和谐共生纳入公司发展理念，展现了央企责任担当，促进了上下游全链条的可持续发展，带动了区域经济发展。加快优化资源富集区域电网结构，加快建设清照、茂李、商河等输变电工程，满足了章丘、商河等区县的新能源并网要求，促进了可再生能源的充分消纳。实施光伏扶贫工程，实现上网电费按时结算、光伏补贴及时拨付，惠及广大建档立卡贫困户，助力居民年增加收入 4800 余万元。高效满足中科院科创城等全部 737 个省市重点项目用电需求，针对不同用电企业提供差异化的购电服务，减少用能成本。全面履行央企政治责任、社会责任、经济责任，发挥央企带动力和引领力，为进一步推动构建新型电力系统做出重要贡献，为实现全社会高质量发展提供有力支撑。

3.12

“电”靓浦东 “能”赢未来 服务社会主义现代化建设引领区

国网浦东供电公司

一、企业简介

浦东新区是国家战略集中承载地，诞生了第一个金融贸易区、第一个保税区、第一个自由贸易试验区及临港新片区、首批综合性国家科学中心、第一家外商独资贸易公司等一系列“全国第一”，作为全国最大战略性新兴产业集聚地，以全国 1/8000 的面积创造了全国 1/80 的国内生产总值、1/15 的货物进出口总额。目前，浦东新区聚焦社会主义现代化建设引领区，致力于国内大循环的中心节点和国内国际双循环的战略链接建设。国网浦东供电公司（以下简称浦东公司）作为国家电网公司大型重点供电企业，高质量服务浦东改革开放和经济社会发展。近几年，在国家电网公司大供企业绩效对标综合评价中位列标杆，在服务行业中首家获得中国质量领域最高荣誉——中国质量奖，并先后获得亚洲质量创新奖、全国质量诚信标杆企业、中央企业先进集体、全国五一劳动奖状、上海市文明单位和中央企业先进基层党组织等荣誉称号。

二、管理水平

公司锚定国家电网公司战略目标，落实上海城市数字化转型要求，以数智化赋能电网建设、电网运维与客户服务的供电企业主价值链，助力“碳达峰、碳中和”目标实现。

（一）电网建设智能化

一是建设智能规划体系。公司运用大数据技术分析辖区客户用电数据，形成 9 类典型波动图谱，优化原以一、二、三产业为标准的电力需求预测模型，结合区域市场、交通、产业规划，运用 BP 神经网络技术，开展多场景预测，自动进行方案对比，大大提升规划的效率和效能。二是建设数字孪生变电站。2019 年，公司以 35kV 蔡伦变电站为试点，率先打造国内首个“会思考”的电网设备数字孪生系统，利用传感器采集的高密度实时数据，建立真实设备在虚拟空间中的映射；2020 年，110kV 博艺数字孪生变电站正式投入运行。这是国网上海市电力公司范围内首次实现实体变电站与数字孪生变电站同步建设、同步移交；构建变电站数字孪生标准体系，发布团体标准 1 项，推动数字孪生标准化。三是建设“钻石型”配电网。基于变电站数字化，打造以 10kV 开关站为核心节点、双侧电源供电、配置自愈功能的双环网结构，负荷转供能力达 100%，满足检修方式下“$N-1$”安全校核，有效减少计划检修及施工停电时间，新建线路规模分别比“花瓣式”和“双花瓣式”配电网最多可减少约 10%和 60%。

（二）电网运检精益化

一是数智化负荷调控系统。浦东公司作为首家通过国家电网公司验收的地调，开发智能化负荷转供系统，自动统计和预测区域用电和设备过载情况，智能化搜索负荷转供路径，根据操作开关可操作性、重要用户供电电源、操作开关数、转供后的负载率等对策略进行优化排序，从而生成转供策略并进行模拟预演，为调控人员提供最优方案，负荷切除响应速度提升至原来的 7.5 倍以上，专门用于序列编制的人力时间成本下降 50%。二是数智化检修。建设移动端检修 App，与数字孪生系统相联通，通过多媒体信息、即时通信、GPS 定位等，实现设备与人员、人员与人员间的实时交互，移动 App 内嵌历史试验报告和专家知识库，能够实现试验结果智慧研判，减少人为因素造成的误判、漏判，作业人员劳动效率提升 20%以上。

（三）客户服务精细化

一是构建智慧城市能源大脑。浦东公司融合水、电、煤及市政信息，吸引入驻服务商 100 余家，构建面向政府、能源企业、能源客户、能源服务市场，具有能源监控、能源分析、能源管理、能源交易、能源服务、能源应用六大功能的智慧城市能源大脑，连续 3 年代表国家电网公司参加世界人工智能大会、数字中国建设成果展等国际性展会。二是构建针对性服务体系。运用能源大脑分析客户数据，构建 3 层 298 项标签，描绘客户画像，推出产业跟踪、用电体检、电经指数、复工指数、设备代运维等 26 项数智化产品，完成综合能源产值 5000 万元。三是构建“能源管家”服务模式。以满足“全口径”客户多元用能需求为出发点，构筑“强前台—慧中台—大后台”模式，重新定位客户经理，打造“能源管家”服务品牌，优化服务流程，提升服务效率。2019 年，特斯拉上海超级工厂 220kV 电力配套项目从正式申请到完成送电仅用时 168 个工作日，创下上海同等规模电力配套项目的最快接电速度；创新打造“即插即用”快速接电模式，服务临港新片区建设实现“拿地即开工”目标，用户工程全流程压减至二分之一，临电耗时压减至三分之一。四是构建“智慧能源第一村”。发挥浦东连民村可再生能源的自然资源禀赋，创新集智慧微电网、地源热泵、蓄冷蓄热、生活热水和生物质等为一体的“能量魔方”集成系统解决方案，使本地清洁能源发电占比从10%逐步上升到接近49%，助力“碳达峰、碳中和”。

三、管理成效

（一）经营效益走在国家电网公司前列

浦东公司全面落实国家电网公司对标世界一流的管理要求，核心区域供电可靠性达99.999%，比肩东京、新加坡。在上海公司业绩考核连续6年保持第一；连续6年荣获国家电网公司“大型供电企业业绩标杆单位”称号。目前，基本完成《国家电网有限公司对标世界一流管理提升行动工作清单》规定的2022年重点指标提升目标（地市公司适用类指标）并大幅超过国网平均水平，部分达到国际一流水平。其中，劳动生产率是国家电网公司平均水平的7.9倍，城市用户平均停电时间是国家电网公司平均水平的1/12。

（二）创新管理引领行业发展

科技创新方面，增强创新“第一动力”，聚焦能源互联网关键领域，努力出模式、出标准、出样板、出首创，创造更多从量变到质变的成果。先后获得上海市科学技术奖1项、上海市科技进步奖1项、国家电网公司科技进步奖1项、上海市优秀发明选拔赛奖9项、上海职工发明专利奖2项、上海市产业青年创新大赛银奖1项；先后获得国家电网公司青创赛金奖2项、上海市青创赛金奖6项、银奖6项、铜奖10项；2018～2021年累计获得专利24项。获得国家级QC奖项1项、省部级QC奖项6项、国家电网公司级QC奖项2项。助力行业技术突破。管理创新方面，创新匹配管理模式，在服务行业中首家获得中国质量领域最高荣誉——中国质量奖，并获得亚洲质量创新奖等奖项，质量水平处于行业领先地位；先后获得全国企业管理现代化创新成果二等奖4项、上海市企业管理现代化创新成果一等奖2项、国家电网公司及电力行业管理创新奖20余项。

（三）以身作则引领社会责任

以国网上海电力FREE办电核心理念为指导，浦东公司坚持“九更”服务承诺与“阳光业扩”服务方案，持续优化营商环境。国家发展改革委《2020年国家级新区营商环境评价报告（上海浦东新区）》显示，上海浦东新区“获得电力”评分在18个国家级新区中位列第一名。培养出了以谢邦鹏为代表的全国劳模、上海市劳模、上海工匠、中央企业劳模、国家电网公司劳模、全国五一巾帼标兵、上海市青年五四奖章获得者等在岗员工6人，引领时代精神。先后获得全国文明单位、中央企业先进集体、全国五一劳动奖状、中央企业先进基层党组织等国家级荣誉称号，20次获得上海市文明单位称号。

四、管理特色

（一）搭建智慧城市能源大脑，构建智慧时代电网企业赋能城市管理新模式

在智慧城市建设迈入 2.0、数据成为新型生产要素后，浦东公司将数智化融入电网企业管理，构建与城市大脑相匹配的城市能源大脑，探索出了一条电网企业赋能城市经济、生活、治理的新模式和助力城市“碳达峰、碳中和”的新路径，走在国家电网公司前列，成为电网企业数字转型与业态转型的典范。以此为基础形成的《基于能源互联网的智慧城市能源服务体系建设与实践》获得 2019 年全国企业管理现代化创新成果二等奖。

（二）构筑能源管家服务品牌，建立数字时代电网服务新标准

数字时代，客户对服务的速度、广度和深度有了更高的要求。浦东公司参照“全科医生”理念，以数智化为底层技术，构筑“能源管家”服务模式，将客户服务体验从“当地事、当地结”升级至“一般事，即时结”“多种需求一次发掘、一并满足”，成为数字时代电网服务新标准。以此为基础形成《助力全球卓越城市建设的“能源管家”智慧服务提升》获 2020 年全国企业管理现代化创新成果二等奖。

（三）构建匹配管理模式，引领行业质量迭代新路径

浦东公司总结历年来的管理经验，融合电工学、经济学、系统学的原理，创新了质量管理理论，形成了涵盖基础质量、线性质量、多元质量、卓越质量、服务质量的递进路径，丰富了质量管理内涵，首创电力服务匹配模式，在电力系统内首获中国质量最高奖——中国质量奖。

3.13

对标世界一流　建设超大型城市智能高可靠骨干电网

国网上海电力超高压公司

一、企业简介

国网上海市电力公司超高压分公司（以下简称上海超高压公司）是国网上海电力的分公司，承担着上海骨干电网的建设、运维和管理任务，连续 8 年获国网上海电力所属专业公司绩效第一，近年来连续获国家电网公司专业对标标杆。截至 2021 年底，上海超高压公司管理变电站 136 座，主变压器 464 台；运维输电架空线路 407 条，总长度 5554km。运维资产总值近 670 亿元，当年累计输送过网电量 1616 亿 kWh，220kV 及以上输电主网架可用系数达 99.59%，所辖换流站直流能量可用率为 97.61%，实现连续 30 个百日安全长周期记录。

二、管理水平

全面落实国家电网公司建设世界一流输变电企业要求，以运检业务数字化转型夯实安全生产基础、以资产全寿命管理赋能电网工程建设，完善科创人才培育机制，打造一流人才队伍，加快落地国家电网公司现代设备管理体系。

（一）实施运维检修业务数字化转型

一是构建全网智能感知系统和设备自主意识体系，实现状态精确感知。上海超高压公司将智能感知作为核心抓手，通过多场景状态感知，实时掌握设备状态。围绕电网运行风险，以全方位、立体式的感知体系和数智化的监测技术监控风险点，实现全网状态的精确感知和运检信息的高效交互，为智慧决策和检修作业提供信息输入，从而建立设备自主意识体系，智能预测设备状态趋势。

二是建立多系统集成搭建运检管控平台，完善“集控站+智能运检管控+数字化班组”的组织模式，融合公司内外部各相关方的信息，实现全方位、立体化的数据海，供运检人员动态智能掌控信息。充分运用智能化手段，实现智慧研判预警。通过智慧决策模块，为现场异常和故障处理提供远程技术支持，实现智慧运检决策。

三是应用人机交互智能设备，实现安全高效作业。在智能运检平台上，对各作业场景和操作过程进行分析，结合作业特征进行智能化改造，大幅提升“机器代人”的覆盖面，有效促进人机协同效率，实现现场运检作业的安全、高效、优质。

（二）资产全寿命管理赋能电网工程建设

一是践行数字化施工，助力老站增容。在前期策划和方案制定的过程中利用 BIM 技术，制定了“先装设备，后盖建筑”的倒序施工方案，并利用 PI Matrix 评估老站改造各类风险，在保证施工安全的前提下，规避大面积停电风险。利用“环境实景+虚拟图像”的现实增强技术对施工方案进行预演，实现就地增容改造，减少土地资源新增。

二是施行高比例预制，引领行业低碳化。在示范工程中进行全国试点，采用 80%预制率的钢结构建设超高压变电站，并将成功经验推广，新建建筑物中钢结构面积占比达到 68%。装配式构件的推广直接缩短了建设周期，减少了“人、财、物、时”的消耗及粉尘对周边环境的污染，使老站原址重生，和谐融入环境。

三是循环利旧，减少能源投资损耗。采用资产全寿命管理理念，建立设备全周期台账，通过状态监测判断设备可利用寿命。对于老旧设备，充分循环利用，发挥设备最大使用效率，极大节约了能源投资，为后续电网升级打下了坚实的基础。

（三）完善培育机制

一是依托创新工作室培育创新人才。创建 5 个劳模、职工创新工作室，实现创新工作室专业全覆盖。邀请劳模、专家授课，打造融合“老中青”三代的协同发展模式，加强工作室间跨专业交流，在重大工程建设、运维管理等核心业务实践中深化设备主人制，培育创新、技能复合型人才。上海超高压公司现有全国劳模 2 人、上海市劳模 1 人、上海工匠 2 人、省公司级以上技能专家 22 人，其中国家级 1 人、省部级 13 人，位列国网上海电力前列。

二是建立并不断完善交流轮岗体系。先后组织 11 批 132 人次骨干青年参与，其中有 6 人次获高端专家人才称号，56 人成长为管理骨干，高端人才总量在国网上海电力保持领先。成功举办七届“技术新星奖”，为公司选拔优秀人才，搭建人才梯队，储备骨干力量。

三、管理成效

（一）运检核心指标达国内外先进水平

通过智能高可靠运行管理模式实现生产管理由事后应对向事前防范转变、分散现场管控向集约远程指挥转变、传统人工生产向数据智能驱动转变，推动现代设备管理体系落地，提升运检业务核心指标。2021 年，公司 220kV 及以上输电网架可用系数达 99.59%、所辖换流站直流能量可用率达 97.61%，达国内领先水平。公司于 2019～2020 年代表国家电网公司参加输变电资产运维绩效（ITOMS）国际对标，其中最核心的指标“每 1000 回路端变电站停运次数”在全球 29 家主要电网企业中最优，达到国际领先水平。

（二）主电网能源消纳能力大幅提升

上海市中心 7 座 220kV 变电站以及 1 座 500kV 变电站已完成数字化施工增容，共计提升供电容量 2280MVA，占原负荷的 146%，全年可实现减少碳排放 1567 万 t，新增容量全部来自长江三峡的清洁水电和特高压外来电。

（三）创新人才、科技成果不断涌现

上海超高压公司涌现出省部级以上劳模 5 人，全国电力行业技术能手 8 人，科技、管理创新先后获中国电力专利成果一等奖、全国电力职工技术成果三等奖、电力科技创新奖二等奖、第 44 届国际质量管理小组大会金奖等国家级、省部级奖项 12 项，获电力公司及以上科技进步奖 68 项，累计获取授权发明专利 218 项。

四、管理特色

（一）构建世界一流超大型城市电网高可靠运行管理新模式

针对上海城市骨干电网负荷密度大、电网规模增长快、可靠性要求高等特点，构建智能高可靠运行管理模式，完善“集控站+智能运检管控+数字化班组”组织模式，应用机器人、无人机、物联网等高新技术，提升运检效益和人员效率，推动现代设备管理体系落地。2020 年，该管理模式通过国家电网公司专家组验收，先后获评上海市“质量标杆”称号，并荣获全国电力行业设备管理创新成果奖特等奖、中国质量技术奖一等奖等国家级、省部级荣誉 5 项。

（二）打造超大型城市中心城区变电站扩容改造新样板

在工程建设方面融入资产全寿命管理理念，运用数字孪生技术转变工程管理模式，

减少能源投资损耗，打造绿色示范工程，历年来荣获鲁班奖、詹天佑奖、上海市立功竞赛“金杯公司”等国家级、省市级奖项47项。完成8座220kV及以上变电站改造增容，共计2280MVA，解决上海电网高峰时期的电力缺口。2021年，完成全国最大规模的老站改造工程，顺利为上海最年长的500kV黄渡变电站“换心”，增容60%，全部来自三峡的清洁水电和特高压外来电，支撑建设以新能源为主体的新型电力系统，助推上海实现“双碳”目标，其辐射和超前性为长三角一体化注入强劲动力。

（三）开创国际领先的骨干电网发展新道路

2018年以来，上海超高压公司充分利用无人机全覆盖巡线、激光雷达三维建模、“练塘新视界”机器人和高清视频联合自动巡检平台等物联网技术，有力支撑国网上海电力“拼技术不拼人力、拼管理不拼投入”新型保电体系，在防台防汛、疫情管控、花博会、建党百年等重大活动中提供可靠安全的供电保障，连续3年在进博会保电中实现“六零三确保”，为国网上海电力打造“主网打不垮”的韧性电网提供保障，彰显国家电网公司的央企责任和使命担当，保障了上海超大型城市电网的安全运行。

3.14

对标最高标准、最好水平　率先建成国际领先的高供电可靠性城市配电网

国网上海市区供电公司

一、企业简介

国网上海市区供电公司（以下简称上海市区公司）是国网上海电力的下属分公司，作为国内历史最悠久的电力企业（1882 年 7 月 26 日点亮中国第一盏灯），继承和发扬了创新发展、精益管理、争先率先等好传统，创造了多个第一，各项工作始终走在国家电网公司前列；地处上海核心城区，营业范围覆盖虹口、黄浦、长宁、静安、杨浦五个行政区，既是负荷中心，又兼具枢纽功能，服务客户 136.5 万户；干部员工 925 人，作风优良、工作出色，在历次重大保电、抢险救灾等急难险重任务中经受了考验。

“十三五”期间，公司经营业绩稳步提升，售电量、资产总额五年增长 6.15%、3.27%，累计完成电网投资 45.2 亿元（其中架空线入地投资 21.6 亿元）。全口径供电可靠率达 99.999 1%，超过日本东京核心区。截至 2021 年 12 月 31 日，安全生产长周期达到 3133 天。

二、管理水平

上海市区公司牢牢把握战略机遇、禀赋特质和区域重点，对标最高标准、最好水平，建成了支撑韧性城市的韧性电网，打造了世界观察中国电力的窗口。相关工作得到属地政府及国家电网公司的肯定。

1. 供电可靠性迈入国际领先行列

实施供电可靠性提升三年行动，高起点实施“1593”提升行动，通过三年登高，率先建成比肩世界一流的高供电可靠性城市配电网，全年时户数消耗大幅压降，跳闸数逐年下降，实现户均年停电时间低于 5 分钟，在国内地市级电网中率先迈入“五个 9”时

代，截至 2021 年底已连续两年全域供电可靠率保持在 99.999%以上，跻身世界顶尖行列。

2. 构建安全供电的“世界会客厅”级韧性样板

按照全年 365 天的会客要求，重点围绕 79 个重要用户，外滩等人员密集场所，推广进博会“智慧保电”模式和“互联互济互保”机制，全面构建“拼技术不拼人力、拼管理不拼投入”新型保电体系。每年承担上海旅游节、新年倒计时等保电任务近百次，在中共中央政治局常委集体瞻仰一大会址、连续三年进博会保电中实现保电任务“六零三确保”。

3. 在建设国际领先配电网道路上站排头、做表率

全面落地“十三五”规划，首家实现 110kV 变电站链式接线全覆盖。与新加坡花瓣型、东京点网式等开展比对分析，在中心城区架空线入地、10kV 配电网改造场景中创新开展钻石型组网，结合虚拟电厂、新一代配电自动化系统等提高电网快速自愈、负荷精准自调和重要用户孤岛自运行能力。

4. 以“绣花针”精神打造一批先锋工程、民心工程、精品工程

作为全市架空线入地工程的主战场，历时三年时间攻坚入地 108km（占全市 40.4%），新建 10kV 配电站 136 座、箱变 191 台，敷设高、低压电缆 962km、排管 99km。上海市委市政府对公司服务保障中心城区安全运行，助力城市精细化治理多次给予批示肯定和高度认可。

5. 坚持改革创新“双轮”驱动数字化模式突破

率先完成国家电网公司多维精益管理、业务集约融合改革等一批试点，积极推进数字化企业建设。建成投运上海电网首个在运电站的数据中心站，具备成本优势。紧密对接各区“一网统管”，建立电力工单联动快处模式，通过管理数字化为前端提供“炮火”支援。

三、管理成效

1. 保持了 3133 天长周期安全平稳局面

连续 6 年获评国网上海电力安全生产先进单位、连续 6 年摘夺迎峰度夏工作先进单位称号。连续 3 年被授予进博会服务保障先进集体，在“世界看中国上海，国网看上海电力”的关键时刻树起了市区标杆、彰显了市区形象。

2. 供电可靠率在国内地市级电网中率先迈入“五个 9”时代

供电可靠率超过东京核心区，跻身世界顶尖行列。2020 年国家能源局、国家电网公司在公司召开供电可靠性提升工程建设成果发布会，并正式启动“国际领先城市配电网建设行动”，获央视、新华社等 20 多家主流媒体专题报道。

3. 建成了匹配"韧性城市"的韧性电网

充分发挥中心城区电网架构基础优势，通过网格化管理精细化提升电网在极端事件下防范、防御和恢复的韧性能力。编制实施的重点城市"3+5"网格化规划报告首家通过国网总部评审，获高度评价。《以打造"上海特色、国际领先"城市配电网为目标的规划管理优化提升》获评国家电网公司管理创新优秀推广成果。

四、管理特色

将供电可靠性管理作为提升公司治理能力治理水平的重要抓手，以"建设世界一流供电高可靠性示范区"为标识度打造"世界会客厅"级韧性电网样板，倒逼内部管理变革和思维理念创新，取得了"干在前、做表率"的实际成效。

1. 实现计划停电精益化管控

打破惯性思维，严格停电预算式管理，综合运用"带转旁发"技术优化施工方案，通过作业方式调整实现停电时户数化整为零。创新运用 T 字作业法、低压跨接线、低压临线并网实现带电负荷转移，在国内率先开展小型化特种车辆、带电作业冷却降温服装、配电网带电作业机器人无人化辅助作业等先进作业装备应用，全域带电作业化率由 2018 年 80.68%提升至 2021 年的 99.75%。全年计划停电时户数由 2018 年的 6969.78 时户数锐减至 2021 年的 1300 余时户数。

2. 实现"点线面"的多维防护

面上以规划引领供电可靠性提升，用可靠性指标指导电网规划，进一步优化供电区域分类和规划标准，结合中心城区 108km 架空线入地，加快 10kV 钻石型配电网建设，消除电网薄弱环节。线上强化故障防治，通过建立"前防、群防、联防"三道防线，编制"1+4"个安全工作奖惩方案，大力推进线路全绝缘化改造和防小动物绝缘挡板应用。点上加快故障恢复，优化中心城区复电策略，实现跨越多台区复杂电缆故障的快转快判。

3. 实现标准制度、专家人才、品牌形象提级赋能

构建可靠性标准化组织体系和工作机制，开展高可靠性贯标，固化停电时户数预算式管理等规程 9 条、以高可靠性为指导的中心城区中压网架优化等方案 15 项、旁路作业结合绝缘短杆桥接法作业等技术规范 6 条，编撰形成相关典型案例 14 个，申报专利 10 项，发表论文 6 篇。大力实施"千优工程"，涌现一批具有影响力的国网优秀技能专家人才、中电联技术专家、全国可靠性专委会成员、全国电力行业技术能手。推动品牌影响向全供应链、全产业链、产品全寿命周期辐射，配电网不停电作业抢修服务首获"上海品质"认证。通过国际对标、技术比武、专业交流，向外输出更多的配电网不停电技术和可靠性管理经验，获评第七届中国电力行业设备管理创新成果一等奖。

3.15

聚焦数字智能转型升级 聚力“三位一体”管理提升 打造能源互联网企业的大供标杆

国网南京供电公司

一、企业简介

国网南京供电分公司（以下简称南京公司）是国家电网有限公司下属的大型供电企业，负责向南京全市提供安全、经济、清洁、可持续的能源供应服务。南京电网供电面积达 6587km^2，服务客户约 470 万户，服务人口超千万。南京公司于 2017 年荣获第十七届“全国质量奖”，并于 2020 年作为仅有的两家企业之一，代表中国企业参评并荣获亚洲质量卓越奖。2021 年，南京“获得电力”指标连续两年在国家发展改革委全国营商环境评价中成为全国标杆。

二、管理水平

南京公司深入贯彻落实“四个革命、一个合作”能源安全新战略，按照国务院国资委及国网江苏电力关于对标世界一流管理提升行动部署，积极探索数字化、智能化升级在电网企业的落地实践路径，以全球化视野对标找差，推进企业管理体系和管理能力的现代化建设，助力“双碳”目标实现。

1. 战略引领、科学管控，卓越运营领先发展

紧扣国家电网公司“一体四翼”战略发展布局，在国网系统内率先开展地市公司战略管理研究，编制形成南京公司“126”发展战略和“183”战略框架体系，公司战略管理典型经验获得国家电网公司和中电联的高度肯定。

2. 数字驱动、智慧赋能，南京样板率先示范

运用“大云物移智链”等现代信息技术对传统电网进行升级改造，投运全球首个使

用模块化多电平换流技术的 220kV 统一潮流控制器工程，建成运营全球首个 1.8G 频段全域覆盖的电力无线专网，一系列首台首套示范工程推动南京电网的数字化、智能化水平走在世界前列。2021 年 5 月，在国资委对标世界一流管理提升现场推进会议期间，公司数字化、智能化实践成果得到了与会各级国资委和央企负责人充分认可。

三、管理成效

1. 经营发展业绩领先

近年来，南京公司经营业绩实现了三个突破：电力客户突破 400 万户；年度全社会用电量突破 600 亿 kWh；电网最高负荷连续 5 年突破 1000 万 kW。公司业绩考核连续 10 年保持省公司 A 级，经营规模在省会城市供电公司中位居前列。

2. 电力供应安全可靠

目前，南京电网已形成了 500kV“O”形双环、220kV“三片五环”、各级电网协调发展的坚强网架结构。2021 年，白鹤滩入苏特高压直流工程南京段省内率先贯通。新街口核心区在国内率先告别“计划停电”，供电可靠率始终保持省内第一、全国前列。

3. 能源变革纵深推进

2021 年，编制南京新型电力系统示范区规划，启动城市级新型电力系统技术攻关和示范应用行动计划，开展 20 个攻关方向的研究和 8 项示范工程建设。打造领先示范，以江北国家级新区为先导，建成智慧能源协调控制系统、5G 新技术应用示范工程等 11 项能源互联网示范项目，投运国内首座采用静止同步补偿器的 220kV 无功补偿站。

4. 用能服务品质优秀

深化“供电+能效服务”，搭建规划网、充电网、服务网“三网”融合的新能源汽车服务生态圈；实施长三角地区首个能源消费侧“碳管理”综合示范项目，初步搭建水泥行业碳排放计量和监测系统；全国首艘 3000t 级电动货船成功试航；打造了国内最大规模的电动汽车智能充电综合服务楼宇、全国首个 CPS 楼宇用能优化项目等一批示范项目，示范项目综合能效提升水平行业领先。

5. 科技创新成果丰硕

2021 年，南京公司承担的“城市能源互联网零碳演进综合示范工程”纳入国家电网公司新型电力系统科技攻关计划，“5G 共享共生”科技创新成果获评国家电网公司科技进步一等奖。“十三五”期间，牵头和参与 5 项国家重点研发计划，孵化了 180 项科技创新和群创项目，取得了 100 余项具有自主知识产权的创新成果；公司获评四届中国专利优秀奖，获得省部级及以上科技奖 44 项、管理创新奖 18 项，获奖数量位列全省第一。

6. 党建领航凝心聚力

2021 年，南京公司蝉联“全国文明单位”，石城供电抢修服务队被中宣部、国家发展改革委联合表彰为全国“诚信之星”，助力国家电网公司在该项荣誉上实现了新的突破。石城共产党员服务队获评江苏“时代楷模”，成为国网系统首个“时代楷模”类服务队荣誉集体，其所在党支部荣获“全国先进基层党组织”称号。

四、管理特色

南京公司在获得亚洲质量卓越奖和全国质量奖的基础上，持续深化卓越管理模式，创新建立了“三位一体”3C 管理提升体系，如图 1 所示。该体系结合“勇于担当、勇于创新、勇当先锋”的企业精神，将“创新、履责、争先”（creation、conscientiousness、challenge，3C）的内涵融入企业“理念、行为与运营”中。该模式立足企业运营全过程大质量管理，将战略、指标、价值链、制度流程、绩效评价与改进融为一体，形成了一套以质量管理提升为统领，客户服务过程和企业管理质量相互统一衔接的质量管理体系，能够快速响应和满足客户用能需求。

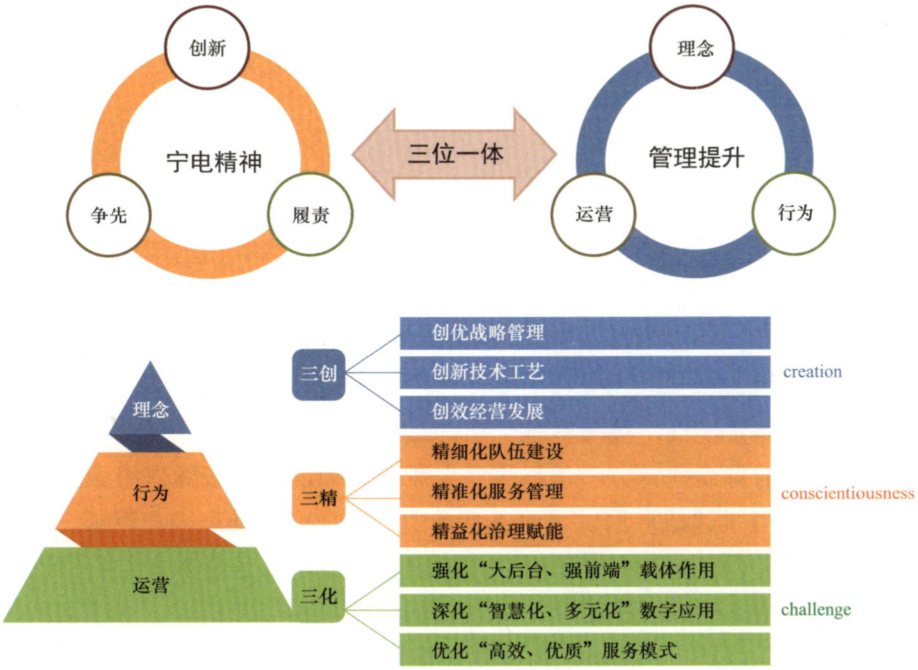

图 1 “三位一体”3C 管理提升体系

1. 在理念层面上强调创优、创新、创效

聚焦质量管理导向和目标，推动公司实现更好的效益、更高的效率和更优的效能。

一是创优战略管理。积极融入长江经济带、长三角一体化国家战略，深化实施“126”发展战略，强化战略全过程的闭环管理。近年来，南京公司促成将“建立以电为核心的综合能源系统”“支持发展以电为中心的区域综合能源服务站”纳入南京城市“十四五”规划，政策环境支撑力度全国领先。二是创新技术工艺。用创新的举措破解“卡脖子”技术难题，增强企业发展内生动力。近年来，南京公司参与“城市综合能源”和“电力物联网”等国家重点研发计划，打造国际一流智慧城市物联网典型样板。“电力杆塔共享共生”等项目的核心技术达到国际领先水平，“新型空调负荷控制”QC成果斩获国际质量管理小组大会最高奖，创新成果的国际影响力不断提升。三是创效经营发展。2021年，南京公司扎实开展数字化、智能化经营诊断分析，推进市县全层级内部模拟市场建设，高效配置人财物等核心生产要素，多维精益管理水平在大型供电企业中保持领先。深入开展提质增效专项行动，全面完成80项重点任务，总结提炼28项固强扬优典型案例。全面布局电网支撑业务，成立并运营智能运维、智能修试、智能不停电作业三家分公司。大力拓展综合能源、电动汽车、能源数字服务等新兴市场，在拉萨、南昌等省外城市大力拓展产业市场，加快实现共提质、共发展。

2. 在行为层面上强调精细、精准、精益

聚焦人才队伍建设和管理提升活动，进一步提高管理效益与质量。一是精细化队伍建设。近年来，南京公司构建“四力八阶”全员培养体系，实施“246+”优秀年轻干部梯队工程建设，制定了博士人才“四驱赋能”成长方案，充分发挥核心人才效能，有效激发干部员工担当作为。二是精准化服务管理。以客户为中心，搭建能效服务组织架构，实体化推进“供电+能效服务”体系建设，做优高效服务信息流、做强安全可靠电力流、做精双向互动业务流，让客户享受到省心电、省钱电和绿色电，全方位提升客户的用能体验。三是精益化治理赋能。高效运转市县两级合规管理委员会，将合规要求融入专业、嵌入流程。成立南京公司省管产业指导委员会，深化对产业单位重大经营事项的监督管理。

3. 在运营层面上强调载体搭建、数字拓展、模式优化

聚焦质量管理体系建设，统筹多方资源，搭建服务载体，确保重点领域率先突破和公司整体管理能力的持续提升。一是强化“大后台、强前端”载体作用。打造服务大后台，2017年，国内首批建成启用供电服务指挥中心，全渠道受理客户诉求，全景化监测供电运行关键指标，智能化指挥故障抢修。2019年，供电服务指挥中心获评国家电网公司“供电服务指挥中心建设标杆单位”。搭建服务强前端，2021年，在江北新区建成全省首个“开门接电”示范区，推出电力外线“临正合一”“供电+能效服务”等一揽子惠企措施，接续在全市打造示范集群。“开门接电”典型经验在国务院办公厅《国办要情》等重要信息刊物上刊发。二是深化“智慧化、多元化”数字应用。电网数字化、智能化运维手段丰富，近年来先后投运全国首座全感知变电站、首条人工智能电缆隧道，客户用能感知频次提升至分钟级。建设数字化运营管理体系，大力拓展电力大数据、区

块链、5G应用，引领国网信息化、数字化建设。三是优化“高效、优质”服务模式。政企协同推进“阳光电、智慧能”工程，不断优化服务、创造价值，当好电力“先行官”。促请政府将“管家式”用电服务纳入政策文件，升级“政电联办”服务模式，推进南京市工程项目审批管理系统与公司营销系统贯通融合，不断提升电力客户获得感和满意度。

3.16

构建“1+1+3”管理模式 打造能源互联网企业地市标杆

国网无锡供电公司

一、企业简介

无锡电网处于江苏电网“西电东送”“北电南送”的枢纽位置，拥有 35kV 及以上变电站 347 座，输电线路 8006 余 km，配电线路 3 万余 km。目前，国网无锡供电公司（以下简称无锡公司）现辖江阴、宜兴、新吴 3 个县（区）级供电公司、60 个业务所、338 个班组，本部设置 14 个职能部室、10 个业务支撑和实施机构。无锡公司坚持战略引领，围绕“具有中国特色国际领先的能源互联网企业”战略目标，努力在大局中谋发展、求突破。2021 年，无锡全社会用电量 838.64 亿 kWh，同比增长 10.42%；调度最高用电负荷 1429 万 kW，同比增长 6.1%；日用电量首次突破 3 亿 kWh。

二、管理水平

1. 安全管控能力强

加强设备运维管理，做好应急处置保障，强化需求侧响应，成功应对强降雨、强寒潮等恶劣天气，迎峰度夏、度冬期间电网保持安全运行。秋冬季面对严峻的电力保供形势，统筹谋划、精心部署，创新需求侧管理举措，在全省率先开展全地区企业轮休，按街道细化轮休方案，单次最大错峰 190 万 kW，牢牢守住电网安全和民生用电底线。在全省率先建立市县两级安全管控中心，狠抓作业现场反违章，现场违章率同比下降 26.7%。开展“第一责任人议安全”活动，进一步强化红线意识和底线思维。扎实开展电网设备跳闸专项整治，电网设备跳闸数量近 5 年最低。

2. 战略实施能力强

紧扣江苏新型电力系统“四新两高”（供给新体系、配置新格局、消费新形态、存储新模式、技术高水平、机制高效能）特征，细化制定无锡地区落地举措。建成全国首个输电无人机自主巡检示范区，形成“立体巡检+集中监控”线路运维新模式；投运全省首个全要素、全感知多站融合示范项目——110kV 祝塘变电站，实现多要素融合应用；交付投运太湖流域首艘电动作业船，开拓水上交通电气化新领域。110kV 高巷“零碳”变电站、祝塘综合能源站等一批示范工程顺利投产，分布式光伏群控群调等试点工作成效显著。

3. 改革创新能力强

与江阴新国联集团、海澜电力加强合作，有序推进增量配电改革试点项目。在省内率先完成退休人员社会化管理。顺利完成省管产业单位所有资质转移。组建综合能源混合所有制公司、电动汽车子公司、思极科技分公司。联合政府部门在全省率先建立电力行政执法监督机制，推动《江苏省电力条例》落地。持续深化现代服务体系建设，营配融合三级岗位体系初步建立。牵头编制的 GB/T 40597—2021《电能质量规划总则》正式颁布，《电力数据辅助太湖治理》获评国网大数据应用优秀案例，北斗应用项目入选电力企业数字化转型典型案例。“有源配电网精准保护技术”项目荣获国家电网公司科技进步一等奖；《便携式三相电能表快速上电装置》QC 成果获得国家电网公司二等奖。

4. 精益管理能力强

建设“供电+能效服务”体系，实施锡山人民医院能源托管等 170 个能效服务项目。推动各级政府出台电能替代支持政策 5 项。巧借政策推动燃煤自备电厂压降出力，推动 5 家燃煤自备电厂压降发电量 1.1 亿 kWh。率先推行县公司产业单位任中经济责任审计，开展科技创新等专业诊断分析。创新建设“四流合一”项目管理体系，以信息流、业务流、价值流、资金流融合精准管控项目进度。深化全域物资一本账管理，实现仓储物资全域统筹。狠抓同期线损管控，同期线损指标保持国网领先。探索优势项目跨地区共建经营，与国网西藏电力省管产业单位对口共建。

三、管理成效

1. 公司发展实现大突破

全社会用电量超过 800 亿 kWh，调度最高用电负荷不断突破历史记录，增长至 1429 万 kW。业绩考核连续多年保持在国网江苏电力系统前列。先后获得国家科学技术进步二等奖、全国文明单位、国家电网公司先进集体、江苏省用户满意服务明星企业、无锡市服务地方发展优秀单位、服务产业强市先进集体等荣誉。2019 年 7 月，国家电网公司党组将无锡公司纳入大型重点供电企业管理序列，翻开了公司发展新篇章。

2. 电网发展实现大突破

“十三五”期间，累计电网投资 103 亿元，新增 35kV 及以上变电容量 990 万 kVA、输电线路565km。中压线路平均供电半径缩短至3.94km，配电线路百公里跳闸率降至1.82次/百公里。供电可靠率达99.967 6%，城市综合电压合格率100%。居民户均容量达6.7kVA。清洁能源实现全消纳，为电网向能源互联网转型升级奠定坚实基础。

3. 改革创新实现大突破

在全省率先完成现代服务体系构建，以管理变革激发内生动力。全面完成“三供一业”分离移交。大力推进省管产业单位改革，建成“三会一层”现代企业治理模式。电缆创新项目获得国家科学技术进步二等奖。建成国内领先的不停电作业实训基地，在省内率先应用机器人参与复杂不停电作业。拥有国际专利3项、国家专利650余项。

4. 使命价值实现大突破

落实长三角一体化等重大战略部署，主动融入全市发展大局，积极服务无锡高质量发展。连续三年举办优化营商环境发布会，打响“锡电特快”服务品牌，促成无锡一市两县均出台电力营商环境支持政策。深化报装接电专项治理，高、低压客户平均接电时长分别缩短66%、70%。完成新一轮农网升级改造，有效解决低电压、“卡脖子”问题。

5. 旗帜领航实现大突破

大力实施“旗帜领航·三年登高”计划，高质量开展“两学一做”学习教育、“不忘初心、牢记使命”主题教育，促进广大党员干部学用贯通、知行合一。不断深化全面从严治党，加强党风廉政建设，“三不”机制纵深推进、“两个责任”一体落实。落实企业文化建设工作指引，连续多年保持“全国文明单位”荣誉称号。

四、管理特色

1. 以党的建设为引领

认真贯彻新时代党的建设总要求，以“党建+”为载体，激活党建资源与活力，把党建工作与中心工作有机结合、深度融合，充分发挥党委的领导核心作用、基层党支部的战斗堡垒作用和党员的先锋模范作用，为公司高质量发展注入强大的“红色动力”。坚持事业为上、以事择人、人事相宜，牢固树立重实干、重实绩、重担当的用人导向，干部队伍动力活力有效激发。

2. 以改革创新为驱动

主动适应外部监管要求，稳妥有序推进电力体制改革。深化内部管理变革，破除体制机制障碍，以管理变革激发内生动力。始终坚持创新驱动的优良传统，在科技、管理、政策等方面全面创新，围绕“碳达峰、碳中和”目标、城市能源互联网建设、清洁能源消纳、“互联网+”服务等重点，布局实施重大项目，推广应用新技术。

3. 以安全稳定为抓手

从讲政治的高度深刻认识做好安全工作的极端重要性，构建横向分解到边、纵向贯穿到底的责任体系。牢牢抓住跳闸压降、违章整治等关键环节，解决重点难点问题，提升本质安全水平。加快安全生产技术创新，从数据化、标准化、精细化入手，推进安全履责能力、保障能力、监督能力现代化，构建与能源互联网企业相匹配的安全管控模式。

4. 以规范精益为抓手

坚持向管理要效益，把挖潜增效的要求落实到项目建设、物资管理、营销服务等全业务链条。加快内部模拟市场建设，以现代服务体系为基础，构建经营质效综合评价体系，提升可持续发展能力。抢抓能源革命与数字革命融合发展机遇，以综合能源、电动汽车、思极科技“三驾马车”为关键，积极参与和实施新基建项目，以竞争抢占先机、赢得主动。

5. 以优质服务为抓手

贯通政企平台，在省内率先推出“亮证办电”服务。创新服务举措，在惠山工业转型集聚区、宜兴环科园等六大区域全面推广“开门接电”模式；在锡东新城商务区建成省内首个“送电进门、拎包用电”示范园区。加快推广数字化服务，“网上国网”注册用户突破 110 万户，线上办电率超过 95%。超前开展碳市场研究，开通国网系统首个碳服务窗口，10 名员工取得碳市场交易员资格认证。实施打造全国一流电力营商环境标杆三年行动，连续三年获评无锡市“服务地方发展优秀单位”。

3.17

聚力四个示范　打造治理能力现代化的县域能源互联网企业

国网张家港市供电公司

一、企业简介

国网张家港市供电公司（以下简称张家港公司）是国网江苏省电力有限公司所属大型县级供电企业，现下设 9 个职能部室、4 个业务支撑和实施机构、1 家省管产业单位、1 个三新供电服务有限公司、8 个供电所，服务用电客户 78 万户。张家港电网目前共有变电站 70 座，输电线路 1711km，配电线路 6473km，基本形成了 500kV 为骨干、220kV 坚强联络、配电网协调发展的电网格局。近年来，张家港全社会用电量、工业电量均名列江苏第一、全国前茅，是全国首个单日电量破亿的县级市，全社会用电量约占苏州的五分之一、江苏省的二十分之一。

张家港公司各项经营指标处于国网系统县级供电公司领先水平。年售电量突破 270 亿 kWh，主营业务收入连续三年突破 150 亿元，均位居江苏省县级供电公司首位。连续安全生产记录成功跨越 6000 天。先后荣获“全国用户满意服务”“江苏省五一劳动奖状”“国家电网公司一流县供电企业”“国网江苏省电力有限公司先进集体”等荣誉称号。

二、管理水平

张家港公司深入贯彻上级公司决策部署，精准把握县级大型供电企业定位，持续加强管理体系和管理能力建设，聚力打造四个县域示范。

（一）聚力智能高效，打造新型电力系统建设的县域示范

优化南北两个 220kV 双环网，构建网架结构坚强、资源配置能力出色的城市骨干电网；以国际领先城市配电网建设目标为导向，构建“一核两环”一流配电网，全面提升

电网本质安全能力和供电保障能力。优化形成“1+2+4+4”新型电力系统建设体系，全力建设“一城、一岛、一湾、一园”四大示范工程，加快推进30项重点建设项目。深度主导能源互联网前沿技术和装备研发，打造更多实用实效、可复制、可推广的创新成果。以战略合作协议为抓手，加强理念输出和价值传播，进一步巩固政企战略伙伴关系。推进与高校、科研机构的合作，广泛吸引各类市场主体参与能源变革，带动产业链上下游共同发展。

（二）聚力舒心便捷，打造优质服务的县域示范

提高获得电力指数，全程跟踪服务宝马光束汽车等国家重大外资引进项目；围绕省力、省时、省钱，制定落实6大方面18项具体举措，倾力推出“电引擎 最舒心”服务品牌；深化“互联网+”供电服务，以“数据跑路”代替“客户跑腿”。拓展用能服务业务，致力形成营销指导培育、产业单位承接实施，双向互动的用能服务业务格局，有效扩大业务规模；以“供电+能效服务”为抓手，抢抓重大项目建设契机，“一企一策”提供“用能套餐”，引领构建低碳高效的能源消费模式。加快再电气化进程，深挖交通运输、工业和农业生产、居民生活等领域电能替代潜力，全面推广以电代煤、以电代油、以电代气。

（三）聚力卓越智慧，打造企业治理的县域示范

加强绩效化管理，作为唯一县级试点，在省公司系统内率先开展县公司卓越绩效模式深化应用，促进卓越绩效与专业管理的相融共进；运用“业绩考核”“同业对标”两个抓手，创新开发重点工作任务看板，持续提升指标管控能力。推进体系化创新，依托“职工创新工作园”模式，加快能源互联网创新成果研发；做实职工创新成果转化应用平台，构建成果转化及推广应用长效机制；采用许可或授权使用方式，开拓创新成果系统外产业化路径。推动数字化转型，扩大无线专网接入业务量，强化输电线路可视化应用，提升公司业务感知传输能力；开展线损精益化管理融合分析平台建设，让数据为业务赋能；加大电力大数据价值挖掘力度，助力生态环境精准治理。

（四）聚力精益合规，打造经营发展的县域示范

深化提质增效，立足效益效率效果，聚焦经营“量、价、费、损”等核心要素，形成更加注重投入产出的经营发展模式；创新应用线损管理“五步走”方案；深化全域物资一本账管理，推行专业仓“同制化”管理模式；落实“张三丰”青年员工培养计划；开展供电所层级内部模拟市场建设。加强合规管理，加强重大决策、重要制度、重要文件和重大合同的合法合规性审查审核；深化省管产业、供电服务公司等不同主体合规建设，实现合规管理全面覆盖；积极开展综合能源服务等新兴业务经营风险研究。强化产业升级，围绕“五强五优”目标，抓好业务布局、发展协同、能力建设、机制创新，打造具有卓越竞争力的地标型企业；以产业单位为实施主体，创新应用电力设备租赁

服务模式。

三、管理成效

（一）新型电力系统建设成效显著

发布全省首个县级供电公司“碳达峰、碳中和”行动计划。建成全省首个县域中心城区“零计划停电示范区”。推动钢铁企业绿色转型，永钢港口用车电动化项目顺利落地，20 辆换电重卡投入运行；与沙钢集团合作，落地全国首个新型轨道电动机车产业化项目。联合国家电投集团总部，共同开展双山岛“零碳”绿色生态示范岛建设。

（二）经营管理提质增效

推动关停省内停运容量最大的计划外自备电厂机组。线损指标位居江苏第 3、全国第 6，百强县排名提升 32 位。加强不停电作业能力建设，不停电作业次数同比增长 1.5 倍，用户平均停电时间同比压降 40%。积压物资规模较年初压降 36%，超前完成上级下达的指标。

（三）服务水平持续提升

“获得电力”指标得分在全省营商环境评价中位列第一。高、低压客户用电报装环节分别压减至 3 个、2 个，时长分别压缩至 19 个、5 个工作日以内。推动出台电力接入工程授权备案与并联审批双轨制，6 个政企互通项目相继投运，实现居民“零证办电”、企业“一证办电”。

四、管理特色

（一）弘扬张家港精神，争创县级公司精益管理样板

将“团结拼搏、负重奋进、自加压力、敢于争先”的张家港精神融入企业经营管理的全过程，探索实践“123”管理模式（筑牢基础管理这项根基，打造新型电力系统和提质增效两个高地，提升现代化治理、优质服务、创新创造三大能力），以更高质量、更有效益、更可持续的发展，推动县域能源互联网企业建设做深做实做细，连续八年获得“服务地方优胜奖”。

（二）优化电能替代模式服务长江大保护

构建政府主导、电网推动、社会参与的协同机制，助推长江经济带绿色发展。大力推动钢铁企业运输绿色低碳，用车“电动化”工作取得重大突破。联合地方海事、交通

部门，推进岸电服务标准化、船岸双方便利化、安全保障规范化，沿江码头岸电设施覆盖率提升至 100%，船舶使用岸电艘次和用电量大幅跃升，服务大气污染物减排取得明显成效。

（三）探索实践“工作园”模式深化职工创新工作

针对传统职工创新单点作业、分散研究导致的重复创新、资源浪费、效率低下等问题，探索实践职工技术创新工作园模式，将劳模、技师创新工作室和其他职工创新团队聚集起来，形成相互协作、资源共享的创新园地。累计获得全国大奖 5 项，省部级以上奖项 15 项，70 余项创新成果获得国家知识产权证书。共享智慧配电站、地埋式升降变、输电通道监控防护装置等多项创新成果实现转化应用，每年为公司创造 50 余万元的经济效益。工作成效获全国总工会批示肯定。

3.18

战略为统领、数字化为牵引、创新为驱动 谱写国家电网公司管理提升新篇章

国网杭州供电公司

一、企业简介

国网杭州供电公司（以下简称杭州公司）是国家电网有限公司 34 家大型重点供电企业之一。至 2021 年 12 月底，拥有电力用户 512 万户，拥有 35kV 及以上变电站 425 座，规模约占浙江 1/5，位列国家电网公司经营区省会城市第一，处于国际领先地位。连续 6 年荣获国网浙江电力绩效考核优胜单位，先后获评中央企业先进集体、联合国实现可持续发展目标先锋企业、全国质量奖、全国五一劳动奖状、全国文明单位、国家电网先进集体等称号。

二、管理水平

（一）以战略为统领，制定一套落地计划

以国家电网公司战略目标为统领，贯彻“一体四翼”发展布局，锚定“先行示范窗口”目标定位，制定杭州公司战略落地行动纲要，建立“68 项重点任务、25 项实景示范”实施体系挂图作战。聚焦“双碳”目标，贯彻国家电网公司、国网浙江电力新型电力系统建设计划，制定实施“181N”杭州落地方案，领先建设数字化牵引新型电力系统省级示范区主阵地。贯彻国家电网公司支持浙江高质量发展建设共同富裕示范区计划和国网浙江电力工作部署，制定专项行动计划，实施“六大工程”28 项任务，全面服务共同富裕幸福杭州建设。

（二）以数字化为牵引，打造一批示范应用

抢抓浙江数字化改革和杭州打造“数字经济第一城”机遇，作为唯一企业单位深度融入杭州城市大脑建设，推出电力关爱码等近 20 个电力数据应用场景。首创“转供电费码”并获国家市场监管总局推广应用，央视《新闻联播》以 2 分 24 秒时长进行了报道。创新“企业复工复产电力指数”“电力 + 网格化防疫”，2020 年 3 月习近平总书记在调研杭州城市大脑时，对电力大数据在电力战疫、服务复工复产等方面的应用称赞说“好”。

（三）以创新为驱动，培育一张创新生态网

坚持科技是第一生产力、人才是第一资源、创新是第一动力，不断塑造发展新动能新优势。组建徐川子劳模融合创新中心、博士工作站、新型电力系统技术与应用研究工作站等创新载体，构建“产学研用”创新生态链。实施新型电力系统科技攻关行动计划，统筹清华大学、浙江大学、电科院等各方创新资源，攻关绿色低碳等关键核心技术，2021 年创新成果获省部级奖项 21 项。建立党委直接联系服务劳模专家人才和揭榜挂帅机制，建强育优专家人才、劳模工匠、青年骨干三大梯队，获评国家电网公司首席专家 1 人和国网浙江电力二、三级专家 5 人。

三、管理成效

（一）电网发展水平达到国内领先、世界一流

牢记习近平总书记 2003 年到杭州公司调研时提出的“要让电等发展，不能让发展等电”殷切嘱托，高质量推动各级电网协调发展，电网规模较本世纪初翻了三番。“十三五”期间投产变电容量 2870 万 kVA、电网规模增长 78%，相当于新建 1 个中等城市电网，确保了电网在国家电网公司经营区省会最高负荷下平稳运行。打造世界一流配电网，全国率先取消核心城区 10kV 传统计划停电，2021 年全域供电可靠率 99.9922%、居国家电网公司第一，城区电缆化率 97%，媲美国际一流城市。

（二）卓越服务水平实现国内引领、国际领先

牢记人民电业为人民的宗旨，秉持“你用电、我用心”的理念，为共同富裕幸福杭州提供卓越服务保障。全面服务乡村振兴，以习近平总书记在浙江工作期间的基层联系点——下姜村为试点，构建“数智型‘六好’供电所 + 红船电力驿站”新时代、新农村、新电力常态服务模式，获浙江省委书记袁家军、国家电网公司董事长辛保安肯定。打造环节最少、办电最快、成本最低、政策最优、服务最好的“五最”用电营商环境，实行阳光智慧办电，2020 年获得电力指标晋位全国第四。促成政府出台全省最优、全国示范的电力接入工程费用分担政策，实现企业接入零成本。成立国家电网公司首家实体化运

作的地市级服务稽查中心，确保每一个承诺兑现至每一个客户。

（三）企业管理创新成果丰硕，实现历史性突破

贯彻“一体四翼”发展布局，坚持不懈抓对标、强管理、促提升，不断增强核心竞争力和经营质效。作为国家电网公司首批试点开展国际对标，提升配电网资产管理能力，实现 9 项配电网国际对标成果的全域推广应用。率先建设现代设备管理体系，“设备主人 + 全科医生”运检监一体化和数字化安控创新模式在国家电网公司推广，获国家电网公司总经理张智刚调研肯定。2020 年，管理创新成果获省部级及以上奖励 4 项，历史首次实现全国企联、中电联、国家电网公司、省企联管理创新一等奖“全满贯”。2021 年，2 项成果获评全国优秀质量管理成果，2 项成果历史性获得第 46 届国际质量管理小组大会（ICQCC）金奖（最高奖项）。

四、管理特色

坚定践行习近平总书记“电等发展”殷切嘱托，紧扣“一体四翼”发展布局，立足国家电网公司战略落地先行示范窗口定位，聚焦“全面实质领先”，一手抓强基固本、一手抓创新示范，高质量打造责任杭电、标杆杭电、数智杭电、幸福杭电、清廉杭电“五个杭电”。

（一）打造践行使命、忠诚担当的责任杭电

坚持旗帜鲜明讲政治，牢记初心使命，胸怀“国之大者”，践行企业宗旨，全面履行“三大责任”，矢志不渝做好电力先行官、架起党群连心桥，为杭州打造世界一流的社会主义现代化国际大都市提供坚强电力保障。坚定扛起杭州亚运保电首要政治责任，贯彻“简约、安全、精彩”办赛要求，聚焦“五个最”“四个零”保电目标，秉承“绿电，让亚运别样精彩”理念，建立“1 办 9 组 5 专班 12 战区”工作体系，首创应急指挥暨政治保电系统，推动绿色交易实现亚运场馆 100%绿电供应，打造史上首个“零碳亚运”。

（二）打造先行示范、全面领先的标杆杭电

锚定“排头兵、引领者、先锋队”目标，对标国际国内领先水平，努力在各项工作中争第一创唯一，确保实现全面实质领先。率先推动能源转型，打造泛亚运都市级低碳新型电力系统综合示范，构建能源大脑、源网荷储互动、综合能效提升、“电—能—碳”一张图四大实景，投产世界首台 5G + 量子加密智能开关等 20 余个首台首套项目。积极促进绿色发展，获得央企首个可持续管理体系认证，投产全国单期最大石塘公交智慧充电站，可满足 400 辆电动公交车充电需求；推出全国首个“低碳入住计划”，在联合国峰会上向世界展示绿色转型“中国方案”。

（三）打造整体智治、卓越精益的数智杭电

坚持质量第一、效益优先，强化精准、精益、精细管理，以数字化思维、技术、方法全面提升公司管理体系和管理能力现代化。建成“网上国网”“网上电网”“数智能源大脑杭电中枢”三位一体企业现代数字体系，率先打造国网系统唯一“网上电网”杭州综合示范，构建“一览无遗、一键决策、一管到底”的企业数字治理平台。建成全国首个地市级能源大数据中心，上线杭州能源“双碳”数智平台，“双碳”地图应用获国家电网公司董事长辛保安批示肯定。

（四）打造人和业兴、风生水起的幸福杭电

树牢人才是第一资源理念，坚持全心全意依靠职工办企业，打造高素质专业化复合型人才队伍。统筹推进各类人才发展，创新搭建青年人才“启明学社”、员工培养“育苗计划”、全专业“尖刀班”等特色平台，班组核心能力建设和数字化转型获国家电网公司董事长辛保安、总经理张智刚调研肯定，公司涌现出一支以“60 后”全国劳模史文斌、“75 后”抗疫英雄周志仁、“85 后”全国劳模徐川子、“88 后”全国青年岗位能手钱锦、“90 后”抗台先锋田汉霖等为代表的先进梯队。创新主动式诉求服务，连续多年开展“为您办电事”服务员工十件实事，用心用情用力解决职工急难愁盼，持续营造“人人为杭电、杭电为人人”的企业氛围。

（五）打造干净干事、风清气正的清廉杭电

坚持党要管党、全面从严治党，深入推进“旗帜领航”党建工程，构建“党委坚强、支部管用、党员合格”党建生态，以高质量党建引领保障高质量发展。树牢“党建也是专业”理念，构建市县一体化、专业协同化大党建格局，首创党建员持证上岗，建成国家电网公司首家融媒体分中心，微党课在国网系统中唯一获评中宣部优秀理论宣讲微视频。高质量开展党史学习教育，杭电光明驿站作为国家电网公司唯一案例入选国资委央企“我为群众办实事”百家品牌。实施清廉杭电“六大工程”，构建“两全三化”大监督体系，《供电所小微权力廉洁风险防控手册》在国网浙江电力推广，持续营造风清气正的政治生态和风生水起的发展生态。

3.19

聚焦低碳发展　聚力创新实干　以高效精益管理驱动企业质效双提

国网长兴县供电公司

一、企业简介

国网长兴县供电公司（以下简称长兴公司）主要负责长兴地区电网建设运维及电力客户服务工作，辖区共有35kV及以上变电站30座，电力客户36.04万余户。2021年，长兴公司完成售电量90.91亿kWh，供电可靠率达99.986 5%，综合线损率为2.35%，全员劳动生产率为389.65万元/人年。长兴公司先后荣获第三届全国质量奖、全国职工书屋、全国模范职工小家、国家电网公司文明单位、浙江省文明单位等称号。

二、管理水平

（一）绿色为本，努力践行高质效降碳之道

深入践行“绿水青山就是金山银山”的理念，服务“30·60”[1]目标达成。在全国首创“碳效码”，科学构建碳效评价体系，设立碳效值、碳中和率等5大指标，形成完整的碳效评价体系；实现碳效智能对标，打造碳效综合服务平台，实现碳效自动计算与发布，辅助政府科学决策；创新“碳效+政策”治理机制，将“碳效码”评价结果与能源双控、碳配额、企业绩效评价等有机结合，出台配套7大类政策；定制“碳效+产品”服务，定制节能评估、交易响应等5种“供电+能效服务”产品，推出能源“碳效贷”“绿升贷”等5种碳效金融产品。以“碳效码”为核心的应用体系联合构建了数字化低碳转型共同体，引导多方协同推进绿色发展，有力推动重点领域和行业提前实现碳达峰。相关课题

[1] 应对气候变化，要推动以二氧化碳为主的温室气体减排。中国提出，二氧化碳排放力争2030年前达到峰值，力争2060年前实现碳中和。

获国家电网公司青创赛营销组第一名、浙江省第二届企业码场景应用创新大赛一等奖、国网浙江电力青创赛金奖。

（二）创新为先，努力践行高质量发展之道

以多元融合高弹性电网建设引领构建新型电力系统，深化开展储能多场景应用，投运全国首座铅碳式电网侧储能电站，建成全省首座“新能源+储能”示范光伏电站项目，实现了源网荷储的深度互动，提升电网接纳可再生能源的能力、整体运行质量和可靠性。完成全省首个秒级可中断负荷装置接入，投运全国首台分布式潮流控制器装置。首创“水泥生产+全电运输”多用户紧耦合式响应，成果入选国网浙江电力柔性负荷调节典型案例。全面实施“生态+电力”工程，积极布局港口岸电项目，统筹推进充电桩网络建设，实现县域电动公交全覆盖。建成全国首个跨省数字化“全电物流”项目，入选交通运输部绿色示范项目、浙江首批“打赢蓝天保卫战”治气典型案例，荣获浙江省企业管理现代化创新成果二等奖、浙江省青工创新创效大赛银奖。在全国首创县域电力经济指数（EEI），助力企业复工复产，透过电力看经济，电力保障、保障电力双融双提。在全省首家组建增量配售电公司，迈出浙江省电力体制改革的重要一步。

（三）实干为基，努力践行高效能管理之道

全面贯彻提质增效经营理念，以多维精益管理体系为抓手，紧盯资源配置高效率，率先搭建项目储备优选出库应用场景，优化完善配网项目全过程投资评价体系，对有限资源进行赋能增效，助推投资高效精准。有序推进数字化改革，全省率先推进配网运检现场业务数字化全覆盖，大幅提升配网运检效率。建立“一制度、一标准、一体系”管理构架，形成“一人一终端一 App”作业模式，17 类现场业务实现“零”报表，智能分析数据准确率和研判准确率达 100%。积极推进供电所“数智”转型和班组数字化工作，打造数智化前沿“哨所”。全力服务长三角一体化能源互联先行先试，充分发挥地缘优势，率先实现浙皖配网线路互联互供，率先发布跨省办电服务公告，首次开展浙皖带电作业交流，全面打通结算业务，开具首张跨省电费发票。大力推进专业协同、探索新兴业务，真正实现班组减负、提质、增效。调控运行班获国家电网公司“工人先锋号”等称号，《创新驱动发展，创效铸就精品》获全国首届（2021 年）电力班组创新创效奖一等奖。

（四）履责为要，努力践行高品质服务之道

落实“电等发展”理念，加快主网规划布局落地，优化配网规划建设，支撑分布式、微电网、储能等新型交互式设备接入，促进主网、配网、微网协调发展。坚持“能带不停”，大力开展带电作业，实现城区配网不停电作业全覆盖，业扩 100%不停电，带电作业次数累计 3 年增幅 280%。全面优化电力营商环境，提升客户“获得电力”满意度。试点应用“阳光业扩”一站通平台，提升办电效率。组建协同报装服务中心，推行联办联审，水、电、气、网报装申请材料实现“一表通办”。深化线上智能服务，实现缴费、办

电等业务“一网通办”。协同做好电力信用管理，创新应用覆盖“信用+”四大典型场景，深入挖掘电力信用价值，促成全国首笔“电费贷”发放。全力服务共同富裕示范区建设，高质量推动供电能力城乡一体化、供电服务城乡同质化，打造新川村等一批电力便民服务点。深化数字化改革成果应用，将乡村振兴电力指数、智能缴费、独居老人生活监测等电力元素融入未来乡村建设。

三、管理成效

（一）坚持创新引领，实现企业活力的持续激发

深入践行国网浙江电力“示范窗口”的战略部署，不断向“首台”“首套”进军，向“多台”“多套”转化。“碳效码”入选浙江省数字化改革最佳实践案例，并作为能源大数据公共服务产品在浙里办 App 上线应用。“碳效码”等一系列助力“双碳”典型成果在央视《新闻直播间》专题报道，时长达 14 分钟。

（二）秉持务实精益，实现企业品质的全面升华

始终在实干、实绩、实效上下功夫，在坚持、坚守、坚韧中求突破，一步一个脚印，一年一个台阶。2018～2021 年，长兴公司营业收入由 42.37 亿元增加到 50.98 亿元，售电量由 72.47 亿 kWh 增加到 90.91 亿 kWh。承担国家电网公司多维精益体系建设“每一项工作”试点任务，在国家电网公司“四个一”交流发言中获专家高度评价。储能电站和“新能源+储能”项目在规划设计、建设运营等方面具备完善的流程机制，为“源”“网”侧储能电站的建设提供了可复制、可推广的先行经验。规范调控可再生能源发电，做法入选国家电网公司配网调度管理最佳实践。

（三）践行为民初心，实现了服务品牌的有效提升

坚持“人民电业为人民”的企业宗旨，努力提升电力获得感，高质量助力建设共同富裕示范区。三年来，长兴公司的供电可靠性大幅提升，城市用户平均停电时间累计下降 75.54%，综合线损率下降至 2.35%。截至 2021 年 12 月，长兴公司全口径供电可靠率达 99.986 5%。全面优化电力营商环境，深度融入“最多跑一次”改革，2018～2021 年累计为企业减负 8.5 亿元，“获得电力”水平显著提高。

四、管理特色

（一）党建引领，构筑“先锋长电”

全面落实管党治党主体责任，打造“党委坚强、支部管用、党员合格”风清气正政

治生态，融合“党建+”项目、“红船党员服务队”、红船·光明驿站等，建立“党员—群众—业务”红色网格，有效提升党建工作质量，引领保障企业风生水起发展生态。长兴公司党委荣获国网浙江电力“红旗党委”称号，客服党员服务队获评国网浙江电力“优秀红船党员服务队”。

（二）育能塑质，激发“活力长电”

精益绩效管理，定期组织员工开展自评和领导评议，实现员工绩效全过程掌控。细分员工性格特点、能力专长，“私人”订制职业生涯规划卡，实施管理、技能人才双渠道培养。创新师徒机制，开办“薪传学园”，有机贯穿中层领导人员“薪火计划”、优秀骨干“新引擎计划”和青年员工“新芯计划”，依托“四维”前辈（技能前辈、思想前辈、艺能前辈、创新前辈），拓展学习和互动纬度，做到学有所思、学有所悟、学有所用。组建专家技能人才团队，开展技能人员“人人过关”培训，打造一线蓝领技术团队。2018年以来，累计为省市公司输送优秀人才32人。

（三）文化润心，凝聚“幸福长电”

融合地域文化特色，确立“站力不凡、和享其美”文化落地传播主题，推动卓越文化进基层、进班组。建成新时代文明实践展厅，充分展示长兴公司文明创建成果。深化幸福企业建设，持续推进“为群众办实事”“四季暖心”工程，连续10年开展“最美长电”身边感动人物评选。长兴公司两次获评国家电网公司文明单位，荣获“全国电力行业企业文化品牌影响力企业”称号。

（四）搭建平台，驱动“创新长电”

与浙江省电科院建立战略合作关系，互相选送青年骨干开展交流学习，加强与省交易中心、高校等互动合作，针对新型电力系统联合进行课题研究。深入推行“项目揭榜制”，围绕“双碳”工作、优化营商环境、高弹性电网建设等建立42个柔性研究团队，为员工提供发轫土壤。2018～2021年，获得省部级科技及管理创新优秀成果9项。累计拥有专利388项，参与编写国家或行业标准2项。

3.20

机制创新　数字赋能　打造典型市域管理标杆

国网绍兴供电公司

一、企业简介

国网绍兴供电公司（以下简称绍兴公司）是国家电网公司特大型供电企业，担负着绍兴市三县（市）三区的电网运行、建设和配电营业任务，供电区域 8279km^2。截至 2021 年底，全市营业服务网点 41 个，各类用电客户达 277.6 万余户；拥有 110kV 及以上变电站 202 座，变电容量 5818.80 万 kVA，线路 5710.01km；售电量 484.25 亿 kWh，同比增长 13.49%；最高用电负荷 919.82 万 kW，同比增长 12%；全口径供电可靠率 99.989 8%，达到国内一流水平。

绍兴公司多年来经营管理基础扎实、底蕴深厚，于 1997 年成为原国家电力公司首批“国家电力公司一流供电企业”，2002 年被原国家电力公司命名为“国际一流供电企业”（全国首批五家之一）。近年来，先后获得全国文明单位六连冠（省内唯一）、全国五一劳动奖状、全国五四红旗团委、全国电力行业质量管理奖、全国实施用户满意工程先进单位、全国质量管理小组活动优秀企业、全国安康杯竞赛优胜单位、国家电网公司先进集体、浙江省企业文化建设示范单位等荣誉。

二、管理水平

绍兴公司紧紧围绕国家电网公司建设具有中国特色国际领先能源互联网企业的战略目标，坚持系统谋划、战略思维，持之以恒抓基础、优作风、作示范，通过优化组织体系、深化数字运营、细化合规管理、强化机制创新“四向”发力，推动管理水平高效化、智能化、规范化、活力化。

（一）优化组织体系，管理水平高效化

适应能源互联网发展趋势，深入分析“双碳”目标下新型电力系统建设对企业组织管理模式的影响，系统规划设计更加安全、高效的组织体系。健全现代安全管理体系，实施班组安全对标，开展“三种人”星级评定，明确新业务新业态安全职责，依托“数智强安”平台，实现计划全覆盖、作业全管控、现场全到位，推进安全生产治理体系和能力现代化。构建现代设备管理体系，在全国率先探索以“运检监一体”设备主人制为基础的“全科医生+专科医生”新型运检模式，建成投运国网首条“智能巡检+集中监控”模式的智慧输电线路。创建新型供电服务体系，以触角敏锐、高效便捷、服务贴心、价值共创为目标，深度整合基层配网和营销业务，组建“一部五中心”，优化营配业务流程，创新客企关系管理，推动基层配网、营销从专业化垂直管理向综合型内部协同转变。2020年浙江省公司阳光业扩现场会在绍兴召开。

（二）深化数字运营，管理水平智能化

建立企业级“聚管用”一体化数字技术平台，组建深度聚合供电服务指挥中心、生产指挥中心、安全管控中心等职能的多元融合企业运营管理中台，开展内控流程“线上跑”、运检业务数据“线上办”、数字工作票等一系列综合应用，打造多跨协同共享共用的数字化治理体系。建立政府授牌的城市级能源大数据中心，开展全市水、电、气、煤等能源数据的汇聚和分析，发布“乡村振兴电力民生指数”“碳税码”等高价值数据产品，并实现政务云平台同步上线，在服务政府决策上展现电力智慧。

（三）细化合规经营，管理水平规范化

健全企业合规管理体系，建立主业与产业单位合署、实体化运作的审计中心，并设置合规办，建立横向到各部门单位、纵向至各基层班所的合规管理网络，完善以业务部门为主体的合规保障体系、以合规办为主导的监督体系，制定出台合规管理评价细则、协同监督工作意见、履职提醒约谈机制等8项制度，优化合规风险事前防范、事中纠偏管理模式。健全产业单位现代企业治理体系，高效完成瘦身健体、出资人平台整合，完善“三会一层”设置，成立九部五中心，建立“授权+委托”管理模式下集团化运作、市县一体化的管理机制，下属大明电建公司获评国家电网公司施工企业能力标准化建设优秀单位。

（四）强化机制创新，管理水平活力化

创新内部对标管理机制，开展供电所对标考核，实施班组分类评价，以指标为抓手，聚焦核心业务，打通系统平台取数，有效提升公司基层管理的穿透力和实效性。创新市场服务机制，完成综合能源服务公司“分改子”，成立综合能源服务业务投资决策委员会，与融创、万科等大型地产商开展战略合作，在全省首创“家电销售+用电增容”“联合投

资+租赁回收”等商业模式；加快产业单位绿色转型，成立新能源分公司、组建新能源事业部，与市县政府合作推进整县光伏开发，促成“新能源+储能”等政策配套市县全覆盖。创新多样化薪酬激励机制，试点供电所薪酬包干，以定员为基础核定薪酬包干总额，探索压降外包成本和提升农电工资总额的有机联动机制；推出“共享员工”机制，用活用好各类跨专业人才，破解结构性缺员难题。构建“大科技”创新体系，实体化运作省内首个双创中心，制定出台创新激励指导意见，对重大科技项目实行揭榜挂帅制；依托内外部专业资源，组建首个国际标准青年工作室，成立博士创客营，建立全专业评审专家库和战略智库；创新引入量子加密技术，打造国网系统首个“量子+电力”综合示范基地。

三、管理成效

绍兴公司坚定“争先进、当排头”的目标定位，紧扣主题主线、扎实苦干实干，积极推进管理转型，取得了一系列成效。

（一）经营管理成绩斐然

全省率先建成 220kV 及以上双环网，主网标准化率提升至 99.35%。2018 年以来，110kV 及以上变电容量、线路长度分别增长 8.83%、6.57%，资产总额增长 63.56%，17 项输变电工程荣获省公司及以上荣誉。电能在全市终端能源消费比例提升 2%以上。高损台区占比和综合线损率分别由 0.91%、2.81%降至 0.02%、2.46%。配网目标网架建设管理模式入选国家电网公司 2018 年二季度工作报告，并在全系统内推广。

（二）服务水平明显提升

压减办电环节，线上办电覆盖率达 100%，客户满意率保持在 99%以上，供电服务评价连续六年保持全省第一，“获得电力”指数提升 1 个百分点以上，营商环境排名跻身全国前列。2019 年供电可靠性位列全国第 9，达到全国领先水平，在国家能源局供电可靠性信息核实中准确率居国网系统第一。实行电力“三零”服务，落实电力降价减费政策，有效减少全市用电成本。

（三）改革创新成效突出

高质量完成制造类产业单位混合所有制改革，大明设计院资质成功升为甲级，并获得新能源设计资质。科技创新成果突出，累计获得省公司及以上科学技术奖 92 项，主导编制国际标准 1 项、国标及企标 34 项，1 项 QC 成果获国际质量管理小组（ICQCC）金奖。成功创建国网系统首家市县一体“5A”级标准化良好行为企业、首批法治文化示范阵地。运检一体化的“绍兴模式”在全国领先。

四、管理特色

绍兴公司在运检一体化、新型供电服务体系、党建品牌建设等方面持续发力，形成了一些特色做法。

（一）以“全科+专科”运检协同为核心，构建现代设备管理体系

以十年运检一体化探索为基础，建设“运检监一体集控站”，降低重心、贴近设备，提升设备监控强度和管理细度。全面培育“全科医生”，建立两阶段三维度的运检人员标准化培养模式，拓展业务、强化技能，践行设备主人“三大理念”。深度唤醒“专科医生”，聚焦本源、自主作业，掌握设备管理“话语权”。运检一体化模式实施后，消缺工作效率提升50%，综合检修工作效率提升21.4%，单间隔检修试验工作效率提升22.2%。

（二）以营配深度融合为抓手，构建新型供电服务体系

按照理念新、组织新、动能新、服务新“四新”理念，推动营配管理、机构、流程、岗位、技能等深度融合，打造以客户为中心，以市场为导向，以强市场前端、大营配后台、新数智赋能为支撑，以触角敏锐、高效便捷、服务贴心、价值共创为目标的新型供电服务体系。实施新体系后，高压业扩配套工程时长压缩15%以上，小微企业平均接电时长压减66.67%。

（三）以深化党建价值创造为引领，打响“光明”、电力“枫桥经验”等党建特色品牌

深入挖掘周总理为绍兴公司职工写下“前途光明”题词的历史故事，建立以“心向光明、行诺万家”为精神内涵的电力博物馆——光明馆，全省唯一一家入选中央企业红色资源网络展览，并获浙江省国有企业微党课竞赛一等奖。深化电力“枫桥经验”品牌，将“红船精神”与“枫桥经验”相融合，形成人民电业为人民、专业服务到家门、矛盾化解在基层的工作理念和党建引领、群众路线、法治思维、源头治理、网格管理的20字工作法，并获浙江省企业管理现代化成果一等奖。

（四）以解决安全问题为目标，创新“量子+电力”全业务综合应用

针对新型电力系统建设在信息接入、设备控制和互动等方面现实问题，创新引入量子加密技术，完成智能开关、分布式光伏等9类装置的量子化改造，实现配电网可调资源协同控制、空调负荷集群控制等6类综合场景验证，率先建成国内首个“量子+电力”综合示范基地。积极开展知识产权和成果转化工作，完成8项专利申请、3项标准立项的知识产权布局，相关工作经中国电工技术学会院士专家组鉴定，整体达到国际领先水平。

3.21

加快推动新型电力系统建设 争创现代能源服务一流示范

国网合肥供电公司

一、企业简介

国网合肥供电公司（以下简称合肥公司）成立于 1962 年，服务全市 477.3 万户电力客户，代管 5 个县级供电公司。

合肥公司 2018～2021 年经营业绩突出，售电量年均增速突破 10%，位居全国大型供电企业前列。2021 年，完成售电量 421.4 亿 kWh、增长 16.4%，营收、利润均居全省首位。省管产业单位营收增长 20.5%，利润增长 19.5%。新兴产业发展迅速，建成全国首座“七站融合”示范项目，综合能源业务年均增速高达 143%。城市用户平均停电时间较 2018 年降低 26.5%。合肥公司连续 10 年蝉联“全国文明单位”称号，获省部级以上管理创新奖励 42 项，在国网系统、大型供电企业中处于领先水平。

二、管理水平

（一）构建精益管理体系

注重管理理念创新，着眼于建设现代企业管理制度，以卓越绩效管理工作为抓手，优化管理机制和模式，完善工作标准和流程；成立党政主要负责人挂帅的创新组织，发布实施全面绩效管理、建立商业模式管理机制等改革创新 12 项重点任务，推动公司管理全面转型升级。深化综合计划和全面预算“两个管控”，从严从紧控制非生产性支出，大力实施精准投入，细化预算执行过程管控，加快“推动式”管理向“拉动式”转变。聚焦效益效率提升，发挥合肥创新策源地优势，完善创新体制机制，营造宽松、争先的创新氛围。深化人力资源管理，强化人员用工配置，完善激励约束机制，加大人才培养力度，为公司创新发展提供人力支撑。

（二）建设数智合电样板

紧扣新型电力系统建设，积极打造智能运检系统，智慧变电站、全景智慧线路、高压电缆精益管控平台、滨湖智慧能源示范区建设成效显著，在国内率先实现基于虚拟电厂的“车—桩—网”双向实时互动（见图 1），建成省内首座 5G 及物联网数字模块化变电站、首条智慧电缆隧道、首批自愈型配电线路等示范工程，实现变电站自动远程在线立体巡检、故障诊断智能分析决策，实现输电线路重要跨越点特巡、故障查线、树障测量等的人工替代，实现滨湖区 12.8 万户客户停电主动感知和抢修精准派单。推进电网数字化转型，以数字技术赋智赋能传统电网业务，实现电网全要素数据采集存储、融合贯通和共享共用，统筹开展“网上电网”和电网数字化融通平台建设，深化“电网一张图、数据一个源、业务一条线”应用，3 项典型应用在国家电网公司大数据应用商店上线，自主研发的农、配网智慧规划辅助决策模块纳入国家电网公司一级部署。

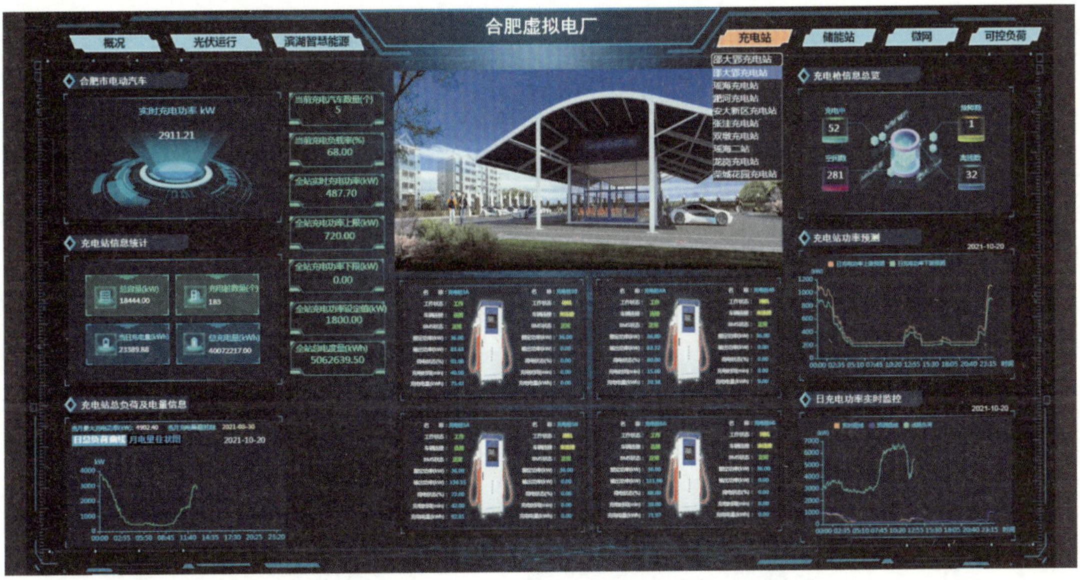

图 1 虚拟电厂“车—桩—网”双向实时互动能量图

（三）打造业务转型典范

大力开拓战略性新兴产业，综合能源服务业务保持年均 143%的高速增长，两项业务入选国家电网公司典型案例集；积极盘活存量资源，建成全国首座“七站融合”示范项目——始信路示范站，成为国网品牌的窗口和商业典范。加快推进产融协同，与 7 家在皖金融单位建立沟通机制，电费金融业务达 5.7 亿元。做实做强做优省管产业，省内率先完成省管产业“瘦身健体”，顺利搭建省市平台企业资本纽带关系，完善省管产业单位面向市场的体制机制，2021 年营收同比增长 20.5%。

三、管理成效

（一）将战略部署转化为“合肥方案”

紧扣“一体四翼”发展布局，制定《承接国网战略试点示范行动方案》，从电网升级、服务升级、产业升级三个方面制定 21 项具体任务，坚持把全要素发力的要求贯穿到全环节、各方面，制定党建引领、科技创新、高素质队伍建设等 9 项具体任务，切实把战略部署转化为“合肥方案”。制定所属 2 家大型县级供电企业的战略承接方案，市县一体推进战略落地。30 项战略承接任务推进有力，其中“打造坚强主干网架”“推广输变配电智能运检模式”“提升客户服务后台运转质量”等 10 项任务成效显著，在全国率先实行城市电网建设分层分级调度，打造了输电智慧管控合肥示范区，初步构建了市县一体的供电服务指挥体系。发布国家四大综合性国家科学中心首个城市新型电力系统建设方案——《合肥滨湖科学城新型电力系统建设方案》，明确“143”建设思路（见图 2），先行打造 14 项示范工程。

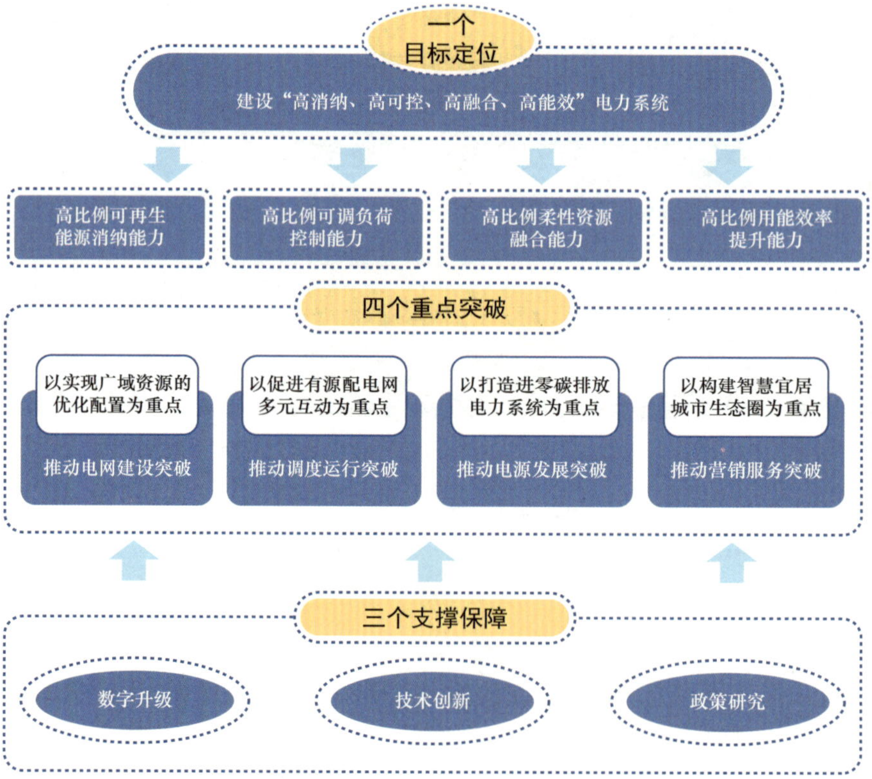

图 2　合肥滨湖科学城新型电力系统建设思路

（二）经营管理提质增效

完成内部模拟市场五级体系搭建，助力配网资产运维费同比降低 14.6%。拓宽成本项目化管理范围，项目化率达 86%。建立成本预算动态调整机制，优化配置资金 5212.1 万元。加强线损和台区治理，台区线损率同比下降 0.6 个百分点。建设技术降损综合示范区，巢湖公司入选国家电网公司线损百强县，6 个供电所先后获评国家电网公司线损百强所。全省率先建成市级供应链运营中心。深化卓越绩效管理，提升公司综合管理水平和关键绩效，入选国家电网公司深化卓越绩效试点单位。

（三）系统构建现代服务体系

“获得电力”指数迈入全国“优秀”行列。在全省率先实现 160kW 及以下小微企业采取低压方式接入电网，促成合肥市出台中小微企业工程资金管理办法，省内首批实现投资至企业用地红线。推动政府实施电力接入工程网上并联审批，行政审批时限压缩至 3 个工作日。推广线上办电模式，线上办电率提升至 99.94%，打通政企信息共享通道，实现“零证”办电和低压居民用户“刷脸”办电。推行网格化“主动运维”，在国网系统率先组建营配深度融合、城乡一体化管理的网格化综合服务机构，供电可靠率同比提升 0.011 个百分点。建立市县统一的供电服务投诉考核问责机制和考核标准，受理投诉工单下降 81.4%。包河营业厅成功转型升级为“全业务、一站式、智能化”供电营业厅。营配调协同的供电服务指挥中心全面实体化运作，抢修到达现场及时率提升至 100%。

（四）落实“新跨越行动计划”创新创效

深化“放管服”改革，落实“负面清单”制度，持续激发干事创业活力能力。推进“三项制度”改革，坚持“统筹推进，一全两化三倾斜”的改革总体脉络，完善能上能下机制，夯实能进能出基础，推广能增能减试点。深化市县一体化管理，聚焦资源合理配置、运转协同高效、管理精益先进，完善一体化运作体制机制。健全科技创新项目管理机制、项目评价机制、成果转化机制和人才激励机制，解决了“项目怎么干”“完成好不好”“成果如何用”“动力在哪里”四个基本问题。坚持开门搞创新，组建内外部柔性团队，研究应用人工智能、量子保密通信等先进技术，破解生产经营的技术瓶颈与实际问题；与全国首座以创新为主题的场馆——安徽创新馆签署战略合作协议，与中部 7 家省会城市签订科技创新战略合作框架协议，拓宽成熟技术引入和成果转化应用的双向渠道。

（五）重大决策部署坚决落实

落实服务脱贫攻坚行动计划，实施行业扶贫、定点扶贫、监督保证一揽子工程，实现 464 个帮扶贫困户全部脱贫出列。积极助力乡村振兴，明确“一巩固、三升级、一示范”工作重点，投入农网改造资金 2.9 亿元，解决台区低电压、重过载等问题 386 项，扎实开展供电所提升专项行动。助推大气污染防治，保障 260 万 kW 新能源全额消纳，建成 2600 多台交、直流充电桩，2018～2021 年累计推广电能替代电量 42.2 亿 kWh，成功上线运营合肥市智慧能源平台和能源大数据中心。

四、管理特色

（一）构建基于模拟经营单元的配电网成本管理体系

以国家电网公司多维精益管理变革为契机，围绕模拟经营单元核心要素，实施多维精益和组织机构变革，建立网格、班组和员工间的三级模拟经营单元，创新作业工单结算模式，构建配网成本的结算标准库，形成对配网成本预算安排、成本归集、效益评估、考核激励的全过程管理机制。2020 年、2021 年分别实现配网运维成本核减 10.6%、14.6%，该管理成果获 2020 年全国企业管理现代化创新成果二等奖。

（二）深化服务国家科学中心城市的智慧化能源管理

以国家电网公司战略目标为统领，通过政企合作打造产业联盟，协同推进能源基础设施升级改造和能源数据汇集融合，按照政府主导、电网主建、多方参与的模式打造合肥市智慧能源管理平台，自动生成能源接入方案，提供重点企业能效管理服务，实现试点区域“双碳”全景监控，为国家科学中心能源领域理论研究提供实验平台，保障中心可靠、优质、高效、绿色的能源供应；构建“供电＋”线上线下一站式服务，助力复工复产和重要时段保供电；实施“运营＋”应用，拓展智慧能源新兴产业，如图 3 所示。2019 年 3 月至 2021 年 12 月，新兴产业智慧能源管理实现营收 3.3 亿元，该管理成果获

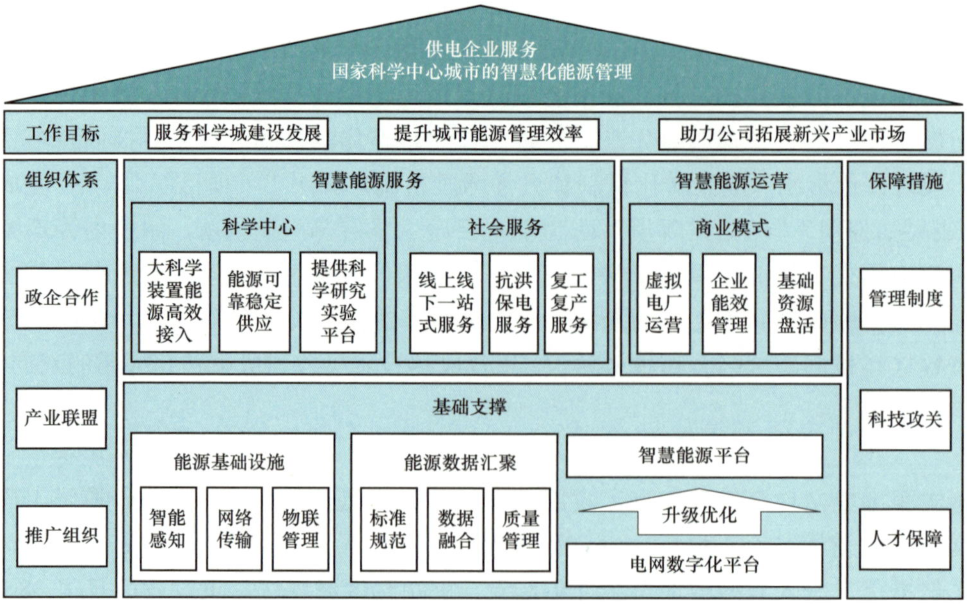

图 3　供电企业服务国家科学中心城市的智慧化能源管理内涵图

2020 年国家电网公司管理创新二等奖、2021 年中国电力企业联合会管理创新一等奖。

（三）强化以助力企业复工复产为目标的疫情防控管理

通过以“四个第一”为核心的疫情防控管理，推动各行业快速复工复产。建立三级联防联控组织体系，第一时间建成从员工到家属、从中枢到周边的疫情防控网络，第一力度保障重点场所用电，提供重点场所专属用电服务，依托智慧能源平台精准画像企业复工复产情况，为政府科学决策提供第一手数据，从降低用电成本、提高服务效率两方面助力企业快速复工复产，担当起央企第一责任使命。该管理成果获 2020 年安徽省管理创新一等奖。

（四）高质量推进企业文化建设示范点创建

积极践行社会主义核心价值观，以党内政治文化为统领，打造一批工作业绩优、示范作用强、群众评价好、专业分布合理、地域覆盖广泛的企业文化建设示范点，推动企业文化进基层、进班组、进站所，形成基层企业文化建设新局面，为推动国家电网公司战略落地实施注入文化新动能。肥西工业园供电所获评国家电网公司企业文化建设示范点。

3.22

争创标杆示范 勇当大供排头

国网福州供电公司

一、企业简介

国网福州供电公司（以下简称福州公司）是国家电网大型供电企业，承担着福州六区一市五县及平潭综合实验区供电任务，供区面积 1.26 万 km^2，供电户数 399 万户；拥有 35kV 及以上变电站 238 座，10kV 公用配电变压器 2.9 万台，10kV 线路长度 2.5 万 km。福州公司连续 4 届蝉联全国文明单位称号，荣获全国五一劳动奖状、“安康杯”竞赛优胜企业等荣誉称号。

二、管理水平

坚持习近平总书记在福州工作期间提出的“3820”战略工程思想精髓，全面落实“一体四翼”发展布局，把党的领导全面融入公司治理，充分运用新理念、新技术、新机制推动管理转型升级，赋能公司高质量发展。

（一）突出党建引领，党的领导全面融入公司治理

发挥党委把方向、管大局、促落实的作用，坚持将党组织研究讨论作为重大决策前置程序。深入实施“旗帜领航 • 提质登高”行动，党的领导全面融入公司治理各环节。实施“基层党建巩固提升年”行动，建设党群工作示范供电所，开展微党课竞赛，提升标准化和现代化水平。实施“党建 + ”六项工程，探索“协管党员”机制，推进党建“三级联创”“党旗引领 • 攻坚突破”项目。实施“旗帜领航 • 峰会保电”先锋工程，持续增强党组织创造力、凝聚力和战斗力。实施“721”党建绩效考评，建立“有事找党组织”机制。福州公司党委荣获国家电网公司“红旗党委”、党建工作组织建设标杆。

（二）突出改革赋能，经营管理水平更加精益

改革任务取得突破，重点任务清单化、量化目标，项目实施“一本账”管理，加强

落实跟踪检查，纳入督察督办。全省系统率先完成产业单位跨省混改，亿力工程公司获评国家电网公司施工企业能力标准化单位。经营态势持续向好，效益效率持续提升，进一步由降本节支向开源创收转变。价税政策争取有力，用好用足政策红利。提质增效有力，坚持“四个聚焦”、突出“四个抓好”强能力，建立重点任务“三个清单”（任务清单、责任清单、成效清单）机制。全面建成二、三级内模市场，融合短板指标、“双满意”升级指标体系，构建权责匹配的评价体系，试点增人不增资、减人不减资，优化同质“朋友圈”，杜绝“轮流坐庄”。深化“三项制度”改革，岗位聘任制实现全覆盖，推动身份管理向岗位管理转变。

（三）突出理念升级，优质服务管理水平稳步提升

在流程再造、资源整合等方面下功夫，提升优质服务水平。首创业扩联合服务中心模式，办电全流程实现“一站式、管家式”服务。大力推行“线上办”“不见面办”，推动政企平台贯通，切实减少客户办电环节。促成政府部门出台利好政策，压减办电时长。研发供电能力可视化等功能并上线阳光业扩平台，优化营商环境举措在国务院吹风会、全国“获得电力”提升推进会上获得高度肯定。组建供电服务指挥中心，统筹开展主动预警、抢修全程管控等工作，构建“四场景+两终端”供电服务指挥模式，融合不同类型工单特征、客户特征、基层班组人员特征，实现工单智能调度派单、基层班组在 App 线上接收回复，有效提升服务响应和效率。获评国家电网公司指挥中心建设标杆单位、援豫抗洪抢险保供电突击队称号。

（四）突出技术赋能，数字资源管理水平持续优化

把握福州数字中国峰会永久主办地优势，主动融入“数字福州”发展，秉持高效联动、精准营销、超前培育的数据运营策略，助力公司数字化转型。对内完善“1+1+N”市县运营协同体系，构建“目标+业绩”评价体系，强化“一盘棋”专业横向协同机制。对外敏锐捕捉响应政府需求，立足重要政策信息、数据服务以及客户潜在需求，大力实施数据产品定制研发和精准营销。成功发布 5 项核心数据产品，贡献 3 个全省“政企联动首家”典型案例。协助政府开展用电情况分析、“散乱污”治理等工作，相关成果在第四届数字中国建设峰会上展示。打造滨海新城数字化综合示范区，打造全景复现、数据融合、现实虚拟智能互动的“数字应用第一城”数字孪生电网示范区。

（五）突出机制建设，职工队伍管理水平上新台阶

将机制建设作为推动公司行稳致远、高质量发展的有力抓手。推进放权赋能机制，分类实施“放管服”“减负”等清单，搭建一个平台，实现匿名方式收集全体员工投诉、咨询、建议等诉求；设计一张问卷，全面掌握困扰基层管理上的痛点、难点及堵点问题；强化一个闭环，优化举措、实施评估。健全人才成长机制，将人才培养三大工程与“传帮带”紧密结合，推行多岗位交流锻炼，实施双/三导师护航、团队帮带、在线帮带。强

化帮带导师激励，畅通导师岗位、职员、专家三条通道，已聘职员中专家人才、技术能手占比达 24.4%。健全职工关爱机制，构建新时代新征程职工服务工作体系，构建“1+N”职工服务阵地，开展“三必贺、三必访、三必帮”，全面推进“茉香拾光”职工文化体系建设。

三、管理成效

（一）助力“都市圈”发展，电网实现跨越升级

把握国家支持福州都市圈发展规划机遇，电网规划全面融入国土空间规划布局，建成 220kV“沿江双环、南北两翼”、110kV“T、Π 混合”的坚强网架结构，户均配电变压器容量达到 3.8kVA。153 座 110kV 及以上变电站实现“一键顺控”“跨站顺控”，数量居国网福建电力第一。高质量完成世界一流城市配电网建设任务，建成 74.5km^2 的零计划停电示范区，城市核心区年均停电时间缩短至 31.8 分钟，配电自动化覆盖率提升至 100%。

（二）聚焦“高质量”主题，综合实力显著增强

连续 4 年蝉联国网福建电力地市公司业绩考核 A 级。供电可靠率达到 99.98%，位居全国省会城市第 4 名。电压合格率 99.999%，在国网福建电力排名第一。百万客户投诉指标位居国网系统第 3 名。职工劳动生产率 159.84 万元/人年。“获得电力”指标在全省排名第一，相当于世行第 9 名水平。2018～2020 年，获省部级及以上科技进步奖 10 项，累计获得授权专利 119 项。

（三）履行“顶梁柱”职责，服务大局增光添彩

全力以赴战疫情、保供电，福州公司近万名职工保持“双零”，助“六稳”、促“六保”等工作得到省委领导的批示肯定。成功抵御“卢碧”等台风。圆满完成数字中国建设峰会、世界遗产大会等重大保电任务。率先实现大型岛屿“全绿电”供应。促成国家级风电检测中心落户福州。建成城区 2km 电动汽车充电服务圈，实现沿江沿海主要港口岸电全覆盖，有力服务福州“碳达峰、碳中和”。

四、管理特色

（一）“两精”管理扎实开展

实施精准投资，加强投资事前量化分析、事中跟踪优化、事后评价考核，提高投资精准性、有效性。实施精益管理，围绕全寿命资产闭环管理、全过程量价费精细管控、

全链条产业协同发展、全方位资源精准配置、全场景数据多维应用，提升管理效率、经营绩效、运行质量、创新能力、生态价值。

（二）“数说”理念蔚然成风

拓展数据应用场景，在日常总结汇报、周月工作部署、业绩考核评价等方面倡导“数说”，实现下达任务数据化，做到可衡量、可分解、可考核。总结工作数据化，通过数据体现变化、以数据检验成效。通过大数据驱动经营管理转型，以“数据链”整合带动“业务链”升级。

（三）“清单”管理全面落地

深化任务项目化、项目清单化、清单责任化、责任绩效化的管理模式，重要工作明确责任人员、完成时限，并将其与组织绩效、领导人员考核挂钩。通过清单化管理，市县公司年度重点任务形成“一本账”统筹，月度重点工作实现“一体化”联动，构建了畅通横向协同、纵向贯通运作的管理机制。

（四）“争先”文化深入人心

“阳光业扩”等典型做法在国网系统内推广。防汛抗台先进经验在支援郑州暴雨抢修中得到应用。建成全国首座“三合一”港口岸电示范区、首个台胞“数字能源示范社区”。在国网系统首创“城市充电宝”快速组网技术，首家试点充电桩统建统营。在全省系统内首家促成市政府出台需求侧响应支持政策，在全省首家构建并启动电力需求侧响应机制。以实际行动为国家电网公司发展提供了“福州方案”，为服务社会治理作出了“国网贡献”。

3.23

精益供电可靠性管理　助推公司高质量发展

国网厦门供电公司

一、企业简介

国网厦门供电公司（以下简称厦门公司）是国家电网公司辖区内唯一身处特区的大型重点供电企业，服务全市用电客户 158 万户。2021 年，完成售电量 316.67 亿 kWh、人均 2145.43 万 kWh，职工劳动生产率 335.597 万元/人年，供电可靠率 99.990 9%。厦门公司党委获评中央企业先进基层党组织、福建省抗击新冠肺炎疫情先进集体、国家电网公司红旗党委，厦门公司连续蝉联全国文明单位，获评中电联电力可靠性管理先进会员企业、国家电网公司先进集体等；2 支共产党员服务队获评国家电网公司“金牌共产党员服务队”；2 个供电所获评国家电网公司管理提升优秀实践百强供电所。2019～2021 年管理创新获中企联、中电联表彰各 1 项，国家电网公司表彰 2 项。

厦门公司以建设具有中国特色国际领先的能源互联网企业战略目标为引领，紧扣国家电网公司“一体四翼”发展布局，落实福建公司“2382”发展方略，深化新时代“双满意”工程，坚守初心使命，坚持抓对标、强管理、促提升，以持续提升电网供电可靠性管理为根本，推进企业高质量发展，在加快电网发展、保障电力供应、优化营商环境等方面体现了政治担当、大局意识，在服务特区高质量发展中扛起国网担当、作出国网贡献。2019～2021 年关键经营指标持续向好：销售利润率 18.22%，上升 4.63 个百分点；2011～2021 年累计专利数量达 256 项；单位资产售电量 3.01kWh/元，增幅 13.75%；人均 110kV 及以上线路长度 1.22km/人，增幅 9.91%；人均服务客户数量 1069.4 户/人，增幅 8.61%；综合线损率 1.90%，下降 0.95 个百分点。

二、管理水平

牢记习近平总书记建设厦门“高素质、高颜值，创新、创业之城”的嘱托，对标世界一流、国网领先目标，强化供电可靠性全流程管理。2019 年，厦门市城市电网供电可靠性在全国 50 个主要城市中排名第 1，为更好服务厦门率先实现全方位高质量发展超越、更高水平建设高素质高颜值现代化国际化城市作出更大贡献。

（一）高标建设

厦门公司立足新发展阶段，积极做好内外部沟通协调，将电网规划与地方规划深度融合，让电网投资更精准更高效，让电网建设更快更好，更好地服务地方经济和社会发展。

1. 在电网规划方面

积极服务厦门市跨岛发展，实现电网发展三个新跨越：一是岛外电网规划新跨越。制定厦门电网“三步走”发展战略，统一岛内外主网和配网规划标准和变电站全户内规划方案，对岛外中心城区、高可靠用户密集区及用电负荷密集区采用 A+或 A 类标准进行规划。二是岛外电网发展建设新跨越。加大岛外电网投资倾斜力度，大力提升马銮湾新城、集美北部工业组团、翔安南部新城、环东海域等重点片区的供电保障能力，岛外新建主干网架均一次性按目标网架建设和预留，加快建设岛外输变电项目，改善岛内外电网发展不平衡情况。三是电网发展模式新跨越。创新政府垫资、土建先建、“零前期”等模式，建立与市政综合管廊同步规划、设计、实施的协同机制，为岛外电网跨越发展创造良好外部环境。在全省首创争取政府出资编制配电网专项规划（如同安区一涉及 $40km^2$ 的专项规划费近 200 万元），为提升城市品位实施架空线路电缆化涉及的投资差额问题（如海沧区 2 个 110kV 变电站送出工程线路电缆化的土建、电缆与架空差额共近 8000 万元由政府出资）。土建先建，即对变电站周边有急需用电但负荷未达开工标准，以及周边有建设敏感点的变电站，土建工程由财政出资，提前收储变电站建设用地、预留进出线走廊，厦门公司负责在变电站站址先行建设 10kV 电源点，依负荷增长情况适时开展设备安装调试，计划 2020～2022 年开工建设 24 个项目，财政出资超 5 亿元。

2. 在电网建设方面

充分挖掘内外资源，全面做好协调沟通，形成良好电网建设合力。一是加强内部全流程全链条管理。梳理主网和配网建设规划、前期、评审、投资、建设各环节存在困难和问题清单，逐项排查解决，强化过程管控，实现重点工程项目计划刚性管理。倒排年度目标任务，集中各方资源集中攻坚，大力开展“进村驻镇入区”，发挥“一口对外”公司全资源协调成效，抓好客户服务分中心等部门的属地协调功能，管控好建设过程的关键环节，提升项目前期和建设工作质效。二是借力外部支撑为电网建设提速。协调厦门市重点办联合印发《关于加快重点项目及电网建设若干措施的通知》，推动建立各级政府与供电公司会商推进电力建设机制，将电网建设成效纳入各区年度绩效评价，压紧压实到政府各层级，全力推进电网项目落地。三是强化基建安全和质量管控。常态开展“四不两直”现场督查与视频远程抽查，重点查纠安全强制措施落实，实现“四个管住”。严格执行施工质量强制措施，落实“五必检六必验”，高标准推进工程达标、创优投产。

2019～2021 年，110kV 黄厝输变电工程获国家电网公司优质工程银奖、中国电力优质工程奖，220kV 浦边变电站工程获国家电网公司优质工程银奖，110kV 后田变电站工程获国网福建电力优质工程金奖。

（二）智能运维

厦门公司构建新发展格局，将电网规划建设视作起点，将运维管理作为关键落脚点，加快推进现代设备管理体系建设，着力打造国际领先的城市配电网。

1. 在运检管理方面

一是构建变电“无人值守＋集中监控”新模式。实施变电“监控＋运维”双向轮岗，试点组建数字化变电监控和全业务变电运检班组，累计开展 97 项两类一体化全流程作业。成立大一次检修班（检修、试验），自主实施 16 项大型抢修作业。深化变电智能运检管控系统应用，加快全业务运检班组多专业工种融合。二是构建输电“立体巡检＋全景监视”新模式。组建输电智能运检中心（无人机机巡中心）试点网格化电网运维管理新模式，开展线路三维建模及无人机自主精细化巡检。建成输电监控中心，深化移动巡检作业、输电智慧物联监控等平台的应用。三是打造配电网智能巡检体系。坚持服务厦门“岛内大提升、岛外大发展”思路，按照负荷特性、客户需求的不同实行差异化建设管理，建成城市核心区、高新企业、旅游景点、历史风貌、美丽乡村示范区 5 个负荷密度和可靠性领先的一流城市配电网示范区。在部分核心区站房、电力隧道布点智能巡检机器人和站房环境监测系统，实现 24 小时在线监测及隐患自动告警。推广工单驱动业务配电管理新模式，试点建设配电网数字化班组，落实“设备主人”责任绩效追溯制，全面提升运维质效。四是深化资产全寿命周期管理和资产价值提升。完成智能化三级库房建设、供应链业务全流程梳理、LCC 数据规划与接入等 8 项试点；深化实物 ID 应用，变电、配电存量设备实物 ID 赋码贴签率达 100%，在全省率先试点开展电缆赋码贴签，备品备件管控系统全专业投入运行。强力推动配改工程物资出厂赋码贴标、建设过程实物 ID 跟踪管控，设备现场扫码建台账率提升至 93%，实现设备、业务数据孪生。

2. 在调控管理方面

一是研究投运海西首个双环网合环运行电网。推行“中压合环、低压互备”供电网络，建成数字化 5G 融合站房，建成国内规模最大的配电自动化系统，实现自动化主站“全遥控、全研判”、站房智能巡检与全景监测。二是深化主网“三全”安全生产体系。全面上线计划检修、风险预警两个“全流程”，在国内首家实现所属 110kV 及以上厂站 105 座“一键顺控”全覆盖，成功率超 95%。三是细化抢修组织管理。深化“三化两全”现代配电网供电调控服务体系，推广计划、抢修、低压调度等多场景应用，95%故障主动研判，户均年停电时长压降至 47.76 分钟（核心区少于 5 分钟）。提升协同水平，依托供电服务指挥平台和大数据，优化资源配置，超前预判、动态启动抢修联络站和梯队，实现抢修网格化、网络化，利用移动变和箱变、旁路电缆、发电车、UPS，推行“先复电后抢修”原则和一个用户、一个电话、一张工单、一支队伍、一次抢修、一次满意的“六个一”服务。

（三）精益管控

厦门公司坚持“以客户为中心”原则，倡导“对用户负责”“不停电就是最好的服务”理念。

1. 在细化管理责任方面

一是量化分解可靠性管理目标。综合年度生产计划、网架水平、历史数据等，科学预测目标，逐月分解至各基层部门。二是落地配电网全过程管理。实行停电时户数预算式管理，将管控责任嵌入项目规划立项、可研初设、计划安排、建设施工全业务流程。三是构建现代设备管理体系。推广以工单驱动业务的配电管理新模式，加速物联感知层建设、数字化班组建设，深化数字化转型。四是推行用户“零停电感知”。推进取消计划检修停电作业，构建配网不停电作业智能分析和辅助决策系统，实现不停电作业可行性自动辅助分析、替代方案智能化决策，上线带电作业机器人，核心城区不停电作业率超99%。五是提升专项任务管理水平。频停专项整治实现一线路一方案、一台区一方案，加速配电网线路一二次融合开关加装及站房、户外环网柜规范化整治及老旧小区改造。

2. 在停电管控与客户感知接轨方面

深化“三到户”管理。强化营配调贯通成果应用，营配调贯通率保持在99%以上。停电信息关联到户，全面提升停电信息精准推送能力，低压客户调度、互动、服务覆盖率近63%，持续提升客户感知水平。停电信息精准研判指标位居国家电网公司第三，停电信息精准研判及应用工作作为典型经验向国网系统推广。

三、管理成效

1. 供电可靠持续提升

2018～2021年，厦门城市供电可靠率分别为99.989 8%、99.990 9%、99.990 9%，2019年在全国50个主要城市中排名第1；户均停电时间分别为0.897小时、0.802 9小时、0.796小时（核心区少于5分钟）；户均停电次数分别为0.701次、0.367次、0.338次；三年累计减少的停电缺供电量达1416万kWh、0.295次。

2. 营商环境持续优化

坚持“宁让电等发展、不让发展等电”，积极打造区域引领、国际领先城市电网，助力厦门经济发展驶入快车道。2020年，厦门市“获得电力”指标跃升至相当于全球第9名，连续三年全省第一，被评为“全国标杆”；建成全国首个电力营商环境体验中心；首创“买车—装桩—充电”一网通办模式并在国网系统推广，打造0.9km充电圈，上线城市充电设施政府监管平台。

3. 经营质效持续向好

连续 2 年获得国网大供业绩标杆，连续 7 年获得省内业绩考核第 1 名。2021 年，厦门公司职工劳动生产率为 335.597 万元/人年、近三年增幅 32.90%，人均售电量为 2145.43 万 kWh/人。深入推进提质增效争典范专项行动，实现“六个增效”全面发力，累计创利超 2 亿元。

四、管理特色

1. 网架建设与地方规划接轨

建立三方共赢机制，输配电价成本“零增加”，努力降低企业的供电成本和客户的用电成本，有效提升城市“获得电力”水平；全国唯一实现 1250kVA 及以下用户电力外线由政府全额出资，推进政府承担核心区内新建电缆管沟土建费用、核心区外电缆与架空的差价。创新项目前期管理，推行变电站“土建先建”，提前收储用地，实现“政府出资、国网实施”，有效解决征迁难度大、客户用电成本高等诸多问题。

2. 智能运维与全程管理接轨

精细责任管理，以“线路主人”及“台区经理”责任制，深化网格化管理和缺陷管理，强化外包运维要求，多方位防治故障；优化运维策略，提升带电检测及状态评价水平，合理安排检修周期。针对性开展防小动物、防异物措施，开展绝缘防护与全绝缘处理，缩短巡视周期。在 27 个重要配电站房建设电力智能机器人巡检系统，实现远程视频交互、自动周期性巡检、红外测温、局放检测等功能。推广站房环境监测系统，充分运用抢修、巡检 App 等系统深化移动作业，实现现场作业痕迹化、人员行为规范化、监督管控可视化、应对措施同步化。创新配网不停电作业管理，推行电缆不停电作业、特种地形作业及机器人作业，推广应用单、双臂机器人、蜈蚣梯、蜘蛛车，试点研发旁路桥接器、多功能电缆分支箱等旁路作业装备，实施中压发电车并机并网发电。

3. 停电管控与客户感知接轨

量化停电时户数预算式管理，创新时户数分解下达、审批预控、执行管控、奖优罚劣等模式。强化停电时户数责任分解，将时户数管控责任嵌入项目规划立项、可研初设、计划安排、建设施工全业务流程。深化“三到户”管理，深化营配调贯通成果应用将停电信息关联到户，全面提升停电信息精准推送能力，低压客户调度、互动、服务“三到户”覆盖率达 63%，持续提升客户的感知水平。

3.24

传承红色传统 服务沿江发展 在建设闽江流域新型电力系统示范区中创建管理提升“标杆企业”

福建水口发电集团有限公司

一、企业简介

福建水口发电集团有限公司（以下简称水口集团公司）下辖华东最大常规水电站——水口电站及街面、水东、雍口、嵩滩埔等5座水电站、共17台机组，总装机容量198.6万kW；承担福建电网调峰、调频和事故备用及闽江流域防洪度汛、通航等重要任务，是践行国家电网公司“一体四翼”发展布局的主力军，是服务闽江流域及沿江经济发展的重要力量。水口集团公司大力弘扬红色传统，切实把政治优势转化为发展优势，截至2021年12月31日，所辖5座电站累计发电量1696.6亿kWh，尤其是2019～2021年，克服新冠疫情和极枯水情的双重考验，盈利能力、发展韧劲保持领先，研发强度同比提高0.2个百分点。

二、管理水平

以中国特色现代国有企业管理机制为基础，组建董事会、监事会、经理层，合理配备各级董事、监事及高级管理人员，坚持把党委会研究讨论作为决策重大问题的前置程序，现已基本建成具有中国特色的现代企业架构和管理体系，实现协调运转、有效制衡。

1. 打造“效益水口”

围绕经营效益及资本管理、成本管理三个方面，深入推进以“量价费本利+水能利用率+厂用电节约率”为核心的内模市场建设；加大工资总额挂钩力度，引导全员进一步挖掘内部经营潜力。2019 年以来，公司参与电力辅助服务实现收益达 15 064 万元，其中 2020、2021 年同比增长率分别达 262.2%、32.2%；在福建省防汛抗旱指挥部的支持下，成功实施 8 次汛期水位动态控制，增发电量 1.968 亿 kWh，水能利用提高率保持 10%以上，支撑公司提质增效创利连续 2 年位居国网福建电力直属单位第一。

2. 打造“数字水口”

立足闽江流域新型电力系统示范区建设，着力构建“243”工作体系。“2”即打造水电及新能源云、数字化基础平台为技术支撑；“4”即聚焦数字水新、数字流域、数字运营、数字生态主攻方向；“3”即围绕“三个中心”（新能源的聚合中心、新能源为主体的集群化的联调联控中心、包括新型能源的能源托管中心）目标，推动水口集团公司发展方式由单一水电向风、光、水、蓄、储等多能互补的新能源转型，推动调度方式由水电调度向多能联调、流域互济、集群调度体系转型，推动运营方式由传统管理向数字化、规模化、生态化、价值化的智慧能源企业转型。

3. 打造“开放水口”

发挥水电、信息化等专业特长，全面推广“一主多辅”的人才输出模式、“体系+组织”的管理输出模式、“施工+运维”的外拓服务模式，配套建立分类划小核算的内部工资总额制度，以及团队包干制、抢单制、业绩提成制等内部分配模式，充分挖掘人力资源潜力，支撑公司对外承接竹洲水电站全站运维及永泰和周宁抽水蓄能电站生产准备人员技术培训、面向系统提供财务和后勤管理 RPA 技术咨询和维护服务等项目，为小水电集群智慧运营及省内抽水蓄能、储能运维业务提供机制保障。

三、管理成效

全面落实国家电网公司和省公司部署要求，水口集团公司以闽江流域新型电力系统示范区建设统领公司高质量发展；截至 2021 年 6 月，对管理提升行动 18 项工作清单完成率达 100%，持续保持中国企业信用评价 AAA 级信用企业。

1. 引领清洁发展

服务福州都市圈发展和闽西北地区乡村振兴，以水口、街面电站为中心，配套虚拟电厂一体化聚合模式等创新，推进“风光水蓄储调”多能互补的新能源产业发展，更好支撑闽江流域新型电力系统示范区建设。黄田抽水蓄能项目（298MW）和街面抽水蓄能项目（150MW）分别列入“十四五”和“十五五”规划，街面“水光储调”一体化示范项目（首期 100MW 库面光伏）待水保专题方案印发后即可组织实施。实施智慧通航、港口岸电、电动船舶推广等项目，闽江水口航运枢纽“电动闽江”应用场景建设成功纳入省政府“电动福建”试点工程。

2. 坚守安全底线

持续优化组织体系，构建"前端综合化、后台专业化"的工作体系和协同机制，2020年创历史纪录开展机组A级检修3台次、B级修4台次、C级修27台次，有效克服机组老旧、异常频发。首创开展事故案例问责处罚"对号入座"仿真推演和"文件一张纸、任务一张表、管理一网页"安全工作法，把瞻前顾后、自主安全的理念、制度、措施严格落实到每项工作中，违章数量同比下降20.24%。

3. 强化创新驱动

坚持内部培育和外部引智并重，成立中国能源研究会互联网分会、华北电力大学能源互联网研究中心福建分中心，遴选产生首批15名"双碳"专家，柔性组织"双碳"办转入实体运作，打造忠诚、专业、高效的企业发展智囊团。发挥劳模工作室、QC小组等"双创"载体作用，首战国际质量管理大赛获最高铂金奖，实现福建省"零"的突破；首创水电站设备检修定额编制，填补常规水电行业空白；《大型水电企业基于信息技术的运营风险防控管理》获评全国企业管理现代化创新成果二等奖。

四、管理特色

坚决落实好"两个一以贯之"，强化党的引领力，持续深化"党建引领、内嵌融入"长效机制，大力实施"党建+"工程，促进党建与发展融合并进，将红色动能转化为发展动能。

1. 弘扬红色传统

梳理挖掘习近平总书记在闽工作期间"十进水口"的亲切关怀和"做好水口文章"的谆谆教导，打造"一场景、一展示、一视频"红色传承经典路线和特色场景；推出"政治理论+党性教育+研讨交流"组合式"学习套餐"，时刻激励干部员工牢记使命、干事创业。深入践行新时代"双满意"工程，依托水口通航枢纽"两闸一机"的建成投运，以服务闽江船民、助力沿江经济发展的具体举措和工作成效，打造服务闽江航运发展的"窗口"品牌。

2. 全力出江向海

践行习近平总书记在闽工作期间"做好水口文章、发展沿江经济"的殷切期望，充分发挥公司政治、股东、人才、资金四大优势，以及作为电网内发电企业的独特优势，聚焦做大基本盘、发展新能源、拓展产业链、推进数字化、增强驱动力，主动融入国网福建电力发展大局，助力区域绿色用能安全效益双提升及新能源优化调配，进而拓宽公司发展空间和发展通道。

3. 坚持以人为本

首家以启航、护航、远航实施三个阶段的青年成长培养工程，“80 后”中层管理人员、班组长占比分别提升 13.08 和 14.24 个百分点；44.29%的“85 后”青年员工岗位得到晋升；深入践行“我为职工送温暖”，按照“任务项目化、项目包干化”要求，由中层干部牵头，制定具体措施、节点计划，过程跟踪、闭环管控，切实解决职工的重点、热点、难点问题，凝聚和谐共进的良好氛围。

3.25

夯基固本，担当作为 争创“五个一流”大供标杆

国网武汉供电公司

国网武汉供电公司（以下简称武汉公司）以国家电网公司战略为统领，聚焦“一体四翼”发展布局，瞄准“国网先进、华中领先、省内领跑”目标，全力开展对标管理提升行动，争创电网一流、服务一流、管理一流、业绩一流、队伍一流的“五个一流”大供标杆。

一、企业简介

（一）公司概况

武汉公司供电区域覆盖武汉市 13 个行政区和 6 个功能区，担负着 8569km^2、1500 万人口的供电服务任务，用电客户 574 万户。武汉电网是湖北电网乃至华中电网最大的供电枢纽和负荷中心，用电负荷和用电量约占湖北省的三分之一。2021 年，公司固定资产原值 591 亿元，职工劳动生产率 720.47 万元/人年。售电量 608.77 亿 kWh，同比 2020 年、2019 年分别增长 22.33%、14.48%，到户均价 649.45 元/MWh，经营实力稳居华中区域首位。

近三年，武汉公司人均售电量、输电线路长度及服务客户数分别提升 5.24%、18.13%、15.99%，城市用户平均停电时间和综合线损率分别压降 51.33%和 25.42%，关键经营指标均处于湖北省领跑段位；累计专利数量、研究经费投入强度分别提升 46.81%、46.27%。2021 年，公司营业收入同比增长 20.78%，实现华中区域领先；电网安全管理达到国网先进水平，截至 12 月 31 日，实现安全生产长周期 4206 天。

二、管理水平

武汉公司立足于服务国家中心城市建设的先行者，坚持硬实力和软实力并重，持续加强管理能力建设，锻长板、提中板、补短板，提高核心竞争力和价值创造力。

（一）强化本质安全，建设坚强智能电网

深化“3+1”安全管理体系运作，树立“安全生产是管出来的”理念，大力推动安全管理重心下移、关口前移，创新实施“驾照式”安全履责记分机制，修订《安全工作奖惩操作规范》等14项制度，安全制度体系不断完善。突出严抓严管、重奖重罚，针对安全违章、跳闸、停电时户数超管控目标等问题，按照“四不放过”“一事一分析”原则，实行精准考核、联责考核。坚持“安全生产重在预防”，完善电网风险防控联动体系，严格执行“先降后控”原则，2021年累计管控五级和六级电网风险296项、作业计划9万余条。打造中低压配电网一体化监测体系，深化配电网自动化建设和应用，存量配电网自动化建设终端上线率100%，实现设备状态实时感知、故障精准定位，配电网跳闸数同比下降35%。

高标准规划大城电网。结合全市“光芯屏端网”战略产业布局，编制武汉电网“十四五”规划，5年计划投资367亿元，是“十三五”的2.5倍。坚持“能早则早、应开尽开、先难后易、化整为零”，借助市政府建设世界一流城市电网的东风，积极争取电网发展“绿色通道”。促成电网规划纳入城市规划“一张图”，电力通道随“路桥隧”同步规划建设。

全力推动电网升级。加快“特高压靠城、超高压进城”，积极做好特高压工程属地化协调，陕北—湖北特高压直流工程启动送电，荆门—武汉特高压交流工程正式开工，积极推进江南、江北超高压变电站深入武汉负荷中心。加快电力设施布局，2021年实施港口岸电、充电站建设等电能替代项目577个，实现清洁电能替代13.29亿kWh。新建充电站32座、充电桩277个，实现全市高速公路快充网络全覆盖。

深化能源互联网建设。作为国家电网公司的试点单位，编制完成光谷能源互联网示范区专项规划，“一图一网一平台”相关应用案例在国家电网公司推广。项目包含电网建设、交直流柔性互联建设、“网上电网”深化应用、智慧用能服务窗口、源网荷储一体化综合能源站、低碳高效园区、绿色智慧校区、生态智慧社区等八项重点工程，通过建设“源网荷储”一体化综合能源站，实现多合一高效能源供应、电网状态可视、柔性合环互联等功能。

（二）提升服务质效，争创最优营商环境

构建“大配调”“大配抢”体系。坚持服务资源统一调度，从城区配电单位随业务上收配电网调控员22人，实现城区配电网调控“从主线到台区高压侧”统一调度集约化管

理。配抢指挥从“多级指挥”向“工单指派”模式转变，主业单位与省管产业单位融合开展配电网抢保修业务，实现服务指挥“全业务融合、全流程在线、全链条贯通”。深化“营配调”一体化的供电服务指挥体系运作。全面完成供电服务指挥中心内设机构及岗位设置、定员调整及人员配置。市级供电服务指挥中心按照职责及业务类别设置配电网调控指挥班、客户服务指挥班、运行分析监督班三类典型班组。县级供电服务指挥中心设置配电网调控指挥班、客户服务指挥班及监控分析岗。下放配电网调度权至东新、沌口2家县公司，8家县公司供电服务指挥中心全部实现营配调一体化运行。合理布点营配融合供电服务站（所），增设4个供电服务站和4个乡镇供电所。结合供电服务职工“六统一”管理工作，将供电所回流人员充实到相应岗位。调整低压配电网运检职责分工，优化城乡供电服务机构及配电网抢修队伍配置。

大力压降停电时长。坚持“不停电是最好的服务”，分区分类实行年户均停电时长“预算式”管控，户均停电时长同比下降37%。全省率先在汉阳、汉南核心区试点取消10kV计划停电。全面恢复输电带电作业。成立配电网带电作业中心，实施配电网不停电作业专项考核激励方案，配电网带电作业数量同比增长424%。

全面加强投诉管控。强化专业协同，开展服务质量明察暗访8期、投诉事件联合调查93次。坚持重奖重罚，累计联责考核管理部室3万元、基层领导班子13.9万元、基层单位工资总额92.4万元。受理投诉97件，同比下降83%，百万客户投诉量全省最优。

提高业扩接电效率。坚持“内转外不转”“全天候连轴转”，全面推行业扩预约、回访机制，实施业扩报装管控及考核方案，在业扩报装全流程各环节时限设置压减目标，对内部流转关键节点限时考核。实施“报装革命”，推行“三强两优一压减”30条举措，高、低压平均接电时长（不含外部工程）分别压缩至22.8天和4.3天；合并现场勘查与装表接电环节，对具备直接装表条件的小微企业实行1天极简接电。推行“三省”“三零”和“五办”服务模式，29项业务“一次都不跑”，客户服务满意率稳居武汉公共服务企业榜首，“A+8供电知音服务”成为国家电网公司社会责任示范基地创建点。2020年7批59项举措助力经济社会发展，减免企业用电成本9.79亿元。“获得电力”指数保持在全国前十，助力武汉获评优化营商环境标杆城市。

（三）加快数字转型，推动新兴业态发展

编制“十四五”数字化转型发展规划，在全国首创5G杆塔建设技术规范，依托数据增值服务专职研究室，开发“电力看经济”等4种数据增值产品。建设“企业驾驶舱”等数字化应用，推动企业管理数字化、业绩指标透明化。制定“双碳”重点任务清单，探索碳积分、碳账户等碳资产管理模式，相关项目斩获国家电网公司青创赛一等奖。创新“共建共享共治”商业模式，制定新兴产业考核评价办法，实施“销售分成”激励机制。

全力推动“2+13”数字化转型及新兴产业示范项目建设。在汉口滨江示范区建设国内领先的输变配用一体化数字电网，实现“站—线—变—户”全路径设备可观、可测、

可控；通过数字电网指挥系统实现任务在线化、作业移动化、过程透明化、决策智能化、价值可量化；打造低碳用能社区样板，实现清洁能源就地消纳、居民能源供需智能互动。在武汉公司机关大楼，建成国网首座低碳、高效的智慧办公楼宇，以可再生能源利用、节能减排、管理高效为切入点，通过图像识别、大数据分析、人工智能等先进科技手段，将大楼碎片化的功能进行整合，通过智慧楼宇综合管理平台实现全流程、一体化管控；通过部署物联感知设备，实现楼内全场景智能感知、光随人动；利用 5G 专网实现全部数据本地存储，有效保障楼宇数据安全。建成“光储充检”多功能充电站 2 座，打造融合储能、充电、检测、5G、光伏等多场景于一体的综合示范项目。创新电动汽车、岸电推广及运营服务机制，建成投运全国首艘纯电动游船“君旅号”港口岸电示范项目、华中最大规模的物流专用充电站。

三、管理成效

武汉公司立足于能源互联网建设的开拓者，紧密围绕国网战略发展新要求和能源革命新趋势，刀刃向内、主动变革，有力推动企业治理体系和治理能力现代化。

（一）聚焦战略落实，对标指标保持领跑

紧密对接国网战略指标体系，构建“1236”战略落地实施体系，制定《三年高质量发展纲要》，有力推动各项重点工作落地落实。在国家电网公司率先推行大供企业、省公司、二级单位、基层班组四级对标模式，聚焦推动国网战略落地，进一步优化内部关键核心指标，实现对标管理与业绩考核相互融通，充分发挥对标抓手作用。

加强对标动态管控。依托监测手段，运行短板指标周跟踪机制，每月动态跟踪短板指标存在问题、责任单位和提升情况，督导问题整改，强化指标过程管控。

奋力对标世界一流。落实公司“十四五”发展规划，组织专业部门和基层单位围绕 19 项重点任务对标世界一流，寻优找差，不断改进，提升企业管理能力和指标水平。

强化对标闭环管理，对指标落后单位开展约谈问责，推进指标管理责任和主体责任的落实，通过不断树标杆、对数据、找差距、补短板，提升基础管理水平。“透过指标看业绩”“围绕指标提管理”的工作方式得到广泛应用，对标抓手作用充分发挥。“十三五”期间，大供对标在国网系统排名第 11 名，连续 5 年保持国网湖北电力对标标杆，综合、业绩、管理实现年度大满贯。

（二）聚焦精益高效，管理体系健全完善

深化智慧共享财务管理体系建设，建立工程结决算长效机制，通过固化工程结决算标准流程，明确估价转资、物资清理、工程结算等 7 个关键节点，组织编写主网基建、配网工程等 10 类工程项目结决算标准模板，行“周通报、月考核”制度，工程决算时长下降 30%。财务稽核典型经验获评国家电网公司标杆。建立提质增效“1+7”工作机制，

拓宽管理广度深度，2020～2021 年累计消化对冲疫情及政策影响 13.88 亿元。武汉左岭供配电公司在湖北率先取得增量配电领域售电资质挂牌运营。

大力实施人才锻造工程。建立“两助理一交流”人才培养模式，开展“全员素质提升年”专项行动，针对科级干部、机关专责、基层骨干、供电服务职工等八类人员，开展培训 712 期。推行核心业务自己干，自主实施 110kV 英武洲主变压器更换等 11 个大修技改项目。打造“阳光赛马”平台，分层级、分专业开展竞赛、考试、取证等大练兵、大比武。开展“赛业绩、展风采”活动，选拔 40 名优秀骨干纳入人才储备库，量身定制人才培养“一人一案”，22 人走上重要岗位。加大年轻干部培养使用力度，“85 后”科级干部、四五级职员 31 人，较 2020 年末增加 11 人。组织领导人员跨单位、跨专业交流 112 人次。累计选拔 113 名城区配电、客服班组长，大客户经理、业务骨干开展挂职锻炼和人才帮扶。公司人才当量密度 1.199 7，位列国网湖北电力第一，连续 12 届蝉联湖北电力职工技能运动会团体桂冠。

（三）聚焦创新引领，科技成果成绩斐然

构建“1281”科技创新管理体系（攻坚 1 个省公司重点项目，建设 2 个能源互联网试点示范项目，关注 8 个重点科技方向，统一创新成果价值转化机制），建立“供创学院”、博士工作站等平台，与武汉大学签订科技创新战略合作框架协议，联合华为、联通公司成立 5G 新技术应用实验室、边缘数据中心研究室，聚焦于电力数据的采集、共享、应用并开发若干真正创造效益的数据产品。“十三五”期间取得专利授权 266 项，其中发明授权 17 项；3 项 QC 成果获中质协特等奖，1 个 QC 小组被评为全国优秀质量管理小组；管理创新 4 项成果获国家级奖项，2 项获国家电网公司奖项，5 项获湖北省奖项。1 部作品获评国家档案局全国档案创新案例。

四、管理特色

武汉公司立足于助力英雄城市疫后重振的领跑者，结合武汉“一主引领”区域发展定位，着力打造各专业样板工程，在服务地方经济社会发展中争先锋、当表率。

（一）突出“敢为人先”，党建引领走在前列

在国网系统率先探索“旗帜领航 • 三年登高”计划，实施党建“十大工程”，创新“三级引领”工作模式、“四级联动”战时体系、“五创五优”系列举措，打造国网一流党建标杆。建立党建研究中心，搭建“一微、一刊、一梯、一网”融媒体宣传阵地，新时代“红领大讲堂”等企业文化项目获评国家电网公司重点项目，“不忘初心、牢记使命”主题教育得到中央第十二巡回督导组高度评价，公司荣获第六届全国文明单位、国家电网公司红旗党委、湖北省先进基层党组织等多项荣誉。

（二）创新“武汉模式”，赋能电网赶超发展

在全国首创“政府批量先建土建、电气按需投资建设”电网共建“武汉模式”，政府牵头成立建设世界一流城市电网指挥部，由常务副市长任指挥长，建立周调度、月协调、季评估协调机制。配合政府完成“六个一”顶层设计（即工作机制、实施方案、配套政策、规划设计、审批流程、攻坚计划），促成出台《世界一流城市电网项目审批流程优化工作方案》等 7 个支持性政策文件，电网项目建设情况纳入各区政府绩效考核。滚动优化“三年攻坚”计划，全面加快一流电网蓝图落地。按照电网共建“武汉模式”，武汉市政府在 2020～2022 年出资 243.27 亿元，建设电力通道 394.93km，垫资 27.97 亿元先行开展变电站土建，政企合力推进 99 座变电站按新模式落地，实现电网建设从“电网攻坚、政府支持”向“政府挂帅、共同推进”转变，平均建设周期缩短 50%～70%。为华为供电的 110kV 旭日、东升 2 座变电站，从建设到送电用时 9 个月，再次刷新“武汉供电速度”。全市累计开工变电站 83 座、通道 136km。

（三）坚定“使命担当”，塑造铁军品牌形象

建立了平战一体、常态运行、精干高效的军运会保电组织体系，形成了上下联动、区域协作的一体化快速响应机制，划分 20 个保电战区，主抓队伍建设和任务落实，从而形成了“前线指挥部—专业部门—6 个保障小组”的专业管理链条和“前线指挥部—20 个战区—6 个保障小组”的作战指挥链条。制定重大活动保电工作标准规范，高标准建成智慧保电系统，圆满完成军运会等重大保电任务。

2020 年疫情期间，不分投资界面，抢建“两山”医院、“方舱医院”配套电力工程。不讲条件、不计代价，累计为长江新城方舱医院、省防疫指挥部等 91 个重要客户实施配套电力工程，总投资 1.17 亿元。集结 500 余名施工人员、出动车辆 100 余台次，仅用“三天三夜”和“五天五夜”分别完成雷神山、火神山医院通电任务。

不分产权界限，主动参与客户内部电力工程施工。针对客户侧电力工程建设时间紧、任务重、要求高，主动担当，突破产权界限，推行延伸服务，提供技术支撑，帮助客户缓解电力施工压力，及时满足客户用电需求。

保电不分日夜，对重要客户分级分类、精准管控。最高峰时，全市共有保电客户 661 家、保电线路 1392 条，保电客户和保电线路数量为军运会时期的 2 倍多。构建重要客户保电责任、协同、应急、联动四道防线，制定重要客户分级管理制度，编制“一线一案”“一户一案”1847 项。履行“吹哨人”职责，推行“5+1”服务模式（即制定一套供电方案、开展一次用电安全检查、下达一份安全隐患通知书、进行一次全负荷试验、发放一次安全用电指导书以及每天“零报告”制度），隐患排查覆盖到灯头、插座，确保了定点医院、方舱医院等重要客户用电无忧。

抢修不分你我，与时间赛跑，高效满足客户要求。克服雷电大风、雨雪冰冻恶劣天气、封路限行等带来的叠加压力，全市疫情防控重点保障单位全部供电正常。在全省率先编制实施进入核心疫区运维抢修工作标准，确保了全市供电安全可靠。防疫保电工作得到李克强、丁薛祥、孙春兰等党和国家领导人批示肯定，1 个党组织、1 名员工获得全国抗疫表彰，赢得社会各界广泛赞誉。

3.26

对标先进　提升管理　加快建设国网一流大供企业

国网长沙供电公司

一、企业简介

国网长沙供电公司（以下简称长沙公司）是国家电网公司的大型供电企业，国网湖南省电力有限公司的分公司，负责长沙电网的安全、可靠、高效运行，供电范围覆盖全市六区两市一县，供电面积 1.19 万 km^2，电力客户 440.05 万户。2021 年，长沙公司完成售电量 435.27 亿 kWh，增长 18%，2018～2021 年累计增长达 59.9%；营业收入增长 21.08%，2018～2021 年累计增长达 50.9%；内部模拟利润 2018～2021 年累计增长达 113.3%。主要战略管理关键指标均位居省内排头，电力营商环境指标进步全国最快，电网容载比增幅在全国主要城市位列第一。近年来，长沙公司荣获全国文明单位、湖南省抗击新冠肺炎疫情先进集体、湖南省先进基层党组织、国家电网公司红旗党委等多项荣誉。

二、管理水平

（一）贯彻“一体四翼”发展布局走在前

坚持做强主导产业，始终牢记“长沙电网为长沙”的企业理念，忠实履行政治、经济和社会责任，全力以赴建电网、保供电、优服务，做到供好电、服好务。坚持拓展新兴产业，统筹主业和产业优势，开展产品“1 到 N”市场推广；成立思极分公司，推进共享电力杆塔、数据中心建设，加快推进数据中心站商业化运营。规范拓展智能代运维和充电设施智能运维，全面推广充电桩“一网通办”服务，打造浏阳全电烟花、全电楼宇、电铸造、电养殖等一批符合长沙发展实际的示范项目。

（二）构建新型电力系统走在前

制定“双碳”行动实施细则，建成全省首个区域低碳服务中心，签订全省首个园区低碳发展战略合作协议，加快推动长沙电力能源清洁绿色发展，科学引导长沙电网“源网荷储”各环节协调互动发展。入围国家电网公司打造国际先进型城市配电网城市名单，示范打造马栏山等新型电力系统示范区和“近零碳”示范区，重点推动国际先进型城市配电网建设，高质量编制城区配电网建设子方案及“一区一册”，推动构建新型电力系统的“长沙样本”。

（三）建设国网一流大型供电企业走在前

坚持“对标先进、创新争优”和“转型升级、行稳致远”的主基调，明确“一二三四五”为核心的发展思路，锚定以“贯彻‘一体四翼’，建设一流大供，加快构建新型电力系统”为内涵的改造目标，守住安全、合规两条底线，打好电网建设、需求侧管理、数字化转型“三大攻坚”，创建电网、管理、服务、队伍“四个一流”，恪守“五项遵循”（最首要的任务是“坚持统筹发展和安全两件大事”；最根本的目标是“供好电、服好务”；最主要的途径是“以数字化转型和能源互联网建设为主要内容的创新创效”；最重要的抓手是“三项制度改革和业务回归自营”；最根本的保证是“坚持党的领导、加强党的建设”），迈出国网一流大供企业建设新步伐。

（四）推动企业数字化建设走在前

积极贯彻落实“sGrid”数字化转型战略，实施新跨越行动计划，将数字化建设作为建设国网一流大供企业的重要抓手。以“三融三化”为路径（融入电网升级、基层一线、产业生态，构架中台化、数据价值化、业务智能化），以“减负提效 赋能创新”为目标，扎扎实实开展数字化建设。在全省率先开展地市公司数字化建设规划工作，编制《公司数字化规划（2020～2022 年）》；应用“数据中台+自动化报表”技术为基层减负，研发“业扩方案辅助生成”“私自作业查处”“线变户停电全感知”等多项大数据应用为专业赋能；狠抓基础数据质量管理，提出了“以增量异动”为抓手的数据质量管理机制，始终坚持业务流和数据流“双流联动”，把数据治理成效纳入干部绩效评价；推动大数据的融通共享，率先在地市公司成立大数据应用创新基地，创新性提出基于产品经理制的大数据产品研发体系。

（五）坚守“安全合规”底线走在前

全面推行“驾照式”积分管理和机械化施工，完善核心施工队伍培育机制，强化领导干部安全绩效考核。加速构建现代设备管理体系，智能管控中心初步实现实体化运作，数字化班组建设获得国家电网公司和省公司的高度肯定。强化合规管理，在国网系统内率先推进法律、合规、风控、内控及巡视、审计的一体化建设。推进惠民政策落实自查整改和省管产业专项整治，清理供电服务环节和省管产业禁止收费项目。常态开展资金使用专项检查，资金管理使用机制持续完善。狠抓审计发现问题整改，推动挂号问题“见底清零”。

（六）强化管理穿透力建设走在前

建立跨专业大监督体系，制定管理穿透力重点工作清单、负面清单和督查考核领导人员方案，将工作责任条款化、工作任务清单化，让各级人员做到明责知责、履职尽责。深化利用大监督体系，以“四不两直”“一月两主题四单位”和“专项督办结合回头看”方式开展专项督办，抓实领导人员履职尽责。按照一级抓一级，一级对一级负责的原则，重点加强对三级单位直至供电所、班组末端的管理再穿透、执行再加强。

三、管理成效

（一）国网战略部署落地形成新格局

“一体四翼”发展布局加快落地，综合能源完成营收 1.94 亿元。建成国网系统首个区域低碳服务中心（临空港站），打造上海大众汽车电压暂降治理等示范项目。签订全省首个园区低碳发展战略合作协议，为全省综合能源园区合作破冰。全面推动充电桩建设和电动汽车产业发展，建成专用充电站 32 站 620 桩，年充电量 3715.9 万 kWh，占全省专车充电量的 78%。建设 20 座数据中心站，与长沙移动、电信公司等开展数据中心站、杆塔等基础资源商业化运营试点合作，形成 15 项典型数据增值产品应用场景清单。完成浏阳经开区电力资产整体移交，实现园区电力资产整体移交“零”的突破。

（二）政企共建电网实现新飞跃

形成政企共建电网的“长沙模式”并在全省推广，连续 5 年打赢“630 攻坚”战，电网建设累计完成投资 134 亿元，累计新（改、扩）建变电站 93 座，新建输电线路 1439km，供电能力由 635 万 kW 提升至 1050 万 kW，增幅 65%。20 天内完成南昌—长沙特高压线路 445 基塔基交地，刷新了全国特高压工程塔基交地速度，助力湖南首个 1000kV 长沙特高压输变电工程实现年内开工、年内投产，长沙正式进入特高压时代。啃下科大、农大等核心城区供地难、廊道难、施工难“硬骨头”，打通梅溪湖综合管廊、万家丽电力隧道等数条电力“主动脉”。推动市委市政府将“630 攻坚”列为“我为群众办实事”重要事项、特高压纳入基础设施“十大工程”，电网建设工作连续 5 年写入市政府工作报告。

（三）供电服务实现新提升

需求侧管理成效显著，单日最大错避峰规模超过 120 万 kW，供电服务隐患排查治理百日攻坚行动推进有力，治理销号客户侧隐患 3900 余条。深化“三零、三省”服务，降低客户办电成本6.41亿元，提升自贸区低压接入容量至200kW，推行“三零”客户“一日接电”。长沙“获得电力”被国家发展改革委评为营商环境进步最快指标，并进入全国优异行列，创新经验入选《中国营商环境报告2021》，在全国发出了“长沙声音”。积极推进电价改革相关工作，为电改政策平稳落地保驾护航。试点打造具有全国示范引领效应的数字化榔梨供电所。加强智慧配电网管控，配电终端在线率提升14.41%，平均停电时长下降31.55%，故障处理平均时长缩短3.5小时，抢修过程管控指标全省领先。95598渠道投诉量下降75.92%。全面集约业扩全流程监控，高、低压业扩回访满意度分别提升至99.64%、99.62%，保持全省第一。

（四）数字化企业建设取得新突破

启动长沙数字化示范区、马栏山文创园数据共享等5个专题示范区建设。数字化网格站成果在全市78个站所实现全覆盖。改造46座智慧变电站和4条智慧输电线路，完成集控站监控模式变革。完成国家电网公司“项目中台”试点建设，建成全国首个地市级项目投资管理中心。积极参与“减负提效、赋能创新”工作，形成《数字化建设暨系统应用问题调研分析报告》，为上级决策提供支撑。创建成套的数据治理体系，10kV线路数字化率达到100%，数据治理经验被国家电网公司采纳。“长沙县公司数字化建设”入选国家电网公司基层数字化建设优秀“样板间”，“产品经理制促进数据应用落地”“业数联动常态治理数据”入选国家电网公司典型经验。

（五）自主创新迸发新动能

开展“基于主动稳定支撑和经济调度运行的储能站并网指标体系研究”等科技项目3个，“10kV便携式接地小车研制”等群创项目9个，“主变压器滤芯式速换呼吸器的研制”荣获中国质量协会质量创新“示范级”（最高级）奖项，《基于数字化转型的终端业务融合管理体系》获省级管理创新一等奖，连续两年获国家电网公司青创赛金奖。自主研发的超级电容储能型设备，有效解决了广汽菲克、上海大众等大客户电压暂降问题，为客户挽回损失800余万元。累计形成管理创新成果31项、科技成果63项、QC成果96项，授权专利39项。

（六）党建登高汲取新力量

坚持在完善公司治理中加强党的领导，高标站位推进党史学习教育，深入实施“旗帜领航·提质登高”行动计划和“转抓强”攻坚工程，着力抓基层、强基础、练基本功，创新开展“党建+”工程、“冬日暖阳·电力保供党员在行动”“我为群众办实事”“红色护卫”行动等特色品牌活动，激励各级党组织和广大党员发挥示范带头作用，推动党建工作与中心工作深度融合，取得全方位、开创性成果，荣获全国文明单位、湖南省先进基层党组织等多项荣誉。

四、管理特色

（一）形成了电网建设的“长沙模式”

以“五联”举措和“四个一”机制成为“长沙模式”核心内涵，成为中央企业与地方党委政府合作的典范样本。建立健全以体制联合、阵地联建、攻坚联手、考核联动、氛围联心为内涵的“五联”组织体系，切实保障电网建设计划顺利落地实施。体制联合方面，强调实行一把手工程，制定以电力建设“一把手”带头、“一张网”规划、“一揽子”办法、“一体化”调度为内涵的“四个一”机制。

（二）发出了为民服务的“长沙声音”

以全面降低获得电力成本、切实提升供电可靠性、积极推广阳光业扩服务和建立政府水电气综合服务窗，推动供电服务网格主动融入政府网格化管理体系，持续推动“获得电力”服务再上台阶，长沙市成为全国“获得电力”提升最快城市代表，荣获全国优化营商环境先进表彰。

（三）展现了服务地方发展的“长沙作为”

全面落实市委市政府部署，高标准、高质量、高水平推进现代化长沙智慧电网建设。安排专项资金和配套工程全力支持中联汇智新城科技园、三一智联重卡等省市重点项目、园区重要企业和产业项目供电问题，助推项目顺利建设或投产，以电力高效支撑长沙城市更新、“一江两岸”城市照明提质和“夜经济”发展。持续加大农网建设力度，全力服务乡村振兴。发布助推长沙高质量发展六大行动，得到市委市政府的高度评价。

（四）实践了落实国网战略的“长沙思路”

围绕市场中心加快拓展综合能源业务，建设融入园区的“能效服务营业厅”，打造国网“双碳”品牌形象。聚焦居民小区开展充电桩“统建统维”试点，探索“新能源+储能”模式。发挥电力基础资源运营属地优势。系统性开展电力基础资源商业化运营工作，与三大电信运营商建立长期合作关系。持续加大成熟数据增值产品宣传推广力度。开展以增量数据异动管控为主线的“业数同步”数据治理，在全省率先将大数据理念应用于新兴产业，提出数据应用对外增值商业模式。

3.27

全面提升企业卓越竞争力 全力支撑新型电力系统建设

河南送变电建设有限公司

一、企业简介

河南送变电建设有限公司（以下简称河南送变电公司）是国网河南省电力公司的全资子公司，始建于1958年，注册资本5.2亿元，具有国家电力工程施工总承包一级资质、电力设施承装（修、试）一级资质、对外经营权和对外贸易权等，是一支主要从事电网建设、运维检修、应急抢修业务的高素质专业化队伍。近年来，河南送变电公司立足于电网建设主力队伍、电网应急基干队伍、电网运维支撑力量、国际业务重要力量的定位，全力打造支撑新型电力系统建设具有卓越竞争力的送变电企业。2018～2021年，河南送变电公司经营发展状况保持良好，2019年营业收入创历史新高；利润总额三年累计增幅48.58%；资产持续保值增值，2021年末企业净资产较2017年末增长25%；资产负债率较2017年末下降13.39个百分点。

二、管理水平

为充分发挥省送变电企业支撑服务“一体四翼”发展布局的作用，河南送变电公司以技术精湛、人员精干、装备精良、管理精益、竞争力强为方向，推动企业竞争力全面提升。

（一）核心业务能力提档升级

施工安全保障能力显著提升。深化基建队伍改革，严格落实基建改革12项配套措施相关部署，加强项目经理和作业层班组骨干等关键人员培养补充，按要求组建施工作业层班组，推行“班组骨干+核心劳务分包人员”作业模式，全面夯实基建现场管理基础。有力推进机械化施工，按照“先进性、专业化、标准化、系列化”的原则深入推进装备建设，2018 年来投入机具设备 1.83 亿元，装备总功率达到 4.19 万 kW；落实机械化施工要求，广泛应用落地抱杆、旋挖钻机、深基坑一体化装置等装备，开展机械化施工配套方案研究，推动以机械化减人力、降风险、保安全。强化施工技术创新，依托特高压等电网建设，着眼于解决施工生产实际难题，不断培育实用、好用的科技成果；2018 年来，3 项科技成果获国家电网公司科技创新奖和职工技术创新奖，14 项科技成果获得省部级科技进步奖，高空紧挂线施工轻小型机械化装备、大截面导线施工工艺及配套机具等一系列成果广泛应用，自主研究的全钢螺旋锚基础典型施工工法入选国家电网公司第二批工法项目。

电网运检管理水平更加精益。深化精益运维，构建设备主人、群众护线、属地协作“三位一体”运维保障机制；深入应用无人机巡检、通道可视化、智能巡检、激光炮等先进技术装备，稳步推进智慧输电线路建设，运维管控水平持续提升。深化专业检修，建立完善技改检修规范管理流程，成立检修工区，集中实施输电线路技改检修，高标准完成历年中州换流站、灵宝换流站年度检修。强化应急保障，持续完善应急预案，强化应急装备、物资等投入力度，通过实战和演练不断提升应急队伍素质能力，具备第一时间响应各类电网应急抢修事件的能力。

（二）数字化、智能化手段深化应用

基建施工方面，全面应用基建“e 安全”，实现“一本账”“实名制”管控；依托安全管控中心和安全风险管控平台，实现所有风险作业实时在线远程监控，有效助力做实“四个管住”。电网运维方面，深化人机协同巡检，通过工具化使用无人机大力开展精细化巡检、三维建模和激光雷达扫描；积极推进智慧输电线路建设，成立调度监控中心，通过通道可视化、故障诊断等监测装置及时掌握设备和通道运行状态，应用卫星 InSAR 技术开展线路附近地表沉降监测。运营管理方面，积极应用国网商旅云、财务报销系统、远程视频会议系统、采购电子商务平台，建设运行集约化采购、分包管理和资料电子化管理等信息平台，推行信息化、数字化办公，提升办公效率和工作质效。

（三）关键要素融合赋能

完善治理体系，合理开展内设机构和职责权限优化调整，大力开展机具设备、成本核算集约化管控；制（修）订生产经营管理文件 70 余项，重点领域和关键环节的规范管理不断加强。激发动力活力，按季度对部门服务基层效能进行考核评价，推行项目执行经理制，全面实施单项工程预算管理，建立向一线倾斜的薪酬分配体系和基层单位间人员短期借用机制，不断提升人员动力活动和资源利用率。强化党建赋能，建立支部党建“一二三四”[1]工作机制和工程项目党建“三二一”先锋指数工作法，实施“党建+”工程，开展“把党组织建在项目上、把党旗插在工地上”专项行动，充分发挥党组织战斗

[1] 坚持“一切工作到支部”的鲜明导向，强化“专业管理、价值创造”两个着力，发挥党支部“核心、学校、堡垒”三个作用，建设四强党组织、四个合格党员队伍。

堡垒和党员先锋模范作用。

三、管理成效

（一）对标提升任务扎实完成

安全局面保持稳定，连续安全生产天数始终保持行业最高纪录；运维线路故障停运率连年下降，指标完成水平位于国网系统前列。经营效益不断提升，营业收入和盈利水平位于行业前列；职工劳动生产率连年提升。人才战略成效明显，2021 年底人才当量密度达到 1.044 2，较 2017 年底提升 0.051 5；新增注册建造师 84 人，总量达到 187 人，其中一级注册建造师 129 人。科技硬实力显著提升，2018 年来累计获得授权专利 133 项，其中发明专利 18 项。

（二）战略落地实施有力推进

电网建设任务圆满完成。2018～2021 年，完成 220kV 及以上线路工程 65 项、折单长度 4138km，变电工程 89 项、容量 6333 万 kVA，其中，2018～2020 年完成的线路长度和变电容量较 2015～2017 年分别提升 21%、115%。2018 年以来，参建的 5 项工程获国家优质工程金奖，4 项工程获得国家优质工程奖。高标准完成 14 个特高压工程标包，实现特高压工程施工领域全覆盖；打赢山东—河北环网工程黄河大跨越攻坚战，建成河南省内第一高塔；积极应对疫情影响，完成河南电网建设史上项目建设规模最大、参建人员最多、调试影响范围最广的青豫特高压及配套工程建设任务；奋战 303 天，助力国家电网公司年度“一号工程”南昌—长沙特高压工程顺利投产，创造了前所未有的建设纪录。在各项重点任务建设中展现出的铁军智师精神，受到国网基建部、国网特高压部、国网交流公司、国网直流公司、南方电网公司的书面表扬和肯定。成为国网系统首家进入泰国总承包市场的送变电企业。

电网安全运行有力保障。运维的 188 条 12 507km 330kV 及以上线路运行状况良好。积极做好保电应急相关工作，累计处置线下施工、山火、异物等突发事件 800 余起；圆满完成新中国成立 70 周年、中国共产党成立 100 周年庆祝活动、习近平总书记考察调研河南等重要保电任务。妥善应对河南省内罕见的“7·20”极端特大暴雨，全力筑牢防汛救灾应急保障的“铜墙铁壁”，有力确保运维的河南超高压、特高压线路受灾期间“零跳闸”；连夜高效完成 110kV 郑州前程变电站抢修恢复供电应急处置任务，受到上级领导和社会各方的高度评价。

四、管理特色

瞄准省送变电企业“敢打硬仗、善打胜仗”的特点，将送变电人“铁军智师”意志品质与企业文化紧密联系起来，推动“人人努力，日日创新，优质高效，和谐发展”的企业方针在继承中发展、在发展中创新，不断形成推动企业发展的强大合力。

（一）形成了“人人努力”的比学环境

员工理解、认同企业文化，积极主动参与实践，通过自我价值的实现，推动企业愿景实现；发挥个人和集体的优势，提升自身能力，注重团结配合，共同把各项工作完成好，为企业持续健康发展夯基蓄势。

（二）深化了“日日创新”的创争氛围

企业主动把握行业发展趋势，不断创新内部管控机制，建立并完善与企业发展相适应的管理体系；加强创新机制和创新文化建设，通过自主创新，巩固和扩大企业在电网建设和运维领域的领先优势。

（三）提升了“优质高效”的管理水平

坚持以客户为中心，建立规范、高效的全业务管理流程，专业专注提供优质服务，全力以赴打造精品工程，精益高效保障电网安全；坚持以更高标准、更高要求开展工作，推动企业管理更规范、运转更高效。

（四）实现了“和谐发展”的管理成效

牢记“质量是企业的生命，安全是企业的基石，达到客户满意是企业的出发点和落脚点”，坚持依法合规、以人为本，促进环境、社会、经济三者平衡，努力实现更高质量、更有效率、更可持续的发展。

2018 年以来，河南送变电公司受到省级及以上主流媒体（含新媒体）正面报道 200 余次，先后荣获“全国‘安康杯’竞赛优胜单位”“全国电力建设优秀施工企业”“国家电网有限公司特高压工程建设先进集体”“河南省重点项目建设先进集体”等荣誉；河南送变电公司党委被国家电网有限公司授予“红旗党委”称号。

3.28

“两翼”齐飞 构建省级经研院发展新模式

国网江西经研院

一、企业简介

国网江西经研院（简称经研院）与江西腾达电力设计院有限公司（简称腾达设计院）合署办公，经营范围为工程设计、工程勘察、工程咨询等，具体业务包括电网规划、设计及评审，电源（用户）接入系统设计，电网工程技术监督、造价咨询及能源政策、电力供需、增量配电网相关专题研究等。腾达设计院按市场化单位进行管理，具备“双甲双乙”资质，即电力行业（送电工程、变电工程）设计甲级和工程咨询单位甲级资信评价资质、工程勘察（工程测量专业）乙级和工程造价咨询乙级资质，并于 2019 年 12 月获批南昌市高新技术企业资格。经研院（腾达设计院）2019、2020 年连续获评国网江西电力综合业绩优秀单位。

二、管理水平

经研院和腾达设计院贯彻落实国家电网公司“一体四翼”发展总体布局及国网江西电力“2324”工作指导思想，抓住按照市场化方式运作研究机构的单位本质，坚持正确的方向和目标不动摇，一脉相承国网江西电力新管理体系，务本创新，转变思想、更新观念，夯实制胜的长远基础，推动管理转型升级。

（一）建立市场化机制，重构薪酬体系

根据部门性质和业务特点，制定各生产业务的产值兑现细则，实现产值透明、成本透明、考核透明，建立以项目经理负责制为核心的项目全过程管理绩效考核分配体系，用项目经理代替原有固化的主管级别，项目经理具有专项产值分配比例，充分压实项目主体责任。为充分调动全体员工积极性，塑造“大经营”理念，营造全院经营的市场化氛围，将市场开拓与员工待遇挂钩，并将系统外业务总产值的 20%作为专项奖励，用于

鼓励市场开拓突出贡献人员。管理部门按目标任务制方式进行绩效考核，业务部门按产值分配制方式将绩效工资与产值全面挂钩，根据全年产值完成情况进行年终奖分配及兑现，未完成产值的部门不予兑现年终奖并按照未完成比例倒扣预发绩效工资，真正实现“干多干少不一样，干好干坏不一样”，彻底打破按岗级系数进行绩效分配的传统“大锅饭”模式。

（二）重建组织架构，聚焦主责主业

取消原有的机构内设部室主管层级，缩短管理链条，实行扁平化管理；打破以内设室为单位的人员布局，全面融合部门人力资源，提升人力资源效率，缓解了各专业普遍缺员的局面；开展全员双向选择，所有部门负责人及员工全部待岗，分正职、副职、员工三个阶段进行多轮次岗位再匹配后重新上岗；成立能源研究部，找准经研院服务公司发展的落脚点；做实质监站，成立质监部，将土建技术监督结合基建工程质量监督一体化开展；打造技术经济中心，聚焦工程项目全过程造价管理和监督，深化定额、计价及费用标准研究，开展造价管理课题研究，进一步聚焦主责主业，为项目精准立项、工程造价控制、提升投资效益提供有力的技术支撑。

（三）开拓新能源咨询市场，助力新型电力系统构建

经研院和腾达设计院以源网荷储研究为契机，研究建立全省新能源消纳与接入新机制，统筹规范全省新能源消纳接入管理，挖掘电网规划、新能源消纳和接入等领域优势，将技术优势转变为市场资源。2021 年，先后与国家能源集团江西电力有限公司、华能江西分公司、华润电力江西公司签订战略合作协议，大力开拓新能源咨询市场，在实现市场化营收的同时，积极引导发电企业优化电源布局，实现源网协调发展。

（四）强化党建引领作用，推进人才队伍培养

创新“一支部一特色”活动，强化部门间协同联动，进一步发挥共产党员服务队作用，打造精品项目，提升市场服务意识，唱响经研院品牌，助推党建与业务工作相融互促；坚持严管厚爱，引导干部员工深耕“家园、责任、执行、争先、奉献”五种意识，打造家园文化，激发员工归属感与责任感，与企业共奋进、共成长；创新选人用人方式，首次开展中层岗位副职公开竞聘，通过资格预审、业绩评价、笔试、面试等多环节层层把关，选拔出 3 名年轻干部到中层干部岗位；开展先进典型培树，选取 20%优秀员工进入培树库，其中 10%为重点培树对象，针对个人实际情况“量身”制作培树方案，形成“老典型屹立，新典型辈出”的科学格局。

三、管理成效

整合人力资源，打破部门、专业壁垒，构建大规划、大研究、大设计、大咨询体系，

为企业发展注入新动能，高质量完成各项目标任务，为公司发展提供智力支撑，成效突出。

（一）聚焦主责主业，专业实力质、量齐飞

规划业务能力稳步提升，2020 年完成 500kV 远景目标网架、特高压入赣适应性研究等多项规划专题，同比增长 50%，研究成果为江西近远期主网架发展、雅湖直流顺利投运提供有力支撑，确保特高压外来电力“进得来、落得下、用得上”，大幅提升江西电网电力资源配置能力，服务江西经济社会发展。基础研究取得多项突破，围绕“双碳”发展目标和新型电力系统构建，主动作为，探索性开展峰谷分时电价、新能源参与电力市场交易、需求侧响应等相关研究工作，赣闽联网、十年电力平衡等成果获国网华中分部表扬及国网江西电力主要领导认可；《新型电力系统正当时》荣登《中国能源报》，“寒潮”专题上稿《国网经研院经研参考》，《江西电力需求侧管理提升策略研究》被《国家电网智库》专刊录用。

（二）创新体制机制，内生动力充分激发

重建组织架构并优化绩效体系后，“按劳取酬、奖惩对等”的理念深入人心，极大激发员工的工作积极性，一线员工生产力得以充分解放。以输变电设计部为例，2020 年开展的输变电工程设计工作打破历史纪录，外业终勘线路长度较 2019 年实现翻番，全年投产线路长度和变电规模均创历年之最。在新的绩效分配模式下，人力资源潜力深度释放，2020 年有 4 名生产一线员工绩效工资超过中层平均水平，生产一线员工绩效工资最高是最低的 1.7 倍，全面形成“干多干少不一样，干好干坏不一样”“工资靠挣、业绩靠干、荣誉靠贡献”的积极氛围。

（三）主动拓展市场，经营成效显著

与多家发电企业签订战略合作协议，建立长期友好合作关系，2021 年新能源咨询业务签订合同额同比增加 284%。突破自我，以联合体投标的创新形式首次中标 500kV 新建输变电工程设计项目，实现腾达设计院成立以来 500kV 新建输变电工程“零”的突破。积极拓展经营业务范围，取得工程造价咨询乙级资质，经营业务从改革前的 5 类拓展到现在的 10 类，营利能力大幅提升。2018～2020 年，腾达设计院营业收入累计增幅 130%，利润累计增幅 134%；2021 年全年实现营收同比增长 33.02%。

（四）党心铸魂，党建引领

2021 年院所属两个支部分别获评国家电网公司、国网江西电力“电网先锋党支部”称号，院团总支获评国网江西电力“五四红旗团支部”称号，发展规划部获评团省委“2019～2020 年度省级青年文明号”称号。两名员工分别获评国资委优秀共产党员、国家电网公司优秀共青团员，4 名员工分别获评国网江西电力优秀共青团干部、优秀共产

党员、优秀党务工作者，一名员工入选国家电网公司“青马工程”。

四、管理特色

经研院和腾达设计院按照市场化方式运作，履行好“三大责任”；坚持不懈打造高素质队伍，筑牢企业发展的根本依靠；聚焦电网规划、能源政策、设计评审等主责主业，促进支撑能力和营利能力“两翼”同步提升。

（一）找准发展方位，健全市场化机制

经研院和腾达设计院是按照市场化方式运作的研究机构，具有市场化和支撑两个本质属性。市场化属性的本质是“营利”，有产值、有营收、有增值效益。支撑属性的本质是“服务公司发展”，有成果、有价值、有实际应用，为公司发展和电网发展提供技术支撑。建立健全市场化机制，全面提升员工市场化意识，发挥绩效分配制度的导向作用，积极引导员工转变观念，主动走出去。按照市场化模式运作，不断创新市场开拓方法与手段，拓宽业务范围和业务类型，全面提高能源研究、规划评审、工程设计工作的技术服务能力，提升经研院的市场竞争力，为企业长远发展注入源源不断的内生动力。

（二）实行扁平化管理，体制机制高效运转

深化管理体制机制变革，实行扁平化管理，包括重建组织架构、重构薪酬体系、优化业务实施模式等，形成绩效管理实施细则、产值兑现实施细则、项目经理负责制等一系列改革文件，从制度层面为企业发展注入新动能，构建省级经研院发展新模式，使变道超车成为可能。减少管理层级，科学调配内部人力资源，人岗重新适配，进一步激活内部潜能，提升团队凝聚力。推进项目经理负责制，拓宽员工职业发展通道，发现并实现各层级技术人员的专业价值，通过专业聚焦和能力爬坡，有序培养人才梯队。经研院制度变革获评江西省企业管理现代化创新成果一等奖。

（三）转变经营理念，服务电网发展

思想是行动的先导，什么样的经营理念决定了什么样的经营方式。经研院作为技术支撑单位，支撑服务好电网发展、为客户提供高质量的技术咨询服务是最主要的经营、最主要的市场营销。经研院依托电网规划、新能源消纳和接入等领域优势，大力开拓新能源咨询市场，在实现营收的同时积极引导发电企业优化电源布局，实现源网协调发展，为服务新型电力系统构建、服务“双碳”发展目标贡献经研力量。

（四）坚持以人为本，党建引领促发展

深刻认识广大干部员工是经研院的真正功臣和依靠力量，是经研院发展的智慧和力量之源，依靠合理的机制制度设计，依靠坚定不移的执行，让员工增长才干，让员工在

吃苦奉献中得实惠，实现企业与员工的共生共赢。深化党建引领，贯彻落实“一支部一特色”活动，2021 年经研院各支部分别以“党建融入中心、协同提质增效”“规划帮扶在一线、战略研究下基层”“创先争优作表率、党旗引领促发展”为活动主题，充分展示经研院的技术实力、服务能力，推动党建工作与生产经营深度融合，大力推进经研院高质量发展，提升经研院在全省各地区电网发展支撑与服务领域的口碑与影响力。

3.29

对标提升，管理转型显成效

国网成都供电公司

一、企业简介

国网成都供电公司（以下简称成都公司）成立于 1953 年，是国家电网公司的大型重点供电企业。企业体量大：下设 18 个供电单位，供区 13 016km^2，营业户数 788.55 万户，劳动用工 12 817，居全国省会城市第一。电网发展快：“十三五”以来投运变电站 58 座，新增容量 1279 万 kVA，电缆隧道长度全国第二。供电要求高：各类党政军机关、医院、机场等重要客户 244 户、世界 500 强企业落户 305 家、外国领事馆 21 个，居全国重点城市前列。经营效益好：售电量、利润年均增长 10.44%、5.89%，增速排名全国前列，对省公司贡献率达 20%，综合业绩考核连续三年居省公司第一。

二、管理水平

成都公司以国家电网公司战略目标为引领，紧抓“四个坚持”，推动“四项升级”，助力公司与电网高质量发展。

（一）坚持筑基固本，推动管理基础升级

实施基层党建创新拓展和实施“党建+”工程，推动党建与生产经营深度融合。厚植成电特色优秀企业文化，增强社会价值认同。2011 年，习近平总书记视察成都高新共产党员服务队，对共产党员服务队善小而为、十年如一日开展为民服务给予高度评价，他指出，“这是个好经验，很值得发扬、总结和推广”，并勉励队伍再接再厉，架起党和人民群众之间的“连心桥”。2017 年、2018 年，国家电网公司董事长辛保安两次到成都公司调研高新和都江堰共产党员服务队建设情况，对成都公司的党建工作表示肯定。健全责任体系、监督体系、应急体系，推动安全管理和治理能力现代化。强化现代科技应用，推动“首台首套”“首次首域”领先实践。推动政治监督具体化常态化，营造风清气

正的政治生态。深化“群众工作之家”，创立“他山之石”品牌，实现信访案件“减存遏增”。

（二）坚持“两项转型”，推动管理理念升级

“精益化转型”赋能客户需求极速响应，以“需求拉动、价值流动、整体协同、持续改善”为指导，做实“周计划、月例会、季评估”PDCA 精益管控机制。选定年度十大 KPI 和十二大攻坚任务并形成标准化清单；以“前端吹哨、后端报道”推进 “端到端”流程重构，赋予一线考核建议权，提升前端对后端资源的调配能力；融合卓越绩效管理要求，实施 5 个精益改善项目，推动短板弱项持续提升。“数字化转型”激活智慧企业效率倍增，实现机器代人、电网实时监测、高危作业替代等自动化手段，优化“小喔”机器人，形成一批便捷、友好的典型应用；深挖投资、资产、成本、收入数据价值，实现经营决策智能化。

（三）坚持改革创新，推动管理模式升级

推动组织模式和机制创新，事件化分解、精细化管控业绩指标，创新引入“对赌”概念及“红绿灯”目视化管控法。健全资金投入、人才评价和成果转化机制，激发研发中心、孵化中心等柔性团队活力。探索工资总额核定与“人效”指标挂钩，丰富绩效工资计核维度完整性。着力提升规范管理水平，深化多维精益管理体系运用，促进生产、营销、物资规范管理，创新构建标准化管理体系，实现核心业务及所有岗位全覆盖。加快人才培育体系建设，组建“电力知乎”专业权威解惑团队，搭建知识互动社区“成电智库”，同步施行培聘联动机制及后评估模型，构建完善职务、职员、专家三大晋升通道，打造多层级、复合型、高素质人才梯队。

（四）坚持提质增效，推动管理质量升级

完善现代企业治理体系建设，构建电网发展诊断和投资绩效评价体系；探索市场化组织和用工模式，实施绩效经理人制度；深化动态评估、领导督办、部门协同机制，推动重大风险隐患治理，持续化解沉疴痼疾。拓展电能替代发展空间，深化精准投资和精益管理，盘活资金、资产，推动资源优势转化为竞争优势；树立“经营电网”理念，主动应对小水电供区竞争；全省首例搭建并优化量费中心，推动电费“五自”转型。打造“产业链平台+数字科技+金融”生态圈，建设“蓉 e 电”“蜀电云”电力综合服务平台，畅通客户“线上+线下”沟通服务渠道；深化“主业+产业”阳光联动机制，大幅提升业扩报装时效。

三、管理成效

“四个坚持”“四项升级”行动实施以来，成都公司不折不扣落地国家电网公司、国

网四川电力的决策部署，实现了运营协同质效高、经营管理质效优、社会服务质效好。

（一）电网基础安如磐石

贯彻国家电网公司“五个最、四个零”要求，平稳迎接建党 100 周年。“五查五严”推进得力，整改隐患 143 个，配网跳闸率、平均停电时间分别压降 67.71%、42.2%。促成政府构建电网建设领导小组协调机制，落点 1000kV 特高压工程，取得西南首个“先土建、再电气”项目核准，配电自动化覆盖率达到 91%，形成以 500kV 双环网为骨干的多层级电网格局。

（二）服务品质提档升级

“获得电力”排名提升至“优秀”。全国首家建成大客户咨询系统，在全省率先实行全域“房电联动”过户，办电系统融入政务平台、实现“一网通办”。高、低压客户平均接电时间分别压减至 26 天、1.2 天，全口径采集成功率达 99.99%，供电可靠率达 99.905 9%，“网上国网”注册用户数居全省第一。乡镇供电所优化提升工作全省第一，成功创建 11 个五星级供电所（服务站）。

（三）经营效益蒸蒸日上

售电量、利润年均增长 10.44%、5.89%，增速对国网四川电力贡献率达 20%。累计替代电量 85.83 亿 kWh，945.07 亿元电费“颗粒归仓”。配电线路和台区高损达标率分别为 95.15%和 92.22%，同期线损“全国百强”供电所实现“零”突破。建成“蜀电云”电力综合服务平台，接收客户资产 4.85 亿元，为国网四川电力压降资产负债率作出“成都贡献”。

（四）改革创新生机盎然

业扩“端到端”流程重构，高压接电时长由 159 天压减至 28 天，客户满意率达 100%。提升青白江、高新、都江堰公司综合能力排名至国网四川电力第 1、3、6 名。在全省率先并网运行青白江欧洲产业城增量配电试点项目，首次实施低压故障主动抢修、配电变压器频繁停电预警等创新场景。试点首台台区低压侧移动式储能装置。建成机器代人立体巡检，运维效率提升 1.5 倍。

四、管理特色

（一）围绕“三个成效”谋划高质量发展路径

将使命、愿景、核心价值观落实到组织模式、人才配置与核心业务 KPI。“组织行动敏捷”聚焦作风、协同、资源和响应，实现管理质效提升。“质量技术先进”聚焦创新、质量、效率和传承，实现以质量技术优异推动高质量发展。“全员主动积极”聚焦权责、赋能、协作和文化，凝聚上下同欲的奋斗力量。

（二）将“精益管理”意识贯穿企业治理全流程

将人、财、物、知识等资源要素融入业务流程，做实 PDCA 闭环管理。构建流程化、标准化、专业化的业务链条和组织模式，确保件件有落实、事事有结果。

（三）以“数字化转型”锚定未来发展方向

筑牢“用数据决策、用数据管理、用数据创新”理念，用数据精准驱动市场、业务、组织、管理，以数字技术融合推动传统电网、业务和服务模式提档升级，以数字手段推动领导力转型和人才效能提升，实现更好更快的业务运转、资源配置和价值创造。

3.30

严实奋进　创新引领　全力推动国网战略目标落地

国网重庆市区供电公司

一、企业简介

国网重庆市区供电公司（以下简称重庆市区公司）成立于 2011 年 5 月。2014 年 12 月，成为重庆唯一一家被纳入国家电网公司大型供电企业管理的单位。供区面积 950km^2，供电区域覆盖重庆主城四大行政区域和国家级开发区高新区核心区的全部范围，包括重庆市委市政府以及党、政、军等多家市级重要单位。供电区域内电子、制造、金融、物流、服务等各种产业密集，是承载成渝双城经济圈战略发展的重要区域，其中解放碑作为重庆商贸金融核心区域，地上地下空间资源尤其紧张，负荷密度达 13 万 kW/km^2，位居全国第二。售电量始终保持重庆公司首位；累计获得全国文明单位、全国青年文明号等国家级荣誉及奖项 16 项，获得重庆市级、国家电网公司级荣誉及奖项 80 余项。

二、管理水平

（一）以“严实精神”夯实公司发展根基

抓实组织建设，制定干部队伍五年发展规划，构建“432”组织绩效月度考评体系，建立青年员工“五维三平台”跟踪培养机制，选拔培养班组长助理 22 人、“星级工匠”技能专家 15 人，拓宽基层员工成长通道，带动人才队伍素质提升。筑牢安全基础，“党建＋安全”围绕安全专项整治、“五查五严”风险隐患排查、220kV 集控站建设等重要工作，开展“安全日”活动千余次，推进“安全生产标准化建设年”任务 37 项，完成微电园片区典型场景标志标识应用等试点项目，“一中心一平台一队伍”顺利通过国家电网公司验收。

（二）聚力“三化”，做落实战略目标的先行者

“一体化”推进行动部署。聚焦能源互联网、新型电力系统建设及管理升级，提出“十四五”打造重庆创新示范高地的总体目标，成立新型电力系统建设领导小组和柔性团队，确定了“126”建设路径。践行“三领先、一跟随”工作路径，开展“学先进、促提升”三年行动，先后赴京津沪杭深等先进单位学习，总结形成 169 项学习清单，制定并完成 42 项指标、173 项行动计划，编制能源互联网建设方案，构建“孵化池”创新机制，搭建“数智”视窗实时展示平台，完成首批 6 个孵化成果集中展示，为重庆公司落实国网战略部署做好先行探索。

“精准化”推进战略实施。作为国家电网公司在西部大供企业中的首家试点单位，积极推行卓越绩效管理模式，与对标世界一流管理相结合，统筹推动战略落地与管理升级同步精准实施。深入推进一流城市配电网建设，解放碑示范区实现计划检修“零感知”。聚焦营配末端业务融合和中心级数字化转型，初步建成“供服系统渝中云管家”并入围国网数字化系统建设及应用“优秀型”样板间，助力保障大型城市政治经济核心区域供电。推动高新数字能源服务中心建设，服务国家级高新区高质量发展。探索重点业务领域数字化实践，创新关爱独居老人数据服务，做法成效入选中央党史学习简报。档案管理工作排名跃升至国网大供第二名。

“系统化”推进创新赋能。构建资源统筹、机制统一的“1+5”创新工作体系，以劳模工作室为载体，建立多元化人才保障机制。2018 年以来，创新工作获省部级及以上奖励 35 项，累计专利数量增幅达 28%，管理创新成果获国家级奖项 2 项，QC 成果获国际质量管理小组会议（ICQCC）金奖 1 项、全国电力行业特等奖 2 项。做实成果推广试点，“智能化体验式”营销服务体系建设等 20 余项典型经验在重庆公司推广，为重庆公司推进战略落地输出“市区智慧”。成立青年数智化创新团队，“人力资源驾驶舱”项目成果获重庆公司职工技术创新暨人工智能技术应用成果大赛二等奖。自主研发台区分支检测单元，在国网电商平台销售创收。

（三）践行“三新”，做政企协作发展的示范者

践行“多维互通”政企交流新模式。建立与地方政府信息交流机制，报送工作动态季报、重点项目周报 300 余期，得到政府领导批示 80 余次，政企合力推进电网工程建设、反窃查违、防外力破坏等重要工作。领导班子定期拜访政府班子，促请政府出台关于保护电力设施、推动电力发展的多份文件，促成服务高新区“1336”举措在政企双方落地，形成高新区电力服务“一纪要”“两协议”，相关工作登上市委办公厅《每日要情》；高效完成重庆市政府高度关注的渝昆铁路、轨道交通等项目迁改，形成政企合作共赢的良好局面。

践行“两联三优”电网规划新机制。通过政企联动、工程联建，优先建设、优质服务、优化发展，破解主城核心区选址落地难、阻工风险高等难题，实现政府、供电单位

和联建主体三方共赢，完成 110kV 朝天门等 8 座变电站的超前布点，达成 15 座变电站建设无偿用地协议，争取建设用地 287 亩，节省建设成本超 7 亿元。

践行“共识共建共享”电网建设新理念。提出价值共识、项目共建、资源共享总体路径，促成各区政府成立政企联动电网工程建设指挥部，推动项目建设周期缩短 30%～50%。政企合作建成解放碑地下环形电力隧道，彻底解决商圈未来 20 年用电问题。破解主城核心区 220kV 谢家湾、110kV 七牌坊等多座变电站阻工难题，顺利推进以 110kV 十八梯为代表的变电站联建工作，平稳推动变电站落地。谢家湾变电站、电缆线路工程获评国家电网公司“建设安全管理五好示范工地”。

三、管理成效

（一）瞄准“双高”，做服务社会发展的引领者

高效力服务“双碳”目标。2018 年以来完成电能替代超 15 亿 kWh，充电业务报装近 5000 户、容量超 17 万 kVA。朝天门港口岸电在全国首创应用双浮趸供电方案，用电量达全市岸电电量的四分之一，入选国家电网公司 2020 年新兴产业升级最佳实践案例。推动重庆首个综合能源服务中心建设。建成电专老校区能效管理示范项目。推进解放碑商圈楼宇用能优化集群项目，与政府合作打造解放碑低碳商圈示范区。

高水平打造营商环境。全面推行“阳光业扩”，在重庆率先推出城区小微企业办电套餐、高压典型设计及造价参考手册，小微企业平均接电时间缩短至 3.65 天，办电环节、时间、成本达到京沪标准，高压客户推荐方案可用率达 80%以上，助推重庆进入全国营商环境评价标杆城市序列。建设乡村电气化示范项目，实现 6 个供电所充电桩全覆盖，助力乡村振兴发展。疫情期间助力 103 家企业顺利复工复产，获得政府和企业的高度肯定。

（二）抓住“两能”，做经营质效提升的领先者

努力提升产业效能。在重庆率先成立综合能源分公司，组建柔性综能团队，通过市场化激励创新、供电+综能融合等方式，解决了初期人员不足、市场推广困难的问题，2020 年疫情以来，实现综合能源营收、利润增长 2 倍以上。实施产业单位同质化管理，推进施工企业能力标准化建设，实现 55 项指标全面提升，省管产业获评国家电网公司施工企业能力建设标准化单位，市场竞争力不断增强。

深入挖掘管理潜能。深化内模市场效益导向，细化提质增效重点任务 48 项，量化任务清单 42 个。2018 年以来，同期线损综合排名大幅提升，进入国家电网公司大供企业前三位，线损管理降损增效超 1 亿元，白市驿供电所获评国家电网公司“百强供电所”；盘活房屋资产效益和物资利库，成效超 2 亿元，位居重庆公司第一；强化带电作业和精益运维，平均停电时间缩短 1.65 小时；稽查及反窃查违成效超 2 亿元。提质增效累计成

效超过 15 亿元，位居重庆公司前列。

四、管理特色

（一）坚持以国网战略为指引

立足国家电网公司战略目标，瞄准重庆公司“整体西部领先、局部国网示范”，重庆市区公司提出了“十四五”打造创新示范高地的目标，明确了“三领先、一跟随”工作路径，推进“党建+业务”融合共进，推动国网战略落地和重庆市区公司管理水平提升。

（二）坚持以创新发展为驱动

制定实施创新工作方案，组建技能大师工作室专家团队和劳模工作室，实施科技项目揭榜挂帅，深度推进创新成果培育及应用转化，促进数字化转型、精准投资、生产经营等方面的工作质量提升。

（三）坚持以政企联动为合力

加强与政府交流合作，建立“两联三优”电网规划建设机制，实行向政府重点工程周报机制，电力建设多次得到政府主要领导肯定，促成政府出台关于保护电力设施、推动电力发展的多份文件，政企合力推进了港口岸电、民生项目、反窃查违等重要工作的开展。

（四）坚持以从严从实为标准

制定干部队伍五年发展规划，完善组织人事“1+N”制度体系，建立“内防外联”工作法和“五防三控”风险防控机制，营造从严从实、担当作为的干事环境，推动工作高标准、严要求开展。

（五）坚持以人才建设为保障

高度重视人才均衡发展，通过选聘“星级工匠”及专家人才、构建干部培养“孵化池”等方式，拓宽基层员工职业成长通道，推动管理、技术、技能类人才全面发展，以高素质人才队伍筑牢高质量发展根基。

3.31

强基固本　创新突破　打造管理新标杆

国网鞍山供电公司

一、企业简介

国网鞍山供电公司（以下简称鞍山公司）隶属于国网辽宁省电力有限公司，成立于1948年，因率先在全国研究带电作业并取得重大突破，被誉为全国带电作业的发祥地，主要负责三县（市）四区（海城市、台安县、岫岩县和铁东、铁西、立山、高新区）和鞍钢集团的供电任务，供电区域9255.36km^2，营业户数199.77万户。截至2021年末，鞍山公司资产总额65.10亿元，同比增长5.08%，位居全省第3。拥有500kV变电站3座，线路501.6km。管理66kV及以上变电站170座，66kV及以上线路里程3631km；10kV线路1076条，全长12 345.25km，配电变压器17 853台。

截至2021年末，鞍山全社会用电量累计完成319.84亿kWh，总量居全省第3，同比增加16.51亿kWh。新开工66kV及以上送电线路36.39km，变电容量144万kVA；投产66kV及以上送电线路17.59km，变电容量24.3万kVA。公司先后荣获全国五一劳动奖状、全国电力行业优秀企业、国家电网公司先进集体等多项荣誉。

二、管理水平

1. 政企合作新模式，合力解决电网发展难题

坚持政企合作共赢机制，加强与政府、企业、客户多向互动，着力推动构建良好外部发展环境。促成省电力公司与市政府签订战略合作框架协议，促成鞍山市长亲任组长主持召开电网建设领导小组会议，构建双周例会和季度例会制，两位副市长牵头组建电网工程建设和电网安全运行保障组，政企合作力度史无前例。在优良的外部环境下，解决受阻8年之久500kV唐家变入城问题，启动解决城区最后一公里报装受限问题的山南文化变系列工程，为中心城区未来目标网架攻坚克难。

2. 能源互联新理念，全力服务“双碳”快速发展

与政府联建鞍山能源发展研究中心，与鞍钢联手打造综合能源示范工程，与菱镁企业联合拓展工业互联网平台，在绿色低碳发展中实现多方共赢。打造菱镁工作互联网平台，推动电力企业市场化转型。改变以往坐等用户上门，单纯售卖电能的经营模式，深度介入用户的生产工艺全流程，目前仅海城菱镁工业园区即可快速增供负荷15.9 万 kW，按每天调峰 1 小时计算，年增售电量 5803.5 万 kWh，增加电力营销收益2511.17 万元。

3. 全域不停电新技术，打造可靠供电新高度

配网建设工程全面实现不停电作业，实施“先复电、后抢修”机制，打造东北首个“供电不间断、用户无感知”示范区，供电可靠性 99.993%，达到国内新一线城市水平。逐步解决配网工程和供电可靠性管理的矛盾，示范区建设工作吸引了众多新闻媒体的关注，新华网、《辽宁日报》头版、辽宁电视台刊发了详细报道。

三、管理成效

1. 坚定不移落实重大部署，推动公司战略落地

深入学习国网“一体四翼”发展布局。广泛宣传，对内达成共识、对外塑造形象。组织干部职工学习国网发展布局内涵，做到入脑入心，激发干事创业的积极性和创造力。全面对接省公司发展要求。以省公司落实国网发展布局的各项部署为导向，同步修订工作任务和方向，逐级分解落实。量化指标、优化对标，把国网部署、省公司要求变成公司行动，打造鞍电样板。

2. 持之以恒紧抓经营管理，提高公司经营质效

从增供增收、挖潜增效、盘活资产、降本节支、发展产业五个方面培育新增长点。深化内部模拟市场建设，调整考核指标权重，绩效激励重心下移至班所台区，精简融合三大指标体系，内模市场管理利润位居全省第 1 名。搭建公司资产效益分析平台，精准分析提升企业投资效率，深挖价值创造广度深度，通过经营诊断分析，将利润按线路分割，各线路、台区经营状况一目了然，企业管理者可以轻易发现短板环节，实现精准投资。

3. 坚持不懈优化营商环境，打造公司服务品牌

构建贴近客户的“1+N+9”电力营商环境管理体系，对外发布 35 项服务承诺。在全市 8 个园区设置营商服务专员，聘请 20 名营商环境社会监督员，主动接受社会监督。大力降低用电成本，落实“三零”“三省”服务，1.2 万户企业办电费用降低 1.1 亿元，12.7 万户企业减免电费 2.58 亿元，182 户企业通过直购电减少支出 1.1 亿元。进一步提

高办电效率，组建联合服务中心，办电环节由 8 个压减至 4 个，办电资料由 12 种减少至 2 种。

4. 锲而不舍抓改革强创新，激发公司发展活力

把全员创新创效作为破解难题的着力点，深化创新工作室管理，王家峰劳模创新工作室入选东北电力系统劳模创新联盟。菱镁工业互联网示范项目荣获 2020 年中国能源企业信息化管理创新奖，QC 成果获第 46 届国际质量管理金奖，连续 5 年蝉联省公司配网不停电竞赛团体冠军。全省首家购置中压发电车，构建“中低压发电＋带电”作业模式，成功实施东北首例高低压综合不停电更换环网箱作业，全国 9 个省份 103 名技术专家在现场观摩学习。创建人力资源 3 年规划和 12 项配套方案，指导专业用工“控总量、降人耗、提效益”。

四、管理特色

鞍山公司以省公司战略部署为指引，努力实现“四个转型”，闯出企业改革、高质量发展之路。

1. 电网向能源互联转型

实施“一乡一所一策”农网和配网质量提升行动，建设新型电力系统柔性配电网，满足新能源发展需求。以配网数字化班组试点建设为契机，加强主辅设备监视，综合运用台区融合终端、智能站房等技术，提升配网自动化覆盖率。加快推进 500kV 析木变电站、220kV 梨树变电站等重点工程建设，建成分区明晰、强简有序、安全可靠的坚强主网，解决南部电网受限问题。

2. 服务向高效智慧转型

用好鞍山能源发展研究中心，服务政府新能源规划决策，引导地区产业聚集，重点打造菱镁清洁能源消纳示范基地。聚焦客户用能优化，优先对“双高”企业开展节能研究，制定“一企一策”节能方案，提出“一行一策”发展建议，助力企业节能降耗，提升电能在终端的消费比重。强化客户思维，运用信息化、互联网手段改善客户用能感知，打造省内最优的电力营商环境。

3. 经营向质量效益转型

组建营销业务支撑队伍，重点加强一线客户经理能力建设，加快掌握国家政策、业务知识和交易规则，满足承接代理购电、购售同期、现货交易等业务需求。稳妥实施电价改革，规范做好代理购电和信息公开，广泛开展政策宣传讲解，确保电费颗粒归仓。以资产效益分析平台为抓手，分析量、价、费、损指标状况，定位管理弱项，优化管理链条，努力提升经营效益。

4. 队伍向复合全能转型。

推行“运、检、试”双专业或全专业融合，实现班组人员“物理融合”、班组业务“化学融合”，提升用工效率。全面激发首创精神，依托青创赛、职工创新、QC 活动等载体，提炼百项创新创意，大力开展万众创新，努力取得一批国际、国家、国网级别创新成果。聚焦“深度融合”聚力工程，抓住党建与中心工作的融合点，打造易复制、可推广的精品工程，支撑中心工作。

3.32

“五精”体系助业绩提升　发展提速管理提档

国网长春供电公司

一、企业简介

国网长春供电公司是国家电网公司的大型重点供电企业，主要负责长春地区电网规划、建设、运营和电力供应，供电面积 2.47 万 km^2，电力客户 510.72 万。设置 14 个本部职能部门、23 个业务机构、7 家县公司。

2021 年，完成售电量 257.45 亿 kWh，同比增长 9.09%；完成综合线损率 6.16%，同比降低 0.06 个百分点；完成电费回收率 100%；实现第 15 个安全年。以“免检”方式通过全国文明单位验收，荣获“国家电网公司先进集体”称号。

二、管理水平

结合企业实际建立“五精”管理体系，即精严安全生产、精准电网投入、精耕供电服务、精细挖潜增效、精炼一流队伍，业绩指标晋位升段、管理水平全面提升。

（一）精严安全生产

增加安委会召开频次，实施安全风险指数最高等“五个说清楚”。设置反违章自查、督查、违章三个指数，量化评价风险自控、自查自纠、安全督查质效。依托分级预警、约谈清退等四项机制，严格外包队伍“交规式”考核。投运智能运检平台、国内一流电缆隧道，实现设备状态在线感知、精准管控。推广配网图模系统，实施故障主动研判，平均复电时长压降 20%。结合电网薄弱环节，实行风险清单制管控、措施落实工单制督办、问题隐患项目制整改、应急处置分级制响应，成功抵御雨雪冰冻、台风洪涝等自然灾害。

（二）精准电网投入

促成国网吉林电力与长春市政府签订合作协议，明确政府“十四五”投资30亿元建设一流城市配电网。提请出台支持电网发展建设的意见，明确专班督办、多规合作等15项利好政策。与5个国家级开发区、21个省级开发区建立战略合作关系。2019～2021年，电网投入中政府占比逐年提升，分别为17.6%、18.9%、30.03%。将电网储备项目录入“网上电网”管控，综合考虑项目类别、属性、前期成熟度等因素，深入开展多维评价、精准校核，估算—可研、可研—初设、初设—结算各环节投入分别压降 12.34%、6.28%、8.00%。

（三）精耕供电服务

对内构建一站式业扩服务体系，对外促请联合办电，客户工程全面提速。不涉及电源改造的小微企业接电时间压降至3个工作日。提供临时用电7天快接服务。精简办电收资明细，推动政务信息共享，实现“一证办理”、30项业务“一次都不跑”。实施报装先行审批、资料同步受理，提前为疫苗车间验收送电。联合政府出台清理整顿转供电环节加价行为通知，推广转供电费码查询服务。公示典型设计及造价参考手册，打造客户工程衡量标尺。严格时户数预算式管控，为重点企业定制供电零闪断方案，带电作业逐年增长，供电质量全面提升。

（四）精细挖潜增效

严格管控量价费损，依托营销集约管控平台实时监测、精准甄别电量数据，发行准确率达100%。严格电价日稽核，保障执行零差错。智能交费全覆盖，电费回收“双结零”。实行分压、分线、分区、分相、分段、分台区“六分”线损管理，5家单位、11个供电所获评国网同期线损“百强县”“百强所”。优化完善绩效机制，开展内部模拟市场考核，精准掌控本、量、利。推行“团队+个人绩效”模式，合理分配权、利、名。实施全业务、全方位、全覆盖、全链条奖惩，推动优胜劣进、优绩优酬。狠抓基础管理提升，围绕基础知识齐备、基础数据准确、基础资料齐全、基本流程严谨、基本业务顺畅“五基”目标，开展基础管理提升行动，按照供电中心、县公司等制定6类任务清单，严格跟踪督办，确保务期必成。推进资产数据治理，坚持清存量、厘增量、控变量，推进实物盘清、差异摸清、业财融合、数据同源，配网设备统一规范命名，资产数据准确率达99%以上。

（五）精炼一流队伍

严把选人用人动议提名、考察考核、程序步骤关，近三年选拔任命四级正职 42人、副职72人，全部具有一线经历。加大“80后”“85后”优秀年轻领导人员比例，推选优秀年轻领导人员415人次，平均年龄压降2.23岁/年。深化“之”字型培养，部门与基层单位间、市公司与县公司两级间、主业与省管产业单位间交流161人次。实施奋斗者计划，委派69名优秀年轻领导人员进驻基层，靶向输出经验，指导整改问题。提高领导人员考评“工作业绩”权重至50%。优选4名业务骨干赴国资委、国网总部、东北分部挂职，将13名援藏人员纳入优秀年轻领导人员。与长春市总工会深化合作，连续5年承办长春市电力行业职工技能大赛，共有17人被授予“长春市五一劳动奖章”、86人获评“长春市职工技术带头人”、358人获评“长春市高技能职工”称号。

三、管理成效

（一）安全管理实现“三到位”

责任到位，建成全链条、实名制履责体系，严格照单履责、免责、追责，奖惩考核正向激励、反向约束作用充分发挥。机制到位，健全风险、隐患双重预防机制，自辨、自控、自治能力稳步提升；突出主动式应急，以战代练，筑牢“最后防线”。管控到位，科学制定抢修策略，成功抵御雨雪冰冻、台风洪涝等自然灾害侵袭，圆满完成春晚一汽分会场等重大保电任务。

（二）电网发展实现“两个优”

优合作，与全部4个国家级开发区建立合作关系，委派专人驻点服务，高效解决涉电问题；促成省公司与市政府签订战略协议，政企联动推动电网发展、经济振兴。优品质，落实基建改革12项配套措施，狠抓施工现场管控及作业班组建设，工程管理及本质安全水平全面提升；建成洋浦、锦程标杆示范工地，以点带面打造系列精品工程；“十三五”农网改造升级圆满收官，排灌用电“井井通”、动力用电“村村足”。

（三）经营管理实现“三个提”

经营提效，年售电量突破200亿kWh，实现十年增量“破百亿”；电费回收保持“双结零”。管理提档，用工总量逐年压降15.5%，全口径劳动生产率稳步提升；合规管理要求与各项业务融入融合；改革提速，深化国企改革，完成集体企业“瘦身健体”、驻长春央企“三供一业”供电分离移交；推进“放管服”等内部改革，体制机制活力深度释放。服务提质，全面建成以客户为中心、资源高度集约、信息实时共享、诉求快速响应的大服务格局。

（四）党的建设实现“三个化”

党建品牌化，搭建以加强“阳光引领”、打造“阳光阵地”、实施“阳光服务”、实行

“阳光评价”、营造“阳光生态”为主要内容的长电“阳光党建”平台，依托特色党建品牌，圆满完成“旗帜领航·三年登高”任务。监督常态化，建成纪律、制度、巡察、专项“四维一体”监督格局，“两个责任”有效落实；创新实施“监企共建”，廉政宣教、监督检查、案件办理统筹推进。队伍再优化，统筹选育管用，“80 后”科级领导人员占比 28%，本科及以上学历达 97%。

四、管理特色

始建于 1943 年的“老变”（长春 220kV 变电站）是丰满水电厂配套送出首座变电站，伴随长春电力事业走过殖民统治黑暗时期、解放初期艰难困苦、改革开放蓬勃振兴，培养了以全国劳动英雄宋秋岭为代表的一大批先进典型。国网长春供电公司注重文化培育，深挖“老变”光辉历史、文化积淀，总结凝练“坚韧、精益、争先、奉献”的“老变精神”，饱含家国情怀、彰显时代特征、兼具电力特色。建成“老变精神”传承教育基地，展示“老变精神”启蒙、发展、丰富、传承过程，还原“长电人”在“老变精神”引领下创造一流业绩。

强化品牌宣传。《老变的“守”与“变”》在《国家电网报》头版刊登，“老变精神”专题片在电网头条展播，2 部“老变精神”情景党课面向全省、国网系统线上直播。吉林省文旅厅明确将“老变精神”学习纳入革命旧址百课宣讲并在学习强国等平台推广，将“老变精神”传承教育基地纳入吉林省红色资源清单、红色文化资源数据库。

取得丰厚成果。“老变”入围国家电网公司“百年电力”首批文化遗产名录。“老变精神”传承人群体获评国家电网公司楷模、电网先锋党支部、金牌共产党员服务队。辛保安董事长考察调研期间，充分肯定“老变精神”，提出“老变精神、历久弥新，旗帜领航、争创一流”的工作要求。

3.33

构建五大体系　打造管理标杆

国网齐齐哈尔供电公司

一、企业简介

国网齐齐哈尔供电公司始建于 1946 年，是黑龙江省西部地区的供电枢纽，主要担负着全市七区九县（市）（龙江县、富裕县、讷河市、泰来县、甘南县、克东县、克山县、依安县、拜泉县）的供电任务，设置 13 个本部职能部门、20 个业务机构、9 家县公司，供电面积 42 255km^2，供电户数 222.68 万户。

截至 2021 年底，完成售电量 82.43 亿 kWh，同比增长 6.29%；综合线损率完成 5.49%，同比降低 0.39 个百分点；实现第 24 个安全年。对标管理综合排名连续三年位居全省第一，荣获全国文明单位，国家电网公司先进集体、国家电网公司红旗党委、国家电网公司管理提升标杆企业等荣誉称号。

二、管理水平

国网齐齐哈尔供电公司以习近平新时代中国特色社会主义思想为指导，以国家电网公司“一体四翼”发展布局为统领，以省公司“打基础、利长远、增后劲”工作基调为主线，始终做到“四个坚持”：

（1）坚持将推动能源转型作为初心使命。科学谋划电网发展，落实“十四五”能源电力规划，为各类能源清洁高效利用搭建坚强平台。主动对接齐齐哈尔市千万千瓦级可再生能源综合应用示范基地建设，加强政策研究和汇报沟通，推动地方党委政府加强顶层设计和统筹协调，促进源网荷储协调联动、有序发展。

（2）坚持将保障电力供应作为核心任务。面对电力供应紧张的严峻形势，坚决守住大电网安全生命线和民生用电底线，促请政府主管部门进一步明确了电网企业保底供应居民、农业生产用电范围。在执行有序用电时严肃纪律、精准实施、合理调度，提供一对一错避峰现场服务。

（3）坚持将抓好队伍建设作为制胜之道。着力打造“四优五过硬”的领导班子和领导人员队伍，优化年龄和专业结构，“80”后四级正、副职领导人员占比达到19.2%，基本实现三年梯队建设优化目标。编制印发公司领导人员队伍建设“十四五”规划、领导人员管理实施细则等组织人事制度，使领导人员管理更加规范。

（4）坚持将加强党的建设作为根本保障。牢牢把握“国企姓党”的政治特色和最大优势，不断强化党的领导地位和核心作用，在“融入”上下功夫，在“内嵌”上做文章，认真落实党的路线方针政策，有效发挥党组织的战斗堡垒和党员先锋模范作用。加强党建工作“六化”建设，打造“一五六七”工作体系。

三、管理成效

（一）积极落实上级部署

推进“一体四翼”协调发展，依托全国可再生能源示范区建设，深挖电网接入消纳潜力，成为省内首家与省综合能源服务有限公司签署框架协议的地市公司；建成投运全省首座超级充电站；与市城投公司签订框架协议，建设市区分布式光伏电站项目；服务日泽光伏、三峡风电、中广核等新能源项目并网发电；实现电能替代电量2.79亿kWh，完成全年指标的125%。持续服务乡村振兴，开工农网巩固提升工程5项并全部投产；在驻村工作队的积极争取下，建设混凝土道路1386m、桥涵1座，解决合发村出行难题；结算光伏扶贫电费及补贴4031万元，完成消费扶贫22.84万元；全力保障农业用电，助力实现粮食丰产。坚决有力防控疫情，有力应对几次省内突发疫情，压紧压实“四方责任”，有效落实52项精准化防疫措施，保持“双零”局面；积极履行社会责任，确保疫情期间供电保障和客户服务，481名党员响应公司党委号召，下沉社区助力疫情防控。

（二）突出抓好本质安全

突出抓好“五个全员”，开展领导干部安全述职，完善全员安全责任清单，逐级签订安全责任状，实现安全责任横向到边、纵向到底；组织安全大讲堂295场，覆盖7733人次。突出抓好现场安全管控，完善配电抢修现场布控球设置，实现“远程+现场”作业现场安全督查全覆盖；设置专职安全专责工程师，为开展全口径安全监察提供了组织保障。突出抓好安全隐患治理，扎实推进安全生产专项整治三年行动，录入各类问题隐患78项，完成整改72项，整改率达92.31%，完成“二下二上”任务；开展防汛风险隐患排查，消除隐患708项；完成春检和秋检作业，治理35～110kV输电线路“树害”15 000余棵、“鸟害”杆塔82基；完成“三跨”非独立耐张段改造4处，治理变电站交直流系统、防误闭锁装置、污闪等设备隐患30项。突出抓好现代设备管理体系建设，完成变电监控权移交，监控权由调控中心移交至变电运维中心；成为国家电网公司第一批故障精准研判功能应用试点单位；在全省同期建设的9家单位中，率先完成调度D5000新主站系统升级改造；金属技术监督 C 级试验室建成投运。

（三）全力加强精益管理

制定提质增效 7 个方面 32 项措施，实施“红黑榜”管理办法，实现增效金额 9498 万元。全力挖潜增效，跟踪服务“百大项目”，受理用电申请 97 项，合计容量 550.89MVA，同比增长 35%；省管产业单位成为全省首家被授予“国家电网公司施工企业能力标准化建设标杆企业”称号的单位。全力降损节支，营销稽查挽回损失 481.24 万元，超指标完成 141.24 万元；台区线损合格率完成 98.73%，同比提升 7.55%，高损台区数量同比压降 204 个。全力防范经营风险，重大决策、制度、合同审核率达 100%；完成审计项目 6 个，推动问题整改 33 个，实现审计监督全覆盖；制定公司内部模拟市场考核办法，激励区县供电公司主动增收。

（四）持续优化营商环境

加快构建现代服务体系，全面实现城市地区 160kW 及以下、农村地区 100kW 及以下小微企业用电报装“三零”服务全覆盖；作为全省试点单位，率先完成电费网银和管家卡业务推广，实现电费省级集中和自动对账，完成电费结零。持续提升服务效率，主动对接“百大项目”，创新实施业扩报装“零公里”“日办结”举措，变“最多跑一次”为“一次都不跑”；在各区县公司成立采集运维班，强化闭环管理，全力提高采集系统运维水平；完成微信公众号、支付宝生活号与“网上国网”融合，提升服务运营效率，注册率达到 20.2%。不断提高服务水平，实行“红黄牌”制管理办法，加强员工服务技能培训，高效解决客户合理诉求，全年客户投诉率同比降低 85.76%，超额完成省公司目标。

（五）奋力深化改革攻坚

全面理顺供电管理关系，开展细致的前期调研，摸清“两克依拜”（克山县供电公司、克东县供电公司、依安县供电公司、拜泉县供电公司）详实底数，研究制定《理顺供电管理关系实施方案》以及各专业 4 个子方案，签订理顺供电管理关系协议，高质量完成“两克依拜”4 县划转；高效率完成中汇供电支公司拆分，解决供电营业区域与行政区划不一致的历史遗留问题，实现一县（区）一公司，规范提升供电服务水平。内部改革不断深化，持续加强绩效管理应用，为全省县公司绩效管理建设提供专业支撑；完成两轮自建绩效管理系统安全测试，初步建成满足国网系统安全要求的绩效管理系统。专业管理不断延伸，对全部 9 家县公司进行资产处置，在省内率先完成税务注销、权证变更和工商注销工作，高效完成“子改分”任务；制定《全面提升“两克依拜”管理水平实施方案》，深化与管培中心合作，加强人员培训，促进管理提升。科技创新稳步推进，与蒙东公司联合申报的科技成果获得省部级科技进步三等奖，填补公司荣获此类奖项的空白；获得省公司科技进步三等奖 1 项、发明专利三等奖 1 项；荣获管理创新成果国家级 2 项，行业级 2 项，省部级 2 项；QC 成果获国家级 2 项、行业级 2 项、省部级 2 项。

四、管理特色

国网齐齐哈尔供电公司紧扣“十四五”发展要求，着力构建营销、安全、设备、数据驱动及人才队伍等五个现代化管理体系，打造管理标杆。

（一）全力构建营销现代化管理体系

依托电能采集系统、“网上国网”等现代化手段，加速传统柜台人工处理向线上、云端、掌上转移。推进营销 2.0 系统建设，强化基础数据治理和应用，持续拓展采集效能和服务渠道。加强抄核收精益管理，主动提供全流程供电和能效公共服务，提升客户体验。

（二）全力构建安全现代化管理体系

加速智能化安全管控中心实现违章自动识别。推进所有作业现场实现智能终端全覆盖，通过各专业方案审核、现场移动终端（布控球）规范检修、基建、用户工程等作业安全管理。规范推广电力安全工器具信息标签应用，在安全帽中推广智能化远程管控模块的应用。

（三）全力构建设备现代化管理体系

推动“立体巡检+集中监控”模式应用，利用机器人、无人机逐步实现运维自动化，推进配电自动化系统建设应用。在输电线路“三跨”、防汛害、防外力破坏等重点区段安装在线视频监测装置。确保新投运线路全部实现配电自动化覆盖，推进配电自动化终端实用化应用。推进台区智能融合终端建设，确保营配数据就地全交互。

（四）全力构建数据驱动现代化管理体系

深化数据治理和数据应用，强化企业中台、智慧物联平台等的建设运营。依托数据中台、报表中心和指标中心的建设应用，支撑公司范围内的数据共享和共用。大力推广基于“i 国网”打造的面向基层使用的移动应用典型成果，在 7 个大数据应用专题中开展拓展应用。

（五）全力构建适应现代化管理的人才队伍体系

强化人才“第一资源”，建立定制版“人才充电”机制，增加人才“任务包”模式，快速提高人才实践能力，畅通人才成长通道，着力构建适应现代化管理的人才队伍体系。构建领导职务、职员职级、专家人才三条通道并行互通的职业成长体系。建立健全技能人才培养、使用、激励等全链条管理机制。

3.34

创新管理模式　提升管理水平

国网莫力达瓦达斡尔族自治旗供电公司

一、企业简介

莫力达瓦达斡尔族自治旗（简称莫旗）地处内蒙古自治区和黑龙江省的交界处，是内蒙古自治区呼伦贝尔市下辖自治旗，是全区三个少数民族自治旗之一，是全国唯一的达斡尔族自治旗，成立于 1958 年 8 月 15 日，总面积 1.1 万 km^2，辖 15 个乡镇、220 个行政村，总人口 34 万。

国网莫力达瓦达斡尔族自治旗供电公司（以下简称国网莫旗供电公司）的前身是 1958 年成立的莫旗发电厂。60 多年来，经历多次体制变革，2009 年 6 月划归国网内蒙古东部电力有限公司（以下简称国网蒙东电力）。目前，莫旗公司本部设置 5 个职能部门、1 个业务机构，6 个中心供电营业所。现有长期职工 142 人。

莫旗电网通过拉东 220kV 变电站与东北网相联、通过莫旗 220kV 变电站与呼兴电网相联；以 110kV 线路为骨干网架，通过 35kV 线路辐射供电。供电区现有 110kV 线路 7 回 353km；35kV 线路 13 回 354km；10kV 线路 56 条 2932km，0.4kV 及以下线路 3310km，配电变压器 1215 台 198.36MVA。

2021 年，售电量完成 2.99 亿 kWh，同比增加 12.75 个百分点。电费回收率完成 100%。综合线损率完成 7.19%。公变专变及低压用户采集覆盖率 100%，公变专变采集成功率 100%，低压用户采集成功率 99.96%，台区线损监测率 99.71%。截至 2021 年 12 月 31 日，安全生产长周期为 10 461 天。

二、管理水平

构建现代供电服务体系是电网企业发展的必由之路，是"一体四翼"发展布局的有力支撑。2019 年 12 月，国网蒙东电力按照"实一线、强前台、通中台、大后台"思想，构建了城乡一体化现代供电服务格局，在城区建设区块化、网格化、营配主体责任一体化的供电服务中心，在乡镇打造全能型供电所，构建城乡一体化网格化供电服务模式，在市公司层面组建供电服务指挥中心，在省公司层面组建供电服务监管与支持中心，做到机构新设、制度重塑和流程再造，精简机构和人员。2021 年 5 月，国网蒙东电力深化现代供电服务体系建设，加快现代设备管理体系建设，做实一线、做强前端、贴近设备、贴近客户，进一步优化旗（县）供电公司组织机构与人力资源配置，国网莫旗供电公司作为试点旗（县）公司，率先完成了“大部制＋中心供电营业所”体系建设，彻底改变旗县公司机构职责交叉、管理不畅、一线主体责任不实、前方资源配置不足、基层乡镇供电所“空心化”、管控乏力、绩效激励不明显、薪酬价值导向有偏差等问题，让参谋机关和后方机构瘦下来、精起来，让效能高起来、效率快起来。

1. 健全岗位标准和业务流程

梳理中心供电营业所与电工技术服务站管理界面和职责界面，明确业务内容和工作要求，健全所站考核评价体系。严格按照体系建设要求，构建中心供电营业所工作标准、管理标准体系，完成中心供电营业所线路设备巡视、低压业扩报装、“两票”管理等 23 项典型业务流程、管理标准和 7 类岗位工作标准修编，经过运行，各部门不断对业务流程及管理标准进行完善，初步建成工作标准覆盖全岗位、管理标准覆盖全流程的现代供电服务标准体系。不断完善配套保障制度、方案，印发机构设立、职能移交、人员配置、薪酬激励、职级能级序列转换等文件 18 个，有效保障职工队伍及安全生产稳定。

2. 重塑前端服务网格服务模型

紧紧围绕“三压减、二加强、一提高”六方面工作，扎实开展报装接电专项治理行动，全旗建设低压服务网格 111 个，配备客户经理 111 名，网格内平均管理客户数 1308 户。简化流程，提高办电效率，加强业扩报装管理工作，健全跨部门协同机制，深化系统应用，实现流程融合、信息共享和“一口对外、内转外不转”。截至 2021 年 12 月末，累计申请新装、增容 35 811 户，同比增加 312 户（容量 5.41 万 kVA）。在线稽查数量共计 177 条，专项稽查 13 条，稽查成效 288.6 万元。

3. 落地电工服务站“五制”管理

以国网呼伦贝尔供电公司“五制”管理办法为依据，进一步明确设备主人、客户服务职责，落实问题上报制和业务协同制，建立和完善中心供电营业所对电工服务站指标考核、工作量考核、工作质量考核体系，强化网格指标评价，搭建指标看板，推进电工服务站全业务承接低压网格服务。大力推广“网上国网”App、客户经理微信群，有效提高服务响应及时率。客户经理建立和加入客户微信群 762 个，覆盖乡镇农村客户 13.04 万户，客户覆盖率 83.03%。按照《试点方案》岗位设置和蒙东电营销〔2021〕89 号文件要求，新电工受委承担低压网格客户经理职责。健全高压服务网格协同机制，重要工作由中心供电营业所的高级客户经理与电工服务站的高级电工全程协同，设备运维抢修和高压客户服务“一次到位”。建立低压网格服务管控机制，以流程明确中心供电营业所重点管理环节，实现电工服务站低压网格服务过程管控。

4. 聚焦安全生产工作

制定《安全生产和队伍稳定方案》，成立了以党政主要领导为组长的领导小组，研判改革期间可能突发情况，制定应对措施，全力确保改革工作有序推进，快速落地实施，保障改革期间安全生产态势。扎实开展“1551”安全管理提升活动，常态化开展“四不两直”反违章检查，有利保证公司的安全生产局面。大力开展“三高”配电线路治理工作。2021 年共安排检修计划 72 条次，按照“5+1”方案对 32 条“三高”线路开展集中治理，共计处理缺陷 46 653 条。2021 年，国网莫旗供电公司共计故障停运 258 次，同比降低 47.35%。

5. 全面规范经营管理基础

深入挖掘提质增效。持续压降非生产性支出，严格管控可控费用预算，确保 2021 年内部模拟利润完成进取值。召开“五型”办公室问题分析会，逐项自查整改，全力推进“五型”办公室建设。依托改革加快基础设施建设、优化调整服务网格，定期修编“三张图、两本账”，以“全能型”乡镇供电所资料管理标准为依据，梳理和修编中心所、电工站管理资料 31 大项，统一资料种类、模板样张和填写标准，制定《中心供电营业所资料管理标准》和《电工技术服务站资料标准》。协同高效、管理规范的中心供电营业所管理服务模式全面建成。

三、管理成效

自 2021 年 10 月份新体系运行以来，莫旗公司安全形势平稳，员工队伍稳定，重点工作有序推进，运行顺畅。

1. 机构设置更精简

莫旗公司由 10 个部门优化整合为 6 个，部门数量减少 40%，整合职能相近、技能相似业务，有效解决机构庞杂、业务边界不清、沟通协调频繁不畅的顽疾。坚持以客户为中心，以市场为导向，改变原一乡镇一供电所建设思路，跨乡镇建设区块化、网格化、主营一体化的中心供电营业所，17 个供电所优化整合为 6 个，减少 64.7%，整合供电所设备资源，实现设备统一管理、资源统一调配，运维抢修实现跨区域联动。

2. 职责划分更清晰

8 项业务划转至市公司相关专业部门管理，使莫旗公司卸下包袱、轻装上阵。5 项职能按“职能相近、技能相似”的原则进行了内部优化调整，部门职能匹配更合理，权责更明确，规避了内耗，使各项业务流转更顺畅。

3. 人员配置更精干

公司机关由 113 个岗位缩减至 81 个，减少 28.3%，各部门负责人平均年龄由 40 岁优化为 36 岁，中层干部更加趋于年轻化。通过选聘、竞聘，一些政治素质好、执行力强、业务精的员工配置到管理技术岗位，使各职能部门管控能力、服务基层能力进一步加强，工作效率进一步提高。4 人因个人意愿等原因退出管理技术岗位，进一步压实用工契约管控。

4. 一线力量更充实

通过薪酬激励措施，乡镇供电所由 16 人增至 47 人，生产一线人员配置扩增 1.9 倍。新聘任的 6 个中心供电营业所所长均为 2010 年以来入职的优秀青年人才，中心供电营业所其余人员有公司各部门工作经历，能够胜任服务客户，承接部门职能前移、电工站考核签证等工作。

5. 机构运行更顺畅

改革前，线损管理由发展建设部、运维检修部和市场营销部共同负责，每个部门都要设 1 名专职人负责；改革后，职责全部划归市场营销部，责任明确，只需专人负责即可，规避了相互之间提供数据、出现问题相互推诿等问题。改革前电网规划由发展建设部负责，发展建设部对电网运行现状缺乏了解，运维检修部对上级公司电网改造政策掌握不透，由于信息不对等，沟通不充分，容易出现急需改造的线路没有列入年度计划的情况；改革后，电网规划划归运维检修部，可以针对电网设备运行现状和薄弱点，统筹规划大修技改和电网改造项目，保障电网规划建设。

6. 服务品质有效提升

深化现代供电服务体系建设，实施“大部制 + 中心供电营业所”体系建设与综合改革，贴近设备、贴近客户、做实一线、做强前端，促进了服务品质有效提升。费清复电时效完成值为 83.67%，累计费清复电平均时长为 6.91 分钟，营销普查正确率完成值为 99.19%。

7. 弱势指标持续改善

通过“大部制 + 中心供电营业所”体系建设与综合改革，实现了责任到人、考核到人，建立中心供电营业所与电工服务站考核评价体系，实现目标任务下发、指标结果考核闭环管控，弱势指标有提升，优势指标持续巩固。2021 年，莫旗公司台区合格占比完成 97.82%，电费回收率实现 100%；采集成功率为 99.96%，上年同期提升 0.12 分点；平均停电时长同比下降 35.12%；工单一次办结率完成 100%；供电投诉同比降低 93.29%；现场抢修平均时长同比下降 24.33%。

8. 基层党组织更牢固

人员优化配置结束后，各部门及各中心供电营业所均成立党支部，党支部由 8 个增加到 12 个，改变以往联合党支部、空白班组等问题。该公司党组织建设、基层党组织战斗堡垒进一步增强，党对基层一线工作的指导不断提升，促进了党建工作与业务工作相融合。结合“最强党支部”创建、“党建 + 工程”实施与企业文化示范点创建，在基层班组和所站打造一班组一特色、一所站一特色，不断发挥党建在基层工作中的示范引领作用，充分发挥优秀企业文化凝聚功能、导向功能、示范效应，引导职工树立正确政治导向，激励员工在日常工作中开拓进取，推动公司发展进步。

四、管理特色

1. 实行放权赋权，完善了绩效评价体系

体现多劳多得的原则，部门绩效工资总额核定倾向于人员配置率低、承担考核指标多的部门，同时给予一线经理充分的绩效工资总额考核分配权限，人资部门仅做总量控制、履职评估等工作，不再参与组织成员的具体考核评价。明确了一线经理人正确履行考核要求，各部门根据实际工作情况，以一部门一特色制定考核方案，全面开展中心供电营业所横向对标、电工服务站纵向对标和一线员工同岗位对标。做实电工站履约考核，将中心供电营业所对电工站的履约签证与绩效考核相挂钩，进一步调动电工站对配网运维、计量采集运维和网格化服务等各项业务支撑的积极性。

2. 强化标准化建设和流程体系再造

针对“大部制”机构优化后的管理职能和“大所制”确定的职能定位，全面开展了管理标准梳理及流程控制体系优化工作，根据实际工作发现的问题，需要对管理标准和流程进行再细化、再完善，编制印发《国网莫旗供电公司“大部制 + 中心供电所”体制模式下的管理标准体系》，强化新体系模式下执行能力建设，为工作指明方向。

3. 强化一线班组建设及文化力打造

不断加强队伍建设，以提高班组管理职能，创新管理特色，打造优秀品牌班组，不断夯实基础工作，落实责任，强化现场管理，着力打造品牌班组，有效地提升基层生机和活力。4 个所站获得市公司以上企业文化示范点称号。2018 年，宝山供电所被评为国家电网公司先进班组；国网莫旗供电公司企业文化长廊获评为国网蒙东电力“十佳企业文化长廊”；道德讲堂荣获蒙东“示范道德讲堂”称号；公司党委与原营销党支部分别被国网蒙东电力党委评议为标准化党委与标准化党支部。2019 年，国网莫旗供电公司获得国网蒙东电力“红旗党委”称号。2020 年，晋级为全国文明单位。2021 年，首次进入国家电网公司“一体化线损百强县进步百佳县公司”；荣获国网蒙东电力“标杆”业主项目部、国网蒙东电力公司“先进集体”荣誉称号。

3.35

瞄准先进 争创标杆 全力谱写高质量发展新篇章

国网宝鸡供电公司

一、企业简介

国网宝鸡供电公司承担着全地区和陇海、宝成、宝中、宝天、西宝高铁 5 条铁路及航空仪表、烽火通信等重要企业供电任务。公司现有员工 4447 人，管辖 35～330kV 变电站 115 座，总容量 8155.8MVA，35～330kV 输电线路 247 条，总长 4092.4km。2021 年，全社会用电量 100 亿 kWh。公司先后被授予中央企业先进集体、国家安全生产标准化达标一级企业、全国电力行业用户满意服务单位、全国模范职工之家、全国电力行业质量奖、中国创新力企业百强、中国成长力企业百佳、全国信用建设 3A 企业、国家电网公司先进集体等殊荣。

二、管理水平

坚持问题、目标和结果导向，抓重点、夯基础，补短板、强弱项，聚焦安全严守底线，聚焦基础治理提质增效，以放管赋能、业务优化和数据驱动为主线，加快数字化转型和标准化建设，推进创新创效，以重点突破带动整体提升。

1. 在安全管理上发力

以“四个管住”“四双”管理及标准化作业为抓手，全面提升安全管理水平。在省内率先制定反违章联责处罚机制、安全双准入管理实施细则，严抓标准化作业执行。修订完善标准化作业指导书 287 份，工序卡 703 张，现场违章同比降低 28%。实施变电站“一键顺控”改造，在全省率先完成输电设备实物 ID 赋码，1 项工程在全省首次实现全过程机械化施工。

2. 在优质服务上发力

深入推进优化电力营商环境三年提升工作方案和“深化创新年”活动，聚焦“获得电力”、万户投诉率等指标，提升供电服务水平，制定《供电服务奖惩细则》《投诉压降专项行动方案》及《服务风险管控工作方案》，投诉数量同比下降 68%。牵头编制宝鸡电动汽车充电基础设施“十四五”发展规划，完成电能替代 3.08 亿 kWh。

3. 在基础治理上发力

持续开展安全生产、供电质量、同期线损、数据治理、量价费损五项专项治理行动。供电质量治理形成“四强化、六机制”管理模式；开展同期线损治理，编制《防差错指导手册》，形成抓指标升级、抓数据质量、抓系统应用、抓技术支撑、抓业务技能的管控模式；数据治理形成“四维＋三向”的数据治理管理实践，开展“10＋2”主题数据治理，率先开展数据微应用试点，协同开发微应用 22 项，占全省的 40.74%；量价费损治理强化采集“三百”（专变、公变、低压采集成功率 100%）、线损压降、反窃查违、智能稽查管控，促进精益化管理提升，治理成效排名省公司第一。

4. 在数字化转型升级上发力

入围国家电网公司数字化市公司试点，1 家县公司入围国家电网公司数字化县公司试点。在 330kV 段家变电站开展“运检数字化”试点建设应用，在国网系统首家实现智能巡检机器人和 PMS2.0 系统数据贯通联动。率先建立输电线路智能管控指挥室，提高监控效率与质量。初步建成现代智慧供应链，推动智能采购电子化、数字物流网络化、全景质控可视化。在 330kV 马营变电站、110kV 姜城变电站开展多站融合试点建设，在 1123 马明线、330kV 段家变电站开展 5G 共享电力铁塔试点，电力杆塔租赁增收 80 万元。

5. 在创新创效上发力

坚持以创新驱动发展，运用新理念、新技术、新模式推动管理转型升级。推动科技创新，坚持创新项目精准立项，实施过程精益管控，精确评审，精心孵化，坚持服务一线布局创新，支撑助推成果转化，坚持营造浓厚创新氛围，创新成果实用有效。推动管理创新，运用新理念、新技术、新模式推动管理转型升级，大力推动管理创新实践，完善体系建设，统筹利用资源，优化实施模式，深化成果推广，丰富创新手段，充分发挥管理创新前瞻性、牵引性、推动性作用。

三、管理成效

1. 供电质量治理实现新突破

大力创建不停电示范区、高可靠性供电示范区，全口径供电可靠率实现 99.983%，客户平均停电时间实现 0.732 4 小时/户，降幅 73.24%，省公司排名第一，在全国 333 个地级行政区中排名12，中西部城市排名第1。

2.“获得电力”提升实现新突破

全省首家促请政府出台优化电力接入营商环境实施办法，进一步减少办事环节、压缩办理时限、优化工作流程，电力接入工程涉及的总体审批时限由60天压缩到5～10天，为全省开辟电力接入“绿色通道”破冰。荣获西北能监局颁发的“供电企业信息公开先进单位”称号。

3. 经营发展实现新突破

售电量年平均增长4.33%，营业收入年平均增长2.97%，省管产业单位收入连续4年突破10亿元。公司12次入选国家电网公司同期线损“十强市”，3个县公司44次入围国家电网公司“百强县”，18个供电所78次入围国家电网公司“百强所”。

4. 创新创效实现新突破

1项成果获国家电网公司工人技术创新二等奖，1成果获得全国质量创新大赛一等奖，共获得国家专利授权83项，荣膺“中国创新力企业百强”的殊荣，周红亮创新工作室被中华全国总工会命名为“全国示范性劳模和工匠人才创新工作室”。1项成果荣获中电联2020年度电力创新二等奖。

四、管理特色

1. 以卓越绩效为抓手，优化管理模式

在全省首批引入卓越绩效管理模式，创新采取“两结合、三融入、四统揽”（卓越绩效与五位一体的“两结合”，与公司对标、班组对标的“三融入”，对管理创新、科技创新、QC、青年创新的“四统揽”）的方式，卓越绩效已辐射到公司生产经营各专业、各领域，“以卓越的过程创取卓越的结果”已成为企业高质量发展的核心理念与行动指引。宝鸡公司成功创建全国五星级现场6个，四星级现场4个，先后荣获中国创新力企业百强、中国成长力企业百佳、全国电力行业质量奖等多项殊荣。2021年，宝鸡公司入选国家电网公司17家卓越绩效试点地市公司。

2. 以“三项制度”改革为驱动，激发队伍活力

完善“挣工资”薪酬分配机制，试点建立缺员班组绩效工资包干分配的“奖金包”机制，研究制定《绩效工资包干分配机制实施方案》，在薪酬差异化分配制度的基础上，按照“总量不变、结构调整、平稳推进、导向清晰”的原则，创新绩效工资分配方式，实施缺员班组包干分配绩效工资，进一步倒逼解决一线班组缺员和“空心化”问题。同一班组人员的最大分配差距为2224元。一线班组人员的年度绩效工资较同岗级管理人员最大差距为3.58万元。

3. 以“党建引领”为统揽，推动争先进位

聚焦“六红六提升”，实施“六大工程”。一是赓续红色血脉，提升引领力。实施“党建领航工程”，持续加强政治建设，高标推进党史学习教育。二是传承红色基因，提升向心力。实施“强根铸魂工程”，持续加强思想建设。三是筑牢红色堡垒，提升组织力。实施“强基固本工程”，持续加强组织建设。四是打造红色引擎，提升战斗力。实施“价值创造工程”，持续加强党政融合，推进“党建+”35 项。五是砥砺红色品格，提升影响力。实施“文化凝心工程”，持续加强文化引领，长乐塬抗战遗址——百年电力展厅开工建设。六是激活红色细胞，提升凝聚力。实施“聚力创新工程”，持续加强团青工作。

3.36

守正创新引领生产管理模式变革

国网甘肃电力超高压公司

一、企业简介

国网甘肃电力超高压公司担负着甘肃超特高压交直流混联电网设备的安全运维职责。作为甘肃特高压电网运维的“主力军”和“省级队”，以“1233”发展总体布局为指引，主动扛起甘肃主网设备管理的责任担当，以力保甘肃主网安全稳定运行为己任，构建了安全管理体系和现代设备管理体系的甘肃主网样本，打造了甘肃电网的人才高地、技术高地和管理高地。

二、管理水平

（一）固本强基，争当生产秩序高效的“开拓者”

2020年3月，在国网系统内首家完成监控职责移交，形成“无人值班+集中监控+运维班”的运维管理新模式，建立运维人员“设备主人+全科医生”和检修人员“专科医生”的人才队伍。打破交直流壁垒，形成四中心（检修、运维、带电、信通）、一换流站的新格局，实现区域内检修力量共享。

（二）敢破敢立，抢当数字化建设的“先行者”

聚焦电网资源业务中台建设，创新三维建模、区块链、UWB定位等新技术运用，通过移动作业部署、数字“两票”应用、全景安监管控、立体巡检搭建，实现生产作业数字化、安全管控智能化、资产管理精益化、班组管理信息化，打造状态全息感知、业务线上流转、智能辅助决策的甘肃特色数字化班组，推动作业方式和管理模式变革，助力以新能源为主体的新型电力系统建设。

（三）登高望远，竞当人才梯队成长的“助推者”

实行青年员工关怀工程，建立“集中调研+日常了解+专业推优”人才识别发现机制；构建领导职务、职级职员、专家人才并行的成长体系，让每位员工都能找到符合自己的职业坐标和发展路径；打造“头雁”工程，开展领导人员结对培养工作，深化干部员工队伍梯队建设。

（四）敢闯敢试，勇当带电技术升级的“探路者”

国内首创无人机结合电动升降装置新型带电作业工法，实现带电作业机械化、智能化提升；融合应用激光三维建模、智能穿戴设备，消除输电线路带电作业过程中的安全管控盲点，开创系统内全套覆盖输电带电作业全业务流程的智能化安全防护作业标准，成为行业标杆。

（五）辐射带动，争做工厂化检修的“探索者”

国网A级检修基地是西北地区唯一一家可开展750kV变压器等主设备工厂化检修的标准化检修基地，与主要装备厂商搭建涵盖设备检修、试验全过程的工厂化检修平台，对750kV及以下变压器等主设备常态化开展“听诊把脉”，进一步降低检修成本，提升生产效益。

（六）守正创新，抢为档案利用变革的“引领者”

依托“矢量化+档案级大数据”技术，打造全国第一个工程图纸在线矢量资源馆。创新工程图纸DWF“矢量化”存储方式，首创工程图纸CA和区块链“双存证”记录手段，解决工程管理中的“五不同步”“三补一代”等突出问题，驱动工程全项目、全过程管理变革。

三、管理成效

以属地化开启改革发展新征程。在国网系统率先开展属地化改革，将1400余名员工、71座变电站、240条线路、1384台（套）750kV以下电压等级输变电设备全部移交属地公司，±800kV祁连换流站纳入生产管理体系，主网架从330/750kV跃升至750/800kV，从单一交流发展为交直流混联，全面开启建设具有领先优势的一流超高压公司新征程。

以数字化引领班组建设新理念。创新移动应用、再造作业流程，实现班组全业务数字化，缩减各类生产作业前期准备时间12%，减少巡视时长50%，减少办公成本130.9万元/年；依托设备状态评估模型，实现故障预警研判，提升设备智能管理水平。以全景三维模型、数字化两票、UWB定位和人脸识别等技术为依托，构建作业现场综合监管、主动防御的数字安监体系，实现人员车辆轨迹跟踪、越界报警、操作位置矫正、违章智能识别，有效提升管控水平。

以多样化打通人才发展新通道。启动“专业导向、理论夯实、实践为先”的新员工变电运维和变电检修全岗位锻炼交流，大力提升变电运检人员的核心能力；建立换流站百人团队，提升直流专业人才的储备；先后有 24 人获得甘肃省技术标兵和岗位能手荣誉称号，专家人才由 33 人增加到 97 人，人才优势充分彰显。

以智能化打造带电技术新高地。采用无人机结合电动升降装置新型工法成功开展 ±1100kV 吉泉线带电作业，创造国内高海拔地区带电作业消缺最高电压等级记录。750kV 线路采用直升机吊索法带电更换间隔棒，不仅打破甘肃境内无直升机带电作业的历史，而且在国内首创直升机在 750kV 输电线路上进行带电作业。

以工厂化拓展智慧检修新方式。检修基地配置有 4000kV 冲击耐压装置及 1200kV 工频耐压设备，目前已完成主变压器等设备工厂化检修及吊检作业 55 台，累计净化处理六氟化硫气体 1.5t，绝缘油净化处理 120t；跨省对宁夏太阳山风电厂的烧损升压变压器进行线圈重新绕制、复装、试验，真正起到支撑省内、服务西北五省的作用。

以矢量化开创档案“管”“用”新模式。应用矢量资源馆，一线图纸调阅时长从原来的平均 30 分钟缩短到 5 分钟；施工、检修、抢修等业务用图方式从原先的多人一图、翻阅查找，转变为手机精准检索、一人一手机查阅，效率提升 25%；已回溯 25 万张图纸，产生直接经济效益 3380 万元；并在内部 110 家单位和兰石集团、金川集团等外部单位实际应用。

四、管理特色

国网甘肃电力超高压公司以主网设备属地化改革为起点，守正创新，抢抓机遇，持续提升安全生产管理水平，广泛拓宽人才成长通道，加速推进数字化建设，“1233”发展总体布局初见成效。一条主线——以安全生产为主线，坚决扛起主网设备管理“省级队伍”的安全担当。两个体系——构建安全管理体系和现代设备管理体系，数字化安全管控系统建设应用取得质的飞跃，创新移动应用，实现班组全业务数字化，得到国网设备部及安监部的充分赞许。三个高地——打造人才高地、技术高地、管理高地，人才发展路径全面贯通，人才梯队建设飞跃提升；承担制定的《超（特）高压输电线路无人机结合电动升降装置进出等电位作业导则》被批准为企业标准；实现设备状态故障预警研判，设备智能管理水平不断提升。三个作用——发挥培养人才、创新创效、示范引领作用，以三通道人才并行成长体系打通人才发展路径，国网 A 级检修基地辐射带动西北五省主设备工厂化检修，全国第一个工程图纸在线矢量资源馆被国网办公厅列为档案管理创新典范，同步被国家档案局立为 2020 年度科技项目，并于 2021 年通过验收。

3.37

适应经济发展新常态　开创企业发展新局面

国网西宁供电公司

一、企业简介

国网西宁供电公司（以下简称西宁公司）是国家电网有限公司31家重点大型供电企业之一，成立于1958年，主营业务为电网运营、电网建设、电力供应和供电服务，承担着西宁市五区两县安全、可靠、优质电力供应的任务。

截至2021年底，电网最大负荷658万kW，日均用电量1.38亿kWh，售电量502.83亿kWh，成为西北首家、西部第二家售电量突破500亿大关的大型供电企业。劳动生产率1318.04万元/人年，综合线损率0.79%。管辖110kV变电站53座，35kV变电站24座，10kV公网线路619条，长度7305.69万km，配电变压器5162台，客户户均容量超过2.5kVA。西宁公司连续5年获得省公司业绩考核A级、位列全省供电企业第一名，先后荣获国家电网公司先进集体、红旗党委、青海省文明单位等称号。

二、管理水平

西宁公司通过激发四个内生动力，处理好三种关系，实现三个突破领先，开创能源互联网建设新局面。

（一）着力激发四个内生动力

着力激发创新动力。牢固树立创新意识，深入实施“新跨越行动计划”，进一步完善资源调配、业务运转、工作协同机制，引导广大干部员工立足岗位创新创效，形成上下互动、全员参与的创新格局。坚持问题导向、市场导向、客户导向，瞄准打造“四个新格局”的主题，强化正向激励，注重示范引领，探索成果转化收益激励机制，打造成果转化平台，加强创新成果推广应用，为西宁电网高质量发展厚植根基、注入能量。

着力激发管理活力。注重效益提升，全方位精打细算，迭代升级经营策略，推动西宁公司向稳健经营型转变。大力推进“三清理、两提高”专项行动，健全完善卓越绩效管理工作机制，全力支撑省级卓越绩效管理试点建设。坚持管理与技术降损并重，完成153 个高损台区改造，年内高损线路压降 50%，异损台区持续保持压降态势。切实做好营销普查各项工作，确保信息准确、变更及时、实用好用。开展仓库标准化建设和库存压降行动，库存金额压降 60%。

着力激发数字活力。始终秉承“互联网+”思维，挖掘海量数据资源价值，综合运用“大云物移智”等现代信息技术，推动全业务全环节数字化转型，实现精准管理、精准作业、精准考核、精准服务。开展数据治理和应用，结合营配贯通、多维精益管理、“网上电网”等重点应用，做好基础数据质量核查，持续夯实数据支撑。深化数据交互共享及应用，形成 2 个数据产品服务政府决策、6 个产品支撑公司业务数字化转型，实现“居民房产+电力”联合过户。

着力激发队伍活力。着力发挥选人用人的导向作用，把敢不敢扛事、愿不愿做事、能不能干事作为识别干部、评判优劣、奖惩升降的重要标准，建立“1、2”❶级履职表现档案，制定“3、4”❷级成长档案和培养计划，全方位、多角度、立体式评价干部，激发干部担当作为内生动力。加强员工队伍建设，深入实施人才培养“三步走”计划，聚焦创新素质提升，制定创新型人才选拔培养和考核评价标准，设立创新评价指数，培育优秀创新人才。

（二）是处理好三种关系

处理好政治、经济、社会三大责任之间的关系。始终把“两个维护”作为最重大的政治责任，不断增强贯彻落实习近平总书记重要指示批示和上级决策部署的自觉性、坚定性，以钉钉子精神抓好落实、抓出成效。始终牢记央企责任使命，坚持人民电业为人民的企业宗旨，统筹做好电网发展、安全生产、优化营商环境等一系列工作。始终坚持质量第一、效益优先，大力实施提质增效工程，全面深化精益管理，确保经营质效不断提升。

处理好发展和安全之间的关系。深入贯彻新发展理念，把高质量发展的内涵固化为质量意识、质量自觉和质量行动，以质量升级引领管理转型，以发展夯实安全基础。合理安排电网运行方式，严格按照“先降后控”的原则，落实特殊运行方式下电网风险预控措施，确保七级及以上风险监督管控全覆盖。加强“四不两直”督察，不断健全作业计划管理体系、作业准入工作机制、现场安全管控手段，坚决杜绝人身伤亡事故。持续深化安全管控中心应用，确保“远程+现场”监督实现全覆盖。加强全面作业计划管理，严格分包队伍管控和安全准入。落实“四个管住”要求，严抓严管深基坑

---

❶“1、2”的含义是：10 名 40 岁以下正科级领导人员，20 名 40 岁以下副科级领导人员。

❷“3、4”的含义是：30 名 35 岁以下比较成熟、近期可提拔使用的一般管理（技术）岗位和优秀班组长，40 名 30 岁以下有培养潜力、着眼今后 5 至 10 年领导人员梯队建设需要的专业管理和业务技术骨干。

开挖、组塔架线、带电跨越等高风险作业，做到终端应用、到岗到位、安全督查、视频覆盖“四个100%”。

处理好管好与放活之间的关系。高效对接国家电网公司、国网青海电力“放管服”改革，适应上级大幅压减事前审批事项、强化事中事后监管的管理变化，着力优化管控模式和运行机制，确保下放的权力“接得住、管得好”。全面完成省管产业单位机构、职责优化调整，完善企业负责人业绩考核实施细则，切实提高发展质量。

（三）是实现三个突破领先

推动绿色电网发展实现突破领先。围绕现代美丽幸福大西宁建设目标，紧扣西宁市市政规划部署，全面落实电网规划，大力实施电网升级工程，推动以电为中心的能源互联网的建设。围绕绿色、智慧、安全、价值创造等要求，积极服务城市更新行动和乡村振兴，加快各级电网建设，着力解决电网关键电力廊道尚未完全贯通、转互供能力不强、单线单变占比过高等问题。组织开展整县屋顶分布式光伏接入配电网专题研究，确保分布式光伏全额消纳、配电网安全运行。

开拓新兴业务实现突破领先。大力开拓综合能源市场，全力拓展电能替代领域，构建“供电+能效服务”“售电+运维”业务体系。安全稳妥推进基础资源商业化运营，深化互联网新技术融合应用，先行先试、以点带面，率先在青海公司系统内形成一批样板示范工程，形成西宁公司新的效益增长点。按照电网监管与非监管业务有效隔离的原则，规范关联交易，实现相互促进、协同发展。密切关注配售电政策与市场变化，全力配合推进南川增量配电业务改革试点。

构建服务体系实现突破领先。始终秉承人民电业为人民的宗旨，持续转型升级以客户为中心的服务型管理模式，创新优化服务方式，增强服务的便捷性和实效性。以深化业务外委、绩效考核、薪酬分配制度改革为重点，推动运检、营销人员与台区经理关联考核，完善供电服务网格人员工作评价和薪酬体系，夯实网格化服务基础。着力加强网格化综合服务队伍建设，持续优化供电服务指挥管理体系、深化供电服务指挥平台功能应用，凝聚各层面各专业力量，发展壮大高原电力应急抢险队，实现“强前端、大后台”。推进优化营商环境深化创新年各项工作，着力打造“阳光业扩”办电服务品牌。拓展“网上国网”功能，实现“办电e助手”线上服务全覆盖。

三、管理成效

2016～2021年期间，西宁公司经营发展取得丰硕成果。西宁公司主动适应经济发展新常态，坚决贯彻落实上级决策部署，各项工作不断取得新成绩。

一是大力推进电网建设，累计投资68.07亿元，35kV及以上输电线路、变电容量分别增长14.83%和31.48%。市区10kV公网线路全部实现手拉手供电，核心区207条线路实现配电自动化。村级电网改造任务全面完成，两县一区基本实现一镇一变。城网和农网供电可靠率分别提升至 99.948 9%、99.866 6%，电压合格率分别提升至 99.987%、99.902%。

二是始终把电力扶贫作为政治任务来抓，2018 年全面完成全市 876 个行政村电网改造任务，全部 330 个建档立卡贫困村电网满足远景用电需求，提前 2 年完成贫困村电网建设任务，探索出了一条富有电网企业特色的扶贫开发之路。

三是以提高效率效益为目标，强基固本，挖潜增效，连续 4 年获国网青海电力基层单位业绩考核第一名，售电量从 376.31 亿 kWh 提高到 502.83 亿 kWh，成为西北首家、西部第二家突破 500 亿 kWh 大关的大型供电企业。

四是大力推动西宁公司由业务垂直管理模式向以客户为中心的服务型管理模式转型升级，持续优化组织架构和运行机制，全面建成供电服务指挥中心，顺利完成运检、营销专业管办分离，组建 4 个专业中心，设立 4 个城区供电服务中心，辖区全部实现网格化服务，台区经理现场综合服务实现全覆盖，高、低压平均接电时间分别达到 26.05 和 1.32 个工作日。

五是广泛开展劳动技能竞赛、职工技术创新、岗位练兵等活动，先后培育全国劳动模范 1 名，省部级劳动模范 12 名，累计获得国家电网公司先进班组等 24 项荣誉；获得专利 67 项，形成 359 项职工技术创新成果、39 项科技创新成果、235 项 QC 成果、80 项管理创新成果；在各类职业技能竞赛中，荣获 17 个团体奖项及 60 个个人奖项。

六是把坚持党的领导、加强党的建设作为“根”和“魂”，高质量开展建党百年党史学习活动、“两学一做”学习教育、“不忘初心·牢记使命”主题教育等集中教育活动，西宁公司党组织实现全覆盖，“电靓夏都”共产党员服务队成为国家电网金牌服务队。

四、管理特色

一是毫不动摇、一以贯之坚持党的领导。深入贯彻新时代党的建设总要求和新时代党的组织路线，着力推进党的领导与完善公司治理有机统一，把加强党建作为企业提质增效的根本保证，把经营业绩作为验证党建成果的重要标准，把党建优势转化为西宁公司创新优势、竞争优势、发展优势。

二是持续推进“具有中国特色国际领先的能源互联网企业战略”目标落地。坚决贯彻“四个革命、一个合作”能源安全新战略，始终把推进国家电网公司战略目标落地作为主线，紧紧围绕“一体四翼”发展布局，高质高效推动战略目标在西宁公司落地生根。

三是把握能源清洁低碳转型使命责任。以青海省培育“四种经济形态”、打造“五个示范省”发展需求为重点，以高原美丽城市示范市、现代美丽幸福大西宁建设为抓手，紧密围绕经济社会发展需求，加快打造特色能源互联网样板工程，有效促进能源消费电气化、能源利用高效化，推动形成绿色生产生活方式。

四是明确公司的目标追求。立足国有企业、省会公司、国网大供“三个定位”，明确“勇做国家电网公司奋进号、当好省公司排头兵、争做建设现代幸福美丽大西宁先行者”的目标定位，着力构建新型电力系统城市样板，坚持服务导向、目标导向、创新导向、效益导向，提高服务和保障国网青海电力发展的支撑度和贡献度，提升省会城市供电服务保障能力。

3.38

西电东送桥头堡 塞上电力勇争先

国网宁夏电力超高压公司

一、企业简介

国网宁夏电力超高压公司成立于 2007 年，作为保证“西电东送”和宁夏回族自治区电力能源供给安全的重要企业，主要负责区内 750kV 及以上输电线路、330kV 及以上变电站设备和跨区直流输变电工程的运维管理、应急抢修等工作，管理变电站、换流站 32 座，运维输电线路 45 条，总长 2980.1km。成立以来，国网宁夏电力超高压公司始终秉持“守正创新、求真务实、苦干实干”精神，立足宁夏主电网“保障者”、外送大通道“护航者”、新型电力系统“推动者”的角色定位，持之以恒锻造国网系统一流专业运检公司和人才队伍，保障国家能源“大动脉”健康运行和宁夏主电网安全稳定运行。2018～2021 年，先后荣获国家电网公司先进集体 2 次、全国“青年安全生产示范岗”和宁夏回族自治区“青年安全生产示范岗标杆集体”等多项荣誉，连续 7 年被评为国网宁夏电力业绩考核 A 级单位，2021 年获国家电网公司“红旗党委”“五四红旗团委”“东西人才帮扶先进集体”荣誉称号，被宁夏回族自治区评为“劳动保障守法诚信 A 级企业”。

二、管理水平

（一）发挥党建引领优势，为公司发展提供坚强保障

始终把政治建设摆在首位，深入学习贯彻习近平新时代中国特色社会主义思想，严格执行“第一议题”制度，坚持从政治上看问题，不断提高政治判断力、政治领悟力、政治执行力，以实际行动践行“两个维护”。加强党建标准化建设，优化党组织设置，选优配强支部班子，扩大“两个覆盖”，以“旗帜领航·提质登高”为抓手，实施“实干争先·电亮梦想”十强工程，形成了具有超高压公司特色的党建管理模式。

（二）发挥一流专业优势，助推一流电网高质量发展

聚焦新型电力系统建设，以打造宁夏特色现代设备管理体系为抓手，实施“342”行动，编发“1+8”落地实施方案，大力推进“设备主人制+运维准军事”“专科医生制+应急准军事”，分专业打造全功能核心班组，实现专业管理“三贴近”（贴近设备、贴近生产、贴近一线）。通过构建深化“特高压升级版”运维管理模式、“无人值守+集中监控”变电运维模式和“立体巡检+全天候监控”输电运检模式，全面建成以“一强三精”（坚强电网、精湛技术、精益管理、精细运营）为特征的现代一流超高压公司，为一流电网高质量发展提供坚强支撑。

（三）发挥“四个高地”优势，锻造综合素质一流的行业尖兵

聚焦“三高四优五过硬”干部人才队伍建设，打造人才、技术、创新、管理四个高地，构建“1+5”人才培养体系，开展“三能五型”建设，通过入职实战夯基础、轮岗交流练内功、上挂下派强管理、援青援藏锻作风、东部挂职扩视野，形成人才发现、培养、使用、输送良性循环，培育了一批在行业、国网系统及宁夏回族自治区具有较强影响力的专家人才。

（四）发挥技术创新优势，全面推动电网运维提档升级

打造宁夏回族自治区产业工人创新示范基地，着力解决生产技术难题，构建基于管理、设备、作业、人员“四维一体”电网安全管控体系，建立风险管控两个平台、确立安全责任落实三项机制，有效提升电网安全水平和风险防控能力。通过技术创新和管理创新，运用数字化、智能化手段为设备管理赋智赋能。加强设备质量源头管控，强化隐患闭环管理，深化设备状态管控和精益化管理，为宁夏电网安全运维提供高效运营保证。

三、管理成效

（一）精化专业管理，服务“双碳”发展目标

聚焦“双碳”目标，服务宁夏回族自治区黄河流域生态保护和高质量发展先行区建设，打造新能源大规模外送和大范围优化的示范样板。在国网系统首次试点开展直流精益检修，银川东换流站综检工期优化为5天，能量可用率提升至98.6%，位居国网系统首位。银东、灵绍直流能量可用率均达到国际领先水平。“十三五”期间，两条直流通道连续五年实现百亿级阶梯式增长，年均增长率为26.83%，助推宁夏电网成为全国首个“外送”超过“内售”的省级电网。国家电网公司董事长辛保安称赞宁夏直流运检管理“基础实、安全稳、管理新、贡献大、口碑好”。

（二）强化人才培养，打造一流专家队伍

深入贯彻新时代党的组织路线，围绕“三高四优五过硬”加大青年人才培养，通过“三能五型”锻作风，内培外送强能力，竞赛调考育尖兵，累计培育国家级人才 2 名，其中享受国务院特贴 1 人、全国青年岗位能手 1 人；培育省部级人才 18 人，其中塞上英才 1 人、塞上技能大师 2 人、宁夏回族自治区拔尖人才 4 人；591 人取得专业技术资格、300 人通过技能等级评价，人才密度达到 1.155 3，高技能人才比例达到 87.93%。精选骨干 9 人援青援疆援藏援蒙，支援阿里电力联网等国家重点工程，荣获国家电网公司东西人才帮扶先进集体和先进个人等荣誉称号。2021 年，在宁夏回族自治区电力行业竞赛中取得团体第一、变电检修专业个人前四的优异成绩；2 名职工分别获评中电联“电力工匠”和“国网工匠”。

（三）优化运检体系，电网运维质效双升

优化生产管理模式，打造一个智能指挥中心、三个运维中心的金字塔型指挥体系，率先承接 34 座变电站监控业务，生产指挥效率提高 1 倍，先后发现并处置换流变压器乙炔突增、750kV GIS 设备漏气等多项重大缺陷，设备管控强度、监控细度明显增强。通过打造“251”输电运检体系，分类分级管控隐患，将宁夏电网通道隐患治理率提升至 97%。全面部署 GIS 站“一键顺控”，新建变电站投运操作时间缩短 80%，投运时间压缩近 2 天。开展换流站 14 台 MR 分接开关吊芯检查和 28 台换流变压器 ABB 套管底座隐患治理，创新设计专用检修平台和局部加热装置，作业时间缩短 40%，创国家电网公司同类检修最短用时。

（四）深化创新应用，引领专业技术标杆

在国内首次开展±1100kV 吉泉线高空直升机带电作业，创世界之最。首创 800kV 罐式断路器平移作业法，自主带电更换银川东换流阀内水冷主循环泵，创新带电检修新模式获国家电网公司肯定。加速推广无人机、5G 等新技术应用，智能巡检机器人覆盖率达到 100%，输电线路全部实现可视化。率先建成银川东换流站 5G 信号全覆盖基站群，国内首次实现移动边缘计算与换流站感知层深度融合，形成了多态机器人智能管理等系列成果。承接国家电网公司数字化换流站试点任务，助推现代设备管理体系有效落地。

四、管理特色

（一）党建引领作用强

国网宁夏电力超高压公司始终胸怀“国之大者”，自觉将公司和电网发展融入党和国家工作大局，牢牢把握坚持党的领导、加强党的建设这个“根”和“魂”，开展“奋斗百

年路、启航新征程”主题宣传，营造欢庆百年华诞的热烈氛围。以“两制两军事”强化党员队伍建设，面对疫情考验，以“细之又细、实之又实、确保安全”的高度自觉，采取超常规措施，党员干部坚守一线，重要站所封闭管理，高效排除重大缺陷隐患 50 余项，圆满打赢了今冬明春电力保供战，保证了主网和外送双平稳。依托党员服务队，多维度开展“情暖检修”志愿服务，爱心募捐 15.8 万余元，志愿为工作在防控一线的医护和社区工作人员送去关怀。

（二）直流运维贡献大

深入贯彻落实习近平总书记提出的“四个革命、一个合作”的能源安全新战略，聚焦“碳达峰、碳中和”目标，以畅通西电东送大动脉为己任，连续十年高质量、自主完成换流站综检工作。秉承“安全第一、试点先行、总结提升、稳步推进”的工作思路，率先开展直流精益检修，综检工期优化为 5 天，能量可用率提升至 98.65%，达到国际领先水平。以直流零闭锁为目标，重点加强缺陷闭环管控和隐患深入治理，圆满完成换流站消防能力建设、全自动巡检、MR 分接开关隐患治理等多项重点项目，切实保障设备及直流外送大通道安全。2020 年克服疫情影响，外送电量逆势增长 19.08%，为华东、华中兄弟省份率先复工复产提供强劲的电力引擎。

（三）“双创”建设成效优

聚焦新型电力系统建设，以建设宁夏特色现代设备管理体系为抓手，建成了自治区产业工人队伍创新建设示范基地。大力开展无人机智能管控及多场景应用、机器人智能巡检等特色成果转化，试点推进智慧变电站、智慧线路建设，实现电网运检技术和管理模式的跨越式发展。实施管理创新“三年专项行动”，在特高压升级运维、无人机航母研发、带电作业等领域，充分展示了国网宁夏电力超高压公司在专业管理方面人无我有、人优我特的管理优势，策划储备了一批符合公司战略方向、集聚推广应用价值的优秀成果，通过打造贴近设备、反应迅速的特战运维队伍，为宁夏大规模新能源集中接入、新增直流稳定外送、区内负荷可靠供电提供了坚强支撑。

（四）人才培养质效高

围绕打造技术、创新、人才、管理四个高地，大力实施高端人才引领、电力工匠塑造、青年人才托举三大工程，把握新员工培养黄金期，全面实施人才“四期管理”，抓好青年人才、高学历人才、创新人才的跟踪培养，做好专家人才储备，着力打造“一锤定音”专家技术人才和“一专多能”技能人才。瞄准宁夏回族自治区高层次人才选拔，强化一对一发展规划、职业生涯培养，培养一批引领专业发展的技术骨干和青年带头人，全面建成结构合理、数量充裕、专业齐全、分类完整的高质量人才队伍。

3.39

展现新作为 谱写新篇章 开创具有中国特色国际领先的能源互联网企业建设新局面

国网乌鲁木齐供电公司

一、企业简介

国网乌鲁木齐供电公司成立于 1956 年，是国网新疆电力有限公司唯一大型供电企业，供电面积 2 万 km^2，服务电力客户 173 万余户。公司综合实力位列国家电网公司大型重点供电企业中上水平，是国网新疆电力有限公司系统地市供电企业的标杆和排头兵。“十三五”期间，售电量增长 33.80%，资产总额增长 29.91%，营业收入增长 13.69%，职工劳产率提高 23.84 万元/人年，综合线损率下降 0.71 个百分点，客户满意率提升至 99.34%，供电服务投诉下降 79.19%，2020 年“获得电力”指数排名全国第十七名。连续八年获得国网新疆电力有限公司供电单位年度综合业绩考核第一名，2018 年大供对标在国家电网公司排名第十，2020 年度所属 4 家县级单位获得“百强县公司”称号，1 家供电所获得“百强供电所”称号。截至 2021 年底，安全生产长周期突破 3600 天。

二、管理水平

国网乌鲁木齐供电公司近年来面对错综复杂的内外部环境、艰巨繁重的改革发展任务和新冠疫情带来的严峻考验，坚决贯彻落实国家电网公司党组和国网新疆电力有限公司党委各项决策部署，团结带领广大干部职工，在危机中育新机、于变局中开新局，各项工作取得新成效、实现新突破。业绩考核连续 8 年保持国网新疆电力系统供电单位第一，连续 2 年荣获国家电网公司先进集体，工作获得自治区党委政府领导、市委市政府主要领导多次批示肯定和国家电网公司多位领导的高度评价。

（一）服务大局勇作为

积极发挥大供示范引领作用，围绕服务“双碳”目标、落实“一体四翼”发展布局、构建新型电力系统等重大部署落地，制定“一五二”战略承接落地举措，高质量编制乌鲁木齐城市级能源互联网示范区建设方案。创新提出“1265”探索路径，推动构建新型电力系统的电网新形态、运行新方式、服务新模式、科研新实践，为全疆提供“吾电”先行经验。

（二）实干争先提质效

把握新疆公司工作排头兵、发展助推器、改革领跑者的定位，持续提升安全管控能力，推动安全管理由刚性制度执行向柔性文化转变，安全生产长周期突破 3600 天。持续提升经营管理能力，连续 16 年电费回收率 100%，售电量、资产总额、营业收入较 3 年前分别增长 12.4%、29.06%、8.94%。持续提升服务保障能力，构建“2 + 2+7”卓越服务体系，推行“互联网+电力服务”，大力优化电力营商环境，推动“三零”“三省”服务，累计节约客户投资 4.6 亿元，“获得电力”指数连续两年全国排名前 20 名。打造“1234”大培训体系，建立“新兵营”“骨干营”“工匠营”育人机制，全力打造“四优五过硬”的领导干部和专家人才队伍。

三、管理成效

（一）打造“吾电竞璀璨”特色文化实践模式，助力企业形成现代化样板

以打造企业治理能力现代化样板为导向，不断深入推进“吾电竞璀璨”特色文化实践模式的实施，实现员工对国家电网公司新时代发展战略和基本价值理念的认知认同。一是确立企业文化建设正确导向，将企业文化建设纳入企业发展顶层设计，推动企业文化融入经营管理，打造安全、清洁、先锋、和谐、红色的“吾电”。二是建立健全企业文化建设领导体制和工作机制，编制《“党建+企业文化”对标工作指引》，明确企业文化建设的体制机制、方法载体、落地路径，确保企业文化建设工作落地落实。三是畅通企业文化建设落地路径，坚持“全员参与、全面覆盖、全程融合”和“重点培育、示范带动、精品孵化”的原则，抓实企业文化示范点创建、企业文化建设项目、共产党员服务队实体化运作、党员责任区和党员示范岗建设四大主要实践支撑，促进经验共享，推进整体提升。

（二）构建“1234”大培训体系，打造高素质人才队伍

为加快人才队伍建设以适应公司的快速和高质量发展，创新人才培训培养模式，建立“1234”大培训管理体系，培训管理质效显著提高。一是坚持一个人才培育理念，坚

持“立德树人”根本任务不动摇，把“两带三更”贯穿人才培养全过程，通过带思想、带技术让人才队伍技术更提高、身体和灵魂更健康。二是用活两个赛制，定期举办精英赛、全民赛，激发全员竞争活力。三是深化“三大营”，（新兵营、骨干营、工匠营）建设，“量体裁衣”优化培训培养模式，建立梯次培优队伍。打造“四个之师”（精锐、仁义、虎狼、蓬勃之师），促进人才高质量发展。

（三）打造精益化新型财务风险防控体系，推动企业高质量发展

主动迎接新一轮电力体制改革及财务风险防控要求提升的变化，研究创建了“一中心三管控一评价”的新型财务风险防控体系。一是创建风险信息共享中心，纳入电网生产、营销管理、安全风险等领域全面风险信息，设置 5 项监控指标，精准识别风险。二是加强风险源头控制，前移风险管控关口，创新实施项目全评审，精准管控项目合规性。三是狠抓风险全过程管控，研发使用智慧项目资金审批系统，由人工为主的控制方式变为利用信息化技术开展智能风险防控并形成标准化流程，实现系统的自动智能审批。四是督办风险闭环整改，创新性地实施问办联动管理，“考核＋激励”双向保障问题解决成效，形成“问题提出、分类、入库、解决、销号及总结”闭环管理模式。五是实施全程化、多元化评价管理，每年对风险防控体系进行一次全面的有效性评价，从风险识别机制、控制活动、信息与沟通、内部监督四个方面进行，形成缺陷问题库。

（四）构建政企联动机制，促进电网规划落地实施

主动加强与政府的深度合作和互动协作，逐步形成了一套有效的互利合作模式，促进公司和电网高质量可持续发展，确保电网发展满足首府经济社会高质量发展。一是与政府签订《关于共同推进“六个首府”建设战略合作协议》，强强联合，持续优化电网建设和营商环境，全面推进电网建设和改造。二是与市发展改革委共同编制《乌鲁木齐市“十四五”能源发展规划》，确保地方能源规划与电网建设协调发展。三是成立乌鲁木齐市能源（电力）规划大数据研究中心和（电网）规划中心，促成电网规划纳入国土空间规划，更好服务政府能源规划。四是推动电网建设模式由企业主导向政企联动转变，协调各级政府、多个部门齐力开展工程路径方案优选和审批等工作，有效加快了电网前期工作的推进，有力促进了规划落地实施。

（五）打造线上线下一体化供电服务体系，推动优质服务向卓越服务迈进

践行“为美好生活充电、为美丽中国赋能”的使命，全面推行网格化综合服务，打造卓越服务指挥中心，以“线上＋线下”一体化卓越服务“带动发展之翼”为抓手，形成一套对内补短板、强长板、控风险，对外开放合作、优化服务机制、创新服务模式、增强服务协同、提升服务品质的工作体系。一是线下依托政府联动、社区联动、党员联动 3 个联动，践行业务办理、能效服务、安全检查、用电抢修、绿色节能、爱心志愿 6 项服务内容，构建需求收集、需求分析、需求应对、问题解决、服务创新 5 个机制，形

成电力服务“365 工作法”，实现随时为顾客提供快速、便捷、优质的网格化供电服务新局面。二是建设线上卓越服务指挥中心，聚焦配网运营、服务指挥、营商环境、客户体验四大领域，实现抢修资源统一调配、停电分析到户、工单跟踪闭环管理、业扩工程智能辅助四大场景应用。并且，通过市场信息大数据模块获取客户潜在用电需求信息分析并纳入项目储备库管理，对服务顾客和政府、公司智慧服务运营等形成有效支撑。

（六）打造“安全＋维稳”一体化管理体系，服务自治区总目标

加强安全监督管理，防范安全事故，承担央企社会责任，实现快速处置危及安全用电和社会稳定事件，保证员工人身安全，确保电网安全稳定运行和可靠供电，全力维护新疆社会稳定和长治久安总目标。一是持续夯实安全生产基础，印发领导班子安全责任清单，层层签订安全责任书，建立安全警示教育室，抓实震撼式安全教育，实现员工从“要我安全”到“我要安全”。二是不断强化现场安全管控，建成投运安全管控中心，发挥布控球、警务通“千里眼、顺风耳”的遥视功能，做实“现场＋视频＋应急”全方位、立体化管控。三是建立“政警企”横向协同联动，以保护重要供电场所、重要电力设施设备为主线，会同市公安局、各级政府构建内外结合、持续运转的政企警企联动工作体系，借助政府、公安机关等外部力量提升公司安全防控能力。四是筑牢大安全格局，优化电网运行方式和检修计划，监督落实电网预警及作业风险管控措施，持续开展设备隐患排查治理，成功应对极端天气、高负荷考验。

（七）实践“一五二”战略承接落地举措，助力能源互联网建设

贯彻落实国家电网公司战略目标和国网新疆电力有限公司“一六五”行动路径，彰显工作排头兵、发展助推器、改革领跑者的责任担当，以首善标准抓好战略执行、以首要任务推动战略落地。一是结合乌鲁木齐资源禀赋优势和工作实际，制定落实国家电网公司战略目标和承接国网新疆电力有限公司落地行动的乌鲁木齐公司“152”战略落地举措，以首善标准抓好战略执行、以首要任务推动战略落地。二是结合国家电网公司“双碳”行动方案和新型电力系统建设相关要求，编制乌鲁木齐城市级能源互联网示范区建设方案，打造乌鲁木齐能源生产与消费革命示范窗口。三是以“强基、固翼、重引领”发展管理思路，创新构建“一基、四翼、两引领”乌鲁木齐能源互联网运营管控中心（暨乌鲁木齐市能源大数据运营服务中心），以需求和目标为导向，定制各类应用场景 38 项，汇聚 427 个关键指标，实现涵盖公司战略目标所有相关领域的关键绩效指标的实时测量，加快推进企业治理能力现代化。

（八）构建协同互联的创新体系，推动企业全方位攻坚突破

以“发现问题就是成果，解决问题就是创新”为理念，“创新工作服务生产工作”为原则，聚焦重大创新和基层创新两大关键，努力突破专业壁垒，发挥加成效应，全面提升协同管理能力和业务整合能力。一是制定创新工作实施方案，整合管理、科技、职工

三类创新资源，细化评价标准和工作流程，填补创新方式和激励方面的制度空白。二是依托职工创新工作室，构建虚拟管理创新研究中心，深入开展技术传帮带活动，以“简单的工作重复做，重复的工作用心做”为核心，吸纳更多职工投身创新工作，实现个人成长和企业发展共赢。三是实施重点任务“揭榜挂帅”，针对重大攻关任务动态迭代“发榜”，以“揭榜挂帅”选拔创新带头人，实施业绩透明“放榜”，综合评价创新团队创新攻关质量，对“榜单”完成情况进行公示通报。

四、管理特色

在企业文化建设管理方面，遵循了企业文化建设“传播—落地—管理”的基本规律，将企业文化融入公司中心工作，推进企业文化理念对内有效落地、对外有效传播，实现员工对国家电网公司新时代发展战略和基本价值理念的认知认同。“吾电竞璀璨”特色文化实践模式先后荣获全国企业文化优秀成果一等奖、中国企业品牌创新成果品牌文化创新奖、中国企业品牌创新成果履行社会责任创新奖、全国电力新闻纪实摄影年赛银奖等多项荣誉。

在人才队伍建设管理方面，坚持以人为本的管理理念，以“选、用、育、留”为基础，以“提升、优化、保障、突破”人力资源战略为主线，将人力资源作为实现战略目标核心资源，以卓越绩效为抓手，以人力市场为平台，以人才提升为契机，突出全员绩效管理、内部市场运转、薪酬用工规范、员工素质提升、人才队伍建设五大重点，促进企业与员工的共同发展。公司人才当量密度提升至 1.112 9，达到疆内领先、全国中上游水平。

在财务风险防控管理方面，积极应对复杂多变的经营形势，主动适应输配电价成本监审、多维精益管理变革，动态评估电价政策和新冠肺炎疫情等因素对公司经营的影响，扎实开展提质增效专项行动，优化预算管理策略，持续夯实预算管理基础，构建目标清晰、动态分析、手段灵活的资源调控型预算管控模式，全力保障公司经营稳健。《全面稽核管理实践》获评国家电网公司领先型成果案例，《新型财务风险防控体系的构建与实施》课题获全国国企财务管理创新成果二等奖，创新的成本费用全评审、问办联动等已在国网系统得到推广应用。

在电网发展规划管理方面，建立了完整的战略管理组织体系，以推动战略目标落地为主线，科学编制“十四五”规划报告体系（1 个总体规划、2 个专业规划、18 个专项规划），着力“吾电竞璀璨”特色文化实践，建设具有绿色安全、泛在互联、高效互动、智能开放等特征的能源互联网。配合政府编制的“十四五”能源规划报告，经自治区发改委评审获得较高评价，公司“十四五”电网规划成果在国家电网公司组织的评审中列为国家电网公司总报告“城市级”示范样板。

在用户优质服务管理方面，深入践行“人民电业为人民”的宗旨，服务新疆社会稳定和长治久安，服务美丽乌鲁木齐首府建设，构建以客户、效率为中心的现代服务体系，将客户需求贯穿于公司各项工作全过程，与顾客建立长期合作关系，赢得并保持顾客的满意和忠诚，实现顾客与公司的共同发展。累计开展主动工单 6.16 万件，线上办电率达 99.75%，工单一次办结率 81.48%，全口径投诉同比降低 26.08%，客户满意度提升至 99.92%。2020 年，在全国 80 个城市营商环境评价中排名第 20 名，服务质效提升显著。

在企业创新管理方面，以建设中国特色国际领先的能源互联网企业为目标，结合战略目标和绩效目标要求开展多项改进和管理改进，全力推动创新工作，驱动公司可持续发展。建立创新工作机制，成立创新工作领导小组，设置 3 个创新办公室和创新委员会，分别负责科技创新、管理创新和群众性创新工作组织管理、协调落实、评审工作，形成以战略为导向、持续改进的、覆盖公司各层级的改进与创新体系。

3.40

继往开来谱新篇 乘势而上开新局

国网拉萨供电公司

一、企业简介

国网拉萨供电公司（以下简称拉萨公司）成立于1961年，是国家电网有限公司大型供电企业之一，主要承担向拉萨市5县3区和山南市部分地区提供安全、经济、清洁、可持续的电力供应服务，服务电力客户20.2万户。公司下设12个职能部门和12个业务支撑机构，下辖堆龙德庆区、达孜区、墨竹工卡县、林周县、曲水县、尼木县、当雄县7个县级供电公司。负责运维管理110kV变电站25座，变电容量216.83万kVA；110kV线路64条1586.9km；35kV变电站23座，变电容量22.34万kVA，35kV线路46条861.5km；10kV开闭所6座，10kV线路290条4658.69km。

二、管理水平

拉萨公司把握发展主动，建成了以110kV电压等级为主网、各级电网协调发展的网架结构，电网供电水平得到了大幅提升，持之以恒抓安全、强电网，重管理、优服务，建机制、提质效，综合实力、保障能力、服务水平均实现进一步的提升，连续5年获国网西藏电力有限公司企业负责人业绩考核A级。

三、管理成效

电网建设进程显著加快，各电压等级电网基本建成。新（扩）建35kV及以上变电站29座、10kV及以上线路7000余km，变电容量、线路长度大幅增长。率先建成新一轮农网、“三区三州”等一批德政民心工程，为打赢脱贫攻坚战作出了积极贡献。电网网架逐步完善，供电质量稳步提升。

改革创新能力显著提升，高质量发展态势基本形成。持续推动内部改革、“放管服”

改革、“三项制度”改革。抓实企业内部改革，优化机构设置，推行班组承包制。开展县公司管理提升活动，规范机构设置，进一步完善收入分配机制。

电力营商环境显著改善，现代化服务格局基本构成。精准匹配人民对美好生活需要，推行网格化管理、片区化服务模式，以人民为中心的现代化服务体系基本建成。全面推广带电作业和零点作业，促请政府成立反窃查违专项工作领导小组，不断优化电力营商环境。

党建旗帜领航显著提高，高素质干部队伍基本养成。认真落实“第一议题”制度，持续深入学习习近平总书记重要讲话和重要指示批示精神。圆满完成“旗帜领航·三年登高”各项任务，党的制度建设不断完善，基层基础持续夯实。坚持“严”的主基调，一体推进“三不”。以建设“四优五过硬”的领导班子和干部人才队伍为目标，推进公司学习型干部队伍建设，人才当量密度提升至 0.961 3。

2019 年，国网拉萨供电公司工会荣获“全国模范职工之家”荣誉称号，带电班荣获全国青年安全生产示范岗，调控班获国家电网公司工人先锋号，青创赛项目获国家电网公司第五届青年创新创意大赛铜奖。罗江被授予“中央企业劳动模范”荣誉称号，扎西尼玛被授予“西藏自治区第五届劳动模范”“国网工匠”“最美国网人”荣誉称号。2020 年，3 名职工分别荣获全国劳动模范、自治区优秀团干部和国家电网公司抗击新冠肺炎疫情先进个人、优秀共产党员。国网拉萨供电公司荣获国家电网公司政治思想建设专业标杆，2 个部门（班组）分别荣获国家电网公司工人先锋号、抗击新冠肺炎疫情先进集体。2021 年，国网拉萨供电公司党委荣获国家电网公司“红旗党委”称号、公司团委荣获“全国五四红旗团委”荣誉称号、公司荣获国家电网公司先进集体、管理提升标杆企业。

四、管理特色

始终坚持服务大局，大战大考展现责任担当。在大战大考中坚决落实各项决策部署，充分发挥公司党委把方向、管大局、促落实作用，落实各层级领导干部包保责任制，狠抓工作落实。面对来势汹汹的新冠肺炎疫情，坚持人民至上、生命至上，第一时间启动突发公共卫生事件一级响应，高效运转防疫体系。全力支持复工复产，严格执行疫情期间居民用电“欠费不停电”政策、电价优惠政策。始终坚持旗帜鲜明讲政治、全力以赴抓落实，重大活动保电任务取得完胜，政治能力、发展成果得到精彩展现，拉萨政治保电达到新高度。

始终坚持底线思维，安全生产保持平稳有序。坚决贯彻落实总体国家安全观，以安全生产专项整治为着力点，狠抓隐患治理，防范重大风险，确保电网本质安全，为经济社会发展提供了安全可靠的电力保障。落实安全生产专项整治三年行动计划，修订全员安全责任清单。强化作业现场安全管控，强化“四个管住”。滚动修编应急预案。不断增强忧患意识，牢牢守住安全生产生命线，健全完善安全管控体系，扎实推进安全生产专项行动。强化内外部协同，建立属地政府沟通汇报机制，全力以赴推动今冬明春电力保供工作。

始终坚持服务地方，电网建设实现快速发展。围绕“四件大事”主动对接区市县“十四五”期间重大规划项目用电需求，完成拉林铁路、那拉高速、西藏自治区博物馆等重大项目的用电接入。简化视频监控电源接入流程，全力保障“雪亮工程”示范项目建设。全面梳理沿街电力设施设备情况，有序助力“四化”建设。率先完成“三区三州”电网建设任务，森布日极高海拔地区生态搬迁安置点电力设施迁改等重点工程按期投产。积极助力地方发展需要，有序实施电力线路迁改。

始终坚持服务民生，服务水平赢得广泛赞誉。立足人民美好生活需要，坚持电网发展群众路线，全面推进乡村振兴，启动拉萨市“十四五”配电网规划滚动修编，指导县公司编制乡村电网发展规划，梳理城网和农网项目清册。规范业扩流程，推行居民和低压小微企业“三零”“三省”办电服务，完成转供电一户一表改造 8.4 万余户。实现营销业务进驻便民服务中心。扎实开展配网故障停电压降行动，全面推广带电作业和零点作业。扎实开展“大、长、频”专项行动，大力整治低压线路频繁停电问题，不断提升供电可靠性。

始终坚持提质增效，经营质效稳步提升。实行综合计划管控下的全面预算管理，严格计划刚性和里程碑管控，“五率”执行大幅提升。建立价值导向型财务决策机制，落实智享财务体系建设，构建全面综合计划和财务预算市县一体管控体系。推进多维精益管理体系应用，强化项目储备管理，注重项目的可行性研究。扎实开展“三清理、两提高”专项工作，形成了 18 个囊括项目全过程管理长效机制。编制内控合规典型案例集，提升合规管理水平。

始终坚持主动作为，改革创新取得丰硕成果。抓实企业内部改革，优化机构设置，修订绩效管理办法，推行班组承包制，持续激发基层活力。完成县公司上划直管，规范机构设置，理顺收入分配关系。公司综合实力、队伍素质和品牌形象全面增强。健全创新体系机制，“三高”地区智能降阻新型接地网研制等多项优秀成果获上级单位表彰。

始终坚持旗帜领航，党的建设彰显政治优势。建立习近平总书记重要指示批示精神学习台账，及时跟进学习最新重要讲话和指示批示精神，用党的最新理论成果武装头脑、指导实践、推动工作，不断提高“政治三力”。圆满完成“旗帜领航·三年登高”各项任务，党建制度建设不断完善，基层基础持续夯实。高标准开展“两学一做”“不忘初心、牢记使命”“党史学习教育”等主题活动，深入实施“党建+”工程和“两旗”“两队”建设，推动党建工作与中心工作深度融合。政治监督具体化、常态化，全面从严治党向基层延伸。

3.41

对标一流　管理提升　在新征程上谱写公司高质量发展新篇章

国家电网巴西控股公司

一、企业简介

国家电网巴西控股公司（以下简称巴控公司）成立于2010年，是国家电网公司设立的首个投资、建设和运营输电资产的境外全资公司。截至2021年底，公司资产总额301亿雷亚尔，输电资产覆盖巴西经济发达的中部、东南部14个州，输电线路总长度约1.6万km；资产总额、线路长度分别是2010年的8.2倍和4.9倍，实现了跨越式快速增长。公司被联合国全球契约组织授予“社会责任管理最佳实践奖”，两次荣获“巴西电力行业最佳企业”，按监管收入稳居巴西第三大输电公司。

二、管理水平

近年来，巴控公司以对标提升行动为契机，充分结合公司当前和今后工作实际，以现代上市一流企业为目标，对标找差，精准发力，加强和完善公司治理，进一步提升公司经营管理水平，奋力在新征程上谱写公司高质量发展新篇章。

（一）远近结合，强化战略规划引领和落地实施能力

对接落实国家电网公司“一体四翼”发展布局、国际化发展战略思路和总体工作部署，加快建立“1+N”战略规划支撑体系和“1+3”战略规划引领体系，以前瞻的公司五年战略规划来引领每个年度的综合计划、预算、KPI目标及绩效考核，实现战略规划与年度工作任务的有机衔接和贯通。推进公司季度经营活动分析会机制，加强形势任务研判和重点工作执行情况分析，制定改进性措施，确保年度重点任务全面完成、战略规划取得扎实成效。

（二）对标一流，构建和实施全面合规和风控管理模式

对照国际领先企业治理实践和当地上市公司通行治理模式，研究提出公司“三会一层”治理体系新架构方案，进一步完善公司治理体系。突出风险防控，加强内部控制，加快构建公司“大风控”体系。开展全方位风险诊断，实施“十大风险”行动计划，消除和化解公司经营风险；发布实施公司合规管理、风险管理和内部审计制度，推行“吹哨人”制度和工作机制实践，研究提出公司风控、合规、内审等管理职能整合方案，规范和精益公司的业务和流程管理。

（三）集约协同，创新构建“一个中心、两个平台”体系

聚焦资产运维和项目建设两项主营业务，提升管理效率质量，挖掘集中集约管理效益。一是打造一个更加精益、高效的共享服务中心，集约集中公司人资、财务、IT、采购、后勤等管理职能，进一步控制和降低公司营运成本，实现降本增效。二是加强两个平台建设，多渠道实现开源增收。做实做强运维管理平台，深入挖掘现有运维资源协同潜力，利用自身运行和检修优势，提高输电运维服务的市场竞争力，开拓新商机、实现新发展。通过建设管理平台，确保绿地项目和扩建项目提前高质量建成投产，创造额外监管收入，实现增收。

（四）持续提升，专业管理水平一流

强化业务协同和过程管控，资产运维管理水平一流。自主设计开发基于云存储和地理信息的运维管理系统 SGBOM，建立生产运维管理、应急抢修资源调配、征地环评状态跟踪等各业务间数据接口，打通信息壁垒，共享信息资源，实现协同增效；梳理明晰各业务流程，强化各级职责落实，实现了对生产运营核心业务的全过程管控和追溯。

坚持按国际惯例和市场化原则规范运作，项目建设管理水平一流。经过多年绿地项目开发建设实践，探索建立了系统完备、运转高效的大型国际工程项目“3+1+1”建设管理体系，即以“制度管理、风险管理和环保管理”为重点，抓好“属地协调”，加强项目建设全过程“数字化管控”，高质量推进项目建设。公司美丽山二期项目凭借卓越的环境保护工作和项目管理能力分别获评 2019 年巴西社会环境管理最佳实践奖、2020 年度国际项目管理组织（PMI 中国）年度项目大奖。

持续深入“本土化”经营，跨文化融合管理水平一流。立足长远，深入实施“3I”（Identition、Integration 和 Innovation，认同、整合和创新）计划，在经营理念、管理模式、人员招聘全方位“本土化” 的基础上，有机结合国家电网公司企业文化与当地实际，发布实施《商业行为与道德准则》，将抽象的企业文化转化为员工的日常商业行为。创新方式方法、丰富宣传载体，扎实开展“跨文化融合”专项工作，以良好企业形象展示国家形象。加强与当地沟通，积极履行社会责任，营造企业经营发展良好外部环境。

三、管理成效

在国网总部和国网国际公司的坚强领导下，巴控公司结合实际，坚持不懈抓对标、强管理、促提升，推动公司发展成为巴西社会各界广泛认可和尊重的标杆电力企业。

（一）服务“一带一路”建设成效显著

近年来，巴控公司提前高质量建成投产巴西美丽山一期、二期±800kV 特高压直流等大型绿地项目，实现了中国特高压投资建设运营、技术标准装备“两个一体化”走出去。其中，独立投资、建设和运营的美丽山二期项目是巴西最大的输电工程，在习近平主席和巴西总统的两次共同见证下，分别获得开工许可和投运许可，实现提前安全高质量建成投运和稳健运营，经济综合效益显著；项目荣获第六届中国工业大奖，是首个获奖的中国企业海外项目，成为国家电网公司服务“一带一路”建设、中巴产能合作的靓丽名片。

（二）经营业绩和发展质效持续提升

“十三五”期间，巴控公司 TP 二期、美丽山一期、二期等大型绿地输电项目提前投运；利润总额年均复合增长率为 24.8%；投资资产运营稳健、收益良好。2021 年，巴控公司交流设备可用率达到 99.5%，优于行业平均水平；美丽山一期、二期项目直流系统平均可用率指标达到 99.95%，远高于巴西电监局要求的 99%指标；营业收入和利润再创新高，取得疫情防控和生产经营“双胜利”，实现“十四五”发展稳健开局。

（三）国企品牌海外形象进一步彰显

巴控公司持续赞助马累贫民窟音乐学校交响乐团、中巴文化交流等 50 多项社会公益项目，向里约市捐赠 264 个病床、1.1 万个食品篮等抗疫物资，产生积极广泛的社会影响。积极服务两个大局，讲好“中国故事”。牵头组织召开在巴央企跨文化融合座谈会，自 2019 年起，连续 3 年发布《国家电网公司海外社会责任报告（巴西版）》，《南美抗疫实录》荣获中宣部、外文局“2020 年度全国对外传播十大优秀案例”，《音乐改变命运》荣获“2020 中国企业海外形象建设十大优秀案例”，展示了国家电网公司良好的企业形象。

四、管理特色

巴控公司成立时，原有当地管理团队的管控模式粗放、治理效能不高，经过多年的先行探索和管理提升，公司凝练形成了“三突出、两注重”具有鲜明国网特色的境外全资公司管理方法和实践，也为落实国家电网公司“一体四翼”中的国际业务坚强一翼战略布局提供了丰富素材和鲜活经验。

（一）突出服务大局

坚持在生产经营、业务开拓、对外宣传中主动服务大局、融入大局，扛起使命担当。国资委主要领导 2017 年 8 月实地调研后，给予“国网巴控公司党建工作和企业发展，为央企海外资产管理及党建工作树立了样板”的高度评价。

（二）突出效益贡献

巴控公司在国际业务开展过程中，始终坚持效益优先，通过制度流程、信息化等手段，推进项目竞标、建设管理、资产运营、监管管理、财务管理等各领域全过程精益管控，持续提升对国家电网公司的利润贡献度。

（三）突出风控合规

始终坚持底线思维，将防范化解国际化经营中的风险作为开展经营创效工作的前提和保障。当前，巴控公司加快推进“大风控”管理体系建设，进一步提升公司风险防控和合规经营水平，保障公司稳健经营。

（四）注重战略管理，接力落实公司发展目标

通过战略规划的科学制定和落地实施，巴控公司实现了特高压“两个一体化”走出去的战略目标，正加快推进战略规划支撑体系和战略规划引领体系建设，在对标一流、推进全面管理提升、实现公司上市目标的新征程上稳步前行。

（五）注重文化融合，赋能公司高质量发展

通过打造优秀企业文化、卓越跨文化融合管理，充分发挥了国家电网公司雄厚的技术、资金及管理等综合优势和专业能力突出、行业经验丰富的本土化团队能力，为巴控公司在巴西市场的发展壮大和长远发展奠定重要基础。

3.42

服务大局谋发展 深化管理促转型

南京南瑞水利水电科技有限公司

一、企业简介

南京南瑞水利水电科技有限公司（以下简称水电公司）现有员工近 700 人，主要为水电及新能源、水利水务、生态环保、水运交通、市政公用等领域提供自动化、信息化、智能化的技术、产品和服务。经长期研究和积累，形成了传感器、测控、计算机应用与信息处理等多项核心技术，水电站/抽水蓄能电站监控及调速、工程安全监测、水情水调自动化、水利工程综合管控等业务处于市场领先地位，具备提供整体解决方案能力，研制了一大批具有自主知识产权的产品，广泛应用于三峡、南水北调、大型抽蓄电站等一大批重点工程，并成功出口至海外 40 多个国家，是国内水利水电领域专业最全、规模最大的自动化系统及设备研制、集成供应商。

长期以来，水电公司高度重视科技创新，经营发展态势良好，行业地位崇高。获国家科技进步奖 2 项，省部级特等奖 1 项、一等奖 17 项，发明专利授权 97 项，主编国家行业标准 76 项，主导 IEC/IEEE 双标国际标准 1 项。获国际小水电中心创新基地、江苏省高新技术企业、南京市水利水电数智化工程技术研究中心认定，是能源行业电力气象应用标准化委员会、中国水力发电工程学会水电自动化专业委员会、水电与新能源运行管理专业委员会、中国水利学会大坝安全监测专业委员会等社团的秘书处单位，为推动行业学术交流、促进行业技术进步做出显著贡献。

2018 年以来，水电公司在营收和利润等主要经营指标方面均保持了稳定增长，盈利能力持续增强；资产负债率逐年降低，经营管理质效不断提升，自主经营能力稳步增强。

二、管理水平

（一）坚持创新驱动，不断完善科研创新及管理制度

注重顶层设计，坚持按照产业发展规划、产品技术发展规划开展新产品立项研发管控和研产销协同，构建面向市场需求的产品研发体系。建立科技项目储备管理办法，实现科研项目征集、入库和出库的动态管理，为准确把控行业发展趋势、满足客户需求、明确产品定位、汇聚员工智慧提供了平台；建立技术与产品开发全过程管理制度，有效解决研发项目过程管理不够有力，营销与新产品结合不紧密、研发与工程结合不紧密等问题；完善研发产品 CBB（共同性构建基础）建设管理，建立分层分级研发团队，组建专业技术攻关团队，将基础研发与应用研发有机结合，形成平台开发与工程技术开发协同合作，增强技术复用度，提升研发效率。2018～2021 年，围绕能源低碳转型等战略，水电公司紧抓信息化、智能化、自主可控等方向，累计完成研发投入超亿元，在智能水电厂、智能抽蓄、新能源控制及运行分析、气象信息应用、智慧水务等领域研制了智慧化综合管控平台、系列智能应用、国产化可编程控制器、系列智能测控装置、系列水质自动分析仪、系列声学多普勒流速剖面仪等一大批新产品，有力推进传统业务提质增效，加快新兴业务规模化发展。

（二）坚持深化内部管理，强化信息化技术应用，以市场化改革促进企业内部活力提升

梳理市场营销、科研开发、生产采购、工程服务等现有工作流程中存在的卡阻环节，有效识别关键要素，深化信息化技术应用。综合运用 ERP、办公自动化系统、商旅平台、物联网印章、ECP2.0 电子商务平台、智慧税务平台、工程服务管理系统移动端应用等信息化系统，优化内部流程，实现经营分析及动态预警，提升内部流转效率，加快企业运行“微循环”。引进精益生产理念，依托强大研发实力，深化新技术融合应用，对生产流程和工艺设备开展智能化改造，全面实施设计标准化、过程精益化、装备自动化和管理信息化，率先在行业内实现安全监测传感器流水线和自动化生产模式，有效提升产品品质和生产产能。开展市场化改革试点，推进“三项制度”改革，优化薪酬决定机制，落实首期超额利润分成，改进营销人员考核激励机制；优化内部组织机构，实施“平台＋产品线”的产业运行模式，分工协作、重点突破、整体推进；完善激励机制建设，积极探索增量业务跟投，充分调动员工干事创业的积极性和主动性，实现国有资本增值效应。

三、管理成效

（一）聚焦“一体四翼”，助力新型电力系统构建

坚持战略引领，全力支撑公司电力保供、服务“双碳”目标、构建新型电力系统等战略部署落地。牵头编制了 IEC/IEEE 63198—2775《智能水电厂技术导则》双标国际标准，牵头编制了《电网气象信息系统技术规范》等电力气象应用行业标准，进一步提升了行业影响力。开展面向“双碳”目标的水光风储多能互补及抽水蓄能一体化开发等专题研究，开展数字化智能型抽水蓄能电站建设技术体系研究，积极参与相关规划编制，积极推动新兴业务发展，当选国际小水电联合会多能互补专委会第一届主任委员单位。承担了三峡流域水电调度自动化、乌东德巨型水电站控制、仙居及丰宁等大型抽水蓄能电站控制及监测、黄河上游大规模新能源集控等重大项目建设，为清洁能源消纳、源网荷储协同互动、电网安全稳定可靠运行、电力保供等提供了科技和产业支撑，创造了良好的经济效益和社会效益。

（二）加快转型升级，企业经营能力不断提升

加强品牌建设，持续提升行业影响力，获得信息系统建设和服务能力三级（CS3）、电子与智能化专业承包二级等资质；获得江苏省高新技术企业、南京市工程技术研究中心、南京市企业技术中心等认定；充分利用行业社团、标委会等平台，牵头开展了大量的全国性学术交流会议，汇聚需求、交流技术、分享成果，为推动行业进步发挥了力量。完成“巨型复杂流域水电站群智能运行控制关键技术及应用”“梯级水光蓄互补电站联合运行控制与智能调度系统”“大型变速抽水蓄能机组关键技术自主化工程应用研究”等重点科技项目攻关并实现推广应用，代表行业先进水平的智慧运检系统在三峡电站投入运行、一体化智能管控平台在大渡河大岗山智慧电厂项目成功部署、水利工程智能应用在杭州千岛湖配水工程综合管理智慧平台项目实现全新应用，产业升级迈上新台阶，连续多年实现收入、利润的稳定增长。

（三）提升综合实力，市场服务能力持续增强

以科技、产业、人才、品牌优势和综合实力赢得行业和市场的高度认可，承担了国内外一大批重点水利水电工程、抽水蓄能工程相关系统的建设。“十三五”期间，投产单机 200MW 及以上的大型水电机组超 100 台，累计投运装机总量超 38GW；服务长距离调水工程超 30 个，工程输水距离累计超 1 万 km；完成安全监测近 10 万支仪器供货，为 14 座百米级大坝提供安全保障，溧阳抽水蓄能、仙游抽水蓄能、洪屏抽水蓄能荣获国家优质工程金奖。在积极为重大工程项目提供产品和服务的同时，充分发挥专业技术优势，持续做好国网总部的服务支撑，在抽水蓄能电站建设、电网水库调度管理、新能源消纳

分析、水电防汛安全、电网气象防灾及气象数据服务等领域，为国调中心、国网水新部、国网安监部等部门开展相关业务提供了有力的技术支持。

（四）实施提质增效，发展基础持续得到巩固

坚持稳中求进，稳业绩、促活力、控风险、提质量。开展南瑞集团市场化综合改革试点，“三项制度”改革持续推进，内部活力得到有效激发。建立质量问题闭环处理机制，持续改进产品工装工艺，提升产品品质，产品验收合格率提升 10%。成功建成传感器自动化生产线，产品生产效率大幅提升，2021 年实现自产产品年产量同比增加 55%。开展“五查五严”风险隐患排查整治，常态开展施工作业现场“四不两直”安全检查，消除施工现场安全隐患 20 多项；创建“四保七防”质量标杆，电网安全关键产品企业技术标准体系覆盖率达 100%。开展精细化预算管理，将年度指标分解核定到季度指标，动态对比分析经营数据，及时剖析问题并提出解决方案；细化成本费用管控，合理筹划资金需求，实现可控管理费用、可控销售费用占收入比同比压降超 10%；开展税务管理和研发支出筹划，推进嵌入式软件退税，用好用足政策优惠，将节约资金用于加大研发投入，提升了资金利用效率；在日常经营管控中，推行“自查＋外审”审计体系，建立了经营风险监测预警机制。提质增效成果显著，获得南瑞集团提质增效先进集体荣誉，并代表集团在国家电网公司财务家园、国网大学等平台上发布提质增效云课堂。

（五）努力创造价值，企业社会形象良好展现

始终坚持和加强党对国有企业的全面领导，构建强组织抓书记、强部署抓落实、强管理抓考核、强协作抓融合、强引领抓作为的“五强五抓”责任落实体系，将党建工作有机融入生产经营管理全过程。围绕全面融入和服务“一体四翼”发展布局，支撑国家电网公司保障电力供应、推动能源转型，在水力发电、新能源、抽水蓄能、民生水利、生态环保等领域开展预测预报、监测控制、信息应用等业务，承担了一大批重大工程建设，有效服务智能绿色低碳转型和经济社会发展。深化党建与中心工作的融入融合，开展“擎旗聚力•党员登高”、“七选一加一互动联动”、“党建＋”工程、“三亮三比”等党建活动，打造了素质高、作风实、能力强的员工队伍；深化建功载体建设，打造了徐洁党员创新工作室、江河明珠党员服务队等党建品牌，充分发挥党组织和党员骨干在抗疫保电、服务“一带一路”、民生工程建设中的战斗堡垒和先锋模范作用，一线员工奋斗在冬奥保电、乌东德、丰满重建、大藤峡、塞尔维亚等项目现场，其先进事迹被《新华日报》、“学习强国”、“交汇点”新闻等多家媒体平台报道。与新疆额河建管局等重点客户单位开展联建共建，开展扶贫捐赠等活动，累计捐赠 18.7 万元，帮助困难人群 3000 余人，彰显企业社会责任担当。荣获国家电网公司第七届文明单位、国家电网公司红旗党委、国家电网公司党建责任落实标杆、国家电网公司优秀共产党员服务队、江苏省五四红旗团委等荣誉。

四、管理特色

（一）建立健全科研创新及管理机制，驱动产业升级发展

建立完善研发投入产出机制，将研发作为一项投资，产出部门根据市场需求提出并投资研发立项，研发中心承接研发需求并完成产品研发。推行产品经理负责制，产品经理作为研发投资主体的代表组建研发团队，保证产品开发质量，控制开发成本，并通过产品生命周期管理实现产品的商业价值和产品持续改进。优化研发考核机制，以承担的研发项目投资进度和自主产品销售追溯作为研发团队主要绩效来源，并积极探索以贡献和价值创造为导向的研发人员绩效管理方法，提升研发体系运作效率与工作质量，提高研发投入产出成效。探索科技难题攻关“揭榜挂帅制”，建立机制，明确挂帅人的责权利，通过不同组队竞聘方式为科研任务选定最合适的人才，有效解决试点项目“活动式测斜仪改进”中长期存在的技术难题。加强人才队伍建设，推进学术、学科带头人培养，主动对接市场，加快高水平人才及团队引进机制建设；建立人才培养机制，组建技术与产品管理和开发的跨部门团队，突破企业内部专业和层次的界限，使各专业领域人才在相互协作中、在流程及知识体系支撑下更全面地快速成长。

（二）深化管理、精益求精，促进内部管理水平提升

优化组织结构，针对新扩展的智慧水务新业务，组建平台型行业部门，实施“平台+产品线”的运营模式，充分发挥平台部门牵引、共享、协同等作用，加快推进产品线部门专业化、标准化、规模化发展；设置独立的产品检测中心，完善硬件产品性能检测环境，升级软件系统检测试验平台，提高专业化检测能力。推进机制建设，建立营销领域行业和区域协同、研产销协同、工程服务领域跨产品线协同等机制，推进市场需求快速融入技术方案和产品研制，以适销对路的产品、优质服务履约营造良好口碑。持续完善营销、研发、产品线经营等内部考核机制，划小考核单元，明确责权利，体现价值贡献鲜明导向。实施市场化改革，推进“三项制度”改革，建立健全差异化招聘机制，增强员工招聘、人才引进工作的主动性；健全科学、公平、合理的员工绩效考核体系，薪酬分配重点向绩优员工倾斜；完善干部任职资格考评体系，强化干部任职考核评价，形成“能者上、平者让、庸者下”的用人导向；加大干部培养力度，特别是年轻干部的培养，不断提升干部领导能力，持续优化干部队伍结构。完善激励机制，积极探索增量业务跟投等改革，充分调动员工干事创业的积极性和主观能动性。

（三）践行以奋斗者为本的价值理念，促进员工与企业共成长

尊重员工的首创精神，充分汲取群众智慧，积极为员工的成长成才创造条件。持续深化总经理交流日、班子成员基层调研等机制建设，主动倾听员工建议和心声，畅通与

员工交流渠道；全面强化民主管理，通过企务公开，有效激发员工的参与意识和监督意识，发挥“主人翁”精神。强化队伍建设，加快领军人才成长，以创新能力、专业成果、业绩贡献为导向，在资源配备、薪酬待遇、激励保障等方面给予倾斜，加快骨干人才成长；加强思想引导，鼓励员工敢于突破自我，不断进取，通过自身学习和实践锤炼，脱颖而出、历练成长。坚持正确的舆论导向，积极营造良好氛围，将心系发展大局、自觉担当作为、勇于开拓创新作为先进选树标准，让广大员工学有榜样、行有方向、干有力量。积极践行优秀企业文化，持续开展“道德讲堂”“奋斗的青春最美丽”“最美一线”等活动，弘扬正气、传递正能量。

3.43

勇挑国家发展重担　以管理驱动改革创新 全力打造工业最强芯

北京智芯微电子科技有限公司

一、企业简介

北京智芯微电子科技有限公司（以下简称智芯公司）成立于 2010 年，注册资本 64.1 亿元。作为国家电网公司芯片产业发展的使命担当者，智芯公司专业从事电力芯片研发及产业推广，是国家规划布局内重点集成电路企业、国家高新技术企业、国家技术创新示范企业。智芯公司已连续 9 年被评为中国十大集成电路设计企业，是我国最大的工业芯片设计企业。

智芯公司拥有主控、通信、安全、射频识别、人工智能、存储、传感、模拟八大类芯片系列产品，广泛应用于电网输、变、配、用、调度等电力领域，并成功拓展至轨道交通、石油石化等工业领域，累计销售超过 20 亿颗，覆盖全国各省市及海外 80 多个国家。累计承担国家科技重大专项等国家级项目 45 项，荣获国家科技进步二等奖等国家级奖励 7 项。牵头组建了中电联集成电路标委会、中国电子学会工业集成电路标委会等国家级标准组织，共同开展工业芯片关键技术及标准研究，推进全链条标准化。

二、管理水平

（一）新机制释放经营管理新活力

在研发设计上，制定了主控、通信、安全、射频识别、人工智能、存储、传感、模拟等八大类产品线规划，建立健全产品线带头人机制，加快“卡脖子”关键芯片技术攻关。在激励机制上，作为系统内首批非上市企业，试点实施员工中长期激励，建立研发项目收益激励机制。在人才引进上，多渠道开展高端人才引进，建成国家级院士工作站，构建了金字塔型人才梯队。在市场化管理上，建立市场化职业经理人和岗位竞聘机制，采用竞争择优和契约化管理方式，选聘出多名优秀的市场化职业经理人。

（二）数字化赋能公司精细化管理

在运营管理上，开展办公平台应用深化和业务协同平台上线运行，逐步构建覆盖生产、交付、运维等产品全生命周期的智能化管理。在物资管理上，推进物资信息系统建设，实现物资采购全流程数字化管理，有力提高了采购效率。在生产管理上，持续强化“统一生产”体系建设，实现产能调配、物料计划、生产计划、产品质量及仓储物流集中统一管控。在客户管理上，采用客户投诉专线、客户服务微信群、调查问卷等渠道开展投诉信息实时跟踪和处理，并上线客户服务平台，实现客户服务平台和生产订单系统集成。

（三）着力解决管理痛点难点问题

在物资采购上，通过与封测厂商合作共建生产线、签订产能保障协议等方式强化供应链合作，确保产能稳定供给，科学提升供应链柔性和整体供货能力。在售后服务上，组建面向省市公司的 27 个本地化营销服务中心，建立健全辐射全国的售后服务体系，积极响应客户需求，推进客户问题快速解决闭环。在财务管控上，加强业财融合，开展财务 BP 建设，派驻财务人员驻事业部一线，深度参与业务开展，将风险管控要求和节点前移。

三、管理成效

（一）公司战略布局成效明显

在引战混改上，智芯公司 2020 年成功完成混改引战工作，引入国家集成电路产业基金、国铁集团、上汽集团等战略投资者。在股权投资上，收购外部芯片设计企业——杭州万高科技股份有限公司，投资持股南方电网电力科技股份有限公司，并在科创板上市。在联合研发上，与阿里平头哥公司组建 RISC-V 联合实验室，共同推动开源芯片研发，并与湖南三安、威胜信息成立碳化硅联合实验室，开展第三代半导体功率器件技术研究与应用推广。在工艺开发上，同粤芯公司共同成立模拟芯片定制化工艺平台，积极开展定制化工艺开发，强化设计制造协同，有效保障各类模拟芯片长期稳定供货。

（二）科技研发取得丰硕成果

在技术研究上，突破掌握了一批核心技术，掌握了安全防护、安全 CPU 内核、安全操作系统等高安全性技术，芯片抗攻击能力和防护水平达到国内最高等级。在产品研发上，自主研发芯片产品达到 180 余款，2021 年度产品研发数量创历年新高，同比增长

15.2%；自主研制的工控操作系统枢纽通过国内最高等级检测，并在 27 家省电力公司试点应用。在项目申报上，累计获批政府项目 79 项，2021 年申报成功项目数量和项目金额均实现历史新高。在实验室平台建设上，先后被认定为国家电网公司重点实验室、北京市工程技术研究中心、北京市企业技术中心、北京市工程实验室，工业产品质量控制和技术评价实验室、国家工业芯片质量检验检测中心、国家地方联合工程研究中心是我国首个工业芯片国家级工程研究中心。

（三）改革创新工作成效显著

在战略联盟上，充分发挥企业创新主体作用，工业芯片研发基地落成揭牌，与国电科环、大唐网络等 23 家单位签署战略合作协议。在产业协同上，同北京市政府、轨道交通、市政等应用龙头企业联合创建北京市工业芯片创新中心，共同开展行业关键共性芯片技术研究。在股权激励上，作为系统内首批非上市企业股权激励试点实施单位，制定了员工持股实施方案，对核心的芯片研发人才进行激励，并成功搭建了研发项目收益激励体系。在科技基金上，设立院士专家基金、实验室开放基金、科技成果转化基金，助力重大科技项目联合开发。

四、管理特色

智芯公司高度重视运用新理念、新方法提升管理成效，相关运营管理工作受到国家电网公司和国网信通产业集团的表彰及认可。坚持党建引领，围绕国家电网公司战略目标和智芯公司战略定位开展经营管理，先后荣获国家电网公司先进集体、国网信通产业集团红旗党委等荣誉；强化安全生产管理工作，将日常巡检与临时抽检相结合，实现公司“零”重大事故，首获中国安全生产协会第二届安全科技进步奖一等奖；强化科技项目的管理与运营，凭借先进技术产出与科技成果管理模式，先后荣获国家电网公司 2020 年度科学技术进步一等奖、国家电网公司专利一等奖等荣誉；不断提升财务管理水平，做到日常财务核算无差误，多措并举化解防范各类风险，获得国网信通产业集团财务先进集体等荣誉；公司紧盯文化建设新需求，采用多渠道全方位宣传工具，开展形式多样的宣传工作，荣获国家电网公司宣传先进集体等荣誉。

3.44

能源区块链行业领跑者

国网区块链科技（北京）有限公司

一、企业简介

国网区块链科技（北京）有限公司（以下简称区块链公司）成立于2019年8月，是央企首家区块链专业科技公司，与国家电网公司区块链技术实验室实行一体化运作，是国家高新技术企业、中关村高新技术企业。区块链公司立足“碳达峰、碳中和”目标和能源数字化转型升级，面向能源电力、金融科技、政务管理等行业及上下游企业，提供区块链技术研究、产品开发、司法鉴定、公共服务平台建设等核心服务，形成“国网链”等适应行业特点的区块链公共服务平台和一系列区块链产品，构筑“区块链+”融合创新发展新格局。区块链公司自成立以来，经营效益快速增长，累计申请发明专利66项（授权24项），完成软件著作权26项，发表论文44篇（24篇EI检索），完成专利及成果应用15项。

二、管理水平

（一）创新企业管理新模式，加速区块链创新发展

成立区块链科技攻关团队，与国家电网公司区块链技术实验室一体化运作，瞄准国家重大战略部署，通过区块链公司实现区块链技术实验室科技创新成果快速转化落地。创新“顶层设计—平台建设—应用探索—生态构建”业务发展路径，参与国家电网公司区块链发展规划制定，建设公司级区块链公共服务平台“国网链”，打造“区块链+”系列典型应用场景，创新电网业务发展模式，解决行业痛点难点问题，优化业务流程，提高工作效率。

（二）突破区块链关键技术，培育科技创新新优势

建设运营国家电网公司区块链技术实验室、国家电网公司电力区块链技术标准验证实验室，挂牌工信部区块链重点实验室电力应用实验基地，依托实验室和实验基地开展区块链关键技术攻关，实现密码算法等核心技术自主化，突破可靠电子签名的身份认证技术，首次提出云端协同的基于电子签名的可信区块链方案，实现身份可信、数据可信、资产可信和合约可信，抢先占据能源区块链行业制高点。

（三）拓展区块链业务新场景，夯实创新发展基础

在能源、政务、金融等领域开展区块链创新应用，推动区块链技术渗透到安全监管、电力交易等电网核心领域，为构建新型电力系统提供科技支撑。建设国内首家具备区块链特色的司法鉴定中心——区块链司法鉴定中心，不断拓展区块链技术服务领域。发布“区块链+双碳”十大应用场景，打造碳资产交易、清洁能源消纳等典型应用案例，为实现“双碳”目标贡献力量。

（四）探索新技术应用模式，降本提质增效促发展

将区块链技术应用于物资采购业务，实现全流程交易可信存证，有效解决票据造假、重复报销、校验周期长等问题。创新区块链法律科技服务新模式，打造业内领先的链 e 盾、链 e 签、链 e 证等系列法律科技产品，实现“事后取证难”到“同步存证易”的重大转变。建设首个基于区块链的绿电交易平台，打造绿电交易新模式，为北京冬奥场馆 3.18 亿 kWh 绿电消纳提供可信溯源，支撑奥运场馆 100%绿电供应。构建以北京、广州、内蒙古三大电力交易中心为核心、支撑全国实现可再生能源消纳凭证全过程一体化的管理体系，预估每年可为 32 个省级市场、17 万个消纳责任主体颁发超 10 亿张区块链消纳凭证，节约相关运营成本上亿元。

三、管理成效

（一）国家战略加速落地，企业经营发展迅速

紧跟国家和国家电网公司“双碳”目标、新型电力系统建设等战略部署，及时响应、迅速行动，制定公司区块链发展规划，获碳标签授权评价机构，在区块链技术攻关、产业应用等方面先行先试。牵头承担国家电网公司区块链与电网业务融合研究重点攻关专项，攻克新型混合共识算法等多项技术难题，助力新型电力系统构建。2021 年营业收入较 2019 年成立之初增长 1716%，经营发展迅速。

（二）科技创新成果丰硕，行业竞争优势显著

授权全国首个“区块链＋新能源”“区块链＋电子合同”发明专利，累计获区块链授权专利24项。牵头立项IEEE全球首个“区块链＋碳交易”国际标准，参与国际国家标准30余项。牵头国家重点研发计划、工信部工业互联网创新发展工程等国家级课题9项，牵头的“面向构建新型电力系统的能源区块链公共服务平台关键技术与应用”“面向电力‘互联网＋’业务的可信区块链公共服务平台建设与应用”等项目经院士专家团队鉴定达到国际领先水平。

（三）业务落地场景丰富，全面赋能产业发展

建设国内最大的能源区块链公共服务平台“国网链”，并与“星火•链网”“长安链”等国家级区块链基础设施深度融合互联，形成强大链群优势。落地物资采购、智慧财务、司法存证、碳资产交易、清洁能源消纳、冬奥绿电溯源、共享储能、“区块链＋能源”、“区块链＋双碳目标”25大应用场景，目前已覆盖20多个省级电力公司，实现70余类具体业务应用，行业应用成效显著。

（四）行业影响力显著提高，获得业内广泛认可

创造第一张可再生能源电力消纳区块链数字化凭证、第一张区块链电费结算单、第一台“区块链＋边缘计算”一体机等10余项行业第一。入选2020中国产业区块链企业50强，荣获2020年度电力科技创新大奖、全国设备管理与技术创新成果特等奖。承办中央企业区块链创新应用现场会，27个国家部委领导莅临公司并就区块链创新发展情况进行深入交流，相关成果获得国家部委领导充分认可。

（五）产业生态体系完善，打造协同创新典范

牵头成立中央企业区块链合作创新平台，构筑构建中央企业区块链融合创新生态。牵头成立IEEE PES PSCCC 电力信息通信区块链技术分委会，主动融入全球区块链创新网络。牵头筹建中国能源研究会数字经济专业委员会、中国电机工程学会区块链专委会。积极融入全国首个自主可控区块链软硬件技术体系“长安链”的建设，发布“区块链＋碳交易”生态网络蓝图，打造央地合作典范。

四、管理特色

区块链公司以国网电商“建设国际领先的能源数字科技平台企业”为奋斗目标，坚持党建引领业务，形成科技创新与产业发展协同并进的管理特色，连续两届获得国网电商首季最佳攻坚团队，公司1人获国家电网公司青年岗位能手、中央企业青年岗位能手。

（一）打造“1+3”创新管理模式

依托一个团队、一套人马，打造国家电网公司区块链技术实验室、央企首家区块链专业科技公司、多个区块链创新平台的“1+3”创新管理模式，以区块链技术实验室推动科技创新，以专业科技公司落地科技成果，以创新平台搭建融合生态，全方位促进公司区块链业务发展。

（二）形成“纵横贯通”独特管理路径

面向国网系统内纵向提供专业区块链服务，向上支撑国网总部工作开展，向下推动省电力公司区块链落地应用。建设央企区块链平台等横向创新平台，汇集中央企业、高校、科研院所、行业上下游企业资源优势，形成“纵横贯通”的朋友圈网络，助力创新发展生态构建。

（三）实行“选贤任能”科学管理方法

优化管理层结构，针对职工队伍年轻化特点，大胆储备两名“90后”员工作为管理层后备力量，管理团队年龄结构更加合理。实行管理干部轮岗制，定期选择2～3名工作能力突出的中层干部轮流担任处室负责人，每人轮流负责部门一个季度的管理工作，快速提升综合管理能力。

3.45

管理升级新跨越 担当作为排头兵

国网新源湖北白莲河抽水蓄能有限公司

一、企业简介

国网新源湖北白莲河抽水蓄能有限公司于 2003 年 11 月在武汉成立，由国网新源公司（51%）和国网湖北省电力公司（49%）出资建设和营运。电站安装 4 台 300MW 可逆式抽水蓄能机组，总装机容量 1200MW，担负着调峰、调频、调相、储能、系统备用、黑启动和新能源消纳等任务，是新型电力系统的重要组成部分。截至 2020 年底，累计发电量约 70 亿 kWh，实现利税约 20 亿元。营业收入、销售利润率逐年增加，资产负债率逐年降低，各关键经营指标快速上升，经营业绩优秀。

二、管理水平

战略引领新理念定位企业发展新方向。深入研究抽水蓄能发展面临的环境和形势，准确研判公司发展态势，拓展战略思维，转变发展理念，结合实际、超前谋划，制订了“两步走”中长期发展战略和“三年管理提升”规划，明晰发展定位，夯实发展基础，以“两严两高”新机制分专业、分阶段全面提升管理水平，推动公司迈入新源公司先进行列。

铁腕治安新举措实现本质安全新突破。严格落实安全生产责任制，完善安全生产管理体系。培育优秀安全文化，筑牢安全生产基石。大力开展“两票”管理提升，严格现场安全监督和反违章稽查。严格双重预防机制，深入开展风险分级管控、隐患排查、模拟安全巡查，严肃整改治理，着力化解重大安全隐患，遏制安全事故发生。创新实践外包外委积分制管理，建立事故未遂调查处理、安全约谈机制。优化应急处置流程，完善预警机制，提升应急处置能力。

精益管理新机制激发运维检修新活力。优化运检机制，成立机电技术组、运行值守班，进一步强化了运维一体化模式下的生产技术和运行管理。开展设备缺陷隐患拉网式排查等专项行动，提升设备健康水平。建立“一档、二员、三级管理、四方参与”的项目管理机制，提高项目实施管控能力。实施“师带徒”全覆盖，充分发挥传帮带作用。建立双设备主人制，融合日常运维、专业巡检和特巡，提升安全生产管控力。实施“3+3”班组建家，改善软硬件环境，打造高效、创新、和谐标准化班组。

创新驱动新能力打造企业发展新引擎。拓宽抽水蓄能建设思路，首次提出并推动电站结合风光储联合开发研究。推进数字化、智能化升级，开发基于设备运行的大数据融合状态评估及故障预警平台，深入开展机组大修数字化管理系统研究与应用，完成智能仓储建设和智能工器具管理应用，开展大规模可再生能源高效并网与主动消纳关键技术研究，探索开展智能巡检导航和人机对话系统研究。系统内首次成功实现水下机器人巡检技术现场示范性应用。积极开展综合能源应用于水电站的关键技术研究，策划建设混合式抽水蓄能电站。

管理升级新模式赋予提质增效新动能。建立损益预算模型和经济活动实时监测预警机制，保障各经营指标快速提升。与融资银行签订利率转换协议，转换后利率降低15.1%，年节省成本300余万元。建立“水池”管控模式，优化库存结构，有效盘活库存物资。建立“五法多维”绩效管理体系和岗位晋升机制，持续开展专家人才选拔，储备优秀人才。加强内控机制和合规管理体系建设，防范经营风险。

强根铸魂新文化融入科学发展新变革。创新开展党建“三融入五提升”活动，促进党建与中心工作深度融合。拓展“立体化”宣传渠道，利用融媒体广泛开展主题宣传。扎实“建好一个家、亮化二条路、打造三个园、搭好四面栏”。践行央企社会责任，以美丽电站带动美丽乡村建设，促进地方绿色生态产业发展；助力脱贫攻坚，帮建省级文明村，解决老百姓吃水难、垃圾处理难题，公司影响力和美誉度不断提升。

三、管理成效

安全生产形势持续向好。截至2021年底，连续安全生产4423天。2018年以来，未发生人身、电网、设备、信息系统安全事件，机组抽水、发电启动成功率均为100%，设备健康水平居系统前列。连续六年荣获全国“安康杯”竞赛优胜单位。

科技支撑能力不断增强。逐年加大科研经费投入，2018～2021年累计增长231.88%，科技创新成果丰硕，获科技进步奖、专利授权、QC成果、管理与技术创新成果、青创赛奖等60余项。

经营管理质效大幅提升。2018～2021年，累计营业收入增长3.11%，销售利润率增长54.10%，资产负债率降低9.22%。综合计划与财务预算管控能力进一步增强，项目费用完成率超99%，2020年度企业负责人业绩考核居新源公司生产单位首位。

职工队伍建设成效显著。实施职工岗位晋升机制，打造了适应公司发展的人才梯队，涌现“荆楚工匠”、“大别山工匠”、各级青年岗位能手、青年“五四”奖章获得者等一大批优秀管理、技术、技能人才，荣获全国工人先锋号、湖北五一劳动奖状、湖北省职业道德建设标兵单位称号。

四、管理特色

筑起防疫保电钢铁长城，在大疫面前，36 人坚守电站 76 天，筑牢“三道防线”，实现了防疫“双零”和保电“双百”目标，荣获国家电网公司抗击新冠肺炎疫情先进集体，公司主要负责人荣获中央企业抗击新冠肺炎疫情先进个人称号。

安全文化建设入脑入心，多次获得全国“安康杯”竞赛安全文化宣传先进单位，“一把手讲安全课”课件连续三年荣获国家电网公司优良课件。创造性开展设备健康台账达标行动，设备全寿命周期管理水平提升到新高度。

着力加强科技创新能力建设，“大规模可再生能源高效并网与主动消纳关键技术研究”荣获中国电力科技进步一等奖；“检修新引擎——基于人工智能的机组检修全要素管控平台”填补了国内外空白，并作为新源公司唯一入围国家电网公司青创赛的评选项目；“压力容器安全闭锁操作法”获评湖北省职工先进操作法；打破国外进口技术壁垒，高质量完成 SFC、机变组等设备国产化改造，为同类电站控制系统国产化奠定了坚实技术基础。风光储和混合式抽水蓄能电站联合开发项目在白莲河水电站落地实施，提升了资源利用效率，拓宽了老旧水电厂发展新思路。“五法多维”全员绩效管理体系建设和实践荣获 2020 年新源管理创新二等奖并入选《国家电网绩效管理工具箱》。

3.46

变革创新　对标提升　全力服务“双碳战略”目标落地

国网山西省综合能源服务有限公司

一、企业简介

国网山西省综合能源服务有限公司成立于 2011 年 9 月，是国网山西省电力公司和国网综合能源服务集团有限公司的合资公司。近年来，公司始终坚持党的领导，推动管理体系与管理能力现代化，营业收入逐年翻番。目前已取得高新技术企业资质、售电代理、建筑、机电、电力、环保等工程总包三级资质、承装（修、试）四级资质及建筑施工安全生产许可证等资质。荣获 2020 年节能服务产业重合同守信用企业、2020 年综合能源服务优秀企业、清洁能源突出贡献企业、2020 年全省售电公司信用评价和服务能力评价“双 3A”等荣誉，公司实施的阳煤神堂嘴瓦斯余热发电项目获得工业行业优秀典型案例奖，新型太阳能跨季供暖项目获省公司银奖。2021 年度，营业收入、利润指标位列各省综合能源服务公司前列。

二、管理水平

积极推动现代企业制度建设，坚持加强党的领导和完善公司治理相统一，持续完善法人治理机制，完善公司“三重一大”事项决策权限清单、前置研究讨论重大经营管理事项清单，加快董事会、支委会建设制度化、规范化，推动董事会落实各项职权，提升决策水平与效率，为公司高质量发展保驾护航。

贯彻新发展理念，坚持市场化方向，健全机构机制，内部设置了综合管理部、财务资产部、发展经营部三个职能部门，以及市场策划部、技术工程部、售电业务部三个业务部门；在省内 11 个地市成立了分公司，已正式挂牌运营，有效发挥了属地前端支撑作用；在全省建立起纵向贯通的综合能源服务体系，为公司业务拓展和发展壮大提供了保障。

在单位实施“战略＋财务”“战略＋运营”管控机制，坚持夯基础、固成效、拓市场、挖潜力，结合公司实际大力实施开源节流、提质增效工程，常态化开展财务状况分析、风险排查、流程优化、制度完善工作，经营管理成效显著。

提升项目全寿命周期管理水平，加快业财融合，强化项目精益管理，推广应用综合能源智慧平台，实现项目数字化转型提质提速；完善项目建设进度协同工作机制，明确年目标、月计划，及时跟进、管控项目关键节点，推动项目有序落地。

深化“三项制度”改革。结合公司市场化单位情况设立差异化业绩考核体系，修订完善薪酬分配机制，进一步加大业绩贡献考核力度，设置奖金专项用于奖励市场开拓、项目推进和新业务开展，各类员工收入稳步增长的同时合理拉开差距；探索项目经理制、试点项目跟投等长期激励模式，组织活力和员工能动性大幅度提高。

三、管理成效

紧紧围绕国家电网公司“一体四翼”发展布局，主动服务以新能源为主体的新型电力系统建设，结合山西资源禀赋及业务发展实际，编制完成综合能源服务业务“十四五”发展规划，明确综合能源服务业务的发展方向，推动主责主业融入“双碳”工作大局。以建筑领域能效综合利用、配电网节能、余热余气综合利用、电能替代、“煤改电”、清洁供暖、售电代理、新能源开发利用等业务领域为主要方向，重点实施了太原公交充电设施建设、阳煤神堂嘴瓦斯余热发电、太钢万邦富余煤气发电、建筑综合能效服务、配电网节能改造、清徐2.9MW供热变压器分布式光伏、新型太阳能跨季供暖项目、忻府区50MW分布式光伏、瓦洪洞布农沼气发电、晋祠公交充电站光储充放一体化、太原5G基站建设等项目，经济效益和社会效益明显。顺利取得高新技术企业认证，完成售电数据分析与客户用能服务技术研究应用、碳资产交易服务平台建设等科技项目立项实施。探索建立公司科技创新管理办法和奖励机制，充分调动员工在技术应用、核心产品研发等方面的创新活力。取得了2项软著和3项专利，“新型太阳能跨季节土壤蓄热供暖项目”荣获山西省电力公司第六届青创赛银奖，“分布式光热蓄放一体化运维管控技术”获山西省电业工会“五小”创新二等奖，公司党支部获省公司2021年度“电网先锋党支部”殊荣。

四、管理特色

转变观念。牢牢抓住思想的先导和指南作用，打破“理念传统守旧、思想封闭保守、工作按部就班、发展满足现状”的思维方式，强化市场理念、树立乙方意识，用思想解放原动力推动公司转型发展。

南北分区共管，管理特色鲜明。由于地理地貌原因，山西省呈现南北狭长之势，为深入开展综合能源业务，公司将下设 11 个地市分公司以太原为界，南北分区，根据各地区不同的地貌特点，推进相适宜的综合能源业务。对煤焦企业多者开发余热余气余压综合利用，对大型建筑群开发建筑节能业务，对村镇及企事业单位开展屋顶分布式光伏项目。

对不同地区采取差异化管理，深挖市场潜力和客户用能需求，推进重点示范项目建设。通过多能互补、绿色低碳、智慧应用等方式开拓属地综合能源市场，为山西成为能源革命“尖兵”、打造新型智慧城市、开创转型发展新局面贡献力量。

探索多元化发展模式，整合资源，强强联合，与山西环境能源交易中心有限公司、榆和高速公司等优质客户、专业单位签署战略框架协议，在综合能源多个领域协同合作，打造优势互补、合作共赢生态圈。以孝义泰兴铝镁公司综合能源项目为示范引领，为客户提供“能源站+售电+智能运维”套餐化服务，打造业务新态势。以清徐 2.9MW 户用光伏项目为试点，形成可复制、可推广应用的新能源开发利用模式。

主动适应国有企业市场化发展道路，在统筹企业发展效益和思想观念转变上下功夫，完善以业绩贡献为导向的薪酬分配制度，充分激发全员干事创业活力。不断适应现代化企业管理模式，找准地市分公司支撑点，提升协同管理机制。强化内部监督管控，切实防范经营风险，提升公司精益化管理水平。

3.47

推动“管理＋业务”融合
促进优质服务上台阶

国网客服中心南方分中心

一、企业简介

国网客服中心南方分中心（以下简称南中心）筹建于 2012 年 5 月，2013 年 3 月正式成立，主要服务河北、冀北、山东、上海、江苏、浙江、湖北、四川、重庆、黑龙江、蒙东、陕西、甘肃、西藏 14 个省（市）公司，约 2.58 亿电力客户、6.39 亿人口，覆盖地级市 157 个、区县 1014 个。通过 95598 电话、智能互动网站、网上国网 App 等多种服务渠道，7×24 小时集中受理客户的故障报修、查询咨询、投诉举报、意见建议、业务申请等业务。

2018 年以来，南中心 95598 电话呼入量约 1.7 亿件，各项业务运营核心指标始终处于高位运行，其中人工服务接通率始终保持 94%以上、服务评价满意率保持 99.5%以上、客户诉求一次解决率达到 87.5%。连续 5 年基层单位企业负责人业绩考核评价均为 A，通过了 CC-CMM 标杆级（L3 级）认证，获得了“全国质量奖管理特色奖”，连续两年在中国消费者协会重点服务领域企业服务热线体验调查中，客户感知总体评价排名第一。

二、管理水平

（一）促进“两集两直”升级，服务更加专业、管理更加高效

深推业务分类集中运营，积极回应各方关切，将一线客服部门由分省运营向分业务运营转变，匹配了电力客户诉求场景与客服专员技能等级，统一了 14 家省（市）公司的服务策略与知识结构，突破了客户服务提质增效瓶颈。配合配套员工分群集中管理，同步完成业务分类运营组织机构调整，捋顺了组织与业务的关系；按照服务方式、技能等

级进行员工细分，统一了员工培养模式，降低了队伍管理难度。实行夜班集中运营，试点电话、电子“双渠道”融合；推行总值班经理“直调”与大客户经理“直通”模式，通过总值班经理“直调”班组、大客户经理“直通”省（市）公司，压缩了现场运营调控、省（市）公司服务协同的流程链条。

（二）激活“智能智慧”引擎，服务更加便捷、管理更加精益

全面推进智能服务建设，统筹智能语音机器人、文本机器人设计，同步开展了智能服务场景优化，搭建了智能服务应急模型，灵活运用于迎峰度夏、电费出账、恶劣天气等突发情况，提高了全渠道服务能力。实施智能知识库“瘦身”与“健身”行动，缩减冗余知识内容、翻译生僻专业知识，强化了服务支撑能力。探索实施智慧园区建设，自2015年6月搬迁南方园区以来，创新落地“两型一认证”项目，建成了绿色复合型能源网络与智慧服务型创新园区，获得了绿色建筑标识认证。上线了后勤“云服务”小程序，园区支持“人脸识别”“无卡消费”；推进了安全管控线上化、后勤服务智慧化、人资管理数字化“三化”进程，园区工作生活更加便捷。

（三）探索“业务服务”转型，服务更加多样、管理更加科学

积极融入国家电网公司“一体四翼”发展布局，依托多轮次的思想解放大讨论，转变思想、思维、思路。深耕“精准服务、精彩互动”主题活动，聚焦省（市）公司服务痛点、难点、堵点，5年累计推出16项新举措，服务协同由单纯的营销专业向运检、配抢、调度多专业拓展，形成了新的服务名片。首推“体验式”客户服务，深入地市、区县供电公司，开展了“营业厅服务提升”等体验诊断，形成了“三个一”成果。组建大数据分析虚拟团队，多项大数据产品全网上线分享，为强化对内管理、优化对外服务提供了数据支撑，2项产品获评国家电网公司大数据优秀案例。整合外呼服务力量，承接国网总部营销普查、省（市）公司电费催收等业务，其中外呼催费转化率环比提升了近10个百分点。

三、管理成效

南中心始终坚持“人民电业为人民”的服务宗旨和“你用电、我用心”的服务理念，把科学管理、提质增效作为优质服务的重要支撑。

业务分类运营成效显著。不断调优客户服务、话务预测、人员排班、应急调控的适应策略，细化人员选配、业务培训、绩效考核、岗位晋升的配套方案，服务平均处理时长同比降低4.35秒，报修一次解决率同比提升1.3个百分点，用改革创新激活了提质增效。

“三项制度”改革取得突破。以组织机构调整为契机，探索开展双向选择、竞争上岗，首次实现了“流动”“落选”，支撑人员占比由21%降至15%，迈出了“能上能下、能进

能出、能增能减”的重要一步。

内部模拟市场作用发挥。将内部模拟市场模式，覆盖全部客服专员以及全部工资项目，拉开了收入差距，实现了减员增效。

融入工作大局担当作为。坚持“防疫情、保服务”两手抓，1000多人两度坚守园区、封闭作战累计近百天，实现了“双零”目标，优先保障了湖北等疫情严重地区服务，用责任和奉献扛起了95598客户服务7×24小时“不中断”的使命。落实“六稳六保”任务，与安徽金寨合作“好工行动”，得到国家电网公司和金寨政府的肯定。

四、管理特色

（一）打造示范引领红阵地，形成了“阵地红”

推行“领导班子成员——一线客服部门”直接分管制，设立了领导接待日，定期开展定点接待和巡场接待，深入客服现场、贴近一线员工，及时答复员工问题。开展了“流动党员建家行动”，劳务派遣制员工的党员组织关系全部转接到位，实现“一个都不少”；通过“进、驻、入、深”四种挂钩模式，为每一个班组配备了“红管家”，全面消除无党员班组。实施了“党建+”工程等“十”“百”“千”专项行动、“我为群众办实事”实践活动，激发员工学史爱国、学史爱党、学史爱企。

（二）凝聚干事创业精气神，画出了“同心圆”

每年召开作风建设大会，开展与重点工作和业绩指标相结合的主题作风建设活动，营造了求真务实、真抓实干、风清气正氛围。依托红色阵地、金色舞台、绿色家园“三色”文化载体，开展了全员“大练兵、大比武”劳动竞赛活动，搭建了“二讲一坛一沙龙”平台，推出了为员工服务“十件实事”，“暖身、暖胃、暖心”举措得到员工点赞。积极营造创新创效氛围，职工技术创新成果丰硕，1项QC成果获得国际赛事金奖，多项科技、管理创新成果在国家电网公司和行业内获奖。

3.48

党建引领，管理创新　打造现代保险资产管理公司

英大保险资产管理有限公司

一、企业简介

英大保险资产管理有限公司（以下简称英大资产）成立于2015年4月3日，注册资本5.2亿元，英大人寿、英大财险和英大集团分别出资50%、40%、10%。经营范围主要包括：受托管理委托人委托的人民币、外币资金；管理运用自有人民币、外币资金；开展保险资产管理产品等业务。2019年初，直管单位由英大泰和人寿保险股份有限公司变更为国网英大国际控股集团有限公司。成立8年来，英大资产秉承服务主业、服务实体、规范经营、稳健发展的理念，认真贯彻落实党中央、国务院重大决策部署和监管机构的各项制度规定，持续强化投资能力和风险管控能力建设，取得了较好的发展成绩。管理资产规模从“十三五”期初的237亿元增长至2021年底的1197亿元，年均增速超过38%，股东委托方以外的市场业务从零起步，规模达到427亿元。投资管理能力稳步提升，“十三五”期间受托资产年均财务投资收益率达到5.6%，较大幅度超越保险行业平均水平，为委托方做大保险业务规模做出了重要贡献。产品发行能力快速成长，成功注册发行10余支债权投资计划，设立30余支保险资管产品，产品线不断丰富。风险管理体系持续完善，坚持全员“风险自控、主动合规”，建立全面有效的内控体系，持仓和发行的信用资产质量整体较高。

二、管理水平

英大资产坚持稳健审慎的经营理念，坚持市场化、专业化、规范化的经营原则，通过加强投资运作能力、产品发行能力、风险管控能力和支持保障能力四个维度的有效管理，公司投资收益和经营业绩持续保持良好。

1. 在公司治理方面，党建引领

英大资产落实“党建入章”，明确党组织研究讨论是董事会、经营层决策重大问题的前置程序，将党的领导融入公司治理各环节。在公司章程的总体框架下，培育形成了良好的公司治理文化，建立了由股东会、董事会、监事会和经营层组成的“三会一层”法人治理结构，分级决策公司重大事项。

2. 在体制机制方面，优胜劣汰

英大资产积极推动管理变革，完善管理流程、部门设置和人员配备，管理体系得到进一步优化。坚持以市场和业绩为导向，持续优化激励约束机制，通过优胜劣汰基本形成一支素质高、专业精、战斗力强的人才队伍。

三、管理成效

管理资产规模稳定提升，截至 2021 年底，管理资产规模达 1197 亿元，较年初增长 33%。利润总额从“十三五”期初至 2021 年底，年均增长 32%。投融资业务资质基本齐备，可以开展受托资产管理、组合类资管产品、债权投资计划、财务顾问等业务，具备信用风险管理、股票投资管理等投资能力，从最初仅仅受托管理两险资金到目前已经能够开展较为全面的投融资管理服务。投资管理能力稳步提升，“十三五”期间两险委托资产年均财务投资收益率达到 5.6%，较大幅度超越保险行业平均水平；截至 2021 年底，累计为两险委托方实现投资收益达 150 亿元，为两险利润目标的实现和做大保险业务规模做出了重要贡献。

产品发行能力快速成长，成功设立股票、固定收益、流动性等各类保险资管产品 30 余支，成功注册发行债权投资计划 10 余支。

四、管理特色

1. 服务主业

英大资产立足主责主业，坚持“三个聚焦”。聚焦能源特色定位，实践服务电网产业链上下游的责任担当；聚焦绿色金融方向，突出碳中和相关产业的金融服务；聚焦国家战略引领，围绕双循环格局、长三角区域实体经济，进一步实现业务拓展和业绩增长。以“五统一”[1]为契机，加大战略客户对接开发；以“碳中和”为导向，推进绿色金融业务开展；以“长三角”为载体，促进三方业务规模增长；以“数字化”为支撑，提升金

[1] 2021 年 8 月，国家电网有限公司印发《国家电网有限公司关于推动金融单位分支机构集约化发展的指导意见》（国家电网资本〔2021〕394 号），推进金融单位分支机构统一拓展业务、统一客户服务、统一风险防控、统一集中办公和统一管理支撑，简称“五统一”。

融科技赋能水平。

2. 开拓市场

通过持续提升市场竞争能力，以强化金融机构合作为突破，有效提高市场业务规模和占比。一是以投资促发展。坚持保险资金和养老金专业投资管理人的战略定位，以具备企业年金基金投资管理人资质为重要目标，持续提升投资运作能力和风险管控能力，通过提升投研能力支撑投资业绩，以优异的投资业绩吸引外部资金、助力产品发行。二是以协同保增长。充分借助电网金融资源，持续加强与银行等金融机构的合作，以交通、广发、华夏等银行为重点，推动建立多层次、立体化的合作机制，不断提升资产端和资金端优质业务的获取能力。三是以产品求突破。加强对市场业务的调研，深入了解市场需求，积极开拓服从国家战略、服务实体经济、符合市场需要的投资计划项目，努力丰富流动性、固定收益、权益、股权等保险资产管理产品线。

3. 创造效益

为保险资金提供增值服务，持续加强投资管理能力建设，不断完善投资研究模式和管理体系，加强投资研究和投资队伍建设，提升大类资产配置和投资标的筛选能力。持续扩大管理资产规模，坚持系统内业务和市场业务并重，重点通过项目和产品发行业务做大规模，提升公司的实力和行业影响力。持续提升市场化、专业化、规范化水平，完善以市场为导向、以业绩为中心的经营管理体系，积极参与市场竞争；应用专业的管理理念和管理工具，打造专业人才队伍；健全制度流程，加强内控管理，提升规范化经营水平。持续推进产融、融融协同，坚持产融结合嵌入式发展，不断加强融融协同，充分发挥电网资源优势，持续提升金融服务的核心竞争力，为公司创造更大的效益。

3.49

科技赋能 助力建设中国电财标杆分公司

中国电财华北分公司

一、企业简介

中国电力财务有限公司华北分公司（以下简称华北分公司）前身为华北电力集团财务公司，成立于 1994 年 1 月 27 日，2005 年 10 月改组为中国电力财务有限公司华北分公司。作为中国电力财务有限公司（以下简称中国电财）的五家区域分公司之一，主要为位于北京市、山西省、山东省、天津市和河北省的国家电网公司成员单位提供资金结算、存款、贷款、融资租赁和票据贴现等金融服务。自 2018 年以来，华北分公司的资产规模、队伍素质、服务能力和管理水平不断增强，存款规模、贷款规模逐年增长。截至 2021 年末，存款规模增长 10.45%，贷款规模增长 57.60%，考核利润增长 64.39%，客户服务满意率始终保持 100%。

二、管理水平

华北分公司聚焦主业主责，围绕服务国家电网公司“1233”司库管理体系[1]建设，深化提质增效行动，推动经营业绩提升，应对管理工作中的痛点和难点，始终聚焦金融科技创新，强化技术驱动引擎，推动数字技术应用渗透到各项专业工作中，以科技赋能提升管理水平，以科技创新提升工作质效，助力建设中国电财标杆分公司。

（一）管理目标

缓解基层工作人员面临的业务多、任务多、系统多、人员少的“三多一少”工作痛点，将基层员工从重复机械的工作任务中解放出来，为分公司进一步扩大服务规模、优化服务质量、提升管理水平创造条件。满足华北分公司针对经营管理工作提出的提升优

[1] 国家电网公司“1233”司库管理体系是指：搭建一套公司级集团账户；建立收款、付款两个结算池；融通内部、境内和境外三个市场；筑牢三维立体安全防线。

质服务、提升价值创造、提升管理水平、降低决策成本的“三升一降”工作要求，充分调动员工工作积极性，激发创造性，将其精力更多地放在所需技术含量高、价值创造多、专业性强的创新、判断、协调等工作方面。两者一起推动形成积极、创新、高效的工作模式：企业拥抱创新，追求卓越；员工高效工作，快乐生活。

（二）管理措施

1. 运用 RPA 技术，提质效、强队伍、促管理

为缓解“三多一少”工作痛点，自 2019 年以来，华北分公司持续推进机器人流程自动化（RPA）技术在各专业领域中的应用。华北分公司 RPA 工作小组梳理各项专业工作流程，并从中筛选符合开发条件的流程。截至 2021 年 12 月末，累计开发完成 17 项 RPA 流程，同时统计筛选了 13 项 RPA 新应用需求，有序拓展 RPA 技术应用范围。通过启动无情绪化、无疲惫感、无加班成本的 RPA 机器人替代重复性高、机械性强的手工操作，充分释放人力资源，降低操作风险，提升工作质效，突破了人工处理业务时效瓶颈限制，为进一步扩大服务规模、优化服务质量、提升管理水平创造了条件。

2. 落实“三升一降”工作要求，明方向、定措施、强经营

为落实“三升一降”工作要求，华北分公司各部门针对各自专业领域的重点、难点工作开展深度攻克。存款方面，研究制定《华北分公司 2021 年坚守资金安全备付底线工作实施方案》，加强客户沟通，协商融资安排，做好余额监测，坚决守住安全备付底线。贷款方面，研究制定《华北分公司 2021 年“碳达峰、碳中和”金融服务工作方案》，提出 9 方面 17 项具体工作措施，进一步细化、明确任务分工及业务拓展的路径图和时间表，为加快推进“双碳”绿色金融服务落地奠定基础。客户服务方面，积极参与结算“三化”建设，着力推进农民工工资批量支付服务，全面应用“三单一对”自动推送功能，持续改善客户体验，建立“线上＋线下”“月度例会＋专项汇报”的客户沟通机制，开展“月计划、周提示、日通知”客户计划管理，积极开展客户共建，解决客户难题。财务管理方面，研究制定《华北分公司 2021 年关键业绩指标提升方案》，跟踪策略目标执行情况，按月出具经营诊断分析报告，做好监测分析与动态调整，推动关键业绩指标考核排名较 2020 年同期上升两个名次。

3. 运用可视化数字技术，建模型、挖效益、助决策

建立“以党建引领为抓手、以业财融合为途径、以挖潜增效为目标”的经营管理决策目标体系。并基于此搭建业务数据多维应用场景，依托中国电财大数据平台进行数据整合，创新运用可视化技术实现应用场景展示落地，深化业财融合，构建业务数据和经营管理之间的链接枢纽。为管理决策做好经营参谋，为业务部门做好数据支撑，为经营单位做好业务指导。截至 2021 年 12 月末，搭建完成关键业绩指标展示、资金日报和利

润贡献度分析三个可视化多维经营管理决策模型。逐步建立标准化呈现和发布机制，最终实现业务信息多视角、频道化分析展示，为定位发展方向、深挖经营业绩提供依据，全面支持精准绩效考核和业务管理决策。

三、管理成效

（一）显著提升经营业绩

2021 年以来，华北分公司存款、贷款指标均得到显著提升，核心业绩指标超额完成年度经营计划，位列中国电财区域分公司前两名。

1. 多措并举存款稳

落实坚守安全备付底线工作方案，截至 2021 年 12 月末，最低限额完成率达到 161.54%，牢牢守住安全备付底线，大力拓展非并表存款来源，巩固区域分公司排名第一的高归集率，截至 2021 年 12 月末，省管产业单位存款同比增长 10%，社保类存款同比增长 5%。

2. 精准施策贷款增

积极争取信贷计划，2021 年发放贷款、日均规模均稳居区域分公司第一，累计办理票据承兑业务 4231 笔，票据业务服务客户数量同比增长 2.4 倍，大力提供“双碳”信贷支持，累计办理“一头在外”产业链业务规模同比增长 2.2 倍，全力支持电网建设和日常运营。

3. 创新发展服务优

完成“三单一对”、营业类银行账户电子回单等多项试点工作，自主结算能力显著提高，结算质效大幅提升，客户体验持续优化，累计开展客户共建交流活动 2 次，为客户解决难题 25 项，客户服务满意率始终保持 100%。2021 年共获得客户发来感谢信 4 封，服务形象不断提升。

（二）显著释放人才价值

截至 2021 年 12 月末，华北分公司累计开发完成 17 项 RPA 流程，内容涵盖财务管理、存款结算、信贷服务等多个专业领域。应用 RPA 机器人平均每月替代 276 小时人工作业，合理有效减少工作量，降低操作风险，提升业务处理效率。特别是在月末等业务集中办理时段，突破人工处理业务时效瓶颈限制，将员工从重复机械的工作任务中解放出来，人力资源得到显著释放，从而聚焦高素质金融人才培养，转向提升客户服务、财务价值管理、岗位创新创效等领域发挥作用。

（三）显著激发创新活力

华北分公司充分激发基层创新活力，有效推动岗位研究探索，课题研究和管理创新项目数量、质量均有大幅提升。2021 年，报送的《可视化技术推动精益管理再提升》视频入选国家电网公司“提质增效云课堂”展播案例，分公司员工基于工作实践代表中国电财申报的微课作品《8 分钟教你 4 步玩转财务数据可视化》获得中国财务公司行业首届“智慧共享”微课大赛全国一等奖和最佳制作奖。2020 年，《基于现金流“按日排程”的资金精益管理流程创新》荣获国家电网公司管理创新推广成果优秀奖，《应用大数据可视化技术为企业运营管理提质增效》荣获中国电财管理创新成果三等奖，并选为优秀案例报送中国财协。2019 年，《应用机器人流程自动化技术构建创新孵化机制，服务泛在电力物联网建设》荣获中国电财课题研究二等奖。2018 年，《国网新型资金管理体系下提高金融服务能力研究》《某分公司营业部服务作业情况研究》分别荣获中国电财课题研究二等奖和三等奖。

四、管理特色

（一）打造特色党建品牌

深入开展“党旗铸魂”三项工程（“党建＋”工程、基础过硬工程和文化宣传工程），创新开展“五色”系列活动（红色活动传基因，金色活动创佳绩，橙色活动赋能量，蓝色活动树清廉，绿色活动注动能），紧紧围绕“为客户解难题、为基层减负担、为职工送温暖”三个维度，将党史学习教育成果转化成为群众办实事的思想自觉和行动自觉。促进党建与优质服务、经营业务深度融合，以党建引领分公司高质量发展。

（二）传承特色创新基因

鼓励员工积极参与研究创新工作，形成全员创新、持续创新的良好局面。加强智力成果转化应用，有效推动课题研究成果与实践融合，更好推动华北分公司创新发展，深化中国电财大数据平台应用，深入探索数据可视化技术应用和 RPA 技术在多领域的应用，进一步发挥科技赋能作用。

（三）加强特色文化建设

激励广大党员干部员工勇于担当讲奉献，改进作风重实干，廉洁自律守底线，创先争优树先锋。加大宣传力度，充分发挥先进典型示范引领作用，大力弘扬劳模精神和工匠精神。全心全意为职工办实事，组织丰富多彩的工会活动，营造和谐发展企业氛围。着力提升团青工作质量，激励团员青年积极投身华北分公司发展。

3.50

以“三精”创新高质量管理 用“四心”呈现高品质服务

英大人寿湖北分公司

一、企业简介

英大人寿湖北分公司于 2010 年 5 月 31 日开业经营，本部下设团体保险部、精准营销部（健康保险部）、个人保险部、银行保险部、保险代理部、运营管理部（收展部）、人力资源部、财务会计部、办公室、法律合规部、营销培训部 11 个部门，现有荆州、黄冈、黄石、襄阳、宜昌、荆门、十堰、孝感、恩施 9 个地市三级机构及 28 个县（市）四级机构，拥有内/外勤员工、保险业务员共计 2699 人。

近年来，英大人寿湖北分公司紧扣时代脉搏，勇担职责使命，积极落实保险业回归保障本源的要求，坚定践行国家电网公司和总公司的战略部署，坚持根植主业、服务实业、以融强产、创造价值的发展定位，积极稳妥发展具有电力特色的金融保险业务。以党建引领聚合多业态互融互促，创新探索“三精”管理体系和“四心”服务模式，不断激发改革发展动能，公司规模与效益大幅提升。2021 年，湖北分公司累计实现营业收入 11.06 亿元，连续两年位列英大人寿考核第一，连续四年获评英大人寿先进分公司。近年来先后获得国家电网公司年度先进单位、抗疫先进单位、工人先锋号等多项荣誉。

二、管理水平

英大人寿湖北分公司坚持以创新为第一生产力，向管理要效益。围绕国家电网公司“一体四翼”发展布局，深入践行公司 351 发展战略即：立足三个服务（服务实体、服务主业、服务股东）；强化 5 个坚持（坚持高质量发展、坚持差异特色经营、坚持突出精益、坚持精准投资、坚持价值创造）；实现 1 个保障（为国家电网公司建设具有中国特色国际领先的能源互联网企业提供坚强保险保障）。在拓展保费规模的基础上，注重投入产出比率，深挖潜能、降低成本，通过产品转型和服务升级，提升业务价值和品质，为客户提供更加智能化、便捷化、成本更低、体验更好的保险保障。

创新“三精”管理，推动治理变革。突出精益规范、精确量化、精准高效，通过优化管理职责边界，优化资源配置，充分激发业务协同价值，加强资金流动过程管控，推动实现效率与风险持续有效平衡。以“三抓”（上抓班子同频共振、团结谋事，中抓部门与中支执行力、服务力，下抓营服建设、多出保费）促“三解”（一解管理阻滞流程刻板问题，二解面向股东服务质量问题，三解营服终端不良问题）。

优化业务流程，推动效率变革。管前放后，变繁为简，在事项审批（事权）环节，发挥预算监督、合规论证作用，实施项目与方案“预算编码、合规编码”制度，实行公开、透明的集体决策，注重业务方案的投入产出比、达成目标与效果的研审；在预算与报销（财权）环节，发挥业务监督、财务监督、审计监督作用，注重业务方案兑现后评估，合理减少签批环节，有效减少审批时间，避免后批、倒签现象。

强化班组建设，推动质量变革。发扬国家电网公司先进班组的精神，组建精准营销QC小组，与省质协专家团队共同优化管理策略、引入先进管理理念，使服务质量有了科学的方法、统一的标准、完善的流程。团险深耕股东业务，个险注重保单品质，银保加快期交转型，各渠道条线相继出台《业务指南》《服务手册》，为营销服务体系的规范化打好基础，以服务促营销。运营KPI指标实现满分，位列英大人寿系统第一，客户满意度和自身形象显著提高。

三、管理成效

英大人寿湖北分公司立足服务实体、服务主业、服务行业，构建并完善“四心”（用心、仁心、爱心、同理心）标准化服务体系，大力提升服务质效。团险股东服务多年稳居英大人寿考核第一名，客户满意度指标保持100%，成为英大人寿承保速度快、服务无差错的典范，团险部被国家电网公司授予先进班组，精准营销QC小组先后荣获省级质量管理实践标杆和国家级优秀质量管理小组称号。

首创湖北“个+精”（个险+精准营销）试点模式，6大片区（精准营销渠道与7家中支（个险渠道）双线架构并行互补。成立新筹机构攻坚小组、新零售项目组、收展项目组等多个专项小组，制定并实施“团险片区作战”“个险片区负责”和“银保片区帮扶”方案，细化渠道工作内容，借片区督导、精准帮扶，指导和帮助一线解决问题、补齐短板。结合产品优势、营销优势和特色服务优势，“以个促团、以团带个、团个互补”。2019年，推动武汉本部仅用10个月的时间摆脱弱体，实现了从十万平台到千万平台的飞跃。2020年，精准营销渠道新单规模保费同比上年增长71%，个销团业务同比上年增长109%。2021年个险渠道在英大人寿率先达成年度标保任务，实现历史性突破；精准营销渠道新业务价值和标保双项排名系统第一，连续三年业绩指标呈千万级跃升。

英大人寿湖北分公司以健康管理服务为突破，探索打造零距离、全周期、一站式新型保险服务模式，着力扩大金融保险的覆盖面和普惠性。2018年以来，已形成统括意外险项目全面覆盖在鄂股东单位，特约医疗项目全面惠及在职和退休职工的崭新格局。至今已建设 18 家市州级、65 家县级共计 83 家股东服务站，针对国家电网职工（家庭）大病互助保险、税优健康等保险业务，配套出台业务推动措施，优化运营流程，持续提升现有承保产品的保障标准和服务质量，推进企补医疗工作落地实施。特别是 2020 年，面对湖北新冠肺炎疫情突发和复工复产重振经济的多重大战大考，始终保持定力、克难奋进，切实为电网主业及社会公众做好保险保障支撑。在除夕夜克服重重困难将一批防护性药品送到火神山医院工地电建工人手中，展示了英大人寿与电力职工同舟共济、并肩战疫的决心和勇气，得到地方监管部门、股东单位和行业的高度肯定和赞誉，国网湖北电力公司、武汉供电公司、黄石供电公司等多家单位来信来电表示感谢。新冠疫情赠险理赔入选 2020 年度湖北保险业典型理赔案例，“四心”特色品牌服务形象深入人心。

四、管理特色

党建工作是英大人寿湖北分公司提质登高的核心抓手。湖北分公司以党建为线串珠成链，联合国家电网公司主业单位、英大集团及各金融单位，共同开展“践行两山理念•助推双碳目标”、向电力老党员传递红色温暖、参观中共五大、八七会址、江汉关博物馆等优质特色联建主题活动，携手社区、银行开展核酸检测防疫志愿活动、重阳节老年病防治讲座等，融合行业与主业、股东与市场、能源与金融、银行与保险等多业态，将“党建+”矩阵不断扩大，协调各方、汇聚资源，全要素发力，增强党建结对共建的活力与实效，创造协同价值。由于党建“同心圆”行动基础较好，湖北分公司作为省级推进组组长单位先行先试、落子有声，牵头促成国网英大武汉金融中心于 2021 年 9 月设立，成为全国第一批挂牌的国网区域性金融业务中心，为构筑能源产业链新生态成功打造物理载体，推动国家电网公司“五统一”工作在湖北率先落地。

充分发挥党员先锋模范作用，创新实施党员周轮值制度，层层压实职场防疫、保密、消防安全等风险防控责任。在领导班子、业务条线、运营、合规等核心关键岗位配置上，积极发展党员，同等条件下优先录用党员。亮出党员身份在保险大讲堂，亮出党员服务队旗帜在服务站，在武金堤防汛值守点、10kV 汉景线施工现场等地，为抗疫、抗洪、迎峰度夏的一线保电职工提供坚实的后援保障支持。点亮“以清为美、以廉为荣”的清廉金融文化旗帜，选拔公道正派，具有“说了算、定了干、不谋私利、蓬勃向上”良好风貌的干部，提倡“准狠正沉稳”的工作作风，推动形成公司风清气正的良好政治生态，激励员工团结奋进、力争上游。党支部工作开展有声有色，组织力量蓬勃发展，荣获英大人寿公司 2018 年度“五四红旗团支部”，2020 年度“政治思想建设标杆”称号。

强化对标管理，借鉴主业优秀文化，汲取同业先进经验，锻长板、补短板、固底板。修订《人员交流管理办法》，尝试采用个险经理兼任本部营服经理的模式，在一定程度上解决了外引薪低制约障碍、破解了编制限制难题。实行《季度达成述职管理办法》和《机构费用管理办法》，奖惩并举，双向管控，各渠道开展给营销员“画像”、倒找管理短板活动，从解决历史问题、督导弱体改造、倾斜管理费用、优化改善职场、推动一线减负、连接信息化系统、增强公司吸引力七个方面着手，持续不断地解决营服展业中的问题和困难。

承接国网能源金融“新零售”综合试点工作，作为湖北“电 e 金服”省级推进小组组长单位，组织推广应用平台经济新模式，加快农电渠道与新零售产品融合。围绕“一个中心，三个阵地”打造“新零售”项目新业务模式，通过建设示范营业厅，开展跨单位综合金融业务培训，打造具有复合型营销能力的综合金融服务团队，推动供电营业厅、供服职工与“网上国网”线上线下交叉赋能，助力基层电所由单一供电服务向“供电＋保险”复合型服务的转变，力求依托乡镇供电所，繁荣乡村金融保险市场，促进县域经济及乡村振兴，为国家电网公司创造新的利润增长点，提升价值创造力和综合竞争力。

第四部分

示范基地

4.1

北京自贸区创新服务中心能源互联网示范基地

国网北京电力

一、基地简介

自贸区创新服务中心位于大兴机场临空经济区内西侧，紧邻北京大兴国际机场，占地面积为 5.61hm^2，总建筑面积 7.527 万 m^2，入驻客户类型主要包含金融办公、生物研发、医疗服务、展示接待及商业配套。

自贸区创新服务中心能源互联网示范基地是临空经济区首个建成投运的综合能源项目，通过建设融合配电站、冷热站、通信基站等设施的“多站合一”能源站，满足该区域全部供电、供冷、供热需求。配套部署综合能源服务平台，在能源供给侧和消费测大力配置智能感知终端，实现区域用能信息的实时感知、智能管控，打造了以电为中心，多能互补的能源网络，实现电网向能源互联网的转型升级，加快推动构建新型电力系统。创新能源互联网规划建设运营模式，与新航城公司成立合资公司，实现自贸区创新服务中心示范项目一体化运营、一站式服务、专业化托管，打造互利共赢的能源生态。

示范重点：① 综合展示中心，全面展示临空经济区规划建设情况及能源电力服务保障情况；②“多站合一”能源站，集成配电站、冷热站、通信基站和光伏等能源设备，实现区域多能耦合、高效互补，是公司践行“双碳”目标，助力新型电力系统建设的先行示范。

二、示范项目

（一）聚焦“碳中和”目标，打造以电为中心、多能互补的能源供给和消费网络，创新建设多站融合的能源基础设施，推动电网向能源互联网转型升级

北京自贸区创新服务中心综合能源示范基地一期主要建设内容为地源热泵冷热能源

供应系统+分布式光伏发电系统，5G 基站、数据中心站等设施作为二期投资建设内容分步实施。除太阳能板和地埋孔分散布置外，包含变电站在内的其余全部能源设施，分东西两个区域集中布置在 E9、W6 两座建筑内，充分利用站址资源，打造能源领域多站融合新型数字基础设施。

冷热能源供应系统共建设 2 座冷热站，主要包括 4 台地源热泵机组、2 台螺杆式冷水机组、800 个地埋孔（东区 392 个、西区 408 个、平均深度 150m，主要布置在建筑南侧绿地内），为 6.727 万 m^2 的建筑供冷供热。

分布式光伏系统安装在西区 W1、W2、W3、W4、W7、W8 的 6 个屋顶以及东区 10 个建筑的屋顶。每个屋顶安装 120 块单片 410W_p 的光伏组件，单个屋面装机容量为 49.2kW_p，总容量为 787.2kW_p，年发电量 92 万 kWh。

（二）推动能源电力管控数字化转型，大力应用综合能源服务平台，搭建多能耦合、高效利用的能源供给系统

着力打造高覆盖性、高渗透性、高感知性的能源设施感知层。在能源消费侧，安装了 1094 个可远程调控的空调末端温控器、172 块分户智能电能表、44 个照明传感控制器以及主要用能设备监控终端，实现对能源消费侧用能状态的全面感知和终端设备用能的全面管控；在能源供给侧，为地源热泵机组安装阀门调节开关和自控系统，为冷热供回水管安装 61 块冷热量表，配合末端感知设备，实现对冷热能源供给的优化管控和经济运行。

在创新服务中心 E10 的三层建设综合能源管控中心，部署综合能源服务平台，通过 5G 等传输方式实时汇集能源设施感知层采集到的能源信息，对内实现各类能源数据信息的高效集约管控和协同互动，对外为园区客户提供能源监测、能耗分析、智慧调控、智能运维等多项点对点式精准服务。

在此基础上，通过物联网技术，将办公与能源联动，将多能耦合理念延伸到智慧办公，在 E10 建筑内外加入智慧元素，包括智慧灯杆、发电地板、红外传感和智能照明、光控隔热膜和发电玻璃、工位传感、互联网门锁、环境监测等，让高品质园区智慧使用高品质能源，实现能效和体验双提升。

（三）创新电网发展方式，组建区域综合能源公司，推动能源互联网一体化规划建设运营，打造多元合作的能源发展格局

全力落实国家电网公司“供电+能效服务”新模式，与北京新航城公司签署战略合作协议，组建合资公司推动区域综合能源业务，在临空经济区打造多元合作的能源发展格局，推动能源互联网建设落地。根据《战略合作框架协议》约定，由北京综合能源公司与北京新航城控股有限公司的全资子公司——北京新航城城市运营管理有限公司共同出资 3000 万元合资成立国网新航城（北京）综合能源服务有限公司，以投资、建设、运营合作区域内的综合能源项目。目前，合资公司已于 2021 年 4 月 23 日取得营业执照。

在能源互联网规划层面，创新“弹性主网规划+园区级能源互联网规划”双规划机制，搭建政企高效联动的能源互联网规划平台，推动电、氢、气、热、冷等一体化规划建设运营，全面满足临空经济区发展和终端新能源接入需求，助力新型电力系统建设。

在能源互联网项目建设层面，由北京综合能源公司负责组织开展项目的可研编制、评审及概预算工作，关于项目的投资范围和额度，经北京综合能源公司和北京新航城公司一致认可后决策实施；项目的勘察、设计、施工、监理单位，由北京综合能源公司招标选择，并接受北京新航城公司的监督。项目建设与自贸区创新服务中心主体工程施工同步进行，其施工图设计、工期计划纳入自贸区创新服务中心的整体建设管理体系中，并与自贸区创新服务中心主体工程同步实现竣工验收。

在能源互联网项目运维层面，合资公司作为创新服务中心综合能源项目的运营管理单位，发挥供电公司和合资公司的属地运维优势，探索多站融合综合运维模式，将传统变电站运维与综合能源设施运维灵活高效结合，建立统一运维团队实施综合运维，最大程度提高运维效率、降低运维成本。

三、成效说明

遵循“四个革命、一个合作”能源安全新战略，助力构建新型电力系统，围绕创新服务中心及入驻客户能源消费需求，通过“双新双高”（即通过合作模式创新、能源技术创新，提供高标准的能源供应服务，满足高标准的能源消费需求），高标准建设北京自贸区创新服务中心综合能源项目。该项目既是国家电网公司在北京地区的综合能源示范点，也是实现国家电网公司建设中国特色国际领先的能源互联网企业战略目标的实践落地，为其他地区能源互联网建设和综合能源项目实施提供了样板。

在自贸区创新服务中心建成 2 座融合配电站、冷热站、通信基站等基础设施的“多站合一”能源站，节约土地资源和客户冷热设施投资，降低社会能耗，优化营商环境。充分开发浅层地热、太阳能等可再生能源，区域可再生能源利用率达到 42.44%，电能在终端能源占比达 51.46%，助力“碳中和”目标。分布式能源站与建筑本体结合建设，节省土地资源，降低政府冷热设施投资 20%以上；用户享受一站式电冷热综合用能服务，节省传统制冷空调投资，能源费用下降 10%以上。

充分发挥公司专业、组织和人员等方面优势，实现能源项目一体化运营、一站式服务、专业化托管，为客户节约成本、公司创效增收。依托智慧能源综合服务平台，实现自贸区创新服务中心区域用能状态智能监测，业务工单智能管理，客户需求智能感知，服务保障智能指挥，大幅提升电网和综合能源设施运维管理质效。开展能源大数据分析，为客户提供能效诊断、节能减排等延伸服务，提升客户综合能效水平。

4.2

国网北京电力物资检储配智慧运营基地

国网北京电力

一、基地简介

京电智能库位于北京市大兴区南六环与中轴路交汇处，距离天安门广场 27km，紧邻新机场高速等多条主干路，区位优越。总建筑面积达 28 964m^2，区位和规模优势显著，肩负着首都电网重点建设工程物资供应的重要使命，承担了全市范围内待检物资集中检测的关键职责。同时，作为国网系统内六大应急库之一，全力保障两级应急物资供应，是国网北京电力聚力打造，具备“作业自动化、感知网络化、管理智能化”特征的检储配智慧运营基地。

作为北京仓储网络体系的核心枢纽，京电智能库不仅负责公司 14 类主、配网物资的集中存储，其检测能力实现 8 类 A 级、22 类 B 级共 30 类物资全覆盖，主动配送范围涵盖全市各建设现场、存储点，并依托供应链运营中心实现了“集中储备、统一检测、按需配送、智慧运营”的一体化高效管控。基地建设和运营水平在国网系统内处于先进行列，是国网物资部党委共建活动基地，多次接待总部和各省公司参观调研，具备较强的示范意义。

二、示范项目

国网北京电力从“作业自动化、感知网络化、管理智能化”三方面出发，建设检储配一体，具有质量检测全自动、物资仓储全品类、需求配送全覆盖、应急支援全方位、运营指挥全智能“五全”特征的京电智能库，进一步推动现代智慧供应链落地应用，为建设具有中国特色国际领先的能源互联网企业贡献力量。

（一）智能物联，物资仓储全品类

以自动化、信息化技术赋能仓库无人化装卸和少人化管理。创新应用立体货架、自动堆垛机、智能装卸 AGV、自动搬运 RGV、全自动流水线等设备，全面集成智能调度和仓储管理系统，实现各类型设备和材料的无人装卸、密集存储和自动转运，提升仓库的吞吐作业能力近 4 倍，满足所有品类物资的快捷存储、转运需求。以物联网、机器视觉技术赋能智能化盘点。针对各类型立体货架、平置库等多种作业场景，灵活选用视觉传感器、高位拣选叉车、智能盘点机器人等多样化智能设备，开展全品类物资差异化、智能化盘点，提升仓库盘点效率近 4.5 倍，综合提升了仓储作业自动化、智能化、数字化管理水平。

（二）检储融合，质量检测全自动

硬件创新助力作业自动化，辊筒式样品输送线链接仓储与检测，样品出库后自动流转至检测中心相应的试验工位，减少中间环节，全程无人参与，实现了检储间的深度融合、高效协同，打造一体化协作的作业新模式。软件创新助力管理自动化，以业务和样品管理平台为依托，细分业务流程，从实物角度，全程掌握跟踪样品轨迹，实现对各业务环节时效性和规范性的精准管控，打造全链条全线上的管理新模式。理念创新助力协同自动化，计划自动编制、到货后任务自动激活、结果自动反馈，数据自动直联的业务数字化流转，实现了与仓储、履约、供应商管理等专业的互联互通，打造双向开放、资源共享、业务融通的协同新模式。

（三）直达手边，需求配送全覆盖

在国网系统内率先探索与实践“直达手边”主动配送业务模式，全面开展库到库、库到现场的物资配送，推动末端供应由“按需领用”向“主动配送”转变，实现物资需求当天订、次日达，为物流业、制造业深度融合与协同发展提供“北京样板”。依托智慧供应链管控平台（EOP）配送管理模块，精准对接配送需求，合理分配配送任务，科学优化配送路径，实时跟踪配送过程，一键结算配送费用，同步推进 EOP、ELP 以及第三方物流系统平台集成对接，全面提高配送过程信息化管控力度。

（四）平战一体，应急支援全方位

作为国家电网公司和北京公司的两级应急库，承担电网设备、救灾抢险装备等应急物资集中存储。部署了高层货架，配有四向穿梭车、自主视觉机器人等搬运设备和 PDA、电子物料卡等智能设备，满足应急物资装卸作业需求。平时，仓库根据各区域应急抢修物资需求情况，确定应急物资品类和应急物资定额，并根据耗用情况动态调整，构筑资源储备“蓄水池”。战时，依托供应链运营中心全量库存可视化资源，智能匹配应急需求和全量库存资源。依托国家电网公司和北京范围内电网抢修及各类突发事件，践行基地“平时为掌，战时为拳”的应急支撑体系，彰显基地全方位保障作用。

（五）智慧园区，运营指挥全智能

将物联网技术融入园区管理，通过园区管控平台集成各类感知设备，可视化展示库区车、人、物的位置及状态。实现预约车辆自动放行、园区人员精准定位、作业风险提醒及人员周界管理，实现24小时全方位监管，自动预警潜在风险。将数字孪生技术融入仓储、检测业务管控，通过数字孪生管控平台，直观动态展示仓储及检测作业过程、设备运行状态以及物资信息，实现业务全流程、全要素的实时在线、监督管控。同时，充分发挥供应链运营中心五大核心功能优势，统筹调配全域检储配资源，实现运营指挥全智能，进一步提升全链条实物资源精益化管控水平。

三、成效说明

（一）强支撑，提升物资供应保障能力

依托检储配一体化基地，进一步完善“1+3+17+N”仓储网络布局，确保仓储网络体系横向到边、纵向到底。有力支撑冬奥临电、三供一业等电网工程重点建设项目，投运以来累计入库物资达2.4亿元，占总体供应规模的70%，同比增长近50%。同时全力保障应急抢险物资供应，出色完成河南大雨、冬奥测试赛等应急抢险任务，累计供应应急抢修物资共8个批次，总价值超600余万元，平均响应时长缩短约5小时，应急响应速度远超2020年同期水平30%。

（二）保质量，助力电网安全稳定运行

基地投运后，可开展36类物资440余个试验项目，检测能力大幅提升；已检测各类样品3200余件，同比2020年提升了50%，业务量取得了显著增长；以变压器常规检测为例，平均时长由过去的4小时减少到现在的1小时，作业时长大幅降低。在实用化工作不断向纵深推进、检测管理质效提升显著的同时，与仓储业务的紧密联动、信息即时互通，为抽检“三个百分百”全覆盖添加新动能，从源头把好入网设备质量关，提升电网本质安全水平。

（三）促融合，提升一体化运营效率

依托现代智慧供应链建设成果，打通数据孤岛实现数据共享，进一步强化业务协同运作，推进全市范围内的仓储、检测、运力资源高效统筹调配，打造形成“资源统筹、效益提升、服务优质”的检储配一体化协同运作模式。2021年2月1日投运以来，累计库存周转率同比增长10%，配送时效同比提升40%，平衡利库执行完成率同比上升36%，检储配一体化运营效率显著提升。

（四）勇担当，营造和谐生态圈

对内改变传统分散的自提领料模式，通过提供专业化、集约化的直达手边主动配送服务，精准贴合建设单位需求，降低物流成本约 20%。对外简化单据办理和结算流程，全面提升业务办结和货款支付效率，持续优化营商环境，为供应商、承运商减负赋能，引领和带动供应链上下游协同发展，共同打造和谐共赢生态圈，彰显公司社会责任担当。

4.3

津门湖新能源车综合服务中心

国网天津电力

一、基地简介

为落实习近平总书记 2019 年 1 月 17 日来津视察时“要大力发展充电网络”的重要指示，国网天津电力践行国家“五大发展理念”“四个革命、一个合作”的能源安全新战略，落地津门湖新能源车综合服务中心。中心以生态型为特征，以实用、引领、服务、贡献为导向，在“碳达峰、碳中和”大背景下，聚焦新能源汽车领域，推动天津市新能源汽车产业生态发展优化，建成国内首座数字化、网联化、智能化，集政府监管、品牌运营、产品体验、技术研发、多站融合等多功能场景为一体的示范基地。基地打造新能源汽车与能源、交通、信息通信等多领域相互赋能、协同发展互融共生、合作共赢的产业发展新格局，构建新能源车领域产业、学术、研究、应用全链条的实践基地。

二、示范项目

示范基地以国家电网公司与天津市政府良好合作为背景，集成双方优质技术、管理资源，在生态聚合管理、能源服务管理、科技研发管理、数据运营管理四个方面开展管理探索，构建多元融合、综合全面的管理先进性示范基地，整体思路如图 1 所示。

在生态聚合管理方面，搭建新能源汽车产业发展的平台和纽带。对内，主动与国网电商公司、国网电动汽车公司、国网信通产业集团、英大集团对接合作，将新型电力业务与传统电力营业厅业务融合，建成国内首家一站式、全周期综合充电服务中心。具备为用户找桩、充电、比价一站式服务，满足购车、维修、金融一条龙需求，实现看车、买车、用车、报装全周期服务。对外，依托电力运营商的优势，构建新能源汽车及充电设施产业联盟，面向产业上游聚合车企、桩企，面向产业下游聚焦服务新能源车客户，形成跨行业相互赋能、协同发展的“网状生态”。全面提升公司核心竞争力，以及公司服务用户、服务行业与服务政府的能力。

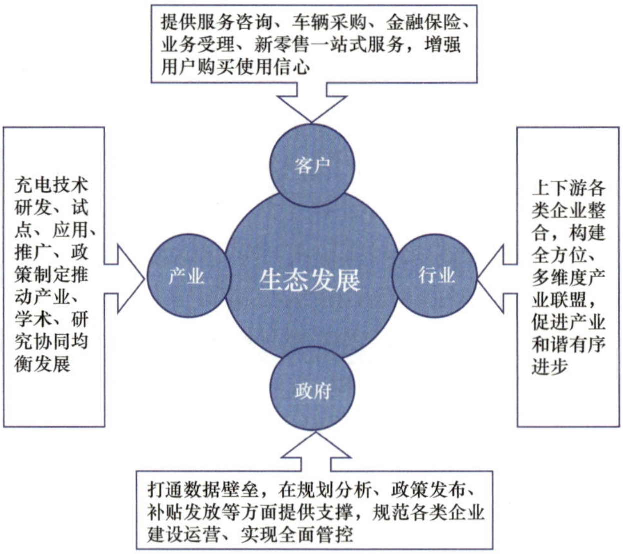

图 1　津门湖新能源车综合服务中心生态拓展整体思路图

在能源服务管理方面，建成国内首座可实现商业化运营、可参与电网辅助交易的清洁能源充电站。运用 CPSS（融合信息物理社会系统理念）系统理论，在园区充电设施物理能源系统的监测、计算、控制、调度等信息基础上，同步规划能源社会系统的车辆充电需求、活动轨迹、新能源车用户画像等社会信息。合理调整包含充电设施在内的光储充换一体化清洁能源利用系统，利用用户经济学特征以及区域需求侧响应情况，作为负荷聚合商召集用户开展华北辅助调峰等相关电网服务，在满足用户基本需求之上赚取响应补贴收益。此外，依托产业联盟与特斯拉、蔚来等国内知名企业合作，采取共建共享的合作模式，针对园区内充电区域进行细分优化，建成国内首个多主体合作运营的综合充电站。

在科技研发管理方面，联合中国能源研究会、天津大学、中汽研等科研院所，在实验室建设、技术评价体系构建、政策标准制定、重大课题协同攻关、能源科普教育基地申报等方面开展深化合作，共建天津市首批“一带一路”联合实验室，推动能源互联网战略发展，促进产学研用协同发展，构建政企协联合运营、共建共享的新模式，催化全产业链技术模式和商业模式创新。此外，依托实验室丰富的软硬件资源，建设面向公司员工的技能培训基地和校企联合培养的实训基地。实验室还积极面向电力用户和中国电动汽车充电基础设施促进联盟等行业成员，开展技术培训和交流，打造面向社会的开放、共享实验室，让国有资产更好为全社会赋能。实验室已产出天津市科学进步二等奖 1 项，国网天津市电力公司科技进步一等奖 2 项、二等奖 1 项，申请发明专利 10 余项，授权软件著作权 8 项，发表论文 20 余篇。

在数据运营管理方面，积极探索政府合作多种模式，依托天津市人民政府与国家电网公司签订的《推进新型基础设施建设、打造能源革命先锋城市战略框架协议》，形成政府主导授权，电力业务成绩，多方汇集参与的合作模式，构建多口径、全种类国内领先的“车、桩、网”融合的数据平台，接入全市2.7万充电设施数据以及近15万台新能源车数据，助力天津市新能源汽车产业政策研究、标准制定及政府监管。

平台通过大数据分析，得出各区车桩比，充电站服务充电量趋势、时段，新能源车区域活动时长等各种维度信息，指导各区站桩建设规划。也通过数据分析指导政策从建设补贴到运营补贴转型，建立精准补贴机制。及时监管各运营商的服务价格、服务质量、设施故障率等情况，制定相应的行业规范，避免行业恶性竞争，提升行业充电服务质量。

三、成效说明

（一）服务“双碳”城市建设，构建充电业务新型生态

基于“光充储+源网荷”清洁能源智慧网联充电运营模式，结合智慧能源管控平台，形成“2+1”❶的源网荷储交直流微能源网。完成4500m^{2}综合楼宇的“绿建二星”和“近零能耗”改造，实现智慧小镇和零能耗小屋先进技术的落地应用，建成支撑地方能源和交通领域率先实现“碳达峰、碳中和”的创新基地，引领绿色发展。截至2022年6月，每日最高充电量达到2.1万kWh，自2021年7月29日投运至2021全年充电量突破275万kWh，光伏发电量超过50万kWh，减少二氧化碳排放约3300t，产生经济收益约150万元。

（二）聚焦政策顶层设计，紧贴国家地区发展战略布局

津门湖示范项目是全面落实国网天津电力与天津市工信局“碳达峰、碳中和”战略合作框架协议的具体行动，为天津市新能源汽车产业转型发展注入了新动能。津门湖示范项目为新能源汽车产业发展提供了平台和纽带，面向产业上游聚合车企、桩企，面向产业下游聚焦服务新能源车用户，并不断深化产学研协同发展，打造了国内一流的开放共赢产业生态，是助力“双碳”先行示范区建设的典型示范。天津市工信局将携手国网天津电力，做大做强天津市新能源汽车产业，将津门湖打造成为国家重点示范工程，共同做好天津（西青）国家级车联网先导区建设，高质量实现工信部《新能源汽车产业发展规划（2021～2035）》的要求，助推天津市新能源汽车产业转型升级，为天津市“双碳”目标落地贡献力量。

---

❶ “2”是指绿色能源充电系统与楼宇综合能源控制系统，整合成1个绿色能源服务平台对两个系统进行综合控制。

4.4

天津智慧能源小镇创新示范基地

国网天津电力

一、基地简介

天津智慧能源小镇于2020年9月全面建成，包括生态城惠风溪智慧能源小镇、北辰大张庄智慧能源小镇和国网天津综合能源服务中心，形成了“10+10”技术和模式创新成果，充分体现了能源互联网清洁低碳、安全可靠、泛在互联、高效互动、智能开放的特征，是国家电网公司战略目标在津落地的示范工程，是天津能源革命先锋城市建设的示范样板，更是智慧能源支撑智慧城市发展、助力新型电力系统建设、服务“双碳”目标落地的示范窗口，被世界智能大会列为永久参观点位。

惠风溪智慧能源小镇定位为“生态宜居”，通过零能耗智慧建筑、绿色能源公建、智能量测系统等10大子项，重点展示能源与城市深度融合、服务人民美好生活需要的成果成效；大张庄智慧能源小镇定位为“产城集约”，通过智慧能源管理平台、智慧能源工厂、交直流混合配电网等10大子项，重点展示能源服务产业转型升级的成果成效；综合能源服务中心定位为项目体验、市场营销、能效测评、智慧能源研究和运营五大中心，重点展示智慧能源发展成果与综合能源典型案例。

二、示范项目

天津智慧能源小镇构建了一套与能源互联网相适应的运行机制，在政企合作、生态构建、科技创新、品牌建设、标准建设等领域输出了一系列模式创新成果，助力国网天津电力提升核心竞争力。2021年7月，国网天津电力获评国务院国资委管理“标杆企业”。

（一）打造政企合作典范

建立战略引领、系统布局、多方联动的政企合作共建模式，如图1所示。组建政企协同指挥体系和联合作战平台，共同开展项目选址、方案论证及工程建设，形成任务共担共建、需求快速响应、问题及时解决、成效综合评价的合作共建机制，成功试点以函代证、信用承诺等改革机制，有效缩短城市能源规划和工程建设周期。

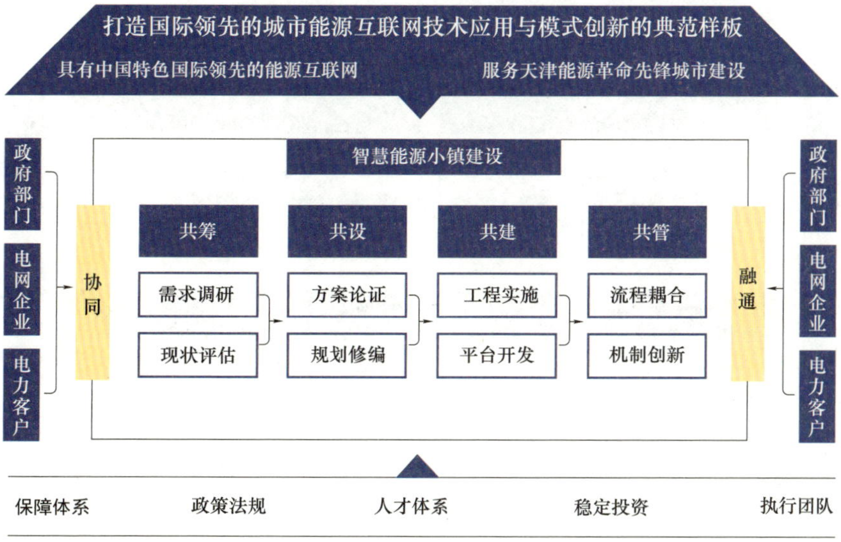

图 1 政企合作共建模式

首创数据共用、产品共创、成果共享的能源大数据产品开发模式。在区域内签署首个城市运营大数据政企共享共用协议，合作成立能源发展研究中心，打造能源大数据众创空间。面向政府、企业、居民、能源系统开发 30 项能源大数据产品，通过政务平台实现产品在线发布、精准推送，服务经济社会高效运行。

（二）树立生态构建样板

创建资源共享、信息互通、项目共建的智慧能源服务产业联盟发展模式。依托综合能源服务中心，联合政、产、学、研、用等各类主体，组建省级综合能源专家服务站，成立中国（天津）智慧能源服务产业发展联盟，发挥 115 家联盟单位集成优势，通过优势互补、联合创新，精准对接客户用能需求，提供一揽子智慧能源定制化服务，带动各类市场主体共同发展。

创建供电+能效服务、定制+组合套餐的综合能源服务新模式，如图 2 所示。面向区域内工业企业、园区、大型公共建筑差异化需求，推广“供电+能效”服务，就地开发用户侧可再生资源，挖掘能源梯级利用潜能，提供定制化、系统性能源解决方案，试点企业户均节能 10%以上。

（三）建立科技创新标杆

建立机制保障、资源聚集、联合攻关的科技创新示范落地机制，如图 3 所示。以智慧能源小镇为实验田，出台科技创新“双八举措”，建成国内首个省级电网企业科技创新中心，成立院士专家工作站，构建刚柔相济的科技创新团队，攻克多能交互、双模充电等关键技术，取得 10 项国际领先成果，实现科研多点开花和成果及时转化。

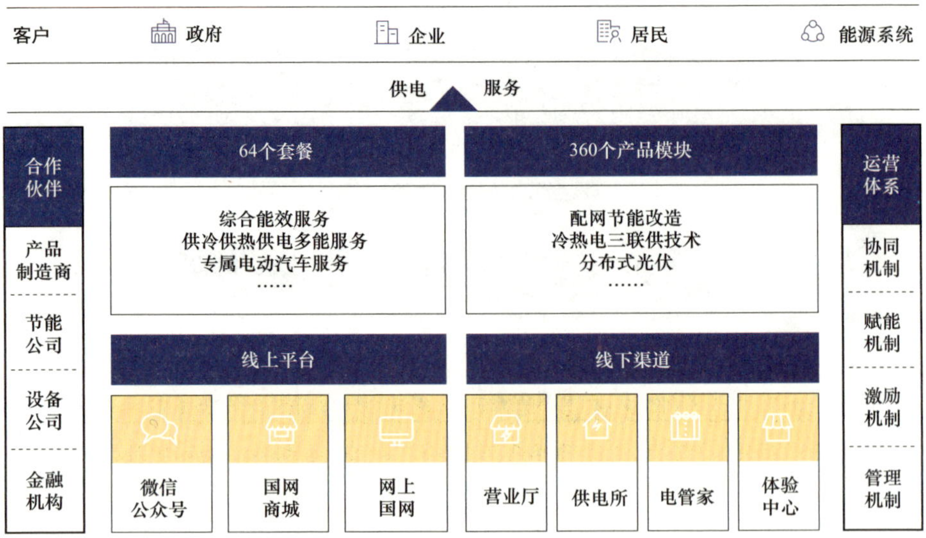

图 2　综合能源服务新模式

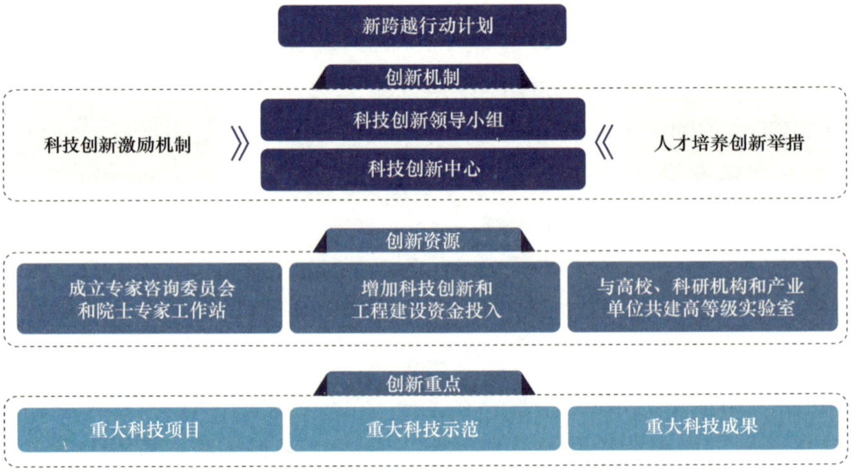

图 3　科技创新示范落地机制

（四）形成品牌传播范式

建立多元传播、多维交流、多级合作的多维成果动态共享模式。天津市政府与国家电网公司联合举办“助力碳达峰碳中和　智慧能源小镇成果发布会”，发布行业白皮书，承办世界智能大会能源领域高峰论坛。以综合能源服务中心为主要载体，搭建线下成果共享交流平台，利用网络新媒体上线智慧能源“云展厅”，通过线上线下协同、“报网声屏端”融合，立体式动态共享智慧能源小镇建设经验成果。与新加坡能源投资公司达成创新成果推广意向，不断提升“智慧能源支撑智慧城市发展”的国际品牌影响力。

（五）创建行业发展标准

构建理念先进、方法科学、体系完备的智慧能源小镇制度标准框架，如图 4 所示。发布首部《智慧能源小镇白皮书》，编制《综合能源系统规划设计评价导则》等 11 项行业及企业标准，推动出台《天津市电力需求响应实施细则》等 7 项地方政策文件，形成了涵盖智慧能源小镇规划、设计、建设、运营全环节的制度标准框架，为智慧能源小镇建设成果推广复制提供制度保障。

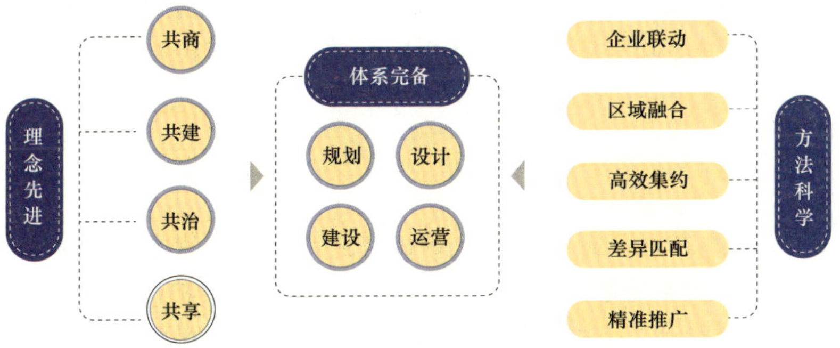

图 4　智慧能源小镇制度标准框架

三、成效说明

天津智慧能源小镇建成了用户类型齐全、融入基础设施广泛、应用场景丰富的城镇能源互联网示范工程，区域供电可靠性超过 99.999%，重要用户供电实现“零闪动”，清洁能源利用比例超过 90%，电能占终端能源比重超过 45%，经验成果保障智慧能源系统建设运营有序推进、技术成果顺利落地、产业价值持续创造，为能源革命先锋城市建设提供了实践参考。

（一）能源互联网技术示范基地

天津智慧能源小镇深度融合先进信息技术与能源技术，聚焦构建清洁低碳、安全可靠、泛在互联、互动高效、智能开放的能源互联网，攻克了负荷精准辨识、智慧物联感知、高品质分级供电、大容量无线充电等一系列技术难题，研制了配电柔性多状态开关、家庭能量路由器、人工智能配网带电作业机器人等一系列关键装备，开发了智慧能源管理平台、供需互动平台、能源大数据分析平台等一系列核心系统，构建了多维感知、多能互补、多方参与、多元服务的技术体系，出版《智慧能源》等专著 6 部，发表论文 108 篇，授权/受理国家专利 105 项，对能源互联网技术创新和建设运营具有重大示范引领作用。

（二）商业模式创新实践基地

天津智慧能源小镇建成一批实用价值高、经济效益好的典范项目。例如，智慧能源管理平台节约企业用能成本 5%～10%，可拓展综合能源市场 2000 余万元；交直流混合配电网系统每年可减少用户停电损失 40 万元；虚拟电厂投运后延缓电网建设投资 5000 万元，降低参与企业用能成本 2000 余万元；人工智能配电网带电作业机器人已在天津、北京、浙江、江苏等 17 个省市推广应用，累计销售 414 台，累计订单突破 12 亿元，收入超过 7 亿元；智慧能源工厂为用户节省电压治理一次性投资成本 300 万元，每年减少生产环件损失 140 万元；绿色能源公建节省燃气和热力管网投资 3.2 万元，光伏发电每年收益 3 万元，推动公建设施由能源消费者向能源“产消”者转变。

（三）智慧能源成果应用推广基地

主动配电网完成了 7 次主动抢修，抢修模式已在天津全市推广应用，成功开展主动抢修超过 200 次，相关技术成果已推广至输变电领域；新型智能量测系统在生态城 576 户居民、69 个商业用户试点应用，系列成果已推广至全市 1000 余户商铺和居民，户均节能超过 10%；电动汽车与电网互动成果在津门湖新能源车充电服务中心集中示范，有序充电成果已经在全市 120 台居民小区充电桩推广应用，节约用户出行用电成本约 10%；智慧能源建筑模式已经在天津市人民检察院、富力中心、瑞吉酒店等推广应用；智慧能源管理平台已在全市推广应用。

（四）城市与能源融合发展基地

助力城市绿色低碳发展，通过多种能源优化配置、提升综合能效以及清洁能源全额消纳，实现区域内年均减少二氧化碳排放量近 3 万 t。提升城市公共服务能力，智慧路灯的治安监控、紧急呼叫、市政设施监测、便民信息等功能支撑了城市精细化管理，城市能源大数据中心共享水电气热与城市运营数据，为政府精准决策提供科学参考。提升人民群众幸福感、获得感，绿色能源公建为小镇居民营造了全新绿色休闲空间，显著改善了小镇内生态环境和居住品质。

4.5

天津电力科技博物馆

国网天津电力

一、基地简介

天津电力科技博物馆所在地原为比商天津电灯电车股份有限公司办公大楼旧址。百余年来，这栋建筑历经沧桑但始终与天津电力工业发展紧密相连，既见证了旧中国电力工业历经磨难的蹒跚起步，又见证了新中国成立后电力工业取得辉煌成就的艰辛历程。2008 年修旧如旧，将其建成一座承载见证天津电力百年发展历史的博物馆。

天津电力科技博物馆是国内首家融科技馆与博物馆于一体的电力专业展示馆。2019 年，在新中国成立 70 周年之际，立足传播习近平总书记“四个革命、一个合作”能源安全新战略，展馆全新完善升级。新馆秉持着博物、科技、科普的定位，从世界看天津，从能源看电力，共设有文明之光、电的初识、蹒跚起步、砥砺奋进、腾飞发展、历史抉择、未来已来七个展厅，收藏各类文物、模型百余件，开发科普互动项目近 40 项，再现中国共产党领导人民取得辉煌电力成就的百年艰辛历程，生动展示公司精神文明建设水平整体提升的群体先进风貌，致力于为参观者打开一扇触碰电力知识、领略电力文化、激发爱国情怀、培养民族精神的窗户。国网天津电力党委充分挖掘其历史意义与时代内涵，结合馆内 100 余件实物、档案，借助声光电现代技术，全方位展示电力工业史与传统文化的有机融合，展示新时代电网建设取得的显著成绩，展示新时代央企党建探索的有益经验，推动电力科技博物馆获评全国爱国主义教育示范基地，入选国家电网公司“百年电力”首批文化遗产。

二、示范项目

（一）创新管理理念，持续优化管理体系

管理工作实现制度化、规范化、专业化，制定完善《天津电力科技博物馆参观接待

工作管理办法》等一系列规章制度。服务内容、服务方式、服务手段规范便利，接待咨询、参观引导、安排讲解热情文明，安全保卫、交通疏导、医疗保障细致周到，自觉做好交通疏导，提高安全保卫力度，提供医药箱服务，制定应急预案。管理队伍优化，展陈和讲解人员专业素质高，志愿者队伍不断壮大，教育培训和表彰机制健全，崇尚实干的用人导向鲜明。利用专题讲座、现场教学等形式提高讲解队伍素质。

（二）双向共促，助力新时代国企队伍建设

天津电力科技博物馆生动再现天津电力百年发展史，纳入里程碑事件百余件，全面展示天津电力前沿技术与创新实践成果，展示智慧能源小镇、智慧车联网、人工智能配网带电作业机器人等最新进展，以优异成绩充分展现广大党员干部员工在助力天津电力创新发展中发挥的积极作用。用价值追求定位航标，将统一优秀的企业文化与博物馆思想内涵有机结合，通过重大创新成果的集中展示，充分培育勇于开拓的创新文化、构建团结互助的团队文化、引导深化助力发展的职工文化，深入挖掘公司发展中持续涌现的众多先进典型，形成企业创新发展成果与员工队伍建设双向共促的良好局面，打造新时代国有企业建设的示范样板。

三、成效说明

（一）开辟一扇展现天津电力工业史的窗口

天津电力科技博物馆作为国网天津电力对内对外展示的窗口，主动承担爱国主义历史使命、时代使命，致力于讲好中国共产党领导人民取得辉煌电力成就的故事，讲好中国为全球能源转型、应对气候变化、高质量共建绿色“一带一路”方面贡献中国智慧和中国力量的故事，从能源电力小切口展现中国崛起大篇章，在贯彻习近平总书记“四个革命、一个合作”能源安全新战略、服务“碳达峰、碳中和”目标等方面发挥重要作用。

（二）打造一个助力先进文化传播的阵地

对内，天津电力科技博物馆高度重视爱国主义教育内涵的拓展与丰富，紧扣世界、中国、天津能源发展史三大主线脉络，将国有企业的初心和使命融入员工建功立业的岗位实践中，引导广大干部员工真听真看真感受，切实把所观、所感、所学、所得转化为提升觉悟和思想的精神营养，转化为推动事业发展的强大动力；对外，天津电力科技博物馆坚持“请进来”和“走出去”，强化阵地宣传和外出活动的爱国主义教育作用，打造多维度阵地参观模式，定期举办爱国教育常设活动和特色活动，让社会公众特别是青少年从能源电力的百年发展历程中汲取理论力量和实践力量。

（三）提振一种创建世界一流企业的信心

天津电力科技博物馆全面展示公司在服务“双碳”落地、京津冀协同发展、乡村振兴等国家战略，在聚焦新型电力系统建设、打造世界一流城市配电网等方面取得的突出成就与国际领先成果，打造国网天津电力的“金色名片”，展现员工迈进新征程、奋进新时代的良好形象，展现公司“大国重器”风采与推土机精神，鼓起全民迈进新征程、奋进新时代的精气神，为天津市快速发展注入精神力量。

4.6

河北近零碳能源互联网示范基地

国网河北电力

一、基地简介

国网河北电力坚决贯彻落实习近平总书记打造新型电力系统理念要求，以全场景融合、全业务覆盖为原则，从能源供给、消费、配置三侧协同发力，以数字化主动电网为支撑，助力雄安新区率先打造近零碳示范区，在雄安新区建设多个示范项目，由点及面形成示范引领效应，着力打造可推广、可复制的雄安经验，实现“一体四翼”战略目标在雄安率先落地实践，全方位服务雄安新区发展建设。

二、示范项目

（一）实施剧村站级示范，打造能源供给的“绿能魔方”

依托雄安新区首个220kV变电站工程，建设多能互济、多元互动的“1+5+X”[1]城市智慧能源共生体。“1”即建设一座智慧变电站。选用中、美、欧设计条款最高值，通过三维化设计、数字化管理和绿色化施工，建成国内最高标准装配式变电站。“5”即围绕五大发展理念，拓展五大功能，其中“创新”实现了北斗、5G、边缘计算、数字货币等新技术在雄安新区的创新应用；“协调”实现了能源电力设施与城市景观的有机融入、与环境的协调发展；“绿色”实现了以“双碳”为目标对碳排放的绿色监测和管理功能；“开放”实现了开放式的电力服务；“共享”实现了与市民共享的生活空间。“X”即推动多种新业态融合发展，打造雄安新区创新和文化的窗口。应用通信、电力、人工智能等领域新技术，打造碳管理服务中心，通过建设河北省“碳达峰、碳中和”监测平台和

[1] 1+5+X：“1”是指城市智慧能源站本体；“5”是指围绕五大发展理念，在创新方面实现了北斗、5G等新技术应用，在协调方面实现了电力设施与城市景观有机融入，在绿色方面实现了对碳排放的监测管理，在开放方面实现了开放式的电力服务，在共享方面实现了与市民共享建筑空间；“X”是指推动了边缘计算、数字货币等多种新业态融合发展。

应用智慧科技，拓展数字人民币支付、智慧能源管控、碳排放和碳汇监测、“碳达峰、碳中和”趋势预测与路径推演、国家政策和绿色低碳生活理念宣贯、碳资产管理等16种新业态。

（二）实施王家寨村级示范，打造能源配置的“淀中翡翠”

按照清洁取暖、绿色用能的规划原则，在电源侧安装300kW光伏，4kW风机，远期规划建设4MW光伏，为王家寨绿色智能微电网运行提供电源保障；在电网侧打造村级、邻里级、家庭级3个层级微电网，构建微电网控制系统和数字孪生全景系统，显著提升电网供电可靠性；在负荷侧通过基于“国网芯”的自主研发控制器和群调群控策略实现对冷热负荷的柔性调控，取得显著的削峰填谷效果；在储能侧在码头广场、农庄、学校3个子微电网以及辅村布置共3300kWh的储能装置，为离网运行提供电能保障。

（三）实施商务中心园区级示范，打造能源消费的“服务之窗”

结合雄安新区首个商务服务集散地，建设“未来电力服务之窗”。布局交直流公寓、智慧充电站和边缘计算节点，推进低压直流、车联网、数据增值等新兴业态发展。建设园区、用户两级能源管理体系，服务用户柔性负荷参与需求响应。打造国内首个数字货币多表联合缴费、无感支付社区，利用区块链技术实现园区分布式光伏、储能、用户之间便捷安全的购售电交易。

（四）实施容东片区级示范，打造数字引领“智慧新城”

立足数字智慧城市建设和多能形态，打造规模化、综合型电网示范样板。依托基于“电城融合”的电网规划建设管理平台，率先建成“双环网+双花瓣”高可靠电网，片区供电可靠率达到99.999%。打造变电站、开关站、台区、综合管廊“四级智慧感知”，部署源网荷储协同调控平台，实现新能源和可调负荷运行态势的全景感知和互通互联，提升电网调节和新能源消纳能力。

（五）实施高铁光伏项目级示范，打造清洁能源的“水滴明珠”

高铁站屋顶光伏项目依托雄安高铁站，建设以能源互联网为核心的光伏电站示范工程，构建清洁高效的能源体系，是国家电网公司在雄安新区首个市场化分布式光伏发电项目。屋顶光伏项目的屋面安装多晶硅光伏电池组件17 808块，铺设面积4.2万m^2，总容量5.97MW_p，采用自发自用、余电上网的并网模式，年均发电960h，发电量580万kWh。项目完美融入雄安高铁站水滴状椭圆造型，犹如“水滴上的一颗明珠”。

三、成效说明

（一）剧村“1+5+X”融合站

通过改变城市变电站建设形式，降低城市变电站建设成本30%和缩短建设周期30%；通过争取分层供地政策，节约覆土空间土地划拨费用80%以上。

（二）王家寨绿色智能微网示范项目

在配电网侧构建多层级风光储一体化微电网，实现电能占终端能源消费比例和分布式能源消纳率两个100%，离网运行时全村最长可连续运行38h，年户均停电时间减少80%，年减少燃煤2080t，减少二氧化碳排放5200t，实现了电力设施与居民生活的友好融合，形成绿色共享、柔性高效、数字赋能的乡村级新型电力系统。

（三）“雄安未来电力之窗”商务服务中心项目

以柔性、灵活的交直流配电网和CIEMS系统为核心，实现营配合一无感服务、车路协同、边缘计算等创新成果高质量落地，构建融合、安全、高效的通信网络和智能多源感知体系，实现商务中心绿色、安全、高效运营，打造国内最具特色、适度超前的数字化主动式配电网示范园区。

（四）容东片区数字化主动电网项目

打造全国首个主配一体全电压采集、全自动导航、全电网控制的调度系统，可控负荷、充电站、储能装置全面参与电网调节，实现源网荷储灵活互动，电网全局可观可测可控，形成成熟、可推广的“三台八化”标准体系。

（五）高铁站屋顶光伏项目

该项目每年可节约标煤约1800t，相应减少二氧化碳排放4500t，同时减少二氧化硫、氮氧化合物、烟尘等污染物排放，相当于植树12hm^2。2021年1～5月，雄安高铁站明珠光伏项目发电67.5万kWh，经国际绿证机构认证获得了675张绿证，与澳大利亚YNIWM公司签署《国际可再生能源证书（I-REC）项目购买协议》，实现雄安新区首笔国际绿证交易。

4.7

雄安检储配一体化基地

国网河北电力

一、基地简介

为全力服务雄安新区建设，推动国家电网公司“建设具有中国特色国际领先的能源互联网企业”战略目标在雄安新区落地示范，国网河北电力超前谋划，迅速行动，高标准建设雄安检储配一体化基地（以下简称雄安检储配基地）。基地占地 55 亩，距雄安新区起步区约 50km，距高速口仅 1km，交通便利，于 2020 年 7 月建成投运。

建设雄安检储配基地是落实质量强网的重要举措，基地承担雄安新区电网建设物资保障任务，业务范围包括雄安电网物资质量检测、集中存储、主动配送和智慧供应链管控。

雄安检储配基地打破专业壁垒，以共享、融合、开放为理念，综合应用“大云物移智”等先进技术，紧密融合供应链云平台和检储配一体化平台，创新共建供应链运营中心和检储配物资中心，双平台、双中心赋能智慧供应链提质增效，推动雄安检储配业务高效运营，创新打造具有雄安特色的供应链深化应用场景，高效服务雄安新区电网建设。

二、示范项目

雄安检储配基地是所有行业内首个专门服务雄安新区建设的智慧物资保障中心，始终坚持以雄安发展为引领，以服务保障雄安新区电网建设为核心，构建基于现代智慧供应链的雄安物资保障体系，高标准打造雄安试点示范，努力在雄安标准、雄安质量方面创经验、树标杆，实现现代智慧供应链在雄安新区电网建设中的创新与应用。

（一）构建检储配一体化运营模式，显著提高作业效率

雄安检储配基地依托智能化设备，首次实现送检样品的自动化无缝接驳，依托检储配一体化平台，实现三个业务之间实物流、业务流和数据流贯通，显著提升作业效率，

实现物资随到随检、入库即合格、出库即可用、需要即可送的快速响应机制。一是首创盲样制作流水线，首次应用变压器综合检测工位，自动完成样品下架、封样、送检，减少人为因素对检测结果的影响，体现质量检测的公平公正，优化营商环境，践行“雄安质量”和“廉洁雄安”。二是创新物资检测模式，优化检测策略，加强检测数据闭环应用，实现雄安紧急物资全时段随到随检，筑牢电网设备入网质量关。三是创新建立“平台+外部支撑体系”的配送机制，制定配送平台接入规范，将专业物流公司运力信息接入检储配一体化平台，实现雄安电网物资点对面的主动配送全覆盖，提升供应时效性，保障工程现场“零库存”。

（二）创新成立雄安供应链运营中心，提供全链条物资保障服务

依托雄安检储配基地，成立专门服务雄安电网建设的智慧供应链运营中心，对口承接雄安物资保障服务，通过和省级供应链运营中心联动，可有效调动全省物资资源，全力保障雄安新区建设。一是完成雄安新区电网数字化工程管理平台（EIM）系统、检储配一体化平台和现代智慧供应链云平台三个系统的贯通，将物资管理与工程管理深度融合，通过信息共享，物资供应主动适应工程现场建设进度，供需更加平衡，助力施工更加灵活。二是通过系统融合，完善雄安新区电网供应链运营中心职能，具备调度指挥、资源统筹、精准配送、监控预警、质量评价五大功能，是雄安电网物资保障的“中枢大脑”。三是制定雄安检储配基地运营标准体系，全面梳理检储配各环节业务流程，编制制度管理规范，为全面提升仓储作业、物资检测、主动配送三个基础业务协同运营能力提供制度保障。

（三）搭建“双创”示范基地，充分发挥雄安引领效应

雄安检储配基地坚持技术和机制创新，聚焦行业领先技术，与国电南瑞在一体化中心搭建“双创”示范基地，开展新产品、新技术示范应用，形成“产学研”资源协同优势，加强产业链条合作，打造电力物流装备“生态圈”。一是研发基于图像识别和卫星定位技术的线缆类物资大吨位全自动行车。精确定位、自动夹抱，实现线缆类物资全自动作业。二是创新应用盲样制作机械手，同时结合输送线、AGV 等智能化设备，用于电力设备盲样制作、送检，实现电力物资样品抽检无人化作业。三是提出一种基于数据分析的抽检策略模型，综合物资抽检历史数据、生产监造数据和状态评价数据，针对不同厂家、不同设备提出不同的抽检策略，提高质量检测的针对性，提升入网设备质量。

三、成效说明

传统模式下，仓储、检测、配送资源分散，无法充分发挥集约化运作优势，目前国家电网公司统推的检储配一体化基地建设实现了实物流统一，雄安检储配基地在实物流统一的基础上，依托一体化智能设备和信息化系统，实现业务流和数据流统一，同时使

基建管理和物资管理实现跨专业协同，提升供应链系统的韧性和弹性。

（一）经济效益

专业融合，降低送检费用。依托雄安检储配基地，检测样品直接由仓储中心送达检测中心，相比目前送样、制样、委托物流送检的流程，精简送样、委托物流送检环节，大幅节约项目单位送样成本和公司送检物流成本。基地可开展检测项目 152 项，每年可减少公司外委检测费用 900 余万元。

多层立体存储，节约土地使用费用。仓储中心建设 4～5 层立体货架，采用堆垛机实现密集存储，相比传统仓库，存储量增加 4 倍以上，大幅降低土地使用费用。

集约化管理，降低配送成本。针对雄安新区独有的“窗口期”施工模式，制定差异化“限时达”配送策略，科学制定装车方案，优化配送路线，平均配送时间压缩到 9 小时以内，容东片区施工电源重过载治理等紧急项目物资 2 小时内全部送达，确保物资到货与工程建设进度无缝衔接。

（二）社会效益

服务保障雄安电网建设。依托雄安检储配基地，高效完成雄安首座 220kV 变电站（220kV 剧村变电站）、首座下沉庭院式变电站（110kV 河西变电站）以及 60 个配电网开关站建设的物资供应保障任务，运行一年以来累计履约服务金额超 13.5 亿元，为雄安新区电网建设提供了有力支撑。

优化营商环境。为供应商和项目单位搭建开放、可视的资源平台，大幅缩短质量检测周期，提高物资响应速度，公开透明公正的抽检流程营造了良好的质量环境，提高了供应商和项目单位的满意度，同时雄安检储配基地可向系统内单位、设备厂家、质检部门、居民客户等展示电力物资保障工作的准确性和严肃性，提升企业形象。

树立检储配一体化基地新标杆。雄安检储配基地打造的供应链创新高地、雄安质量高地以及优质服务高地，展示了国家电网公司现代智慧供应链体系在雄安的特色实践，得到了国家电网公司主要领导的现场调研指导和高度肯定，为系统内外部企业展示了检储配一体化基地的建设运营经验，是落实国家电网公司检储配一体化基地建设要求的生动实例。

4.8

秦皇岛政治保电智能化专业示范区

国网冀北电力

一、基地简介

国网秦皇岛供电公司隶属于国网冀北电力有限公司，承担着秦皇岛地区经济发展、人民生活用电以及暑期北戴河政治保供电任务。秦皇岛公司依托科技创新、数字赋能，按照"三个创新、三个系统、三个提升"建设思路，应用数字化手段打造秦皇岛政治保电智能化专业示范区，重点解决保电一线人工监盘效率低、设备故障研判精准及时性不足等实际痛点、难点问题，全面建成智慧供电、智慧服务、智慧能源系统，打造区域能源互联网示范区样板，形成"低投入、可复制、可推广"的智慧保供电体系，确保北戴河暑期保电万无一失。

二、示范项目

示范区积极践行"一保两服务"以及北戴河暑期政治保供电重要职责使命，聚焦"双碳"目标、数字化转型，将示范区建设与政治供电、优质服务、业态发展相结合，高质量打造区域能源互联网"样板间"。

（一）创新手段，构建智慧供电系统，提高政治保障能力

创新智慧调控、智慧运维、智慧抢修、智慧保障"四个智慧"，实施供电保障提升工程，构建智慧供电系统，打造以"四个智慧"为主线的智慧保供电体系，有效提升北戴河暑期保电水平。

智慧调控方面，应用调度机器人，值班人员可实时掌控 500kV 主网架至低压 380V 各电压等级电网的运行状况；遇有异常或故障，调度虚拟坐席可主动示警，自动推送负荷转带方案，配网故障处理可实现"一键顺控"；智能配变终端覆盖北戴河全域，实现需求侧精准管控和用能管理主动优化。

智慧运维方面，所有设备运维均以在线监测、状态检修和带电作业方式开展，助力北戴河实现全年无计划检修停电；开展变电设备状态缺陷识别、安全作业预警，实时推送告警信息、设备状态评价结果和辅助运维策略；覆盖全部涉暑线路的 881 套监拍装置，结合云平台自主识别，实现线下隐患及早预警和及早处置；开发基于 i 国网的配电室移动应用 App，实现配电室运行、环境状况及时便捷掌握。

智慧抢修方面，构建现场指挥部（应急指挥车）—北戴河保电中心—公司应急指挥中心三级指挥体系以及平战一体化应急体系；通过统一视频监控平台、移动布控球、指挥车云台摄像机、移动终端 App 的贯通，实现全过程可视化、穿透式指挥；贯通统一视频平台和人工智能平台，可对 14 种不安全行为和 3 种三级以上作业风险进行自主识别、主动干预。

智慧保障方面，重点实现微气象、交通等实时信息的接入整合，构建由后备物资、人员、车辆组成的综合保障体系；贯通奇安信“天眼”系统，利用大数据分析手段研发网络安全分析工具，实现对北戴河区域网络、重要保电系统和重要终端的网络安全监测。

（二）创新模式，构建智慧服务系统，提高优质服务能力

聚焦利企惠民、一网通办、客户画像、暑期特服“四个服务”，实施优质服务提升工程，构建智慧服务系统，以智能化、便利化、精准化的优质服务，增强人民群众安全感、幸福感、获得感。

利企惠民的智能服务。持续优化营商环境，全面落实环保行业、农村仓储保鲜用电支持政策；落实获得电力、冀北 5+、秦皇岛“五心”服务等措施。打造电力大数据“智慧城市大脑”，为城市治理贡献国网智慧。开展分布式光伏大数据分析，推动乡村能效提升，开展乡村光伏推广、乡村能效服务。

一网通办的便捷服务。升级“网上国网”功能，全面推行“上电、报修、缴费”线上化服务。主动对接规划、旅游部门，加快配电网建设，保障用电增长需要。落实特殊群体差异服务，推广使用“网上国网”老年模式，提升特殊群体线上服务体验。

客户画像的精准服务。深化应用客户、线路、台区精准画像成果，将数据分析结果推送至现场工作人员移动手持终端，辅助台区、用户需求精准分析，优化工作方案；为客户推送分级权益、电子账单、停电通知等精准服务。

暑期特服的贴心服务。北戴河全域打造无计划检修示范区，实现覆盖重要用户、重要地区的全域保障。建设数字化班组，推进营配调贯通和数据、人员复用。开展“党建+服务”专项提升工程，打造客户专属“电力 110”3 支共产党员服务队，清单化落实“我为群众办实事”。

（三）创新业态，构建智慧能源系统，提高发展支撑能力

强化新能源消纳、虚拟电厂、多能互补、智慧能源“四个升级”，实施新型业态提升工程，构建智慧能源系统，探索智慧能源新模式，推动能源新业态价值创造。

新能源消纳工程升级。接入分布式光伏、风电场、光伏电站等新能源，助力抚宁抽水蓄能建设与并网，实现清洁能源100%就地消纳，减少二氧化碳排放量62.3万t/年。

虚拟电厂工程升级。推进虚拟电厂示范项目用户侧改造及接入，完善交易机制和用户激励机制，接入用户资源25户10大类型，接入容量15.2万kW。

多能互补工程升级。建设源网荷储主动配电网工程，构建配电站室+光伏、储能、充电桩等多能互补模式，拓展应用场景，有效缩短停电时长84.6h。

智慧能源工程升级。大力推广“供电+能效”服务，探索能源托管、配电代维、节能改造、多站融合等业务，推进电动汽车充电网建设，建成地区充电网络。

三、成效说明

（一）经济效益

示范区整合14套专业系统数据，监测50余类信息，集成71种核心算法，可自主发现90余种设备缺陷与作业风险并及时生成相应指令或策略，保证电网、设备处于最佳运行状态。保电人员同比下降29%，运维费用下降超过30%，运检效率提升70%以上，北戴河区域持续保持优质服务零投诉。

（二）社会效益

示范区积极践行“双碳”使命，以能源消费升级为牵引，从供需两侧协同发力，加快构建清洁低碳、安全高效的现代能源体系，努力打造电力“碳达峰、碳中和”先行示范标杆，彰显主动履行社会责任的良好形象，持续提升公司电能和供电服务质量，取得明显的社会效益。

4.9

国家风光储输示范基地

国网冀北电力

一、基地简介

国家风光储输示范基地（以下简称示范基地）建设于 2009 年 12 月，由国网冀北张家口风光储输新能源有限公司负责建设运营。工程总投资 100 亿元，占地 7500 余亩，建设规模为风电 500MW、光伏 100MW、多类型电化学储能 70MW。示范基地是世界上最大的集风力发电、光伏发电、储能装置及智能输电、试验检测、科普展示“六位一体”的新能源综合性示范基地，也是世界上新能源真实电网环境试验检测能力最强、运行方式验证最灵活、新能源装备种类最全的新能源综合利用示范基地。示范基地以技术先进性、科技创新性、项目示范性为特点，主要开展新能源及储能产业规划、友好并网、智慧运维、网源协调、数字赋能等技术研究、示范应用、政策咨询、产业服务等。示范基地获得第四届中国工业大奖、全国质量奖卓越项目奖等多项国家级大奖。

二、示范项目

（一）突出机制领先，以卓越模式做优质量

作为能源电力领域的重大标志性创新成果，示范基地在国家电网公司的坚强领导下，顺应把握“双碳”目标落地、国家可再生能源示范区战略规划、零碳冬奥等时代机遇，努力实现自身发展“大而强、新而稳、全而优”。以理念为先导，创造性提出了“清洁中国、领跑世界、造福人类”发展主题，在新能源电力建设的全球必争领域敢为天下先，勇闯“无人区”，用风光储输“一揽子”开创性成果掀开了人类开发利用可再生能源的崭新篇章，也为日益走进全球舞台中心的大国电力增添了靓丽的“绿色一页”。以制度为保障，充分发挥集中力量办大事的制度优势和市场有效配置资源的作用，有效整合分散优质资源，规划、动员和组织内外部优势力量，建立了强化协同、群策群力的创新机制，

营造了敢做善成、精益求精的创新氛围。以卓越为目标，聚焦“到处是精品、处处是亮点”建设成效，围绕安全、质量、效率、效益关键环节，以质量优先统筹资源配置，实现了资源要素在质量公转体系中的良性循环，切实将示范基地打造成质量管理的标杆。

（二）突出技术领先，以创新升级做实发展

围绕“破解瓶颈、示范引领”的总体目标，全面推进科技攻关与基础建设、生产管理双轨协同开展。打造科研基地示范，聚焦新型电力系统地区级示范区建设关键任务，攻关新能源主动支撑、规模化储能集群调度、新型电力系统运行环境构建和综合试验场站建设等关键技术，打造新型电力系统价值生态和源网荷储协同互动综合示范标杆。打造区域生态示范，示范基地结合能源大数据中心建设，持续发挥资源全局调配、数据共享汇聚、共性服务支撑能力，促进“平台＋科技＋数据＋生态”发展模式良性循环，形成数字技术与能源技术融合典范。打造科技产业示范，统筹考虑京畿地区在“双碳”目标下的电力业务需求，在检测实证、数据赋能、运维检修等资源优势上优化布局，找准新能源产业链增值潜力，推动风光储输实现有持续、有质量、有创新、有品牌内涵式增长。

（三）突出服务领先，以多维价值做强品牌

作为展示我国在促进节能减排、利用新能源的态度和能力的亮点之一，示范基地用一流的服务在自主创新、示范引领进程中主动彰显国网与冀北形象。服务行业发展有力，立足可复制、可推广应用模式，深入挖掘自身区位优势、资源优势、技术优势和人才优势，打造高效能源端典范，用多样性技术展现央企实力、以权威性成果赢得国际话语权、凭高端性展示提升项目影响力，全面彰显我国能源发展新格局、产业振兴新面貌。服务“两翼”联动有果，依托示范基地创新优势，落实科研、科普“两翼”发展倡议，找到全社会意愿与公司业务的“最大公约数”；搭建“互联网＋风光储”线上全景科普展示平台，实现360度全景虚拟漫游，推进具有地方特色的科普旅游、科普研学市场发展；挂牌“电力科普教育基地”“河北省科普示范基地”“张家口市中小学生研学实践教育基地”“西安交通大学校外教育实践基地”。服务属地振兴有为，助力推进乡村振兴，先后选派8名优秀干部驻村帮扶，建成张北坝上首批扶贫光伏电站，组织“责任双碳　电靓冬奥”绿电公益行动，高效完成扶贫村屋顶光伏并网发电，用“金太阳”充盈了百姓的“米袋子”。

三、成效说明

（一）“产学研用”彰显创新性

充分发挥新能源发电自主化技术研发平台和装备验证平台作用，应用具有自主知识产权的各类高新设备186台，国产化率达到99%。建成新能源检测试验基地，风电机组

试验检测能力、储能系统并网特性检测能力等达到了国际领先水平，推动了我国新能源产业链的完善和发展。金风、比亚迪等 52 家新能源企业的系列产品出口世界 33 个国家，带动了中国制造和中国服务“走出去”。

（二）瞄准前沿体现示范性

全面验证风光储输联合发电运行模式，国内最大源网友好型风电场、光伏电站发电出力平稳，总体达到常规电源水平。全球最大的多类型化学储能电站开启储能规模化应用先河，建成世界上首个具备虚拟同步发电机功能的新能源电站。截至 2021 年 12 月底，已累计输出超过 84 亿 kWh 优质绿色电能，节约标准煤 34.206 亿 t，减少排放二氧化碳 84.38 亿 t，实现了能源生产与生态环境可持续发展。

（三）标志成果赢得话语权

成功建立完整的风光储输联合发电核心技术体系，发布《大容量可再生能源并网及大容量储能接入电网》等 3 部技术白皮书，取得国际标准 1 项、国标 13 项、行业标准 21 项，对 15 个国家开展国际技术援助，确立了我国在新能源领域的话语权。60 余个国家，国际大电网、国际能源署等 28 个国际组织，1000 多位专家先后参观考察。接待国内外各界人士、各方来宾观摩超过 5.7 万人，展现了积极应对气候变化的负责任大国形象。

4.10

张北柔性直流电网工程

国网冀北电力

一、基地简介

2021年6月，张北柔性直流电网工程（以下简称张北柔直工程）获评全国爱国主义教育示范基地、中央企业爱国主义教育基地。该工程于2020年6月正式投运，是世界首个柔性直流电网工程，创造了12项世界第一。工程新建中都、康巴诺尔、阜康和延庆4座换流站，中都换流站作为张北柔直工程的重要送端换流站，是爱国主义教育基地建设研究与实践的承载地。该研究项目通过顶层设计、全方位展示工程、多手段打造讲解团队，扩大了基地影响力，充分向公众展示出建党百年来特别是新时代的“大国重器”和建设成就。

二、示范项目

（一）建章立制，打造冀北特色“红色文化”

分类参观管理机制。精心组织参观学习活动，与周边学校、机关、企事业单位、城乡社区、驻地部队等建立共建机制，有计划地组织大中小学生、党员干部、各界群众和部队官兵参观学习，根据不同到访对象分类分众定制各具特色的参观方案。

专业运检管理机制。牢记习近平总书记视察共产党员服务队的重要指示精神，以国网冀北电力“绿电先锋”共产党员服务队为骨干力量，以服务重大政治保电、服务清洁能源为首要目标，做好张北柔直工程的运维检修工作，保证张北柔性直流电网安全稳定运行，守护绿色能源进京通道，护航2022年北京冬奥会100%清洁能源供电。

成果宣传和推广机制。中都换流站作为爱国主义教育示范基地的展示窗口，参观人员通过参观主题展区、户外设备区和听取主控室电网运行方式的介绍，直观地感受到世界上最为先进的柔性直流输电设备与我国电力技术的迅猛发展；深入浅出地了解张北柔性直流电网在保证清洁能源安全、友好、稳定并网方面的作用；全面细致地了解张北柔直工程在坚持党建引领、推动新能源互联、服务京津冀地区能源转型、服务绿色冬奥等方面的成果。

（二）管理先进，推动柔性直流换流站运检智能化

国网冀北电力“绿电先锋”共产党员服务队带头钻研，开发柔性直流电网智慧运检系统——柔性直流大管家“贾维斯”，以及柔性直流换流阀厅多维立体智能巡检系统——“智巡航母”。通过建立柔性直流关键设备数字化模型，包括内部物理参数结构化建模和外部可视化高保真数字孪生模型，实现换流站全景数字孪生信息交互技术；基于数字化故障案例库和多源数据融合分析的柔性直流设备数字孪生综合状态评估分析，以提供最优巡检策略，辅助运检人员做出最优决策，对阀厅内部紧急情况迅速做出应急响应。发扬基层首创精神，成立金海望创新工作室，基于柔性直流运检技术前沿，以全面攻坚核心技术为目标，以科技创新的重点突破，在发明专利、技术标准、科技著作等方面全面发力，破解生产实际难题，填补柔性直流运检技术空白，助力提升张北柔直工程运行可靠性。

（三）党建引领，展现冀北责任与担当

始终坚持党的领导和加强党的建设，以高质量的党建引领爱国主义教育基地建设工作，设立党员活动室、党员责任区和示范岗，持续深化共产党员服务队建设，充分发挥党支部战斗堡垒作用和党员先锋模范作用，广泛宣传共产党员服务队的感人事迹、生动实践和创新举措，传递冀北声音，讲好冀北故事，树立责任央企品牌形象。坚决响应党中央号召，深入实施“碳达峰、碳中和”行动方案，加快构建以新能源为主体的新型电力系统，发挥张北柔直工程在服务党和国家工作大局中“大国重器”的作用，展现撑得起、靠得住的央企担当。

三、成效说明

（一）探索了企业爱国主义教育基地建设新模式

新时代国企建设爱国主义教育基地是国有企业贯彻落实《新时代爱国主义实施纲要》的重要举措之一。国有企业具有爱国主义教育基地的天然优势和功能定位，红色资源丰富，基础设施设备健全，是激发爱国热情、凝聚人民力量、培育民族精神的重要场所。张北柔直工程投运以来，持续积累系统内外爱国主义教育基地调研、交流、建设的经验，增强爱国主义教育内容建设的实效性，以多层次、多角度、多载体创新性改进展示方式，成功打造出主题突出、导向鲜明、内涵丰富的精品展示，突显出爱国主义红色教育功能的新时代特性，为社会各界参观学习提供了优质服务，成功探索出国有企业爱国主义教

育基地建设实践的新模式。

（二）打造了公司宣传“红色文化”的新样板

突出党建融入融合，把坚持党的领导、加强党的建设贯穿于推进爱国主义教育基地建设的工作中，围绕“红色文化”进行重点宣传。组织开展“红色基因，电力传承”主题展、“抗疫情、保供电”“电靓冬奥”主题宣传、“献礼建党百年”座谈、柔性直流工程投运等战役性主题传播，创新运用“云课堂”、网络大学等平台，与央媒、行业媒体、社会媒体和外媒广泛合作，让张北柔直工程的“风光”成为京津冀协同发展的亮丽底色，向世界展示了“双碳”目标落地示范区、柔性直流电网等技术的先进理念以及电力交易、虚拟电厂等新能源消纳的有力举措，打造国内外领先的源网荷储协同互动以及能源生态和谐共赢综合示范标杆，全方位、多角度展示公司落实“双碳”战略、服务绿色冬奥的责任形象，打造公司宣传“红色文化”的新样板。

（三）展现了公司助力“双碳”落地新形象

张北柔直工程是支撑低碳冬奥的智能电网综合示范工程，该项工程包括中都、康巴诺尔两个送端换流站、延庆受端换流站和阜康调节换流站，输电线路长 666km、总换流容量 900 万 kW，直接把张北地区的绿色能源接入北京电网，每年可向北京输送 140 亿 kWh 的清洁电力，年减排二氧化碳 1280 万 t，全面满足北京及张家口地区的冬奥会场馆用电需求，助力北京冬奥会场馆实现绿电全覆盖，展现了公司助力“双碳”落地新形象。

4.11

“全电力优化、新能源优先”双边电力现货市场建设示范基地

国网山西电力

一、基地简介

山西是全国首批八个现货试点建设省份之一。截至 2021 年 12 月底，已完成 397 天结算试运行，是国内结算试运行时间最长的双边现货市场。自 2021 年 7 月起，在全国率先启动双边现货市场不间断结算运行，获得国家发展改革委、国家能源局的高度肯定，管理模式和建设经验具有典型性和示范性。

国网山西电力作为山西现货市场建设的实施主体单位，承担市场建设组织、规则体系编制、技术支持系统建设、市场运营管理、计量与电费结算等重要业务。可在调度大厅、交易大厅全过程演示现货报价、出清、结算等环节的协同工作过程、业务流程和建设成果。

二、示范项目

因地制宜，做好山西现货市场顶层设计。紧扣山西富裕装机多、外送规模大、新能源和供热机组占比高等特点，在“计划+市场”双轨制运行的条件下，将省内用电和外送电作为全电量竞价空间，构建了“中长期+现货+辅助服务”完备且有机衔接的电力市场体系。以“全电力优化、新能源优先”为原则，将火电、新能源统一纳入市场竞争，促进新能源和低成本、高效率火电机组多发电。

内外协同，建设高效市场建设运营体系。坚持“开门搞改革、开放建市场”的思路，对外，会同政府相关部门，组织部分发电集团、售电公司成立电力现货市场专班，建立“边运行、边完善”机制，共同研究制定规则体系；对内，在全国首家制定现货市场业务协同规范，明确各部门的职责分工、业务流程和基础数据管理等内容，成立现货市场建

设和运营领导组，组建专业柔性团队，高效开展市场建设运营。

“三流”融合，打造坚强可靠的技术支持系统。建设包括 81 个功能模块、1129 项具体功能的现货技术支持系统，并与电力交易平台、电费结算系统、营销业务应用和用电信息采集系统、电能量计量系统贯通融合，支撑信息发布、交易申报、交易组织、结果执行、计量和结算等业务环节在线运行，实现电力流、信息流、资金流有机融合，是公司数字化转型的重要实践。

平衡利益，科学设计市场运营费用科目。深入研究因发用两端市场化电量不匹配、电网阻塞等原因形成的市场运营费用成因，以“谁引起、谁承担，谁受益、谁承担”的原则，统筹设置 3 类 12 项市场运营费用，厘清各类市场主体分摊、返还比例，约束管理市场行为，其中市场平衡类费用坚持市场均衡原则，成本补偿类费用兼顾“保安全”和“降成本”，市场调节类费用突出权责利对等，有效保障各方利益分配公平公正。

创新创优，优化调整营销计量业务流程。全面改进，在档案优化、用电变更、数据采集、电费结算等方面，构建了 15 分钟计算、按日清算的营销业务新模式。省市县三级联动，将智能抄核异常工单向下级单位“点对点”实时派送，提高市场化用户结算及异常处理的时效性和准确性。拓展数据展示渠道，通过“网上国网”App 展示市场化用户结算明细、历史电量等信息，方便用户及时了解和查询。

三、成效说明

在山西电力现货市场建设过程中，国网山西电力大胆创新、勇于探索，在双轨制偏差资金控制、保障新能源消纳等方面创造了多个“第一”和“唯一”，较好地完成了中发 9 号文及现货市场建设系列文件规定的建立有效竞争的现货交易机制、形成体现时间和位置特性的电能量商品价格等主要目标任务，在“保供应、保安全、促消纳、促转型”方面取得积极成效。

现货市场提升电力供应保障能力。通过全电力优化形成分时电价，在电力供应紧张的高电价时段，一方面，激励火电机组多发满发，获得高电价，同时避免因发电出力低于中长期合约时，需购入高价电履约造成亏损；另一方面，引导用电侧主动减小负荷，降低购电成本。2020 年底及 2021 年度夏期间全国电力供应紧张时期，在省内负荷加外送负荷最大达 4629 万 kW、同比增长 11.3%的情况下，有效保障了电力供应。

现货市场提升电网安全运行水平。节点电价缓解阻塞，用电阻塞区域内节点价格升高，引导区域内机组多发，降低断面潮流，有效缓解电网“卡脖子”问题，减轻电网安全运行压力。采取熔断机制以应对突发情况，遇有突发情况影响电网安全时改为人工调整模式，确保安全第一。2021 年 4 月 15 日，成功应对突发沙尘暴天气造成新能源出力骤降近 500 万 kW 对电网造成的冲击。严守边界做好保电，重要保电时段依规则提高备用、调减断面限额，降低故障对电网的影响。

现货市场促进新能源消纳。新能源“报量不报价”参与市场，优先纳入市场出清、优先安排消纳。率先实现调峰辅助服务与现货市场的融合，在新能源大发期间，现货市场价格甚至降为零，引导火电机组主动停机或降低出力下限，将发电空间让给新能源，支撑构建以新能源为主体的新型电力系统。2021 年 4～12 月，火电机组启停 1198 台次，同比（非现货期间）增长 35%，且在原有深度调峰能力的基础上进一步降低出力下限 90 万 kW，增加消纳新能源电量 31.3 亿 kWh。

现货市场促进电力行业转型发展。促进山西煤炭资源优势不断转化为经济优势，通过发电和用电侧在现货市场中的充分竞争，高效率、低成本的火电机组实现了多发电，助力“双碳”目标早日实现。2021 年二季度现货试运行期间，省内煤电联营的火电机组相比中长期模式平均增发电量 30%左右。高效的价格发现机制，使市场在资源优化配置中的作用得以充分发挥，也为储能、虚拟电厂、综合能源服务等新产业、新业态提供了可行的商业模式和机制基础。目前，山西有 2 座储能电站正在建设，10 余家售电公司正在投资建设虚拟电厂项目。

4.12

"精致电网"支撑"精致城市"发展示范建设

国网山东电力

一、基地简介

2018年以来，威海"精致电网"建设在探索中实践，在实践中提升，首创"精致电网"建设理论体系，提出建设网城融合型地市级示范能源互联网，全面供好安全电、智慧电、绿色电、美丽电，打造服务"精致城市"电力典范、助力"碳达峰、碳中和"先锋模范、落地能源互联网战略示范。明确"精致电网"坚强·智慧·绿色·融合"四位一体"内涵和"四融""五精"特色，创新构建威海"精致电网"指标体系，量化评价、科学引领"精致电网"建设与发展，建设成效被人民日报客户端、大众日报、新华社高管信息、山东电视台、国家电网报等媒体广泛报道。2021年6月，中国电力企业联合会组织召开威海"精致电网"建设研究与实践评审会，专家组一致认为：威海"精致电网"建设在服务"双碳"目标、新型电力系统构建方面实现了良好起步，整体达到国内领先、国际先进水平。

二、示范项目

（一）韩乐坊城市品质提升示范

韩乐坊是威海市政府重点打造的精致城市品质提升样板区。项目以韩乐坊特色商业圈为契机，建设"网城融合、能源互联、三位一体"城市品质提升示范。

打造工单驱动业务示范。推广应用7大类9小项热力分布图，实现基于状态驱动的综合巡检。打造网城融合示范。将35kV长峰变电站外形及周边配电站房、附属设施与周边环境完美融合。

打造高品质服务示范。打造"充电+驿站+体验"三位一体服务，建成4桩4车位快充站，设置L形集装箱式彩虹驿站，融入零能耗元素，彰显高品质生活风尚。

山东省首批建成配电能源互联网管理平台。运用数字孪生和智能 AI 分析技术，建成全量接入、全息感知、全景透明的配电能源互联网管理平台，实现台区低压自动拓扑、主动抢修、主动运维等 22 项高级业务应用，建设数字台区典范，打造高品质服务示范。

（二）爱伦湾能效服务示范

爱伦湾海洋牧场是国家级海洋牧场示范区，融合建设光伏、热泵、储能、智能感知控制等多种元素，打造服务特色海洋产业的能效服务示范。项目一举夺得全国首届智慧城市创新应用大赛特等奖。

能源互联促绿色转型。充分开发和利用太阳能、风能、储能等可再生资源，构建智能、高效、可靠、绿色海洋微电网系统，降低客户用能成本。

物联感知促精益养殖。推广具备感控功能的养殖电气化设备，实现海带、微藻、鲍鱼等养殖设备智慧物联，减少企业人工支出。

电能替代促质效双升。推动海产品加工“煤改电”改造，借助高效热泵、电气化生产设备，提高客户良品率和生产效率。探索海洋碳汇参与市场交易，形成共享共赢综合能源商业运营新业态。

（三）客户侧能源互联网示范

依托“用电信息采集主站—采集终端—电能表”感知架构，坚持创新驱动、便捷高效、成本最优，打造地市级客户侧能源互联网示范。

“源”端实时测控。全部电厂实现透明监测，助力现货交易结算和电厂内部发用情况监控；全域 5317 个分布式光伏可观可测可控。

“网”间智能管理。精品台区初具规模，首创“RS－485 寻址＋大数据分析”拓扑技术，实现低压台区四级自动拓扑、停电精准感知等功能；聚合储能、光伏、充电桩、智能家居等可调资源，建设 2 处示范级海绵台区，资源配置优化率提升 30%。

“荷”侧智慧感知。有序推广非介入式负荷辨识技术，覆盖主要行业及整台区低压居民 1283 户，实现详单式能效分析及设备精准感知；建成 2 处有序充电小区、4 处 V2G 充电桩示范。

“储”点灵活经济。建成王家疃台区内储能、海洋牧场移动式储能、刘公岛“光储充放”一体化充电站、长峰变电站“多站”融合等分布式储能多元场景。

（四）双岛湾“获得电力”示范

以双岛湾区域为试点打造“获得电力”示范区，全面实现客户办电零感知、零投资、零停电的“新三零”服务。

山东省首家打造“政务＋”电力融合服务，水电气暖等公共服务“一次申报、自助选择、联动办理”。

山东省率先实现高压电力接入工程行政审批告知承诺制，施工企业通过政务网站在线获取备案证明，在施工地点张贴后即可开工，实现“承诺即开工”。

“零感知”。创新“房产+用电”联合过户、企业注册即来电、企业项目赋码，实现企业项目无感办电、房产交易无感过户。

“零投资”。在山东省首家促成政府、供电企业共同投资至电力客户红线，实现符合条件的10kV工商业客户接入“零投资”。在示范区建成10kV“100米接电圈”，0.4kV“200米接电圈”。

“不停电”。在示范区内推进配电自动化实用化应用，自动化标准化配置率达100%，拓展不停电作业项目，实现架空、电缆不停电作业全覆盖，业扩施工不停电作业化率达100%。

（五）福河变电站电网基建绿色建造示范

220kV福河变电工程推行全寿命周期的绿色建造方式，绿色发展理念、数字智慧手段贯穿工程建设的全链条，打造国网首座绿色建造+智能运检融合应用保护示范站，入选国家电网公司“五好”工地，推动电网建设向绿色发展和数字化转型。

实施“绿色建造”，推行全寿命周期的绿色建造方式，全站装配式构件占比高达80%，工期缩短95天，采取全自动喷雾降尘系统等环保手段实现全过程绿色施工。建设中的福河变电站以低扬尘、低噪声、低影响打造“隐形工程”，实现生态融合。

基于AI深度学习技术的智能电子眼、BIM技术全覆盖，探索数字化成果在施工中的深化应用。在全国首次构建整站二次电缆施工数字化系统，打造国内领先的二次施工亮点，形成全链条数字化管理模式，实现数字化交付。

实现“专业融合”，协同智能运检系统同步建设，预留智能化运检综合布线、设备挂点，精细化建设响应精益运维需求，配置融雪伴热及自动喷淋等设施，整站全部继电保护及安全自动装置采用“国产芯+数据指纹”，实现二次设备运行数据全景监视，打造国网首座自主可控保护融合示范站，实现功能智慧化。

建成后的福河变电站以精美的外观设计融入城市山海、充电储能等多站合一的新型基础设施，提升资源利用效率和对外服务能力，示范引领新型电力系统构建。

（六）“精致电网”全景导航器

汇聚整合各专业系统数据，打造地市级运营管理平台，实现企业运营信息一站共享、状态一图感知、分析一键智达、成效一窗尽览。

场景化分析促管理提质。设计链条式业务场景，强化纵横对比，构建专题图层，提供业务预警能力，促进管理数字转型、质效稳步提升。

线上化互动促对外赋能。严守数据安全底线，贯通与城市指挥运行平台数据接口，为政府提供线上化、实时化能源电力大数据服务，辅助政府决策精准化、城市运行智慧化。

（七）“韩乐坊”直流微电网示范区

随着“双碳”政策的加速落地，传统电力系统发展迎来深刻变化，源荷高互动、负荷自平衡的智能微电网成为配电能源互联网发展的重要方向。建成国内首个基于组群式策略的智能微电网示范，取得了多项国内首创成果。

国内首创“集中+分散”组网模式。将 2 个光伏高渗透率台区与 2 个居民台区在本地各通过一组柔性直流装置进行集中互联，两组装置之间采用 750V 直流母线远端互联，构成四台区柔性直流互联系统。

国内首创融合终端“全要素”监控。统一直流开关、充电桩、储能等新型源荷的数据模型，基于 RS485+双模通信技术，实现融合终端对微电网群内源网荷储全要素的实时监控，为微电网运行控制、策略执行提供数据依据。

国内首创组群式微电网控制策略。通过融合终端与云主站的协同，创新部署光伏优先消纳、变压器负载削峰填谷、重要客户高可靠性用电等 7 大组群式控制策略，形成以“边—端”自治，“边—边”互通，“边—云”协同为特征的智能融合终端控制策略顶层设计，实现微电网内清洁能源高效消纳和安全可靠供电。

三、成效说明

“精致电网”理论体系科学指引“精致电网”建设。国内首次从城市发展视角创新提出“精致电网”建设理论体系，通过规划目标、建设方案、指标体系等对建设成效客观评价和对未来发展科学指引。

“精致电网”建设有效助力“双碳”示范城市建设。建成地市级源网荷储多元协同调度控制平台、分布式光伏可观可测可控、多种储能方式等，推动源网荷储各类元素优化运行，在全国首次开展万千瓦级空调负荷调控试验，助力清洁能源高效消纳。

“精致电网”建设争创服务“精致城市”电力典范。聚焦电网与城市各类要素融通，促成政企协同共建电网模式。联合政府发布《威海市环境融合型电力设施建设实施导则》，推动电网设施形态与城市文化、建筑风格和周边环境协调。

“精致电网”建设主动服务“精致城市”高质量发展。打造获得电力示范，实现新“三零”服务模式，建成海洋牧场，助力乡村振兴。

4.13

能源互联网 5G 应用示范基地

国网山东电力

一、基地简介

为深入贯彻习近平总书记关于“加快 5G 等新型基础设施建设，积极丰富 5G 技术应用场景”的重要指示精神，全面落实国家电网公司战略和“一体四翼”发展布局，加快 5G 融合应用，大力推进数字化转型，国网青岛供电公司聚焦“双碳”目标，发挥 5G 在以新能源为主体的新型电力系统中的作用，构建了关键技术突出、示范成效显著、创新要素集成的 5G 应用示范基地（以下简称基地）。

基地始建于 2019 年 8 月，国网青岛供电公司与中国电信、华为公司联合签署了 5G 战略合作协议，共同组建了 5G 应用联合创新实验室。2021 年 9 月，升级为国网山东电力能源互联网 5G 应用技术实验室。2020 年 7 月，建成了国内最大的 5G 智能电网实验网，中央电视台进行了专题报道。目前基地已建成 35 座 5G 基站，覆盖四大 5G 应用示范区，拥有三大运营商边缘计算系统，开展了业界领先的十余项课题研究及应用示范。

基地先后获得全球 5G 自动化最佳创新商业项目奖、全国绽放杯等多项国内外大奖，入选工信部首批《“5G+工业互联网”十个典型应用场景及 5 个重点行业实践》等。2021 年 7 月，受邀参加工信部 5G 行业应用规模化发展现场会，并做主题发言。

二、示范项目

（一）以“两个思维”为引领，加强人才培养和组织创新

发挥系统思维和互联网思维的乘法效应。率先建立 5G 应用技术实验室，汇聚 5G 专业人才。与中国电信、华为公司联合签署了 5G 战略合作协议，依托西海岸国家级新区、上合经贸示范区等区域，建成全国最大 5G 智能电网实验网。率先建立柔性协同机制，打破专业壁垒。跨专业组建 10 个 5G 应用研发柔性团队，整合资源推进 5G 在能源互联

网的应用重点任务攻关，并依托国网青岛供电公司的产学研融合与人才培养平台，形成创新合力，共同推进 5G 课题研究。

（二）以“两个聚焦”为着力点，加强网络建设与应用创新

聚焦安全可控，加强 5G 电力实验网建设。一是建立切片网络，保障业务数据安全。国内率先融合 5G 核心网 UPF 下沉技术、承载网 Flex－E 技术和无线网 PRB 技术，构建高可靠性 5G 电力切片网络，并划分生产控制大区和管理信息大区两个物理隔离的切片。每个切片内划分为两个逻辑隔离的分区，实现电网数据在 5G 电力切片流转。二是开展安全验证，提升网络防护水平。依据国家电网公司信息网络安全防护总体方案要求，联合中国电信、华为公司，结合 5G 承载电网业务模型，从终端、基站、传输网、核心网、边缘计算、切片管理到应用系统，在无线资源控制层、用户面安全、非接入层安全、IP 层安全四个方面制定验证方案，在国网系统内率先开展端到端的 5G 切片体验及安全隔离能力验证和网络防护研究工作，为 5G 在电网深化应用提供安全支撑。三是建成管理平台，实现资源可管可控。在国网系统内率先建成了具有自主知识产权的 5G 电力切片网络管理平台，满足动态电力切片端到端定制、自动化部署的应用需求，实现 5G 切片的可管可控，为 5G 在电网的大规模应用打下坚实基础。

聚焦关键业务，深化 5G 技术应用赋能。在精准负荷控制方面，国内率先开展基于 5G SA 网络完成“毫秒级精准负荷控制”5G 承载试点验证，完成装置负荷量上送及整组传动测试试验，解决传统光纤通信方式下通信接口转接多，光缆敷设难度大、后期运维成本高等问题。在配网差动保护方面，国内率先开展基于 5G SA 网络的自同步对时配电网差动保护研究，试点验证了 5G 替换配电网差动保护光纤通道的可行性，克服 5G 网络纵差保护同步难题，将纵差保护原理的绝对选择性和优良的保护性能应用到配电网，实现配电网故障区段的快速定位与隔离。在无人机巡检方面，国内首次研发无人机搭载 5G SA 网络传输模块，率先引入电力北斗服务，同时融入图像智能识别技术，实现无人机自主巡检、图像实时回传、缺陷智能识别，解决了困扰无人机巡检操作难、回传难、分析难的问题。

此外，基地在“5G＋分布式能源接入、移动办公、智慧物资管控”等方面也进行了业界领先的探索与应用。

（三）以“三个方向”为突破口，加强成果凝练及业界影响

在创新竞赛方向，以竞赛凝练检验成果。积极组织参加国内外创新竞赛活动，凝练创新成果，先后获国际网络自动化最佳商业创新大奖、2020 年山东省移动互联网及 5G 应用创新技能大赛一等奖、第三届“绽放杯”全国总决赛三等奖、第四届“绽放杯”标杆赛铜奖、国家电网公司第六届青年创新创意大赛二等奖等。

在标准制定方向，以标准抢占技术高地。深度参与标准制定工作，先后与华为等单位联合发布《5G 确定性网络白皮书》《5G 电力虚拟专网建网模式白皮书》，并作为唯一

工业能源案例，入选全球移动通信系统协会（GSMA）5G 独立组网驱动应用案例集。

在交流合作方向，以成果扩大基地影响。积极与各方开展交流合作活动，作为行业应用的四个企业之一和唯一的电力企业，受邀参加工信部 5G 行业应用规模化发展现场会，并汇报了 5G 创新应用成果等，先后与法国电力开展线上线下交流活动，并开展“孪生”实验室建设，促进国际合作。

三、成效说明

（一）经济效益

5G 传统光纤模式替代。传统光纤通信模式下，每个电力终端建设成本 4 万元，按照 5000 个终端计算，总建设成本为 2 亿元；采用 5G 模式，现有通信终端价格 0.2 万元，总建设成本为 1000 万元，预计可节省建设成本 1.9 亿元。

“5G+北斗无人机智能巡检”。相比传统无人机巡检模式，“5G+北斗无人机智能巡检”模式效率提高 8 倍以上。投运一年以来，累计节约巡检费用 420 余万元。

（二）社会效益

服务保障电网的安全经济运行。5G 的大带宽特性，确保了电力线路和变电站超高清视频数据的实时回传，有效提升各类设备隐患发现的准确性和实时性；5G 的低时延特性，扩大了配电网纵差保护应用、毫秒级精准负荷控制覆盖范围，使用户停电时间从分钟级缩短至秒级，提升电网运行可靠性；5G 的广连接特性，广泛应用于分布式电源接入、配电网态势感知、智慧物资管控和移动办公等场景，提升电网运行和管理水平。

形成构建能源互联网的广泛共识。2020 年 7 月 23 日和 30 日，国家电网公司总经理张智刚、总信息师孙正运先后到国网青岛供电公司调研 5G 应用，充分肯定了基地的创新成效。作为国网战略落地的典型示范，基地在取得系列创新成果的同时，也获得了央视等主流媒体的集中报道，充分展现了国家电网公司“大国重器”的责任担当，彰显了国有企业“六个力量”的时代使命。

4.14

进博会供电保障前线指挥中心

国网上海电力

一、基地简介

进博会供电保障前线指挥中心（以下简称中心）承担着中国国际进口博览会（以下简称进博会）供电保障的“智慧大脑”作用，主要针对进博会所在场馆——国家会展中心周围 $10km^2$ 核心保电区内的电网运行、设备状态、保障资源、信息安全等进行监控，并实现紧急情况下的应急指挥，与国网上海电力应急指挥中心实现“双活互备”。中心集成了国网上海电力的全景智慧供电保障系统及各相关支撑系统，集成了 30 余套各类专业系统的数据，能够对上海电网 0.4～1000kV 末端用户的用电安全进行管控，满足配电网调度、运行监控、抢修指挥、异常处理、通信管控等相关功能需求。

二、示范项目

为了实现进博会“六零三确保”[1]安全保电目标，中心利用“大云物移智”等新技术，打造保电新模式，推动保电工作从拼体力、拼时间的“人海战术”，向拼科技、拼效率的“智慧保电”转变。中心依托进博会某 110kV 变电站和全景智慧供电保障系统等信息系统，实现保电过程的全景看、全息判、全程控。

在输电层面，为了加强重要线路抵御外损外破能力，对架空线、电缆通道、电缆井等相关区域进行全面监控。在架空线上，通过输电通道可视化监拍装置可自动甄别吊车、推土机、挖掘机等外破隐患并及时发出预警；在电缆通道上，通过布置的分布式光纤振动监测装置，能够实时记录被监测电缆的振动情况，快速判断故障或隐患位置。在核心保电区电缆通道上，通过布设的智能井盖监测装置，能够对电缆井的开合状态、井下氧气、一氧化碳、硫化氢、甲烷、水位、温湿度等信息进行实时在线监测，有效保障了电

[1] “六零三确保”：电网设备零缺陷、重要负荷零闪动、供电服务零投诉、安保反恐零事件、人员工作零差错、网络信息安全零漏洞，确保场馆供电万无一失、确保城市基础设施供电万无一失、确保全市生产生活用电万无一失。

缆通道安全，并为下井抢修人员提供参考。

在变电层面，为了加强变电站运行监控水平，对核心保电区内与保电相关的重要变电站进行了智能化改造，并布置了站内辅控系统对站内监测数据进行边缘计算后将运算结果上传监控云平台。通过智能巡检机器人，能对开关室内开关柜的温度、局部放电、开关状态等情况进行实时查看，并通过机器人对开关柜运行状态进行 24h 不间断巡检，实时了解开关柜运行情况。通过变压器油色谱监测装置、红外图谱监控装置，能够实时分析变压器温度过高、绝缘损坏、匝间短路、套管漏油等运行缺陷。通过 GIS 局部放电监测装置，能够实时监测高压开关内部放电情况，防止 GIS 烧毁事故的发生。通过电缆层红外、可见光、局部放电三合一监测装置，能够对电缆运行情况进行实时诊断分析。此外，变电站辅控系统还能对全站温度、湿度、火灾监测、工器具管理、门卫技防等信息进行实施分析，实现变电站的全方位监控。

在配电层面，为了保障低压出线的稳定运行，在配电站内装设了智能配电站辅控系统，对配电站运行情况进行智能监测。通过断路器机械特性监测装置，可对分合闸回路、电机储能回路的电流和电压进行分析，提前发现机构卡涩、分合闸不同期、回路阻抗过大等隐患。通过低压出线回路监测装置，可对低压出线的电流、电压、功率因数等参数进行监测，第一时间获取低压故障信息。通过配电变压器噪声监测，可获取变压器健康度信息，并防止噪声过大对居民产生影响。此外，配电站辅控系统还可监控配电站温度、湿度、火灾、局部放电等基本信息，并能与站内视频及智能巡检机器人进行联动。

在数字化转型应用方面，推进电网状态数字化、设备数字化、人员数字化、装备数字化、业务数字化深化应用，解决不同生产实际遇到的问题，让智慧供电保障体系运转更加高效化，如图 1 所示。

通过电网状态数字化，能够实时感知电网的供电可靠性情况、主变压器及配电变压器重/过载情况、核心区台区重/过载情况、电网抢修情况、各类故障供电服务情况，为指挥人员提供精准参考。通过综合监控板块对上海电网的供电可靠性进行实时监控，上海全域全口径供电可靠率达到 99.992%，中心城区供电可靠率达到 99.999%。

通过业务数字化，能够实时查看全网各类工单数量、工单来源情况、工单处理进度、接单人员信息等，实现工单驱动业务流程；能够根据在岗人员工种、位置等信息，智能远程派单、远程许可及站点智能导航；并能对重复报修的工单、重复停电的台区、停电修复时间长、停电范围影响大的台区进行重点管理。

三、成效说明

（一）提高电网监测水平

基于电力物联网技术的全景智慧供电保障指挥系统能够及时发现电网及设备隐患，避免电网故障的发生，可将意外停电事故数量减少到最小，通过提前的预警防患于未然，减少企业停电损失。在故障发生时，能够统一调配供电保障资源，提高抢修效率，使企业停电损失最小化。

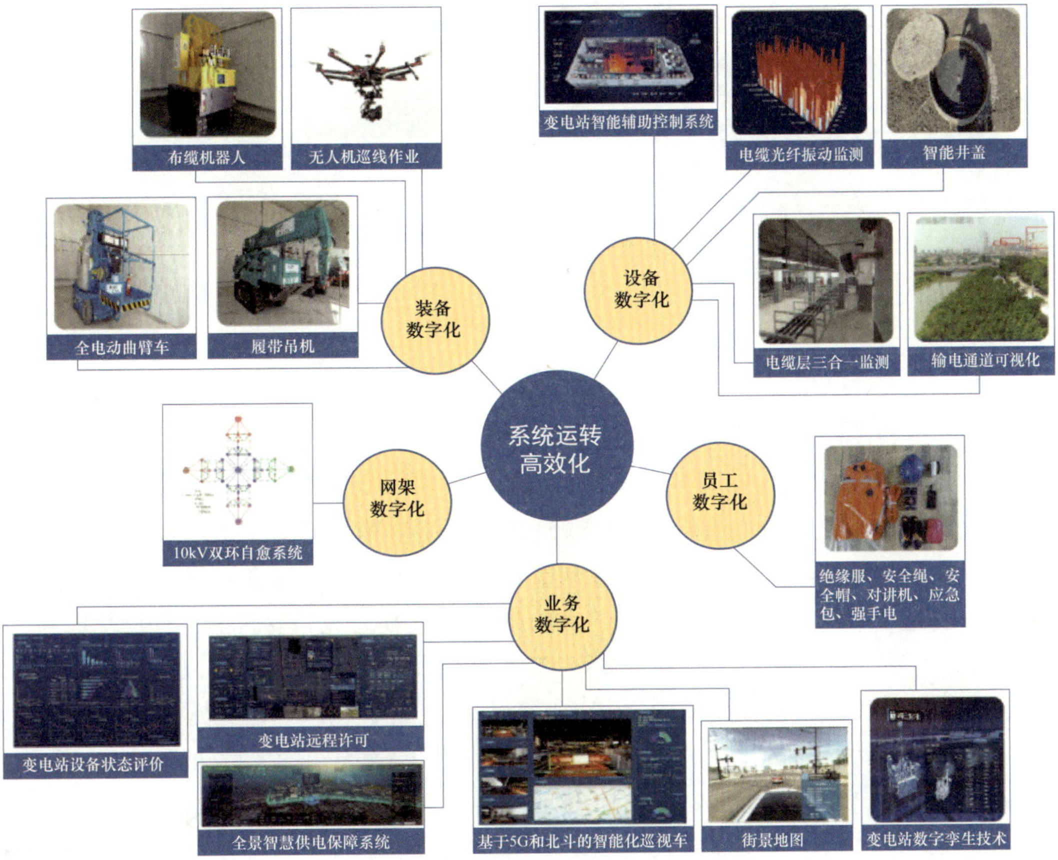

图 1 “五个数字化”助力全景智慧供电保障系统高效运转

（二）提升供电可靠性

电网企业承担着保障安全、经济、清洁、可持续电力供应的使命。中心运用基于电力物联网技术的全景智慧供电保障指挥系统，促进电网更加坚强智能，大幅减少用户停电时间，助力实现了核心保电区供电可靠性达到 99.999 9%，确保“六零三确保”保电目标的实现。

（三）提升保电工作效率

中心依托电力全景智慧供电保障系统，实现了电网状态、智慧保电、资源监控、调度指挥、信息安全等保电工作的全景可视化，有效支撑供电保障的指挥工作。通过人工智能技术的应用，大大减轻设备巡视人员的工作强度。通过电网故障智能研判及抢修工单智能派发功能，实现精准、高效派单，提升了工作效率，减轻工作人员劳动强度，将保电工作人数精简至原来的 50%。

4.15

“伟大建党精神电力实践”红色教育基地

国网上海电力

一、基地简介

国网上海电力深入学习贯彻习近平新时代中国特色社会主义思想，全面落实习近平总书记“七一”重要讲话精神和考察上海重要讲话精神，积极探索“伟大建党精神的电力实践”，打造以智慧党建中心为“红色大脑”、以“民族之光”爱国主义教育基地与“初心·使命”党性教育基地为“精神双翼”，汇聚党建、党史、党性“三位一体”的“伟大建党精神电力实践”红色教育基地。基地以智慧党建为引领，打造党建融合业务系统，促进红色大脑和能源大脑“两脑融合”，全面展示党史、新中国史、改革开放史、社会主义发展史与电业史的史史相通、情情相融的百年历程，激励全体干部职工弘扬伟大建党精神、赓续红色血脉，发扬新时代电网铁军精神，以更加昂扬的奋斗姿态立潮头、勇争先，更好地服务上海经济社会发展、支撑国家电网公司做强做优做大。

二、示范项目

（一）聚焦“党建”，立足“一屏观党建、一云融业务、一网聚人心”，打造驻沪央企首家智慧党建中心

创新构建智慧党建数智化管控平台。建设驻沪央企首家智慧党建中心和32家基层分中心，逐级完善“党委—党支部—党员服务队—党员攻关小组”网格，形成四级联动、纵向贯通的红色战斗力矩阵。试点推广“先锋码”和移动终端，探索以“一屏一码一终端”打通党组织和党员的“神经末梢”。科学划分党员责任区、精准设置党员示范岗，充分发挥“明灯”共产党员服务队的先锋模范作用，让党旗在一线高高飘扬。全面优化智慧党建“全景看、全息判、全程控、全网动、全面评”功能，以“多维预警+辅助决策”推动党建工作从人工核查向自动预警、从定性评价向量化管理转变。

创新实施“智慧党建+八大应用生态”。实施“智慧党建+”工程，将系统部署在企业云平台，通过数据中台贯通党建与业务数据，促进红色大脑和能源大脑“两脑融合”，有力破解党建与业务“两张皮”问题。构建“智慧党建+业务”双链融合模式，迭代开发“智慧党建+抗疫保电”“智慧党建+现场安全管控”等 60 个实战化应用场景，推动党建工作与电网升级、重大保电、卓越服务、科技创新等核心业务内嵌融合。

创新推进正、通、知、聚、励的“五心”工程。聚焦“正人心”，做到正则有品质，精心组织“建党百年·百年电力”主题系列活动；聚焦“通人心”，做到通则有机会，线上线下开辟党员“谈心交心”新阵地；聚焦“知人心”，做到知则有治理，创新提出“四感两度”慧心指数，运用小波基函数建立员工思想脉搏模型；聚焦“聚人心”，做到聚则有归属，先后开展线上直播活动 20 余次，覆盖员工 14 000 余人次；聚焦“励人心”，做到励则有温度，深入开展红色基因“传帮带”工程，建设“精神长廊”，展出 3 批红色先锋群英谱，展现上海电力人对伟大建党精神的传承与践行。

（二）聚焦党史，立足“红色基因、电力传承”，打造“一馆观四史、一脉传精神”爱国主义教育基地

传承红色基因，献礼建党百年。国网上海电力贯彻落实习近平总书记“把红色资源利用好、把红色传统发扬好、把红色基因传承好”的重要指示，立足“建党百年”历史新起点，认真落实国家电网公司“红色基因、电力传承”实践要求，主动响应上海市委“党的诞生地发掘宣传”工程，与党史学习教育相结合，建设“一馆观四史、一脉传精神”党史教育阵地——“民族之光”爱国主义教育基地。基地位于已有 110 年历史的闸北电厂，占地面积 3369m^2，设置百年发电机、百年大事记光幕图谱、爱国主义故事长卷等九大亮点展项，并与中共一大会址纪念馆进行联展。

弘扬伟大建党精神，传承电网铁军光荣传统。这座具有电力特质的爱国主义教育基地，从人、事、物、魂四个维度，通过 109 个故事、83 件展品讲述在中国共产党领导下的上海电业百年发展史，突出伟大建党精神的电力实践，挖掘“第一个电业党支部”的红色电力源头，弘扬“点亮第一盏灯”的首创精神、“点亮万家灯火”的奉献精神、“点亮美好生活”的服务精神，让参观者从伟大建党精神的传承与发扬、百年电业的发展壮大与创新实践中得到激励，更加坚定爱国之心、兴国之情、强国之志，打造“无愧于党的诞生地”国家电网闪亮名片。

（三）聚焦“党性”，立足“人民电业为人民”，打造“初心·使命”党性教育基地

高水平建设，发挥基地红色教育功能。国网上海电力深入践行中国共产党“为中国人民谋幸福、为中华民族谋复兴”的初心使命，秉承“人民电业为人民”企业宗旨，以国家电网公司《初心·使命》系列图书和国网上海电力《红色导图》《精神图谱》《城市的血脉》为标准，建设以“三盏灯、三道门、一幅红色导图、一条精神长廊、多个主体

教学区”为亮点的党性教育基地，将红色精神、电力资源、基层党建和中心工作等有机串联，展现中国共产党人和上海电力人的初心使命。

高质量运营，拓展基地平台性功能。基地先后承办了上海市经信系统发展对象培训、国网上海电力党委管理领导人员培训、青年干部培训等培训交流，持续输出高质量的教学和研究成果，实现在中国浦东干部学院国家级平台和国家电网公司党校平台的成功亮相，6门精品课程入选国家电网公司党校名师名课。持续深入推进“战疫党建研究”“智慧党建研究”等课题，更好发挥党建高端智库作用，为国网上海电力提供党建决策服务。

三、成效说明

自建成以来，上海市委市政府、《求是》杂志、中国发展研究院、中国浦东干部学院以及国家电网公司系统内外近百家企业等共计500余批9000余人到“伟大建党精神电力实践”红色教育基地调研并给予充分好评。其中，智慧党建中心被中国浦东干部学院、上海市经信工作党委分别列为校外学习基地和经信系统学习基地；“民族之光”爱国主义教育基地获评中央企业首批爱国主义教育基地、上海市爱国主义教育基地和上海市经信委爱国主义教育基地；“初心·使命”党性教育基地获中国高管培训联盟优秀党建类培训项目奖，并入选上海市经信系统组织生活基地。近年来，“伟大建党精神电力实践”红色教育基地的文化铸魂、文化融入、文化赋能效应不断放大，涌现出党的十八大和十九大代表徐爱蓉、全国劳动模范谢邦鹏等一大批先进典型。2021年，国网上海电力党委获评全国先进基层党组织和上海市先进基层党组织，“建党百年·百年电力”特色做法入选中央和国资委党史学习教育简报。

4.16

苏州同里区域能源互联网示范区

国网江苏电力

一、基地简介

1. 业务范围

苏州同里区域能源互联网示范区的业务范围包括：一是电网调控业务。打造源网荷储协调控制系统，通过对区域内源网荷储等各类元素的协调控制，实现能源微电网的经济高效运行。区域内建成了风电、光伏、光热、压缩空气储能、电池储能等多能源形式，通过优化管控模式，实现冷、热、电等多种能源最优化的互补运行。二是多功能充换电业务。打造多功能绿色充换电站，实现“光、储、充、换、放”一体化运营，可为公交车、乘用车提供全自动换电和快速充电服务，实现新能源消纳、退役电池梯次利用和充换电站经济高效运行。三是综合能源服务业务。打造江苏能源云网苏州子平台，全面集成水、电、气、热、冷等多种能源数据，为政府提供能效全景展示和分析，辅助制定能源政策；为用能企业提供能效检测、评价和分析，提供需求发布、服务商检索，助力能效提升；为能源市场参与主体提供综合能源交易服务，为运营商提供可定制化的能源管理子系统，降低运营成本；为社会公众提供公共服务应用，凸显共享价值。

2. 承担功能

苏州同里区域能源互联网示范区承担以下功能：一是示范“可再生能源利用”先进技术。构建以双微电网路由器为硬件核心、以源网荷储协调控制系统为软件支撑的绿色能源微电网，应用清洁可再生能源发电、储能、综合能源利用、交直流混供等多种自主创新的先进可再生能源利用技术，有效满足分布式能源、多元服务快速发展的需求。二是构建“综合能源服务商”先进模式。探索综合能源生产、配置、管理、服务、交流全流程，打造冷热电集成耦合、一体化配置的先进模式，创新开展综合能源服务、绿色交通服务，为国网江苏电力从电能供应商向综合能源服务商转型提供实践探索。三是展示“清洁低碳安全高效”先进理念。示范构建电为中心、电网为平台、多能互补、智能配置的区域能源体系，展现网格化能源网络新形态、智能化能源运行新方式和综合化能源服务新模式，推动相关产业链、服务链加快发展，逐步引导形成清洁低碳、安全高效的生产生活方式，提升国网江苏电力在国际能源变革领域的贡献度和品牌影响力。

3. 展示重点

依托综合能源展示中心，系统展示能源变革理念、技术、管理等创新成果，重点包括：以多媒体互动平台演示双微电网路由器为核心的新型交直流配电网建设和管理理念，展现分布式电源就地高效接入、促进新能源大规模开发利用最新成果；以“实物模型＋动画片”的方式展示“三合一”电子公路、绿色充换电站等清洁电能替代化最新成果；通过互动屏阐释江苏能源云网苏州子平台在提供安全、高效、经济、低碳能源服务方面的创新成果。依托同悦楼，现场展示电动公交车充换电过程，同时可乘坐无人驾驶电动车，体验人工智能、智慧交通和绿色能源的有机融合。

二、示范项目

示范区建成 15 项世界首台、首套的能源创新示范项目，涵盖能源供应、配置、消费、服务等全环节，整体构成一个冷热电多能互补、源网荷储协调互动的智慧能源细胞。

① 能源供应方面，充分挖掘示范区内的可再生资源禀赋，采用先进的可再生能源利用技术，在区域内建设分布式清洁能源设施和储能设施，满足地块冷、热需求。包括多能互补综合利用、高温相变光热发电、高温相变储热、预制舱式储能、压缩空气储能 5 个项目。

② 能源配置方面，构建交直流混合配电网，推动多种能源互相耦合，实现冷、热、电一体化配置和源网荷储协调控制。包括微电网路由器、低压直流环网、中低压交直流配套、源网荷储协调控制系统 4 个项目。

③ 能源消费方面，围绕交通、建筑、工业等领域，打造能源绿色低碳消费的典型示范，推进能源消费电气化进程。包括绿色充换电站、“三合一”电子公路、负荷侧虚拟同步机、同里湖嘉苑绿色被动房 4 个项目。

④ 能源服务方面，打通水电气热等能源行业壁垒，搭建服务政府、用能企业和能源服务商的共享平台，辅助政府制定能源政策，实现综合能源服务供需精准对接，促进社会能效全面提升。包括江苏能源云网苏州子平台、综合能源展示中心 2 个项目。

三、成效说明

能源供应方面，示范区清洁能源累计发电量约 482 万 kWh，全部实现就地消纳。预制舱式储能累计充电约 11.69 万 kWh，累计放电约 10.57 万 kWh。

能源配置方面，示范区构建起以双微电网路由器为核心的交直流配电网，建成源网荷储协调控制系统。自投运以来，源网荷储协调控制系统完成了主动孤网、应急支撑、需求响应等三大现场功能应用试验，并能够在安全、绿色、经济三种运行模式间自由切换，促进清洁能源的就地最大消纳。

能源消费方面，示范区绿色充换电站累计充电 5690 次、充电量约 27 万 kWh，蔚来乘用车换电工位累计换电 9173 次、换电量约 46 万 kWh，“三合一”电子公路累计行驶超过 4800km，同里湖嘉苑被动房取得住建部与德国能源署颁发的“被动式低能耗建筑示范项目”认证。

能源服务方面，示范区江苏能源云网苏州子平台已累计在苏州挖掘潜在项目 96 个，市场规模预计约 1.3 亿元。

宣传展示方面，示范区累计接待参观 1143 批次 2.03 万人，在“一带一路”能源部长会议、第三届国际能源变革论坛、2021 年国际能源变革对话期间向国内外嘉宾展示苏州能源变革发展成果，创新成果还受邀在国家“双创”展、中国—阿拉伯国家博览会和世界物联网博览会上展出，极大传播了中国能源变革的理念。

4.17

电力计量数字化检定基地

国网江苏电力

一、基地简介

电力计量数字化检定基地隶属于国网江苏营销服务中心，负责全省电能表、互感器、采集终端等计量设备的首次检定与供应，服务全省 4600 万电力客户，保障用电计量的准确可靠。基地占地面积超过 2 万 m^2，拥有 249 台检定装置、45 台机器人、16 台 AGV、智能仓储系统、封印贴标系统等，年检定能力超过 1000 万只。

基地于 2011 年起规划筹建，2014 年初投入运行，将全省各市、县分散式检定转变为省级集中统一管理模式，实现了整体式授权、自动化检定、智能化仓储、物流化配送。率先开展数字化转型探索实践，历时 7 年技术攻关，实现了生产全过程无人化运行，生产效率提高 57%，人员配置减少 90%，电能表质量控制水平显著增强，实现了计量设备集中检定由自动化、信息化向精益化、智能化的转型提升。基地投运以来，已累计检定计量设备超 3000 万只，充分发挥了电网企业在计量资产供应链中的纽带作用，带动上下游产业协同发展，保障了电力贸易结算的公平公正。

二、示范项目

（一）标准化作业

计量设备的检定质量关系着电力贸易结算的公平公正，通过建立“五位一体”标准化作业管理机制，实施流程环节、制度标准、分工职责、考核奖惩、风险控制的协同管理，规范自动化生产及运维的各个环节，并通过作业指导书、生产调控与体系管理信息系统进行固化。通过全方位采集各环节的设备及生产信息，建立生产运维知识库，实施关键业务环节痕迹化管控，细分电子化记录及台账分类管理要求，实现操作过程及设备状态有记录、可分析、可追溯、易管控。同时，在自动化检定控制技术上不断创新突破，持续优化自动化检定线搬运流转、检定检测、封印贴标、分拣仓储一体化流程，实现了计量设备自新品入库至检定检测、结论上传、成品出库全过程的标准化执行，消除生产执行差异，最大限度地保证了对检定生产作业对象管理的一致性，确保超大规模计量设备检定质量与执行效率，电能表质量控制水平持续提升，全省运行电能表故障率降至万分之五以下。

（二）中台化调度

为确保最大化发挥各区域、各系统、各单元协同工作效率，基地建立了中台化调度模式，基于智能物联及大数据分析技术，形成人机一体化的协同调控工作机制。引入中台化管理理念，全面梳理仓储、输送、检定各系统的执行流程，将整个基地内的不同子系统整合形成调度中台。在设备调度方面，实施各子系统生产任务的统一决策、调控，实时分析确保任务负荷的协同匹配，实现仓储出入库、接驳、输送、拆码垛、身份识别、上下料、装配、贴标、分拣各环节工作节拍最优化协同。在运维人员调度方面，智能诊断故障类型，并根据故障紧急程度建立分级分类闭环管理机制，应用移动化作业终端，通过室内定位手段辅助，将运维工单智能推送给距离最近的若干运维人员，由其“抢单”获取处置权并纳入绩效考核，既保障了处理效率又提高了工作积极性。通过中台化调度实现了基地生产资源协同配置、调度协同优化、故障协同诊断和质量统一管控，设备开动率提升至99.8%，运行维护人员配置减少90%。

（三）透明化管控

基地生产设备及生产线结构复杂，运行监控难度高。为此，基地不断创新工作模式，建立了高效化运行监控机制，以数字化仿真展示替代实地巡视监控，打破地域分散性对监控巡检工作管理的约束。构建 3D 立体全息可视化巡检系统，可视化场景与实际场景达到了秒级同步，监控员可通过桌面控制摇杆实时巡检整个基地，大大提高了监控人员的融入感和沉浸感。现场运维人员配备了移动巡检装备，包括操控掌机、移动手环和 AR 眼镜，可实时在线查看异常信息并及时反馈故障处理状态，保障了生产平稳运行，生产效率提升 57%。

（四）预防性控制

针对计量设备检定质量控制，建立预防性管理措施，形成了实时性验证、周期性核查和中长期监测的三级预防体系。针对各检定批次，严格执行国家标准及国家电网公司内控标准，并规定每个批次的电能表平均偏差不得超过 0.2%；严格执行隐患批次退货或返厂更换，确保各批次电能表的偏差有正有负，总体趋近于零，防止单向性偏差影响电能计量的公平公正。针对检定质量的中期管控，严格执行检定装置的期间核查，及时掌握装置指标变化趋势，提前防范失准，保障自动化检定的准确可靠。此外，基地使用留样电能表与高精度表开展运行状态的长期比对，辅助运行故障分析，识别运行质量隐患，支撑全省计量资产全寿命周期质量管理的前瞻性决策。

三、成效说明

管理效益方面，通过建立全面高效的管理机制，创新技术手段，检定误判率有效控制在万分之四以下，有效保障全省计量设备集中检定和供应质效，助力推动公司服务转型升级。

经济效益方面，自动化生产效率显著提升，监控运维人员大幅减少，每年节约运行成本约 5000 万元。通过严控计量设备质量，运行故障率持续降低，减少计量偏差带来的损失。

社会效益方面，通过严格控制设备及生产质量的，全省计量设备运行质量处于全国领先水平，维护了电力贸易的公平公正。基地的创新实践对工业互联网建设、企业数字化转型具有积极的推动和促进作用。

示范引领方面，江苏计量数字化检定基地建设相关成果已成功推广至国网系统的 26 家省公司，带动了电力计量技术进步。基地获评全国五星现场、江苏省示范智能车间，为工业互联网建设提供了典型示范，相关实践经验在汽车、电子仪表、飞机等制造领域得到借鉴应用。

4.18

杭州泛亚运区域多元融合高弹性电网综合实景示范基地

国网浙江电力

一、基地简介

杭州泛亚运区域多元融合高弹性电网综合实景示范基地是国网浙江电力多元融合高弹性电网三大示范区之一，是公司一体践行“三个理念”❶和破解“三元悖论”❷的主战场。基地统筹源网荷储电力资源全要素，围绕“支撑大规模清洁能源受入、满足本地清洁替代高速发展、实现政策市场机制突破”三大问题，构建“自主弹性的需求响应、智慧弹性的电力网络、时空弹性的源荷互动”三大体系，实施“机理、规划、建设、运行、服务、示范”六大行动，推进 28 项工程落地，打造清洁低碳、安全可控、灵活高效、智能友好、开放互动的多元融合高弹性电网示范标杆。

二、示范项目

以“自主弹性的需求响应、智慧弹性的电力网络、时空弹性的源荷互动”三大体系建设为基石，合力打造多元融合高弹性电网综合实景示范。需求响应体系聚焦负荷侧资源，电力网络体系聚焦电网侧资源，共同构建负荷侧和电网侧两大弹性基础。源荷互动体系聚焦资源互动，实现多能转换高效利用及社会综合能效提升，推动“高承载、高互动、高自愈、高效能”区域能源互联网建设。

（一）建设具有自主弹性的需求响应体系

聚焦资源挖掘、平台建设、机制创新三个方面，打造具有自主弹性的需求响应体系。

❶ “三个理念”是指节约的能源是最清洁的能源、节省的投资是最高效的投资、唤醒的资源是最优质的资源。

❷ “三元悖论”是指安全可靠、清洁低碳、省心省钱的三元悖论。

一是挖掘灵活负荷资源。践行绿色低碳、延缓电网投资建设理念，深入挖掘负荷侧资源，构建 18.94 万 kW 全量需求响应资源池，满足度夏调峰、输变电设备故障、主网设备检修压限、分布式能源短时出力不足等多个场景的需求响应。二是打造负荷管控平台。以灵活负荷资源池为基础，构建具备需求响应综合监测、电网拓扑结构关系、可调资源响应能力查询调用等功能的需求响应二级平台，统筹管控全量负荷资源。创新搭建负荷聚合商，率先实现车间级负荷控制。三是配套政策机制创新。推动政府出台重载变电站供电区域常态性响应、电网检修阶段性响应、储能用户时段性响应等需求侧响应激励政策，实现源网荷储多元互动、灵活机制支撑互动、能源互联高效互动。

（二）建设具有智慧弹性的电力网络体系

以“互联互济、智能感知、高速通信、高效互动、弹性调控”五大能力提升工程为抓手，创建具有智慧弹性的电力网络体系，全力保障亚运赛事安全可靠用能。一是开展互联互济能力提升。创新亚运核心区域 20kV 配电网架，推动移相与换压技术应用落地，实现差异相位供区与跨电压等级的弹性互联互供，提升低压故障负荷转供能力与光伏就地消纳能力。二是开展智能感知能力提升。部署中低压末端融合的辅助监测系统，推动低压融合终端全覆盖，智能电能表非电量信息应用全覆盖，实现“站—线—变—户”数据全采集、全智能感知，中压环网柜、中压配电线路、配电变压器等设备的全链路保障。三是开展高速通信能力提升。部署 5G 电力虚拟专网，投运世界首台“5G+量子加密”智能开关，开展 5G 差动保护应用落地，完成超 40 个开关站及 400 个柱上开关的智能化升级，实现电网信息安全高效交互，故障毫秒级隔离。四是开展高效互动能力提升。建设全国首个智能柔性直流配电网，落地区域协调控制、故障定位及隔离保护等技术，实现配电网多路互联、新能源即插即用、潮流灵活控制及故障分区隔离。五是开展弹性调控能力提升。创新配电网自动化一键全停全转、主变压器多备群控、主变压器负荷均衡、主变压器峰谷差均衡控制等智能调控策略，提升城市配电网故障自愈与适应清洁能源并网的柔性调节能力。

（三）建设具有时空弹性的源荷互动体系

以绿色、低碳、高效为目标，构建具有时空弹性的源荷互动体系。一是完善弹性互动“两库”。以目标为导向，梳理完善适合泛亚运区域应用的弹性互动资源库和弹性互动场景库，利用区域源网荷储四侧弹性互动资源和各类应用需求的时空匹配，提升资源利用效率。二是布局网侧储能资源。建设固定式储能和移动式储能，利用储能的削峰填谷功能平滑负荷曲线，平衡发电厂出力。还可以将移动式储能装置运送至不同地点，实现亚运保电、不停电作业等多场景应用。三是搭建广域调控平台。整合泛亚运区域源网荷储资源，通过开发电网运行优化策略、聚合虚拟电厂等措施，实现电网侧自适应优化控制、各侧资源弹性互动响应等支撑手段，提升资源利用效率，延缓电网投资，落实低碳高效目标。

三、成效说明

（一）坚持清洁发展，服务绿色亚运

承接“节约的能源是最清洁的能源”理念，创新“双碳大脑”获得浙江省常务副省长批示肯定，系统已接入超 2500 家规模以上企业，助力萧山减少碳排放 172.3 万 t。打造“光伏导航”，服务光伏高效接入，提升萧山光伏装机容量 16.7%。完成史上首次亚运绿电交易，减排 50.75 万 t，打造首届“零碳”亚运。

（二）优化资源配置，升级电网弹性

承接“节省的投资是最高效的投资”理念，依托 5G 等新技术落地，实现亚运核心区域供电可靠率 99.999%，配电自动化自愈占比 100%。创新负荷“两轴”，实现亚运核心区域单位增供电量所需电网投资小于 0.34 元/kWh，近期优化电网投资 6.7 亿元，远景优化电网投资 21.5 亿元。

（三）强化资源挖掘，赋能高效发展

承接“唤醒的资源是最优质的资源”理念，构建超 20 万 kW 的可再生能源资源池，聚合秒级可中断负荷 3.5 万 kW、分钟级可中断 10.24 万 kW、日前邀约 5.2 万 kW 的负荷资源池，打造以 3.5MW/11.2MWh 萧山变固定式储能站及 10MW/20MWh 杭州电网一号应急电源基地为主体的储能资源池。

4.19

国网嘉兴供电公司物资仓储基地

国网浙江电力

一、基地简介

国网嘉兴供电公司物资仓储基地（以下简称仓储基地）位于嘉兴市云海路电力园区，占地面积 14 400m^2，主要负责国网应急储备库的日常运维、应急物资维护保养、定期轮换和按需配送；负责浙北中心库的日常管理、物资存储、装卸、废旧处置等业务以及浙北区域电力物资的供应和配送工作。

仓储基地坚持以“双效并进、保障供应”为工作目标，以管理创新促效能，以技术创新促效率，构建智慧仓储服务模式，全面保障日常、抢修、应急物资供应工作，先后荣获“国家电网公司工人先锋号”“国网浙江省电力公司五星级班组”“国网浙江省电力公司精品典型班组”等荣誉，同时荣获中国五星级仓库、全国五星级现场、中国能源物流创新企业等多项殊荣。

二、示范项目

仓储基地近年来立足自主创新，积极推进各项管理举措落地，致力解决电力仓储业务融合、物联接入、数字转型、流程优化等难题，构建高弹性、高精度、高效率的智慧供应链体系。

（一）求真务实，双效并进提升物资供应保障

1.“四化四创”的物资仓储管理

创新构建“四化四创”仓储管理体系，以标准化建设为前提、协同化流程为核心、智能化管理为基础、自动化硬件为支撑，创建市级供应链运营中心，创立集中式配送方式，创先物资模块化管理，创新无人值守库建设，支撑浙北中心库高效运转，提升供应能力，延伸服务意识。

2.“六盘六活”的库存盘活管理

提出统计非标物资是盘点的基础、理清呆滞物资是盘点的重心、梳理账外物资是盘点的关键、归类可用物资是盘点的创新、汇总不可利用物资是盘点的难点、重视废旧物资是盘点的支撑的“六盘”，开展区域调配、全面平衡利库、开展定向设计、推荐工程消耗、应用储备定额、创新模块化设计的“六活”，全面推进仓库盘活利库，共同优化库存管理。

3.“限时成套配送”的物资供应管理

基于国家电网公司标准设计和通用物资体系，在配网建设中提出“典型设计通用化，物资配送成套化，施工工艺标准化”的精益化管理理念，成功推行区域物资限时成套配送，实现了统一标准设计、储备通用物料、优化需求提报和实施主动配送的区域协同供应模式。

4.“六主动”的物资配送管理

深化物资区域配送模式，构建主动标准设计、主动预测需求、主动实施检测、主动参与协调、主动收集需求、主动了解问题的“六主动”物资配送模式，提升物资标准化水平，提高物资供应准确率和及时率，实现安全及时、准确高效的物资供应精益管理。

5.“六统一创”的仓储体系管理

通过统一管理制度、统一出入库流程、统一信息平台、统一编码体系、统一区域设置、统一储备定额和创新试点逐步推广的模式，对所辖 5 个仓储点、28 个专业仓实施引导、管理和督导，提升标准化管理能力和规范化运营水平。

（二）开拓进取，科技创新助推智慧供应链发展

1. 物联感知柔性仓储技术

针对不同物资存储要求，自主研发电力绝缘子储运架、翻转式多功能托盘等专利产品，实现物资整齐摆放、立体存储、机械作业；自主研发线缆盘分取机，搭配电缆盘拆零拣选装置与电缆盘托架等专利产品，大幅提升电缆拣选作业效率与安全性能；首次在电力仓储中运用自动组盘、激光制导、人工学习等技术，研制应用国内首套多功能、自适应的密集循环存储货架。

2. 可视化仓储数字孪生技术

研发基于数字孪生技术的智慧天眼平台，首次在电力物资仓库中应用 3D 全景式监控技术，实现对人员、物资的远程实时感知和全景无死角识别，建立各类车辆停放、装卸作业、仓储环境的问题图库。通过多重图像解析对问题行为自动进行识别与研判，实现对作业安全、仓储环境等因素的自动分析、预警、干预，提升仓库整体管控和自愈能力。

3. 新型仓储装卸技术

研发国内首套5G远程叉车操控装置，应用5G通信技术，将叉车远程操控响应时间、现场图像传递时间均控制在 20ms 以内，在办公室内实现对各种复杂、恶劣环境下的操作，从根本上提高安全性；研制国内首辆窄巷道重型（5t）无人自动搬运车（AGV），将视觉传感和激光传感（SLAM）技术相结合，在快速制导、精准定位的基础上实现 24h 自动出入库作业。

4. 巩固发展创新成果

参与编制《自动化立体仓库的安装与维护规范》(GB/T 30673—2014)、《仓储货架使用规范》（GB/T 33454—2016），牵头编制《电力物资仓储安全标识使用导则》（DL/T 2244—2021）；申请发明专利（电缆盘电缆分取机 zl2016 1 0034168.3、电缆测试外护套快速剥离装置 zl2020 1 0439316.6）2 项，实用新型专利（智能工具柜、电缆盘储存零取货架等）18 项；“基于物联感知的智慧电力物流技术及示范应用”获省公司科技进步一等奖，“基于物联网技术为核心创建集约型区域电力物资配送新模式”获省公司科技进步二等奖；以《“三限时五成套”为核心的电力物资供应精益化管理》获国家电网公司管理创新三等奖，省公司管理创新一等奖；《“优流程、强支撑”构建配网物资主动配送体系》获省公司管理创新一等奖。

三、成效说明

（一）降低库存资金

通过构建主动配送体系，实施物资集中储备和精准供应，减少下一级仓库和仓储人员数量，降低各仓库建设、运营成本，大幅降低库存资金占用，提高物资周转率。年库存资金降低 2000 余万，库存周转率 12 次以上。

（二）节省人力资源

通过自主创新，提高仓库设备自动化和信息化水平，在工作量逐步增加同时，逐步减少搬运、装卸、盘点等仓储作业人员，将有限的人力资源投入到仓库的管理中去，人力资源可节约 52%左右，年节约人工成本 185 万元左右。

（三）提升供应效率

构建区域物资主动配送模式和一体化管理格局，中间环节由 13 个减少到 9 个，物资配送效率提高了 36%，有效提高物资供应效率，物资供应周期由 15 天缩短至 3 天。

（四）提高安全水平

通过智能化设备的研发和应用，实现了仓库风险全识别、行为全管控管理，仓储作业得到了优化，更加快速、有序、准确、安全，保障了全年安全生产零事故。

（五）加速成果推广

电缆分盘机、智能工器具柜等多项专利转让给制造企业，并在宁波、金华等多地推广应用；智慧天眼平台、重型 AGV 等多项产品也在国网青海电力、北京弗兰度公司等应用，在系统内外起到示范引领作用。

4.20

“滨湖智慧能源服务站”示范基地

国网安徽电力

一、基地简介

滨湖智慧能源服务站充分盘活 9797m² 公交换电站场地资源，打造了国内首座集合数据中心站、光伏电站、储能电站、充电站、换电站、5G 基站、北斗增强站于一体的能源互联网综合示范，广泛服务于互联网企业、运营商、新能源车企等多方主体。在能源层面，构建以能源需求为导向的能源协同新体系，站内以虚拟电厂为核心，以分布式电源基础，以储能站为枢纽，打造“光储充用”高效协同的绿色能源流；在信息层面，打造以数字基建为载体的信息支撑新应用，架起以数据中心站、5G 基站、北斗增强站组成的一体化高速通信网，高效服务采集存储等电网业务和监测预警、时钟同步等信息化应用；在服务层面，培育以价值创造为目标的能源服务新模式，构建综合能源服务、电动汽车服务、源网荷储协同互动服务、基础资源商业化运营、大数据运营五大新兴产业布局。

二、示范项目

（一）融合能源数字技术，构建智慧高效管理模式

1. 贯通信息通信网架，提升站内数据传输效率

通过“5G+北斗”技术，赋予站内每个要素精准的时空属性和状态信息，实现运营各个环节万物互联。以数据中心、5G 基站等新型数字基础设施为载体，打造高效传输、智能可靠的信息网架，支撑多站融合高效运营。依托高可靠高速率的 5G 信息通道，在数据中心汇聚、存储、计算、分析，对电网运行中的突发状况及时响应并作出最优化调整，对客户的用能特点精准分析并提供最优化方案，高效赋能电力生产和客户服务。国内首创“5G+有序充电”，实时传输多站融合常规和充电负荷曲线、充电设备状态信息、有序控制管理策略、现场 4K 视频监控等数据，实现“人—车—桩—网”互联互动，大

幅降低客户充电成本。应用电力北斗精准服务网为数据中心站、储能站、变/配电站提供纳秒级授时服务，满足多站融合能源运行控制对高精度时间同步的需求。

2. 建设绿色微网系统，实现源网荷储协同互动

应用综合能源和信息技术，构建“光储充换用”一体化综合站，为电动汽车充换电服务、数据中心边缘计算服务、源网荷储协同互动服务赋能。建立交直流一体化微电网，实现源网荷储高效互动，站内的光伏、储能、直流充电桩等组建直流“光储充”系统，绿色清洁的电能通过储能站源源不断地为充电桩提供电能，打造光伏储能一体化典型示范。光伏发电优先供站内负荷使用，富余电量参与电网调峰，发电不足时由电网补充，通过源荷互动、源网互补提升全站运营效率，降低用能成本；储能站一方面使波动的光伏出力稳定输出，作为源、荷、网间供需不平衡时的能量缓冲；另一方面又能作为全站负荷的后备电源，实现 100%后备保障率；基于 V2G 技术的充电桩，可根据全站能源供需关系，实现电动汽车源、荷身份的高效转换。应用虚拟电厂平台将绿色微电网系统作为独立的可控负荷与电网互联互通和智能控制，参与电力调峰辅助服务市场及电力市场交易，在保障多站融合和电网安全高效运行的同时，增加经济效益。

3. 打造园区管理系统，赋能多站融合智慧运营

建设 2 座智慧路灯杆，部署智慧园区综合型管理系统，实现智慧照明、WiFi 热点接入网、LED 电子屏信息发布信息、实时监控、广播音响、环境监测网络等功能，提高园区管理工作的效率和质量。智慧园区综合型管理系统接入站内换电站、充电站、数据中心站、光伏站、储能站、视频、动环监控等设备，实现多站融合能源流、数据流和业务流的全景监控和分析，即：能源流动实时监测和源网荷储协同互动控制，数据中心数据流量监测和资源动态分配，充换电业务流运营监测和统计分析。

（二）深化典型产品服务，构建互利共赢商业模式

1. 综合能源服务

依托合肥市能源大数据中心，创新采用“合同能源+综合运维”方式，开展能耗监测、能耗诊断和能源托管等服务，提高园区能源利用效率，降低用能成本。一是实时监控设备的运行情况和运行环境，精准研判设备隐患缺陷，及时开展设备隐患消缺，提供智能运维服务。二是对运行设备的异常耗能情况进行及时诊断，分析异常原因，智能生成优化策略，减少异常高耗能损失。三是通过设备能耗情况与行业平均水平的对标，发掘节能空间，开展多能改造。为通信运营商、充换电服务商提供节能方案、能源托管等“一揽子”服务，建立能耗 KPI 指标，大幅提高园区能源利用效率。

2. 电动汽车服务

公司秉持开放、合作的理念，广泛吸引各类市场主体共同参与新兴产业发展，与蔚来、泽清等电动汽车龙头企业达成深度合作协议，在站内建设一定规模、全国领先的智

能充换电站和常规、无线、V2G 等交直流充电桩。通过国网“e 充电”平台以及蔚来、泽清自有充换电平台的引流，吸引私家、网约电动车到多站融合站内充换电。换电站实现电动汽车“车电分离、即换即走”，大幅提升能源补给效率。通过 V2G 技术将电动汽车作为移动的“充电宝”，在局部电网供需紧张时给电网反向输送电能，构建了电动汽车与电网和谐互动的场景。无线充电通过电磁感应技术，实现了无感充电。“5G+电动汽车有序充电”实现“人—车—桩—网”互联互动，降低用户充电成本，助力零排放电动汽车的推广应用，服务人民“低碳生活，绿色出行”，降低城市碳排放，激活新能源消费市场，服务新能源汽车产业蓬勃发展。

3. 资源共享服务

以站址资源共享的形式，为新能源车企、储能电池企业提供场地资源和电源，同时与运营商以资源置换的形式，降低多站网络接入等运营成本。通过提供场地、杆塔等基础资源共享服务，建立了可复制推广的市场化业务新模式。一方面，解决互联网公司、通信运营商等企业基础设施落地难、建设周期长等痛点问题，推动城市新型数字基础设施建设，带动电力业务与互联网行业一体化发展；另一方面，有效挖掘电网基础资源附加价值，大幅提升公司站址、杆塔等电网资源利用效率，形成新的产业增长点，实现了内外共赢。

4. 数据算力服务

根据不同类型客户需求，在站内建设边缘计算、5G 接入和汇聚三种不同类型的数据中心。以软硬件服务的形式，为运营商及互联网企业客户提供 C-RAN 机房、AAU+BBU 机房、IDC 资源、云计算、北斗精准导航等服务。一方面，提供机位、机柜、一体式机柜、服务器及网络带宽等资源，向客户收取 IDC 资源租赁服务费用；另一方面，提供计算、存储、网络、数据库、大数据平台、微服务平台等云产品服务，向客户收取云资源租赁服务费用。通过 PCDN 显著降低了互联网企业的分发成本，同时客户可以享受到更低时延、更快下载、更贴近本地的互联网服务。

5. 源网荷储互动服务

站内建设总装机容量 230kW 的光伏站，为全站负荷提供充足的绿色能源，实现清洁能源全覆盖，助力“零碳”园区建设和“双碳目标”实现；建设 4MWh 的储能系统，既为全站提供了可靠的后备电力保障，又通过“低谷充高峰放”的方式实现了电价套利，大幅降低整站运营成本。同时，将滨湖智慧能源服务站作为独立的可控负荷与电网互联互通和智能控制，参与电网削峰填谷，满足分布式清洁能源消纳和多元负荷用电需要。

三、成效说明

1. 提升源网荷储协同效率，促进公司服务提质增效

滨湖智慧能源服务站依托高可靠、高速率的 5G 信息通道，在数据中心汇聚、存储、

计算、分析，打造高效传输、智能可靠的信息网架，对电网运行中的突发状况及时响应并作出最优化调整，对客户的用能特点精准分析并提供最优化方案，高效赋能电力生产和客户服务。利用分布式能源、储能、V2G、微电网等技术的创新应用，实现了源网荷储高效协同、能源按需流动、能效最优。

2. 推动新兴业务快速发展，实现公司运营降本增收

基于滨湖智慧能源服务站拓展基础资源共享、智慧充换电等新兴业务，形成新的利益增长点。站内场地、铁塔、机房和机柜等资源租赁年营收 157.4 万元。站内充换电设施年服务各类电动汽车 1534 次，年均售电量 180 万 kWh，年清分电费及服务费 169.68 万元。光储充换用微电网系统大幅降低全站运营成本。光伏电站最大能满足全站能源消耗的 38.3%，年降低用电成本约 10 万元。储能电站通过谷充峰放，全年降低整站运营成本 15 万元。

3. 促进新能源消纳和消费，助力“双碳”目标快速落地

光伏电站平均年供电 21.9 万 kWh，与相同发电量的火电相比，相当于每年可节约标煤 70.4t（以平均标煤煤耗为 320g/kWh 计），相应每年可减少多种大气污染物的排放，其中减少二氧化硫排放量约 6.6t，二氧化碳约 187.6t，同时节约大量淡水资源，助力实现“碳中和”目标。

4. 探索互利共赢应用场景，带动上下游产业链发展

通过滨湖智慧能源服务站的探索，为储能、光伏等新能源产业提供了一种全新的应用场景。数据中心站提高大型互联网企业和通信运营商的边缘计算能力，有效加快区域通信和互联网速率和质量，服务智慧城市建设，带动信息服务产业发展，服务构建以国内大循环为主体的新发展格局。

4.21

国网福建电力双创中心

国网福建电力

一、基地简介

国网福建电力双创中心（以下简称双创中心）获批成为国家双创示范基地国网福建示范中心、福建省电力行业知识产权运营保护中心，从事电力、环保、节能及能源领域内的知识产权许可、转让、作价入股、融资等运营相关业务，成立孵化基金并开展科技成果转化投融资服务工作，为各方创新资源提供成果孵化转化、供需撮合、激励奖励等平台服务。双创中心落实科技创新“研究、孵化、转化”一体化要求，发挥协同研发平台和成果孵化转化平台作用，运营知识产权成果，开展成果孵化转化的商业化运营及投融资，建设成果转化机制，构建高校、企业、科研机构等联合的创新共同体。双创中心拥有 6000m^2 的空间，集办公、展示、实验等功能于一体，是国网福建电力实施创新创效、交流科技资源、展示创客风采的示范窗口。

二、示范项目

双创中心充分借鉴全面创新管理（TIM）的先进理念，结合公司实际构建了创新工作体系（见图 1），以价值创造和提质增效为目标，以提供优质产品、促进卓越运营、兼顾各方利益为核心，以“五个一”（搭建一个平台、制定一套机制、进驻一批实验室、推进一批项目、培养一批人才）为抓手，实施协同创新，解决缺少平台支撑、机制不灵活、成果无法全面推广等问题，将创新成果快速转化为现实生产力。

（一）搭建一个平台，集聚创新资源

技术引领，共建协同创新资源库。落实“高起点、活机制、重效果、促发展”工作要求，持续推进成果孵化转化平台、协同创新平台及创新创效示范窗口的作用，充分发挥专业管理部门业务指导和技术引领作用，吸收基层单位、高校、科研院所、龙头企业

等创新资源，推动创新成果孵化转化。

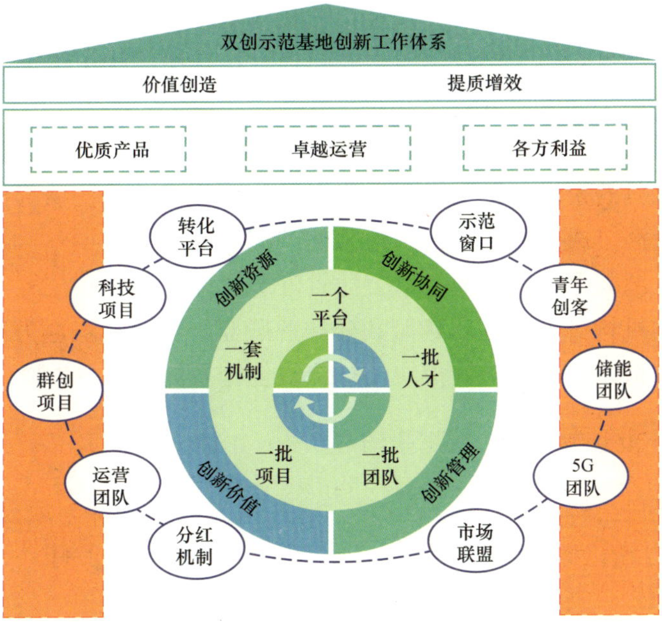

图 1 双创中心创新工作体系框架

借鉴经验，形成福建特色做法。向航天科工、清华大学四川研究院、西安交通大学、海创汇等借鉴双创典型单位的典型经验；聚焦海上风电检测基地等新型电力系统重点领域，打造双创工作的“福建典范”；立足履行双创工作走在闽企前列，在助力碳达峰、双满意方面实现示范引领，打造“国网典范”。

加强科技成果对接撮合。开展线上平台建设，做好各类创新资源的线上管控，加强创新主体与各单位及产业单位的创新协同和需求对接，实现科技成果的线上对接撮合，成为福建公司科技的“电力天猫”。

（二）制定一套机制，推动创新管理

梳理双创工作机制。在国网系统内率先出台《国网福建省电力有限公司双创工作指导意见》，为双创工作提供纲领性的指导；配套出台《国网福建省电力有限公司项目收益分红实施细则》，实现科研人员享受项目分红的机制突破、出台《国网福建省电力有限公司科技成果孵化转化实施细则》，为项目的孵化转化提供全流程指导。设立双创孵化专项资金，制定双创项目资金管理办法，实现双创项目资金标准化、流程化管理。创新成果转化产品采购，为创新产品的标准化采购提供依据。

深化体制机制建设。持续开展知识产权运营服务体系、实验室公司化运营、产业联盟机制、基层单位双创工作机制等机制建设，推动项目、资本、产业、人才等要素融合发展，提升知识产权转化的效率与效益。

（三）进驻一批团队，构建协同创新

联建入驻高等级实验室。与清华大学、浙江大学、福建移动合作共建 5G 实验室，与清华大学、西安交通大学、福州大学、宁德时代合作共建储能实验室，为 5G、“储能＋电力”的孵化应用提供全链条服务。

筛选组建内部攻关团队。依托省部级实验室，汇聚基层各单位的创新资源，吸引研发人员入驻，开展具有市场前景的技术联合攻关，并为入驻的团队提供孵化资金支持，重点孵化科技含量高、成长性好、实用性强的产品。

与外部创新资源共建产业联盟。以公司省管产业单位为核心，与 109 家高校、科研机构、企业、咨询机构等外部创新资源共建产业联盟，业务涵盖电力工程、供电服务、信息科技、电工制造、咨询服务等板块，打造双创链条的核心生态圈。

（四）转化一批项目，实现创新价值

先行先试开展成果转化工作。2020 年，通过科技项目、群创项目、青创项目、QC 等渠道征集具备市场化推广的科技成果 128 项，先行先试推进 11 个项目上架二级电商平台。

上下联动开展成果孵化转化储备。2021 年，围绕公司生产、建设和运维全流程和各环节的痛点和难点，形成《国网福建电力新技术（成果）推广目录》，重点将“青优”人才、“青创赛”获奖优先纳入孵化转化储备项目。

（五）培养一批人才，带动职工创业

服务青年员工创新。举办青创、QC 孵化培训营，盘活 91 个创新工作室及实验室资源，服务 98 支特优人才、“青马”、“青优”、卓越人才、产品经纪人培养。举办 2021 年新入驻创新团队签约，持续营造干事创业氛围，服务员工成长成才。

培养双创专家库。以“福建电科院人才高地——亿力集团孵化基地”为依托，构建双创专家库，邀请外部企业导师入驻，优化评价标准，培养一批懂业务、善创新、促发展的复合型员工创新队伍，引领公司广大员工勇于创业、善于创新。

实施高端人才引领。举办院士论坛、高规格主题讲座等，推动产学研用协同，发挥科技创新引擎作用和产业带动效应，助力推进数字化人才大交流、大培养，更好支撑企业转型发展。

三、成效说明

双创中心聚焦源网荷储、海上风电并网技术、电网防灾减灾关键技术、数字新基建关键技术、沿海环境电工材料防腐技术等具有福建特色的新型电力系统领域，运营知识

产权成果，在成为国家双创示范基地国网福建示范中心的基础上，力争成为国家专业化众创空间，示范性成效如下：

规模化推进科技成果孵化转化。全年征集双创项目 239 个，完成 33 个项目转化，数量同比增长 200%，促成 18 个项目上架二级电商平台、4 个项目获国家电网公司双创孵化培育资金扶持、7 个项目纳入国家电网公司双创项目储备库、7 支主创团队入驻双创中心，转化业绩将突破 5000 万元、收益突破 1000 万元。

平台支撑保障作用有效发挥。与 109 家高校、企业和咨询机构建立联盟合作关系，入驻一批主创团队及合作企业。搭建双创线上平台，投运线上服务微信公众号，实现“线上虚拟社区、线下服务联动”，满足项目的统筹服务与支撑保障。

知识产权运营具备示范效应。获得运营福建公司知识产权的授权，对 4224 项有效专利组织评审筛选，形成成果转化储备库。针对存量有效专利开展许可运营模式，完成 17 项专利对外许可，对外签订知识产权普通许可合同，许可费总计达人民币 500 万元/年以上，为国网福建电力创造新的盈利增长点。

4.22

东南能源大数据中心

国网福建电力

一、基地简介

为贯彻落实习近平总书记提出的"四个革命、一个合作"能源战略思想，助力"数字福建"建设，深化落实国家电网公司"一体四翼"发展布局，深入践行2021年福建电力新时代"双满意"工程，实施"产业升级·共享共赢"行动，服务"数字闽电"，国网福建电力按照"政府主导、电网主建、多方参与、共建共享"原则，建成东南能源大数据中心（以下简称中心）。中心以数据多元化、产品体系化、软件服务化、运营市场化为路径，以"智库建设+商业运营"为目标，打造产品研发、平台生态、价值创造三大中心，实现"数据+产品+平台+服务"一体化发展，同时配套可视化展示场景，融入国网福建电力数字运营中心，成为国网福建电力整体形象宣传、重大活动举办的重要基地。中心已研发60余款数据产品，发布特色产业、基站运营数字化"一站式"解决方案。整合线上线下渠道和服务资源，形成全渠道产品服务融合的新模式，已向31家政府部门、500余家企业、700余个人用户提供大数据服务。

二、示范项目

（一）政府主导，科学规划分步实践路径

中心明确"推动能源数据跨界融合、支撑政府治理水平提升、助力能源高质量发展、带动社会创新创业"的定位，依据政府、企业、公众能源数据产品以及公司管理提质增效的需求，制定"三大平台、七大体系"的建设任务。同时提出以"智库建设+商业运营"两阶段分步走的实践路径，其中：智库建设主要提供公益性服务为主，以政府、能源行业为主要服务对象，打造能源数字智库；商业运营兼顾公益性服务与商业性服务，主要服务政府、能源行业、中小微企业等各类社会主体，实现市场化运作与商业运营。

（二）电网主建，高效保障中心建设运营

构建一体化运作机制。建立与国网总部业务两级贯通、公司内部各部门横向协同、省地公司上下联动的工作模式，同时将政府下属相关单位、大型用能企业、能源央企、地方能源国企纳入其中，参与电力大数据商业开发、多种能源数据开发，共同构成柔性网络化的管理组织体系。

促进数据要素流动。以电力数据为核心，依托中台建设并夯实能源大数据中心数据底座。与发电侧、用能测企业开展合作，从产品研发出发，按需接入发电企业、用能企业的明细数据，初步建立数据汇聚长效机制。

打造产品应用体系。充分融合能源生态数据，发挥大数据在洞察、预测、优化、智能方面的能力，打造支撑公司战略决策、业务运营、创新发展、客户服务的内部数据应用体系。同时聚焦政府重点、企业痛点和民众诉求，打造一系列具有影响力的服务政府社会治理、服务企业经济运行、服务民众智慧用能的产品，形成“电易+”“能易+”“碳易+”数据产品体系，采用“物联网+大数据+微服务”的模式开展行业级“一站式”整体解决方案研究，打造“海峡能源大脑”作为中心技术创新和服务能力的底座。

丰富产品运营手段。以价值为导向，以用户体验考量为出发点，通过商业模式、定价策略、推广渠道、激励机制、评价体系等形式，实现对内提质增效、对外增值服务。

建立产学研合作机制。加强与政府、企业、科研机构、高校和产业单位广泛合作，构建各层级能源数据应用相关产业联盟，培育数据管理合作运营方面的战略合作伙伴，强化技术交流和标准建设，推进能源大数据创新柔性团队建设和联合技术攻关，推动成果转化和产业孵化。

三、成效说明

中心在服务数字政府、数字经济、数字社会等方面，取得显著社会效益和经济效益，成功打造东南能源大数据中心品牌。

（一）多方参与，唤醒能源电力数据价值

服务国家治理系统和治理能力现代化，支撑“六稳”“六保”，取到了显著的社会效益。

精准研判经济形势。充分发挥电力数据“经济晴雨表”的作用，落地春节期间稳产保供分析、外贸景气度分析、两岸经济、乡村振兴等应用场景，支撑政府科学研判社会经济运行态势，累计获各级政府部门领导批示和表扬 130 余次。

创新行业监管模式。与福建省生态环境厅签订战略合作协议，建成企业污染防治监管平台，提供排污企业监测、散乱污研判、应急时段排污管控等方面应用服务。聚焦房地产市场管理痛点，构建智慧住建大数据平台，为住建部门提供住宅空置分析、群租房

识别等大数据分析服务。相关成果分获福建省生态环境厅、住建厅感谢信，有关案例分获第四届数字中国峰会数字政府创新大赛二等奖和三等奖。

数字管理能源项目。开发能源规划与运行管理系统，归集原煤、原油、天然气、成品油、电力等供给侧和消费侧的能源数据，集成风电、光伏等新能源项目管理功能，已成为福建省发改委、工信厅等政府部门的管理信息系统。

探索公共数据应用。与福建省公安厅签订战略合作协议，并基于政务数据专线获取电子证照数据。参与福建省级公共数据资源开发应用项目，围绕生态环保、充电设施运营等领域设计相关数据应用场景，推动建立公共数据共创共用新模式。

（二）共建共享，助力数字经济高速发展

聚焦八闽经济发展，服务能源、金融、电信、制茶、烤烟等行业客户，取得了较好的经济效益，成为战略性新兴产业发展的生力军。

助力金融风控。研发企业信贷服务系列数据产品，围绕信用评估服务金融监管、风险分析辅助银行风控、征信补充促进企业融资等场景，促进整体信贷服务优化，累计与福建省 100 多家银行达成合作协议。

服务电信运营。研发通信基站管理智慧助手产品，实现基站用能异常诊断和资源优化配置，辅助铁塔公司、电信运营商提质增效，累计接入全省基站 11 万余座。

推动数字农业发展。研发智慧制茶产品，已在南平等地区推广 400 余套。同时围绕数据溯源、产品推广、生态建设等方面，与福茶网科技有限公司深度开展合作，获“支持福茶网建设先进单位”称号。研发智慧烤烟产品，形成“产品 + 平台”整体解决方案，为烟农提供数字化一站式服务，已在三明等地区推广 700 余套。

促进产业管理转型。提供园区能源数字化整体解决方案，提升园区智慧化管理水平和运营效率，促进园区管理手段数字化转型升级。建设水电生产云，面向小水电站业主提供集中监控、运行控制、水情预测、经济调度等服务，提升水电站运行效率和经营效益。

4.23

福州中心库 5G 碳中和智慧物流园区

国网福建电力

一、基地简介

国网福建电力福州中心库 5G 碳中和智慧物流园区（以下简称福州中心库）用地面积 26 624m²，智能仓库建筑面积 9090m²，户外堆场面积 6105m²。储备物资 35 类，储备金额近亿元，月出库量可达 3000 万元。该项目在国网系统内率先融合运用 AI、智能物联（IOT）、智能大数据分析、虚拟数字孪生、5G 通信等技术，打造国网系统首个具有高智能、快决策、一体化特点的 5G 碳中和智慧物流园区，构建高效应急物资供应保障圈。

二、示范项目

（一）5G 通信全覆盖，实现超链接设备响应

高智能、实时响应。与中国移动合作，利用 5G 技术高速度、低功耗、低时延等主要特点，结合视频采集、测量、分析等技术，运用 5G 高速通信控制智能化设备，通过边界算法同步输出云端计算结果，极速下达告警指令，大幅度降低智能感应设备、仓储智能化作业设备能耗，提升设备响应速度，实现实时预警，降低作业风险。

低能耗、清洁低碳。项目应用云端算法和中台大数据储备，提高数据管理的规范化和数据处理的准确性，实现最大化的数据资源整合，降低数据管理能耗；采用智能照明管理系统，统一管理、分区感应并调整园区灯光，大幅度降低碳排放量；大规模投入智能化仓储作业设备，减少机械燃油消耗，大大降低燃油燃烧污染物排放，为环境保护减负。

（二）数字孪生全映射，实现可视化业务流程

全视角、集成管控。以自动化、智能化设施设备为基础，结合“大云物移智”等现

代技术，全面整合仓库业务管理、安防管理及设施设备管理，搭建智能仓储全景集控平台。打造基于数字孪生技术的园区智能管理平台，实现多个信息平台互联互通、多个数字智能月台调度，为管理者提供全局视角，让管理做到“看得见，管得着”。

高仿真、多维协同。打造实景与数模孪生互动的数字化仓库，运用数字孪生技术，构建 3D 仿真可视化模型，将物资的实时位置信息、库内自动化设备的运行状态信息，以及业务预约、视频监控、消防等业务信息集成到可视化的数字孪生集控平台上，实现仓库物资、设备、业务等多维数字孪生。5G 智能终端与物联设备联合作业，实现仓库物资、设备、业务全程在线，作业进度、库存位置等状态实时在控，智能分配货位，提升仓库存储空间利用率。

（三）视觉算法全感知，实现毫米级精准作业

可视化、精准联动。探索视觉技术在园区的全业务应用场景，搭建预测、报警等模型，研发基于视频监控、红外监控技术等多维度的安全管控系统。利用云端 AR、AI 分析技术、视觉 AGV 等技术贯穿仓库园区管理、仓储作业等全流程业务，设备定位识别精准到毫米级，提高作业效率，规范作业行为。

（四）全息安防无死角，实现智能化安全预警

园区以“联动”为核心建设合作应用，以“数据”为基础搭建底层数据应用，以“共享”为目的实现数据资源共享、统一管理。园区运用物联网技术支撑，将所有“物”包括环境监测、出入门禁、消防、室外龙门吊、室内行吊，预警及视频监控等设备集中统一管理，实现园区设备功能独立运行，同时根据设定逻辑和特定要求联动运行，实现智慧出入口控制、智慧月台作业、消防信息实时监控。

月台作业智慧管理。在作业车辆进入园区后，园区门禁识别车牌号并传入平台，平台自动识别接收物资类型并结合月台占用情况，科学分配月台并告知作业车辆，运用 AR 导航等引导车辆抵达对应月台。在物资装卸过程中，月台 5G 摄像头自动采集作业信息，识别违规装卸作业并告警。平台识别到车辆出园区后，自动释放月台。

园区状态集成管理。智慧园区管理平台通过园区气象站实时提取现场气象信息，实现恶劣天气作业告警。依托 5G 仓储智能设备、5G 视频采集装置以及“人工智能+物联感知设备”，自主自动采集园区的物流、车流、人流、作业流等现场业务流信息。通过运营商 5G 专网高速传输，将业务流瞬息转化为数字流。运用 5G 云端边界计算与 AI 人工智能分析算法相结合，有效识别现场仓储作业风险点。同时，在“5G+人工智能+物联感”的基础上，运用数字孪生技术开展实时 3D 建模，对仓库环境进行等比例还原，实现对库房、设备、物资等要素的精准建模，将仓库实体运行状态在数字孪生体模型中进行完整映射，并实时精准回传数字端发起的各项业务指令，将现场信息进行数字孪生，实时精准复刻至智慧园区管理平台中，打通物理和数字世界的壁垒，打造双向孪生互动的数字化智慧仓库。智慧园区管理平台与仓储管理系统（WMS）、ERP 系统业务互联互

通，实现平台端可视化作业指令下达、现场操作自动执行、全程状态在线监控、作业信息实时反馈，形成具有高智能、快决策、一体化特点的 5G 智慧物流园区。

三、成效说明

（一）运营管理智能化促进生态圈共赢

在推广复制成本上，福州中心库 5G 碳中和智慧物流园项目是人工智能算法、大数据、物联网、边缘计算等现代信息技术在电力物流领域的探索与实践，项目平台算法在云端布置，可支持大型电力智能仓储兼容接入，达到“一次投入，0 成本复制”效果，可向福建电力系统其他中心库及各省公司中心库推广应用，具备高度可复制、可推广价值。在管理运营成本上，基地实现少人化运营，可大幅度节约人力成本；通过业务数据反哺，进一步优化配载策略、规划运输路径、提高单车运载能力，每年可有效降低运送成本；通过绿色供应链建设，有效节约用电成本，在多单位推广后，经济效益成倍增加。形成 5G 园区整体解决方案，经过市场推广，可带动上下游企业的发展，保守估计生态圈的市场能达到数亿规模；研发电力 5G 专用通信模块、视觉算法库等产品，形成专利，通过专利授权等方式，收取授权费用，形成知识产权成果产出。

（二）构建一体化协同管理网络布局

智慧物流园区管理平台作为一个成熟的业务平台，支持多级智能仓储设备接入和园区同步模拟，拓展接入全省智能库中心库、周转库等；可云端调用算法库，实现省内仓储专业“全景可视”，数据纵向并联、快速传输、同步分析。可拓展采集“检储配”一体化基地中检测中心相关物联感知设备，与检测平台互联、数据互通，实现检测—储备—配送全流程业务环节串联和大数据关联分析，补库计划、供应计划、到货计划、抽检计划有机协同，构建高效应急物资供应保障圈。

4.24

“水陆空”立体绿色低碳交通网示范基地

国网湖北电力

一、基地简介

“水陆空”立体绿色低碳交通网示范基地位于湖北省宜昌市，由三峡坝区岸电实验区、三峡机场“空港绿电”、“一网两环”充电服务网+电动物流小镇三个示范项目组成，实现了交通领域电能替代全覆盖，取得了良好的生态效益、经济效益和示范效应。其中：三峡坝区岸电实验区包含沙湾、仙人桥锚地等4个示范项目，创新推出6种典型岸电供电系统，满足各类待闸船舶停泊用电需求，消除柴油发电造成的空气、水源、噪声污染，为绿色岸电在全国推广提供可复制可推广的示范样本；三峡机场“空港绿电”是全国首个支线绿电机场，为飞机停靠和场内交通提供绿色电能，建设分布式光伏、电动汽车专属服务区，开展多能供应，减少燃油排放和噪声污染，降低用能成本；“一网两环”充电服务网+电动物流小镇是宜昌主城区“1公里充电服务圈”、秭归电动物流小镇和湖北首个充换电综合服务站，推进乡村充换电设施建设，满足电动汽车快速增长用电需求。

二、示范项目

（一）三峡坝区岸电实验区

三峡坝区是长江航运重要的中转站，是长江流域重要而敏感的生态功能区。近坝水域日均积压待闸船舶580余艘，船舶停泊使用柴油发电严重威胁长江的生态环境。国网湖北电力认真落实推动长江经济带发展领导小组办公室的工作部署，在国家发展改革委、交通运输部等部委和国家电网公司的指导下，以三峡坝区岸电实验区建设作为试点，统筹推进长江流域港口岸电建设。2018年8月—2019年3月，建成秭归港、沙湾锚地、仙人桥锚地、长江三峡通航综合服务区4个岸电示范项目，示范带动长江流域（湖北段）

港口岸电全覆盖。同时，与长江电力、三峡通航等单位合作攻关，研究纯电动船充电技术，推动船舶停泊及行进全过程使用电能，助力航运绿色发展。

1. 研发岸电核心设备，创新六种典型岸电系统，破解内河沿江岸电接入难题

在世界范围内，内河沿江岸电没有统一的标准、成熟的模式和可借鉴的经验。针对三峡坝区复杂的水文条件和岸电需求特点，创造性推出靠岸固定式、靠岸浮动式、离岸固定式、离岸浮动式、船电宝、水上服务区综合能源保障 6 种典型岸电供电系统，满足各种停靠方式及各类船舶岸电使用需求。研发电缆智能收放系统、T 型接口箱等核心设备，攻克了高落差、远距离、并靠级联等岸电建设世界性难题。建设高低压纯电动船高压充电网络，拓展电动船应用领域。

2. 搭建岸电云网平台，成立首家岸电服务公司，解决岸电运营服务难的问题

国网湖北电力与三峡电能、国网电动汽车湖北公司合资成立岸电运营服务公司，负责岸电设施运营管理，为船方提供智能接电服务。搭建岸电云网平台，实现全国岸电互联互通、统一结算。与长江航务管理局共同推动完成 54 艘游轮受电设施改造，实现船岸协同和多船级联。改造完成后，接电人员从 15 人左右减少至 1～2 人，接电时间从改造前 40min 压减至 15min，游轮码头岸电设施使用率提升至 100%。

3. 打造岸电发展联盟，健全岸电技术标准体系，形成可复制可推广的示范样板

成立由国网湖北电力、省交通管理部门、技术支撑单位等多方参与的岸电发展联盟，围绕技术、设备、制度、运营管理等方面持续创新突破，成功研发技术、设备、标准、政策文件、运营、知识产权六大类 112 项成果，累计发布国标、团标、企标 20 余项，为绿色岸电在长江流域乃至全国可通航的江河湖海推广应用提供了可复制、可借鉴的示范样本。

（二）三峡机场“空港绿电”

三峡机场是三峡工程的重要配套设施项目，是湖北省除武汉之外最大的航空辅助集散中心，也是全国首个支线绿电机场。2020 年 5 月，国网宜昌供电公司与三峡机场合作，采用 BOO 运营模式（供电公司投资建设相关设备，机场作为场地方和运营方进行利润分成），共同推进湖北首个“绿色空港”电能替代示范项目建设，实施廊桥岸电、分布式光伏、电动交通、多站融合站、冷热多能供应、储能及智能微电网等项目，提高能源利用效率，降低用能成本。项目一期已完成廊桥桥载设备安装，满足飞机停泊期间用电需求。三峡机场与场内 19 家航空公司签署桥载使用协议，累计服务飞机接电 3300 余架次。建成多站融合站、分布式光伏项目，在场内建设特种车充电设施。项目二期配套三峡机场改扩建工程，新建光储充一体化充电站，服务电动通勤、电动物流，开展冷热多能供应，接入智慧能效平台管理系统，提升机场清洁能源利用占比。

（三）“一网两环”充电网+电动物流小镇

为满足宜昌市电动汽车快速增长的充电需求，围绕核心区域、交通干线、老旧小区、新建小区，按照“主城区 1 公里、县城区 5 公里、省道 10 公里”充电半径的标准，以集中与分布式相结合、快充与慢充相结合、充电与换电相结合的建设方式，加快推进充换电设施建设、运维及推广工作。与秭归县政府合作共建电动物流小镇；与上海蔚来汽车有限公司合作，建成湖北首个充换电综合服务站。截至 2021 年 12 月底，充电市场占有率超过 85%。同时，利用公司自有场地建设分布式充电桩，与国网电动汽车湖北公司签订国网系统首个交通电气化服务协议，打造央企绿色出行典范。

三、成效说明

“水陆空”立体绿色低碳交通网示范基地，为交通领域绿色用能发展提供了整体解决方案，取得了良好的生态效益、经济效益和示范效应。

（一）生态效益显著

预计每年可减少燃油消耗 1.02 万 t，减少各类气体排放 1.8 万 t，实现了交通领域“零排放、零油耗、零噪声”，有利于改善生态环境，保护长江珍稀鱼类繁殖生息，同时提高旅客体验和船员（空乘）生活质量。

（二）经济效益明显

结合示范项目运行测算，预计每年可实现电能替代约 3300 万 kWh，航道船舶、飞机、车辆用能成本分别下降 35%、65%、75%。同时，有力助推长江经济带独一无二的“游轮经济”，促进长江沿线旅游相关产业发展，助力沿线地区脱贫致富。

（三）示范效应突出

通过政企联动和机制创新，推广 6 种典型岸电系统，研发关键设备 15 类，制定 19 项岸电技术标准，编制 8 项岸电运营服务规范，形成了可复制、可推广的项目建设体系和机制。

4.25

营销支撑服务示范基地

国网湖南电力

一、基地简介

国网湖南省电力有限公司供电服务中心（计量中心）（以下简称中心）作为国网湖南电力的直属单位，是国家电网公司首家集电能计量器具全寿命周期管理、电力客户服务业务运营、用电市场分析与开拓于一身的省级营销业务支撑机构。

近年来，中心创新推动责任沟通、透明服务等理念融入运营管理，通过打造供电服务监督指挥、营销业务监控稽查、计量生产公信、营销科研技术和“旗帜领航”五个平台，在推进省级营销业务集约、稽查监控、技术创新等核心业务方面取得了显著的管理成效，荣获国家电网公司党建示范标杆单位、红旗党委、社会责任示范基地、全国“青年文明号”等荣誉。

二、示范项目

（一）打造供电服务监督指挥平台，从高效响应用电客户诉求出发，推动“服务升级”

强监控指挥。通过强化对线路（台区）停电、低电压治理、客户投诉处理、故障抢修、业扩报装等核心业务的监督指挥，确保供电服务“十项承诺”等惠民政策落地。

抓线上渠道。深化“网上国网”、微信公众号运营推广，实现微信服务号与“网上国网”无感贯通，“网上国网”累计注册用户突破达 1000 万，客户服务渠道及服务方式得到全面拓展。全力协助疫情防控，大力推广“不见面办电”，高、低压线上办电率分别达到 99.44%、98.96%，“网上国网”服务评价满意率达 96.94%。

重多元化增值。主动挖掘客户用电数据“金矿”，应用大数据分析技术深度剖析客户特征，建成涵盖客户基本属性、电力属性、价值属性、用电行为、交费行为、交互行为六类四级的客户标签画像系统，构建客户标签6.62亿个，开展客户360精准画像，推出“千人千面”差异化定制服务，其中“停电服务风险防控”应用场景入选国家电网公司2020年营销大数据典型应用案例。

（二）打造营销业务监控稽查平台，从满足基层单位需要出发，推动“管理升级”

业务管控智能化。建立营销业务信息化监控平台，分级监控、统一调度，推动营销全业务、全指标、全过程透明管理，实现指标自动预警、业务实时监控、异常智能甄别、工单自动派发、问题及时处置、报告自动生成。

问题整改源头化。针对稽查发现的突出问题，从人员思想认识、制度建设、资源配置等方面溯源分析，实现营销服务问题源头整改。

（三）打造计量生产公信平台，从维护公平计量环境出发，推动公信升级

主动引入湖南省计量检测研究院至中心生产基地进行驻点监督，随机抽取检定合格电能表进行复检，全面提升中心检定工作的公平公正性。通过“3·15”消费者权益保护日、“5·20”国际计量日等主题日向公众开放生产线，邀请新闻媒体、用户代表参观计量器具质量管控全过程，充分展示电能计量器具检定的公信力与透明度。构建基于区块链技术的电能计量可信平台，为用户提供检定信息查询服务，为供应商提出质量改进建议，实现阳光计量、透明服务、互助共赢。

（四）打造营销科研技术平台，从引领行业技术进步出发，推动“技术升级”

引外援。联合湖南大学、湖南省计量院、威胜集团等高校、科研院所、高新企业组建柔性攻关团队，共同开展现代营销前沿科技攻关，推动“产、学、研”一体化运作，实现营销新技术科研创新。

重实用。以省重点实验室为平台，着重解决电网企业营配环节的实际问题；开发售电量实时监测分析、全行业负荷监测及预测等功能模块，实现市场信息事前监测预警，助力精确制定开拓策略。

（五）打造“旗帜领航”工作平台，从激发员工创造活力出发，推动“队伍升级”

坚持党建引领，围绕“学党史、悟思想、办实事、开新局”，深入推进党史学习教育，聚焦服务“双碳”战略和构建新型电力系统等急难险重工作任务，搭建“党建+业务”工作平台，充分发挥先进党员先锋模范作用，有效推动党中央决策部署与国家电网公司重大战略落实落地。构建“党建+市场业务”攻坚平台，成立市场支部，上承省公司市场开拓工作组，下接基层单位“1+3”、政企客户、“电管家”等团队，推动全省市场开拓体系建立健全。构建“党建+电费业务”攻坚平台，成立电费支部，高效、高质量支

撑落实国家电价市场化改革与代理购电任务实施，有效防范电费风险，提升电费的智能化管理水平，服务国家政策迅速落地。

三、成效说明

中心创新的服务理念、平台化的管理模式显著提升了中心的支撑能力，在支撑公司打造“四大体系”中发挥重要作用，推动全省供电服务、经营效益、市场能效、社会公信提质升级，体现出显著的经济和社会效益，被国家电网公司作为“湖南经验”广泛推广。

（一）打造数字化供电服务监督体系，促进全省营销服务升级

支撑省公司打造供电服务指挥平台、网格化管理平台和营销移动作业 App，形成供电服务信息融合“一张网”；融合“营、配、调”三大专业，在国网系统内首创建成具有部门管理职能的 14 家市级、75 家县级供电服务指挥中心，持续推进建秩序、大走访、大培训、大评价，支撑省公司全面提升“停电、配网、业扩、诉求”四大重点业务领域管控质效，助力省公司供电服务实现“接电快、停电少、服务好、运营优”的目标；支撑省公司全面推行网格化服务，建成 154 个城区供电服务站、成立 95 个低压抢修班组，分别提供 5×8 小时主动服务、7×24 小时抢修服务。截至 2021 年 12 月，国网湖南电力投诉量同比下降 75.81%。

（二）打造“查改防”一体化智慧稽查监控体系，提高全省营销质效

支撑研发营销智能运营管控平台和“两率一损”系统，推动全省营销稽查监控体系升级，通过信息化手段可以直观调阅量、价、费、损和服务核心指标完成情况，直观展示各单位指标排名区间，直接预警 113 项营销指标，推进全省营销稽查监控工作智能化。截至 2021 年 12 月，国网湖南电力电费回收按月 100%结零，自然回收率达 99.25%，节约电费代收手续费约 1800 万元。台区线损大幅下降至 2.99%，同比下降 0.98 个百分点。

（三）构建全覆盖的市场能效体系，推动市场能效策略落地

中心支撑公司推出扩需增发、减弃扩需、绿电交易等专场交易，拓展广西趸售市场，突破湘西花垣竞争市场，新接管 10 个自供区，争取 15 个经营区外大客户转入公司电网；高效支撑开拓“清洁替代”市场，形成“一县一策”电能替代推广模式。指导市州公司利用“三省”“三零”政策不断优化营商环境，服务高压、小微企业以及零散居民客户 51.15 万户，为客户节约报装费用 27.03 亿元。自 2021 年以来完成售电量 1737.32 亿 kWh，同比增长 12.92%。

（四）构建透明化的计量检定公正体系，推动公司社会公信升级

构建集公众可信溯源查询、计量数字化监管和可信数据服务为一体的新型智慧计量监督服务模式，增强客户对用电信息的信任感和获得感，为 3034 万客户提供检定信息查询服务，为政府提供透明监管服务，为供应商提供数据增值服务。国网湖南电力 2020～2021 年数据产品服务获利 330 万元。

4.26

电网输变电设备防灾减灾研究示范基地

国网湖南电力

一、基地简介

2008年冰灾后，在湖南省政府和国家电网公司的指导下，国网湖南电力成立了电网输变电设备防灾减灾研究示范基地；2015年，该基地经国家科技部批准建设企业国家重点实验室。依托实验室，建有国网覆冰预测预警中心、国网山火监测预警中心和国网舞动预测预警中心三大中心。

该基地主要承担对电网安全稳定运行有重大影响的自然灾害机理、预测、监测、防治、新材料与成套装备、应急处置等技术的研究与应用，以及输电线路覆冰、山火、舞动预测预警工作。目前，该基地包含国网湖南防灾减灾中心（分公司）和湖南防灾科技有限公司（市场化单位）两个单位，在职员工92人，其中，国家“万人计划”科技创新领军人才1人、博士24人、硕士34人；管理产业单位1个，员工88人，负责防灾科技成果转化。

二、示范项目

坚持“技术创新从安全生产需求中来，到服务安全生产实际中去”的理念，以国网覆冰预测预警中心、国网山火监测预警中心和国网舞动预测预警中心三大中心为载体，以科技创新成果保障电网安全，积极践行“人民电业为人民”的企业宗旨，服务社会防灾减灾救灾，服务人民美好生活，以实际行动展示央企的责任和担当。

（一）电网覆冰预报技术体系

创建了电网覆冰预报技术体系，开发了国际首套电网覆冰自动预报预警系统，准确预测了实验室建设以来全部61次电网覆冰过程；发明了系列高效直流融冰装备，实施了1400多条次现场直流融冰。2018年以来，实验室收集了湖南境内29条6730km高速公路的道路坐标信息，开发了高速公路结冰、覆雪预测模型，建立高速公路结冰覆雪预测预警系统，冬季冰冻时期每日报送高速公路路面结冰预测报告，为湖南省交警总队和高速公路集团提前开展高速公路交通管制和融除冰工作提供决策支撑。

（二）山火定量预报新方法

通过收集我国近 15 年来百万余条山火数据，发明了电网山火时空聚类大数据分析方法，开发了基于卫星遥感技术的电网山火卫星监测预警系统，开展电网山火直升机监测与灭火联动处置，实现了电网山火的广域监测和预警。首次发现水强效雾化绝缘超过空气的水雾绝缘反常现象，发明了水雾绝缘高电压带电灭火技术及装备。

（三）火灾凝胶乳化高效绝缘灭火技术

发明了变压器火灾凝胶乳化高效绝缘灭火剂，研制了变压器带电灭火装备。该成果解决了高温油火灾带电高效灭火技术难题，达到国际领先水平，作为“首台套”的变压器油灭火技术与装备在湖南、甘肃、青海的多个特高压换流站应用。

（四）微地形暴雨灾害和水库流域水情预测技术

搜集湖南 2 万多处地质风险点，构建了暴雨地质灾害大数据预测模型，研发了暴雨地质灾害预测预警系统和水库流域水情等系统，在服务社会综合防灾、确保防洪安全和水电发电效益等方面发挥了积极作用。在 2020 年汛期成功预测和应对湖南电网柘溪等大型水库洪水，得到国家电网公司党组和国家水利部长江水利委员会的通报表扬。

（五）新能源风光灾变预测技术

研发了新能源风光灾变预测系统，为新能源发电企业提前准确预测出风机叶片结冰和光伏受云层遮挡出力陡降等灾变，为新能源发电安全与消纳提供技术支撑，服务“四个革命、一个合作”能源安全新战略。

（六）线路直流融冰技术

攻克了回路消谐、阻抗均流等整流关键技术，彻底解决了直流融冰装置谐波大的关键问题，大幅降低装置的体积和造价。发明了国内首台直流融冰装置，研制了固定式、移动式、便携式 3 个系列 9 种型号融冰装备，性能指标居国内外领先水平。

三、成效说明

（一）科技创新能力显著增强

坚持安全生产需求驱动创新，以提高电网防灾抗灾能力为目标，紧紧抓住电网灾害监测、预测及防治科学问题，开展相关理论研究和关键技术攻关，取得多项国际领先的创新成果，获国家科技进步一等奖、国家技术发明二等奖、中国专利金奖等省部级及以上科技成果 15 项，承担国家科技支撑计划、国家电网公司重大科技攻关项目 24 项，获“国家电网公司先进集体”“湖南省科学技术创新团队”等荣誉。发表 SCI 论文 37 篇，获国际专利 9 项、国家发明专利 157 项，其中“电网大范围冰冻灾害预防与治理关键技术及成套装备”获国家科技进步一等奖，“电网大范围山火灾害带电防治关键技术”获国家技术发明二等奖。

（二）风险防控能力全面提升

电网覆冰数值预报系统在国网系统所属 26 省（市）电网中应用，准确预测了 2008 年以来的全部 62 次电网冰灾；运用水雾绝缘高电压带电灭火技术及装备参与现场灭火。2019 年 9 月 27 日，根据省应急厅统一调度，实验室提供了自主研发的高效灭火剂，通过飞机喷洒，快速、高效、安全地扑灭新中国成立以来湖南最大的山火——衡东大火。运用山火监测预警系统累计发布输电线路山火一级告警 1300 余条，不停电扑灭线路山火 2000 余起，增加供电 1150 亿 kWh。

（三）科技成果转化成效显著

不断创新、全面提高科技成果转化的数量和质量，近 5 年累计推广产值达 8.2 亿元，年均增长 30%。2020 年合同额突破 4 亿元，上交省公司专利许可收益 1270 万元。推广应用直流融冰装置 200 多套，有力支撑了电网安全生产，节约抗冰改造费用 927 亿元，并出口加拿大。开展了山火预报与监测值班，已在国网系统推广应用上百套灭火装备，取得了显著的社会、经济和安全效益。

（四）树立国网责任央企良好形象

积极推进能源互联网企业建设，服务社会综合防灾减灾救灾，研发的灭火装备应用于高层建筑与森林灭火中，高速公路覆冰、微地形暴雨灾害和水库流域水情等预测工作得到国家应急管理部及水利部长江水利委员会的高度评价，其在防灾减灾中心的大力支持下，取得了长江流域防汛抗洪的阶段性胜利。成果还得到《国家电网报》《湖南日报》等媒体宣传，CCTV－10《走近科学》对实验室进行过专题报道。

4.27

国网湖南电力“检储配”一体化示范基地

国网湖南电力

一、基地简介

国网湖南电力“检储配”中心作为国网湖南电力“检储配”一体化网络枢纽，以开展入库配网通用物资的质量检测、仓储管理、配送调度、应急保障等服务为主体，主要承担国网湖南电力应急抢险物资实物储备以及湘东北区域部分配网通用物资的就地检测、集中存储及主动配送工作，同时作为国网湖南电力物资专业创新管理基地，开创物资创新发展新局面，全面实现物资管理数字化转型。

二、示范项目

（一）引领湖南公司“检储配”一体化体系管理模式变革

依托公司现有仓储网络和物资质量检测体系能力建设成果，开展“检储配”一体化管理模式创新，建成国网湖南电力“检储配”一体化基地。以配网通用标准物资先入库检测、后按需储配、再预约发料为原则，形成可复制、可推广的高效管理模式，引领国网湖南电力4个地市级“检储配”一体化基地的建设及运营，构建全省物资“资源池”，实现物资由“库存领用”向“检储配”一体化的管理变革，全面保障物资供应的质量与时效。

（二）承担区域配网通用物资“检储配”一体化服务

依托一体化基地，实现物资随到随检、入库即合格、出库即可用、需要即可送的快速响应机制。按照入库抽检、集中储备、按需配送的原则，优化“检储配”业务链条，减少运输成本和时间成本，在保证物资质量的前提下把中间冗余环节降到最低，提高抽检效率、风险防控能力和供应时效，深化物资供应质量、仓储、配送业务的整体联动和协同，实现湘东北区域市州公司部分配网通用物资的统筹统配。

（三）承担国网“大物流”体系建设改革试点工作

以国家电网公司和湖南省公司构建电力物流服务生态圈为引领，以 ELP 电力物流服务平台深化应用为契机，将 ELP 模块功能应用于“检储配”一体化基地寄存物资的实际运输配送业务，围绕集约化、同质化管理的目标，积极推动“检储配”管理模式变革。作为改革前沿阵地，努力打造具有湖南特色的“仓储、检测、调配”三位一体的物资供应链“大物流”体系。

（四）承担全省应急抢险物资兜底保障功能

引入供应商寄存模式实现协议库存实物储备，保障在应急状态下及项目紧急需求时的项目物资供应；在省公司物资部指导下对抗洪、抗旱、防冻、防疫等抢险救灾物资实施战略储备，对全省范围内灾害、事故等紧急情况实施紧急出入、紧急配送作业。

三、成效说明

（一）管理创新引领示范基地

构建国网湖南电力“检储配”一体化体系管理制度，完善了检测、仓储、调配一体化业务流程，建立了可供移植和复制的“检储配”一体化运营模式，为全省推行“检储配”一体化业务模式提供指导和保障；推广完成常德、湘潭、怀化、郴州四个“检储配”一体化基地业务覆盖，带动 1+4“检储配”基地释放效能。

（二）“检储配”服务支撑基地

自 2020 年 9 月 30 日投运以来，已开展数百次配网物资供应配送工作，寄存物资出入库金额超过 2 亿元，样品检测总体合格率稳定在 98%以上，针对不合格样品进行整批次退换货处理，为公司挽回损失达 1000 余万元。

（三）全省实物资源管理基地

全面发挥实物资源管理支撑职能，建立实物库存管理提升机制，大力推进实物资源线上管控、动态周转和统筹调配，实现信息共享、资源同步；构建“库、仓、现场”全量实物资源协同管理体系，健全平衡利库和跨专业协同、跨区域调配工作机制，加快实物库存周转，2021 年完成平衡利库金额超过 7 亿元。

（四）物资管理人才培养基地

全面支撑现代智慧供应链创新赋能、实操培训、调考竞赛等功能，建设物资专业培训室和创新工作室，开拓实现物资专业理论和实操相结合的培训模式应用，通过搭建物资专业跨越赶超的创新平台，积极探索方法创新和制度创新，解决物资管理和技术瓶颈，全面提升物资队伍整体履职能力，推动物资专业创新发展。2020 年 10 月，圆满承办国家电网公司首个现代智慧供应链管理专业知识暨现场实训竞赛，通过“以赛促学、以赛促用”的方式，推进智慧供应链各业务场景的全面深化应用，加速湖南物资管理数字化转型。

（五）全国应急物资保障基地

作为应急物资调配指挥中心，2021 年 7 月，在接到国家电网公司、省公司应急保障物资供应任务后立即响应，先后完成河南防洪物资配送电力电缆 10.833km，完成张家界防疫保电物资配送变压器 87 台套，充分发挥基地效能。

4.28

兰考农村能源互联网综合示范创新基地

国网河南电力

一、基地简介

兰考是焦裕禄精神的发源地，是习近平总书记党的群众路线实践活动联系点，是全国唯一的农村能源革命试点县。兰考可再生能源资源丰富、品类齐全，截至 2021 年底已开发风电 74.8 万 kW、光伏 26.6 万 kW、秸秆发电 2.4 万 kW、垃圾发电 1.5 万 kW，建设储能 9.6MWh，建成投运地热站 17 座，有良好的能源互联网示范创新物理基础。

兰考农村能源互联网综合示范创新基地（以下简称基地）由河南经研院、开封供电公司、兰考供电公司联合建设，目前，基地已支撑兰考县实现“四个第一”，即建成首个县域能源大数据中心、投运首个农村能源互联网平台、完成首个县域虚拟电厂技术验证、部署首个县域“双碳”进程监测系统等一批首创性示范项目，实现兰考“全品类—全链条—全县域”能源生产消费可观可测、3×24 小时全清洁能源供电、可再生能源占一次能源消费比例达 75%，有力支撑兰考构建清洁低碳、安全高效的农村现代能源体系，助力兰考获批国家电网公司“十四五”能源互联网规划唯一县域示范区。基地成果代表国家电网公司参展第三届“数字中国”峰会，连续两年入选国家电网公司最佳实践案例，获得河南省企业管理现代化创新成果一等奖。

二、示范项目

（一）首个县域能源大数据中心建设

聚焦县域能源数据分散性强、数据统计体系不健全、行业数据壁垒等问题，建立政府牵头、企业广泛参与的数据归集机制，首创“三权分置”的数据互信机制，拓展系统对接、物联接入、批量导入和在线填报四类数据的标准接入方式，实现电、热、气、油全品类能源数据的自动归集。目前，兰考已建成我国首个县域能源数据中心，接入当地全部风电、光伏、燃气、地热、成品油等能源供给和消费数据超过2200万条，实现全品类、全链条、全县域能源生产消费可观可测，填补了国内县域能源体系的空白。

（二）首个县域能源互联网平台部署

打造国内首个县域能源互联网平台，面向政府、企业、公众、公司四类对象，提供多样性服务，推动县域能源数字化转型。面向政府，构建“能源革命成效年评估、能源运行月分析、重点项目周管控、新能源实时跟踪”的成果应用体系，率先实现首个县域“双碳”监测与乡村振兴电力指数辅助功能应用，为政府研判发展态势提供工具支撑。面向企业，实现兰考县全域风电、光伏新能源发电设备和发电效率全景监测，支撑能源统筹规划、优化运行；优选蘑菇种植、超市两类典型应用场景，探索能效管家服务，促进用能效率提升。面向公众，创新实现抢修进程可视化，充分提升用户获得感和满意度；全面接入扶贫光伏数据，实现智能监管和高效运维。面向公司，建成县域首个变电站级源网荷储一体化运行示范区，开展负荷侧电管医生、虚拟电厂等新技术示范应用，提升清洁能源优化配置能力，助力以新能源为主体的新型电力系统建设。

（三）首个县域能源互联网规划示范区

立足兰考资源禀赋，以三大体系为出发点，搭建兰考“1236”（一个目标、两个阶段、三维工程、六大示范）能源互联网规划框架，构建兰考“三全两高”（县域电力生产“全绿色”、清洁能源消送“全贯通”、终端用能替代“全聚合”、能源互联管理“高数智”、能源价值服务“高质效”）的农村能源生态体系，全面推进兰考农村能源互联网落地创新，助力实现兰考农村资源能源化、用能低碳化、能源智慧化、发展普惠化，打造公司战略县域落地“试验田”，提供农村能源转型的“电力解决方案”。成功获批国家电网公司“十四五”能源互联网规划唯一县域示范区。

三、成效说明

（一）推动兰考农村能源革命，助力双碳目标县域落地

供给侧，发挥电网优化资源配置平台作用，服务兰考本地可再生能源开发和城乡废弃物能源化利用，推动兰考由消费终端向生产前端转变，助力构建清洁能源供给体系。2021年，兰考县可再生能源发电装机达105.1万kW，可再生能源发电量占全社会用电量比例达到87.5%。2021年超三分之一时间实现全清洁能源供电（全年3147小时，等效131天，其中3月2～5日首次实现连续72小时全清洁能源供电）。

消费侧，发挥电能应用广泛、清洁高效优势，积极推进居民取暖、农业生产、公共交通等领域电能替代，助力构建绿色能源消费体系。2021年，兰考清洁取暖普及率达99%，公众绿色出行率达90%，灌溉区机井通电率达100%，可再生能源占一次能源消费

比例达 75%，电能占终端能源消费比例达 64.6%。

（二）推动能源数字化转型，以数据赋能乡村振兴

兰考能源互联网推动扶贫光伏、用电环境、企业能效等多个领域管理质效提升，充分释放其惠民、便民、富民效应。光伏扶贫方面，接入兰考全县 3.6 万 kW、6034 户扶贫光伏数据，2021 年光伏扶贫电站发电量同比增长 5.3%，为用户增收 3269.6 万元，累计减排二氧化碳 28.7 万 t。用电环境方面，实现居民用户停电抢修可视化，停电信息精准通知到户率达 90%以上，配网故障平均处理时间不超过 150 分钟，高压用户、低压非居民用户、低压居民用户电网环节接电时间分别控制在 12、4、1.5 个工作日以内，用户获得感和满意度大幅提升。能效服务方面，依托蘑菇种植、超市两大能源互联网特色场景，2021 年以来发布告警 112 次，推送用能诊断报告 24 份，累计降低能耗超过 70t 标准煤，节约用电超过 30 万元。

基地探索形成了“小投资换大收益”的农村能源服务新模式，具有较高的示范意义和推广价值。基于基地的成功实践经验，支撑河南省发展改革委印发《关于进一步推进农村能源革命试点示范的指导意见》（豫发改能综〔2021〕548 号），首批选取南阳市西峡县等 11 个县拓展试点，推动农村能源革命试点扩大化，在全省推广兰考经验。

4.29

九江濂溪区供电公司赛阳供电所

国网江西电力

一、基地简介

国网九江市濂溪区供电公司赛阳供电所地处世界名山庐山西麓，主要负责庐山脚下 158km^2、1.87 万客户的供电服务任务，现有员工 22 人，平均年龄 45 岁，其中党员 7 人。赛阳供电所坚持"温情建所、亲情服务、热情创效、深情筑家"，全所员工用心用情、追求卓越，实现了"全能赛场领跑、五星创建夺魁，提升工程争先"。先后被授予为首批"国家电网公司五星级乡镇供电所""中国最美供电所""国家电网公司一流班组（工人先锋号）""国家电网公司企业文化建设示范点"等 30 余项地市级以上荣誉称号。孙小芬劳模创新工作室被授予为"江西省电力公司优秀劳模工作室"称号，其管理成效及典型事例先后被《电网头条》《国家电网报》《江西电力报》等媒体报道。

二、示范项目

（一）温情建所，推进卓越管理

始终将机制建设作为提升管理的首要举措，坚持制度管理与情感管理相结合，实行"每日一省、每周一学、每月一评、每季一演、每年一定"。总结提炼《赛阳供电所运行机制一本通》，先后建立运行管理机制 11 项，优化工作流程 12 项，细化管理制度 21 项，编制模型手册 4 套，提炼典型经验 9 篇，发表管理论文 7 篇，编制工作手册及业务工具书 19 套，为兄弟供电所管理建设提供了借鉴。

采取"目标责任 + 工作积分""月度考核 + 年度考核"的绩效评价方式，区分岗位差异，体现多劳多得。每月所长评价班长和"三员"，班长和"三员"评价班员。强化内外勤协同，内勤综合柜员工作积分与协同的外勤客户经理捆绑考核。强化党员帮建帮扶，党员工作积分与帮带对象捆绑考核。公平、公正、公开量化积分结果，同岗位员工月度绩效最大差距近千元。通过积分排名，评定星级，依照评星定级结果兑现绩效，有效激发了员工干劲活力。

视管理痕迹为精神财富，逐年建立供电所建设资料库、荣誉图片档案库，完善线路设备台账及“一户一档”，保持完整齐全。狠抓“里子”的同时，“面子”更加突显，将定置环境融入供电所的每个角落，工作场所整齐干净，工作现场规范有序。基础设施及配套功能齐全，工作环境舒适，生活环境舒心。

（二）亲情服务，深化卓越品牌

客户经理将亲情服务贯穿于工作点滴，推行供电服务网格化管理及村所共建、警电联动机制，实行台区客户服务号码终身制，通过 151 个台区客户服务微信群架起了亲情服务的“纽带桥梁”。积极服务乡村振兴，做到了“一个电话，问题一次解决”，赢得各级政府及广大客户的美誉，连续 10 年荣获“驻镇先进单位”称号，先后接受客户赠予锦旗 15 面、表扬信 3 封。

设备主人充分利用无人机及配网抢修 App 巡视等技术手段，定期对每条线路、每个台区、每根电杆、每台表箱、每块电表进行全面巡视，强化精益运维。滚动完善设备台账和隐患缺陷库，做到重大隐患不过夜，保障电网安全运行。积极落实配网工程项目自主实施，筑牢配网架构。近 5 年累计争取 1100 余万元资金，先后建设与改造 10kV 及以下线路 215km，新建和改造配电台区 84 台，排除隐患缺陷 1380 余条，帮扶新农村建设用电 360 余处，解决近千户用电问题。

综合柜员充分利用综合业务平台，对供电所生产经营核心业务指标进行全过程管控，定时监测，及时通报，紧密跟踪，密切配合，闭环督办，评价到位，发挥了明显的支撑保障作用，成为供电所名副其实的“中枢大脑”、客户服务的“信号灯”、所长的“贤内助”、外勤的“好帮手”。

（三）热情创效，锻造卓越技术

坚持检修作业“能带不停”“少停多供”及“一停多用”，两名员工取得带电作业资格证，供电所业扩接入、配网应急消缺等业务全面实行带电作业，减少台区停运 210h，增加售电十余万 kWh。报国垅线馈线自动化建设，将配网工程 T 接投运、高低压隐患消缺等任务全部融合一体，减少台区停运 178 小时。粮油线综合检修方案进行 5 次研讨，反复优化，停电范围和时间控制最小。

对外，为客户报装提供“三零”“三省”服务，努力增供扩销，售电量保持增长。对内，扎实开展营销关键业务治理，近两年挖潜增效 58 万元，台区线损由 2.91%下降至

2.42%。申请退役物资再利用，节约成本200余万元。全员创效争先，供电所综合评价保持前十五名。

积极推介电能替代，倡导“以电代煤”，大力推广“电制茶”，为茶厂提供“电管家”服务。先后发展电炒茶客户66家，年替代电量300万kWh。全力保障庐山索道供电，年均百万游客不再依赖汽车上下山，“以电代油”年替代电量180万kWh。精准服务佛教净土宗发源地东林寺，推介空气源热泵项目3个，节能示范路灯项目3个。推进营业厅智能服务转型，利用触摸式互动大屏展示新业务，展现智慧电网应用，让客户体验线上和线下双向服务带来的便利。通过节能灯具和家居用电数据对比分析，向客户推介“国网商城”节能产品，配套快递送货服务，实现智联交互。

（四）深情筑家，创造卓越业绩

坚持现场就是实训场，按照缺什么、补什么的原则，因人制订培训和成长计划。做实“每周一练”和“每月微课堂”，引导员工干中学、自主学、自己练，努力提高服务本领。已有7名员工参加国网江西电力全员随机抽考，一次性通过率100%，4人拿了满分奖励。先后培树了“江西省劳模”“中国好人”“国家电网公司优秀班组长”“江西省电力公司劳模”等先进典型。

在赛阳供电所一直延续着“情”文化，使员工忙碌工作的同时真正感受到“赛阳是我家”的温馨。团队和谐，处处以“情”暖人，自主提炼“赛阳是我家”七字歌以激励全员创效争先，组织家庭日活动以提升团队凝聚力，组织文化联谊活动以提高员工归属感，组织竞赛评比以激励员工提升技能，组织走访慰问以提升品牌形象。工作群“赛阳是我家”和家属群“情满赛阳”，架起了工作与生活的“连心桥”。

三、成效说明

（一）创新性较强

全所员工践行“不怕小，只要巧；一个典型，带动一个所，带动一批人”的创新理念，2项成果获得国家专利，5项成果荣获江西省质量管理协会QC成果一等奖，1项成果荣获江西省第十二届管理创新成果二等奖，多项管理成果在省公司系统推广，1项技术创新批量生产并在全省推广。

（二）实用性较强

始终将机制建设作为提升管理的首要举措，将制度管理与情感管理相结合，先行先试“全能型”供电所管理模式，形成了一套较成熟的供电所运行管理机制，“赛阳模式”

得到广泛认可。

（三）展示性较强

延续的“四情”（温情建所、亲情服务、热情创效、深情筑家）文化底蕴浓厚，先后接待各级调研及兄弟单位交流 450 余次。视管理痕迹为精神财富，标准化资料台账模型在国网江西电力供电所中推广。生产办公场所及其他配套功能区按照典型配置，编制成标准化建设实物图册，为兄弟单位提供借鉴。打造了庐山云雾茶“电制茶”等多个电能替代项目和庐山南门充电桩及光伏发电综合示范项目，通过引领示范带动良好的社会节能成效。

4.30

井冈山党性教育示范基地

国网江西电力

一、基地简介

国网江西省电力有限公司吉安供电分公司依托井冈山教育中心和井冈山丰富的红色资源，坚持“红色更红，初心更牢，使命更坚”的教育培训理念，积极探索加强和改进新形势下党员教育培训工作，以坚定信仰、增强党性为重点，开展红色培训、党建活动和特色现场教学，把井冈山精神和红色资源有效融入党员教育培训全过程，着力提升党员党性修养，努力打造国家电网公司党员教育培训示范基地，让跨越时空的井冈山精神放射出新的时代光芒。

二、示范项目

充分利用井冈山这座“没有围墙的博物馆”，进一步挖掘井冈山红色资源，全力建设能够满足国家电网系统各层级党员教育培训的红色阵地，激发爱党爱国热情，增添创先争优动能。

（一）高标准打造“一中心”“一实践点”教育基地

依托井冈山教育中心，全面深化与中国井冈山干部学院等院校的战略合作，坚持开放办学，高标准建设以传承红色基因、弘扬井冈山精神为中心的教育基地。完善住宿、学习研讨等硬件设施，提升基地办学条件和接待水平。与井冈山革命博物馆等现场党性教学基地建立密切联系，根据培训需求，使用中国井冈山干部学院和现场党性教学基地的教育设施，增强教育培训的感染力。以井冈山大陇供电所为先行先试的基层实践点，积极探索井冈山精神落地基层供电所的“星火燎原·四色争辉”模式。2018 年 7 月，井冈山大陇供电所被确立为中国井冈山干部学院社会教学实践点，成为井冈山精神在国家电网系统基层供电所传播落地的展示窗口。

（二）高站位拓展教育培训方式

积极探索党员教育培训新模式，创新开展现场教学、沉浸式教学、激情式教学、访谈式教学等培训。完善现场教学“六个一”模式（围绕一个主题、讲述一个典型、设计一项活动、营造一种氛围、受到一次震撼、得到一次启迪），在井冈山北山烈士陵园、井冈山革命博物馆、黄洋界哨口、茅坪八角楼、茨坪革命旧址等实地学习。倡导沉浸式教学，重走朱毛红军挑粮小道、荆竹山自做红军套餐，再现事件发生的真实情景，引导学员进入相关角色，亲身体验、实践和感悟。开展激情式教学，采用观看井冈山斗争 VR 视频、音乐舞蹈史诗《井冈山》和教唱革命歌曲等形式，让学员在革命文化艺术的感染中汲取精神力量，点燃激情，保持昂扬向上的精神状态。组织访谈式教学，邀请井冈山斗争时期袁文才、王佐、曾志等革命先辈的后代作为教学嘉宾，采取“后辈讲先辈、身边人讲亲历事”的方式，学员与革命后代面对面交流，引导全体学员重温先辈们在革命斗争中的动人事迹，共同感受革命先辈们崇高的品质，进一步增强践行和弘扬井冈山精神的行动自觉。

（三）高质量塑造“红色＋特色”课程

突出党性教育，优化课程设计，构建以弘扬红色文化为核心、以电网企业属性为特色的党员教育课程体系，打通历史与现实、理论与实践、理性与感性的连接，增强教学说服力、吸引力和感染力。打造红色教育理论课程，突出党史学习教育，开发《井冈山斗争与井冈山精神》《中央苏区和苏区干部好作风》《井冈山革命道路与中国特色社会主义道路》等一系列解读井冈山精神、井冈山斗争史的品牌课程。借助中国井冈山干部学院的研究力量，积极推广《习近平总书记系列重要讲话精神学习辅导》《党中央治国理政新理念新思想新战略》等课程。打造电网企业特色实践课程，深入井冈山大陇供电所等社会教学实践点，开展“四个一”实践教学（观看一次实践点党建引领提升专题片、开展一次与党支部书记和党员的座谈交流、参与一次实践点优质供电服务、思考一个党建引领生产经营提升见效的措施），组织学员在农村、供电所、社区等进行实地调研考察，从而引发管理思考，紧扣“一体四翼”发展布局，知行合一实干力行，奋力推动国家电网公司战略在基层一线落地，永远沿着正确方向阔步前进。

三、成效说明

深度挖掘井冈山及周边丰富、独特的红色资源，积极探索具有井冈山特色的红色培训之路，拓宽了党性教育视野，让每一处革命旧居旧址成为培训学员理想信念和革命传统教育的生动课堂，让党性教育变得形象具体化，使党性教育变为可视的精神和可触的信仰，让广大党员更加自觉地牢记初心使命、践行党的宗旨。2019 年至今，井冈山教育中心与国家电网公司党校、各级供电公司合作办学，承办培训班 138 期，接待人数 6748 人（其中国家电网公司厅局级干部培训、国家电网公司基层党支部书记培训各 3 期，国家电网公司青干班 2 期，各省级公司处级干部培训班 20 期，人数 1200 余人）。2020 年，国网吉安供电分公司获评国家电网公司党员教育管理专业标杆，国网吉安供电分公司党委获得江西省先进基层党组织称号。

4.31

国网凉山供电公司防森林草原火灾、汛灾、地灾监控管理指挥中心

国网四川电力

一、基地简介

国网凉山供电公司防森林草原火灾、汛灾、地灾监控管理指挥中心（简称“三防”中心）于 2021 年 1 月 1 日正式挂牌成立。通过运用气象信息、地质信息、地震信息和卫星遥感信息，依托气象信息服务、灾害预警信息服务、变电站视频监控、图像智能巡视识别四大监测系统，联合电网调控平台、防灾监控平台、服务指挥平台，构建集监测分析、预警告警和应急处置于一体的防灾减灾体系，实现灾情实时监测、预警快速发布、抢修统一指挥、电网精准调度，具备以下四大功能：

（1）灾害信息监测全覆盖。“三防”中心通过四大监测系统技术，覆盖高危风险盲点区段，实现了电力设备本体及周边运行环境 7×24 小时全方位、全过程、全时段监测。

（2）预警告警发布全时段。州、县两级“三防”中心上下协同，紧密配合，成为灾害信息传递和处置中枢，快速、精准、全面发布各类灾害预警告警至各设备运维单位及相关人员，及时做好防灾减灾应急响应。

（3）灾情响应处置全天候。灾害信息传递由原来的单一链条逐级上报模式转变为信息裂变传递模式，极大缩短了中间流转环节，灾情响应时间由原来近 1 小时压降至 10 分钟内，有效提升各类灾害应对能力。

（4）应急指挥管控全方位。以“三防”中心为指挥中枢，联合电网指挥平台、防灾指挥平台、服务指挥平台，有力有效指挥各单位做好人员避险、设备避险、有序抢修等应急处置工作。

二、示范项目

“三防”中心是践行习近平总书记“四问”和“不能屡屡重蹈覆辙”的基层实践，是

深入贯彻国家电网公司“六查六加强”和国网四川电力“四个坚持”工作要求的具体做法，公司因地制宜，探索构建以“三防”中心为平台的防灾减灾创新实践体系，形成以下四个典型示范。

（一）首创防森林草原火灾、汛灾、地灾监控管理指挥中心

2020 年 8 月 4 日，国家电网公司董事长辛保安到公司调研后，公司系统总结形成“夏秋防汛、冬春防火、四季防震、全年攻坚”地域防灾措施思路和“冬清春除、夏伐秋检、四季排患、全面闭环”季节防火措施理念，在全国电力行业首次成立防森林草原火灾、汛灾、地灾监控管理指挥中心，建成气象信息服务、灾害预警信息服务、变电站视频监控、图像智能巡视识别四个灾害监测系统，建立信息全覆盖、预警全时段、响应全天候、管控全方位的新型防灾减灾体系，实现输变电设备本体及周边环境 7×24 小时监测，助力全面打赢 2021 年防森林草原火灾攻坚战。

（二）形成《应对森林草原火灾、汛灾、地灾“十六防”工作措施》

2020 年 3 月以来，公司全力推进输配电线路火灾隐患治理，总结出《国网凉山供电公司防灾减灾 1.0 版——应对森林草原火灾、汛灾、地灾“十六防”工作措施》，从 4 个篇章 16 个方面对森林草原火灾、汛灾、地灾防治进行了布署。其中，组织保障篇重点从组织体系、落实制度、人员履责、督导闭环 4 个方面，着力解决“如何强化组织保障，全面尽职履责防治”的问题；过程管控篇重点从电网规划设计、施工建设、电网运行、设备运维 4 个方面，着力解决“如何强化电网从规划到运维全过程管控能力，提升核心防治水平”的问题；关键突破篇重点从技术手段、智能监测、隐患整治、应急保障 4 个方面，着力解决“如何抓好关键环节、关键时段，及时高效有序防治”的问题；协调配合篇重点从政企联合、产权分界、信息共享、多维宣传 4 个方面，着力解决“如何协调团结各方力量，形成共享共防强大合力”的问题。

（三）形成《防灾减灾“九把关”安全管控实务手册》

2021 年 1 月以来，公司通过实践探索和总结完善，形成了《国网凉山供电公司防灾减灾 2.0 版——防灾减灾“九把关”安全管控实务手册》，从九个维度阐述了电力防灾减灾策略、方法和措施，为系统化、规范化、智能化开展防灾减灾安全管控提供有力支撑。其中，“把准依法防治关”以贯彻落实防灾减灾相关法律法规为基础，完善规章制度，强化执行监督，将依法防治落地落实；“把牢规划设计关”以抓好源头防治为目标，以防灾减灾差异化设计为抓手，落实电力建设项目防灾减灾合规化设计要求；“把严建设实施关”以刚性执行项目建设要求为前提，从项目建设准备、过程管控、质量监督等方面严把安全和质量；“把紧项目验收关”，以规范验收过程为着力点，紧盯设计标准执行、设施设备质量、隐患缺陷消除等关键，保证验收质量；“把住运行维护关”以隐患整治、缺陷消缺和差异化运维、集中检修等为手段，提升设备本质安全和防灾减灾能力；“把控预警避

险关”坚持科学防灾，构建防灾预警体系，落实好紧急停运避险措施，全力防患于未然；“把实责任落实关”健全防灾减灾责任体系，抓落实强监督严考核，促进全员履责、全员尽责，确保责任落地落细；“把稳风险化解关”聚焦廉政、稳定、舆情、审计四大风险，强化风险监控和风险防范，确保防灾减灾工作稳定局面；“把好政企协同关”协同州级部门及各县（市）政府，健全防灾减灾协同机制，建立协同平台，共享协同资源，共筑政企防灾减灾统一战线。

（四）形成《防森林草原火灾“十讲十化”理论实践工作方法》

2021 年 6 月 30 日防火期正式结束，公司进一步把握防灾减灾客观规律，在实践的基础上以理论为支撑，形成《防森林草原火灾“十讲十化”理论实践工作方法》。通过“十讲十化”理论实践工作方法，以“十讲”为理论支撑、以“十化”为实践举措，将“讲政治、讲责任、讲质量”挺在前面，不折不扣落实上级各项决策部署，全力开创防森林草原火灾新局面；以“讲合作、讲执行、讲安全、讲创新”为出发点，坚决破除思想桎梏和机制障碍，奋力走出电力线路通道治理新路子；把“讲法治、讲宣传、讲实效”铭刻在心，确保各项工作依法合规、落地见效，聚力谱写防灾减灾新篇章。

三、成效说明

公司在以“三防中心”为平台的防灾减灾创新实践体系下，相继建立完善防灾减灾制度方案 53 项，形成完备的制度机制和防控体系，总结出《国网凉山供电公司防灾减灾 1.0 版——“十六防”工作措施》《国网凉山供电公司防灾减灾 2.0 版——“九把关”安全管控实务手册》和《防森林草原火灾“十讲十化”理论实践工作方法》，全面打赢了 2021 年森林草原输配电线路防火攻坚战、翻身仗，防汛灾、地灾工作更加深入、更加扎实、更有成效，取得以下六个方面的成效。

（一）政治效益

以对党和人民极端负责的忠诚态度，坚决践行总书记指示批示精神，完成森林草原输配电线路火灾隐患治理重大政治任务，实现国家电网公司“四个提升、两个确保”工作目标，最大限度保护人民生命财产安全，在脱贫攻坚和乡村振兴中提供可靠电力保障。

（二）经济效益

通过电力通道生物隔离带建设，将防火走廊建设成为生态走廊、致富走廊、经济走廊，将电力通道变成落实国家“碳达峰、碳中和”战略部署和助推地方经济社会发展的“黄金通道”，走出一条电力通道治理与生态环境治理相适应的创新、安全、发展的道路。

（三）法律效益

坚持电力通道、防火隔离带和森林防火通道共建、共用、共防、共治，成功将“紧急停运避险、用户共管共治”等内容纳入《凉山州森林草原防灭火条例》。截至 2021 年 12 月 31 日，政企“四共”里程已近 1000km，实施高风险输配电线路大风停运避险 2170 条次，发现、告知、报备政府客户侧隐患治理 1115 处。

（四）运行效益

以“三防”中心为平台的防灾减灾体系，通过完备的制度机制和防控体系，累计完成本体隐患治理 2148 处，完成 6373km 穿林区通道飞巡和 3632 处隐患整治，完成穿林区 2732 台可视化装置、309 台单相接地跳闸开关、13 套小电流系统接地选线装置和 194 台微气象装置等设备的安装，累计发布大风预警 14 376 次、山火预警 1809 次、泥石流预警 247 次、山体滑坡预警 532 次，高效处置 134 起自然灾害，构筑起防灾减灾强大防线。

（五）技术效益

创新“小野输电微巡”移动端平台，实时直观展示输电线路及其周边环境的异常图像、告警信息、现场蹲点等情况，被国家电网公司推广应用至东北地区；运用数字技术开发“风力指数热力图”App，实时动态展示全州 602 个风力监测点的风速、风向数据，被凉山州政府及企事业单位推广应用；开发“防汛防地灾预警告警”App，实时提示滑坡、泥石流、沉降、地震等多灾种预警告警信息，实现公司全员全覆盖。

（六）示范效益

作为全国电力行业首次、四川省第一、凉山州唯一成立的防森林草原火灾、汛灾、地灾监控管理指挥中心，“三防”中心先后接待了国家级、省级、州级领导调研参观 40 余次，凉山全州 17 个市县政府亲临参观学习，为全国电力行业森林草原输配电设施防火积累经验、探索路子提供了典型示范案例。

4.32

电力高技能人才培养示范基地

国网四川电力

一、基地简介

电力高技能人才培养示范基地（以下简称基地）依托国网四川省电力公司技能培训中心（四川电力职业技术学院），集技能培训、技能等级认定、技能竞赛、考试评价、学历教育等功能于一体，是国家电网公司输配电带电作业实训基地、国家电网公司青年创新创业孵化分中心和国网技术学院成都分院。基地以培养新时代电力工匠为主线，建立健全“1234”管理模式，形成立足企业、服务行业、辐射国内外的工作格局。“十三五”期间，年均培训量超过 20 万人天，培养高职毕业生 2900 余人，为创建世界一流企业提供一流的人才队伍保障，先后获评国家级高技能人才培训基地、国家技能人才培养突出贡献单位。

企校运营“一体化”。传承百年办学历史，发挥企业办学优势，整合业务、队伍、资源等核心要素，构建高效赋能的企校一体化运营机制，实现管理精益化、服务精准化、资源精品化，着力提升机构运营管理效率。

基地发展“两个融合”。大力实施“教培融合”，推动职前教育与职后培训有机衔接，服务电力技能人才终身培养；持续深化“产教融合”，与国网四川电力共建实训基地、共用师资队伍、共商人才培养、共享教培资源，与数十家电力行业单位开展战略合作，以政企校多方联动引领基地高质量发展。

人才培养“三个阵地”。打造企业技能人才培养主阵地，坚持以需定培、以评促培，构建全方位培训体系、多层次评价体系和全周期培养格局，率先通过四川省职业技能等级认定试点；打造行业竞赛比武主阵地，建立技能种子选手人才库，承办五届四川省电力行业职业技能大赛，助推电力工匠脱颖而出；打造职业技能社会服务主阵地，取得四川省职业技能等级认定第三方评价机构资质，整合人才评价、电力科普、技能帮扶等特色工作，为地方经济社会发展提供人才支撑。

示范引领“四个一流”。以一流的实训基地为依托、一流的师资队伍为支撑、一流的管理体系为抓手、一流的资源平台为保障，坚持安全、规范、高效、优质“四到位”，着力打造特色鲜明的电力高技能人才培养示范基地，实现人才培养示范引领、管理质效示范引领、服务战略示范引领、服务社会示范引领。

二、示范项目

（一）“微课工程”资源建设项目：“球型知识体系”+“微学习”，推动生产技能员工培训方式变革

以电力行业技术监督管理规范和电网运检生产任务为导向，自主开发“球型知识体系”，引导生产班组重构“碎片化”知识，自主开发微课资源，建立以“微学习”为核心的班组培训和资源开发新模式，激发技能人员学习和创新活力，实现“人人当讲师、随时随地学”。2018 年至今实施微课工程以来，共编制发布 4137 门小微课件、965 张现场挂图、240 套音频产品，出版 17 种精品书籍，覆盖国网四川电力 24 家基层单位，惠及技术技能员工上万人，有效缓解工学矛盾，提升培训实效。项目成果荣获全国电力行业设备管理创新成果二等奖和技术技能培训经验交流会优秀成果二等奖。

（二）“清洁示范”人才培养项目：聚焦“三个结合”，构建清洁能源“产学研”平台

将基地建设与人才培养相结合，持续完善水电运维实训基地、风光储智能微电网实训基地、能源互联网实训与示范基地等实训平台，建强清洁能源运维大师工作室，有力带动师资与人才培养。将职前教育与职后培训相结合，在高职教育专业新增新能源设备运检方向，开设新能源发电技术等课程和讲座；在员工培训中完善新能源培训考核模块，加大特高压、新能源等教培项目储备力度，为加快构建以新能源为主体的新型电力系统储备人才。将内部引才与外部引智相结合，集聚企业优秀专家人才，与中国电科院、四川大学等系统内外单位深化合作，组建柔性攻关团队，在风光水储多能互补能源互联网建设、新能源应用等焦点上深入研究，科研成果获四川省科技进步奖，成功申请国家自然科学基金。

（三）“边远地区”人才帮扶项目：瞄准发展短板，打造电力职业技能教育帮扶的“四川样板”

坚持“三定”育人，在国家电网系统内首创“定向培养、定点就业、定期回访”人才培养模式，自 2010 年以来，根据企业实际情况为四川藏彝地区和西藏边远地区县级供电公司免费培养 1100 余名电力技能“准员工”，解决边远地区人才“招不进、留不住”的现实难题。坚持科普扶智，依托高水平电力科普基地，连续 20 年开展“电力三下乡·青春光明行”科普志愿服务，深入四川甘阿凉“三州”、新疆吐鲁番等艰苦边远地区，惠及

群众 8 万余人，多次获共青团四川省委表彰。出版汉、藏、彝多语种电力科普书籍 11 种，电力科普项目获四川省科技进步一等奖。先后实施边远地区技能人员岗位能力提升培训、优秀专家人才技术帮扶培训、藏区内训师培训等精品培训项目，坚持“送考”进藏进彝，深入川藏联网、电力天路等重大工程现场开展技能等级认定，助力 3000 余名员工实现职业技能等级提升。

三、成效说明

（一）育人才，服务公司战略和“双碳”目标

基地长期承接带电作业培训、状态检测培训和信息运维培训，累计完成 50 多万人天国网新员工培训，支撑国网四川电力建立全专业、全等级的技能人员培训考核体系，推动近 5 万名技能员工素质提升。聚焦特高压、水电消纳等重点领域精准开展人才培养，涌现出胡刚、蒙媛等电力工匠和技术能手，助推四川清洁能源全国优化配置，为国家电网公司率先实现“双碳”目标提供坚强的人才支撑。“十三五”期间，国家电网四川电力新增具有国家电网公司级、省部（行业）级人才称号及荣誉的优秀人才 88 人次。

（二）补短板，服务边远地区脱贫攻坚和乡村振兴

创新构建“志、智、技”全方位人才帮扶长效机制，“三定”培养模式推广到西藏、新疆等 8 家省公司，10 年来为边远地区供电企业培养 3000 余名“留得住、上手快”的技能员工，有力支撑电网安全稳定和经济社会发展。固化优秀专家人才帮扶机制，以技能帮扶助推边远地区人才培养，达到“解生产难题、提员工技能、育本土良师”的良好成效。帮扶典型经验登上四川省委脱贫攻坚简报，在全国电力行业和教育系统广泛推广，受到人民日报、新华社、香港 TVB 等主流媒体宣传报道。

（三）树品牌，充分发挥央企办学示范引领作用

近年来，依托政企校联动机制，积极争取省级和国家级高技能人才培训基地建设、省级产教融合示范项目等财政补助上千万元，持续扩大竞争力和影响力。高职育人成效显著，国家电网公司招聘考试录取人数位列全国专科院校首位，技能培训市场扩展到非洲和东南亚，有力服务“一带一路”战略，强力助推国家电网品牌传播。

4.33

“綦”心点亮“綦”迹——责任品牌体验中心示范基地

国网重庆电力

一、基地简介

国网重庆綦江供电公司（以下简称綦江公司）以“綦”心点亮“綦”迹责任品牌体验中心为核心，积极探索社会责任管理工作落地的有效路径，构建政府、用户、社区、环境、员工、媒体齐心，点亮发展、服务、幸福、绿色、成长、共赢奇迹的责任品牌理念，推动社会责任与经营管理的有效融合，实现企业自身、经济、环境、利益相关方间的和谐互动。

2018 年获评“国家电网公司第一批社会责任示范基地”。2017～2020 年，企业负责人关键业绩指标实现从 C 段到 A 段的提升，管理提升对标从第 11 名升至第 3 名。

二、示范项目

綦江公司以服务地方经济社会发展为己任，践行电力先行官履责理念。坚持企业自身、经济、环境、利益相关方共赢价值导向，以全面社会责任管理激发品牌建设内生动力。

理念锚定履责范围，将“綦”心点亮“綦”迹责任品牌理念融入决策管理，区分六大利益相关方，厘清边界管理范围，精准定位企业经济效益与践行社会责任最优解。

体系夯实履责基础，构建“一机两翼三驱动”责任品牌管理体系，以绩效融入、透明沟通、组织保障为管理基础，完善机构、人员、机制、资金“四位一体”制度保障，如图 1 所示。

品牌建设纵深推进，孵化“黄马甲”安全品牌（见图 2），将“黄马甲＋履责行动”概念贯穿企业生产经营全过程和工作实施各领域，实施解决重点、细化专业、辐射全面的“点线面”落地模式，促使全员安全意识、履责意识不断深化。

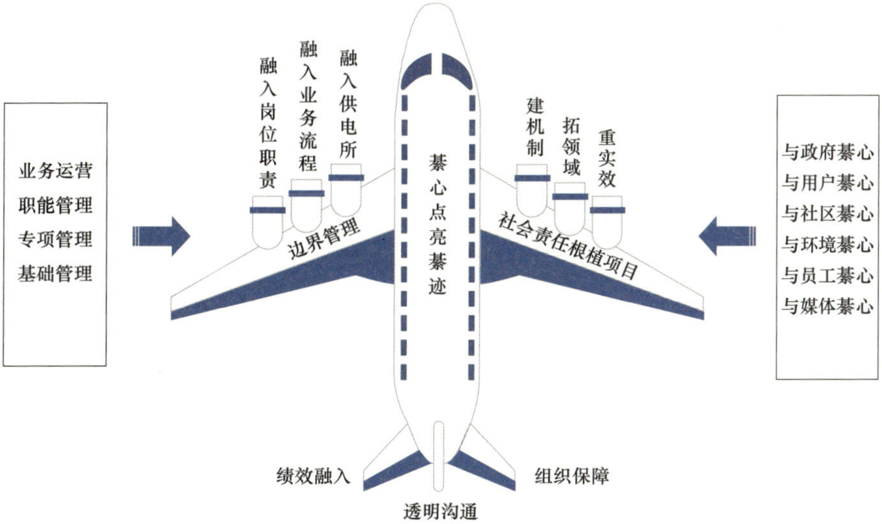

图 1　“一机两翼三驱动”綦江公司责任品牌管理体系模型图

图 2　在黄马甲外形基础上赋予守卫安全的盾牌符号，形成黄马甲标识

（一）与政府“綦”心，点亮发展“綦”迹

与政府等利益相关方共建联盟，国网重庆市电力公司（以下简称重庆公司）与綦江区政府、万盛经开区管委会签订战略合作协定，綦江公司与经信委、规划局等部门建立共建联盟 7 个，如图 3 所示。促请綦江区支持开展黄马甲“平安电力”专项行动，政企联动维护辖区电力安全可靠供应。

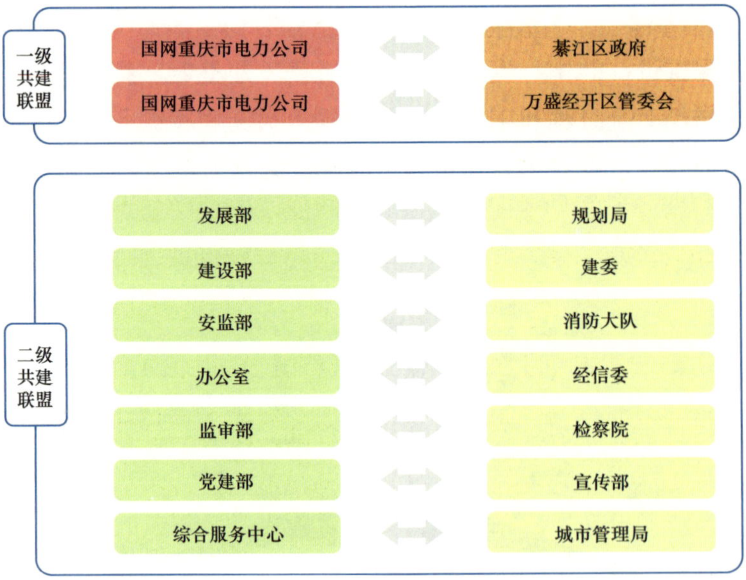

图 3　电力履责共建联盟

（二）与用户“綦”心，点亮服务“綦”迹

持续优化供电服务，搭建与客户的连心桥。梳理形成包含 5 大业务、7 大职能的 49 项专业工作利益相关方及履责边界。查找履责问题 56 项，制定解决措施 78 条。坚持“以客户为中心”的服务理念，构建“两维三控”服务管控模式（见图 4），设立“黄马甲客户代言人”，为用户解答安全用电、用能服务疑惑，全力推动优质服务管理转型升级。

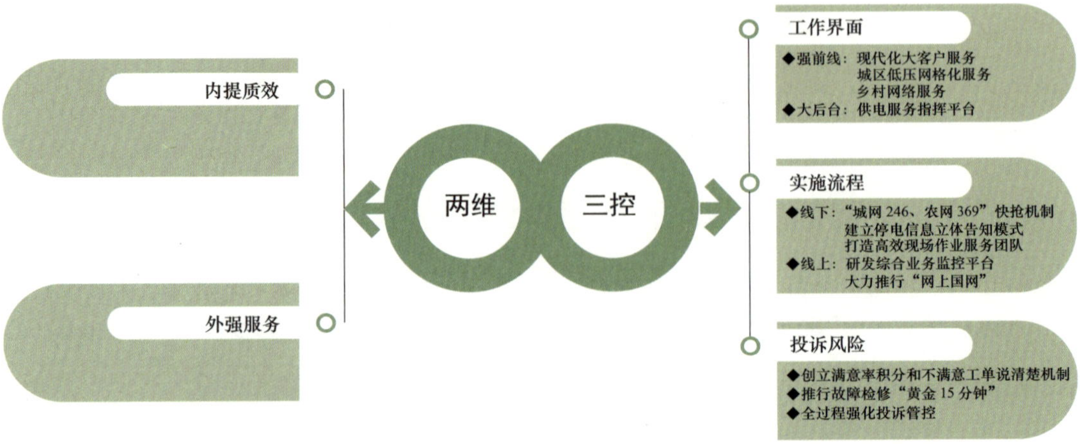

图 4　“两维三控”服务管控模式

（三）与社区"綦"心，点亮幸福"綦"迹

广泛开展"黄马甲"安全用电进社区、"志愿红"安心帮扶等活动，联合社区、街道共同造福当地居民。建立"2+N+1"立体沟通阵地（见图 5），打造责任品牌展示交流空间和责任品牌长廊。联合地方石林小学共建新能源科普教育基地，形成责任品牌展示社区，畅通公众感知电力渠道。

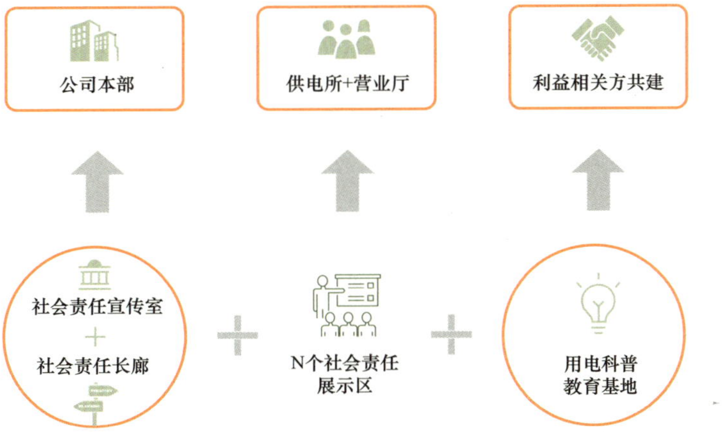

图 5 "2+N+1"立体沟通阵地

（四）与环境"綦"心，点亮绿色"綦"迹

基于环保生态等因素，自觉建设资源节约型、环境友好型绿色电网，实现经济效益、社会效益、环境效益的统一。推广电动汽车、农业电气化、家庭电气化等电能替代工作，促进节能减排，为保护生态环境，推进能源生产和消费革命，构建清洁低碳、安全高效的能源体系做出贡献。开展"黄马甲+生态保护"通道巡视工作，在巡线过程中保护架空输电线路通道内珍稀鸟类和濒危物种。

（五）与员工"綦"心，点亮成长"綦"迹

开发社会责任边界管理融入岗位要素梳理清单工具，针对公司领导、18 个部门、292 个岗位、632 项典型业务进行责任边界问题诊断，使社会责任管理理念融入各专业工作。以社会责任根植项目为抓手，搭建"3+4"项目管理模式（见图 6），植入"黄马甲"品牌安全理念，通过多维度社会责任培训与交流，转变思维模式和工作方式，提升全员履责意识和技术能力，保障人身电网设备安全。

（六）与媒体"綦"心，点亮共赢"綦"迹

主动对接系统内外媒体，全面展示綦江公司在社会责任、电网建设、优质服务方面做出的贡献，实现价值共识。依托"黄马甲"品牌编撰安全生产箴言警句，制作安全视

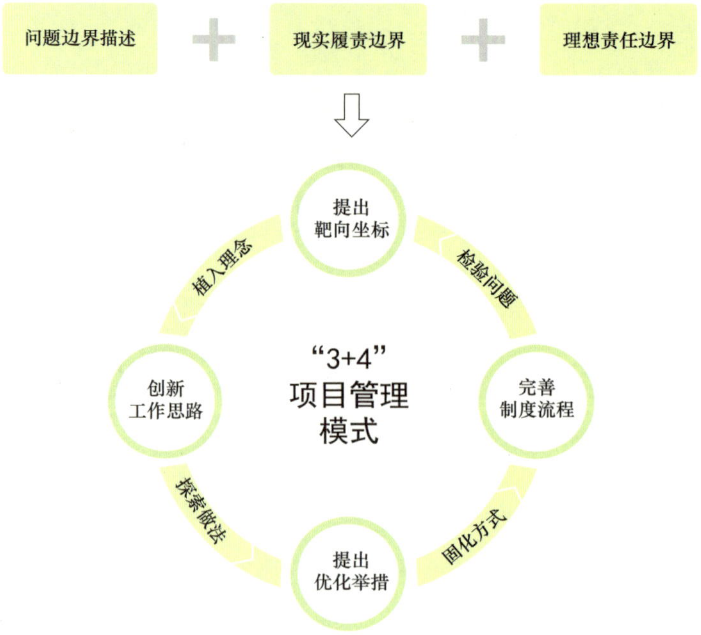

图6 "3+4"项目管理模式

频，漫画，知识手册；编制发布《服务利益相关方履责行动书》，形成《供电企业边界管理手册——国网重庆綦江供电公司落地版》《社会责任知识读本》《社会责任根植项目集》等实践成果，积极向利益相关方宣传公司履责行动的落地实效。

三、成效说明

（一）传播责任品牌理念，升华公众感知体验

始终以地方经济社会发展先行官为己任，在疫情防控、复工复产、抗灾抢修等各项工作中尽心尽力，圆满完成新中国70周年、建党100周年等重要保电任务100余次。3年来获供区领导给予的表扬和肯定38次，展现良好外部形象。

立足责任品牌体验感，打造内外感知责任品牌接触载体，品牌文化长廊区和电力科普教育基地接待国家电网公司、重庆公司相关领导，以及綦江区、万盛经开区等政府机构参观交流330余人次。《社会责任融入企业运营路径研究》获重庆公司重点课题一等奖。微电影《光明修炼手册》获第十三届"中电传媒杯"优秀影视作品MV三等奖。根植项目获国家电网公司重点项目2个，重庆公司优秀项目2个。受邀参加2018年中国企业可持续竞争力年会和中国电力行业公众透明度论坛，获得中国电力行业企业"责任沟通创新卓越企业奖"。

开展社会责任发布会、"探秘电力"等责任品牌公开日活动。对接辖区工会、妇联、教委、团委等机构，走进"春苗之家"送关爱、进社区排查安全隐患、进校园宣传用电

知识，策划“点亮开学季”等关爱活动，积极开展一次谈心、一场电影、一次讲座、一封书信、一次家访的“五一”留守儿童关怀活动。精准帮扶 20 余名贫困儿童，累计捐赠书籍 2000 余册，打通外界感知“最后一公里”，用真心深化社会公众对公司价值贡献的美好记忆。

（二）营造全面履责共识，推动管理成效升值

搭建社会责任联络员队伍 25 人，社会责任工作联系点 16 个。编制分层级社会责任知识读本 3 种，邀请内外部专家为领导班子、中层干部授课 128 人次。从素质测评、集中培训、模拟考评和实践检验四个环节全面考察。制定《社会责任绩效考核实施细则》，促进履责能力、履责意识的提升。

通过“安规通学习”App、作业现场海量视频监控违章等数字化举措，重塑升级智能“黄马甲”品牌，打造 220kV 万盛变电站“黄马甲”安全品牌基地。以“黄马甲”为基础全面推行施工现场“分色马甲”，提高反违章督查效能，相关指标保持在重庆公司前 3 名。

深化“黄马甲”品牌传播层级，政企协作共塑辖区履责氛围。促请万盛经信委出台文件支持电力通道隐患防控，协调綦江区公安局在公司成立警企合作办公室，联合綦江应急办、消防等机构开展多次应急演练。扎实开展电缆及通道、线路“三跨”、电气火灾等反措隐患排查。重大隐患执行“消号”制管控。成功应对“4·19”万盛关坝地质滑坡等极端恶劣天气、度夏负荷再创新高等多重考验。2020 年，荣获“重庆市安全文化建设示范企业”称号，“三个一”典型经验入选国家电网公司安全经验交流库。

（三）强化履责行为监督，提升获得电力感知

邀请利益相关方参与共同履责，引入社会第三方评价机制，针对责任边界关键冲突点，定期开展利益相关方测评，动态了解客户认知度及理解度变化趋势，掌握履责成效。

在辖区工业园区设立社会责任办公室，派遣联络员每周收集客户诉求。由公司领导牵头每周召开服务诉求专题研讨会，针对客户、政府的诉求进行分析整理，以合作共赢为前提制定解决措施。

定期向外发布优化营商环境服务履责举措，公示服务内容，积极构建便利化、透明化、标准化、规范化的“阳光业扩”服务模式。2018～2020 年，高、低压办电时长分别压减 74.7%和 66.3%，服务投诉呈现逐年下降趋势，客户服务满意度不断提升，年均增幅 3%，服务质效明显提升。

（四）引领合作价值导向，构建互利共赢平台

联合綦江区政府、万盛经开区管委会，与经信委、规划局等部门联合推动出台促进电力建设发展等文件 8 个，由政府组织召开工作协调推进会 37 次。运用电力、信用等大数据分析，精准掌握民营企业经营情况与资金需求，与政府、银行两个主要利益相关方

深入沟通，争取政策支持，开展合作共建。綦江公司作为重庆公司首家应用电力金融服务平台的单位，帮助三岔河水电站、三峰环保等 3 家企业成功获得贷款授信 9000 万元。

（五）深化专项履责行动，助推品牌形象提升

近年来共实施根植项目 13 个，与国网江苏电力跨省联合开展项目 1 个，带动 113 人直接参与，解决农网建设、规划等议题 18 项，优化业务流程 26 项，完善规章制度 8 项。针对农村用电安全、乡村振兴等履责工作，开展农村用电安全社会责任边界分析，整理问题清单逐一落实解决措施，执行网格化管理，改善农村客户服务半径大、响应速度慢的诉求。

与政府及社会的公益机构对接，结合电企特点开展乡村振兴工作。促成綦江区将剩余电流动作保护器安装纳入“十大民生实事”推进，由政府统筹资金免费为农村用户加装剩余电流动作保护器，完成綦江区免费剩余电流动作保护器安装 22.3 万户，安装率达到 96.4%。

主动为辖区政府重大民生项目及重要活动保电，面对綦江“6·22”洪峰过境等重大自然灾害主动靠前担当抢险复电。2018～2020 年，用户平均停电时间不断下降，运检投诉同比累计下降 52.6%，用户平均停电时间累计降幅 35.1%。

4.34

大连能源互联网建设示范基地

国网辽宁电力

一、基地简介

1. 东港商务区

东港商务区为A+类地区，位于大连市中山区，总面积4.5km^2，为大连主城区唯一的集金融、商务、会议、旅游、文化和休闲娱乐于一体的高端商务区，是夏季达沃斯经济论坛常设举办地，是大连对外展示的一张重要名片。

展示重点：基于“两个试点，一个合作”实现电网高质量发展管理提升模式。配电网大数据应用试点，重点展示大数据采集、收集、分析，提升配电网规划效率；能源互联网规划试点，重点展示先进顶层设计指导电网向能源互联网转型升级建设成效，提升电网规划管理理念；与法国电力合作，重点展示法国电力全寿命周期规划理念对配电网规划工作的多维度参考，提升电网规划评价效果。

2. 二十里堡区域

二十里堡区域为B类供电区，位于金普新区，面积89km^2，为典型的以工业为主导，商业、住宅等地块分散分布的城市郊区街道。

展示重点：配电网大数据采集分析助力同期线损指标100%达标。重点展示区域数字化建设成果，实现线—变—箱—户拓扑关系自动识别，以技术手段提升线损管理水平。

二、示范项目

随着社会节能减排意识不断提升，能源生产和消费侧的清洁化转型逐步加快。特别是“双碳”目标提出后，加快电网向能源互联网升级成为未来发展的重点任务。大连供电公司在能源互联网建设中取得一定实效，推动了电网数字化、智慧化水平提升，强化了技术储备，总结提炼了“五协同”管理方法，切实提高了电网规划专业的管理质效。

（一）充分利用能源互联网技术

大连供电公司在开展能源互联网建设过程中，深入开展“两个试点，一个合作”工作，为管理创新奠定技术基础。

1. 开展能源互联网规划试点工作

落实国家电网公司“建设具有中国特色国际领先的能源互联网企业”战略目标，在示范区内开展能源互联网规划试点，将符合新形势下能源协同发展的新理念、新技术与电网规划有机结合，为电网向能源互联网转型升级提供理念升级与技术储备，全面推动电网规划管理水平提升，打造新能源无约束并网、业扩报装无约束接入的“两个无约束”示范区。

能源网架体系中，按照“源网荷储纵向贯通、电气冷热横向协同”规划路径，加快构建坚强智能电网，开展“无约束业扩报装”专项行动，提升终端能源消费电气化水平，构建灵活自愈的配电自动化体系，加快液流储能、抽水蓄能电站等调节性电源建设，探索氢能产业应用模式，促进源网荷储协同发展。

信息支撑体系中，按照“点（智能终端）—线（通信网）—面（平台）”规划路径，持续开展骨干传输网络与信息采集感知终端建设，推进配电大数据采集应用与低压台区物联网化建设。

价值创造体系中，按照“对内降本增效，对外提升服务”规划路径，在深度融合能源网架体系与信息支撑体系的基础上，实施多站融合产业示范园区、基础资源共享运营、e 电通商务平台、电动汽车有序充电管理系统等重点工程，实现传统价值和新兴价值提升。

2. 开展配电网大数据应用工作

强化顶层设计，明确管理模式。在示范区内开展国网配电网大数据应用示范基地试点建设，推动配电网全业务数据融合共享，实现采集全成功、数据全自动、档案全同步、关系全贯通、指标全达标、异常全监控等“六全”目标，算准设备负载率、供电可靠率、电压合格率、同期线损率等配电网“四率”指标。融入网格化、“一所一册”规划管理理念，落实到电网规划、建设、运行、管理各个环节。融入多专业融合管理理念，打破专业壁垒，各专业应用大数据对电网问题集中研判、统一评价，充分发挥协同工作优势，提升工作效率。

深化新技术应用，推动大数据融合。在低压侧装设具备宽带载波功能的智能电能表与集中器，实现配电网数据全量采集；在部分高损、负损线路装设中压载波机和分支箱监测终端，实现“线—变—箱—户”完整拓扑结构自动识别。借助加装或换装的智能采集终端，采集变电站及以下所有电网设备用电信息、拓扑信息、运行信息，通过光纤、移动通信、宽带载波等多种通道差异化传输数据。深化应用“网上电网”平台，提升多专业数据交互应用水平。

3. 与法国电力开展合作

落实国网国际部、省公司相关工作要求，与法国电力公司开展配电网规划领域合作，将其全寿命周期技术经济比较法、配电网可视化规划技术等规划方案与示范区电网规划工作结合，以多维度视角为电网规划工作提供参考，促进电网规划管理理念提升。

（二）实施“五协同”工作法，提升配电网管理效益

一是配电网运行“全协同”监控。各专业管理人员通过“一块大屏”对电网实时运行数据进行综合协同监控，避免忽视电网运行存在的问题。二是配电网问题“全协同”诊断。基于配电网数据共享融合成果，各专业开展基于实采数据的配电网在线会诊，多维度深入分析电网问题。三是配电网规划“全协同”编制。构建“市—县—所”三级规划体系，市、县公司设立专职规划人员、供电所设立兼岗规划人员，在各层级充分对接相关专业，及时提出反馈意见和建议，进一步提升规划的可实施性与引领作用。四是配电网项目“全协同”管控。通过故障消缺和网络切改解决近期问题，通过规划储备解决中远期问题，强化配电网项目投运后评价，全面提升管控效果。五是配电网业务“全协同”督办。各专业充分利用大数据开展配电网业务联动，对配电网运维全过程在线管控，实现配电网任务下达、执行、反馈、督办的闭环管理。

三、成效说明

通过全面推进“两个试点，一个合作”工作，强化示范区功能定位，加快构建以新能源为主体的新型电力系统，提升电网智慧化、互动化水平，打造新能源无约束接入、负荷无约束报装的“两个无约束”能源互联网示范区，推动大连电网高质量发展。

（一）配电网规划效率与质量大幅提升，规划引领作用凸显

依托配电网大数据，改变以往规划工作人工收资与整理的工作方式，数据接入率由30%提升至100%，基础数据收集由2周以上降低至1小时，效率提升800%，规划基础数据准确率由95%提升至100%；强化能源互联网规划顶层设计，充分融合法国电力全寿命周期规划理念，从根本上提升配电网规划质量，发挥“一张蓝图绘到底”的规划引领作用。

（二）配电网故障信息快速采集，工作更加高效顺畅

利用智能电能表宽带载波模块中的超级电容，停电时使电能表发出“最后一口气”，及时上报停电信息，变被动抢修为主动抢修，减少用户投诉，故障响应时间由1小时缩短至60秒。充分发挥配电网大数据发现问题、解决问题能力，一线班组人员根据存在问题与解决方案，直接开展现场作业。

（三）供电方案制定更加快捷，客户满意度大幅提升

用户进行报装接电时，在系统中输入用户的用电地址及报装容量后扫描周边电网运行信息，直观显示用电地址距离各电源点的距离，综合电网设备状态与路径情况，快速出具用电方案。方案制定时间缩短至 10 分钟，用户收到供电方案答复后，满意度达到 99.13%。

（四）同期线损治理更加有效，指标提升效果明显

利用现场智能终端自动生成的“线—变—箱—户”拓扑关系数据，推动营配数据贯通；终端采集的电网运行信息，提供了精确到户的线损分析数据，并可以监控用户窃电行为。项目试点区域内的台区同期线损合格率指标提升至 100%。

4.35

“光明”法治宣传教育示范基地

国网吉林电力

一、基地简介

为深入贯彻习近平总书记全面依法治国重要论述，推动国家电网公司“十四五”法治建设规划在基层落地落实，国网长春供电公司坚持融入中心、服务大局，秉承“三全五依”法治建设总路径，利用基层供电所原有地域和人气优势，升级打造了法治宣传教育示范基地。该基地紧扣“光明”主题，突出“普法”功能，使法治宣传从传统说教式、灌输式、被动式向文化熏陶、感性共鸣和自觉接受的全新模式转化。突破以往的文字普法，创新开展光影普法、沙画普法、歌谣普法、动漫普法；广泛运用二维码、“三字经”开设线上“扫码课堂”，寓教于乐中为普法增添更多“暖色调”，形成以全面覆盖为经、全程管控为纬、全员守法为支点的“三全”普法新格局。被授予长春市法治宣传教育示范基地，成为东北首家行业特色法治宣教基地。

二、示范项目

深入开展法治宣教是贯彻落实党的科学理论的重要任务，是实施“十四五”规划、全面建成小康社会的重要保障，是加快实现公司治理体系和治理能力现代化，全面开启具有中国特色国际领先的能源互联网企业建设的基础保障。深入开展法治宣传教育，增强全民法治观念，对服务协调推进战略布局和“十四五”建设规划具有十分重要的意义。面对生产经营的严峻形势及改革发展的繁重任务，国网长春供电公司秉承“基业长青、法治先行”理念，将普法融入中心工作，创建了党建引领、法德相融，具有电力行业特色的法治宣传教育示范基地，切实解决普法“最后一公里”问题，形成“普法惠民、法护发展”的良好氛围。

（一）主要思路

坚持国家电网公司“十四五”法治建设规划“强体系、抓制度、树理念”工作方向，按照《法治企业建设蓝皮书》和“十四五”期间关于推广优秀法治文化建设示范成果，加强法治文化阵地建设总要求，国网长春双阳区供电公司紧紧围绕创新法治宣传教育形式的具体部署，以“三全五依”为总路径，充分利用基层供电所客户流动性大、办公场所兼容性强等特点，不断丰富法治宣教内涵，全力打造“光明”法治宣传教育品牌。通过精准定位普法对象、精密布局普法地点、精确构思普法模式，进一步扩大法治文化覆盖面，将普法宣传纵向延伸至供电末端。主要体现在“四个注重”。

一是注重打造特色精品法治文化宣传基地。坚持主题鲜明、格调高雅、因地制宜、注重实效的原则，围绕“八五”普法工作要求，结合“全能型供电所”建设，打造以“光明”为底色，以党建为引领，集法治景观、运动健身、互动娱乐、标语警句、法德讲堂和企业文化展示为一体的法治文化基地。

二是注重拓展法治文化宣传基地普法功能。法治文化宣传基地用图文并茂、形象生动、浅显易懂的方式大力宣传国家宪法、民法典、党内法律法规和电力法等有关内容，使群众乐见、乐闻、乐传。

三是注重推动法治文化宣传基地共建共享。充分利用基层供电所公共场所功能，合理依托供电所营业厅，建立各类法治宣传设施，制作并提供有针对性的法治宣传资料和宣传品，开展经常性法治宣传活动，使广大群众在用电业务办理过程中潜移默化地接受普法教育。

四是注重提升法治文化宣传基地质量。坚持内容丰富、创意新颖、与时俱进，注重灵活运用声、光、电等现代媒体信息技术的互动、服务功能，增加法治公益广告、法治动漫、法治微电影和电子触摸屏、法治游戏等互动式内容和设施，用大众喜闻乐见的形式传播法律好声音，确保法治文化宣传基地“活”起来、“用”起来，使法治文化宣传基地既具有丰富法治内涵，又能打动人心，吸引公众。

（二）主要做法

深入贯彻习近平总书记关于法治宣传教育的重要指示精神，全面落实国家电网公司“八五”普法规划，加强年度普法工作管理，进一步加大普法工作力度。以双阳区奢岭供电所为试点单位，利用供电所人口密集、交通便利的优势，在以往常规普法、专项普法的基础上，创新实施党建引领、法德相融的“双轮”普法模式，打造了红色基底、法治和德治共济、具有行业特色的法治宣传教育示范基地，擦亮国家电网公司在“八五”普法工作中的金字招牌。

一是升级普法硬件，带头公益普法。按照国家电网公司“十四五”法治建设规划关于完善普法平台的有关要求，有机整合传统手段和新媒体资源，有效融合法治建设与业务发展，加强法治文化阵地建设，进一步发挥“有形文化”和“无形文化”在法治文化建设中的作用。加强法治文化精品创作，打造具有公司特色的法治文化基地。基地占地面积约

6590m²（室内约 1270m²、室外约 5320m²），由“一廊”（法治文化长廊）、“两室”（法德讲堂、法治图书阅览室）、“三栏”（法治宣传栏、案例警示栏和企业法治文化展示栏）、“四品”（宣传造型小品、互动学习小品、法治名人小品和宪法宣誓石）构成。升级供电营业厅是普法宣传综合平台和前沿阵地，循环播放普法短视频，摆放普法折页供广大客户翻阅学习；将法治元素与群众日常需求有机融合，印发普法扇子、水杯、台历、手提袋、文化伞等便民用品，从而降低获取法律知识的门槛，提高全民参与度和社会知晓率。面向社会公众、企事业单位特别是前来办理业务的用电客户 24 小时免费开放，提升了参观浏览量，满足人民群众日益增长的法律需求。

二是精选普法内容，丰富普法形式。紧密围绕公司战略目标，以“聚焦、赋能、智慧、共享”为建设理念，以人为核心，借助互联网新技术，拓展移动应用，创新运用“二维码课堂”“三字经”和动漫等方式对习近平总书记重要法治论述、《民法典》《电力法》等有关内容及防触电安全常识予以生动诠释和解读，使内容更加鲜活，更易入脑入心。与以往看似“高大上”的普法知识不同，普法基地选取了与群众生产生活联系密切的典型事例，精选紧贴群众生活的法治宣传内容，让居民在徜徉休闲之余如春风化雨般接受法治洗礼，使法治宣传从传统的说教式、灌输式、被动式向文化熏陶、感性共鸣和自觉接受的形式转化。通过平台展示、互动小品等多种方式对古今法家思想理论的演变轨迹进行阐释，并突出对电力行业法律法规的集中展现。

三是教育结合实践，创新普法方式。从严落实“谁主管谁普法”责任制，提高普法宣传教育的针对性、实效性。在重要时间节点开展集中普法，结合工作深入开展形式多样的普法活动，营造浓厚法治氛围。开设“模拟法庭”“学法书吧”和“法德讲堂”，打造感悟式普法宣教模式，让受众群体在文化熏陶中感受法治力量。法治教育的核心为“法德讲堂”，该讲堂由具有法学教育经历的专业老师讲授与电力法规有关的知识，引导群众了解保护用电措施，注意用电安全，积极缴纳电费。除此之外，还邀请了部分在一线开展法治宣传工作的优秀代表讲授普法故事，如驻村书记法治扶贫撑起脱贫致富保障伞、青年员工勇当《民法典》宣贯主力军、退休老职工休闲骑行不忘送法下乡等，使理论教育与实践相结合，将“法治+”模式真正延伸至普法末梢。

三、成效说明

一是普法行动成功融入企业中心工作，领导干部、全体员工法律意识、合规意识不断增强，为电网企业的合法合规经营打下坚实基础。有的放矢实施法律风险防控，提出风险防控措施 28 条，整改落实 24 条。

二是基地自建成以来先后接待政府、企事业单位、上级公司、周边企业居民客户累计 12 000 余人来此参观学习，地区 95598 投诉量大幅度降低，窃电违法行为显著压降，外力破坏电力设施行为明显减少，真正成为培养提升群众学法、用法能力、道德素养的大课堂。

三是通过开展法治宣传教育示范基地建设，形成了“普法惠民、法护发展”的良好氛围，为法治吉林、法治长春建设作出了新贡献，为具有中国特色国际领先的能源互联网企业建设提供了坚实的法治保障。

国网长春供电公司打造的“光明”法治文化宣传教育示范基地，丰富了宣教内涵、活化了平台载体，具有较强的针对性和操作性，方法可借鉴、内容可共享，适合在国网系统县级供电公司范围内全面推广应用。

4.36

镜泊湖红色教育基地

国网黑龙江电力

一、基地简介

镜泊湖红色教育基地是目前国网黑龙江电力唯一的红色教育基地，位于黑龙江省牡丹江市宁安市杏山乡镜泊湖发电厂厂区内，总占地面积 140 多万 m^2。2019 年开始建设，2020 年 9 月试运行，2021 年 6 月 18 日正式启用并对外开放。

该教育基地是以我国女作家草明创作的新中国第一部工业题材小说《原动力》为主题，依托镜泊湖发电厂深厚的红色历史和老电厂拆旧换新改造契机，在镜泊湖发电厂厂区原有建筑的基础上进行建设，包括 A 区红色教育功能区和 B 区服务功能区。A 区主要包括原动力主题展示馆、原动力党史学习馆、原动力水电科普体验馆、原动力广场、提戈公园等部分，另有书法碑林、工人雕像纪念碑、发电纪念碑等多处人文景观，并建有接待中心、培训中心等。B 区在盘活原镜泊湖电力疗养院资产的基础上，建有会议中心、住宿中心等配套服务设施。

该教育基地将传承红色文化与加强生态建设、推动经济发展相融合，承担着系统内外各单位党性教育、专题培训、参观研学、培训会议、院校学习实践等功能，为牡丹江市提供又一参观学习和爱国主义教育活动场所。教育基地建成启用后，先后被授予黑龙江省电力有限公司镜泊湖红色教育基地、牡丹江市爱国主义教育基地、牡丹江市干部教育现场教学基地、牡丹江产业工人思想教育基地、牡丹江党史教育基地、牡丹江师范学院思想政治教育基地、牡丹江医学院爱国主义教育基地、牡丹江技师学院红色教育基地、黑龙江中小学研学旅行基地等称号。2021 年，入选中央企业 100 个红色资源之一，镜泊湖发电厂被国家电网公司纳入“百年电力”首批文化遗产名录。

二、示范项目

牡丹江水力发电总厂的前身——镜泊湖发电厂是一座有着深厚红色历史的老水电

厂，始建于1937年日伪时期，1946年在中国共产党领导下成功修复，为支援解放战争、抗美援朝和服务社会主义经济建设做出不可磨灭的历史贡献。牡丹江水力发电总厂深入挖掘自身红色资源，从工业性、教育性、体验性三大特性出发，通过活化历史、优化布局、深化合作，创建启用红色教育基地，打造弘扬红色精神、传播红色文化的特色品牌，发挥央企“传承红色基因、服务地方经济”的积极作用，提升国网品牌在社会公众中的知名度和影响力。

（一）活化历史，挖掘红色资源

1. 探寻红色历史

举办红色回忆座谈会，邀请1946年参加电站修复的钱玉君、关志福等老工人前辈，回顾电厂修复发电、支援解放战争和抗美援朝的红色历史，向他们印证水电光辉历史和革命传统。

2. 搜集红色史料

开展以老奖章、老证书、老工具、老设备为主的老物件征集活动，征集老物件800多件。查阅并复印抗战时期修建电厂的重要档案资料2000余份。赴京采访新中国工业文学第一人、以镜泊湖发电厂修复为原型创作小说《原动力》的女作家草明和领导修复镜泊湖发电厂的新中国电力事业第一人何纯渤的子女，搜集到1948年出版的《原动力》及英文版等珍贵实物和重要史料。

3. 提炼红色故事

整理镜泊湖电厂红色历史，收入牡丹江市委宣传部编印的《红色牡丹江》，为牡丹江创建红色文化之城贡献央企力量。提炼“原动力”精神内涵，概括为“坚守本色、无私无畏、勇担使命、逐梦光明”十六字精神。

（二）优化布局，创建红色基地

1. 优化基地设计

成立领导小组和办公室，制定“金牌企业 • 绿色能源 • 红色基地”实施方案，明确“红色基因立魂、绿色能源立本、金牌企业立标”的创建理念。赴佳木斯热电厂、大庆铁人纪念馆等学习借鉴布局布展经验，对外聘请专业设计团队进行总体设计，对内组建青创团队参与设计，邀请市博物馆专家赴现场指导。以“原动力”精神为主题，利用镜泊湖老电厂拆旧换新改造契机，打造兼具红色经典传承、爱国主义色彩、清洁能源构想的教育基地。

2. 优化红色内涵

在原有布局和试运行基础上，增加红色元素，重点完善主题展示馆红色历史内容，运用科技投影和立体影音技术，增建“沉浸式”党史学习馆。以整体环境升级、经营业态整合、闲置资产盘活为抓手，增加教育基地红色景观带，打造集红色文化、纪念遗址、宜业宜游于一体的教育基地，全方位展示镜泊湖发电厂红色历史内涵。

3. 优化遗存保护

积极申报实施“百年电力”文化工业遗产保护工程，明确工作思路和具体措施，开展遗产项目保护工作。将文化遗产保护与实施“旗帜领航·提质登高”行动计划结合起来，作为“红色基因、电力传承”的具体举措，挖掘整理遗产历史价值、文化价值、科技价值、社会价值，充实国家电网精神文化家园。

（三）深化合作，发挥红色功能

1. 拓展教育培训体验模式

在展示馆、党史学习馆等主体布局基础上，配套建设接待中心、培训中心、电教室等培训场所和服务设施，依托数字多媒体技术，打造集视、听、触于一体的体验模式，更好满足社会不同群体多层次、多样化参观体验需求。作为省公司落实国家电网公司“一体四翼”发展布局和建设具有中国特色国际领先的能源互联网企业创新实践，搭建党员干部教育培训新阵地。

2. 探索教育培训合作模式

本着“资源共享、优势互补、互利共赢、共同发展”的原则，积极与当地政府机关、学校院校、企事业单位建立合作沟通和共建共享机制，以参观、研学等形式提供培训场所和实践基地。与牡丹江市委党校建立培训合作关系，围绕中国共产党红色精神谱系和龙江“四大精神”，建立“原动力特色课程”3 大类 17 门课程体系，开发设计“研学一日行”“研学三日行”等精品课程，把课堂教学与现场教学、情景教学、体验教学、实践教学相结合，发挥红色资源熏陶、铸魂、教育、引领作用。

3. 创新工旅融合模式

加强与地方政府合作，探索“红色文化＋工业旅游”新模式，依托镜泊湖自然生态环境，实施绿化、美化、亮化工程，开发生态果园、菜园、花海景观，与镜泊湖区域内的吊水楼瀑布、地下森林、大峡谷等景区连点成线，打造红色文化深厚、绿色生态良好的教育基地名片，拓展镜泊湖文旅产业与红色传承融合的新路径。

三、成效说明

（一）提升了企业品牌形象和社会影响力

以教育基地创建为契机，加强企业对外宣传，邀请中央、省、市各级新闻媒体采访报道教育基地启用仪式，原创排演了献礼建党百年红色教育舞台剧《原动力》，通过新华社现场云平台直播和各级媒体报道，受到社会广泛关注，增进了社会各方对企业的认知认同和理解支持，树立了良好品牌形象。承办第三届新时代中俄全面战略协作高层论坛、省公司党组织书记培训班，接待政府机关、院校团体参观学习、主题党日等活动，获得党史学习教育中央第二指导组、国家电网公司第四巡回指导组等各级领导的充分肯定。镜泊湖红色教育基地入选“百年峥嵘　初心见证”中央企业100个红色资源之一，并作为10个精选场馆之一进行重点展示。

（二）拓宽了企业对外合作发展渠道

以教育基地启用为平台，加强政企合作，积极对接政府，在推进教育基地提档升级方面争取政策、宣传等方面支持，拓展了企业对外发展渠道。盘活了镜泊湖电力疗养院闲置资产，雇用服务员和讲解员，为周边村镇提供了就业渠道和就业岗位。加强校企合作，与牡丹江师范学院、医学院、技师学院等地方院校建立培训合作关系，为院校学生提供参观实训基地，发挥了铸魂育人功能。共接待参观培训团队133批次5000多人次。

（三）促进了地方红色文旅产业发展

以教育基地资源为优势，主动对接地方政府发展规划，与镜泊湖旅游管理局加强合作，积极融入“一江看两湖”旅游发展布局，与镜泊湖区域内的吊水楼瀑布、地下森林、大峡谷等景区连点成线，探索文旅融合的红色旅游、生态旅游的新形式和新路径，为地方经济发展注入新动能。

4.37

供电服务资源调度管控中台

国网蒙东电力

一、基地简介

国网赤峰供电公司供电服务指挥中心（配网调度中心、计量中心）于2019年4月成立，是支持配网运行、供电服务的数据中台、资源中台和服务中台，是覆盖赤峰全域的供电服务神经中枢，主要负责配网调度指挥、配网抢修指挥、供电服务指挥、计量运维与数据分析等基本业务。

供电服务指挥中心划转城区、县域配调和抢修指挥、计量业务，吸收、合并运营监控职能，创新构建了“营销、配电、调度、计量、数据”五位一体的供电服务指挥新模式。以精准海量的计量数据为基础，着力构建基于计量非电量数据全域供电服务资源调度管控系统，实现全域配网运行可视化。坚持问题导向，深挖数据价值，为“中心+供电服务网格”工单驱动模式提供精准的数据情报，实现数据贯通和信息共享，促进专业协同和业务融合，全面提升配网运营效率效益和供电服务水平。

二、示范项目

坚持以客户为中心，牢固树立供电服务产品理念，深挖供电服务的政治属性、经济属性和社会属性，以供电可靠性、配电网精益运维、优质服务为主线，建立以信息数据监测为核心、以服务资源调度为重点、以问题治理为导向、以闭环管控为手段的运行机制，全面提升配网运营效率效益和客户服务品质。

（一）建立全域配网资源调度控制运营管理体系

创新引入专业主建、中心主战、基层实施的“战区指挥体系”，构建集“营销、配电、调度、计量、数据”职能五位一体的供电服务指挥中台。建立地、县、班组三级运营管控体系，开展全域配网集中调度和抢修服务集中指挥，形成“中心+供电服务网格”工单直派班组指挥模式，实现配网指挥调度更及时、更精准。发挥计量数据“观察哨”作用，研判采集数据精准性和实时性，动态感知配网运行工况。吸收合并运营监控职能，统筹生产类、营销类和调控类运行数据，深入开展应用分析和价值挖潜，着力为电网科学运行提供依据、为企业经营管理提供支撑，推动供电服务指挥中心升级为全域配网资源调度控制的“战区指挥平台”。

（二）建立计量非电量数据支撑体系

加强计量采集装置改造，推进 2013 版智能电能表和集中器覆盖升级，开展物理节点传感器、感知终端研究应用，设备层数据采集能力明显提升。标新立异、主动创新，挖掘计量数据潜在价值，利用计量大数据实时感知配网运行状态，打破传统的配网调度依赖配网自动化支撑模式。形成了计量非电量数据支撑全域配网运行的可视化管理模式。依托系统开展全域停电验证，科学制定缺陷台区治理工作计划，明确缺陷终端和离线终端的治理原则和工作流程，推动缺陷台区及时发现、及时治理，实现配网可视化支撑、配网设备运行异常精准管控和线损的精益化管理，为构建全域供电服务资源调度管控中台奠定技术基础。

（三）建立全域配网资源调度集中指挥模式

深度融合配网调度指挥、配网抢修指挥及供电服务指挥业务，“兼听”电网运行工况和客户诉求，提升供电服务指挥中台的贯通度。全面开展配网调度计划执行、配网倒闸操作和新设备启动调试等工作，推动配网调控业务向标准化、专业化和精益化发展。建立配网抢修应急机制和配网抢修进度督办机制，将抢修工单直派到基层班组，减少派单流程环节，大幅度提高配网抢修指挥效率。依托系统建立主动巡视和检修工单，实时查看巡视轨迹，动态上传缺陷照片，实现配网运维的线上监督与管控。定期开展停电计划综合平衡，推进主网和配网联合检修，依托系统数据，科学确定系统运行方式。

（四）建立供电服务资源调度管控系统全域应用模式

以计划停电挂牌、规范停电信息发布、主动抢修全流程管控为抓手，制定供电服务资源调度管控系统全域应用工作方案，优化调度指挥流程，全面推进系统在全域实施应用。建立系统应用调度指挥轮值带头人机制，选取带头人牵头汇总和处理各轮值系统应用问题，从调度指挥员应用视角出发完善工作标准 9 项。依托系统线路逻辑关系及变台停复电信息，实时动态掌握配网运行工况，直观研判停电开关和停电区域，有效解决主干分支停电信息录入不准确问题，实现配网运行可视化调度。2021 年，累计执行停电计划 3014 项，指挥处理主干分支故障 2913 次，发布停电信息 1296 条，建立了基于供电服务资源调度管控系统的应用模式，提高了配网调度指挥的安全性和准确性。

（五）建立配网运行数据异动管控模式

发挥数据的战区“参谋”作用，开展配网跳闸、受电可靠性、重复停电等数据周期性多维度分析，通过协同工单将问题报告给责任部门和单位，高效支撑配网资源调度指挥业务开展。组织赤峰全域配网线路的基础数据核查，治理 PMS 系统数据 3200 条，保障供电服务基础数据准确。充分考虑配网图模数据对调度指挥的重要性，依托供电服务资源调度管控系统建立配网图模数据异动分析机制，基层人员在设备异动后及时维护系统图模，指挥中心根据工作计划跟踪图模变化，实现线上异动管控和图模更新，累计核查治理系统图模错误 125 处，通过系统拓扑异常及设备资产编号查询功能核查治理图模错误 197 处，形成上下联动、多专业协同的供电服务资源调度管控数据支撑模式。

（六）建立全链条计量运维监管模式

结合“大后台、通中台、强前端、实一线”要求，发挥供电服务指挥中心、旗县公司计量室采集监督管控职能，建立二级采集监控体系，对用电信息采集工作开展全过程指挥和评价，实现用电信息采集系统高效运行。加强关口运维管理，全面梳理辖区内计量关口档案，逐一开展营销系统关口数据与现场一致性核对，完善关口计量装置运维流程和工作标准，切实提升关口计量装置运维质量。开展终端停电事件误报、漏报和重复上报的监测，实现从终端缺陷发现到问题处理查究的闭环管理，定期发送、整改停电事件上报不准确等问题，停电事件判断的准确性和上送的及时性明显提高。

（七）建立数字化融合与工单驱动的配网运维模式

开展供电服务资源调度管控生态建设，结合调度指挥和服务指挥业务实际特点，推进配电自动化、供电服务指挥平台等系统功能和技术融合。打破专业壁垒，从接单、事件处理和回单等环节，建立针对主动巡视、检修和抢修三类工单过程监督考核机制，全面推行数字化工单驱动的配网运维模式，提升配网主动运维工作质效。

（八）建立客户至上的服务监督指挥模式

加强营业服务人员监管，常态开展营业厅视频监控，严格按照服务准则规范窗口服务标准，保证客户服务质量。加强前端服务质量管控，全面落实设备主人制、客户主责制，实行服务人员奖优罚劣制度，有效提升客户满意度。加强业扩报装全流程管控，建立监督预警工作机制，持续压减客户办电时长，不断提升“获得电力”水平。坚持问题导向，开展供电服务指标支撑体系建设，对点支撑供电服务关键指标周期性分析，实时跟踪指标走势，验证业务开展成效，实现各类指标全过程管控。

三、成效说明

（一）探索配网数字化建设，配网指挥能力全面提升

基于计量采集非电量数据建设供电服务资源调度管控系统，通过拓扑、迭代变压器

采集终端的停、上电事件，动态感知配网运行工况，低成本、高效率解决“盲调”问题，节约配电自动化建设资金约 5 亿元，在经济欠发达地区具有示范推广价值。准确研判停电地点及范围，主动派发抢修工单，提升抢修效率，抢修平均到达现场时间缩短至 15.51 分钟，同比压降 26.3%；平均故障修复时长缩短至 45.86 分钟，同比压降 32.51%。深度融合配调、配抢业务，实现配网跳闸和故障报修信息与数据共享，系统内停电开关与变台逻辑准确对应，停电信息发布的及时性和准确性大幅提升。配网图模异动实现系统线上管控，调度指挥安全性显著提高。

（二）深入挖掘大数据价值，配网精益化水平不断提升

深入挖掘数据价值，将信息数据监控室打造为供电服务战区的“参谋部”，通过线上和线下工单的双驱动，实现了业务工单化。建立管理标准，工单规范运转、发现业务短板、促进循环提升，实现工单价值化。多维度开展线路故障停运成因分析，实施可靠性预算管控，统筹安排停电计划，停电时户数同比压降 28.9%。创新开展电压越限超前管控，坚持主变与配变相结合、调压与降损（电压损失）相结合、预防与治理相结合的原则，综合施策，受电电压合格率同比提升 0.089%。建立日发布、周分析、月评价的数据通报机制，提前发现、预警供电服务活动中的热点问题和薄弱环节，为领导决策提供依据，为专业管理提供重要支撑，为基层工作改进提供准确方向。

（三）牢固树立供电服务产品理念，供电服务品质显著提升

通过运检、营销、调度等多专业的深度融合，培养了一批“一专多能”的复合型人才，为供电服务提供了重要人力资源基础。通过电话回访、现场走访、远程监控等服务手段，实时跟踪服务敏感信息，全力做好供电服务产品的售前和售后工作，客户用电满意度显著提升。2021 年，小微企业客户全过程办电平均时长 2.82 个工作日，低压非居民（剔除小微企业）客户各环节业务合计办理平均时长 2.25 个工作日，高压单电源客户各环节业务合计办理平均时长 6.26 个工作日，高压双电源客户各环节业务合计办理平均时长 8.22 个工作日。客户投诉同比下降 82.57%，2021 年供电服务合规率累计完成 98.68%。

（四）深度聚焦全域配网资源调度控制，企业运营效率效益不断增强

统筹整合调度运行资源，划转全域配调及配抢业务，配网调度管理模式更加集约，缩减人员编制 90 余人。利用计量数据资源开展表计失压断流、反向电量核查、销户拆表示数正确性等稽查监测，2021 年累计追补电量 46.01 万 kWh，挽回各类经济损失 24.92 万元。充分发挥数据中台优势，创新开展线损供售同期分析，深度开发数据统计功能，还原各电压等级供售电量同期数据，使综合线损率同比下降 0.4%。

4.38

国网陕西电力党委党性体检（党史学习教育）中心

国网陕西电力

一、基地简介

国网陕西省电力有限公司党委党性体检（党史学习教育）中心（以下简称党性体检中心）是由国网陕西省电力有限公司党委积极探索创新，深入基层一线广泛调查研究，重点挖掘党史及公司党建资源后，着力打造的以党员教育和党性锤炼为主要功能，集学习、教育、传承、体验为一体的国网系统首家智慧党性体检中心，位于国网陕西省电力有限公司党校内，占地 570m^2。

党性体检中心以“重温百年历程、强化党性教育、开展党性体检、促进党性提升、力行党性实践”为主线，分为党史教育、党性体检、党性提升和党性实践四个篇章，通过图文并茂、多媒体视频、立体影视及现场演绎等方式，全面覆盖党史、新中国史、改革开放史、社会主义发展史等学习内容，借助人机对话的方式，按照对标、扫描、透视、对照四个方面从不同角度深入自检，通过党性智慧测评系统全方位、立体化对党员党性进行测评。党性体检中心将帮助党员重温党史、强化党史教育，开展系统化、智能化的党性体检，为提升公司系统党员的党性修养发挥积极作用。

二、示范项目

（一）突出特色，全面夯实四大篇章内容

党性体检中心共设置了四大篇章（党史学习教育篇、党性体检篇、党性提升篇、党性实践篇）、九个区域（滋养气血唤初心、透视检查守信念、正骨针灸严纪律、把脉修炼端品行、强筋健体展作为、诊断康复促提升、振奋精神担使命、为民服务践行动、不忘

初心砥砺行）以及支撑党性体检中心功能实现的智慧党性体检系统。

1. 重温百年历程，强化党史教育

党史学习教育篇通过搭建党史学习教育课程系统平台，利用长卷投影分层次呈现党史各个发展时期的大事要闻，内容涵盖了百年党史、新中国史、改革开放史、社会主义发展史以及陕西红色革命脉络、陕西红色地图等内容，力求通过视频、图文、授课等多种形式全方位展现中国共产党百年来的艰苦奋斗和光辉历程；利用实景“窑洞课堂”呈现习总书记所讲述的红色革命故事；以“三个为什么”生动阐释中国共产党带领中华民族实现伟大复兴的历史进程；打造“精神丰碑林”，通过中国精神为人类文明进步提供强大动力。

2. 对照合格标准，履行党性体检

为有效开展党员党性自检，中心设立了四个体检专区，引导广大党员从理想信念、执行纪律、个人品行、自身作为四个方面对自己的思想和言行进行对照、逐条逐项开展党性自检。党性体检篇主要通过互动、图文、授课等方式引导党员干部对照“四风”问题、“四讲四有”合格党员标准检视自身，并通过学习革命先烈和英雄模范事迹，达到寻短板、找差距、强党性的功效；通过半实景、现场微党课的形式讲述新中国成立以来党和国家领导人的红色家风故事，用好家风传递正气，慎初慎欲慎独慎微、修好私德；通过运用自主开发的智慧党性体检系统对党员党性进行测评。参检党员通过个人自评、党员互评、组织评价“三重诊断”，以答题及等级评价的方式完成，四项体检指标，整体测评完成后自动生成党性体检报告单。

3. 多维诊断分析，促进党性提升

党性提升篇主要是根据党性体检报告单的结果，对“党性亚健康”和“党性不健康”的党员及时“治疗”，促使他们整改提升，避免病毒继续入侵，防微杜渐。设置康复提升区、谈心谈话区及重症治疗区。营造轻松、温馨的谈话氛围，设置虚拟的特殊支部，制定《特殊党支部党员管理办法》，主要负责为党性不健康的党员进行充电、管理、再教育。

4. 激励党员尽责，力行党性实践

党性实践篇内容包含了国网陕西电力党建发展史、展示国网陕西电力践行国有企业“六个力量”、彰显国企担当的重要举措，落实“旗帜领航”党建工程的总体安排以及近年来具有影响力的先进典型人物，教育引导党员干部积极进取，始终践行“人民电业为人民”的企业宗旨，努力当好电力先行官。

（二）构建系统，实现人机交互数字化智慧体检

党性体检中心设计方案以实际研发五大特色系统为主，同时辅助少量的传统展板，通过党史学习教育课程平台系统、党性自检智能交互系统、党性智慧测评系统、体检报告数据平台系统、情景化课程多媒体系统，充分使党员在学习过程中具有强烈的沉浸感

和丰富的体验感。

在党史学习教育篇的学习平台系统中，共收录了党史、新中国史、改革开放史、社会主义发展史学习内容视频 200 余部、图文内容 100 余篇、党校自主课程内容 50 余项。同时，分别在窑洞课堂、灵魂之问、精神丰碑版块中着重收录了习近平总书记讲课内容、中央党校授课内容等视听课程近百部。

在党性体检篇，通过搭建党性自检智能交互系统、党性智慧测评系统和体检报告数据平台系统，对照合格党员标准进行全面体检，针对问题诊断分析，采取应对措施积极治疗，促进康复提升，帮助公司全体党员开展系统化、智能化的党性体检，带动全员共同为实现企业卓越发展而努力。

党性提升篇主要通过搭建情景化课程多媒体系统，采取党校教师的情景化课程再现及现场教学等多种形式进一步巩固体检效果，号召党员们加强党性锻炼、增强党性觉悟。

三、成效说明

自 2021 年 6 月 30 日党性体检中心揭牌启用以来，已先后迎来国家电网公司党史学习教育督导组、国网甘肃电力、国网江西电力、中共陕西省委党校、陕西武警总队、大唐陕西公司，国网陕西电力党委理论学习中心组及公司本部和各基层单位学习体检，组织各类学习培训、主题党日等活动百余场，参与党员 5000 多人，受到了系统内外各级领导和广大党员干部的高度评价与认可。下一步，将计划每两年为公司系统全体党员开展党性体检轮训，充分发挥党员教育主阵地作用。

通过科学、系统、全面的党性体检和党性教育，检出问题，检出成效，激发广大党员在自我净化、自我完善、自我革新、自我提高中强化责任担当、永葆初心使命。使每名党员成为一面鲜红的旗帜，使每个支部成为红旗高高飘扬的坚强战斗堡垒，为加快建设具有中国特色国际领先的能源互联网企业提供思想保障。

4.39

基于“生态+电力”可持续性管理的藏乡供电所示范基地

国网甘肃电力

一、基地简介

习近平总书记指出“保护好青藏高原生态就是对中华民族生存和发展的最大贡献。”藏乡发展是深化民族融合、同步现代化建设、实现共同富裕的重要组成。冶力关位于甘南州临潭县东北，在历史上曾是连接东西、通衢南北的重要关口，是古代进入藏区的重要门户，是藏族地区和甘肃地区茶马交易的重要通道。境内风景秀丽，属于国家 4A 级景区，因“青藏之窗、甘南之眼”而闻名遐迩，被誉为“山水冶力关，生态大观园”，被评为中国十大文化生态旅游目的地、十大休闲旅游目的地、最具国际影响力旅游目的地、国家体育旅游示范基地等，临潭县人民政府承办的国际和中国拔河公开赛，是历史上绳最重、直径最大、长度最长、人数最多的群众性体育活动，被国家体育总局、中国拔河协会授予“拔河之乡”荣誉称号。冶力关供电所隶属国网甘南临潭县供电公司，成立于 1992 年，辖区 6 个乡镇 37 行政村 179 自然村，供电面积约 1257km^2。

国网甘南供电公司抢抓“双碳”机遇，打造电力“引擎”，构建以新能源为主体的面向乡村振兴战略的新型电力系统，依托全域旅游、生态藏乡的定位，推动全要素全产业链绿色高效发展，助力电网发展融入乡村产业，发挥带动产业发展、带动电网创收、带动农牧致富的核心价值，为甘南经济社会高质量发展赋能增效。

二、示范项目

贯彻创新、协调、绿色、开放、共享的新发展理念，面对当前“双碳”行动下新型电力系统建设、国资委对标世界一流企业定位下央企产业发展的历史担当、国家电网公司“一体四翼”产业布局深化等新形势新任务，聚焦碳达峰、碳中和目标实现，以建设中国特色国际领先的能源互联网企业战略目标为统领，依托“五无”甘南、全域旅游、生态藏乡的定位，开展冶力关供电所可持续性管理示范基地建设，助推生产兴旺农业强、生活小康农民富、生态宜居农村美，形成具有甘南特色、符合藏乡实际的以旅游产业带动乡村振兴和共同富裕的电力服务可持续发展新模式。

（一）以“四位一体小镇”（生态小镇、团结小镇、清洁小镇、智慧小镇）推动“四个融合转型”（产业融合、生活融合、环境融合、趋势融合）

将电力产业融入乡村旅游产业，打造电网服务乡村全产业链发展的新格局，助力生态小镇建设。将新型电力系统建设与乡村电气化建设结合，以电气化特色小镇、乡村民宿、全电景区等为依托积极推动电网发展融入乡村产业，构起一幅乡村振兴的美丽画卷，助力甘南旅游业走上“电助村美、村以电兴、民因电富”可持续发展的良性循环。

以所内凝聚“职工团结”、产业振兴“政网团结”、格桑花开“企民团结”、结对共建“网网团结”，助力团结小镇建设。践行“共同富裕、和谐发展”的发展理念，优化营商环境、提供优质服务，推动供电服务可持续发展。以甘南格桑花共产党员服务队为依托，打造“光明驿站·积分超市”，创新“拨拨就灵·一键直通”“藏汉双语”等一线定制化服务模式，推动供电服务深入民心、融入生活、遍及日常，做到进百家门、听百家言、办百家事、解百家难，体现国网服务温度。

探索“生态+电力”示范低碳机制，以“绿色、清洁、节能、畅享”为主题，主动与政府接洽，协商建设“零碳·智慧·综合”的绿色用能新模式，推进全电景区、全电民宿、绿币超市建设，助力清洁小镇建设。基于“五无”甘南创建契机，着眼以新能源为主体的农村新型电力系统建设，提升能源终端电能消费，推进电能替代发展，以全电景区、全电民宿、全电厨房、全电生活等乡村旅游产业电气为依托积极推动电网发展融入乡村产业，同时助力藏区经济社会高质量发展、群众增收致富。创新“绿币兑换”打通末端碳交易，充分践行碳补偿、碳抵消的消费理念，将绿色文明行为贯穿到整个乡村旅游过程，营造乡村旅游和环境保护的“双赢”格局。

依托数字乡村和智慧景区建设，开发“电眼看旅游”“电眼看电气化新农村”等产品，挖掘电力数据价值构建“数字生态”，助力智慧小镇建设。打造供电所智能电气化体验自助营业厅，以电力数据视角探索乡村振兴和生态建设场景，推动冶力关镇迈入现代化发展的新阶段，加快农村能源互联网和新型电力系统建设，实现电力能源发展的可持续。

（二）打造“一个行动”，形成低碳转型示范基地，引领“电力+生态”绿色发展的样板

电能替代打通低碳转型“最后一公里”。构建以新能源为主体的面向乡村振兴的新型电力系统，通过新能源一站报装、电动车充电体验、综合能源服务等打通低碳转型“最后一公里”，提升农村能源清洁化水平。

创新“绿币兑换”打通末端碳交易。鼓励居民、游客通过践行绿色生活方式兑换绿

色货币，绿币可在积分超市兑换物品，充分践行碳补偿、碳抵消的消费理念，将绿色文明行为贯穿到整个乡村旅游过程，营造乡村旅游和环境保护的双赢格局。

（三）打造“一个平台”，形成“能源业态”示范基地，引领利益相关方共赢共享的样板

基于“生态立市”定位，建立电网主导、政府推动、景区承载、多方参与的能源生态联合体。与州、县、镇、村等各级政府及相关规划部门协同开展电网现状诊断、产业发展、未来定位及远近期负荷预测等，形成针对生态甘南的电网规划设计典型案例，打造美丽乡村电网建设样板，保障美丽生态乡村建设。同时积极推动电网设备设施、标识标牌与环境、景观融合，做到不突兀、少破坏，共同守护高原脆弱生态。

三、成效说明

国网甘南供电公司聚焦供电服务和地方发展，打造电力赋能乡村振兴的生态藏乡，形成具有甘南特色、符合藏乡实际的以旅游产业带动乡村振兴和共同富裕的电力服务可持续发展新模式。

（一）经济效益，利益相关方共赢发展

以冶力关供电所为例，电网通过清洁能源替代新增用电负荷 1285kW，替代电量 1160.85 万 kWh，创收 686 万元。景区对安全用电信息及能源管理全方位感知，2021 年旅游接待人数 11.36 万人次，实现旅游消费总额 0.57 亿元。

（二）环保效益，守护高原原始生态美

促进清洁能源发展、消纳和外送，引领低碳生活新风尚，为甘南实现“碳达峰、碳中和”目标贡献电网智慧，构建清洁低碳乡村电力供给体系，用充足的清洁电能助力甘南州打赢蓝天保卫战，建设天更蓝、山更绿、水更清、土更净的“大美甘南”作出电网贡献。以冶力关为例，清洁用能预计减少二氧化碳排放 3402.56t/年，相当于植树造林 2401.54 亩。

（三）社会效益，打造“生态+电力”样板

通过可持续管理将高质量发展落到实际，融合到公司战略、经营管理的最末端，为甘南州可持续发展提供“电网样板”，形成“电力支撑乡村旅游产业发展，产业发展拓展电力需求空间”的可持续高质量发展模式，为甘南州致富创收益。

4.40

甘肃刘家峡水电站教育示范基地

国网甘肃电力

一、基地简介

刘家峡水电站位于黄河上游甘肃省永靖县境内，是由我国自己勘测设计、自己制造设备、自己施工安装、自己调试管理的第一座百万千瓦级大型水力发电站，代表我国20世纪60～70年代水电建设和机电制造业的最高水平，创造了水电建设史上七个第一的辉煌历史。电站在西北电网中承担着发电、调峰、调频和调压任务，兼有防洪、防凌、灌溉、养殖、航运、旅游等综合效益。

国网甘肃电力深入挖掘刘家峡水电站蕴含的红色基因，把红色资源利用好，红色传统发扬好，红色基因传承好，讲好党的故事、国家电网故事和甘肃电力故事，把电站打造成全国首家蕴含“国家电网”基因的爱国主义教育基地和党员教育基地。

二、管理提升

国网甘肃刘家峡水电站作为驻甘企业，落实国网甘肃电力党委的决策部署，积极践行国有企业政治、经济和社会责任，坚持“传统与时代并举，挖掘与提升并重”，强化阵地意识，丰富教育内容，创新教育方法，培育家国情怀，把基地建设成为激发爱国热情、凝聚人民力量、培育民族精神的重要场所。

（一）挖掘红色内涵，打造爱国主义教育精品路线

挖掘红色资源，讲好红色故事。围绕周恩来、邓小平、李鹏、李瑞环、朱镕基等党和国家领导人亲临电站，胡锦涛曾亲自参加电站建设的红色足迹和红色故事，深入挖掘电站拥有的爱国主义教育资源优势，讲好党对国有企业的领导故事。

传播红色文化，提升国网品牌。丰富爱国主义教育时代内涵，依托爱国主义教育开展五个“一”活动，建成一个网上展馆，开展一次“红色刘电”主题征文，拍摄一部专

题片，制作一本宣传画册，组织一场先进模范宣讲活动，弘扬企业在爱国主义教育方面的突出贡献和积极作用，宣传展示电站在履行三大责任、科技创新、服务民生、环境保护等领域的生动实践，拓展教育覆盖面，提升国家电网的知名度和影响力，让红色文化传播得更广更远。

（二）挖掘工业遗产，打造党性教育坚强阵地

将电站打造为见证新中国工业发展史的教育阵地。持续完善大坝、水库、厂房等主阵地建设，加大资金投入和保障，以绿水库、高大坝、龙门吊、地下厂房等极具震撼力的标志性场所为核心资源，展现新中国工业艰苦奋斗、欣欣向荣的发展史，将电站打造为新中国工业发展史的教育展陈基地。

将企业文化展馆打造为电力事业改革发展史的教育阵地。企业文化展馆以电站发电51年来积累的丰厚工业遗产和历史文化积淀为支撑，展现了刘家峡水电站的创业史、发展史、改革史，以小见大再现了甘肃电力和中国水电事业的发展史，具有很强的展览交流和教育价值。

将地下330kV开关洞打造为国家电网党员教育基地。地下330kV开关洞的前身是新中国第一座超高压输电线路刘天关（刘家峡—天水—关中）输电线的开关站。该厂注重工业遗产的保护和利用，在保持遗址旧貌的情况下，利用声光电等技术再现水电工人们战天斗地的革命精神。把330kV开关洞建设成为承载民族记忆、展现“独立自主、艰苦奋斗”创业精神的红色展厅，成为行业内外党员干部接受党史教育、加强党性锻炼的重要学习载体。

（三）抓实规范管理，探索共建共享模式

坚持地企共建，开展党建联建活动。国网甘肃电力充分发挥全国爱国主义教育示范基地在庆祝中国共产党成立100周年和党史学习教育、“四史”宣传教育等活动中的积极作用，并实现省公司“卓越之路”展馆与刘家峡水电厂红色资源的有效整合，规划设计红色旅游线路，积极与甘肃省、永靖县等行业内外相关单位开展党建联建活动，充分展示党的红色历史、甘肃电力日新月异的发展成就。

坚持校企联动，聚焦青少年开展爱国主义教育。用好节庆日、纪念日，与地方中小学校建立常态化爱国主义教育机制，坚持爱国主义从娃娃抓起，从青少年做起，在广大青少年和人民群众中广泛、深入、持久地开展爱国主义教育，让红色基因、革命薪火代代传承。

优化宣传推介，扩大基地影响力。强化舆论引导和主题宣传，结合建党百年对基地建设情况、作用发挥情况进行大力宣传，在各类媒体发稿百余条，“创业、进取、奉献”的新时代刘电核心价值理念在省公司系统内获得广泛认知。设计制作爱国主义教育示范基地宣传折页、宣传文创产品等，向社会公众展示国网甘肃电力和刘家峡水电厂发展成就、企业形象，提升基地的影响力和知名度。

三、成效说明

国网甘肃刘家峡水电站爱国主义教育基地创建工作取得丰硕成果，光荣入选全国爱国主义教育示范基地、中央企业爱国主义教育基地和国家电网公司“百年电力”文化遗产名录。

（一）扩大国网品牌影响力

结合党史百年教育，甘肃省公安厅、“台青看广河，我为甘肃代颜”两岸媒体、新华社甘肃分社、江苏省总工会、甘肃省委办公厅等数十个行业内外团体来基地接受爱国主义教育，全年前来参观及接受爱国主义教育近 20 000 人次；以“电力情、心连心”童心向党健康成长等为主题，先后组织 12 批 674 名兰州高校、属地中小学生来基地参观，为学生们讲好爱国主义教育第一课，生动形象地彰显了国家电网品牌形象，扩大了教育覆盖面和影响力。

（二）形成强大的宣传攻势

抓住入选全国爱国主义教育示范基地、中央企业首批爱国主义教育基地和国家电网公司“百年电力”首批文化遗产名录的契机，对基地建设情况、作用发挥情况进行大力宣传，在各类媒体发稿百余条，其中在《人民日报》、新华社、中央电视台发稿 20 条。在庆祝建党 100 周年之际，入选国务院国资委举办的中央企业红色资源网络展览，国家电网公司系统仅 11 家单位参展。以动线导览参观的方式，在人民网视频展示刘家峡水电厂的历史。

（三）彰显国有企业的责任担当

以共建共享共赢为目标，依托黄河三峡 5A 级旅游景区的核心资源，免费向社会大众开放工业遗产，形成了聚合效应，让全国爱国主义教育示范基地被社会公众广泛认可，发挥了国有企业在爱国主义教育方面的顶梁柱作用。

4.41

基于智慧能源中心的新型能源互联网示范基地

国网青海电力

一、基地简介

2018 年 1 月 8 日，国网青海省电力公司（以下简称国网青海电力）新能源大数据创新平台正式投入运营。2019 年 1 月，成立控股公司——青海绿能数据有限公司，专门负责平台建设运营。2020 年 12 月底，青海省能源大数据中心（以下简称中心）基于平台建成投运。中心以新型电力系统省级示范区建设为目标，持续深化能源工业互联网平台建设，大力实施“改革+创新”双轮驱动，业务范围从新能源向能源生产和能源消费方向不断演进，中心实现了能源生产、传输、转换、消费等各类数据高效汇集和共享，吸引 23 个服务提供团队基于平台开展能源数据价值挖掘和产品创新，开发覆盖源网荷储的 16 大类、23 小类服务应用。在近百家上下游企业推广应用，初步打造了覆盖电力、煤炭、石油、天然气等能源领域跨区域、跨产业的智慧能源中心，为新型能源互联网示范基地建设打下了坚实的基础。

二、示范项目

以电能为支撑，综合石油、煤炭、天然气等多种分布式能源，国网青海电力构建基于智慧能源中心的新型能源互联网示范基地。在能源供给侧，建立能源辅助生产平台，提升清洁能源生产质量，助推能源生产智能及高效发展，加快清洁能源消纳。在能源消费侧，实现区域多种能源协调控制和综合能效管理，促进社会用能结构优化，有效助力“能源双控”；辅助政府建立智慧能源中心，进行合理的能源生产和分配，降低能源损失，减少碳排放，保障能源的持续可靠供应，以能源生产与消费变化数据掌握社会发展状况，提供精准能源经济大数据分析，辅助政府进行科学决策，推动能源体系大规模源网荷有效友好互动，为实现“碳达峰、碳中和”发挥重要助推作用。

为进一步强化系统观念，确保党中央“双碳”部署不折不扣落地落实。国网青海电力全面部署新型电力系统省级示范区样板建设，确定青海示范区总体目标。着力打造能源互联网示范区、清洁柔性送端引领区、绿电制造产业生态区、系统安全稳定样板区和零碳电力系统先行区，推进青海省能源大数据中心向双碳大数据中心升级。连续 4 年创造了绿电 7 日、9 日、15 日、三江源百日全清洁能源供电的世界纪录。积极推进“绿电 5 周”系列活动。青海省建成海南、海西两个千万千瓦级可再生能源基地，青海电网清洁能源装机容量达到 90.87%，新能源装机容量达到 61.47%，位居全国首位。在青海省委省政府的指导下，建成青海能源大数据中心，先后成为省能源大数据中心、工业互联网示范平台、光伏扶贫大数据中心和首批四家上云平台之一，实现了以大数据推动青海省清洁能源发展和能源数字经济发展的落地实践。

三、成效说明

（一）服务能源供给侧—双碳目标“助推引擎”

树立“能源转型、绿色发展”理念，聚焦助力“碳达峰、碳中和”目标，以支撑能源电力清洁低碳转型为主，促进能源供给清洁化、智能化健康发展，提供清洁能源电站集中监控、功率预测等 15 类业务应用，积极推进清洁能源的健康可持续发展。

新能源电站集中监控。接入场站 289 座，共计接入容量 1214.3 万 kW，67 座电站成功实现了“无人值班、少人值守”云监控，实现集约化管理、集中式管控、专业化运维，年减少运营成本 40%以上，有效提升电站运营效率和效益，推动“数字化”运维模式转变。

发电设备健康诊断：构建了风电与光伏设备的评价模型，按照预警信息重要等级分类推送，变故障后维修为预防性维修，提高设备安全可靠性。提升电站管理效率 20%以上，设备运行稳定性提升 10%以上。

新能源电站集中功率预测。建成全国首个集中功率预测平台，引入国内主流的 4 家功率预测服务提供商，平台对 6 家发电企业 40 座电站开展功率预测服务，以发电企业自由选择和服务商良性竞争的模式，实现了新能源电站的短期和超短期预测。在国内首家开展集中功率预测模式创新，实现新能源电站集中功率预测突破百座的目标，有效提升预测水平。改善电力系统调峰能力，增加新能源并网容量，提升新能源利用效率。

（二）服务政府——能源分析“智慧大脑”

1. 建成智慧能源中心

在能源建设、能源监测、能源规划、能源平衡等方面提供大数据分析支持，帮助政府实现每日实时监测电力、煤炭、石油、天然气等能源的生产、储备、消费等运营情况，并成为源网荷良好互动的核心纽带，帮助政府完成能源供给和能源消费调控的双向贯通，在能源双控的落实和产业结构的调整中起到关键作用，已接入省内 7 家煤油燃气企业产供储信息，接入 7 条 8200t 级水泥生产线数据信息；后续将进一步协助政府在能源协调供给方面发挥作用，帮助政府实现区域多种能源供给互补协调，动态优化调整社会生产、生活用能形式，保证能源稳定可持续供应，维护社会生活安定、经济稳定发展。

2. 建成青海省光伏扶贫大数据中心

结合“巩固脱贫攻坚成果同乡村振兴有效衔接”的相关要求，重点推进扶贫光伏集中监控、光伏扶贫运营管理等多项服务，创新电站运维模式，深度开发扶贫评估功能，提高扶贫工作数字化水平，接入全省 42 座 73.36 万 kW 光伏扶贫电站，节约扶贫设备投入和软件成本 5000 万元，每年节约扶贫运营成本约 1100 万元，全面助力乡村振兴。

（三）服务能源消费侧——能效服务“智能管家”

1. 企业级综合能效分析

结合企业生产煤、电、水等重要能源消耗数据，进行生产与能耗的平衡分析，为企业提供节能减排优化方案，帮助企业达到节能增效的目标，引领企业加快数字化转型进程。在建成互助金圆 8200t 水泥能耗及生产线管理的基础上，新建两个粉磨站能耗管理，实现金圆 9 条水泥生产线在青海省内的全覆盖，年节约煤、电成本约 300 万元。

2. 三江源清洁供暖运行监控分析

通过实时采集供暖设备运行数据，远程实时掌握供暖站用能情况，实现三江源地区清洁采暖实时用能监视与能耗分析；深化供暖设备基础管理和数据分析，实现设备状态维修和清洁采暖能耗高效管理。接入三江源地区 14 台清洁供暖锅炉，供暖面积 374 万 m^2，年减少煤炭用量 12 万 t，减少碳排放 50 万 t，减排其他有害污染物 40 万 t。完成果洛、玉树 6 座供热站、12 台清洁供暖锅炉运行数据汇集。

4.42

直流换流站精益化运检示范基地

国网宁夏电力

一、基地简介

国网宁夏超高压公司深入贯彻落实习近平总书记提出的“四个革命、一个合作”能源安全新战略，聚焦“碳达峰、碳中和”目标，始终坚持“精益运检、示范引领”的管理理念，高标准打造直流换流站精益化运检示范基地，强化设备主人制、锻造运维准军事，运维的两座±660kV 银川东—胶东直流输电工程和±800kV 灵州—绍兴特高压直流输电工程送端站（银川东换流站、灵州换流站）分别创造了安全高效运行 10 周年和 5 周年的佳绩。直流系统能量可用率位居国网前列、能量利用率高居全国首位，为落实国家“西电东送”战略，缓解山东、浙江电力用电紧张，加快宁夏资源优势转化以及建设具有中国特色国际领先的能源互联网企业做出了积极贡献。

截至 2021 年 12 月，两大直流输电工程累计外送电量超 5000 亿 kWh（4 年突破 1000 亿 kWh、6 年突破 2000 亿 kWh、8 年突破 3000 亿 kWh、9 年突破 4000 亿 kWh、10 年突破 5000 亿 kWh），其中新能源占比超 20%，助力宁夏风电、光伏利用率分别达到 97.42%、97.78%，位列西北第一，为清洁能源高质量消纳及大范围优化配置贡献了力量。宁夏直流外送电量在 5 年时间内实现翻两番的效果，充分彰显队伍强、技术精、运维优、管理佳的宁夏示范特色。

二、示范项目

（一）加快专业人才培养，锻造宁电直流铁军

建立设备主人制 ABC 体系，以站层、公司层、外部指导层构建金字塔式运检保障团队。以换流站现场人员为核心 A 角、做好全科医生，专业检修人员为支撑 B 角、做好专

科医生，外部专家团队为保障C角、做好手术医生，形成"全科医生体检把脉、专科医生靶向治病、手术医生消解重症"的设备全寿命管控模式。以准军事化运维规范人员行为，推进生产场所定置化管理，打造了一支专业精深、业绩优秀、结构合理、政治合格、作风过硬、纪律严明，具有"仪仗兵"气质、"消防兵"素质、"特种兵"意志的宁电铁军。加大人才培养力度，打出站间岗位交流、部门间跨专业交换，省公司"上挂下派"，国家电网公司系统"东西部"挂职帮扶的人才培养"组合拳"，着力打造三能五型（开口能说、提笔能写、遇事能办，学习型、高效型、协同型、服务型、廉洁型）、一专多能的复合人才。总结两站建设历程，凝练"灵州追梦人""银东攀登者"的团队文化，增强文化共鸣，提升团队向心力。培养劳模先进22人，自治区青年拔尖人才7人，实现了从"被帮扶"到"去支援"的跨越，打造了一支专业高超、作风优良、技术精湛、梯次合理、能打胜仗的坚强直流运检队伍。

（二）创新引领提质增效，赋能现场运检生产

提出"深、细、灵、韧、实"（深挖现场问题、细探解决对策、灵活调配资源、韧劲始终如一、实践检验成果）工作法，把工作现场作为创新阵地，解决了一系列影响直流系统稳定运行的突出问题。针对大型检修工作中高空作业空间小、物料转运难的问题，提出"平台作业法"，研制成套工装，缩短作业时间。设计高匹配过渡法兰接口，研制智能温控局部加热系统，构建模块化、快装式检修作业平台，解决GOE套管更换工器具不匹配、热油循环耗时长、作业空间狭窄的问题，实现GOE套管更换"三最短"（单台作业时间最短、暴空时间最短、整体作业工期最短）、滤波器断路器更换"三不"（不停母线、不降负荷、不增工期）。树立机器代人理念，自主研发换流站系列多维轨道机器人，应用于控保室、水冷间、阀厅，形成机器人技术集群，巡视效率大幅提升。深度挖掘感知层汇聚能力，在国内首次完成移动边缘计算节点MEC与换流站感知层深度融合，实现5G数据流量就地应用。针对年度检修参检人员多、施工车辆多、交叉作业面多的突出问题，建立"四早"管理机制，提前设立四级组织机构，明确职责范围；强化日常运维和带电检测，同步推进不停电项目施工；合理制定大修、技改项目实施计划；组织开展厂内监造、到货验收、检修试验、调试等全过程技术监督。落实"三步"实施方案，制定现场"三图三表"，停电前实施满足安全距离的土建施工、管路线缆敷设等工作，停电期间实施管路对接、线缆接入等作业，带电后实施无需停电的调试工作，避免年度检修期间大型工作集中扎堆开展，确保年度检修优质高效按期完成。

（三）种好国网试验田，当好示范排头兵

2020年银川东换流站在国家电网公司系统率先开展基于能量可用率的直流精益化检修试点工作，公司按照"运检结合、精准施策、分区分类、平行作业"的原则，

探索实施不停检修、轮停检修、陪停检修，提出精益检修“四干”策略，切实提高检修工作预见性、针对性、有效性和精准性，消除设备常见病、多发病、顽固病，检修工期由 10 天缩短至 5 天，能量可用率提升至 98.65%，达到国际领先水平。2021 年，灵州换流站被列为国家电网公司首批数字化换流站建设试点，按照数字换流站顶层设计方案，结合宁夏实际，组建专项建设工作团队，从设备管理、班组建设、业务管理三个方面推进工作实施，加快数字孪生、视频融合等核心功能开发，不断优化和完善各高级模块功能应用，推进班组智能化提升及远程智能巡视系统建设，深度应用实物资产 ID 及移动作业。研发宁夏电网智能运检系统企业级数字基础平台，实时移动推送业务数据，提升管理决策能力。通过数字化换流站建设提升设备状态感知和管控能力，完善设备状态监控与评估机制，提升核心设备异常监测预警能力，全面推动现代设备管理体系建设在直流专业落地实践，持续提高设备管理质效，保障特高压生命线安全稳定运行。

三、成效说明

经过多年的探索、创新、实践，国网宁夏超高压公司形成了具有宁夏特色的直流换流站精益运检管理方法，直流运检队伍精神面貌足、技术业务精、创新成果实、事故演练快、运维效果好、发挥作用大。银川东换流站直流系统能量可用率连续 8 年超过 80%、位居全国第一，灵州换流站输送电量不断攀升，2020 年高居国家电网公司在运直流工程首位。两座换流站长周期安全稳定运行助力国网宁夏电力成为首个“外送”超“内售”的省级电网，发挥了显著的经济社会效益。

截至 2021 年 12 月 31 日，灵绍直流工程累计安全运行 2114 天，负荷长期保持 7200MW，累计输送电量 2069 亿 kWh，如图 1 所示。

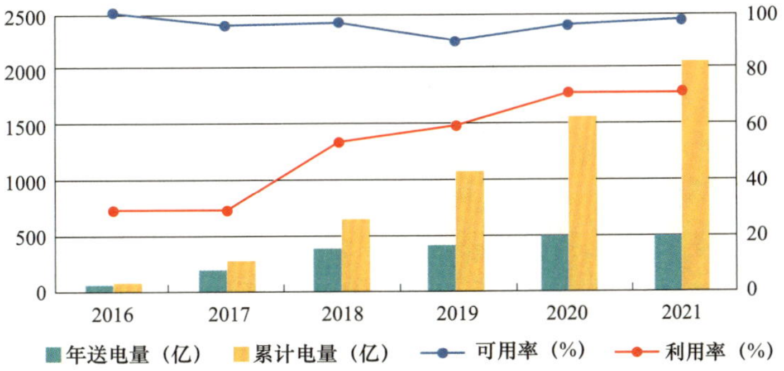

图 1　灵绍直流运营情况（2016~2021 年）

银东直流自投运长期满负荷运行，截至 2021 年 12 月 31 日，安全运行 4918 天，累计输送电量 3227 亿 kWh，如图 2 所示。

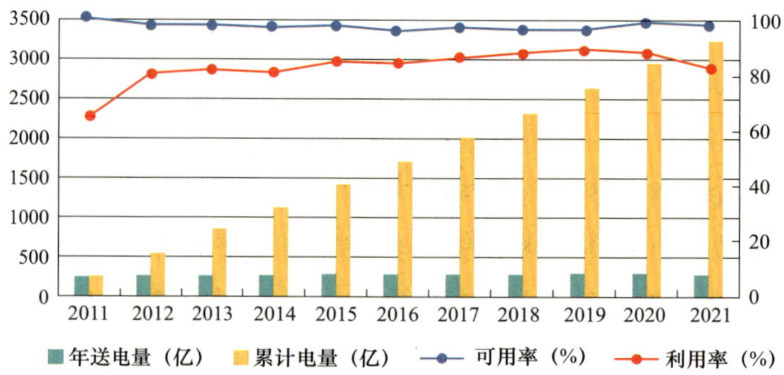

图 2　银东直流运营情况（2010~2021 年）

“十四五”期间，国网宁夏电力将立足打造面向“双碳”目标高比例新能源输电重大战略创新工程的定位，加快推进宁夏—湖南±800kV 特高压直流输电工程前期工作，力促项目以国家多能互补一体化示范工程立项批复并于“十四五”建成投运，形成“放电三华”的新格局，在构建新型电力系统中打造新能源大范围优化的示范样板，服务黄河流域生态保护和高质量发展先行区建设，彰显电网发展价值。

4.43

超特高压换流站生产准备及投产运行智慧化管理示范基地

国网新疆电力

一、基地简介

昌吉—古泉±1100kV特高压直流输电示范工程是我国自主研发、自主设计和自主建设的目前运行电压等级最高、输送容量最大、送电距离最远、技术水平最先进的“四最”特高压直流输电工程，刷新了世界电网技术的新高度，开启了特高压直流输电技术发展的新纪元，发挥着巨大的社会和经济效益，是当之无愧的国之重器和世界名片。昌吉换流站作为该工程的送端站，承担着疆电外送、促进新疆能源基地开发、支撑“双碳”目标实现等重要任务。为确保换流站安全投运稳定运行，国网新疆超高压分公司以全国特高压直流输电的发展特点和生产现状为基础，准确分析了特高压换流站从生产准备到投产运行的全过程要素，构建了从无到有的换流站全链条式标准化智慧创新管理模式示范基地。换流站管理理念、方法，尤其是技术管理位列国网系统前列，具备较强的示范意义。

二、示范项目

昌吉换流站综合实施“4816”生产准备管理体系和“6612”投产运行管理体系，从换流站新建站提前介入工程建设的生产准备阶段，到换流站全面建成投产运行阶段，全过程、全方位指引换流站的各项工作。

在新工程生产准备阶段，全面实施应用“4816”生产准备管理体系，按照可研初设、施工安装、系统调试、运行投产4个阶段，分阶段重点把握前期策划、工程跟踪、调试配合、运行移交、规程编制、设施配置、人员培训和安全管控8个方面的工作，针对不同方面细化梳理出100项重点工作内容，执行推进的过程中逐步建立设备跟踪、技术标准、后台监控、台账管理、物资管理、培训管理 6 大体系，实现新建工程在整体框架下建设，分阶段完成具体内容，同步整理收集全过程工程资料，在秩序化管理中完成新工程生产准备任务。体系应用于新建特高压工程生产准备全过程，通过建立健全管理、技术、工作标准体系，实现了管理标准体系对全流程覆盖、技术标准体系对各项业务覆盖、工作标准体系对各级岗位覆盖，使得繁杂的生产准备工作任务清晰、专业固化，实现新建特高压工程管理规范化、运维标准化、人员专业化、设施定置化的目标。

在生产准备阶段后期，构建实施“6612”投产运行管理体系，实现生产准备到投产运行无缝衔接。该体系对特高压直流技术、设备、管理等方面进行全面梳理，总结提出防恐、防火、防误、防跳、防交通事故、防人身安全 6 类防范，以此作为投产运行中运维、检修、安全、培训、物资、综合等方面的工作目标及工作核心，科学分配各项工作任务，并开展责任落实及考核，确保所有工作有人负责、有人协办、有人监督。通过基础工作的开展与落实，最终全面强化运维、检修、安全、培训、物资、综合 6 项管控。体系构建过程中分析完善 6 项管控所涉及的工作，在严格落实国标、企标及公司各项规程的基础上，主要落实 100 项重点工作和 200 余项定期工作。将 100 项重点工作和 200 余项定期工作作为投产运行的基础工作开展落实，逐步建立运维、检修、安全、培训、物资、综合相关工作的标准工作流程，创建相应标准体系。

三、成效说明

通过综合实施“4816”生产准备管理体系和“6612”投产运行管理体系，昌吉换流站高质量完成建站任务，实现“零跳闸”“零缺陷”送电投产。投产后，严格执行投产运行管理标准体系，各项工作按期、高效、优质完成，设备运行良好，全面凸显了特高压直流的支撑保障作用。截至 2021 年 12 月 31 日，昌吉换流站安全运行 827 天，吉泉直流累计外送电量 1232.5 亿 kWh，工程投运以来外送电量 1083.5 亿 kWh，年内送电量达 550.6 亿 kWh。2021 年 6 月，在体系高效运转的保障下，吉泉工程输送功率突破 9000MW，刷新了国内特高压直流的最大输送能力，再次创造了世界特高压输电应用能力的新高度。工程的平稳运行，有力保障了地区大电网安全稳定，有效缓解了电能供需不平衡和新能源消纳的矛盾，促进能源产业健康发展，促进东西部地区经济发展和资源转换，为实现国家“双碳”战略目标提供有力保障。

在体系的实施运用中，有力保障了全员参与到生产准备的各项工作中，充分激发主观能动性，引导换流站管理人员增强全局掌控能力、科学决策能力和队伍带领能力提升，扎实培养一大批优秀职工，有效储备中层管理人员，解决了骨干人才不足、专业技能和综合素质难以满足公司快速发展需要的问题。体系将标准化要求贯穿于换流站各项工作中，不断创新思路，创造性开展运维工作，科学合理地安排检修，提高检修效率及水平，保障了设备的可靠运行，提高了能量可用率和系统运行可靠性，全面提升了各级管理人员的运检管理水平。

4.44

林芝巴河评标基地

国网西藏电力

一、基地简介

国网西藏电力有限公司的林芝河评标基地是3A级评标基地，位于西藏自治区林芝市工布江达县巴河镇，这里环境优美，海拔3200m，距离拉萨市323km，距离林芝市91km。评标基地占地面积21 344m^2，从内至外分别建设为A区技术区、B区商务区以及C区生活区，整体建筑布局为C字形，均为平房。其中A区共有37间房间，B区共有35间房间，评标会议室6间（商务组3间、技术组3间），评委会会议室1间，能容纳140余名评标专家或疗养人员。

作为西藏公司首个正式的智能化评标基地，除拥有完备的评标会议室、住宿标准间、餐厅、监察室、视频会议室等评标功能建筑外，还配套部署建设了智能安检、全范围音视频监控、全天候人员健康状态监测等功能设备，同时也辅助建设有供氧系统、供暖系统、回廊建筑、健身设施、日常生活辅助设施等。基地的主职能是为承载西藏公司直接组织实施、各单位授权采购及省管产业单位评标活动，同时还是西藏公司员工健康疗养基地。

二、示范项目

（一）现代智慧供应链优秀实践应用示范窗口

环境优选，利用海拔低、环境美、远离闹市的国网西藏巴河发电公司一部分生活区域进行维修建设，在国家电网公司智慧供应链建设典设基础上自主创新，打造具有西藏特色的智能评标基地。因地制宜，自主研发适应西藏地理特点的定位基站，提高设备适用性及使用寿命，有效降低了建设成本及运维成本。一专多用，在满足省公司评标要求的基础上，解决市公司授权采购及省管产业单位谈判采购需求，创新配备信息发布系统及智能自助叫号设备，保障竞谈过程有序、规范，有效提升评审谈判效率及智能服务水平。节能环保，利用原有植被，减少对生态环境的破坏，同时选用绿色建材，布设喜水植被，有效降低有害物质对人体的危害。

（二）建设“生态文明、精神文明、廉政素养”有机融合的综合性疗养基地

在满足评标功能的基础上，充分利用林芝地理环境优势，配备供氧系统、供暖系统、健身娱乐活动设施、日常生活辅助设施，在各个通道和走廊展示公司企业文化、廉洁文化展板，打造环境优美、生态健康、廉政教育、健康疗养的综合性功能基地。

三、成效说明

（一）节资减耗，建设完成契合时代主题与发展主旋律的智能化评标基地

从评标基地基建施工到智能化改造，充分考虑设计细节，严格把关建设质量，深度挖掘资产潜力，有效提升资产赋能，以最少的成本投入达成最优的建设目标。

契合西藏地方建筑特色，保留原有建筑布局，仍采取平房式建筑、C 字型排列，以及配套建设内环廊道的设计，有效缩减了新、扩建施工成本。

结合林芝地区地理及气候条件，充分考虑建筑配套型材选取、功能性工艺及环境契合度，最终以矿棉吸声石膏、特型钢等型材，整体斜面屋顶（含廊道）、引流槽等功能性工艺，廊外均布喜水绿植带，有效解决环境因素带来的不利影响，更好地与周边建筑及环境融为一体。

结合智慧评标场景部署要求，合理设计定位基站分布点，充分运用因平房式建筑而免去第三维坐标绘算的富余算力，强化二维平面坐标运算速率，进而提升定位精准度和信号响应速度；充分考虑高原地理环境特点及气象因素，创新应用高防水、高防尘、高防静电击穿的高原特殊型定位基站设备，提高适用性及使用寿命，有效降低了建设成本及运维成本，确保了智慧评标管理平台的稳定性、实用性及监督监察的精准性；充分考虑市公司授权采购工作特点，在竞争性谈判管理方面，在供应商等候大厅创新配备了信息发布系统及智能自助叫号设备，竞谈自助取号叫号，提升服务体验，专家可按工作进度控制竞谈叫号，供应商按序竞谈，保障竞谈过程有序、规范，有效提升评审谈判效率及智能服务水平。

（二）切实贯彻疫情防控工作部署，建立员工身心健康管理福利补偿机制

在落实疫情防控举措、严格防范出行风险的基础上，充分梳理职工赴富氧地疗养福利措施的替代性和补偿可行性，同时深度结合党风廉政建设的需求实际，最终将评标基地同步打造为职工疗养综合性基地。2021 年已开展 2 批次职工疗养活动。鉴于西藏地处偏远、高海拔、含氧量低、环境恶劣，疫情时期在无法赴内地开展疗养活动的情形下，凸显了西藏公司人文关怀力度，进一步提升了企业向心力与集体凝聚力，为有效减少人才流失夯实制度支撑和情怀保障。

4.45

工业芯片研发基地

国网信通产业集团

一、基地简介

北京智芯微电子科技有限公司（以下简称智芯公司）成立于2010年，注册资本64.1亿元，是国家电网公司芯片产业发展的使命担当者，是国家规划布局内的重点集成电路企业，已连续九年被评为“中国十大集成电路设计企业”，是我国最大的工业芯片设计企业。公司拥有主控、通信、安全、射频识别、人工智能、存储、传感、模拟八大类芯片系列产品，广泛应用于电网输、变、配、用、调度等电力领域，成功拓展至轨道交通、石油石化等工业领域，并荣获国家科技进步二等奖等国家级奖项7项。

智芯公司作为国家电网公司芯片产业的建设者，随着“国网芯”发展战略的快速推进，对高端研发人才、核心技术骨干的需求呈现爆发式增长。为进一步优化产业布局、缩短技术创新周期、增强企业竞争实力，同时满足公司人员和业务需求的持续增长，智芯公司购入中科云谷园7栋楼作为工业芯片研发基地，力争打造汇集产品研发、科技成果转化为一体的高新技术企业总部基地，为建设芯片产业集群提供强劲的发展动力和坚实的平台支撑。随着工业芯片研发基地的建成使用，极大提高了公司整体产品研发和管理效能，对深化工业芯片发展战略具有重要的促进作用。

二、示范项目

（一）做深产业布局引领产业高质量发展

在产业规划上，以《国家电网公司关于加快推进芯片产业发展的指导意见》及《“国网芯”研发应用三年行动计划》为指引，按照国网信通产业集团卓越提升三年行动计划工作部署，组织制定了三年发展行动方案，明确聚焦芯片设计、面向工业领域，加快中高端芯片突破，大力支撑国产替代，加快芯片产品和市场向中高端提升，实现“国网芯”在工业领域的全面推广应用。在产业生态上，建立工业芯片产品质量控制和技术评价实验室，搭建了从芯片到应用的全流程检验检测平台，同时发布《工业级高可靠集成电路》等 15 项标准，加快工业芯片国产化进程。

（二）全流程闭环式管理加速研发创新

在项目立项上，建立健全完善创新容错机制，消除科研人员科技项目申报顾虑，鼓励开展技术攻关和产业标准制定。在项目管理上，采用月报、季报、专项研讨会等形式就重点芯片研发项目、关键“卡脖子”攻关项目等进行定期跟踪，重点化解项目研发中存在的风险，确保相关产品研发按计划完成。在产业孵化上，组建包含研发、生产、市场的产业化小组，针对相关芯片的流片、小试、产业化等协调相关生产制造资源，加速产品从实验室走向市场。在检验检测上，前瞻性采购相关实验仪器设备，加速检验检测平台建设，大幅降低了试验检测成本，压缩了产品市场化周期。在运营管理上，推进物资采购全流程数字化管理，逐步构建起覆盖生产、交付、运维等产品全生命周期的智能化管理。

（三）优质的服务激发员工干事创业热情

在安全管理上，基地内各办公区在新冠疫情防控期间严格执行验码、测温、消杀等工作，确保基地内实现零感染，为基地运营发展提供了坚实的安全保障。在生活管理上，定期开展餐饮满意度调查改进餐饮服务质量，不断丰富菜品款式，并协调周边公寓为员工上班、加班提供住宿保障，全面消除员工在生活上的后顾之忧，大大激发了员工的工作热情。

三、成效说明

（一）公司研发实力显著增强

在开发环境上，搭建了一流的芯片设计生产 EDA 开发软硬件环境，可覆盖芯片设计的各个环节，在数模混合芯片设计、超大规模集成电路验证和工艺监控等领域居国内领先水平。在实验设施上，建设了国内领先的电力芯片设计分析实验室、安全分析实验室、电力线通信应用技术实验室、RFID 产品全系列检测实验室，极大提升了公司的研发实力。在内部协同上，基地的建成有效打破了以往相对孤立、闭塞的信息链和数据岛，打造了较为完善的信息库和数据库，有效增强了跨部门、跨项目组的协同研发效应，集中式的研发极大提升了公司产品的竞争力。在研发成效上，芯片产品数量稳步提高，产品系列不断丰富，极大拓展了公司产品的应用场景，如图 1 所示。

实验室　研发设备

研发现场　测试现场

图 1　公司的研发实力

（二）产业协同集聚效应显著

在联合研发上，依托工业芯片研发基地与阿里平头哥半导体有限公司组建 RISC-V 联合实验室，推动开源芯片研发。在标准协同上，依托工业芯片研发基地牵头组建了中电联集成标委会、中国电子学会工业集成电路标委会等国家级标准组织，共同开展工业芯片关键技术及标准研究，推进全链条标准化。在产业协同上，投资持股南方电网电力科技股份有限公司，深化与南方电网战略合作伙伴关系，并参与投资成都蕊源半导体科技股份有限公司，补强公司模拟芯片研发能力。

（三）经济社会效益取得双丰收

在经营发展上，2021 年公司营业收达到 125.18 亿元，自主研发芯片产品增加至 180 款，覆盖全国各省市及海外 80 多个国家。在社会效益上，提供就业岗位超 2000 余个，吸引行业内多家公司前来交流学习，同时有效践行了“低碳绿色”发展理念，为加速实现“碳达峰”“碳中和”贡献智芯力量。

4.46

全方位支撑国家电网公司采购业务的示范智能评标基地

国网物资公司

一、基地简介

国家电网公司3A（示范）评标基地（以下简称基地）是国家电网公司总部集中招标采购的专属评标基地，由国网物资有限公司负责建设、管理和运营。基地坐落于北京市昌平区蟒山路，占地面积4.64万m^2，拥有4栋综合楼、20栋单体公寓、客房249间、床位427个、会议室26个，可以承接400人规模的评标会议，实现“评、食、住”一体化全过程封闭式管理，是国网物资有限公司集中招标业务的重要承载主体、国家电网公司“阳光采购”示范窗口，也是目前国内承载能力最大、智能水平最高、集控程度最强、展示条件最好、行业领先的一流智能示范评标场所。

2018年以来，国网物资有限公司积极顺应现代智慧供应链创新发展趋势，启动基地智能化改造，先后建成智能评标中心、现代智慧供应链运营展示中心、供应链创新与实践展示中心、物资专业廉政教育中心、党史学习长廊，改造后的基地功能分区更加合理、承载能力更加完备、管理手段更加智慧。特别是在常态化疫情防控形势下，以该基地为中心，与国家电网有限公司下属27家省公司互联互通，有力支撑了“1+N”远程异地、网络协同评标组织新形式，保障国网总部集中招标采购活动零推迟、零延误。

二、示范项目

评标现场管理既是保障招标采购质量的关键环节，也是管控评标风险的重要手段。传统的管理模式由于缺乏信息化手段等先进技术支撑，存在着管理效率低、管控难度大，事前预防策略和方法不足，监督数据无法互联共享，未能实现全流程信息化等痛点、难点。针对以上问题，该基地以技术创新为引领，数据系统为支撑，信息技术为手段，建成了状态全面感知、信息高效处理、应用便捷灵活的评标场所，有效提升评标现场智能化、规范化、标准化管理水平。已发表论文 1 篇，申请国家专利 4 项、计算机软件著作权 1 项。

（一）打造一流评标业务承载保障能力

基地聚焦主责主业，优化功能布局，健全配套设施，在软、硬件方面，实现评标活动与保障能力的全面融合，配置专用评标电脑 1114 台，上线评标云桌面系统，应用 500M 内网专线，可同时满足 400 名专家全封闭在线评标，支撑国家电网公司电子商务平台（ECP）稳定运行。系统数据实时接入总部供应链运营中心（ESC），实现评标过程电子化全覆盖。疫情期间，为保障国网总部集中招标采购如期开展，国网物资公司快速部署物资网络视频会议系统，并特别对权限管控、安全传输、安全存储等方面进行定制化开发，打造内网环境的腾讯视频会议系统，实现总部评标基地与 27 家省公司互联互通，支撑全网远程异地评标，以全流程电子化招投标为实现“双碳”目标提供保障。

（二）打造一流评标现场智慧管理典范

依托“大云物移智”等现代信息技术，构建评标基地物联网，自主开发行业领先的评标现场智慧管理系统，实现评标专家信息采集自助报到，智能入住、电子定位、自动考勤、全程监督、健康监测（心率、SOS 自助报警）等全方位规范化、智能化管理，实现蟒山评标基地与白广路评审中心 3000 余台智能化设备运行状态在线统一管控，建成“一系统、多应用、跨区域”的评标会议智能管理架构体系，高效支撑“一基地一中心”协同工作。专家个人报到流程由 7 个环节减少至 4 个，报到时间由 5 分钟缩短至 1 分钟内，评标现场年均减少会议服务人员 520 人次。2020 年 4 月，创新建成评标现场专家健康管理系统，实现专家日常体温在线监测、高温人员快速预警，并能够及时定位体温异常者的历史活动轨迹，全面精准排查体温异常者的密切接触者、次级密切接触者，为评标基地疫情防控提供有力保障。

（三）打造一流评标现场智能监督形态

基地内定位基站全面覆盖，基于智能手环，对评标专家活动轨迹全程实时在线跟踪，自动识别人员越界。评标现场授权使用录音电话，通话信息自动记录，现场监督人员随时查询历史录音。评标过程监督任务智能引导，在线填写监督结果，一键生成监督报告，实现“全覆盖”和“零死角”的实时监控，打造廉洁、规范、高效的物资工作新生态。建成评标会议全流程管理平台，25 项跨部门关键节点、廉洁保密防控要点、120 项工作标准实现线上固化。建成覆盖国网系统全部省公司评标室的音视频监控系统，可以进行实时监控及历史资料查询。

三、成效说明

（一）支撑总部集中招标评标活动顺利进行

作为国网总部集中招标采购的专属评标基地，既是国网物资有限公司集中招标业务的重要承载主体，也是目前国内承载能力最大、智能水平最高、集控程度最强、展示条件最好、行业领先的一流智能示范评标场所。2018年以来，基地坚持智能化、规范化、标准化管理，保持了正常工作秩序和良好工作环境，实现安全、稳定运营，有效满足了国网总部集中招标评标业务需求。

（二）形成全网协同一体化运作评标基地体系

依托该基地，国家电网公司建成“1（总部）+27（省公司）”全封闭智能评标基地体系。2020年2月7日，新冠肺炎疫情最严重之时，国家电网公司创新实施“1+N”远程异地、网络协同评标，率先打响央企大规模集中采购“第一枪”，实现“云采购”。基地发挥全网评标基地集控中枢和核心枢纽作用，有效保障特殊情况下总部评标活动顺利开展，智能化建设成果经受了常态化疫情防控考验，得到国家电网公司领导的充分肯定，受到供应商普遍赞誉，新华网等媒体进行了集中宣传。

（三）充分彰显国家电网“阳光采购”形象

通过评标现场智慧管理、智能监督，将廉洁保密、专业监督与评标活动在系统层面进行了融合，做到封闭管理、集中监控、信息阻断、全程受控，推动评标行为更加规范。此做法不仅在国网系统内广泛应用，在行业内也具有广泛影响力。国家发展改革委、国务院国资委、中国物流与采购联合会、南方电网公司等数外部单位先后参观、调研，给予充分肯定，纷纷表示该基地值得借鉴和推广。2020年6月3日，国家电网公司现代智慧供应链建设成果深度应用推进会在基地召开，会议创新采取“一主多分+云会展”模式，系统内外共1.2万人线上参会，为国家电网公司赢得了声誉，树立了良好品牌形象。

4.47

阳煤集团神堂嘴煤层气发电站烟气余热利用发电

国网综能集团

一、基地简介

（一）项目背景

能源是人类赖以生存和发展所不可或缺的资源。当前，我国经济正处于一个高速发展时期，能源消耗也出现大幅度上升，为保证国民经济持续、快速、健康发展，就必须合理、有效利用能源，不断地提高能源利用率。近年来，煤矿采集时产生的煤层气发电后，会产生大量的余热，若不经处理直接外排，不仅浪费大量的资源，还污染了环境。因此采用新技术把余热转化为电能，是当前行业解决余热问题的好办法，既可节约热力资源，降低生产成本，又能减少烟气排放，保护环境。项目符合产业政策要求，属于“十一五”国家十大重点节能工程中余热余压利用工程范畴，具有良好的效益，意义十分重大。

（二）客户用能现状

阳泉煤业（集团）股份有限公司（以下称阳煤集团，现更名为华阳新材料集团科技有限公司）是集采矿、采煤、煤化工、铝电、发电为一体的山西特大型企业。该集团矿区的煤层气含量极其丰富（约 6448 亿 m^3），从 1957 年就开始对煤层气（俗称煤矿瓦斯）进行开发利用。由于国家要求瓦斯不能对空直排，为充分利用煤矿采集时产生的煤层气，阳煤集团先后投资建设 3 座煤层气发电站，阳煤神堂嘴煤层气发电站是其中规模较大的一座。一期工程瓦斯发电站已安装 4 台瓦斯发电机组，单机额定发电量 3044kW。二期工程瓦斯发电站已安装 4 台瓦斯发电机组，单机额定发电量 4000kW。阳煤神堂嘴煤层气发电站排放烟气温度较高，最高排烟温度约 550℃，具有二次回收利用的可能。

二、示范项目

山西作为全国的主焦煤生产基地，在焦炉煤气、化工余热蒸汽、钢厂废气方面有丰富资源，作为全国首个能源改革综合试点，将贯彻落实绿色发展理念和“节约、清洁、安全”能源发展战略。此外，随着互联网信息技术、可再生能源技术以及电力改革进程加快，开展综合能源服务已成为提升能源效率、降低用能成本、促进竞争与合作的重要发展方向。主动扩展能源供给和能源消费市场，以园区、工业企业、大型公共建筑等消费市场为重点，为客户提供多元化综合能源服务。

国网山西省综合能源服务有限公司依托自身在节能方面的优势，以科技创新为切入点，在传统产业转型升级、产业链延伸方面积极作为，与国网阳泉供电公司共同努力，在与阳煤集团多次磋商的基础上，项目通过了阳煤集团总部办公会议。由国网山西省综合能源服务有限公司投资新建阳煤神堂嘴煤层气发电站余热综合利用发电项目（以下简称该项目），利用 8 台瓦斯内燃发电机组的排烟余热建设 1 套 3MW 次中温、次中压空冷汽轮机发电机组。

该项目主要采用合同能源管理模式中节能效益分享型进行项目的投资建设，在项目合作期内用能单位和国网山西省综合能源服务有限公司双方分享余热发电的效益。按合同约定的比例 1:9 分享节能效益。效益分享期结束后，节能设备所有权无偿移交给客户，以后所产生的发电收益全归用能单位。

2021 年，该项目在中国节能协会节电与绿色电能委员会主办的第三届综合能源服务落地实践峰会上获评 2021 年度工业行业优秀典型。

三、成效说明

阳煤集团神堂嘴煤层气发电站烟气余热利用发电项目实施后能带来显著的环境效益、社会效益、经济效益，具有“一举三得”的优越性。

（一）经济效益

该项目全年发电 6000h 以上，年发电量约 1800 万 kWh 左右，年发电收入 900 万元左右（电价 0.509 元/kWh）。同时依据国家有关政策，可优先上网销售电量，上网电价享受政府补贴，能给企业带来稳定较好的经济效益。推动企业技术进步，提高了企业综合竞争力。

（二）社会效益

该项目充分依托现有企业余热资源丰富的优势，利用燃气发电机排出的废弃高温余热烟气资源，变废为宝，进行技术改造，既可以减少资源浪费，又可以减少环境污染，替代了部分燃煤发电量，缓解了电力增长和调峰需求，每年节约标煤约 5000t，减少二氧化碳排放约 1.3 万 t。该项目符合国家产业政策、能源和环保政策。

（三）推广应用

该项目的实施对推动全国工业领域余热、余压、余气等余热余能利用具有极大的借鉴意义。下一步，公司结合山西能源生产、消费特点和能源革命新战略。以余热余压余气等业务领域为主要方向，根据当地资源禀赋，排查摸底现有煤焦、冶金、化工等余热资源，选择可塑性合作方，为客户提供多元化综合能源服务。

4.48

大型企业网络安全示范基地

国网信通公司

一、基地简介

国网信通公司于2017年8月在国网系统内率先启动7×24小时网络安全实时监控、应急处置、溯源分析，是国家电网公司第一级网络安全监测机构，在27家省级单位和部分直属单位的网络安全监控工作中持续发挥示范引领作用。2021年3月，国网信通公司设立独立处级机构支撑国家电网网络安全分析监控中心（以下简称中心）运作。

业务范围与承担功能。中心监管国家电网公司各单位重要网络信息安全指标，全天候开展国网总部层面的安全态势监控分析、攻击溯源和应急处置，有力保障北京数据中心及国家电网公司重要业务系统网络安全。在历次重大网络安全演习保障和国家级攻防对抗中，中心承担国家电网公司总指挥部职责，组织全网开展情报共享、联防联动工作，指挥国家电网公司各单位协同作战。

展示重点。通过多种先进形式，重点展示全网网络安全工作体系、监控范围、管理理念、亮点工作等内容。工作体系方面，呈现两级网络安全分析室组织机制，展示网络安全“三道防线”架构，可全面了解企业级网络安全管控体系。监控范围方面，全面覆盖国家电网公司各主要边界和重要业务系统，实时监控网络安全设备运行状态，动态监管全网互联网出口各重要指标。管理理念方面，展示中心践行的国际先进的动态网络安全模型（P2DR），细节呈现中心在网络安全管控各个环节的主要工作内容和手段。亮点工作方面，通过网络攻击次数、恶意邮件拦截等重要指标，展示中心在国家网络安全攻防演习、重要保障活动中的工作实效，并根据来访者特点定制化展示。中心获国家级网络安全先进集体、国家电网公司工人先锋号等荣誉称号，以及所承担的多个部委级、行业级、公司级项目的优秀成果。

管理先进性。网络安全专业具有“三分技术，七分管理”的特征。根据专业特点与内外部工作形势，中心创新建设国家电网公司网络安全两级联动体系，按照“建设一套机制、锤炼四项能力、着力六个目标[1]”工作思路，跨越式推动“全网一盘棋”的网络安全联防联动体系。在制度体系上，全面擘画国家电网公司两级联动顶层管理制度，先后完成《网络安全监控作业指导书（试行）》等 14 项指导性文件的编制印发。在组织机制上，牵头建设全网作战指挥平台、网络安全态势实时监控平台等新型管理系统，有关成果获省部级奖项 30 余个。在人员队伍上，发挥网络安全“排头兵”作用，累计培养 5 批次共 52 人网络安全监测机构优秀专业人员，助力国家电网公司打造“红蓝一体、攻防兼备”的高素质网络安全专业梯队。中心蓝队指挥官 4 人，数量位居国家电网公司第一。

二、示范项目

中心“7×24 小时”开展网络安全分析监控，依托国家电网公司企业级平台，在大型企业网络安全运营、捍卫国家电网公司网络安全、发挥引领带动作用等方面有较强的示范意义。

（一）开创大型企业网络信息安全管控之先河

创新开展两级联动体系探索。2014 年以来，不断推动国家电网公司形成独立的网络安全业务管理条线，横向协同各专业，纵向联动各单位，全面建成集态势感知、实时监控、情报共享、预警发布、应急指挥“五位一体”的网络安全作战指挥中心。依托垂直体系组织开展重大保障，畅通即时通信等联动渠道，探索精准化管控、体系化防御、标准化运行、可视化感知、智能化处置、专业化队伍“六化”两级联动新模式，加快构筑全网统一指挥、分级负责、快速联动的网络安全“一盘棋”局面。

中心工作成效历经实战检验。中心统筹全网联防联动工作，圆满完成全国两会、“建党百年”等国家电网公司历次重特大网络安全保障。在国家攻防演习期间，作为防守单位和国家电网公司总指挥部，助力国家电网公司以优异成绩完成历届（2016～2021 年）演习任务，获得“最佳防守单位”称号以及“总成绩第一名”等优异成绩。

（二）有力捍卫网络信息安全

管控措施精准有效。中心充分发挥“互联网＋”管理示范引领作用，健全网络安全监控分析和应急处置标准化流程，串联网络安全事前、事中、事后各环节，打造全过程督查督办的安全事件管理体系。同时，通过大数据、人工智能、区块链等技术，实现安

[1] 一套机制：一套平战结合、联防联动的工作机制。
四项能力：分析监控、应急处置、风险预警、情报共享四方面能力。
六个目标：从精准化管控、体系化防御、标准化运行、可视化感知、智能化处置、专业化队伍六方面规范有力引导两级联动工作开展。

全事件和风险隐患的靶向施策。

技术装备精良有力。中心创新探索多源情报融合预警、漏洞自动闭环管控、未知威胁感知溯源、多域风险联动处置，依托全网作战指挥平台，建立以全景可视感知、全域可信可控、全息智慧防御、全时敏捷响应为核心策略的全场景网络安全防护体系，实现可信互联、精准防护、安全互动、智能防御，全面提升国家电网公司安全防护水平。

（三）打造网络信息安全“亮丽名片”

充分展示企业级网络安全工作成效。国资委、网信办、发展改革委等多个国家部委领导曾莅临中心调研，中心管理成效获得一致好评。国家电网公司多位领导赴中心检查指导工作。中心积极推动跨行业互动沟通，接待中国电信、航天科工、中石油等多家大型央企及 50 余家系统内兄弟单位交流研讨。

打造“信通铁军 • 网安卫士”品牌。中心共有网络安全专业人员 34 人，其中，博士占比 17.1%，硕士占比 82.9%，多人获得中央企业青年岗位能手、技术能手、公司级蓝队指挥官和红队队员等个人荣誉。

三、成效说明

（一）促进产业发展

所形成的态势感知、攻击溯源和多源情报等关键技术均已研发、测试和生产，有效带动了网络安全产业的发展和升级。近 3 年，累计新增销售额 1.82 亿元。

（二）减少经济损失

近 3 年，成功发现并有效拦截严重安全事件 20 余起，有效避免了近 1200 万元的间接经济损失。

（三）节约人力成本

中心具备显著的安全分析专家的人力替代作用，每家单位可节约安全专家 5 人/年。按国家电网公司人力资源费用相关规定计算，每年节省人力成本 9687 万元。

（四）间接经济效益

中心具备经验至 27 家省公司和部分直属单位，为国家电网公司在国家级网络安全专项演习对抗中连续多年取得防守方第一名作出卓越贡献，守卫国家电网网络空间安全，得到了行业内外的高度认可。

4.49

国家能源大型风电并网系统研发（实验）中心张北试验基地

中国电科院

一、基地简介

国家能源大型风电并网系统研发（实验）中心张北试验基地（以下简称张北试验基地），是国家电网公司深入实施创新驱动发展战略，贯彻国家新能源发展战略目标，围绕新能源大规模并网与高效利用技术需求，由中国电科院建设运行的大型新能源与储能运行控制技术综合性研究和试验检测基地，是世界上规模最大、唯一具备风电全部整机并网性能试验、唯一具备风光储联合试验运行研究手段的试验基地，是新能源与储能运行控制国家重点实验室的重要组成部分。

张北试验基地位于河北省张北县西部，总占地面积24.6km^2，由综合实验区、光伏实验区、储能实验区和风电机组测试场组成，具备全面的风电试验检测能力，并建有多个新能源研究试验平台和实证平台。张北试验基地建设有30个风电试验机位，配套的电压跌落与电网扰动发生装置、灵活切换的集电系统、实时测风网络等检测系统，可同时为风电制造企业安装的所有测试风电机组提供风电并网检测和认证服务，风电制造企业可利用试验设施开展样机研发和性能验证。张北试验基地建有新能源交直流汇集与送出实证平台、数模混合仿真试验平台、多种光伏户外测试平台及地面气象卫星接收站等多个新能源试验、实证平台，为新能源产品研发和新能源并网技术研究、功能验证/实证及新能源标准验证提供条件，为行业、高校培训和实习提供条件。

二、示范项目

张北试验基地规范风电机组并网技术管理，具备全面的风电检测能力，每个测试机位均可以依据IEC标准、国家及行业标准完成风电机组的功率特性、噪声、载荷、电能质量、低电压穿越能力、电网适应性、有功及无功控制能力等12类238个参数的风电机组性能试验与检测。张北试验基地建有自行研制的世界上首套基于阀控技术的固定式6MW电压跌落发生装置，实现了电压跌落和恢复波形的灵活控制；建有基于四象限运行变流技术、高低频独立运行的6MW电网扰动发生装置，实现了风电机组在极限频率/电压工况下运行性能的全功率、在线测试；张北试验基地提出并实施了集风电机组通用基础、切换灵活的集电系统和高兼容性的高速海量数据采集系统于一体的设计方案，实现了高效、灵活的风电试验检测，整体检测能力居世界第一。张北试验基地提供的风电机组功率特性测试、电能质量测试（含低电压穿越测试）和噪声测试服务获得了国际风电检测机构组织MEASNET评估专家组的评估，具有MEASNET资质，并获得国际电工委员会可再生能源委员会（IEC RE）的认可。

此外，张北试验基地，支撑开展了多项国家科技项目研究，其中国家重点研发计划项目“大容量风电机组电网友好型控制技术”在张北试验基地完成了电压源型风电机组的安装与试验。当前常规的风电机组对外表现为电流源特性，缺乏必要的电网电压支撑能力，从而容易与弱电网之间产生异常交互作用。随着新能源占比的不断提升，传统风电机组并网控制方式将无法维持机组稳定运行，危及电网安全稳定。电压源型风电机组摆脱了传统风电机组“跟随式（grid following）”的控制思维束缚，开拓了风电机组“形成式（grid forming）”的新格局，自主地建立起机端电压，实现与电网的自主同步，并主动支撑电网的频率和电压稳定，对系统提供惯量和阻尼支撑，特别适用于局部高比例风电系统和弱电网环境。该电压源型示范样机的建立，能够深入展开电压源型风电机组并网理论、工程应用及试验验证等方面的研究，从根本上改善风电的“电网友好性”，以提升可再生能源大规模集中接入地区电网的稳定运行水平，保障未来高比例新能源系统中风力发电并网技术的有效应用，引导我国风电产业有序健康发展。

三、成效说明

张北试验基地凭借强大的试验检测能力，自建成以来已完成近200个型号风电机组的低电压穿越能力测试，助力解决大规模风电脱网问题。

张北试验基地为国内风电制造企业提供了公共的产品研发、性能验证、试验研究平台，支撑国内外30余个风电机组厂家开展研发、试验与检测工作，为提高我国风电自主研发能力、规范产业健康发展提供有力的技术支撑。在张北试验基地开展检测认证的华锐、金风、联合动力、重庆海装等机组已成功打入国际市场。

依托张北试验基地，中国电科院通过承担国家973、国家863、国家科技支撑计划和国家自然基金项目，突破多项新能源相关技术难题和关键环节，支撑了国家风光储输示范工程。

4.50

国家电网公司网络学习服务中心

国网技术学院

一、基地简介

国家电网公司网络学习服务中心（以下简称网络学习服务中心）坐落于国网技术学院图书馆内，既是国家电网公司线上的网络学习服务中心，同时也是国网技术学院线下的知识集成中心。

（一）线下知识集成中心

网络学习服务中心所在图书馆是由清华大学建筑设计院设计，为五层欧式筑体，建筑面积 8648m^2，建有 100M 馆域网络、国网数字图书馆、山东电力数字图书馆、中国学术期刊全文数据库镜像站点以及技术标准全文检索系统等，是一个开放式、数字化、智能化、网络化的现代化图书馆。在图书收藏功能基础上，还设有信息监控、路演发布区、开放式会议系统、客服中心、数字化阅览室基础环境系统等功能设施。打造了“学习+”的整体设计理念，让“有形的图书+无形的知识+电子化数字化自动化”的应用场景充分结合，以体现现代化图书馆及知识集成中心的核心作用。

（二）网络学习服务监控大屏区

1. 三大业务场景展示

（1）用户运营：研究用户整体登录情况、平台业务数据、用户分布、用户上线时长、时间段、用户喜好课程等指数，分析用户学习习惯，达到精准智能推送。

（2）活动运营：研究重大活动支撑保障、活动参与率、活动参与人员数量和岗位分布、活动流量转化效果等指数，聚合分析运营活动与学员参与度的相关性，提升活动运营质量。

（3）内容运营：研究资源点击率、资源使用率、资源存量等指数，指导精品资源开发。

2. 智能化大数据屏

提供带电作业基地、技能等级评价、员工职业生涯发展和成长成才、培训师、仿真学习、专家人才、党史教育专题、专业领域人才培养等特定场景数据展示。

3. 省直专区和专业专区大屏

深度分析省直专区及专业专区运营状况，创新专区运营指数，形成省直及专业专区的统一模板，直观展示各专区数据价值。

（三）融媒体中心

融媒体中心是网络学习服务中心面向公司全部单位、全部岗位和全部人员实施的“三全覆盖”在线学习服务的重要载体和阵地。在融媒体中心的不断努力下，线上学习活动持续拓展，累计组织培训 2 亿学时、开展在线考试 11 万余项、在线培训 2.4 万项。优质网络资源不断丰富，累计组织开发课件 6.89 万门、教材 1600 余本、案例 6210 余个、题库 150 万余道、百科词条 1.36 万余条。

网络学习服务中心建有满足多场景资源开发需求的专业设施：

（1） 专业、设施齐全的录影室：可满足讲座类、访谈类、路演类课程录制需求。

（2） 快捷便利的直播间：配备专业直播工位 7 个（其中北京 1 个，济南 6 个），可同时满足内外网直播需求。

（3） 设计、制作、评审与运维一体化的资源制作工作室：满足资源教学设计、脚本设计、素材加工剪辑、资源开发与评审、上线运维、直播辅助等资源全过程开发与运维要求。

（4） 经验丰富的课件资源制作运维人员：可开发慕课、微课等不同课件类型；制作视频课件、动画课件、互动课件等不同形式的课件，实现课件资源类型全覆盖。

二、示范项目

（一）国网技术学院知识集成中心

知识集成中心通过优化空间及环境设计，实现教育资源制作共享、精益化运营、可视化展示能力的充分融合，为国网学堂业务运维和资源建设发展提供强大的系统化支持服务和新技术应用展示，同时还服务于“电网云学”“国网新员工网上学堂”等培训品牌项目的实施推广。

（二）线下读书沙龙分享主题活动

定期开展“阅读伴我成长，知识与我同行”“读书自心起，行路在脚下”“读书学习，您投入的每一分钟都算数”等主题线下读书沙龙活动，组织来自各省公司（直属单位）

新入职员工参加。图书馆里书香飘溢，学员各自推荐经典书籍，一起分享读书的收获与喜悦，在阅读和交流中不断碰撞思维火花，形成了浓郁的学习氛围。

（三）融媒体中心项目

融媒体中心着力打造知识加工的“中央厨房”，配备专业全面的学习运营服务团队，致力于内容运营、体系建设、能力发展、人才培养四方面的建设研究与实践。

1. 内容运营

融媒体中心是高水平内容产品的重要生产基地，承担着国家电网公司网络培训资源开发技术标准的建设与推广，负责网络课件、教材、案例、题库、慕课等资源开发与技术指导工作。通过对学习对象、目标、场景、业务等方面进行数据分析，提供满足业务发展需求的资源建设类解决方案。

2021 年，制作上线了《防止直流换流站事故措施全员宣贯课程》《营销专业标准化作业指导书宣贯系列课程》《基建专业安全培训系列短视频》《“奋斗百年路、起航新征程”党史诵读课程》《省管产业单位配电专业一线技术骨干培训》等 1000 余学时课程。

2. 体系建设

融媒体中心致力于打造基于人才成长的培训体系构建研究，持续服务国家电网公司各级组织，专注于电力人才发展和组织能力模型培训需求的满足与落实。构建了国家电网公司全部岗位的岗位能力模型，并实现定向推送功能。

3. 能力发展

融媒体中心致力于业务需求分析、识别、确认、分解等全面需求研究及管理，综合运用平台、资源、活动、项目等内容，输出满足客户能力发展需求的专属解决方案，提供与客户业务发展匹配的咨询服务。

4. 人才培养

融媒体中心致力于培养线上培训特色人才，累计培养了 9200 余名国网学堂管理员、200 余名教学设计师、100 余名在线学习项目设计师、500 余名资源开发高级人才。

三、成效说明

网络学习服务中心借鉴了国内外互联网公司的先进经验，建成了适应互联网公司模式的办公场所，采用职责明确的前、中、后台分工模式，快速完成业务的组合和调度，实现不同业务板块能力的有机融合，形成了强大的组织合力，获得了高质量的管理效能。

“多读书，读好书”，随着读书学习活动的开展，网络学习服务中心搭建起了文化交流的平台，形成了浓郁的读书学习氛围，激发了公司系统新员工的阅读兴趣和热情，更展现了国网青年员工的朝气蓬勃精神风貌。

融媒体中心为公司人才定制化培养提供了坚强保障。可满足分级分类组织定制化培养需求和个人个性化学习需求，为培训需求调研、数据分析、资源共享、自助学习、考试支撑、专业竞赛等多种功能提供强大学习支撑。同时，融媒体中心还为专业学习、普考、人才培训和竞赛提供智力支持，实现了队伍状态监测、学习状况监测、名家直播课堂等功能，有效支撑了国家电网公司专业人才的培养工作。

网络学习服务中心始终立足新发展阶段，践行新发展理念，服务新发展格局，为国网学堂平台的运营提供坚实的技术支持和服务支撑，为国家电网公司事业发展和人才队伍建设贡献力量！